OS ESTRATEGISTAS

CHURCHILL, STALIN, ROOSEVELT, MUSSOLINI E HITLER

O QUE A GUERRA FEZ DELES?

PHILLIPS PAYSON O'BRIEN
Professor de Estudos Estratégicos na **Universidade de St Andrews** (Escócia)
e autor de obras de referência sobre a **Segunda Guerra Mundial**.

OS ESTRATEGISTAS

CHURCHILL, STALIN, ROOSEVELT, MUSSOLINI E HITLER

O QUE A GUERRA FEZ DELES?

Amarylis

Amarilys é um selo editorial Manole.

The Strategists por Phillips Payson O'Brien.

Publicado originalmente em inglês.

Produção editorial: Rosana Arruda da Silva
Projeto gráfico: Departamento Editorial da Editora Manole
Tradução: Departamento Editorial da Editora Manole

Diagramação: Estúdio Castellani
Capa: Ricardo Yoshiaki Nitta Rodrigues
Imagens da capa:
– Adolf Hitler: Wikimedia Commons / Henrique Hoffmann
– Benito Mussolini: Wikimedia Commons / German Historical Museum, LeMO
– Franklin D. Roosevelt: Wikimedia Commons / Vincenzo Laviosa
– Josef Stalin: Wikimedia Commons / Central Committee Of PPSH: Centenary of The Birth of J. V. Stalin
– Winston Churchill: Wikimedia Commons / The National Archives Image Library

CIP-BRASIL. CATALOGAÇÃO NA PUBLICAÇÃO
SINDICATO NACIONAL DOS EDITORES DE LIVROS, RJ

O14e

O'brien, Phillips Payson
Os estrategistas : Churchill, Stalin, Roosevelt, Mussolini e Hitler : o que a guerra fez deles? / Phillips Payson O'brien ; [tradução Departamento Editorial da Editora Manole]. - 1. ed. - Barueri [SP] : Amarilys, 2026.

Tradução de: The strategists - Churchill, Stalin, Roosevelt, Mussolini, and Hitler– how war made them and how they made war
ISBN 9788520466506

1. Churchill, Winston, 1874-1965. 2. Stalin, Joseph, 1878-1953. 3. Roosevelt, Franklin D. (Franklin Delano), 1882-1945. 4. Mussolini, Benito, 1883-1945. 5. Hitler, Adolf, 1889-1945. 6. Guerra Mundial, 1939-1945. 7. Militares - Biografia. 8. Estratégia militar. I. Departamento Editorial da Editora Manole. II. Título.

CDD: 940.5401
25-99365.1 CDU: 94(100)"1939/1945"

Carla Rosa Martins Gonçalves - Bibliotecária - CRB-7/4782

Edição – 2026
Editora Manole Ltda.
Alameda Rio Negro, 967 – cj. 717
Alphaville – Barueri – SP – Brasil
CEP: 06454-000
Fone: (11) 4196-6000
www.manole.com.br | https://atendimento.manole.com.br/

Impresso no Brasil
Printed in Brazil

Para Payson,
Que você saiba o mínimo possível sobre a guerra.

Sumário

Agradecimentos ix

Introdução — Estratégia, guerra e personalidade 1

1. Winston Churchill: a formação de um estrategista imperial 13
2. Josef Stalin: a formação de um estrategista ideológico 47
3. Franklin Roosevelt: o jovem estrategista marítimo 74
4. Benito Mussolini: o nascimento de um estrategista nacionalista 100
5. Adolf Hitler: arte e guerra 126
6. Winston Churchill: aprendendo a moderação estratégica 153
7. Josef Stalin e a estratégia da praticidade 185
8. Franklin Roosevelt e a política doméstica de estratégia 211
9. Benito Mussolini e o blefe como estratégia 239
10. Adolf Hitler: vitória e derrota 261

11. Interlúdio: os anos entre guerras 289
12. Hitler, Stalin e o Pacto Nazi-Soviético 308
13. Churchill, Hitler e a Batalha da Grã-Bretanha 327
14. Mussolini, Churchill e Grécia, 1940-41 350
15. Stalin, Hitler e Barbarossa 371
16. Roosevelt, Hitler e o caminho para a guerra 392
17. Roosevelt, Churchill, Hitler e o supercampo de batalha ar-mar 412
18. Mussolini, Churchill, Roosevelt e o Império no Mediterrâneo 434
19. Hitler, Stalin e a Frente Oriental 457
20. Churchill, Roosevelt, Stalin e a invasão do Canal da Mancha 483
21. Stalin, Roosevelt, Churchill e o mundo pós-guerra 505

Epílogo — A guerra dos estrategistas 529
Bibliografia 537
Notas 547

Agradecimentos

A redação deste livro abrangeu um período de alguns dos marcos mais importantes de minha vida. Tudo começou com o nascimento de nosso filho, Payson, fruto da minha relação com Mathilde. Como alguém que se tornou pai mais tarde na vida, a chegada de Payson foi maravilhosa e, no começo, um pouco assustadora. No entanto, o que logo ficou claro foi que, em vez de ser um desafio, ele forneceu o apoio mais incrível para ajudar a criar este livro. Ele permitiu que eu concentrasse minha mente, forneceu a perspectiva mais maravilhosa sobre o que importa na vida e foi — por meio de suas risadas, seu calor natural e seu jeito de crescer e se tornar uma pequena pessoa tão incrível — uma forma de flutuação emocional que eu nunca teria esperado. Mathilde, sem a qual eu não poderia ter escrito meu livro anterior, e eu somos muito sortudos por tê-lo. De fato, a formação de nossa pequena família é a coisa mais maravilhosa que já aconteceu em minha vida e, embora escrever essas palavras dificilmente faça justiça, é ao Payson e à Mathilde que devo agradecer mais.

Este livro também coincide com o falecimento de meu pai, William O'Brien. Ao olhar para trás em minha vida, seu amor por livros, ideias e aprendizado me contagiou e influenciou constantemente meu progresso e minhas escolhas profissionais. É triste pensar que ele não lerá este livro e terá algum prazer com isso. E que ele não poderá encomendar inúmeros exemplares na livraria local, o que ele gostava de fazer com o único objetivo de dizer aos caixas que o livro foi escrito por seu filho. Espero passar para Payson o mesmo amor pelas ideias que ele ajudou a incutir em mim.

E, como sempre, eu não teria conseguido passar por esse período sem o apoio da minha mãe Nancy, das minhas irmãs Elizabeth e Sarah, do meu irmão William, dos meus cunhados Jamie e Sam, da minha tia e madrinha Anne e dos meus sobrinhos Andrew, Sam e Ben. Embora eu os veja muito menos do que gostaria, eles estão sempre presentes por vídeo ou telefone para conversarmos. Quando volto para o Reino Unido, eles proporcionam a maravilhosa solidez de um lar.

Também fui abençoado com um grupo dos melhores amigos que alguém poderia ter, que proporcionam o bom humor, a força e a bondade que fazem uma diferença muito maior do que eles podem imaginar. Roddy, Anne, Will e Kate, vocês quatro e os fins de semana que passamos juntos foram alguns dos pontos altos de todos os anos em que este livro foi escrito (quando a pandemia permitiu). Esse também foi o período em que Mathilde, Payson e eu nos mudamos de Glasgow para Fife, e isso me fez perceber a grande importância de nossos amigos de Glasgow. Matt, Stuart, May e Ed (e Oren e Jesse), Peter e Jacqui, John e Alison — obrigado a todos vocês, e é muito difícil não vê-los tanto quanto eu estava acostumado. Espalhados por vários cantos, tenho muitos amigos — alguns muito antigos e outros que acabei de conhecer nos últimos anos — os quais gostaria de agradecer. Sempre que vejo ou apenas converso com Gary e Joan, Guy e Ina, Lori e Steve, Randall e Alison, Alexander e Michael, Eliot e Judith, Cian e Marilyn, eu ganho muito.

Também gostaria de prestar uma homenagem especial a três de meus amigos mais queridos e antigos, todos falecidos durante a redação deste livro, de uma forma que ainda parece inexplicável e muito cruel. Carolyn e Catherine Frazer eram minhas amigas desde sempre (tenho fotos de todos nós quando criança como prova), e Brian Nicholson foi alguém extremamente gentil comigo no início da adolescência, em uma época em que ele não conseguia entender o quanto isso significava. Embora eu nunca tenha visto os três tanto quanto gostaria, pois envelhecemos e seguimos caminhos diferentes, preciso dizer o quanto fazem falta. A vida é curta.

Tendo me mudado para Fife e agora que tenho passado mais tempo com colegas (e amigos) em St. Andrews, fica claro como meu novo lar se tornou importante. Stephen, Brad, Gurch, Fiona, Tony — obrigado a vocês por me darem tanto apoio na mudança, e por estabelecerem um novo lar. O grupo de estudos estratégicos tem sido uma parte fundamental do meu desenvolvimento intelectual e proporcionou o tipo de ambiente que tornou este livro possível. Hew, Kristen, Marc, Guy e o restante da equipe do ISWS: obrigado a vocês. Gostaria de listar todos os meus colegas da School of International Affairs por sua gentileza — embora a lista fosse longa demais. Também gostaria de reconhecer o papel da Universidade de St. Andrews em tornar este livro possível. Ao me dar licença para investigação acadêmica e proporcionar uma cultura de apoio à pesquisa, a universidade permitiu que esta obra fosse melhor e produzida mais rapidamente do que eu poderia imaginar.

Para este livro, devo agradecer especialmente a três jovens acadêmicos, todos em início de carreira: Dra. Sofya Anisimova, Dr. Jacopo Pili e Dr. Tim Kucharzewski. Os três forneceram as habilidades linguísticas e de pesquisa necessárias para tornar as seções sobre Stalin, Mussolini e Hitler coerentes e bem fundamentadas. Eles ajudaram a procurar fontes, forneceram feedbacks e correções constantes sobre o manuscrito e ajudaram a garantir que o quadro que pintei desses três homens tão terríveis fosse sensato. Por favor, fiquem atentos a eles à medida que suas carreiras crescem e florescem.

Por fim, gostaria de agradecer a dois editores da Penguin Random House. Brent Howard foi a pessoa que primeiro me convidou para escrever a biografia de William Leahy e depois aceitou o contrato para este livro. Ele me ensinou muito sobre escrita e concisão, e o feedback que forneceu para esse manuscrito foi sempre inestimável e tornou o produto final muito melhor. Recentemente, comecei a trabalhar com Daniel Crewe, que não só ajudou a esse livro, mas também concordou em trabalhar em meu próximo projeto, *War and Power*. Não tenho certeza do que isso diz sobre seu julgamento — mas eu, pelo menos, continuo grato.

Introdução

Estratégia, guerra e personalidade

Em 29 de outubro de 1941, enquanto Adolf Hitler jantava sua refeição vegetariana ostensivamente simples e tomava sua água mineral com gás favorita, sua mente estava acelerada. Ele podia sentir o gosto da vitória, o maior triunfo da história militar. As tropas alemãs tinham acabado de capturar quase 750.000 soldados soviéticos nos arredores da cidade de Kiev, a última de uma série de derrotas esmagadoras infligidas ao Exército Vermelho de Josef Stalin desde o lançamento da Operação Barbarossa, a invasão da União Soviética[I], em 22 de junho. De seu quartel-general espartano e cheio de insetos na Prússia Oriental, de codinome Wolfsschanze (Toca do Lobo), Hitler viu o desenrolar da campanha como uma confirmação de sua própria genialidade. Somente sua ousadia e visão estratégica, acreditava ele, poderiam ter

[I] Antes de 1917, o território era conhecido como Império Russo, governado pelos czares sob um regime monárquico absoluto. Com a Revolução Russa de 1917, o czar foi derrubado e se instaurou um governo socialista, que deu origem à República Socialista Federativa Soviética Russa (RSFSR) — a primeira experiência socialista no antigo território russo. Em 1922, após a guerra civil, a RSFSR se uniu a outras repúblicas para formar a União das Repúblicas Socialistas Soviéticas (URSS), conhecida como União Soviética, liderada principalmente pela Rússia Soviética.

levado sua nação a esse limiar de vitória. Em breve, a Alemanha teria um novo e enorme império para estabelecer alemães geneticamente saudáveis e, ao mesmo tempo, exterminar qualquer pessoa ou coisa que estivesse no caminho de Hitler.

Com ideias em cascata em sua cabeça, ele começou a fazer longos monólogos para oficiais militares e companheiros políticos escolhidos a dedo, que se sentavam obedientemente à sua mesa de jantar. Naquela noite, entre os convidados estava Günther von Kluge, um marechal de campo nascido na Prússia, cujo serviço militar havia começado em 1901. Von Kluge era o comandante do 4º Exército Alemão, uma das forças mais poderosas que atacavam a União Soviética. Como Hitler bem sabia, mesmo que o exército alemão como um todo estivesse vencendo batalhas, alguns comandantes seniores estavam preocupados com o fato de que essas vitórias levavam suas tropas cada vez mais para a vastidão inconquistável da União Soviética, ameaçando quebrar todo o seu sistema logístico.

Os alemães enfrentavam grandes problemas tanto nas ferrovias quanto nas estradas; desde a época do Império Russo, também conhecido como Rússia czarista[II], as linhas ferroviárias da União Soviética haviam sido construídas com uma bitola mais larga do que as do resto da Europa. Sabendo disso, os alemães esperavam capturar vagões ferroviários soviéticos para manter os suprimentos em movimento o mais rápido possível. As forças soviéticas, no entanto, retiraram quase todas as suas locomotivas à medida que os alemães avançavam e destruíram o máximo possível da infraestrutura ferroviária. Assim, os alemães ficaram com a tarefa trabalhosa e demorada de reconstruir o sistema ferroviário soviético para operar seus próprios trens e manter o avanço. Isso reduziu consideravelmente seu ritmo.

[II] Império Russo (até 1917): antes da Revolução Russa em 1917, o território era governado por czares da dinastia Romanov, sob um regime monárquico absolutista. A expressão Rússia czarista é usada de forma retrospectiva para se referir a esse período autocrático.

Eles também sofriam com a falta de caminhões. No papel, o exército alemão era um dos mais avançados do mundo. As tropas que invadiram a União Soviética foram transportadas em 600.000 veículos motorizados. Mas era uma força heterogênea, vinda de todo o continente conquistado, e precisava de uma grande variedade de pneus e peças sobressalentes, sem falar de combustível, para continuar andando. Havia muito poucos caminhões de fabricação alemã de nível militar — a espinha dorsal necessária para fornecer grandes veículos blindados e manter um ritmo constante de operações.

Enquanto o exército alemão enfrentava dificuldades com o controle ferroviário e rodoviário, abastecer as tropas espalhadas por uma frente de mil milhas tornava-se um pesadelo logístico. Com os trens emperrados e os caminhões escassos, os alemães foram forçados a fazer longas pausas operacionais para permitir que a situação de abastecimento fosse corrigida. Hitler, no entanto, não parecia preocupado. Ele insistia que a mobilidade era superestimada. "É o soldado de infantaria que, no final das contas, define o ritmo das operações com suas pernas", informou ao seu público naquela noite. Ele os instruiu a se concentrar em fornecer cada vez mais poder de fogo ao exército para permitir que o soldado alemão destruísse qualquer inimigo e parasse de se preocupar em se mover muito rapidamente. Afinal de contas, "na escolha entre mobilidade e poder, a decisão... é dada muito facilmente em favor da mobilidade".[1]

A confiança de Adolf Hitler estava enraizada na convicção de que ele entendia a guerra moderna. Afinal de contas, ele não era um estranho no campo de batalha. Como cabo em um regimento da Baviera, Hitler passou quase toda a Primeira Guerra Mundial na Frente Ocidental. Servindo principalmente como despachante, foi ferido durante a Batalha do Somme, em 1916 e, em 1918, ficou temporariamente cego por um ataque britânico de gás mostarda. Essas experiências deixaram milhões de soldados com cicatrizes físicas e psicológicas, mas Hitler considerava a guerra a experiência mais maravilhosa e significativa de sua vida. Antes do conflito, ele era um vagabundo sem perspectivas. O exército alemão e a guerra lhe deram propósito, e ele se dedicou a ambos, deleitando-se com seu recém-descoberto senso de direção.

A Primeira Guerra Mundial também o marcou indelevelmente com ideias estratégicas que ele levaria para a Segunda Guerra Mundial. Uma delas era que o poder de fogo e a proteção blindada eram mais importantes do que a velocidade e a mobilidade. Como soldado, ele ficou maravilhado com os maiores obuses e morteiros alemães e se convenceu de que o aço pesado era o caminho para a vitória. Quando, em 1918, se deparou pela primeira vez com tanques, adotados pelas forças alemãs em resposta ao Mark I britânico, Hitler rapidamente descobriu uma preferência pelo maior e mais forte em detrimento do mais rápido e de maior alcance — o que não foi uma surpresa para um soldado a pé em uma guerra de trincheiras. Como ele disse ao seu público em 1941, nas trincheiras ele havia aprendido que "somente o tanque mais pesado e com blindagem mais espessa tinha algum valor".[2] Como ditador, adotou esse preconceito e o impôs ao moderno exército alemão. No ano seguinte, durante outro monólogo noturno, Hitler se vangloriou de como havia se sobreposto àqueles que insistiam que os veículos "leves e rápidos" tinham valor e "depois de uma dura luta, impus minha vontade e ordenei a fabricação de tanques pesados".[3]

O fetiche de Hitler pelo que há de mais pesado e poderoso e seu desinteresse por mobilidade e logística tiveram um grande impacto no desenvolvimento da Segunda Guerra Mundial. Os exércitos alemães, que ele criou e lançou em batalha, tinham escassos veículos leves e caminhões, enquanto investimentos grandes e ineficientes eram feitos na construção de tanques cada vez mais pesados e potentes. De fato, a indústria alemã desenvolveu alguns dos tanques mais impressionantes e complexos do mundo, incluindo o Panther, o Tiger e o gigantesco

Tiger II, conhecido pelas tropas aliadas como King Tiger, cuja blindagem pesada e o enorme canhão de longo alcance lhe conferiam uma presença assustadora em combate. No entanto, o tamanho e a complexidade tecnológica dessas fortalezas pesadas significavam que a Alemanha só podia fabricar um pequeno número deles em comparação com os tanques aliados, mais robustos e velozes. A pressão que Hitler exercia sobre a indústria alemã para produzir tanques pesados significava menos recursos para construir caminhões e outros veículos de apoio; como resultado, as tropas alemãs ficavam cronicamente com falta de pessoal. A Wehrmacht muitas vezes dependia de veículos puxados por cavalos para se manter abastecida e em movimento. O exército alemão pode ter tido uma grande força concentrada em poucas unidades blindadas, mas havia um corpo surpreendentemente fraco de soldados a pé, abastecido por cavalos.

Enquanto Hitler pontificava no final de outubro de 1941, ele estava prestes a receber uma lição sobre as consequências dessa falta de mobilidade. Um mês depois, o exército alemão fracassaria diante dos portões de Moscou, com seu avanço interrompido por problemas de abastecimento, exacerbados pelo inverno russo e por um contra-ataque do Exército Vermelho. Hitler, no entanto, recusou-se a aprender com essa lição e, em vez disso, apostou em seu próprio brilhantismo e compreensão da guerra. Por causa de sua fixação pelo poder em detrimento da velocidade — e de sua recusa em se adaptar —, em um ano o exército alemão estaria na defensiva em todos os teatros de guerra. Dois anos e meio depois, Hitler atiraria em si mesmo completamente imóvel, sepultado em uma fortaleza de concreto escondida nas profundezas das ruas de Berlim.

O papel central que Hitler desempenhou na determinação da estratégia alemã durante toda a guerra, com seus preconceitos, irracionalidades e erros fundamentais específicos, não se encaixa facilmente na forma como vemos a elaboração de grandes estratégias, ou a elaboração de políticas externas em geral, em um Estado moderno. Há um debate amplo entre forças armadas, governos e universidades que tende a enxergar a estratégia como resultado de um processo interligado de "fins, meios e modos". Nesse mundo clausewitziano, a escolha estratégica é vista como a busca de um objetivo político claro por meio do emprego dos recursos disponíveis a um Estado (como suas forças armadas), aplicados por determinados métodos bem definidos (os modos). Em teoria, parece lógico, mas, como demonstrou Hitler e, de fato, todos os grandes estrategistas dominantes da Segunda Guerra Mundial, isso geralmente é uma miragem.

Em muitos casos, isso se deve ao fato de a estratégia, grandiosa ou não, ter sido transformada em algo mais complexo do que realmente é. Uma estratégia é simplesmente uma decisão implementada que dá início a um processo dinâmico. Para os fins deste livro, a decisão estratégica é a escolha pelo líder, com ou sem a opinião de conselheiros, do plano estratégico que o Estado deve seguir. A implementação é a tradução desse plano em ação. Essa segunda etapa pode ser confusa e perturbadora às vezes, principalmente na paz, em momentos de liderança fraca. Nos casos de Adolf Hitler, Josef Stalin, Benito Mussolini, Winston Churchill e Franklin D. Roosevelt na Segunda Guerra Mundial, as burocracias que gostamos de considerar como limitadoras da liderança eram muitas vezes ineficazes. Os cinco eram líderes fortes, movidos pelo ego, e muitas vezes conseguiam ver seus planos estratégicos colocados em ação. Em muitos casos, eles esmagaram todos os possíveis desafios burocráticos que podiam, como fizeram Hitler e Stalin, ou superaram outros centros de poder (escritórios do governo, rivais políticos, suas forças armadas) que poderiam ter impedido a implementação de uma estratégia que eles queriam, como no caso de Roosevelt.

Uma vez que a decisão estratégica tenha sido implementada, o processo está longe de acabar. O inimigo sempre tem uma palavra a dizer, e todas as estratégias permanecem dinâmicas e sujeitas a mudanças rápidas ou até mesmo à destruição. Um sinal de um estrategista e de uma estratégia bem-sucedidos é a capacidade de lidar com esse processo de desafio e mudança. Esse foi, em muitos aspectos, o maior teste dos Cinco. Se todos eles geralmente conseguiam fazer com que suas escolhas estratégicas fossem adotadas como política, em muitos casos essas escolhas tinham de ser alteradas quando confrontadas com uma resposta do inimigo. A maior vantagem de Stalin sobre Hitler foi que, embora ambos fossem ditadores com um desejo inato de controlar o máximo possível, o primeiro aprendeu a reagir de forma prática quando a realidade da guerra não correspondia às suas expectativas. Hitler, quando confrontado com o fracasso, tornou-se pior em ajustar suas estratégias à realidade.

A diferença entre grande estratégia e estratégia, usando a Segunda Guerra Mundial como modelo, pode ser definida de forma simples. Para ser considerada uma questão de grande estratégia, você precisa passar por dois testes básicos. Primeiro, para ser questão de "grande" estratégia, a decisão implementada deve ser colocada em ação por uma autoridade que não tenha ninguém acima dela, ninguém para obedecer, como um comandante-chefe ou um ditador. Somente Hitler, Stalin, Mussolini, Churchill ou Roosevelt — para os fins deste livro, eles serão chamados de os Cinco — poderiam fazer uma grande escolha estratégica. O segundo teste é que ela precisa ser voltada para ações acima da condução de operações no campo de batalha. Em outras palavras, a grande estratégia tem a ver com a criação e a alocação de forças armadas. A etapa de criação costuma ser muito pouco estudada, mas, em muitos aspectos, é a mais importante, pois determina as escolhas posteriores. As forças armadas das grandes potências eram resultado de escolhas feitas ao longo de anos, equilibrando as capacidades industriais e tecnológicas de suas nações com as prioridades pessoais de suas lideranças. Não se podia simplesmente desejar milhares de aeronaves, tanques, caminhões ou embarcações navais em um curto período; as nações precisavam ter modelos viáveis na fase de produção. Na Segunda Guerra Mundial, todos esses tipos de escolhas de produção foram dominados pelos Cinco e refletiram suas próprias percepções. Os Aliados puderam dominar a guerra aéreo-marítima, por exemplo, porque Churchill, desde o início da Batalha da Grã-Bretanha, priorizou a produção de aeronaves e navios, e Roosevelt, em 1941, fez das armas aéreo-marítimas sua prioridade absoluta.

A outra parte da tomada de decisão da grande estratégia na Segunda Guerra Mundial era para onde enviar o equipamento acabado. Com exceção de Stalin, que tinha uma situação de alocação relativamente simples (tudo para a Frente Oriental, para combater os alemães em uma grande guerra terrestre), os líderes tiveram que equilibrar diferentes teatros e diferentes tipos de guerra. Talvez o maior conflito entre Roosevelt e Churchill tenha sido o desejo de Churchill de tornar o Mediterrâneo a principal área de esforço dos Aliados, e o desejo de Roosevelt de uma invasão através do Canal da Mancha.

Quando você desce para além desse nível, deixa a grande estratégia e entra na área da estratégia, ou até mesmo da tática. Alguns dos grandes estrategistas — especialmente Hitler, mas também, às vezes, Mussolini e Stalin — confundiram as linhas entre as duas, quase sempre de forma negativa. Um dos grandes testes da liderança de grande estratégia é aprender o que você deve e não deve fazer.

Se não é difícil definir a grande estratégia na Segunda Guerra Mundial, o mais obscuro é estabelecer claramente uma conexão entre as escolhas e um conjunto definido de fins pretendidos. Os Cinco grandes estrategistas estavam todos tomados de preconceitos, preferências, irracionalidades e tiques mentais que tornavam suas escolhas estratégicas altamente individualistas e até mesmo instáveis. No que diz respeito aos objetivos básicos da guerra, não é fácil dizer exatamente o que eles queriam, ou se seus objetivos eram remotamente alcançáveis. Além disso, a conexão entre esses fins instáveis e os meios/modos disponíveis para eles era muitas vezes tênue, na melhor das hipóteses. Eles poderiam criar meios deformados, não compreender de fato os meios que ajudaram a criar ou ter pouca ideia de como esses meios se comportariam quando usados de maneiras diferentes. A grande estratégia na Segunda Guerra Mundial foi criada em uma situação caótica e dinâmica, e não em uma circunstância racional e planejada.

Essa análise também ataca diretamente a ideia de que os Estados em guerra estão seguindo algo compreensível, como um interesse nacional ou o bem maior, mesmo quando as estruturas do governo estão lá para fazer parecer que esse é o caso. As burocracias de cada governo da Segunda Guerra Mundial produziram páginas e páginas de documentos estratégicos, com pontos numerados, argumentos bem fundamentados e, em alguns casos, mapas definitivos de eventuais objetivos que as estratégias deveriam alcançar. Quase todas elas eram sem sentido e, em alguns casos, foram totalmente desconsideradas ou rapidamente anuladas pelos Cinco em ação.

O melhor exemplo disso é, sem dúvida, a mais famosa ideia estratégica produzida pelos Estados Unidos na Segunda Guerra Mundial: a política da Alemanha em Primeiro Lugar, ou Europa em Primeiro Lugar. Esse conceito de grande estratégia, desenvolvido nos anos anteriores ao ataque japonês a Pearl Harbor, era a visão consensual de muitos militares, do Departamento de Estado e da Casa Branca dos EUA. A base da "Alemanha em Primeiro Lugar" era que os Estados Unidos, ao entrarem na guerra, deveriam lançar a maior parte de suas forças armadas contra Hitler e deixar o Japão para mais tarde. Estrategicamente, essa visão fazia algum sentido. A Alemanha era a maior potência econômica, com mais recursos, e controlava a maior parte do continente europeu. A ideia da "Alemanha em Primeiro Lugar" baseava-se na ideia de que, uma vez que a Alemanha fosse derrotada, o

Japão não teria futuro estratégico, mas que a derrota do Japão teria pouca força na condução de Hitler para fora da guerra.

No entanto, em nenhum momento Franklin Roosevelt garantiu que os Estados Unidos seguissem o plano "Alemanha em Primeiro Lugar" e, dessa forma, os Estados Unidos travaram uma guerra muito diferente daquela que seus planejadores estratégicos disseram que deveriam travar. Por motivos políticos e pessoais, Roosevelt, que falava da boca para fora sobre a "Alemanha em Primeiro Lugar", ficou feliz em permitir que os EUA dividissem suas forças de forma aproximadamente igual entre o Pacífico e a Europa.[4] Roosevelt estava satisfeito em ajustar a estratégia à situação dinâmica apresentada por seus inimigos, um sinal importante do motivo de seu sucesso. Os EUA enviariam tantos equipamentos para combater o Japão durante toda a guerra quanto foram enviados para combater a Alemanha[III]; é por isso que a implementação é importante. Um ótimo plano estratégico pode ser anunciado, mas, se os grandes estrategistas não tomarem nenhuma medida para garantir que ele seja seguido, não poderá ser chamado de estratégia nacional. Como regra, pode-se até dizer que, durante a Segunda Guerra Mundial, quanto mais detalhado fosse um plano, especialmente se escrito por uma equipe de profissionais algumas camadas abaixo dos verdadeiros centros de elaboração de estratégias — Hitler, Stalin, Mussolini, Churchill e Roosevelt —, mais sem importância ele seria.

Os Cinco podem ter acreditado que o que estavam fazendo era do melhor interesse de seu povo — mas, na maioria das vezes, estavam

---

[III] Em 1942, os Estados Unidos enviaram muito mais recursos militares (principalmente aeronaves e embarcações navais) para combater o Japão do que para combater a Alemanha. A partir de 1943, o esforço de guerra dos EUA divergiu, com o Exército e a Força Aérea enviando aproximadamente 70% de seu contingente para combater a Alemanha, enquanto a Marinha enviou mais de 90% de seu contingente para combater o Japão. No geral, o esforço de guerra americano entre 1942 e 1945 teria sido distribuído de forma aproximadamente igual entre os teatros da Europa e do Pacífico.

fazendo o que queriam fazer e usavam a ideia de interesse nacional para justificar as próprias decisões, não para tomá-las. Esse é até mesmo o caso de Roosevelt, normalmente visto como o mais benigno dos Cinco. Ele tinha uma política muito pessoal, na qual sua participação individual, de muitas maneiras, transcedia o que era melhor para os Estados Unidos. Esse foco individual pode ser visto melhor em 1944, quando estava perceptivelmente enfraquecendo e chegando perto da morte; ele escolheu um novo vice-presidente com quem raramente falava e em quem nunca confiou. Foi uma das decisões mais irresponsáveis da história da grande estratégia.

Para demonstrar a natureza pessoal e caótica das ações dos Cinco, este livro está dividido em duas seções. A primeira metade abrange a criação de suas mentalidades estratégicas e perspectivas individuais, mostrando como eles vivenciaram e reagiram à guerra muito antes de se tornarem líderes de suas respectivas nações. Começando com o primeiro encontro de Winston Churchill com a guerra como um jovem soldado na Índia Britânica, passando pela Primeira Guerra Mundial e chegando ao final da Guerra Civil Russa, serão traçadas as experiências de guerra dos Cinco — juntamente com suas reações emocionais e intelectuais.

A segunda parte do livro analisará a Segunda Guerra Mundial como uma série de confrontos entre essas mentalidades. O resultado não será um modelo geral sobre a formulação da grande estratégia, além deste foco no processo vivido por aqueles que estão no topo da pirâmide estratégica. Nesse sentido, o estudo da grande estratégia se afastará das burocracias e dos planos bem elaborados e escritos e se aproximará do estado dinâmico de indivíduos imperfeitos que fazem escolhas pessoais.

No momento em que este livro está sendo concluído, o maior exemplo dessa realidade de elaboração de grandes estratégias pessoais acontece diante de nós. A invasão da Ucrânia por Vladimir Putin, uma tentativa de criar uma Rússia maior e mais poderosa, mostra outra vez que a grande estratégia pode ser desviada por indivíduos profundamente falhos em detrimento de burocracias ou estruturas. Em nenhum mundo racional a invasão russa da Ucrânia poderia ser vista como algo bem pensado ou de interesse nacional russo. Ela foi mal concebida, com base em uma leitura errônea e sem esperança das intenções e capacidades ucranianas. O exército russo também foi construído de tal forma que era muito menos do que a soma de suas partes. Embora Putin pudesse ter um plano de fins-meios-modos em sua mente, podemos dizer agora que ele tinha meios mal construídos, que empregou de maneiras totalmente irrealistas em uma tentativa vã de alcançar fins totalmente irrealistas. No entanto, pouco antes da invasão, ele era considerado talvez o líder mais astuto e inteligente de uma grande potência do mundo.

O grande desempenho estratégico de Putin combinou, de muitas maneiras, as piores características estratégicas de Adolf Hitler e Benito Mussolini. Em um mundo racional, com uma avaliação sóbria do exército russo, seria de se imaginar que a burocracia de tomada de decisões de um Estado teria tentado impedir a invasão da Ucrânia, assim como seria de se imaginar que o Estado italiano teria impedido Mussolini de invadir a Grécia, ou que as influências alemãs teriam impedido Hitler de atacar a União Soviética com a Grã-Bretanha ainda lutando. No entanto, os Cinco geralmente não eram contidos e, para o bem ou para o mal, faziam o que queriam.

1

Winston Churchill: a formação de um estrategista imperial

Em setembro de 1897, Winston Churchill, aos 22 anos, viu o Himalaia pela primeira vez. O cenário o encantou, mas também o deixou um pouco horrorizado. Tendo vivido nos campos impecáveis do sul da Inglaterra, ele achou a topografia do noroeste da Índia totalmente desproporcional. As encostas altas eram cortadas por vales profundos, férteis e verdes, regados por rios cheios de peixes e pontilhados por vilarejos prósperos repletos de borboletas no final do verão. Nas encostas acima, a mudança foi drástica. A vegetação se tornou rasteira e esparsa, acabando por se tornar totalmente rala. As constantes erosões desgastaram o solo, expondo a rocha negra "primitiva".[1] Perto do topo das montanhas, o terreno era completamente estéril, coroado por massas de rocha irregular — uma diferença que logo se tornaria uma questão de vida ou morte.

Pela primeira vez em sua jovem vida, Winston Churchill estava indo para a guerra. Ele estava participando de uma campanha de pacificação, realizada para forçar a população local a aceitar o domínio britânico. Essa era a área de fronteira entre a Índia, a joia imperial da coroa britânica, e o Afeganistão. Durante anos, os britânicos haviam deixado os Pathans[1] em paz, mas agora, sob sua "Politica de Avanço", eles haviam recentemente movido forças militares para o mais ao norte possível. Era uma política imperialista típica; os britânicos queriam proteger o território antes que os russos, que estavam avançando para o sul a partir da Ásia Central, se aproximassem demais.

Para impor a autoridade britânica, uma série de postos militares foram construídos em todo o território Pathan. Uma dessas pequenas fortalezas controlava o tráfego pelo vale de Malakand, uma rota importante para o Afeganistão. Em 26 de julho de 1897, os Pathans locais lançaram um ataque surpresa contra o acampamento de Malakand, rota-chave para o Afeganistão, acendendo um estopim que se espalhou rapidamente para outros vales. Cada vez mais Pathans se uniram para tentar expulsar os ocupantes e, no início de agosto, mais de 150 oficiais e soldados britânicos haviam sido mortos ou feridos nos combates.[2]

Quando Churchill soube dos ataques, ele estava de licença na Inglaterra. Tenente de cavalaria do 4º Regimento de Hussardos da Rainha, então estacionado no sul da Índia, estava desesperado para entrar em ação e ansiava por notoriedade. Rapidamente, ele usou todas as influências que tinha em seu círculo social poderoso e foi levado a bordo por Sir Bindon Blood, o comandante da expedição enviada para derrotar os Pathans. A viagem da Inglaterra para a frente de batalha foi de mais de 16.000 quilômetros de trem, barco e depois trem novamente e, embora Churchill tenha partido imediatamente, levou mais de um mês para chegar. Tamanha era sua pressa que partiu sem todo o equipamento necessário e teve de comprar itens importantes que pertenceram a outros oficiais que haviam acabado de ser mortos no combate.

O primeiro contato de Churchill com o combate ocorreu em 16 de setembro, quando ele foi designado para uma força de cerca de mil soldados cuja função era "castigar" os habitantes do vale de Mamund.

---

[1]Hoje, os Pathans, conhecidos como Pashtuns, ainda estão associados a conflitos prolongados, refletindo a persistência de guerras sem sentido.

Esse vale era um beco sem saída, com aproximadamente 16 quilômetros de largura, em forma de panela e emoldurado por cumes rochosos. Os Pathans de Mamund, um grupo particularmente guerreiro aos olhos dos britânicos, deveriam pagar o preço por terem entrado na briga após os ataques a Malakand. As tropas britânicas receberam ordens para devastar o vale, executando qualquer morador que se opusesse a elas. Para Churchill, isso era "domar leões", necessário para ensinar aos Pathans sobre a "superioridade" inerente da raça britânica.[3]

As tropas britânicas que entraram no vale — a maioria das quais era indiana, de regimentos que incluíam o 35º Sikhs, o 38º Dogras e o 11º Bengal Lancers — acreditavam que um dia seria mais do que suficiente para infligir essa devastação. Muitos esperavam que os Pathans, diante de um exército organizado, simplesmente fugissem; e, durante as primeiras horas do dia, eles teriam se sentido bastante convencidos. Começando pouco antes do nascer do sol, as tropas avançaram metodicamente pelo fundo do vale. Os combatentes patanianos, que podiam ver o inimigo se aproximando, mantiveram distância, ocasionalmente brandindo espadas que brilhavam na luz da manhã. Eles esperaram até que as tropas se aproximassem e depois se retiraram lentamente, quase com insolência, pelas encostas do vale. Para tentar forçar um confronto, os britânicos atiraram neles enquanto recuavam, mas os Pathans não morderam a isca. Eles continuaram subindo, desaparecendo na paisagem cinzenta e pedregosa. No meio da manhã, sem quase nenhuma baixa e nenhum inimigo à vista, os comandantes britânicos decidiram avançar para as colinas. Churchill foi destacado para uma unidade de menos de cem homens que tinha como objetivo a aldeia de Shahi-Tangi, localizada no fim de uma estrada secundária no alto de um cume, no final do vale.

Ao se aproximarem de seu objetivo, tudo mudou. Formas humanas começaram a descer de muito mais alto, e cinco soldados britânicos foram alvejados em um instante.[4] Os Pathans conseguiam se mover mais rapidamente para cima e para baixo nas cordilheiras do que as tropas britânicas, e decidiram se posicionar. Churchill, entusiasmado com o fato de que finalmente poderia atirar em outro ser humano, pegou um rifle de um dos soldados sikhs sob seu comando e começou a disparar tiros contra o inimigo que avançava. Despreocupado com a própria segurança, ele via as ações dos outros sem piedade. Talvez isso fosse tudo o que ele podia fazer, pois os combates em Mamund revelaram rapidamente a brutalidade da guerra.

Os soldados britânicos executaram os prisioneiros que caíram em suas mãos e culparam os Pathans pelo massacre de seus companheiros.[5] Churchill afirmou ter visto corpos de britânicos, inclusive de um de seus amigos, selvagemente cortados em pedaços. Ele considerou o fuzilamento de prisioneiros patanianos uma resposta compreensível.[6] Mas se eles pareciam bárbaros para os britânicos, o sentimento era mais do que recíproco. Pela primeira vez em um combate em grande escala, os soldados britânicos estavam armados com balas dum-dum de ponta macia.[II] Durante o século XIX, como as armas de fogo se tornaram mais avançadas, com metais mais fortes, acessórios fabricados industrialmente e misturas mais potentes de pólvora, elas podiam disparar projéteis com uma velocidade de cano muito maior. Isso, paradoxalmente, poderia torná-los ineficazes. Na década de 1890, os rifles modernos disparavam balas de metal endurecido com tal força que, se não atingissem um osso ou órgão vital, poderiam passar suavemente por um ser humano, causando apenas pequenos ferimentos de entrada e saída não letais. As dum-dum corrigiram esse "problema" usando uma ponta de chumbo macio que se dividia e tombava em diferentes direções quando atingia a carne, arrancando pedaços das vísceras. Churchill contou à sua avó que, anteriormente, as dum-dums eram usadas apenas em animais selvagens, como tigres, mas que agora eles

[II] Elas receberam esse apelido em homenagem ao arsenal britânico na Índia, o Dum-Dum Arsenal, onde foram desenvolvidas. Foram necessários muitos anos para declará-las ilegais, pois o governo britânico travou uma batalha solitária contra a opinião internacional, cedendo apenas em 1907.

haviam decidido usá-las nos Pathans. Eles causaram os ferimentos mais horríveis, com "efeitos de rasgos dilacerantes... que são simplesmente terríveis". No entanto, em artigos e livros que escreveu após o evento, Churchill se esforçou muito para defender seu uso. Ele descreveu as balas dum-dum como tendo o impacto "maravilhoso" de uma "bela máquina".[7] O objetivo de uma bala era matar, ressaltou ele, e nesse caso as balas dum-dum cumpriam sua função admiravelmente. As balas do tipo dum-dum foram declaradas desumanas e ilegais pela Convenção de Haia em 1899, mas o governo britânico se recusou a aceitar a decisão. Eles o fariam, ainda que tardiamente, em 1907.[8]

O fato de ter acesso a balas do tipo dum-dum permitiu que Churchill e os outros combatentes impedissem o primeiro ataque dos Pathans. Armados com uma mistura de armas de fogo — algumas contrabandeadas, outras roubadas, outras tiradas de britânicos mortos — os Pathans não conseguiam produzir o poder de fogo sustentado de seu inimigo. No entanto, não importava quantos Pathans fossem mortos, mais e mais desciam do alto, e ficou claro que a posição britânica corria o risco de ser invadida. Espalhados em pequenos destacamentos ao longo da extremidade do vale, toda a sua força foi atacada, sem que houvesse reforços disponíveis para unidades em dificuldades, como a de Churchill. Foi tomada a decisão, embora humilhante, de recuar.

O caminho de volta pela colina era perigoso. Lutando para levar os feridos e mortos consigo, os britânicos tiveram que se arrastar lentamente de volta, com pequenos grupos segurando os Pathans enquanto outros carregavam os corpos. Se os Pathans atirassem em um carregador, a unidade inteira tinha que parar sob fogo e organizar outro grupo para carregar o homem recém-ferido. Por fim, o número de mortos e feridos se mostrou alto demais, e um oficial e doze homens foram deixados para trás na encosta para "serem cortados em pedaços".[9] Foi só ao meio-dia que a força de Churchill voltou ao início da estrada de acesso e entrou em contato com outras forças britânicas. Apesar de estarem exaustos e agora fervendo sob o sol do meio-dia, os oficiais decidiram voltar para destruir a aldeia e recuperar o corpo do oficial britânico. Uma força muito maior, seis companhias, foi reunida e ordenada a subir a estrada. Diante de tal força, os Pathans não suportaram. Os britânicos chegaram a Shahi-Tangi no meio da tarde e apagaram o vilarejo do mapa.

Mais uma vez foi ordenada a retirada e, na manhã seguinte, as exaustas forças britânicas estavam fora do vale. O custo foi muito alto. Dos mil homens que haviam marchado para Mamund, nove oficiais britânicos, quatro oficiais indianos e 136 soldados haviam sido mortos ou feridos. Churchill afirmou que essa era a maior taxa de baixas que os britânicos haviam sofrido em muitos anos. No entanto, em vez de admitir que a operação foi um fiasco, ele tentou argumentar que foi um sucesso. Afinal de contas, Shahi-Tangi havia sido destruída e mais de 200 combatentes patanianos haviam sido mortos.[10] Foi uma justificativa fraca de sua parte.

Blood, entendendo que os Mamund Pathans agora precisavam ser destruídos para além do recuperável, enviou uma brigada inteira para o vale em 29 de setembro. Ele disse a seus homens que "destruíssem com fogo e espada, em vingança".[11] Eles fizeram seu trabalho. Durante todo o dia, o Mamund ecoou os estrondos de edificações explodindo — tão regulares que pareciam uma barragem de artilharia. No final, os soldados arrasaram quatorze vilarejos e quarenta fortes diferentes, tamparam todos os poços, quebraram todos os reservatórios, cortaram todas as árvores e queimaram todos os alimentos e plantações que puderam encontrar. Os Pathans, incapazes de resistir a tal poderio, sentaram-se no alto das encostas das colinas, observando suas vidas lá embaixo serem destruídas.[III] Churchill apoiou o uso de tais táticas de

[III] Churchill, já mais velho, escreveria sobre essas operações com um toque de ironia, dizendo que "a honra havia sido satisfeita". Entretanto, em seus escritos públicos da época, ele apoiava fortemente a política de destruição de aldeias, e argumentou explicitamente a favor dela em seu livro de 1898, *The Story of the Malakand Field Force*.

terror, dizendo à sua mãe que o grande massacre dos Pathans os havia intimidado a se submeterem.[12]

Essas batalhas no vale de Mamund foram apenas uma pequena parte de um conflito maior e mais caro que se estendeu por meses. Em particular, Churchill expressou algumas dúvidas sobre a Política de Avanço, que havia levado os britânicos a uma posição em que precisavam gastar muito dinheiro para defender essa fronteira distante. Isso levou alguns a dizerem que Churchill se opunha a todo o plano. Isso está errado.[13] Em 1897, Winston Churchill acreditava em apenas duas coisas com convicção: seu próprio destino e o do Império Britânico. Embora pudesse ser cético em relação a alguns dos detalhes mais sutis da política imperial, ele nunca vacilou em sua determinação de que o Império Britânico deveria ser o mais poderoso possível e que ele era a pessoa certa para liderá-lo.

Essa autoconfiança era um acaso. Churchill foi criado para ser um servo do Império e, em troca, para ver o Império como um servo de sua grandeza. Ele nasceu na única casa não nobre da Inglaterra a ser considerada um palácio — Blenheim, a residência em Oxfordshire de seu avô, o 7º Duque de Marlborough. Criação do arquiteto Sir John Vanbrugh, Blenheim foi presenteada ao 1º Duque de Marlborough pelo governo inglês pelo mais importante dos atos, vencer os franceses em uma batalha. Com três lados, torres altas e pesadas e arquitetura barroca grandiosa, sem o menor sinal de capricho, sua imensidão só pode ser realmente apreciada à distância. De perto, sua vastidão é esmagadora. O pai de Churchill, Randolph, era o terceiro filho do duque. Um político ambicioso e promissor do Partido Conservador, desde o início de sua carreira Randolph era visto como um possível primeiro-ministro. A mãe de Churchill, Jennie, era americana, embora preferisse fortemente a vida na refinada e sofisticada Europa. Vivaz e sedutora, era filha de Leonard Jerome, um financista nova-iorquino alternadamente bem-sucedido e falido. Randolph e Jennie se conheceram durante as férias de verão de 1873, quando ele tinha 24 anos e ela, 19. Eles ficaram noivos após três dias, casaram-se após oito meses, e Winston nasceu um pouco depois de sete meses disso, em 30 de novembro de 1874.

Randolph e Jennie eram extremamente compatíveis, pois ambos eram emocionalmente atrofiados. Preferindo seus prazeres — incluindo corridas de cavalos e casos amorosos — a tudo o mais, eles passavam o mínimo de tempo possível com o novo filho. Winston foi colocado com babás, depois com tutores e, por fim, em internatos (o mais famoso foi o Harrow, no qual ele entrou em 1888 — e detestou). O garoto estava desesperado pelo afeto dos pais e escrevia cartas para eles implorando por visitas ou até mesmo por sinais de atenção. Em geral, ele se desapontava. Em determinado momento, sua mãe cortou o contato quando ficou irritada com suas súplicas, advertindo-o de que seu tom "não me agrada". Seu pai era conhecido por marcar reuniões praticamente ao lado de onde Winston morava, sem nunca avisar o filho.[IV]

Churchill não nasceu em uma meritocracia, caso contrário, teria tido poucas conquistas. Quando jovem, ele demonstrou, no máximo, talentos modestos e era propenso à preguiça. Pouco inspirado por sua educação, odiava a escola e estudava de forma irregular, recebendo notas próximas às mais baixas de sua classe. A única coisa que o empolgava era a guerra. A carta mais antiga que escreveu para a mãe de que se tem registro foi para agradecê-la por lhe enviar soldados de brinquedo, bandeiras e castelos.[14] Assim que entrou em Harrow, juntou-se ao Rifle Corps da escola, divertindo-se com a fumaça e a confusão das batalhas simuladas que travavam. Ele aprendeu a atirar e a cercar, acreditando que isso seria útil se entrasse para o exército.

[IV] Em defesa de Randolph e Jennie, às vezes se argumenta que os pais aristocráticos do final da era vitoriana eram socialmente condicionados a serem distantes de seus filhos. No entanto, essa é uma caricatura usada como uma desculpa conveniente. Eles não viviam de acordo com algum ideal; simplesmente não queriam passar tempo com o filho e estavam muito mais interessados em suas próprias vidas. Outros vitorianos da elite podiam ser e eram pais amorosos e atenciosos, mesmo que mandassem seus filhos para internatos.

Durante as férias, Churchill passava os dias brincando de soldado com seu irmão mais novo, Jack, e seus amigos. Ele era conhecido por treinar os meninos em técnicas militares adequadas — construindo pequenas fortalezas nos terrenos da propriedade e depois planejando ataques. Ele se lançava nesses jogos com uma imprudência que mais tarde demonstraria em campos de batalha reais. Certa vez, em um jogo no qual estava correndo, tentando escapar da captura de seu irmão e de um primo, Churchill se viu preso no meio de uma ponte velha e frágil, com um perseguidor em cada extremidade.[15] Mortificado com a perspectiva de rendição, ele decidiu pular 29 metros para o chão abaixo, esperando que os galhos finos dos pinheiros abaixo dele amortecessem a queda. Ele rompeu um rim e ficou inconsciente por três dias. Seriam necessárias lições mais difíceis do que essa para que sua ideia infantil de guerra amadurecesse.

Considerando seu fascínio pela guerra, não é de surpreender que Churchill tenha decidido se alistar no exército, mas mesmo assim isso provou ser um desafio. Para ser aceito, ele teve que passar no teste de admissão para o Royal Military College em Sandhurst. Mesmo com a ajuda de tutores, ele foi reprovado em suas duas primeiras tentativas (sua mãe aproveitou-se disso para argumentar que, como ele precisava estudar, ela não poderia vê-lo no Natal). Somente em junho de 1893, em sua terceira tentativa, ele conseguiu passar, mas por pouco. Com notas muito baixas para ser admitido na infantaria, sua única opção era entrar para a cavalaria.[V] Se esperava elogios do pai, rapidamente teve esta ilusão desfeita. Randolph, irritado com o fato de ter de arcar com o custo extra de sustentar o filho na cavalaria, enviou-lhe uma repreensão contundente. Ele reclamou que, apesar de receber todas as vantagens, Winston continuava com seu padrão de trabalho "desleixado".[16]

[V] A cavalaria tinha um limite de admissão mais baixo, por causa das despesas extras necessárias para entrar no serviço. A compra e a manutenção dos cavalos certos não eram baratas.

No entanto, quando Churchill entrou para a cavalaria, algo dentro dele se encaixou. A preparação para a guerra despertou um impulso interior. Ele se formou em Sandhurst em vigésimo lugar em sua turma de 130 alunos, tendo passado tanto tempo na sela que todo o seu corpo doía.[17] Com os Hussardos, ele finalmente encontrou um lar feliz; adorava as refeições formais noturnas, as mesas do refeitório carregadas de prataria regimental ornamentada, os oficiais de uniforme e os cardápios escritos em francês (o que, ele admitia, era a única coisa francesa na comida). Gostava de beber com seus colegas oficiais — o início de um caso de amor com o álcool que duraria a vida toda.

Ele também estava disposto a assumir mais responsabilidades. Enquanto Churchill estava em Sandhurst, a saúde de seu pai se deteriorou. Os discursos de Randolph no Parlamento se tornaram erráticos, espetáculos horríveis, enquanto sua mente vagava sem controle. Durante décadas, muitos pensaram (inclusive o próprio Churchill) que Randolph estava sofrendo dos estágios avançados da sífilis, embora isso agora pareça improvável. É mais plausível que ele estivesse sofrendo de uma doença neurológica não diagnosticada, como um tumor cerebral. Independentemente disso, seu declínio foi humilhante. Lord Rosebery, o primeiro-ministro, disse certa vez que Randolph "não teve cortina nem recolhimento, ele morreu aos poucos, em público". Com o tempo, sua condição tornou-se tão grave que foi considerado necessário escondê-lo em uma turnê mundial. Na Índia, no final de 1894, Randolph ficou tão doente que foi enviado de volta à Inglaterra, onde morreu em janeiro de 1895.

A morte de Randolph foi uma libertação para Winston. Agora chefe de família, ele não precisava mais suportar os constantes insultos paternos, e Jennie, com a morte do marido, se transformou. Ela deixou de ser uma figura distante e indiferente para se tornar a maior patrocinadora de Winston, e fez da promoção da carreira dele uma de suas principais ocupações. Churchill, um pouco atordoado com a mudança, observou que, a partir de então, ele e Jennie trabalhavam como uma equipe, embora ele também tivesse o cuidado de dizer que eram mais como irmão e irmã do que como mãe e filho.

Uma das habilidades mais fortes de Jennie era ajudar Winston a conseguir as nomeações que ele tanto desejava. E isso é importante para você entender a verdadeira riqueza do passado de Churchill. Ele não era rico em capital; as dívidas de Randolph eram quase tão grandes quanto seus bens, e mãe e filho tinham uma vida modesta. O que os Churchill possuíam em abundância era o capital social. A família era uma das mais famosas e poderosas da Grã-Bretanha, e Jennie passava boa parte de seu tempo cultivando conexões na política e na sociedade britânicas (havia rumores de que entre seus muitos amantes estava o futuro rei Eduardo VII). Quando Winston queria burlar as regras a seu favor, o que acontecia na maioria das vezes, ele podia ir direto ao topo.

Esse capital social era necessário, pois Churchill tinha uma preocupação real: a de não conseguir ver um combate. Quando ele entrou para o exército, havia uma geração de oficiais acima dele que não tinha visto ação real.[18] Mas o Império Britânico estava relativamente calmo desde o início da década de 1880, com explosões ocasionais de violência, porém sem conflitos em grande escala. Isso não seria suficiente para Winston Churchill. Ele não seguia uma carreira militar apenas por seguir. Fazia parte de seu plano — na verdade, ele acreditava que era seu destino — tornar-se um homem de fama e poder político.[19] Ele estava mais do que ciente de que a melhor maneira de ganhar notoriedade era por meio da divulgação de algumas façanhas militares arrojadas.[20]

Portanto, ele precisava chamar a atenção, mesmo como observador. Em 1895, ele soube que os espanhóis estavam prestes a enviar 80.000 soldados para sua colônia de Cuba, liderados por seu comandante mais famoso, o marechal Arsenio Martínez Campos. Essa força estava sendo designada para esmagar uma revolta do povo cubano, e Churchill queria testemunhar a luta. Conseguir isso foi relativamente fácil, pois o embaixador britânico em Madri, Sir Henry Drummond Wolff, era um dos amigos mais antigos de Randolph Churchill. O embaixador fez excelentes apresentações a todas as pessoas importantes do exército espanhol e prometeu a Churchill que Martínez Campos o receberia pessoalmente em Cuba. Mostrando pela primeira vez o instinto de publicidade e de ganhar dinheiro que caracterizaria sua carreira, Churchill também entrou em contato com o *Daily Graphic*, o primeiro jornal ilustrado diário editado no Reino Unido, que já havia publicado artigos escritos por seu pai. Ele rapidamente recebeu um contrato para publicar quaisquer histórias de Cuba que pudesse fornecer, a cinco guinéus a peça.[21]

No verão de 1895, Churchill partiu para observar a experiência "emocionante e imensa" da guerra.[22] Quando chegou a Havana, como ele mesmo recordou mais tarde, sentiu-se como Long John Silver contemplando a Ilha do Tesouro.[23] Ele até conseguiu alguns charutos cubanos excelentes, o que ajudou a dar início a outra paixão de sua vida.

Uma vez em Cuba, as conexões de Churchill se mostraram inestimáveis, e ele recebeu tudo de que precisava. Depois de uma viagem com escolta em um trem especialmente protegido, ele foi recebido calorosamente por Martínez Campos e informado sobre onde poderia entrar em ação imediatamente. Churchill correu para a cidade de Sancti Spiritus, repleta de doenças, um lugar que ele julgou estar em "um estado terrível, com cerca de quatro pestes diferentes grassando".[24] Ali, passou a noite em uma taberna, esperando por uma força espanhola de 3.000 pessoas. Os espanhóis estavam prestes a atacar as forças rebeldes escondidas nas profundezas da selva cubana, e Churchill pretendia marchar com eles.

Seu primeiro dia como testemunha de operações foi um choque. O dia começou com uma marcha rápida e precoce, bem quando o sol estava nascendo. Os espanhóis progrediram de forma surpreendentemente rápida pela selva, e Churchill ficou impressionado com a maneira como usavam seus facões para cortar a densa vegetação com facilidade.[25] Às nove horas, a coluna parou e foi preparado um farto café da manhã, incluindo um ensopado grosso e, o mais delicioso, coquetéis de rum. Em seguida, em vez da marcha recomendada, foram armadas redes entre as árvores no dossel para todos os oficiais. Logo toda a força estava dormindo e não se moveu pelas quatro horas seguintes. Somente à tarde as tropas foram despertadas do sono, e o avanço continuou. Churchill, para sua surpresa, achou esse cronograma extremamente eficiente. Ele calculou que os homens cobriram tanto terreno quanto se tivessem sido forçados a caminhar o dia todo e, com a sesta, chegaram ao destino mais revigorados. Sendo um racialista convicto, Churchill atribuiu esses sucessos espanhóis ao fato de estarem "mais próximos da natureza" do que os anglo-saxões, mais analíticos e tecnicamente avançados.

Ele também ficou inquieto. Esse ritmo agradável de marcha-sesta-marcha continuou nos dias seguintes, sem que quase nenhum inimigo fosse visto ou um tiro fosse disparado. Finalmente, quando parecia que a campanha não daria em nada, os espanhóis encontraram alguns rebeldes. No vigésimo primeiro aniversário de Churchill, ele vivenciou alegremente a experiência de estar sob fogo quando uma bala rebelde passou a um palmo de sua cabeça e matou um cavalo que estava ao seu lado. Nos três dias seguintes, houve disparos esporádicos de fuzil entre os rebeldes e os espanhóis, embora fosse extremamente difícil ver o inimigo, mais visível apenas pela fumaça ocasional das armas.

Por fim, parecia que uma verdadeira batalha ia acontecer. Os espanhóis se depararam com um acampamento rebelde e mobilizaram toda a sua força para atacar, com a infantaria e a artilharia mirando diretamente na linha rebelde e a cavalaria sendo enviada para se deslocar pelos flancos. Logo houve fogo pesado de todos os lados. Para Churchill, os rifles Remington dos rebeldes soltavam um gemido "profundo", enquanto a linha espanhola, que disparava Mausers mais eficientes, emitia um "chocalho estridente".[26] No entanto, apesar de todo o barulho e fumaça, o combate não foi satisfatório. Embora conseguissem tomar a posição — na verdade, conseguiam forçar os rebeldes a sair de qualquer área em que fossem descobertos —, os espanhóis nunca puderam matar ou capturar muitos dos inimigos. Os rebeldes eram muito hábeis em recuar, carregando seus feridos e mortos. Era como lutar contra um fantasma.

Se esse tipo de combate ensinou a Churchill pouca coisa concreta sobre a guerra (exceto sua confusão inata), revelou como o império estava se tornando a pedra angular de sua ideologia estratégica. Churchill foi para Cuba simpatizando com os rebeldes, pensando que eles estavam lutando contra a injustiça. Quando percebeu que se tratava de uma guerra anti-imperialista, mudou de ideia. Durante um dos dias de marcha tranquila na selva, ele conversou com um oficial espanhol, que o deixou atônito quando descreveu a missão do Império Espanhol em Cuba exatamente da mesma forma que o próprio Churchill retratou a presença do Império Britânico na Índia. No início, Churchill achou que isso demonstrava uma verdadeira arrogância por parte do espanhol, que ousava comparar as posições imperiais da Espanha com as da Grã-Bretanha.[27] No entanto, ser forçado a ver os espanhóis como companheiros imperialistas foi transformador, e Churchill se tornou fortemente solidário à causa deles. Quando sua viagem terminou, seus anfitriões o condecoraram com a Cruz Vermelha, honraria militar normalmente só concedida a oficiais espanhóis.

Apesar de querer que os espanhóis vencessem, Churchill temia que eles estivessem imersos em um conflito "interminável" que poderia sobrecarregar seus limitados recursos econômicos. Se a Espanha fosse forçada a sair, a última coisa que ele queria era uma Cuba independente. A ideia de pessoas não brancas governando a si mesmas era algo que ele não queria ou não podia acreditar ser possível. Uma Cuba independente, defendia ele, seria dominada por seu "elemento negro" e mergulharia no caos.[28] Em seu último artigo para o *Daily Graphic*, o jovem de 21 anos disse com confiança ao seu público que todas as "pessoas imparciais" que viviam em Cuba viam a independência como um sonho impossível, e que uma vitória rebelde levaria a um "governo falido, dilacerado por animosidades raciais e revoluções recorrentes".[29] Seria melhor para todos, acreditava ele, se os Estados Unidos entrassem em cena como os novos imperialistas. Seu verdadeiro temor era que os Estados Unidos, que estavam criticando o domínio espanhol com vigor crescente, pudessem forçar a Espanha a sair de Cuba, mas não reimperializar a ilha. Em sua opinião, isso seria "monstruoso".[30]

O futuro do Império Britânico como um pivô estratégico se fortaleceria com a exposição de Churchill à guerra. Sua próxima grande missão foi uma das mais importantes de sua vida — o destacamento em 1896 dos 4th Queen's Own Hussars para a Índia. Quando Churchill chegou à Índia, o Império Britânico parecia estar serenamente enraizado. O domínio estava em operação há mais de um século e havia desenvolvido suas próprias instituições e tradições. Havia um grande exército indiano (com oficiais britânicos), uma burocracia dominada pelos britânicos e interesses comerciais arraigados que controlavam a economia da Índia, todos subordinados a um vice-rei britânico que vivia em palácios enormes e ornamentados, ao mesmo tempo que exibia um ar de supremacia altiva. Toda essa burocracia operava sob a autoridade nominal da Rainha Vitória, de setenta e sete anos de idade, coroada Imperatriz da Índia (ela nunca pisou em solo indiano), embora a supervisão real fosse exercida pelo governo em Londres, que mantinha um Escritório da Índia separado, com um secretário de Estado que fazia parte do gabinete.

Essa estrutura de controle em camadas era necessária porque os britânicos entendiam, embora não admitissem, que sua autoridade era mantida pela constante ameaça de violência. Desde sua chegada à Índia, no século XVII, sob os auspícios da Companhia das Índias Orientais, houve uma série de tentativas violentas de derrubar o domínio vigente. Depois de uma grande revolta indiana em 1857, os britânicos instituíram o governo direto com a criação do "Raj", mas isso não foi capaz de deter a violência. Como o período de Churchill lá demonstraria, o conflito poderia irromper a qualquer momento.

Naturalmente, Churchill queria acreditar que a maioria dos indianos estava feliz por ser governada pelos britânicos. Quando chegou ao acampamento dos hussardos, perto de Bangalore, descobriu que poderia contratar três empregados com salários ínfimos, e todas as suas necessidades seriam atendidas. "Se você gosta de ser servido e de se livrar das preocupações domésticas, a Índia... era a perfeição", lembrou ele mais tarde. "Tudo o que você precisava fazer era entregar seu uniforme e suas roupas para o ajudante de vestimentas, seus pôneis para o tratador e seu dinheiro para o mordomo, e você nunca mais precisaria se preocupar... [Seus servos] dedicariam suas vidas à tarefa. Por um salário humilde, justiça e algumas palavras gentis, não havia nada que eles não fizessem."[31]

Livre de tarefas mundanas, Churchill se entregou a dois interesses crescentes. Tornou-se um dos jogadores de polo mais entusiasmados e habilidosos do exército britânico — a natureza aristocrática do jogo o atraía e estimulava seu lado intensamente competitivo. Os treinos de polo ocupavam grande parte do dia, principalmente no final da tarde, quando não estava muito quente para os cavalos. Mas, do ponto de vista do futuro estrategista, é interessante observar o que Churchill fazia antes disso, quando o calor do dia era mais intenso e os oficiais ficavam na sombra. Ele começou a ler, tentando compensar sua conduta desleixada na escola. Começou devorando o clássico do século XVIII de Edward Gibbon, em seis volumes, *The History of the Decline and Fall of the Roman Empire*. Não foi por acaso. Por trás da bravata imperial, Churchill estava preocupado com o futuro de seu império.

Quando leu Gibbon, com suas histórias sobre a queda de Roma devido à fraqueza religiosa, à corrupção interna e à ameaça de bárbaros impiedosos, sua mente se acelerou.

Pouco tempo depois de ler Gibbon, Churchill fez seu primeiro discurso político, proferido durante uma licença na Inglaterra, para a Primrose League of Bath, em 26 de julho de 1897 (o dia em que Churchill ouviu falar pela primeira vez do ataque ao campo de Malakand).[VI] Nesse cenário político, ele ridicularizou aqueles que diziam que o Império estava enfraquecendo "como a Babilônia, Cartago e Roma haviam declinado" e pediu que o povo britânico reforçasse sua determinação e lutasse para manter o Império contra os vendedores de desgraças. "Não acredite nesses pessimistas... mas desminta seu lamento sombrio, demonstrando por meio de nossas ações que o vigor e a vitalidade de nossa raça estão intactos, e que nossa determinação é manter o Império que herdamos de nossos pais como ingleses."[32] Afinal, o Império Britânico era a maior força para o bem no mundo, levando "paz, civilização e bom governo aos confins da Terra".[33]

Nos anos seguintes, ele defenderia diferentes esquemas — alguns para endurecer o povo britânico para que cumprisse sua missão, outros com vistas a recompensá-lo para que amasse mais o sistema, mas todos com o objetivo de reforçar a força imperial. Essa necessidade poderia ocasionalmente levar Churchill a assumir posições mais progressistas, como ele deixou claro no terceiro discurso político que fez — para os membros do Partido Conservador em Southsea, em 1898. Nesse discurso, ele expôs que a reforma social era necessária para tornar o povo britânico um melhor servidor do Império: "Para manter nosso império, precisamos ter um povo livre, educado e bem alimentado. É por isso que somos a favor da reforma social."[34]

[VI] Randolph Churchill foi um dos fundadores da Primrose League, em 1883. Ela foi criada com a finalidade de oferecer uma organização para divulgar e discutir as políticas do Partido Conservador.

Ele até criou sua própria versão de uma sociedade britânica aperfeiçoada, que funcionaria como um veículo para manter o Império. Ele deu atenção especial à educação e ao treinamento dos jovens. Na visão de Churchill sobre *A República* de Platão, a virilidade deveria ser mais valorizada do que a educação. "Aos dezesseis ou dezessete anos, eles [os jovens] começam a aprender um ofício e a fazer um trabalho manual saudável, com muita poesia, canções, danças, exercícios e ginástica em seu tempo livre", disse ele. "Assim, eles podem extravasar em algo útil. Somente quando estiverem realmente sedentos de conhecimento, desejosos de ouvir sobre as coisas, é que eu os deixaria ir para a universidade. Seria um favor, um privilégio cobiçado, a ser concedido apenas àqueles que tivessem provado seu valor na fábrica ou no campo, ou cujas qualidades e zelo fossem preeminentes."[35]

Em particular, ele era igualmente determinado. Em dezembro de 1897, logo após participar da pacificação brutal dos Pathans, Churchill escreveu para sua mãe e irmão. Ele pediu a Jack que viajasse e visse o máximo que pudesse "deste nosso grande império — a cuja manutenção dedicarei minha vida."[36] À sua mãe, ele prometeu: "Dedicarei minha vida à preservação deste grande império e à tentativa de manter o progresso do povo inglês."[37]

É importante observar que Churchill se referia especificamente ao povo inglês — e não aos povos de língua inglesa. Uma noção romântica tem sido propagada de que Churchill era naturalmente pró-americano ou, como já foi dito, teve um "amor verdadeiro" pelos Estados Unidos durante toda a vida.[38] Isso é um clichê. Embora a mãe de Churchill fosse americana, ele sempre abordou assuntos estratégicos de uma perspectiva centrada na Grã-Bretanha. Durante suas duas primeiras visitas aos Estados Unidos, ele ficou impressionado com o quanto a cultura americana era estranha à sua. Embora gostasse de muitas coisas sobre os EUA — sua novidade, sua agressividade, sua arrogância —, ele detestava outras tantas, incluindo seu populismo, sua falta de respeito pela tradição e o que ele considerava sua política externa "odiosa", que só servia para "enojar as pessoas educadas".[VII] Ele certamente queria a amizade entre os Estados Unidos e a Grã-Bretanha, mas agora e ao longo de sua carreira estava preocupado com o fato de que não se podia confiar nos Estados Unidos para atender às necessidades do Império Britânico. Como ele disse para sua mãe: "Um dos princípios de minha política sempre será promover o bom entendimento entre as comunidades de língua inglesa. Ao mesmo tempo, as alianças hoje em dia são inúteis. Enquanto os interesses de duas nações coincidirem e até onde coincidirem, elas são e serão aliadas. Mas quando divergirem, deixarão de ser."[39] Quando sua mãe propôs a criação de uma nova revista, intitulada *The Anglo-Saxon*, que enfatizaria a estreita ligação entre a Grã-Bretanha, o Império Britânico e os Estados Unidos, Churchill tentou persuadi-la a mudar o nome para *The Imperial*.[40,VIII] Suas lealdades não seriam diluídas.

Depois de Cuba, esse foco no Império continuou a despertar seu desejo de entrar na guerra. Por isso ele estava tão desesperado para atuar na campanha de Malakand e, depois que ela terminasse, participar de uma campanha de pacificação semelhante no vale de Tirah.[41,IX] Também foi por isso que ele ficou furioso quando suas primeiras reportagens não conseguiram ganhar publicidade. Para custear as despesas pessoais durante a campanha de Malakand (como o regimento de Churchill não foi designado para o combate, ele teve de pagar sua própria manutenção), ele concordou em escrever reportagens para o *Daily Telegraph*. Para sua surpresa, seus artigos foram publicados como trabalho de um oficial

---

[VII] Sempre aristocrata, Churchill detestava especialmente o papel-moeda americano, que considerava indescritivelmente comum. Ele preferia moedas pesadas, de metais preciosos.

[VIII] Jennie conseguiu, de fato, ajudar a produzir algumas edições do periódico que acabou sendo intitulado *The Anglo-Saxon Review*, entre 1899 e 1901, mas a revista não foi um sucesso.

[IX] Infelizmente para Churchill, ele chegou ao Tirah depois que os combates haviam parado, de modo que não pôde fazer um nome maior lá.

anônimo. Quando descobriu, ele reclamou com a mãe: "Não vou esconder minha decepção por eles não terem sido assinados. Eu os escrevi com o objetivo de levar minha personalidade ao eleitorado. Eu esperava que alguma vantagem política pudesse ser obtida."[42]

Frustrado, ele decidiu levar seus esforços ao público britânico de forma ainda mais espetacular, escrevendo um livro. Cheio de uma energia que surpreendeu a si mesmo, ele concluiu o manuscrito em poucos meses e o enviou às editoras no início de 1898. O livro em si, intitulado *The Story of the Malakand Field Force (A história da força de campo de Malakand)*, revelou que Churchill tinha jeito com as palavras — tanto para pintar quadros quanto para argumentar. Ele apresentou a guerra de forma vívida, com sons e cheiros, e apimentou a narrativa com opiniões diferentes (todas defendendo a mesma coisa: que a Grã-Bretanha estava absolutamente certa em fazer o que estava fazendo).

O livro deu a Churchill uma notoriedade surpreendente. Um de seus maiores fãs foi o primeiro-ministro e Secretário de Relações Exteriores de longa data, Lord Salisbury. Descendente de outra das famílias mais famosas da Inglaterra, os Cecil, Salisbury era um elemento presente na política britânica há meio século. Como um jovem colaborador de Randolph Churchill, ele foi inicialmente um oponente das tentativas de democratizar o sistema britânico. Mais tarde, cedeu para poder desempenhar um papel em sua área de maior interesse: política externa e imperial. Salisbury foi primeiro-ministro durante todos os anos, com exceção de três, entre 1886 e 1902, atuando como Secretário de Relações Exteriores durante a maior parte desse período. Cortês, distante e cínico, ele personificava fisicamente a aristocracia britânica que mantinha a vida moderna sob controle, e Churchill o adorava por isso. Na política externa, Salisbury trabalhou para manter o Império diante do crescimento relativamente mais rápido de seus rivais internacionais — os alemães, os russos e, ouse-se dizer, os americanos. Foi Salisbury, muito ironicamente, quem falou que os britânicos queriam seguir uma política de "esplêndido isolamento" — embora ele mesmo soubesse que essa posição era impossível.

Depois de ler *The Story of the Malakand Field Force*, Salisbury enviou uma carta a Churchill "do nada", pedindo para conversar com ele. Assim, no verão de 1898, o jovem tenente foi conduzido ao vasto e ornamentado escritório do Secretário de Relações Exteriores em Whitehall e teve meia hora de conversa com a pessoa mais poderosa do mundo. Salisbury elogiou muito o livro e disse a Churchill: "Se, a qualquer momento, eu puder fazer algo que possa ser útil para você, não deixe de me avisar".[43]

O momento não poderia ter sido melhor, pois Churchill queria um grande favor. Durante meses, uma nova guerra estava se formando, desta vez na África Oriental. A guerra em questão era uma campanha britânica, travada para se recuperar da talvez mais famosa derrota da era imperial: a ruína, em 1885, do major-general Charles George Gordon e sua força durante a queda de Cartum. Gordon, um fanático religioso cristão, havia tentado manter a maior cidade do Sudão contra um levante islâmico liderado por outro fanático conhecido como Mahdi, que estava no comando de uma força que os britânicos chamavam de dervixes. Durante a maior parte de 1884, os britânicos assistiram atônitos enquanto Gordon e seus soldados estavam sitiados em Cartum (Gordon se recusou a seguir ordens e recuar). Em janeiro de 1885, com uma força de socorro descendo o Nilo e a apenas alguns dias de distância, Cartum caiu e Gordon foi morto, entrando rapidamente para o panteão dos heróis imperiais.

Em 1898, os britânicos estavam prontos para se vingar. Mahdi havia morrido, mas seu regime continuava vivo, com Cartum como capital — uma lembrança constante de sua derrota anterior. Uma grande força foi reunida no Egito e colocada sob o comando do dramaticamente bigodudo Sir Herbert Kitchener, chamado de *sirdar* (líder) para manter a ficção de que ele cumpria ordens do governo egípcio.[X] Churchill estava desesperado para participar da campanha, mas havia se deparado com um obstáculo chamado Kitchener. O sirdar, assim como muitos oficiais superiores do exército britânico, passou a desprezar Churchill por considerá-lo um promotor de si mesmo sem-vergonha que estava usando o exército para obter vantagens pessoais. Assim, Kitchener rejeitou friamente todas as tentativas de Churchill de conseguir um posto no teatro de guerra. Como não havia mais ninguém a quem pedir ajuda, Churchill procurou o primeiro-ministro. Embora Kitchener continuasse hostil, uma exceção especial e burocrática foi encontrada especialmente para ele. Certas unidades que participavam da invasão — incluindo o 21º Lancers, um novo e desconhecido regimento de cavalaria — estavam formalmente sob o controle do War Office em Londres, e não de Kitchener. Aproveitando-se dessa brecha, Churchill foi designado para os Lancers no último minuto e partiu apressadamente para a guerra.

E que guerra foi essa. A batalha culminada pela campanha foi travada em frente à cidade de Cartum (no entanto, para desgosto de Kitchener, a batalha foi oficialmente nomeada de Omdurman, e não Cartum, pelo War Office) e marcou o fim de uma era particular da guerra imperial. Metódico e sem humor, o sirdar não tinha intenção de fazer nada além de eliminar as forças e o regime sudaneses. Ele mandou construir uma ferrovia moderna através do deserto do Saara, para que as tropas e os suprimentos, incluindo os canhões Maxim (as primeiras metralhadoras) e as peças de artilharia, pudessem fluir sem obstáculos pelas centenas de quilômetros da fronteira egípcia até Cartum.[44] Ele até mesmo enviou canhoneiras modernas, em pedaços, pela ferrovia, e as montou no alto Nilo. Assim, o exército de Kitchener

---

[X] O Egito não fazia parte formalmente do Império Britânico, mas era um Estado cliente do Reino Unido, e seu governo estava completamente sob o controle de autoridades britânicas, sendo a mais famosa delas Lord Cromer, que por mais de vinte anos governou o Cairo como um novo faraó.

estava repleto de poder de fogo ao se aproximar de seu objetivo. Embora seu exército de 25.000 homens (17.000 dos quais eram egípcios ou sudaneses) ainda fosse consideravelmente menor do que o exército dervixe, de aproximadamente 60.000, ele nunca perderia. Os dervixes tinham apenas 20.000 rifles, uma coleção heterogênea, na melhor das hipóteses, e a maioria de seus homens estava armada com espadas e lanças. Churchill foi para a batalha com o coração leve.

Ele também teria uma das vistas mais espetaculares do confronto que se aproximava.[45] Em 1º de setembro de 1898, Kitchener havia acomodado seu exército em um acampamento ao longo de uma curva do Nilo em forma de crescente defensável, ao norte de Cartum. Duas grandes cadeias de colinas protegiam seus dois flancos e afunilavam todas as tropas que se aproximavam para uma planície arenosa diretamente na frente de sua linha. Para oferecer mais proteção às suas tropas, mandou que fortificassem a posição com uma *zariba* — fileiras de cipós densamente entrelaçados e cobertos de espinhos. Kitchener criou um campo de batalha e, na manhã de 2 de setembro, os dervixes marcharam diretamente para ele.

A princípio, os 21º Lancers foram mantidos dentro da zariba, mas, no início da manhã, Churchill recebeu uma designação especial para explorar Jebel Surgham, o cume rochoso que protegia o flanco esquerdo do acampamento de Kitchener. Levando sete soldados consigo, trotou o mais silenciosamente possível pelo terreno irregular, sem saber se os dervixes já haviam fortificado a colina. Na penumbra do início da manhã, ele ordenou que seus homens se separassem por cem metros, de modo que, se tropeçassem no inimigo, os que estavam na retaguarda poderiam fugir e avisar Kitchener.

Quando finalmente chegaram ao topo de Jebel Surgham, os primeiros raios fortes do sol da manhã estavam despontando no horizonte, revelando que o cume estava desprotegido e também desnudando quase todo o exército dervixe em movimento. A princípio, as formações dervixes pareciam quilômetros de manchas longas e empoeiradas à distância. À medida que se aproximavam, porém, eles se tornaram assustadoramente distintos. Churchill podia ver os dervixes em suas vestes brancas, agitando bandeiras coloridas no ar da manhã e erguendo suas armas em exultação. Logo, o brado de guerra, antes indistinto e baixo, tornou-se agudo e estrondoso, à medida que as fileiras dos dervixes reuniam a coragem necessária para marchar rumo a uma morte quase certa. Para Churchill, foi "uma hora para viver".[46]

A primeira parte da batalha seguiu exatamente o roteiro de Kitchener.[47] Os dervixes foram direto para suas linhas bem defendidas. A mais de 2.000 metros de distância, a artilharia britânica abriu fogo contra as tropas atacantes, derrubando multidões de homens que se aglomeravam. Os dervixes que tiveram a sorte de sobreviver à artilharia foram então abatidos pelo fogo de metralhadoras e de rifles concentrados, começando a cerca de 1.000 metros. Ainda assim, eles continuaram avançando até que sua linha de frente foi quase totalmente cortada, permitindo que apenas pequenos grupos de homens desorganizados e desanimados recuassem. Todos os dervixes que tiveram o azar de serem capturados pelo exército britânico foram executados sumariamente.[48,XI] Quase nenhum soldado britânico foi tocado. Churchill, em seu cume, estava tão alto que podia sentir a pressão do ar dos projéteis da artilharia britânica quando eles caíam sobre os inimigos. Mais tarde, quando viu seus corpos pálidos e mortos empilhados diante das linhas britânicas, ele os comparou a "montes de neve" no chão do deserto.

Depois que o primeiro ataque dervixe foi interrompido, Kitchener decidiu avançar suas tropas para enfrentar o restante do exército rival mais perto de Cartum. Isso prometia ser uma tarefa mais complicada,

[XI]Mais uma vez, Churchill estava mais do que ciente de que os soldados sob comando britânico eram responsáveis por crimes de guerra, como a morte de prisioneiros indefesos. No caso de Omdurman, ele tentou culpar as tropas não brancas pela maioria dos assassinatos.

pois seu exército teria que deixar a segurança do acampamento. Como parte desse movimento, os 21º Lancers receberam ordens de sair da zariba para explorar o território entre o acampamento e Cartum. Movendo-se em torno de Jebel Surgham para a esquerda, eles ficaram isolados na borda do exército de Kitchener. Ao contornarem a colina, foram as primeiras tropas britânicas que puderam ver a suntuosa cidade construída em barro à distância, com seus grandes minaretes e a paisagem urbana dominada pelo imenso túmulo do próprio Mahdi. Ao se deparar com o que parecia um pequeno grupo de dervixes, o comandante dos Lancers ordenou uma carga, e Churchill assumiu o comando de um pelotão de vinte e cinco homens para aquilo que acreditava ser um dos grandes momentos de sua vida.[49]

O deserto, no entanto, havia pregado uma peça mortal. Quando os 21º Lancers atacaram o inimigo, a todo galope e com as espadas desembainhadas, eles não tinham ideia do que estavam fazendo. Em vez de haver algumas centenas de inimigos em uma planície, os Lancers estavam avançando diretamente para uma grande depressão que não podiam ver, cheia de 2.000 dervixes agachados. As forças inimigas invisíveis, em fileiras de dez a doze, se levantaram quando a cavalaria se chocou contra elas, cortando com espadas e disparando armas. Os Lancers giravam freneticamente, todos com um único pensamento: permanecer em seus cavalos. Se você fosse arrastado para fora da sela, seria consumido por uma massa furiosa de inimigos, como uma baleia eviscerada por tubarões. Então, alguns gritos patéticos seriam ouvidos e, em seguida, o homem desapareceria.

Churchill, em meio ao caos, pegou sua pistola — uma Mauser semiautomática que ele havia comprado por acaso quando estava em Londres — e começou a atirar em toda a sua volta. Ele manteve seu cavalo em movimento e, mais uma vez, agradeceu pelas dum-dums, que conseguiam parar um inimigo em seu caminho — uma vantagem necessária, já que a luta era tão íntima. Um dervixe que ele alvejou estava tão próximo que, quando Churchill apertou o gatilho, o cano de sua Mauser tocava o alvo. Ele estava convencido de que havia atirado em pelo menos cinco homens em poucos segundos.[50]

No entanto, ele também experimentou algo novo. Pela primeira vez durante uma batalha, talvez pela primeira vez em sua vida, Winston Churchill sentiu medo de verdade. A investida dos 21º Lancers, a última investida real na história da cavalaria britânica, foi estúpida e desnecessária, e ele poderia muito bem ter morrido.[51] Muitos outros morreram. Em menos de cinco minutos, o regimento registrou 70 mortos e feridos entre os 300 oficiais e homens.[52] Em comparação com as baixas extraordinariamente leves no restante do exército de Kitchener, esse foi um saldo terrível.[XII] Churchill, no entanto, ainda não estava disposto a aprender com seu medo. Como grande parte do público britânico, ele se concentrou no heroísmo dos Lancers, não na inutilidade do ataque, considerado tão corajoso que três homens receberam a Victoria Cross, o maior prêmio de bravura do país. Mesmo isso não foi suficiente para Churchill. Ele desejava que mais de seus homens tivessem morrido. Ele reclamou com sua mãe que se os 21º Lancers tivessem sofrido mais cinquenta ou sessenta baixas, isso "teria tornado o desempenho histórico e nos deixaria orgulhosos de nossa raça e sangue".[53]

Ainda assim, Churchill fez o possível para tirar proveito dos soldados que morreram, entrando para a política. Quando finalmente retornou à Inglaterra, em 1899 (após uma transferência para o 4º Regimento de Hussardos na Índia a fim de competir em um torneio de polo), ele deixou o exército e tentou entrar no Parlamento. Foi escolhido como um dos candidatos do Partido Conservador para Oldham, um distrito eleitoral marginal de dois assentos, repleto de

---

[XII] O exército inteiro de Kitchener sofreu menos de 500 baixas em Omdurman, das quais menos de 50 foram mortes. Portanto, em poucos minutos, os Lancers tiveram baixas equivalentes a quase metade de todos os soldados do exército mortos durante a batalha.

trabalhadores industriais e não um bairro naturalmente conservador. O partido havia conquistado as duas cadeiras em sua vitória esmagadora em 1895, mas temia-se que o Partido Liberal, de oposição, pudesse reconquistá-las. Churchill, um candidato jovem e enérgico, com um dos nomes mais famosos do país e uma reputação incipiente como herói de guerra, foi considerado o candidato perfeito para tentar manter os conservadores.

O pleito em si abriu seus olhos. As eleições parciais eram curtas e intensas. A campanha de Churchill foi do final de junho de 1899 até o início de julho, uma confusão de discursos e discussões sobre questões locais. Ele concorreu como um conservador ortodoxo. Opunha-se veementemente ao sufrágio feminino, embora pedisse melhorias nas condições dos trabalhadores pobres (a única coisa sensata que poderia fazer em um distrito de classe trabalhadora).[54] O que mais o empolgava, no entanto, era a questão do Império.[55] Ele encerrou seu discurso de abertura com um apelo entusiasmado para que o Império Britânico fosse fortalecido, até mesmo ampliado — dizendo que apoiaria um governo que tivesse como missão "consolidar o Império, fortalecer os laços de união entre seus postos amplamente dispersos, preservar suas fronteiras contra agressões e incentivar um princípio saudável de crescimento".[56] De fato, a questão do poder da Igreja da Inglaterra se mostrou muito mais controversa (e motivadora) do que o Império. No final, Churchill perdeu, mas fez uma campanha digna de crédito. Isso o fez perceber que, como político nacional, ele precisava ampliar seu apelo. Ele colocaria essa lição em prática na próxima vez que concorresse a um cargo público.

No entanto, antes que Churchill pudesse tentar, uma última guerra — a mais importante do início de sua carreira — entrou em ação: a Guerra dos Bôeres. Os bôeres eram colonos holandeses que haviam se mudado para a África do Sul nos séculos XVII e XVIII (*boer* é a palavra holandesa para "agricultor"). Assim como os puritanos americanos, eles eram fanáticos religiosos que buscavam criar um mundo mais santo conquistando um território e subjugando as pessoas que já viviam nele. Durante décadas, ninguém na Europa lhes deu muita atenção, mas no final do século XIX, ouro e prata foram descobertos na África do Sul, e tudo se transformou. Os britânicos, que haviam colonizado a maior parte da região, começaram a olhar com inveja para o território bôer e a argumentar que eles eram os senhores imperiais do local. Em 1895, um grupo de aventureiros pró-britânicos, liderado por Sir Leander Starr Jameson (um parceiro de negócios do famoso minerador de diamantes Cecil Rhodes), lançou um ataque ao território bôer, tentando colocar a área sob o guarda-chuva britânico. A Incursão de Jameson, como ficou conhecida, foi um desastre. Depois de alguns dias, os bôeres cercaram e prenderam os invasores. Eles então utilizaram sua nova riqueza para equipar suas forças com armas modernas, e as tensões entre a Grã-Bretanha e as repúblicas bôeres se intensificaram.[XIII]

Churchill estava tão determinado quanto qualquer outro a adicionar o ouro, a prata e os diamantes da África do Sul ao Império Britânico. Ele apoiou a Incursão de Jameson quando ouviu falar dela pela primeira vez, em 1897 e, talvez no artigo mais hiperagressivo que já produziu, pediu uma guerra preventiva para esmagar os bôeres. "Mais cedo ou mais tarde", escreveu ele, "em uma causa justa ou em uma briga de escolha, com a aprovação da Europa ou contra a Alemanha, pelo bem de nosso Império, pela nossa honra, pela nossa raça, devemos lutar contra os bôeres."[57,XIV]

Ele teria sua guerra, mas seria muito diferente da que ele esperava. Em outubro de 1899, as negociações entre o governo britânico e

---

[XIII] No final do século XIX, os bôeres haviam estabelecido duas grandes repúblicas na África do Sul: o Estado Livre de Orange e o Transvaal.

[XIV] O Kaiser Wilhelm II da Alemanha, após saber da captura de Jameson pelos bôeres, escreveu-lhes parabenizando-os pelo sucesso. Para os imperialistas britânicos, como Churchill, esse foi um insulto que precisava ser vingado.

os bôeres pelo controle da região fracassaram, e a guerra foi declarada. Churchill ficou muito feliz; ele foi imediatamente contratado pelo *Morning Post* para ir à África do Sul com o enorme salário de £ 250 por mês mais todas as despesas (o que provavelmente o tornou o correspondente de guerra mais bem pago do mundo). Ele considerava os adversários um "povo miseravelmente pequeno" e estava confiante de que o poder do Império Britânico os esmagaria rapidamente em outra vitória fácil.[58] Churchill disse à sua mãe acreditar que o exército britânico estaria pronto para atacar no dia de Natal, e que todas as principais cidades bôeres seriam conquistadas com segurança em dois meses — o que tornava possível que ele chegasse em casa a tempo de ver o Derby.[59]

Uma vez na África do Sul, ficou claro que essa guerra era completamente diferente. Os locais se sentiam à vontade a cavalo e podiam se deslocar pelas planícies sul-africanas com rapidez e determinação que os britânicos consideravam desconcertantes. Os bôeres também estavam determinados a lutar de acordo com suas regras, e não com as regras da guerra imperial do século XIX. As forças britânicas logo se viram na defensiva, e as primeiras batalhas foram quase todas vencidas pelos adversários. As forças britânicas que permaneciam próximas ao território bôer eram frequentemente sitiadas, sendo a mais famosa na cidade de Ladysmith. A situação piorou em dezembro de 1899, durante o que ficou conhecido como Black Week. Os bôeres infligiram derrotas a três exércitos britânicos distintos, forçando o governo a entender que teria de mobilizar quase todo o Império para derrotar essa força de fazendeiros holandeses enfurecidos.[60]

A experiência pessoal de Churchill no início da guerra foi igualmente desastrosa. Quase imediatamente após sua chegada, ele penetrou no coração do combate e se juntou a algumas unidades na região de Natal que estavam sendo organizadas para o resgate de Ladysmith. Foi uma época caótica, pois os britânicos não tinham muita ideia de onde os evasivos bôeres estavam escondidos. Confusos, eles tinham que enviar patrulhas diariamente para o campo para ver se o inimigo estava por perto.

Normalmente, essas patrulhas eram feitas pela cavalaria, mas pouco depois da chegada de Churchill, em novembro, o oficial comandante da região teve a brilhante ideia de enviar alguns de seus melhores soldados de infantaria em um trem blindado. Churchill, "ansioso por problemas", saltou alegremente a bordo. Isso provavelmente parecia sensato. Formados por vagões de trem abertos nos quais foram fixadas grossas placas de aço com furos para armas, os trens blindados estavam cheios de armamentos, parecendo fortalezas móveis impenetráveis. Mas não eram.

Enquanto o trem seguia em direção a um território desconhecido, tudo parecia sob controle. Por cerca de vinte e dois quilômetros, ele viajou sem que um inimigo fosse visto ou um tiro fosse disparado. Então, olhando para trás, Churchill e os demais puderam ver as tropas bôeres que haviam se aproximado silenciosamente por trás. Os bôeres começaram a bombardear os vagões com tiros de fuzil e até colocaram em ação uma de suas peças de artilharia. O fogo causou um grande barulho, mas o trem não foi afetado. Optou-se por voltar para o acampamento, e a locomotiva, que foi mantida no meio do trem por segurança, foi colocada em marcha à ré e rapidamente ganhou velocidade.

Era um estratagema. Os bôeres queriam que o trem fosse mais rápido. Ao contornar uma curva, os vagões pesados se chocaram contra uma obstrução que eles haviam colocado nos trilhos. Churchill e os soldados voaram em direções diferentes, e os vagões da frente do trem descarrilaram e ficaram espalhados pelos trilhos.

Churchill desistiu imediatamente da ficção de que era um repórter de guerra e quase tentou assumir o comando. Enquanto muitos dos soldados se recusavam a deixar a proteção dos vagões que ainda estavam nos trilhos, ele subia e descia a linha sob fogo constante, tentando encontrar uma maneira de escapar da captura. Eles tinham uma chance: o vagão motor centralizado não havia sido deslocado, portanto, parte do trem ainda poderia se mover — se fosse possível encontrar uma maneira de liberar os trilhos. Decidiu-se usar a locomotiva, desacoplada, como um grande aríete para forçar a abertura de um caminho seguro. Por um tempo angustiante, o plano pareceu funcionar. Os vagões que estavam obstruindo foram gradualmente empurrados para fora. Quando aparentemente mais um empurrão concluiria o trabalho, a locomotiva foi enviada com força total para o último bloqueio. Ela abriu caminho pela força, mas quando Churchill olhou para trás, as coisas estavam piores. Ao derrubar o último bloco do caminho, a locomotiva causou uma cascata, forçando alguns dos vagões descarrilados a voltar para a linha férrea atrás dela. A locomotiva estava agora afastada das tropas em seus vagões blindados. Quando Churchill começou a correr de volta para o que restava do trem, o inferno teve início, e os soldados bôeres desceram, levando-o como prisioneiro. Ele só teve tempo de jogar fora sua amada Mauser antes que o prendessem.[XV]

Levado para Pretória como prisioneiro de guerra, ele e outros oficiais britânicos foram mantidos em uma escola, sob uma guarda relativamente branda. Churchill odiava ser prisioneiro, considerando aquilo ainda pior do que Harrow, e talvez pela primeira vez na vida começou a mostrar os sinais de depressão clínica que surgiriam regularmente mais tarde. Ele ficou desesperado para fugir, sobretudo para manter sua sanidade.

Em 12 de dezembro de 1899, ele aproveitou uma brecha no patrulhamento do perímetro da escola para pular um muro, mas certamente não para escapar. Ele ainda estava isolado a centenas de quilômetros das forças britânicas, com poucas provisões, sem armas e sem

[XV] Churchill estava no processo de jogar fora suas confiáveis dum-dum quando foi capturado. Por um momento, ele ficou preocupado com a possibilidade de ser executado por ter tal munição, mas o bôer que o capturou não reconheceu o que eram, então deixou que ele jogasse os projéteis fora.

conhecimento do terreno. Primeiro, ele precisava sair da cidade, o que conseguiu simplesmente caminhando. Achando que ninguém prestaria atenção a um indivíduo que estivesse cuidando de seus problemas em uma cidade grande, Churchill atravessou a capital bôer até chegar aos arredores de Pretória, onde encontrou um lugar para se esconder.

A partir daí, ele teve a visão de usar as linhas de trem; entrava nos trens à noite, quando ninguém podia ver, e viajava na direção que ele achava significar liberdade. Por fim, a sorte interveio. Perto do ocaso de sua vida, com a comida acabando (por um tempo ele sobreviveu comendo apenas alguns pedaços de chocolate), Churchill entrou em um pequeno acampamento de mineração no final de uma ferrovia. Lá, ele não foi descoberto pelos bôeres, mas por um simpático oficial de mineração inglês que os bôeres haviam permitido que ficasse para trás. Agora, com um aliado, Churchill tinha uma chance. Durante dias, ele ficou escondido nas profundezas de um poço de mina abandonado, comendo frango assado e tentando não ser incomodado pelas massas de ratos que estavam sempre sob seus pés. Por fim, foi elaborado um plano para enterrar Churchill em um trem carregado de lã e enviá-lo não pelas linhas britânicas, mas para as colônias portuguesas no leste. Acolhido em um envoltório macio, Churchill alcançou sem intercorrências a cidade de Lourenço Marques, onde se apresentou ao consulado britânico. A notícia de sua fuga chegou à Grã-Bretanha no momento em que a guerra parecia mais sombria e ajudou a torná-lo um herói nacional.

Ele até decidiu voltar ao combate. Ao perceber que sua celebridade o tornara um pária no exército, ele se alistou para lutar em uma unidade pró-britânica criada localmente, a South African Light Horse. Isso permitiu que ele participasse das grandes invasões de conquista que o exército britânico empreendeu em 1900. Enviando quase 250.000 de soldados de todo o Império, os britânicos subjugaram os bôeres, acabando por tomar suas principais cidades. Nesse momento, Churchill voltou para casa, para colher os benefícios políticos de sua recém-descoberta notoriedade.[XVI]

Ele era um homem mudado — em alguns aspectos; havia aprendido o valor de moderar algumas de suas noções estratégicas e retóricas duras anteriores sobre a necessidade de esmagar a resistência imperial. Tendo sido prisioneiro böer e se surpreendido com a generosidade e a gentileza com que foi tratado, decidiu que uma paz punitiva seria contraproducente, pelo menos contra os brancos. Ele apoiou publicamente a concessão de grande autonomia aos bôeres, comprometendo-se até mesmo com o governo britânico a fornecer assistência médica aos oponentes feridos. Em uma carta pública, repreendeu aqueles que queriam punir os bôeres. "Cuidado para não levar os homens ao desespero. Até mesmo um rato corrompido é perigoso. Desejamos uma paz rápida, e a última coisa que queremos é que essa guerra entre em uma fase de guerrilha. Aqueles que exigem 'olho por olho e dente por dente' deveriam se perguntar se esses despojos estéreis valem cinco anos de sangrenta guerra partidária e o consequente empobrecimento da África do Sul."[61] É claro que a paz gentil de Churchill teve um custo muito alto. As repúblicas bôeres seriam varridas do mapa, e o joelho bôer teria de ser dobrado para aceitar a supremacia do Império Britânico: "As repúblicas e a bandeira holandesa devem desaparecer. Prefiro lutar mais um ano e deixar uma república do tamanho de uma moeda de seis centavos na África do Sul."[62]

Churchill precisava ter o Império como seu foco porque, como ele mesmo admitiu, tinha poucas convicções fortes. Como disse à sua mãe: "Não me importo tanto com os princípios que defendo quanto com a impressão que minhas palavras produzem e a reputação que elas me dão. Isso soa muito terrível. Mas você deve se lembrar de que não

[XVI] A guerra, no entanto, continuaria por vários anos, já que os bôeres recorreram à guerrilha, e os britânicos impuseram controle quase total sobre a sociedade bôer, mais notoriamente usando campos de concentração para confinar mulheres e crianças bôeres. Esses campos custaram a vida de dezenas de milhares de seus habitantes.

vivemos nos dias das Grandes Causas".[63] Ele passou a ver os seres humanos como animais básicos e egoístas e admitiu que era um deles — mas um espetacular. Como disse após a Guerra dos Bôeres: "Somos todos vermes, mas acredito que sou um verme incandescente."[64] Pelo resto de sua carreira, ele mudaria suas agendas políticas em quase todas as questões, vestindo e descartando posições ideológicas como roupas da moda — mas o Império continuou sendo seu pilar.

Na época do retorno de Churchill à Grã-Bretanha, as guerras que ele havia travado nos cinco anos anteriores o haviam iniciado no caminho do desenvolvimento da mentalidade estratégica com a qual lutaria em guerras futuras. Ele estava começando a entender a relação entre custo e benefício, embora instintivamente favorecesse a mais ousada, sangrenta ou famosa das ações. O que já estava definido, entretanto, era que a preservação e o fortalecimento do Império Britânico eram e continuariam sendo seu grande objetivo estratégico. Suas ideias estavam resumidas em uma de suas canções favoritas, que ele adorava cantarolar à noite com seus colegas oficiais, após alguns drinques e com um caloroso brilho no coração:

> Grande Mãe Branca, do outro lado do mar,
> Que seja ela a governante do Império.
> Que ela reine por muito tempo, gloriosa e livre,
> Na Grande Pátria Branca.[65]

2

Josef Stalin: a formação de um estrategista ideológico

Quando a Primeira Guerra Mundial eclodiu, em agosto de 1914, o homem que seria o pior e o melhor grande estrategista da próxima guerra mundial estava isolado em um dos lugares mais remotos da Terra. Josef Jughashvili, mais conhecido como Stalin — revolucionário bolchevique e gângster — era um prisioneiro da Rússia czarista, exilado na pequena vila de pescadores siberiana de Kureika. Localizada acima do Círculo Polar Ártico, no rio Yenisei, Kureika era inacessível por estrada e ficava a centenas de quilômetros de tundra ondulante e floresta densa da ferrovia mais próxima. Sua paisagem plana, pontuada por alguns prédios baixos, era pouco inspiradora, sem a beleza pastoral que se poderia esperar em um local tão selvagem. "No verão, o rio e, no inverno, a neve, é tudo o que a natureza oferece aqui", declarou Stalin.[1] O local era tão remoto que, no final de 1916, quando o exército russo estava desesperado por soldados a ponto de convocar até mesmo criminosos politicamente não confiáveis, Stalin precisou de uma viagem de trenó de seis semanas para chegar ao conselho de recrutamento.[I]

[I] Stalin foi reprovado no exame físico para entrar no exército, pelo fato de seu braço esquerdo estar permanentemente enfraquecido por causa de uma lesão na infância.

Isolado e irrelevante, Stalin passou grande parte dos dois primeiros anos da guerra remoendo-se. Ele afastou seu colega exilado bolchevique e estrela em ascensão no partido, Iakov Sverdlov, com seu egoísmo e hábitos desleixados; seduziu a garota mais jovem que encontrou e roubou os livros de um homem morto. Ele até afirmava ser melhor do que os habitantes locais na pesca. Se uma área do rio não estivesse produzindo peixes, Stalin se mudava para uma nova localidade, na esperança de que produzisse mais. Mais tarde, ele afirmou que os habitantes locais ficaram impressionados com essa técnica e o consideraram um grande pescador — embora isso pareça ser outro exemplo de Stalin tentando convencer a si mesmo e aos outros de que era superior. Sua necessidade de ser dominante, mesmo nas regiões selvagens da Sibéria, não podia obscurecer o fato de que sua vida tinha sido uma série de fracassos até aquele momento. Como ele tinha trinta e cinco anos em 1914, ou seja, era de meia-idade para a época, a ideia de que em breve seria o ditador do maior país do mundo teria parecido impossível — como seria em qualquer momento de sua vida pregressa.

Stalin nasceu em 1878, a milhares de quilômetros de distância de Kureika, em Gori, Geórgia. Situada no coração das Montanhas do Cáucaso, a Geórgia tinha verões quentes, comida apimentada e produzia frutas em grandes quantidades. Ela também estava localizada na interseção de grandes potências concorrentes. Durante séculos, os russos pressionaram ao norte, os turcos ao sul e os persas ao leste, deixando os georgianos em uma luta constante para manter sua identidade. Durante a maior parte do século XIX, a Geórgia foi uma província do Império Russo, embora o nacionalismo georgiano tenha permanecido forte. Ambos os pais de Stalin (e o próprio jovem Stalin) se consideravam georgianos acima de tudo.

Os pais analfabetos de Stalin também eram pobres de uma forma que teria sido chocante para Winston Churchill.[2] Seu pai, Besarion Jughashvili (mais conhecido como Beso), era um sapateiro que bebia muito e acreditava que Josef deveria seguir seus passos — e isso significava que seu filho não deveria ser educado. A mãe, Ekaterine, era mais determinada. Conhecida pelo apelido de Keke, estava convencida a fazer com que o jovem Josef se tornasse alguém. Em sua mente, isso significava se tornar um padre da Igreja Ortodoxa.

Esse desentendimento era uma indicação do terrível casal que Keke e Beso formavam. Stalin disse à própria filha que Beso batia em Keke e, por sua vez, Keke batia nele. Em certa ocasião, Stalin, que odiava seu pai, teria lhe atirado uma faca.[3] À medida que Beso se voltava cada vez mais para a garrafa, ele e Keke se afastavam. Por fim, Beso mudou-se para a capital da Geórgia, Tbilisi, para exercer seu ofício, e arrastou o jovem Josef com ele. Stalin fugiu assim que pôde e voltou para Gori. Para evitar que isso acontecesse novamente, Keke, que havia estabelecido uma conexão com um padre local e uma família abastada enquanto trabalhava como faxineira (e possivelmente como prostituta), convenceu-se de que veria seu filho ser educado pela Igreja Ortodoxa da Geórgia. Ela triunfou em 1893, quando Stalin, que havia se revelado um estudante precoce, leitor voraz e escritor habilidoso de poesia em língua georgiana, passou no exame de admissão para o Seminário de Tbilisi.

Foi uma vitória dolorosa. Os anos que Stalin passou no seminário deixaram uma marca indelével, totalmente não espiritual. Embora o adolescente gostasse dos cantos da igreja (Stalin tinha uma bela voz), ele rapidamente abraçou o ateísmo. As monótonas orações diárias e as condições de vida monástica não fizeram nada para reacender a fé em um Deus benevolente. No entanto, o ensinaram sobre o poder da suspeita e do controle. Mais tarde, ele lembrou que as autoridades do seminário monitoravam os padres estagiários por meio de um sistema baseado em "espionagem, penetração na alma, humilhação".[4] Todos esses seriam os principais estratagemas empregados pelo Estado stalinista. O seminário também lhe incutiu uma mentalidade catequista.

Ele saiu de lá com uma propensão a ordenar seus pontos metodicamente, muitas vezes com números, como se estivesse construindo uma estrutura com seus pensamentos.

Esse modo de pensar foi importante porque, embora Stalin não fosse espiritualizado, estava prestes a adotar a grande religião secular de sua época — o marxismo. No seminário, o jovem Stalin passava boa parte do tempo lendo literatura radical, inclusive *Das Kapital*, de Karl Marx. Ele ficou imediatamente encantado com o historicismo vingativo de Marx, que apresentou uma progressão histórica — segundo ele — fadada a acontecer. No futuro, haveria uma revolução provocada pelos regimes capitalistas cruéis e opressores que governavam o mundo. Sua ganância os levaria a extremos no desejo de extrair lucros de um proletariado cada vez mais destituído. As classes trabalhadoras industriais oprimidas se levantariam, um novo mundo nasceria, a superstição murcharia e os frutos da produção econômica seriam racionalmente distribuídos.

O jovem Stalin foi atraído por essa visão violenta da história. Ele não amava os pobres, mas se via como uma força para vingar os erros com os quais eles sofriam. O primeiro pseudônimo que adotou surgiu diretamente desse ressentimento. Ele começou a se chamar Koba, o nome de um herói vingador em um romance georgiano popular. Esse personagem era um aplicador da mais dura justiça, incluindo assassinatos. Seus alvos favoritos eram georgianos ricos, acusados de vender compatriotas pobres para as forças russas. Renomeado e renascido como um radical, Stalin/Koba deixou o seminário em 1899, determinado a destruir o sistema capitalista.[II]

A Geórgia em que ele emergiu tinha muito a vingar. Ela continha uma grande classe de camponeses e um proletariado crescente, ambos entre os mais pobres da Europa. À medida que o Império Russo se

[II] Keke nunca se recuperou totalmente desse golpe. Praticamente a última coisa que ela disse ao filho quando estava morrendo — e ele era o líder mundial do comunismo — foi: "Que pena que você não se tornou padre".

industrializava, a Geórgia viu novas ferrovias e fábricas serem construídas, aumentando sua economia de artesãos e agricultores. O pequeno negócio de calçados de Beso, por exemplo, foi prejudicado pelo surgimento de calçados mais baratos, feitos em fábricas. O pai de Stalin foi forçado a abandonar seu ofício e ir trabalhar em uma fábrica, para depois beber até morrer, em 1909.

Stalin passou grande parte de seus primeiros anos após o seminário tentando organizar aqueles que estavam igualmente irritados, sofrendo e ressentidos. Ele andava de um lado para outro, tendo uma série de empregos estranhos, sendo o mais duradouro deles como meteorologista no observatório de Tbilisi. Não importava para onde fosse, os problemas rapidamente o seguiam, e ele logo chamou a atenção de uma das forças policiais mais eficientes de sua época, a Okhrana.

O autocrata da Rússia, o czar Nicolau II, era um simplório, espetacularmente inadequado para administrar o vasto império do país, mas, por meio da Okhrana, seu Estado czarista estabeleceu uma formidável burocracia de controle. Qualquer pessoa que fosse considerada uma ameaça era rapidamente chamada à atenção da Okhrana, que se infiltrava na maioria dos grupos radicais, incluindo muitos com os quais Stalin se associava. Em 1901, ele foi forçado a entrar na clandestinidade e usou pela primeira vez o assassinato como arma, supostamente matando um possível informante da Okhrana. Em 1902, ele foi preso pela primeira vez, dando início à sua carreira como revolucionário. Encarcerado, Stalin se deparou com uma população de homens violentos e raivosos que ele poderia organizar. Então, tornou-se uma versão de chefe da máfia da prisão, mostrando mais uma vez a necessidade de dominar seus homens. O Estado russo condenou Stalin ao seu primeiro exílio na Sibéria, mas ele escapou quase imediatamente e voltou para a Geórgia.

Enquanto Stalin iniciava sua carreira como gângster revolucionário, ocorreu uma grande divisão entre os comunistas russos. Os marxistas frequentemente discordavam em uma questão fundamental: como a revolução deveria ser alcançada? Uma leitura rigorosa de Marx parecia deixar claro que uma nação precisava de uma grande população de operários para o estágio da revolução. Se assim fosse, a Rússia imperial em 1900 teria sido a última grande potência a se qualificar. Em comparação com a Grã-Bretanha ou a Alemanha, ela era uma retardatária industrial, habitada em sua maioria por camponeses analfabetos e religiosos — uma classe que, de acordo com Marx, daria péssimos revolucionários.

Portanto, muitos marxistas russos defendiam que precisavam trabalhar com outros grupos de esquerda para tentar promover mudanças econômicas e sociais antes que o país estivesse pronto para a revolução. Em oposição a eles estavam os radicais que desprezavam essa cautela. Eles defendiam a ação imediata, mesmo que fosse liderada por um pequeno núcleo de revolucionários profissionais (muitos educados e de origem rica). Essa discordância levou a uma divisão em 1903 dentro do mais importante grupo político marxista russo da época, o Partido Trabalhista Social-Democrata Russo. O líder das forças da linha-dura, que eram minoria na época, era Vladimir Ilyich Ulyanov, mais conhecido como Lenin. Ele estava determinado a liderar o movimento comunista russo de qualquer maneira e chamou seu grupo de bolcheviques (que significa "a maioria"), em oposição aos mencheviques moderados ("a minoria"). Não foi a última vez que, em sua ascensão ao poder, os leninistas ficaram mais felizes com a mentira.

Quando soube da divisão, Stalin se juntou a Lenin e, a partir de então, lutou para ser valorizado pelo líder mais velho. Em 1906, escreveu seu primeiro panfleto ideológico, *Anarquismo ou Socialismo?*, e ficou claro que ele apoiava a revolução sem demora.[5] Nesse pequeno trabalho, Stalin comunicou tanto a adoção completa de uma visão de mundo marxista quanto sua crença de que não deveria haver nenhum tipo de colaboração com partidos não comprometidos com a revolução.

Ele começou atacando aqueles que argumentavam que o marxismo era apenas uma teoria, dizendo que era muito mais que isso: "É uma visão integral do mundo, um sistema filosófico". Mais tarde, Stalin usou um de seus truques favoritos, respondendo a uma pergunta retórica feita por ele mesmo. Ao perguntar se os comunistas deveriam ou não trabalhar dentro do sistema existente, ele optou pela posição que não o comprometia. "O proletariado não pode alcançar o socialismo fazendo as pazes com a burguesia — ele deve seguir infalivelmente o caminho da luta, e essa luta deve ser uma luta de classes, uma luta de todo o proletariado contra toda a burguesia. Ou a burguesia e seu capitalismo, ou o proletariado e seu socialismo!"

A identidade de Stalin como leninista definiu o início de sua carreira. Antes da Revolução Russa, os dois se encontraram apenas algumas vezes, principalmente quando Stalin foi a conferências bolcheviques — a primeira delas na Finlândia, em 1905. Embora poucos, esses encontros aguçaram o apetite de Stalin. Para se aproximar de Lenin, ele começou a se despir de sua pele georgiana e a adotar uma identidade russa. Até o final de 1907, ele ainda escrevia seus panfletos e artigos em georgiano, mas depois mudou para o russo.[6] No que parece ser um eco de seu herói Lenin, em 1912 ele adotou o nome Stalin, que significa "Homem de Aço" em russo. Cada vez mais, Stalin falava sobre ser russo, e acabaria se tornando um patriota russo com uma intensidade que surpreenderia os membros da família. Lenin estava ciente da ansiedade do jovem para agradar, e de que ele faria tudo em seu nome. Em 1912, ele apoiou a nomeação de Stalin como membro do Comitê Central do partido. Quando um menchevique reclamou de seus métodos pouco ortodoxos, Lenin respondeu: "Esse é exatamente o tipo de pessoa de que preciso!"[7]

Lenin era um juiz astuto de caráter. Stalin não se esquivava de tomar medidas extremas para atingir qualquer objetivo desejado pelo líder. Ele roubou bancos e matou inimigos. Sua façanha mais famosa foi o assalto ao banco de Tbilisi, em 1907, que rendeu aproximadamente 100.000 rublos.[8] Seus métodos, embora extremos, não eram tão incomuns no caos do Império Russo. O Estado czarista estava montado em um tigre enquanto a Rússia se modernizava, tentando manter a estrutura absolutista diante de uma economia e sociedade em transformação. Os camponeses estavam cada vez mais revoltados com sua situação de pobreza, as novas classes trabalhadoras das grandes cidades começavam a exercitar seus músculos políticos e uma classe média crescente queria ter suas contribuições e capital reconhecidos.

Às vezes, o tigre podia se voltar contra seu dono. Em 1905, houve uma revolução fracassada contra o governo czarista. A derrota para os japoneses na Guerra Russo-Japonesa exacerbou essa crescente inquietação e resultou em protestos em massa e, por fim, em um motim entre as forças armadas. Encurralado, o czar concordou com reformas, incluindo a criação da Duma, uma assembleia eleita, com poderes mais consultivos do que reais. A concessão deu tempo ao regime, embora Nicolau II fosse obtuso demais para entender que seu sistema precisava de uma reforma mais completa. Ele dissolveu a Duma assim que pôde e voltou ao regime absolutista.

O papel de Stalin nos eventos de 1905 não foi importante, embora isso tenha sido resultado da geografia. Os protestos mais importantes ocorreram em São Petersburgo, então capital da Rússia, e em seus arredores, enquanto Stalin operava como um bandoleiro revolucionário em algumas das partes menos acessíveis da Geórgia.[9] Ele realizou algumas façanhas arrojadas, conduzindo cavalos de carga carregados de armas e dinheiro roubado por passagens nas montanhas, mas estava à margem. E o levante fracassado de 1905 deu início ao período mais frustrante de sua vida. Em 1907, sua esposa Kato morreu de tifo, deixando-o com um filho pequeno que ele prontamente abandonou. Entre 1908 e 1913, ele foi regularmente arrastado pela Okhrana e colocado em um local remoto após o outro, gerando outro filho em pelo menos mais um lugar e, em seguida, escapando e indo para São Petersburgo ou outra cidade antes de causar mais problemas. Em 1913, para mantê-lo realmente fora do caminho, as autoridades russas o enviaram para Kureika, onde ele permaneceria até o início da guerra na Europa, um ano depois.

A Primeira Guerra Mundial seria sua salvação. As tensões do conflito expuseram de forma brutal as deficiências do Estado czarista e o relativo atraso da economia e do exército russo. O czar usou a guerra como desculpa para deixar a capital — agora rebatizada de Petrogrado[III] para parecer menos alemã — e agir como um senhor da guerra. Ele não foi bem-sucedido. O maior problema da Rússia era que, independentemente do número de soldados convocados para o exército e da bravura com que lutassem, eles não conseguiam enfrentar as forças alemãs, mais modernas, mais bem treinadas e mais bem equipadas. Quando, em 1915, os alemães transferiram parte de seu exército da Frente Ocidental para o leste, os russos se viram em uma retirada implacável. Ao serem empurrados de volta para as profundezas da própria Rússia, suas baixas atingiram níveis nunca antes vistos em qualquer guerra (mais de dois milhões de russos seriam mortos na Primeira Guerra Mundial, o número mais alto de qualquer nação combatente). A fé em Nicolau começou a diminuir.

No final, foi a comida, ou a falta dela, que destruiu o Estado czarista. Em fevereiro de 1917, quando Petrogrado começou a emergir do pior de seu inverno gelado, a população trabalhadora perdeu a fé de que o Estado lhes forneceria os alimentos necessários para se manterem vivos. A comparação entre sua situação e a da elite fabulosamente rica da Rússia

[III] A cidade de São Petersburgo passou por diversas mudanças de nome ao longo do século XX. Fundada em 1703 por Pedro, o Grande, com o nome Sankt-Peterburg, teve seu nome alterado para Petrogrado em 1914, durante a Primeira Guerra Mundial, para evitar o som germânico de "Petersburgo". Após a morte de Lênin, em 1924, foi rebatizada como Leningrado, em homenagem ao líder da Revolução Russa. Com o fim da União Soviética, em 1991, a cidade retomou seu nome original: São Petersburgo.

tornou-se ainda mais aguda. Os protestos saíram do controle e, pela primeira vez, o sistema czarista não conseguiu esmagar a dissidência. Nicolau tentou acalmar os ânimos ordenando o racionamento de alimentos, mas isso piorou as coisas, pois as pessoas entraram em pânico, achando que era um sinal de que os suprimentos logo acabariam. No final de fevereiro de 1917, elementos do exército começaram a se aliar aos manifestantes e seus conselhos (chamados sovietes), que pediam mudanças drásticas. Diante da ameaça de perder o controle sobre suas tropas, uma delegação de generais e políticos russos confrontou o czar. Ele foi informado de que, se não abdicasse, o exército poderia se desintegrar. Atordoado, Nicolau abdicou em seu próprio nome e no nome de seu filho, em favor de seu irmão. No entanto, o poder logo foi entregue a um governo provisório dominado por figuras de esquerda moderada, incluindo o advogado socialista e suposto viciado em cocaína Alexander Kerensky. A Revolução Russa havia começado.[IV]

Em meio a esse caos, Petrogrado se transformou em uma das cidades mais livres e anárquicas do mundo. Jornais de todas as posições ideológicas floresceram da noite para o dia e, com a mesma rapidez, fecharam. Oradores de diferentes matizes incitavam as multidões a um fervor contra o governo provisório. Os entretenimentos populares eram raivosos e rudes, e a violência podia irromper do nada. O exército russo estava em um caos quase tão grande quanto a cidade, com diferentes comandantes duelando entre si pela autoridade. A deserção em massa era uma realidade, e até mesmo muitos dos soldados em Petrogrado — que aparentemente estavam lá para manter a ordem e proteger o governo provisório — estavam demonstrando um perigoso gosto por ideologias subversivas, como o comunismo. Sobre todo o caos, pairava o exército alemão, muito pouco anárquico, a apenas 320

[IV] O termo "Revolução Russa" será usado para descrever a revolta em todo o ano de 1917, enquanto as revoluções específicas de fevereiro e outubro serão descritas usando seus meses como nomes.

quilômetros de distância e até então capaz de perfurar qualquer linha que os russos tivessem tentado colocar em seu caminho.

Era a oportunidade perfeita para Josef Stalin. Ele correu da Sibéria para Petrogrado o mais rápido possível, chegando em março de 1917, poucas semanas após a abdicação do czar. Imediatamente, ele se lançou na política e, ao final da Revolução Russa e da Guerra Civil que se seguiu, ele havia aprendido — e deixado de aprender — muito. Durante algum tempo, foi comum retratar Stalin como uma figura menor em 1917, uma visão que surgiu principalmente da caricatura criada por sua grande nêmesis, Leon Trotsky. Trotsky, um rival de Lenin, alegou que Stalin "não existia, no sentido político" em 1917 e que o georgiano não se envolveu nos grandes eventos que levaram à segunda revolução no final daquele ano.[10] Foi uma ficção reconfortante que Trotsky criou para se sentir melhor depois que Stalin o exilou da União Soviética — e talvez tenha sido assim até que Stalin fez com que um de seus agentes enfiasse um picador de gelo na cabeça de seu rival, em 1940.

A Revolução Russa e a Guerra Civil transformariam Stalin em uma das figuras políticas mais poderosas do mundo. No final, ele havia garantido para si um comando militar mais elevado do que o de qualquer um dos outros grandes estrategistas da Segunda Guerra Mundial. Ele controlava exércitos, enquanto Churchill comandava brigadas e Hitler levava mensagens. Chefiou os principais departamentos de Estado, enquanto Franklin Roosevelt era secretário assistente, e tinha uma posição política em seu país que só poderia ser rivalizada por Mussolini, após sua tomada de poder na Itália.

A educação de Stalin como estrategista durante esses anos foi tanto profundamente ideológica quanto prática — estabelecendo o modelo que determinaria suas ações de entrada, permanência e saída na Segunda Guerra Mundial. Às vezes, esses impulsos podiam entrar em guerra um contra o outro e levá-lo a um caminho autodestrutivo. No entanto, quando trabalhavam juntos, ele conseguia esmagar os adversários nacionais e internacionais. A perspectiva estratégica de Stalin também era muito diferente da de Trotsky. Trotsky, que havia passado a maior parte dos dez anos anteriores como uma pequena celebridade revolucionária nas grandes capitais, cafés e salões da Europa, era um orador hipnotizante e pensador intelectual que chegou a Petrogrado em 1917 e tomou a cidade como uma tempestade, apresentando-se no que ele chamava de "Circo Moderno".[11] Todas as noites, Trotsky deslumbrava multidões com sua oratória elevada, denunciando o governo provisório e pedindo ações cada vez mais radicais. Stalin, em comparação, evitava esses espetáculos públicos. Ainda falando um russo com muito sotaque, com uma voz surpreendentemente suave que não se projetava bem em um salão barulhento, ele se expressava de forma mais robusta na escrita. Trabalhando com seu bom amigo Lev Kamenev, que Stalin mais tarde torturaria e executaria, ele rapidamente assumiu o editorial do principal jornal bolchevique, o *Pravda*.

Antes de Stalin chegar a Petrogrado, o *Pravda* era dirigido pelo bolchevique de semblante fechado Viacheslav Molotov. Stalin simplesmente deixou Molotov de lado, assumindo o controle do jornal e roubando sua namorada ao mesmo tempo. Em vez de ficar ressentido, Molotov, um bom bolchevique que precisava de uma força orientadora, aceitou seu rebaixamento e humilhação sem protestar, e até se transformou em um dos acólitos mais dedicados de Stalin. Isso acabou sendo uma decisão sábia para sua carreira, e Molotov tornou-se um servo de confiança com quem Stalin poderia planejar sua ascensão ao topo, o que culminaria com Molotov tornando-se Ministro das Relações Exteriores e diplomata preferido de Stalin durante a Segunda Guerra Mundial, mostrando seu apreço por quem lhe era leal acima de tudo.

Tendo se apoderado do *Pravda* e transformado-o em seu porta-voz pessoal, Stalin e Kamenev inicialmente estavam um pouco incertos quanto à linha a seguir. Em vez de clamar por uma revolução imediata, eles inicialmente apoiaram a cooperação entre todos os grupos socialistas, inclusive os odiados mencheviques e o governo provisório.[12] A ideia de que toda a Rússia poderia ser tomada por uma pequena seita marxista provavelmente era demais para um delinquente georgiano que havia passado os anos anteriores em comunidades aldeãs isoladas. Em seus primeiros editoriais do *Pravda*, em março daquele ano, Stalin falou simplesmente da necessidade de "pressionar" o governo a iniciar negociações de paz com os alemães.[13]

Sua moderação não duraria muito. Em abril de 1917, Lenin chegou a Petrogrado, contrabandeado pelos alemães em um vagão de trem lacrado. Impaciente demais para esperar por uma ação socialista unida e desdenhando do governo provisório, ele assumiu o controle dos bolcheviques e exigiu a derrubada imediata do Estado russo. Stalin rapidamente se alinhou à nova posição.

O trabalho de Stalin nos primeiros dias após a Revolução de Fevereiro foi claramente notado e o tornou popular entre as bases do partido. Pouco tempo depois da chegada de Lenin, os membros do partido votaram para selecionar um novo Comitê Central, e Stalin ficou em um surpreendente terceiro lugar, atrás apenas de Lenin e Grigory Zinoviev (outro colaborador próximo que Stalin mataria mais tarde).[14] Fundamentalmente, ele recebeu o forte apoio do próprio Lenin, que disse aos membros do partido: "Nós conhecemos o camarada Koba há muitos anos. Ele lida bem com qualquer trabalho de responsabilidade".[15]

Stalin usou seu poder no partido nos meses seguintes para se tornar um dos propagandistas mais eficazes do bolchevismo e se aproximar cada vez mais de Lenin. Enquanto Trotsky arrebanhava seguidores e era visto como um possível rival de Lenin pelo poder, Stalin se tornou um agente das exigências do líder. Como sinal do seu status, ele recebeu o título de "assessor direto de Lenin para tarefas especiais"[16] — uma mostra de que Lenin confiava sua vida a Stalin. Embora o governo provisório não tivesse uma Okhrana, eles tentaram afirmar seu poder e, em julho de 1917, ordenaram que Lenin fosse preso. Stalin desempenhou um papel importante na manutenção da segurança do líder bolchevique, e Lenin foi inicialmente escondido no quarto do próprio Stalin na casa da família pró-bolchevique Alliluev (Stalin logo se casaria com Nadia Allilueva). Quando foi decidido que Lenin precisava ser levado para fora de Petrogrado para sua própria segurança, foi Stalin quem raspou o bigode característico e a barba afiada no queixo do homem mais velho. Devidamente disfarçado, Lenin fugiu para Helsinque, onde permaneceu por meses, usando Stalin como um de seus canais mais confiáveis. Com Lenin fora da capital, Stalin desempenhou um papel mais proeminente na política bolchevique, discursando no sexto congresso do partido, realizado em segredo entre julho e agosto daquele ano.[17] E, embora Trotsky tenha sido, sem dúvida, um ator mais importante nos eventos que levaram à segunda grande revolução russa, em outubro de 1917 (ou novembro no novo calendário gregoriano, que a União Soviética adotaria), Stalin estava claramente exercendo poder nos círculos bolcheviques.

O que os bolcheviques realizaram entre março e outubro de 1917 foi um dos feitos mais impressionantes de organização e ação histórica já testemunhados. Quando o czar abdicou, os bolcheviques eram uma franja de uma franja — uma pequena seita radical dentro de um movimento socialista muito maior, formado por mencheviques, social-democratas, anarquistas e outros. Sob a direção de Lenin, os bolcheviques estavam determinados a agir como a maioria e assumir o controle do máximo de esquerda que pudessem, ao mesmo tempo que alimentavam constantemente as tensões entre os trabalhadores, soldados desertores e descontentes em Petrogrado.

Foi aí que Stalin fez seu importante trabalho: publicou artigos quase diários no *Pravda* e em outros periódicos bolcheviques, que se tornaram cada vez mais radicais em seus apelos à ação. Se Stalin não tinha a capacidade de escrever os tipos de tratados intelectuais sobre o marxismo que outros bolcheviques costumavam usar para aprimorar suas credenciais, ele tinha uma maneira ordenada, direta e simples de se expressar que podia ser muito eficaz. Em outubro, ele direcionou seu fogo não apenas contra os capitalistas e o governo provisório, mas também contra os mencheviques e outros socialistas que se retraíam em lançar uma verdadeira revolução, e até mesmo contra bolcheviques como Kamenev e Zinoviev, que hesitavam em apoiar o apelo de Lenin para uma ação imediata.[18] Em 24 de outubro, ele praticamente convocou outra revolução, deixando claro que estava mais do que ciente do que iria acontecer.[19] "Foram os soldados e os trabalhadores que derrubaram o czar em fevereiro. Mas, tendo vencido o czar, eles não tinham nenhum desejo de tomar o poder. Liderados por maus pastores, os socialistas-revolucionários e mencheviques, os trabalhadores e soldados entregaram voluntariamente o poder a representantes dos proprietários de terras e capitalistas... Se todos vocês agirem com solidez e firmeza, ninguém se atreverá a resistir à vontade do povo. Quanto mais forte, organizada e poderosa for a ação de vocês, mais pacificamente o antigo governo dará lugar ao novo. E então todo o país marchará com coragem e firmeza para a conquista da paz para os povos, terra para os camponeses e pão e trabalho para os famintos."[20] A Revolução de Outubro explodiu um dia depois.

Quando os marinheiros da principal base naval czarista de Kronstadt apoiaram os bolcheviques, os acontecimentos tomaram um impulso irreversível. Eles se juntaram aos trabalhadores e soldados descontentes que haviam se unido aos bolcheviques, alguns dos quais foram nomeados Guardas Vermelhos. Eles dariam a Lenin a força de combate mais eficaz em Petrogrado, uma enorme vantagem para o futuro. Os trabalhadores ferroviários também se uniram à causa, fechando o transporte para os partidários de Kerensky, que começaram a se dispersar. O próprio Kerensky perdeu a esperança e abandonou a cidade — segundo alguns, disfarçado em um vestido de mulher. Na noite de 25 para 26 de outubro, eles ocuparam o grande Palácio de Inverno sem enfrentar quase nenhuma oposição. Agora eles eram os mestres, mas a verdadeira questão era por quanto tempo.

O papel de Stalin durante esses dois dias esteve longe de ser proeminente, e é difícil encontrar qualquer evidência real do que ele fez (embora isso não tenha impedido os filmes da era soviética de criar toda uma mitologia sobre seu suposto papel central na revolução). A falta de uma realização definitiva foi outro motivo pelo qual Trotsky, que estava no meio da ação — e, como Lenin, era a pessoa mais responsável por liderar a revolução — mais tarde acusaria Stalin de ser insignificante nos eventos. Como sempre, Trotsky não entendeu o verdadeiro ponto: Stalin foi extremamente importante na construção do poder bolchevique em Petrogrado, ganhou a confiança de Lenin e adquiriu uma reputação entre o partido por sua eficácia. E daí se ele não tivesse liderado as forças naquele dia? Sua posição no partido era segura, conforme demonstrado pelo fato de que, à medida que os bolcheviques se moviam para consolidar seu poder, ele era um dos membros de mais alto escalão da nova autoridade.

Stalin foi um dos sete membros eleitos para o novo Comitê Central Bolchevique, instalado quase imediatamente após a Revolução de Outubro. Além disso, ele era amplamente considerado o quinto membro mais graduado da liderança do partido, atrás apenas de Lenin, Trotsky, Zinoviev e Kamenev. Agora, tendo que estabelecer um protogoverno em meio ao caos, Lenin confiou a Stalin um portfólio que cobria a questão das nacionalidades — sua especialidade, supostamente. Portanto, embora Stalin certamente não fosse igual a Trotsky, que foi nomeado chefe do novo Ministério das Relações Exteriores Bolchevique e logo criaria e lideraria o Exército Vermelho, ele estava entre os poucos líderes bolcheviques mais importantes do novo Estado.

Além disso, ele tinha algo que ainda faltava a Trotsky: a completa confiança de Lenin. Stalin foi uma das duas únicas pessoas em Petrogrado que receberam permissão para entrar no apartamento particular de Lenin na sede do partido.[21] Embora Trotsky ainda estivesse acima na hierarquia governamental do Estado bolchevique (por mais caótico que fosse), Stalin podia corretamente apontar sinais de favorecimento de Lenin, como esse, para apoiar a crença de que os dois eram rivais quase iguais.

É claro que, para que qualquer uma dessas posições fosse importante, Stalin e os bolcheviques precisavam sobreviver no poder. No final de 1917 e início de 1918, isso não parecia nada certo. Os bolcheviques controlavam Petrogrado, Moscou e a maioria das grandes cidades da Rússia europeia, mas enfrentavam uma série de inimigos internos e externos. Antes de tudo, os bolcheviques precisavam de um exército para manter o controle e, assim que o Exército Imperial foi dissolvido, em março de 1918, Trotsky começou a recrutar os ex-soldados do czar para a causa bolchevique. Uma porcentagem surpreendentemente grande dos oficiais do czar, incluindo alguns dos combatentes mais comprometidos, acreditava que sua lealdade era para com a Rússia, independentemente de quem controlava o Estado, e se integrou ao Exército Vermelho. Isso incluía o general russo mais bem-sucedido da Primeira Guerra Mundial: Aleksei Brusilov.

Uma porcentagem significativa dos soldados camponeses do exército russo também aceitou o novo governo. Uma das primeiras coisas que os bolcheviques fizeram depois de tomar o poder foi decretar que os camponeses agora poderiam ser proprietários das terras em que trabalhavam, apropriando-se de milhões de acres da aristocracia e da classe média. Foi uma medida brilhante, que criou um interesse econômico entre os camponeses para apoiar a continuação do governo bolchevique.

Ainda assim, ter acesso a um exército significava pouco se os bolcheviques não conseguissem deter os alemães. Foi nesse ponto que

Lenin fez uma de suas escolhas estratégicas mais importantes, que causou grandes divisões na liderança bolchevique, fornecendo a Stalin um exemplo importante da necessidade de fazer concessões de curto prazo para obter ganhos de longo prazo. Lenin estava convencido de que era o inimigo interno que precisava ser conquistado primeiro e, portanto, seria melhor tentar negociar um armistício com os odiados alemães (por mais oneroso que isso fosse). Quase imediatamente após a Revolução de Outubro, Lenin entrou em contato com os alemães para tentar encerrar a participação da Rússia na guerra.

Tentar chegar a um acordo com um país capitalista altamente desenvolvido, como a Alemanha, certamente seria controverso para os bolcheviques. A Alemanha também era liderada por um monarca (e primo do czar), tudo o que os bolcheviques supostamente odiavam. No país também havia movimentos socialistas e comunistas ativos, os quais os bolcheviques esperavam que dessem início à sua própria revolução — o que, de acordo com Marx, teria sido muito mais provável do que uma revolução na atrasada Rússia. Além disso, como condição para concordar com a paz, os alemães exigiam o controle de grandes áreas que antes faziam parte da Rússia imperial. Lenin não hesitou; era melhor fazer um acordo com o diabo, para que o bolchevismo pudesse sobreviver, do que arriscar tudo contra uma potência mais forte. Muitos de seus partidários, inclusive Trotsky, consideraram a medida desnecessariamente covarde e acreditavam que, se os bolcheviques permanecessem firmes, a revolução eclodiria na Alemanha, e o capitalismo seria varrido. Stalin, que ainda estava se ambientando, se preservou.

As negociações originais revelaram o quanto Trotsky podia ser irrealista. Como homem encarregado das relações exteriores, coube a ele liderar a equipe de negociação bolchevique. Ele chegou às conversações em Brest-Litovsk em janeiro de 1918 e deu um sermão em seus colegas alemães, cada vez mais exasperados, sobre os males do capitalismo, do imperialismo e do militarismo, muitas vezes com grande destaque para a imprensa estrangeira. Ele declarou que a Rússia deixaria a guerra em pouco tempo, mas também que não concordaria com um tratado com a Alemanha que entregasse grandes partes do antigo território russo. Sua aposta era de que os alemães estavam muito concentrados na grande luta futura no oeste, e que hesitariam em usar muita força contra a Rússia.

Ele perdeu. A verdade é que os alemães não precisavam de um grande exército para avançar contra a multidão caótica que compunha grande parte das forças russas. Quase imediatamente depois que Trotsky voltou para se reunir com Lenin e o Comitê Central, os alemães atacaram com as forças que puderam reunir, e a resistência do exército russo desmoronou. Foi o mais próximo que o governo bolchevique chegou de entrar em colapso em seus primeiros dias. Stalin, dividido entre o seu lado ideológico, que se opunha a qualquer acordo com os alemães, e o seu lado prático, que entendia a necessidade imediata, inicialmente tentou os dois jeitos. Enquanto isso, Lenin analisou o desastre que se desenrolava e pediu a retomada imediata das negociações de paz e a assinatura de um acordo — ou, segundo ele, a revolução acabaria "em três semanas". A princípio, Stalin apoiou a retomada das negociações, mas argumentou que nenhum acordo deveria ser aprovado automaticamente.[22] Lenin discordou, e o partido ficou do lado dele.

Quando os negociadores bolcheviques voltaram às negociações, ficou clara a extensão total do fracasso de Trotsky. Os alemães, com uma mão ainda mais forte, ofereceram termos ainda piores. Sem alternativa, os bolcheviques cederam, concordando com o famoso Tratado de Brest-Litovsk, uma das maiores perdas de território da história diplomática.[23] Esse tratado, assinado em março de 1918, entregou à Alemanha o controle de toda a Polônia, dos Estados Bálticos e da Ucrânia, bem como de partes da Bielorrússia. De uma só vez, a Rússia perdeu grande parte de seus recursos naturais e produção agrícola. No entanto, essa foi uma humilhação necessária e permitiu que os bolcheviques triunfassem no final. Eles deixariam que os aliados ocidentais assumissem a responsabilidade de derrotar o exército alemão, enquanto cuidavam de preocupações mais imediatas.

Quando o cabo Adolf Hitler, sentado confortavelmente em seu abrigo de despachante, ouviu falar do Tratado de Brest-Litovsk, ele o viu como uma confirmação da superioridade do exército alemão e um marco importante no caminho para uma eventual vitória. O oposto era verdadeiro. Ao colocar a Alemanha totalmente contra as potências capitalistas do Ocidente, Lenin deu tempo aos bolcheviques. O que eles fizeram com esse tempo foi dominar toda a Rússia, de Vladivostok a Minsk, triunfando em uma das guerras mais brutais já travadas.

O inimigo dos bolcheviques na Guerra Civil Russa era uma mistura extraordinária de forças coletivamente chamadas de Brancos. Muitos eram ex-membros do Exército Imperial, devotados ao antigo regime, que estavam tentando voltar no tempo. Outros estavam menos preocupados em restabelecer o czar do que em enriquecer e criar impérios pessoais. Alguns Brancos não tinham interesse algum em restaurar a Rússia imperial e lutavam por suas identidades nacionais ou étnicas. Vindos de todas as partes do enorme e poliglota Império Russo, eles incluíam ucranianos, cossacos e, para o desgosto de Stalin, georgianos (para citar apenas alguns). Havia até mesmo grupos de combatentes de fora da antiga Rússia, incluindo uma força de tchecos prisioneiros de guerra que serviam no exército austro-húngaro quando foram capturados anos antes. Juntos, os Brancos poderiam ter sido uma força grande e poderosa, mas suas preocupações díspares os enfraqueceram fatalmente em comparação com os bolcheviques, extraordinariamente unidos.

Para Stalin, o Tratado de Brest-Litovsk o levou diretamente ao seu primeiro grande comando independente, assumindo o controle e o transporte de alimentos na cidade de Tsaritsyn e arredores, que mais tarde seria chamada de Stalingrado e hoje é conhecida como Volgogrado.[V] Como em todas as guerras, houve uma luta pelo controle e transporte de recursos na Guerra Civil Russa, e nenhum era tão importante para os bolcheviques quanto o grão necessário para fazer o pão rico e escuro, onipresente na Rússia europeia. Como a força bolchevique estava nas grandes cidades, e com acesso cortado aos grãos produzidos na Ucrânia, eles estavam desesperados para obter alimentos das regiões férteis situadas ao longo dos rios Volga e Don. Foi isso que tornou Tsaritsyn tão importante.

A cidade, batizada com o nome das areias douradas do Rio Tsaritsa, que desaguava no Volga naquele local, foi fundada no final do século XVI, mas durante seus primeiros 300 anos permaneceu um pequeno remanso. Durante o século XIX, a localização estratégica de Tsaritsyn no Volga fez dela uma encruzilhada para as comunicações modernas. As ferrovias surgiram na década de 1860, e Tsaritsyn se viu em uma das principais linhas de Moscou para o Mar Cáspio e para a Ásia Central. A cidade prosperou com o crescimento da indústria pesada e se transformou em um movimentado centro de comércio, com uma malha urbana modernista composta por lojas, entretenimento e residências. Se os bolcheviques conseguissem levar alimentos do sudeste para as cidades, grande parte deles seria enviada por Tsaritsyn, e Stalin foi designado para lá para garantir que isso acontecesse.

Nos primeiros dias da Revolução Russa, Stalin havia compreendido a importância de controlar os trens da Rússia para proteger os carregamentos de alimentos. Em agosto de 1917, em um de seus editoriais no *Pravda*, ele apontou a questão da rede ferroviária "subdesenvolvida" da Rússia, que não estava conseguindo abastecer as cidades e

---

[V] Atualmente, há algumas pessoas em Volgogrado que desejam restaurar o nome Stalingrado, por acreditarem que isso daria à cidade uma maior projeção internacional. Caso consigam, pode-se argumentar que a reabilitação de Stalin deu um grande passo à frente.

o exército ao mesmo tempo.[24] Nesse ponto de sua carreira, ele teve o cuidado de não propor nada muito violento. Em vez disso, pediu que os problemas de abastecimento de alimentos fossem resolvidos por comitês cooperativos de camponeses e trabalhadores industriais. Entretanto, quando se deparou com a realidade da situação dos alimentos e dos trilhos em Tsaritsyn, Stalin agiu de forma muito diferente. Ele entrou em guerra contra todo e qualquer inimigo para obter os grãos de que precisava. Recebeu o título insípido de Diretor-Geral de Assuntos Alimentares no Sul da Rússia, mas foi descrito com mais precisão como o " líder bandoleiro" de Tsaritsyn.

Quando Stalin chegou para assumir seu comando, em 6 de junho de 1918, enviou a Lenin um telegrama que revelava tanto seu egocentrismo quanto o desejo de impressionar seu superior. A situação em Tsaritsyn, relatou ele, estava marcada por "caos e especulação", e a rede ferroviária estava "completamente desorganizada" devido às diferentes agências incompetentes do Exército Vermelho que competiam pelo poder.[25] No entanto, Stalin se gabava ao afirmar que colocaria as coisas em seus devidos lugares rapidamente. Ele já havia nomeado vários novos comissários e começado a coletar uma quantidade enorme de grãos. Prometeu enviar um milhão de poods[VI] de grãos para Moscou em poucos dias. As coisas não seriam tão fáceis. Embora não esteja totalmente clara a quantidade de grãos que Stalin conseguiu enviar para o norte, ele logo começou a dar desculpas a Lenin para explicar por que suas promessas nunca se concretizaram totalmente. E, ao explicar seus fracassos, Stalin deu vislumbres de sua visão grandiosa e estratégica.

Agindo como um comandante tanto militar quanto político, Stalin até começou a usar roupas quase militares. Preferindo túnicas sem gola e sem enfeites e botas altas de couro preto, ele também podia ser visto

[VI] Pood era a medida russa comum de grãos na época. Um pood pesava 16,4 kg.

usando bonés no estilo do exército em ângulos elegantes. Era um traje militarizado que ele usaria com frequência até sua morte.[VII]

Stalin não se vestiu apenas como um soldado; ele criou um quartel-general no estilo militar. Sua base era um vagão de trem especialmente equipado, onde ele se cercou de auxiliares de confiança, incluindo sua nova noiva adolescente, Nadia Allilueva, que atuava como sua secretária, e o irmão dela. Stalin chegou a Tsaritsyn com 400 novos soldados para ajudar na luta, mas manteve 50 deles ao seu redor, para proteção pessoal.[26] Logo, essa força foi considerada muito pequena, e o número de soldados designados como seus guarda-costas passou para 100 — e recebeu o apelido de Guarda Stalinista.[27]

Protegido da melhor forma possível, ele instituiu imediatamente um reinado de terror. Muitas de suas ações posteriores, quando no poder — o terror, as prisões em massa, os espancamentos e assassinatos e, acima de tudo, o uso da polícia secreta — foram testadas por ele pela primeira vez em Tsaritsyn. Com a chegada de Stalin, a polícia secreta — conhecida como Cheka — teve sua presença drasticamente ampliada na cidade. Onipresente no regime bolchevique em toda a Rússia, sua brutalidade podia exceder até mesmo as diretrizes de Stalin. No entanto, a força usada por ele em Tsaritsyn era particularmente grande e desagradável. Dizia-se que a Cheka de Tsaritsyn gostava de torturar e desmembrar seus prisioneiros com serras manuais.[28] Com certeza, matar pessoas parecia uma questão trivial na Tsaritsyn de Stalin, e apenas uma suspeita era suficiente para justificar a perda de vidas. Pouco tempo depois da sua chegada, o mercado central foi invadido pela Cheka, e algumas pessoas foram executadas no local, sob a alegação de que poderiam ser especuladores.[29]

[VII] Conforme o poder e prestígio internacional de Stalin aumentavam, seu uniforme se tornava um pouco mais elaborado. Durante a Segunda Guerra Mundial, porém, ele preferiu roupas mais tradicionais, com calças listradas e golas e ombreiras decoradas.

Foi o início de uma série de prisões em massa. Quase diariamente, as forças de Stalin alegavam descobrir alguma nova conspiração no que fora um setor confiável e leal da sociedade.[30] Algumas delas podem ter sido reais, mas muitas não eram, embora essa diferença nunca tenha sido muito importante para ele. A Cheka encarcerou tantas pessoas que as prisões logo ficaram lotadas, e os prisioneiros tiveram que ser confinados em grandes barcaças atracadas no Volga, onde, mantidos em alojamentos apertados, sofriam com a exposição ao frio e à fome. Espancamentos sangrentos eram comuns, e muitos seriam executados com uma bala na nuca antes que Stalin concluísse a repressão.[31] Ele até deu ordens para que, se a cidade caísse, as barcaças fossem explodidas e afundadas para matar todos os prisioneiros. Ele estava adquirindo um "gosto" por esse tipo de governo.[32]

O próprio Stalin ordenou a execução sumária de um engenheiro chamado N. P. Alexeev, suspeito de ser um agente dos Brancos enviado a Tsaritsyn para disseminar a subversão.[33] Embora não houvesse provas concretas da culpa de Alexeev, Stalin acreditava que a chance de ele ser culpado era suficiente para justificar não apenas sua execução sem julgamento, mas também a de sua equipe e dos dois filhos que estavam com ele.[34] O modelo que Stalin usaria durante o Grande Terror na década de 1930 estava sendo estabelecido — o que importava era a lealdade política, principalmente quando demonstrada por alguém sem instrução ou de origem pobre. O conhecimento especializado, mesmo quando desesperadamente necessário, e especialmente quando demonstrado por pessoas de origem mais rica ou mais instruída, gerava suspeitas. Em Tsaritsyn, por exemplo, nada era mais importante do que o funcionamento eficiente das linhas e dos equipamentos ferroviários. No entanto, quando Stalin começou a suspeitar de alguns especialistas em ferrovias porque eles pertenciam à classe errada, não hesitou em pedir sua prisão e execução sumária.[35] Era muito melhor que algumas pessoas inocentes fossem mortas do que qualquer culpado escapar da justiça.

A brutalidade de Stalin ao governar Tsaritsyn acabou deixando até mesmo Lenin um pouco melindroso. Defensor da matança em massa como ferramenta de poder, Lenin ouviu tantos relatos sobre os excessos de Stalin que se queixou de que ele havia exagerado e estava atirando nas pessoas "incorretamente".[36] É claro que, sendo Lenin, ele não podia ir muito longe ao criticar os crimes bolcheviques, dizendo logo após os assassinatos: "É por isso que somos humanos".[37] No entanto, a forma particular de terror de Stalin era um pouco diferente quando comparada a outros assassinos em massa, como Trotsky ou Lenin. Sua ira se direcionava tanto para o inimigo interno quanto para o externo — um princípio fundamental de sua perspectiva ideológica. Ele precisava explicar por que as coisas não funcionavam e não funcionariam exatamente como ele queria, ou como o marxismo dizia que deveriam funcionar — e sua explicação quase sempre recaía sobre os atos nefastos de sabotadores e subversivos internos.

Stalin suspeitava de inimigos em toda parte. Os mais perigosos não eram os Brancos, mas os traidores do Exército Vermelho que, na mente dele, haviam sido colocados no poder por ninguém menos que Trotsky. No verão de 1918, Trotsky, como ministro da Guerra, havia se tornado o maior defensor do uso de oficiais anteriormente czaristas no Exército Vermelho. Ele tinha chegado à conclusão, no início da Guerra Civil, de que a única maneira de o Exército Vermelho triunfar era com líderes competentes e experientes. Assim, ele começou a atribuir os principais comandos a esses desertores. Ao fazer isso, deu uma de suas contribuições mais importantes para o eventual triunfo dos bolcheviques na Guerra Civil, embora, ao mesmo tempo, tenha entregado a Stalin, sem querer, outra ferramenta com a qual ele mais tarde poderia bater em sua cabeça.

Grande parte do Exército Vermelho na área estava sob o comando de um ex-general czarista, Andrei Snesarev. Alto, com "porte militar impecável" e propenso a usar uniformes imaculados de antes da guerra, repletos de medalhas conquistadas a serviço do czar, Snesarev poderia ter saído de um romance russo clássico direto para um baile formal em palácios de São Petersburgo.[38] Cauteloso e sensato, Snesarev formava uma grande força em Tsaritsyn antes de lançar qualquer operação. Stalin, no entanto, estava determinado a destruí-lo.

Os telegramas de Stalin para Lenin mostram um homem desesperado para obter controle sobre as forças militares do Exército Vermelho, a quem ele culpava por seus fracassos pessoais. Enfurecido com as falhas militares que quase permitiram que os Brancos cortassem uma linha ferroviária vital, Stalin disse a Lenin que iria obter toda a autoridade de comando necessária. "Para o bem do mundo", ele enviou um telegrama a Lenin, "eu preciso de poderes militares... Eu mesmo, sem nenhuma formalidade, demitirei os comandantes do exército e os comissários que estão arruinando o trabalho. Os interesses do trabalho ditam isso e, é claro, o fato de eu não ter um documento de Trotsky não vai me deter".[39]

Stalin não se limitou a demitir. Tendo reivindicado autoridade militar, ele ordenou que Snesarev e membros de sua equipe fossem presos e confinados nas infames barcaças do Volga. Felizmente para Snesarev, ele foi libertado quando Trotsky interveio pessoalmente, embora muitos de seus oficiais tenham morrido. Algumas semanas depois, Stalin mandou prender o substituto de Snesarev, o coronel Anatolii Nossovitch, juntamente com mais oficiais. Trotsky novamente teve de intervir para salvá-lo, mas Stalin conseguiu o que queria.[VIII]

Ele havia revelado um de seus traços estratégicos formativos: se esforçava ao máximo, até mesmo de forma autodestrutiva, para expurgar qualquer pessoa que considerasse uma ameaça a si mesmo ou ao bolchevismo (que, em sua mente, eram basicamente idênticos). E ele

---

[VIII] Nossovitch acabou escapando das autoridades bolcheviques e desertou para os Brancos. Antes de ser preso, porém, tudo indica que ele ainda trabalhava para o Exército Vermelho.

valorizava mais a lealdade do que a capacidade. Foi em Tsaritsyn que Stalin começou a trabalhar em estreita colaboração com Klim Voroshilov.[40] Com uma espécie de mediocridade platônica, Voroshilov se destacava por sua natureza alegre, mente superficial, origem humilde e uma devoção canina a Stalin (ele também era um dos oficiais do Exército Vermelho na região que não tinham a preferência de Trotsky). Assim, foi rapidamente aceito como um dos favoritos por Stalin, que continuava a marginalizar e prender oficiais como Snesarev e Nossovitch. Ao mesmo tempo, continuava a fortalecer Voroshilov, atribuindo-lhe cada vez mais recursos e permitindo que ele planejasse operações militares. No final de agosto de 1918, Stalin tinha tanta confiança na lealdade de Voroshilov que, quando soube da famosa tentativa de assassinato de Lenin[IX], fez com que o telegrama oficial de condolências fosse assinado por ele e por Voroshilov.[41]

Felizmente para Stalin, ele acabou deixando Tsaritsyn antes que a incompetência militar de Voroshilov e a sua própria ânsia de poder o levassem à derrota total.[42] Embora tenha se cercado de pessoas em quem confiava, ele ainda tinha um longo caminho a percorrer para entender como vencer guerras.

[IX] Essa foi sem dúvida a mais séria das muitas tentativas de assassinato contra Lenin. Fanny Kaplan, marxista de um grupo dissidente que se opunha às políticas bolcheviques, disparou duas balas contra Lenin à queima-roupa em 30 de agosto. Embora ele tenha se recuperado, essa tentativa serviu para os bolcheviques implementarem sua primeira política aberta de Terror Vermelho.

3

Franklin Roosevelt: o jovem estrategista marítimo

em 1887, Franklin Delano Roosevelt, com cinco anos de idade, escreveu sua primeira carta.[1] Era para sua mãe, Sara, que estava de cama com um forte resfriado. Para animá-la, Roosevelt fez dois desenhos daquilo que ele mais amava no mundo: navios no mar. Não eram navios de guerra, com grandes armas apontadas para algum inimigo invisível, como poderia ter sido desenhado por um jovem Winston Churchill. Eram visões infantis de graciosas embarcações a vela. Um esboço era de três navios com diferentes configurações de mastro e vela, mostrando que o garoto já havia prestado muita atenção à mecânica da navegação. O outro, feito com detalhes mais finos, era de um iate que teria tido um lugar de destaque para uma família rica como a Roosevelt. O iate era uma bela embarcação de dois mastros, ostentando uma fileira de grandes orifícios ao longo da lateral e o mais novo e moderno avanço que qualquer milionário que se prezasse teria cobiçado: um motor a vapor. O desenho também revelava muito sobre o menino.

Durante toda a sua vida, Roosevelt passou o máximo de tempo possível na água, pensando nos mares ou lendo sobre os oceanos. Além da coleção de selos, a história naval foi sua maior paixão recreativa.

Ele acumulou uma biblioteca particular com milhares de volumes sobre história marítima, colecionou memorabilia naval e até mesmo começou a escrever periodicamente seus próprios livros sobre história naval (embora, ao contrário de seu primo Theodore, nunca tenha conseguido concluir e publicar um). Ele era um marinheiro e pescador habilidoso que gostava de pilotar embarcações a vela e navios a vapor — sabia avaliar ventos e marés e surpreendia até mesmo oficiais navais profissionais com sua capacidade de manejar cascos maiores.

Felizmente para ele, Franklin Roosevelt nasceu em uma família da Era Dourada, o que lhe deu a possibilidade de satisfazer seus gostos caros. Ele nasceu em 1882, filho único de Sara Ann Delano Roosevelt e James Roosevelt. Sara era atraente, impetuosa e tinha vinte e sete anos quando se tornou mãe, enquanto James era reservado, hipocondríaco e tinha cinquenta e três anos — no entanto, apesar de todas as suas diferenças, os pais de Franklin estavam ligados a um profundo convencionalismo. Talvez isso se devesse ao fato de a sociedade ter favorecido os dois. Cada um deles vinha de uma família estabelecida, rica e do nordeste; os Delano eram comerciantes de ópio com base em Massachusetts, e os Roosevelt, uma das mais antigas famílias holandesas de Nova York, que em algum momento cultivou o que hoje é Midtown Manhattan. Os pais de Franklin viveram e agiram como membros da aristocracia dos Estados Unidos e o criaram para ocupar o topo da sociedade americana.

A pequena família se deslocava entre três residências: havia a obrigatória casa na cidade de Manhattan e um "chalé" (na verdade, uma ampla mansão labiríntica) na Ilha Campobello, na Nova Escócia, que era usado durante os meses de verão, quando os climas mais ao sul eram considerados insalubres. Sua casa mais importante era uma propriedade rural chamada Springwood, em uma encosta que se erguia ao longo da margem leste do Rio Hudson, em Hyde Park, Nova York — o lugar onde o jovem Franklin nasceu e que ele sempre considerou seu verdadeiro lar.

A vida de privilégios da família Roosevelt incluía viagens regulares para o outro lado do Atlântico. James, em uma busca incessante para tratar suas várias doenças, tornou-se um devoto de diferentes spas espalhados pela Europa Ocidental. Passatempo favorito dos que tinham muito dinheiro e tempo livre, essas estâncias minerais prometiam uma saúde melhor para aqueles que bebessem suas águas gaseificadas e cheirosas, passeassem em jardins agradáveis bem cuidados e seguissem a alimentação prescrita — tudo supervisionado por equipes de médicos sérios. Quando Franklin tinha quatorze anos, já havia acompanhado seu pai a esses spas oito vezes. Essas viagens lhe proporcionaram algumas de suas primeiras ideias sobre a Europa e os europeus.

James gostava particularmente de um spa em Bad Nauheim, na Alemanha. Lá, Franklin aprendeu a falar alemão razoavelmente bem e foi exposto à cultura germânica, mas os Roosevelt continuaram a desaprovar firmemente os habitantes locais. James ensinou Franklin a ver os alemães como "suínos" — um sentimento do qual o jovem nunca conseguiu se livrar.[2] A sociedade alemã parecia estranha para ele, e seus costumes não lhe apeteciam. Os hóspedes britânicos e franceses do spa eram muito mais do seu agrado.

As viagens em si também moldaram a visão de mundo de Franklin. Cruzar o Atlântico na década de 1880 não era para os fracos de coração. A era dos grandes transatlânticos ainda não havia começado e, embora a família Roosevelt viajasse com estilo, eles o faziam em embarcações relativamente pequenas que subiam e desciam nos implacáveis mares do Atlântico Norte. Franklin se comportava como um marinheiro experiente, mesmo nas águas mais agitadas. Ele raramente ficava enjoado (fato do qual se gabaria pelo resto da vida) e estudava atentamente as manobras dos diferentes navios nas águas imprevisíveis. Quando teve a chance, Roosevelt tornou-se um ávido marinheiro. No início da adolescência, James lhe presenteou com um esquife de seis metros, que Franklin pilotou habilmente nas enseadas remotas de Campobello.

Os pais de Franklin ficaram mais do que felizes em satisfazer seu único filho. Depois que ele nasceu, Sara escolheu a abstinência como a forma mais eficaz de controle de natalidade e se dedicou a criar o filho. Ela o sufocou, infantilizando-o e inflando o ego do menino; vestiu-o com as roupas estilizadas da época, primeiro como uma jovem com cabelos cacheados e esvoaçantes e, depois, como um escocês das Highlands com kilt e sporran, sempre fazendo dele o centro das atenções. Sara educou Franklin em casa, com tutores, até que as exigências da sociedade a obrigaram a libertá-lo para o mundo. Apenas quando o jovem tinha quatorze anos, a mãe aceitou que ele precisava sair de casa para completar sua educação. Ele foi enviado para um colégio interno em Groton, um estabelecimento relativamente novo, a pouco mais de trinta milhas a noroeste de Boston. Sara ficou arrasada. Ele ficou encantado.

O fato de enviar Franklin para Groton diz muito sobre o que os Roosevelt queriam que seu filho se tornasse. Fundada pelo Reverendo Endicott Peabody, um atleta episcopal e benfeitor, a Groton foi projetada para produzir meninos fisicamente fortes e moralmente sólidos que ajudariam a guiar os Estados Unidos ao seu destino global. Situada em uma região bucólica, mas austera, de Massachusetts, Groton era tanto uma ideia filosófica quanto uma escola. Todos os meninos praticavam todos os esportes; havia banhos diários em água fria, códigos de honra rígidos e pouca privacidade. O trabalho em equipe, Deus e o cumprimento das regras eram enfatizados, e os diferentes eram condenados ao ostracismo; um homem de Groton tinha certos padrões para serem seguidos. Quando Roosevelt estava atravessando o Atlântico durante a Primeira Guerra Mundial e ouviu histórias sobre as táticas supostamente desleais empregadas pelos submarinos alemães, ele exclamou em seu diário: "Em Groton, fomos ensinados que a pior coisa a fazer é jogar 'sujo'".[3]

Roosevelt se encaixou perfeitamente nesse ambiente conformista. Ele era um estudante e esportista diligente, fazendo o melhor que podia para ter sucesso em todas as atividades, geralmente terminando no meio do grupo. Era um aluno sempre B (antigamente, antes da inflação das notas, quando um B era respeitável), um jogador de beisebol e futebol americano determinado, mas não particularmente habilidoso, e um debatedor moderadamente bem-sucedido. No fim das contas, a maioria dos outros meninos gostava dele.

Em Groton, Roosevelt iniciou seu caso de amor intelectual com as ideias do grande teórico naval e geopolítico, o Almirante Alfred Thayer Mahan. Oficial da Marinha dos EUA que era melhor escrevendo do que velejando, Mahan entrou para o cenário mundial em 1890, com a publicação de *The Influence of Sea Power Upon History, 1660-1783*.[4] Nesse e em outros livros e artigos que ele continuou a produzir prodigiosamente, argumentou que o poder naval era a base do poder global, usando ilustrações coletadas da história clássica até a era atual. Mahan estava convencido de que o domínio da Marinha Real era a razão da atual grandeza da Grã-Bretanha e do Império Britânico. Ele incentivou seus compatriotas a construir sua marinha se também desejassem desempenhar um papel importante no cenário mundial, e a proteger a economia industrial americana — em expansão.

Roosevelt mencionou Mahan pela primeira vez durante um debate em Groton sobre se os Estados Unidos deveriam anexar as ilhas havaianas. Adotando a linha não imperialista, o jovem de dezesseis anos defendeu que a tomada do Havaí era contraproducente do ponto de vista moral e estratégico, fazendo referência a Mahan para reforçar seus pontos. O almirante havia comentado que a posse do Havaí exigiria um investimento maciço dos Estados Unidos na construção de uma grande base naval — e, Roosevelt argumentou, nenhuma pessoa sensata gostaria de gastar tanto dinheiro tão longe do solo americano.[5]

Esse ponto de vista faz com que Roosevelt se destaque dos outros homens que liderariam seus países na Segunda Guerra Mundial. Os adolescentes (e, em alguns casos, adultos) Churchill, Hitler e Mussolini viam a guerra como um evento romântico e empolgante, com bandeiras tremulando e uniformes vistosos. O campo de batalha era para eles um importante teste de masculinidade, um espetáculo de bravura e comprometimento, uma forma de separar os dignos dos fracos. Quando o jovem Roosevelt olhava para o mundo e para a guerra (e o Roosevelt mais velho, aliás), ele era menos emotivo e raramente romântico. O resultado da guerra era decidido por dinheiro, equipamento e estratégia, além do controle dos mares.

Poucos meses depois do debate, quando Roosevelt se deparou com a realidade da guerra, esse lado mais desinteressado surgiu novamente. Em 1898, as relações entre os Estados Unidos e a Espanha haviam chegado a um ponto de crise. A questão que dividia os dois era o domínio espanhol em Cuba, que estava se tornando cada vez mais brutal e incompetente, e havia causado uma reação negativa entre os americanos nacionalistas que acreditavam que os Estados Unidos eram os supervisores das Américas e tinham o dever de intervir e salvar os cubanos. Enquanto Winston Churchill encarava a Guerra Hispano-Americana como uma chance empolgante de ver um combate pela primeira vez, Franklin Roosevelt defendia a posição de que o derramamento de sangue era desnecessário. Com as nuvens da guerra se formando, ele escreveu para seus pais: "Sinto que cada momento de atraso é do interesse da paz e que o presidente está fazendo tudo o que pode para evitar a guerra".[6] Algumas semanas depois, quando a guerra parecia "inevitável", Roosevelt analisou o resultado esperado de forma funcional: "Estamos aguardando a resposta da Espanha ao nosso ultimato. É claro que ela se recusará a deixar Cuba e, no sábado, nosso exército deverá atravessar o país e invadir Cuba. Acho que, quando isso chegar até você, Cuba já terá se livrado dos espanhóis, e a Espanha logo estará pronta para ceder".[7]

Quando a guerra estourou, Roosevelt, sem personalizar suas emoções, afirmou que "todos" estavam "extremamente empolgados".

Há histórias (não comprovadas) de que ele e seus colegas de classe estavam planejando fugir da escola e se alistar. Se for o caso, essa ideia foi passageira. Ele contraiu febre escarlate logo após a declaração de guerra e passou os meses seguintes de cama. Então, ele raramente voltou a mencionar a Guerra Hispano-Americana.

Um dos motivos da relutância de Roosevelt em discutir o conflito foi, sem dúvida, o fato de ele ter resultado no estabelecimento de um grande império americano. Usando a força da crescente Marinha americana, os Estados Unidos não apenas forçaram a saída dos espanhóis de Cuba, como também tomaram grande parte dos territórios ultramarinos da Espanha, sendo os mais famosos Porto Rico e Filipinas. Neste último, lançaram uma guerra brutal de pacificação para manter as ilhas quando enfrentaram um movimento de independência filipino.[I] Roosevelt nunca se sentiu à vontade, emocional ou racionalmente, com o fato de os Estados Unidos terem um império. Para ele, não era natural que o país controlasse territórios que nunca se tornariam estados. Embora fosse um "paternalista" e acreditasse que os EUA — uma potência iluminada, avançada, branca e cristã — deveriam ajudar a orientar os povos não brancos, ele nunca foi um imperialista.

Ele também não era de forma alguma um apoiador do Império Britânico. Pouco tempo depois do fim da Guerra Hispano-Americana, estourou a Guerra dos Bôeres — e Roosevelt fez uma declaração firme a favor dos bôeres. Em 10 de novembro de 1899, enquanto Churchill estava navegando para a África do Sul, Roosevelt escreveu para seus pais: "Viva os bôeres! Eu simpatizo totalmente com eles".[8] Sara ficou obviamente chocada com as opiniões anti-Império Britânico de seu filho e o repreendeu em resposta. Um Franklin contrito tentou

---

[I]Em outro debate em Groton, Roosevelt defendeu com veemência a independência das Filipinas do domínio dos EUA. Embora não possamos ter certeza de que ele adotou essas posições porque lhe foram atribuídas ou porque acreditava nelas, é interessante observar que ele só registrou debates em que adotou uma posição não imperialista.

comunicar suas ideias em sua carta seguinte, acrescentando uma explicação pouco convincente para acalmar a mãe: "Não posso deixar de me sentir convencido de que os bôeres estão do lado certo e que, nos últimos dez anos, eles *foram forçados* a entrar nesta guerra. Tenho certeza de que você sentirá isso se apenas ler sobre o caso dos bôeres. *No entanto*, sem dúvida, agora que a guerra realmente está acontecendo, será melhor, do ponto de vista humanitário, que os britânicos vençam rapidamente e que a civilização seja apressada, mas acho que o mesmo resultado teria sido alcançado sem a guerra".[9]

Ao acalmar a ira de sua mãe, Roosevelt revelou uma das habilidades que o ajudariam muito à medida que crescia como líder político e estratégico: seu charme. Desde cedo, ele demonstrou a capacidade de se enturmar com quase qualquer pessoa, de fazer com que essa pessoa sentisse que tinha uma ligação próxima com ele — que era respeitada e até amada. Se Hitler e Churchill costumavam fazer discursos para defender seus pontos, confiando no poder de sua retórica para subjugar seus alvos, Roosevelt usava um sorriso, uma risada e uma conversa agradável. Ele estabelecia um ar de falsa intimidade para fazer com que a outra pessoa pensasse que ele concordava com ela, que estavam trabalhando juntos por uma causa comum. Mas o charme de Roosevelt não era apenas uma ferramenta; era uma máscara. Ele o usava para impedir as pessoas de entenderem o que ele realmente estava pensando. Ele era, por natureza, um cético em relação à natureza humana, e geralmente via os indivíduos em termos utilitários. Também era implacável e ambicioso, determinado a usar os outros em sua escalada ao topo.

Pois o jovem Roosevelt tinha um segredo: ele ansiava pela glória política. A maioria dos cavalheiros da Era Dourada evitava o mundo sujo da política, preferindo se concentrar nos negócios, na filantropia ou na busca do prazer. Os Roosevelt eram diferentes. Parte do fato de Sara ter incutido em seu filho ideias de grandeza era porque acreditava que ele poderia ser um líder político (ela guardou praticamente tudo o que Franklin lhe deu, convencida de sua eventual importância histórica). James também era politicamente ativo, embora ele mesmo nunca tenha se candidatado a um cargo público. Ele apoiou financeiramente a campanha do presidente Grover Cleveland, que chegou a visitar a família no Hyde Park. Isso evidenciou outra coisa incomum sobre esse ramo da família Roosevelt: eles eram democratas por completo, e Franklin faria do Partido Democrata uma parte de sua identidade.

Em 1900, Roosevelt trocou o internato pela universidade. Em determinado momento, pensou em frequentar a Academia Naval dos EUA em Annapolis, mas seus pais nunca permitiram que isso acontecesse.[10] Em vez disso, ele se mudou para Harvard, a trinta milhas de Groton, na mesma linha de trem. Lá continuou com seu padrão de produção mediana nos esportes e nos estudos, ao mesmo tempo que aprimorava suas habilidades políticas. Seu grande trunfo foi assumir o papel de editor do jornal estudantil, o *Harvard Crimson*, que usou para se tornar um dos homens realmente "grandes" do campus. Usando seu charme — um conhecido em Harvard se referiu a ele como o "comando sem atrito" de Roosevelt —, ele conduziu o *Crimson*, adquirindo gosto por frases de efeito e manchetes poderosas.[11] Ele também participou de seu primeiro comício político, embora tenha sido para um republicano (a única vez em que ele fez campanha para um não democrata). Nesse caso, ele poderia ser perdoado, pois o republicano era seu primo, o candidato à vice-presidência Theodore Roosevelt.

Depois de Harvard, Franklin estava determinado a trilhar uma carreira política como democrata, embora por alguns anos tenha tentado ser advogado em Nova York. Ele frequentou a Columbia Law School e abriu um escritório com um colega de Harvard, mas nunca se esforçou. Em 1910, candidatou-se e foi eleito para o Senado do Estado de Nova York por um distrito que abrangia Hyde Park e os condados vizinhos. Ele havia se posicionado como um democrata antimáquina, concorrendo contra o poder do Tammany Hall, a famosa organização democrata da cidade de Nova York. Sua vitória foi um trampolim para coisas maiores. Ele rapidamente usou sua entrada na política do Partido Democrata e seu charme para garantir um dos movimentos decisivos de sua carreira.

Isso aconteceu por causa de um encontro casual na Convenção Nacional Democrata de 1912, em Baltimore. Os democratas haviam escolhido o populista de esquerda William Jennings Bryan como seu candidato presidencial em três das últimas quatro eleições — e haviam perdido todas. Evangélico fundamentalista e quase socialista/pacifista, Bryan animou a base democrata como nenhum outro político havia feito antes. Mas suas ideias mais radicais e personalidade de pastor midiático aterrorizavam grande parte do coração dos Estados Unidos.

Em 1912, muitos democratas, como Roosevelt, já estavam cansados de perder e empurravam o governador mais centrista de Nova Jersey, Woodrow Wilson, para a presidência. Roosevelt, um delegado de Nova York, foi para Baltimore logo cedo para ajudar a organizar as forças de Wilson e lá conheceu Josephus Daniels. Daniels, antes um bryanista convicto e supremacista branco de longa data, também passou a apoiar Wilson em 1912. Ele havia usado sua posição como editor de um grande jornal para se tornar uma potência no Partido Democrata no Sul, e a mudança de lado foi uma vitória maiúscula para Wilson. Supunha-se que, em troca do apoio, Daniels receberia um cargo no gabinete se os democratas ganhassem. Roosevelt, ao conhecer um homem poderoso que poderia promover sua carreira, deu seu melhor sorriso de gato de Cheshire e usou todo seu charme.

Os resultados foram mais dramáticos do que ele poderia ter imaginado. Daniels ficou encantado — e ficaria pelo resto de sua vida. O capítulo de suas memórias em que ele descreve o encontro com Roosevelt é intitulado "Love at First Sight — F.D.R. and J.D." (Amor à primeira vista — F.D.R. e J.D.), e Daniels escreveu sonhadoramente sobre ter sido "fortemente atraído" pelo homem mais jovem.[12]

Ele ficou tão encantado que, quando Wilson venceu e Daniels recebeu a oferta para um cargo no gabinete, exigiu que Roosevelt fosse nomeado seu assistente. Surpreendentemente, para um homem que havia demonstrado pouco interesse em assuntos internacionais, nenhum em política estratégica e, provavelmente, nunca havia estado em um navio de guerra, Daniels optou por ser Secretário da Marinha.[II] Embora Wilson tenha ficado menos impressionado com o jovem Roosevelt, Daniels não aceitaria um não e, em abril de 1913, Roosevelt foi nomeado o novo secretário assistente da Marinha (ASN). Foi um grande triunfo para Roosevelt, tornando-o um dos poucos civis com real influência sobre os combates dos Estados Unidos na época da Primeira Guerra Mundial.

Daniels havia sido enganado; o "amor à primeira vista" não foi correspondido. Quando Roosevelt o viu pela primeira vez, com suas camisas pregueadas, gravata de cordão e modos sulistas simples, ele o considerou o "caipira de aparência mais engraçada" que já tinha visto.[13] Embora Roosevelt pudesse gostar de Daniels, muitas vezes de forma paternalista, ele era cético em relação à compreensão do norte-carolíniano sobre política naval e sua visão do mundo. Roosevelt não tinha a menor intenção de ser um subordinado leal e, desde o momento em que assumiu o cargo, trabalhou à margem — ou até mesmo minou — o Secretário da Marinha.

Não sendo naturalmente agressivo, Daniels detestava pensar na possibilidade de guerra e, em vez disso, queria se concentrar na reforma social da frota. Ele falava em transformar a Marinha em uma grande universidade para os homens alistados, para melhorá-los intelectual e moralmente. No final, sua reforma mais famosa, que atormenta os marinheiros americanos até hoje, foi a proibição do consumo de bebidas alcoólicas nos navios de guerra dos EUA. Roosevelt, que

---

[II] Foi oferecida a ele a escolha entre vários cargos no gabinete, mas alguns cargos mais altos, como os de Secretário de Estado e do Tesouro, já estavam alocados para outros.

gostava muito de um ou dois drinques, tinha pouco interesse em tais políticas. Ele queria tomar o controle da política naval para si, e quase sempre em uma única direção: tornar a Marinha dos EUA mais poderosa e mais preparada para lutar.

O Roosevelt que entrou pela primeira vez no Departamento da Marinha tinha apenas trinta e um anos de idade, quase um metro e oitenta de altura, magro, mas com ombros largos e forte. Ele se movia com energia e determinação, irradiando boa saúde (quando não estava doente).[III] Sua exuberância como secretário assistente da Marinha causou uma grande impressão nas pessoas que o conheceram. William Leahy — que encontrou Roosevelt pela primeira vez no departamento em 1913, tornou-se seu amigo e serviu como seu chefe de gabinete durante a Segunda Guerra Mundial — ficou tão impressionado quanto Daniels. Décadas mais tarde, ele descreveu o Roosevelt que conheceu como um "jovem bonito, sociável, atlético, de energia e decisão incomuns".[14]

Um homem em ascensão, Roosevelt sempre tinha um sorriso no rosto — desde o momento em que se sentava à mesa do café da manhã com sua grande e crescente família até o último cigarro da noite. Em 1905, ele se casou com uma sobrinha de Theodore Roosevelt chamada Eleanor e, quando se mudaram para Washington, DC, já tinham quatro filhos e logo teriam mais dois. Franklin estava ansioso para se integrar ao cenário social de Washington e se tornou um frequentador assíduo dos clubes privados, dos jantares e dos campos de golfe que dominavam a vida da elite da capital do país. A tímida e introspectiva Eleanor achava isso uma tarefa árdua e, ao contrário de seu animado marido, sempre encontrava desculpas para sair das festas mais cedo. Por meses a fio, às vezes durante todo o verão e até o outono, ela se

---

[III] Apesar de toda a sua força e atividade, Roosevelt tinha uma notável suscetibilidade a doenças. Ele pegava infecções graves com frequência e, certa vez, teve apendicite. Ele ficava regularmente afastado do trabalho por semanas e, às vezes, meses.

retirava para o clima saudável de Campobello com as crianças. Franklin ficava triste quando ela estava ausente, mas quase sempre encontrava desculpas para ficar em Washington por mais tempo do que havia prometido.

No primeiro mês de mandato de Roosevelt, os Estados Unidos se envolveram em um perigoso confronto militar com o México. Em abril de 1913, as autoridades mexicanas detiveram alguns marinheiros americanos que estavam em terra para buscar suprimentos em Veracruz e, embora eles tenham sido rapidamente liberados, o comandante dos EUA no local, Henry Mayo, decidiu humilhar os mexicanos exigindo uma saudação de 21 tiros em respeito às forças americanas. Os mexicanos ficaram furiosos e os protestos populares se espalharam contra a mão pesada americana. As coisas rapidamente saíram do controle, e Wilson autorizou o envio de forças para tomar Veracruz.

No final de abril, os marinheiros americanos estavam em terra e trocando tiros com soldados e civis mexicanos. Daniels ficou horrorizado e queria tomar medidas para diminuir o confronto, enquanto Roosevelt estava mais interessado em preparar a Marinha para lutar.[15] Ele declarou à imprensa que os Estados Unidos estavam em "guerra e estamos prontos", admitindo em público pela primeira vez que seu objetivo era criar uma frota americana "inigualável".[16] Durante seu período como ASN, Roosevelt foi o mais abertamente bélico que jamais seria em sua vida.

Ele estava mais do que feliz em tentar subverter a própria administração para conseguir o que queria na política naval. Uma das primeiras cartas que escreveu no cargo foi para seu primo Theodore, pedindo ao ex-presidente que usasse sua popularidade para argumentar contra a divisão da frota americana entre as costas leste e oeste. "Estaremos em uma posição imperdoável se nos permitirmos ser pegos com nossa frota separada", escreveu ele,[17] preocupado com duas coisas. Primeiro, que uma frota dividida seria um alvo tentador para um ataque japonês surpresa. As relações entre os Estados Unidos e o Japão — duas potências expansionistas — haviam se tornado cada vez mais hostis. As duas começaram a acumular impérios no Pacífico e, à medida que as potências europeias se enfrentavam, elas se tornaram as forças dominantes na região. Os japoneses também estavam irritados com o tratamento racista recebido por seus emigrantes nos Estados Unidos, que eram discriminados. Embora Roosevelt não acreditasse que a guerra fosse iminente, estava preocupado com o fato de que, se os japoneses decidissem lutar, eles atacariam sem aviso. E, para o caso de isso acontecer, ele defendeu que a frota deveria estar concentrada e pronta para a guerra o tempo todo.

A segunda preocupação que rondava a mente de Roosevelt e o levou a recrutar Theodore para defender seu ponto de vista era de que o povo americano não estivesse suficientemente comprometido com políticas estratégicas. Embora desesperado por uma Marinha mais forte, ele entendia que essa era uma prioridade relativamente baixa para o povo americano, que, independentemente da frequência com que era avisado, lisonjeado ou persuadido, ainda pensava principalmente em problemas domésticos. Mais tarde, Roosevelt se queixaria do fato de a população americana ter uma "incapacidade de visualizar nossa posição no mundo".[18]

Conspirar com seu primo, o ex-presidente, foi um ato de deslealdade da parte de Franklin contra o presidente em exercício, a quem ele servia. Theodore Roosevelt e Woodrow Wilson eram os dois titãs políticos de sua época e se detestavam. Theodore havia concorrido à presidência contra Wilson em 1912 (e havia rumores de que concorreria novamente em 1916) e, durante a campanha, ficou claro que eles viam o mundo de forma muito diferente. Theodore acreditava em forças militares poderosas e em estados-nação competitivos, e via a guerra como um grande teste de virilidade. Wilson afirmava odiar a guerra (embora não se importasse em mandar nos países mais fracos da América Latina), falava religiosamente sobre o valor da cooperação internacional e se via como um ser moralmente superior. Wilson considerava Theodore um cowboy belicoso, e Theodore via Wilson como um moralista exigente. Theodore disse mais tarde que, em vez de "falar suavemente e carregar um grande porrete", Wilson "falava de forma bombástica e carregava um pano de prato".[19] No entanto, Franklin não hesitou em usar seu primo para pressionar o presidente.

Seu foco em manter a frota concentrada era outro sinal de como ele havia sido influenciado por Alfred Thayer Mahan, que defendia que uma frota concentrada era mais forte do que uma dividida.[IV] De fato, durante seu período como ASN, Roosevelt adotava regularmente as ideias táticas e estratégicas que Mahan havia popularizado. O pensamento tático do almirante foi uma criação do momento e do lugar em que vivia. Ele escreveu durante a era dos enormes navios de guerra com blindagem de aço, que atingiram o auge do design e da capacidade de destruição na revolução dos *dreadnoughts*. Em 1914, alguns *dreadnoughts* ostentavam enormes canhões navais de quinze polegadas que disparavam projéteis tão pesados quanto automóveis a uma distância de mais de oito quilômetros. Eles estavam fortemente blindados com cinturões de aço ao longo das laterais, alguns com mais de trinta centímetros de espessura.[V] A suposição de Mahan era que essas fortalezas flutuantes se envolveriam em uma batalha marítima decisiva,

---

[IV] Uma das regras fundamentais de Mahan era que as frotas deveriam estar sempre concentradas para evitar que fossem destruídas aos poucos. Ele acreditava que uma grande guerra moderna no mar seria decidida em uma ou em um pequeno número de batalhas campais, durante as quais grandes frotas de batalha se envolveriam — deixando o controle do mar nas mãos da frota que saísse triunfante.

[V] Havia dois tipos de navio capital dreadnought: o navio de guerra e o cruzador de batalha. Ambos eram fortemente armados com os maiores canhões possíveis, mas os navios de guerra eram construídos com muito mais proteção blindada do que os cruzadores de batalha (que sacrificavam a blindagem para aumentar a velocidade). Como a Primeira Guerra Mundial mostraria, o cruzador de batalha era muito mais vulnerável do que o navio de guerra, mas, ao entrar na guerra, as diferentes nações compararam sua força naval contando com as duas classes.

na qual o vencedor se tornaria o árbitro das vias navegáveis do mundo. A preparação para essa batalha foi o motivo pelo qual Roosevelt estava tão empenhado em manter a frota americana concentrada. Ele entendia que, pela grande distância entre as costas leste e oeste dos EUA, havia fortes pressões internas para dividir a frota, o que deixaria o país com duas forças pequenas e sem apoio mútuo, vulneráveis à destruição fácil.

Por fim, a preocupação de Roosevelt com a concentração se tornou tão intensa que ele sentiu a necessidade de recrutar o próprio Mahan. A abertura do novo Canal do Panamá, segundo Roosevelt, só aumentaria as pressões políticas para dividir a frota entre o leste e o oeste e, em junho de 1914, pouco antes de as nuvens da guerra começarem a se formar na Europa, ele escreveu a Mahan pedindo que se manifestasse em favor da Marinha:

> Quando o canal for finalmente aberto no próximo inverno, haverá, sem dúvida, uma grande pressão política e seccional para que a frota seja dividida e que metade seja mantida no Pacífico e metade no Atlântico. Acabo de voltar de uma viagem à costa do Pacífico e fiquei impressionado com a total falta de uma concepção correta das operações da frota. As pessoas podem ser educadas, mas somente se todos nós nos reunirmos com antecedência e tentarmos mostrar ao "homem comum da rua" a necessidade militar de manter a frota unida. A voz de vocês será mais convincente do que a de qualquer outra pessoa.[20]

Essa abertura deu início a uma enxurrada de correspondências entre Mahan e Roosevelt. O almirante ficou intrigado e queria saber mais sobre o jovem, mas Roosevelt propôs um encontro e lhe disse que só poderia divulgar mais informações pessoalmente (provavelmente para informá-lo sobre as tergiversações de Daniels). Quando a guerra estourou, em agosto, Mahan enviou a Roosevelt uma série de cartas pressionando-o a preparar a frota para combater os japoneses. Demonstrando o quanto o pensamento de ambos estava sincronizado, Mahan argumentou que o Japão era uma ameaça maior do que qualquer país europeu e que poderia aproveitar a guerra para atacar os Estados Unidos.[21] O almirante não poderia ter sido mais comprometido.[VI] Em sua última viagem a Washington, pouco antes de morrer, em 1º de dezembro de 1914, Mahan foi ao Departamento da Marinha sem ser convidado, na esperança de falar com Roosevelt — e descobriu, para seu pesar, que o ASN não estava no escritório.

Se as ideias táticas de Mahan sobre a concentração da frota ajudaram a criar laços entre os dois homens, suas ideias estratégicas mais amplas sobre a importância do poder naval causaram uma impressão ainda mais duradoura. Essas ideias se resumiam ao controle das comunicações globais — e, com isso, Mahan e Roosevelt queriam dizer o movimento de todos os bens e suprimentos (tanto civis quanto militares) pela superfície do oceano. O poder naval, que Mahan defendeu e com o qual Roosevelt concordou, conferia a capacidade de controlar as comunicações, o que levava a uma força muito maior em tempos de paz e de guerra, uma economia mais forte, mais influência no exterior e, se necessário, a capacidade de atacar um inimigo de forma passiva ou ativa. A frase mahaniana específica à qual Roosevelt voltou várias vezes nesses anos foi "controle do mar". O que Roosevelt queria dizer com isso era "a capacidade de manter os oceanos abertos para seus navios de guerra e navios mercantes e para quaisquer expedições militares desejadas".[22] Ele acreditava que o controle dos mares levaria a vitórias, independentemente do que acontecesse em qualquer batalha específica em terra.

[VI] Ele acabou escrevendo um artigo de 5.000 palavras que foi publicado na *North American Review*.

Roosevelt havia começado a apresentar esses pontos de vista anos antes de escrever para Mahan e continuou a apresentá-los nos anos seguintes, geralmente em artigos curtos. Ele era um escritor indisciplinado que, periodicamente, mantinha um diário e, por alguns dias, fazia anotações com dedicação até que o compromisso o aborrecesse e o esforço se esvaísse. Enquanto Churchill, Hitler, Mussolini e Stalin escreveram ou ditaram livros sobre si mesmos e suas ideias, Roosevelt nunca foi capaz de reunir o entusiasmo ou o compromisso de escrever uma obra grande.[VII]

Nesses artigos curtos, o poder naval e a história eram temas regulares, e Roosevelt gostava de apresentar o controle das comunicações, e não as batalhas terrestres, como o fator determinante nas guerras. Um de seus exemplos históricos favoritos foi o destino do general Louis-Joseph de Montcalm, que liderou as forças francesas durante a Guerra dos Sete Anos (1756 a 1763). Roosevelt considerava Montcalm um gênio militar que, nos primeiros anos da guerra, havia superado as forças britânicas, nas batalhas de Fort Oswego e Ticonderoga, quando sua pequena força de menos de 4.000 homens resistiu a um exército britânico quase quatro vezes maior. No entanto, apesar de todas as suas vitórias, Montcalm acabou isolado do Estado francês e morreu em 1759 liderando suas tropas nas Planícies de Abraão, nos arredores da cidade de Quebec. Os fundamentos da guerra — a luta — eram muito mais importantes do que os resultados das batalhas.[23]

Outro assunto histórico que fascinou Roosevelt foi a Revolução Americana. Ele estava convencido de que o poder naval havia desempenhado um papel decisivo, ainda que em grande parte oculto, na vitória americana.[24] Sabendo que seria "impossível lutar" contra o poderio da Marinha Real, a variedade heterogênea de embarcações

---

[VII] Roosevelt ocasionalmente pensava em escrever um livro. Quando jovem, começou a acumular material para um estudo biográfico de oficiais navais da Revolução Americana. Ainda restam algumas páginas dessas anotações em seus documentos.

americanas — geralmente pequenas, algumas ágeis e capitaneadas por uma mistura de piratas e pescadores — concentrou-se em atacar o comércio britânico e lançar ataques-surpresa na costa britânica. Eles roubaram o comércio britânico e, afundaram navios mercantes e, ao fazê-lo, aumentaram os prêmios de seguro em Londres, levando a guerra para aquele povo.

Roosevelt aprendeu essa lição e a aplicou de forma inversa nos Estados Unidos de sua época. Em um artigo que escreveu sobre a importância do poder naval para os Estados Unidos, ele sentiu a necessidade de alertar os americanos sobre o impacto devastador dos ataques às comunicações. Se perdessem a capacidade de transportar mercadorias e força militar pelos oceanos, defendeu Roosevelt, isso implodiria a economia americana.[25]

Essa advertência foi escrita perto da eclosão da Primeira Guerra Mundial. No início de agosto de 1914, chegou a Washington a notícia de que as grandes potências da Europa haviam decidido que a diplomacia estava encerrada e que era hora de abrir fogo. Com a iminência da guerra, Roosevelt correu para Departamento da Marinha, entusiasmado e cheio de energia, esperando se deparar com o prédio agitado. O que ele encontrou foi um gabinete sonolento, cuidando de seus afazeres como se nada fora do normal estivesse acontecendo. Ele desabafou em uma carta para Eleanor, que estava na Ilha Campobello com as crianças (que ele chamava de "filhotes"), escrevendo que "para minha surpresa, ao chegar ao Departamento, ninguém parecia nem um pouco animado com a crise europeia". Ele culpou o Secretário da Marinha: "O Sr. Daniels está se sentindo sobretudo muito triste por ver sua fé na natureza humana, na civilização — e outras bobagens idealistas semelhantes — estar sendo tão brutalmente vencida pelos fatos".[26] Desgostoso com essa hesitação, Roosevelt decidiu que caberia a ele preparar a Marinha para a guerra. "Comecei sozinho a elaborar planos para o que *deveria* ser feito na parte da Marinha." Mesmo dias depois,

Daniels ainda parecia paralisado pela indecisão, e Roosevelt comentou que seu chefe estava "desnorteado com tudo isso, muito gentil, mas muito triste".[27]

As dúvidas de Roosevelt em relação a Daniels se misturaram às suas desconfianças em relação a Wilson. O presidente, em seu primeiro discurso importante após o início da guerra, pediu aos americanos que fossem neutros em "pensamentos e ações". Roosevelt, que era tudo menos neutro, via a guerra como uma luta entre o bem e o mal — entre os Aliados ocidentais, aos quais ele se afeiçoou imediatamente, e os alemães arrogantes e militaristas que precisavam receber uma lição. Ele queria um resultado claro, confidenciando à sua esposa que, em vez de uma "longa e prolongada luta, espero que a Inglaterra se una à França e à Rússia e imponha a paz *em Berlim!*". Mais tarde, ele brincou com Eleanor: "Eu *sei que* farei alguma coisa horrível e nada neutra antes de terminar".[28]

Ele foi fiel à sua palavra. Durante o ano e meio seguinte, o jovem secretário assistente atuou como um agente subversivo dentro da administração, pressionando clandestinamente (ou às vezes abertamente) a Marinha dos EUA e a nação para a linha de preparação. O Movimento de Preparação, como ficou conhecido, era um grupo pró-Aliados de políticos, formadores de opinião e industriais americanos que acreditavam que os Estados Unidos precisavam aumentar seus preparativos para lutar na Europa. Era composto majoritariamente por republicanos, e seu defensor mais famoso foi Theodore Roosevelt, mas muitos outros começaram a defender mais gastos militares e maior assertividade por parte dos Estados Unidos.

Wilson via o Movimento de Preparação como um inimigo, assim como a maioria de seu gabinete. Roosevelt, por outro lado, embora nunca tenha endossado publicamente o movimento, começou imediatamente a usar retórica semelhante e a tomar posições similares. Ele estava preocupado com a possibilidade de os republicanos monopolizarem a questão da defesa e queria que os democratas mostrassem que estavam dispostos a fazer o que fosse necessário para tornar os Estados Unidos fortes. Em 1915, ele redigiu artigos que defendiam uma frota mais forte e mais bem preparada que pudesse garantir o controle das comunicações para o país. Um de seus artigos mais belicosos era um apelo por uma frota poderosa dominada por navios de guerra, um reflexo da influência de Alfred Thayer Mahan sobre os Estados Unidos no entendimento de Roosevelt sobre a guerra.

No entanto, o conflito no mar havia se desenvolvido de forma surpreendente em 1915, algo que Roosevelt — e Mahan — não haviam previsto. Recusando-se a travar uma batalha decisiva com os britânicos, os alemães retiveram seus navios de guerra e, em vez disso, lançaram uma ofensiva contra o comércio britânico, usando uma arma relativamente nova: o submarino. Foi uma estratégia que se revelou potencialmente eficaz. Os submarinos alemães mandaram para o fundo do oceano vários navios mercantes britânicos que transportavam alimentos e suprimentos, causando grande preocupação em Londres. Ao mesmo tempo, a guerra submarina alemã trouxe os primeiros sinais de uma possível guerra com os Estados Unidos.

Antes da guerra, o afundamento de navios mercantes desarmados por submarinos era considerado ilegal, mas os alemães defenderam que os britânicos estavam interrompendo todo o comércio na Europa (o que também era considerado ilegal) e, ao mesmo tempo, armando os navios mercantes secretamente, o que os impossibilitava de saber quais navios estavam desarmados. Os alemães se voltaram para a guerra submarina "irrestrita" em torno da Grã-Bretanha no início de 1915, declarando que poderiam atacar qualquer navio sem aviso em uma área de aproximadamente 100 milhas ao redor das Ilhas Britânicas. O problema que eles rapidamente descobriram foi que os americanos geralmente estavam nesses navios. Woodrow Wilson decidiu que usaria a ameaça da força dos EUA para manter os alemães na linha. À medida que 1915 avançava e mais americanos se perdiam no mar

— o caso mais famoso foi o do navio de passageiros britânico *Lusitania*, afundado na costa da Irlanda em maio —, Wilson exigiu que os alemães parassem, e eles o fizeram. Mas, ao fazer da guerra submarina irrestrita uma questão de tal confronto, Wilson estabeleceu um gatilho que logo provocaria uma escalada.

Com o aumento da guerra submarina em torno da Grã-Bretanha, algumas vozes americanas começaram a argumentar a favor de menos navios de guerra americanos e mais submarinos. Roosevelt ficou horrorizado com esse ataque à ortodoxia mahaniana. Ele queria mais navios de guerra, não menos, e tentou convencer seus concidadãos. Como sempre, partindo da premissa de que o controle do movimento nos oceanos era crucial, Roosevelt alegou que esse domínio caberia à frota "que pode subir e descer o comprimento e a largura do mar à vontade".[29] Os submarinos tinham algum propósito, mas ainda eram lentos, vulneráveis e limitados demais para cumprir esse papel, e levaria muitos anos até que essa mudança ocorresse — se é que ocorreria. Enquanto isso, o navio de guerra continuava dominante, e Roosevelt garantiu ao povo americano que essas embarcações "decididamente não foram abandonadas pelos homens que são especialistas em guerra naval".[30]

Ele desempenharia um papel fundamental para garantir que os Estados Unidos tivessem o maior número possível de navios de guerra. No verão de 1915, Roosevelt disse a Daniels que, em vez de planejar a construção naval ano a ano, o que deixava a Marinha dos EUA incapaz de planejar racionalmente para o futuro e tendo que se ajustar aos caprichos do Congresso, ele queria que a Marinha solicitasse um programa de construção plurianual sem precedentes.[31] O resultado foi o maior programa de construção naval da história americana até aquele momento: o Naval Act de 1916. As origens da lei são um tanto obscuras, já que ela parece ter surgido praticamente do nada no discurso do presidente Wilson ao Congresso em dezembro de 1915 (quatro meses depois de Roosevelt ter começado a pressionar por um grande programa plurianual).[32] Certamente Wilson estava desesperado para aprimorar suas credenciais de preparação em um ano de eleição presidencial, mas a lei foi surpreendentemente contrária à maior parte de sua retórica desde agosto de 1914. Daniels, da mesma forma, não era um defensor entusiasmado de um novo programa de grande escala. Franklin Roosevelt, no entanto, era, e assim que Wilson falou, ele fez uma grande quantidade de lobby público em favor do programa. Ele prontamente escreveu um artigo que mais uma vez repetia sua proposta alarmista de que, sem uma frota maior, os Estados Unidos estavam ameaçados de colapso econômico. "Se fôssemos atacados amanhã por uma nação com uma marinha mais forte do que a nossa, nenhum fardo de algodão, nenhuma libra de tabaco... poderia deixar nossas costas. Poderíamos sobreviver a isso por um ano ou mais, mas não por muito mais tempo, e o inimigo poderia manter um bloqueio indefinido a um custo relativamente baixo, mesmo que não tentasse invadir por terra".[33]

Por trás dessa cortina de fumaça defensiva, escondia-se a esperança de Roosevelt de que os Estados Unidos pudessem acabar com a marinha mais poderosa do mundo, embora ele tivesse o cuidado de não dizer isso abertamente. Quando testemunhou para o Comitê de Assuntos Navais da Câmara em março de 1916, Roosevelt discutiu como os Estados Unidos deveriam construir a segunda frota mais poderosa do mundo, dizendo que deveriam ter como objetivo substituir a Alemanha nessa posição, construindo onze dos maiores navios de guerra existentes. "Há dez anos estamos ficando para trás em relação à Alemanha... para colocar nossa frota em pé de igualdade com a frota alemã, precisaríamos de oito cruzadores de batalha e três *dreadnoughts*".[34]

Roosevelt estava brincando com a verdade ao fazer tal afirmação, como ele bem sabia. Se a Marinha dos EUA construísse onze novos navios de grande porte (encouraçados e cruzadores de batalha), ela não apenas se igualaria numericamente aos alemães (e provavelmente os superaria), mas também os surpreenderia qualitativamente, e até mesmo os britânicos. Com a Primeira Guerra Mundial em andamento, as potências europeias haviam interrompido a construção de navios de grande porte. Eles eram considerados muito caros e demorados para serem produzidos em um momento em que a ajuda imediata era mais importante. Essa negligência europeia significava que, se os Estados Unidos empreendessem um novo programa em grande escala de navios capitais, estariam se expandindo livremente. Além disso, estariam construindo navios que poderiam ser projetados à luz das experiências de guerra — com melhor proteção, armas mais potentes e velocidades mais rápidas.

Surpreendentemente, o Congresso concordou com esses planos. Em agosto de 1916, ambas as Câmaras aprovaram o projeto de lei que autorizava a construção, nos próximos anos, dos dezesseis maiores navios de capital do mundo: dez superdreadnoughts e seis cruzadores de batalha. Se concluídos, eles dariam aos Estados Unidos uma "marinha inigualável", com poder de fogo que poderia esmagar qualquer outra frota no mar. Roosevelt ficou eufórico com a perspectiva de uma frota americana mais poderosa que a britânica. Ele elaborou uma lista de eventuais encouraçados americanos e a comparou com a da Marinha Real. A Marinha dos EUA claramente ficou em primeiro lugar com as embarcações mais modernas e poderosas, e Roosevelt escreveu com expectativa: "Espero que seja tão bom quanto isso".[35]

Ele certamente adotou um tom público tão agressivo quanto o de qualquer membro do governo Wilson. No ano de 1916 houve eleição presidencial, que parecia estar equilibrada no fio da navalha. Os democratas tinham renomeado Wilson como seu candidato, enquanto os republicanos escolheram o governador de Nova York, Charles Evans Hughes, um tanto enfadonho, embora respeitável. Com uma disputa tão acirrada, Roosevelt aderiu à campanha, principalmente em Nova York. Seus discursos eram apelos patrióticos por mais gastos militares e serviço nacional — a criação de uma força militar que pudesse ir à guerra. Como ele disse a uma multidão em Maldenon-Hudson, em outubro, a Marinha dos Estados Unidos era "apenas metade ou um terço do tamanho que deveria ser. Todo cidadão deve fazer a sua parte. Isso significa que devemos ter um serviço militar universal".[36] Sua retórica era mais belicosa do que a da maioria dos democratas, inclusive do presidente e de Daniels, cuja campanha enfatizava o tema de o governo manter os americanos fora da grande guerra na Europa.

Enquanto Wilson se candidatava a um segundo mandato, a amizade de Roosevelt com William Leahy, o homem que se tornaria seu chefe de gabinete e presidente do Estado-Maior Conjunto durante a Segunda Guerra Mundial, passou do âmbito profissional para o pessoal. Leahy havia assumido o cargo de capitão do barco de despacho do Secretário da Marinha, o USS *Dolphin*. Mas, como Daniels tinha pouca familiaridade com o mar, o *Dolphin* estava sempre disponível para Roosevelt usar — e ele aproveitou a vantagem com prazer. Em 1916, utilizou o navio para levar sua grande família de e para Campobello, e passou a confiar em Leahy, chegando a convidar o oficial para passar alguns dias com ele no Hyde Park. Quando a campanha presidencial estava em seu fim, Roosevelt se esforçou para escrever um bilhete a Leahy, dizendo que precisaria viajar com ele novamente em breve. "Tenho levado uma vida agitada desde que vi você, indo para Washington por um dia e depois voltando para a campanha, mas nossa viagem no *Dolphin* tem sido de grande ajuda e, em 1º de janeiro, certamente precisarei escapar novamente com todos vocês".[37]

Como Roosevelt confiava em pouquíssimas pessoas, esse relacionamento era importante. Uma vez que ele aprendeu a gostar de Leahy e a trabalhar com ele antes de se tornar uma figura importante, o relacionamento entre eles era diferente de qualquer outro que Roosevelt teria com um formulador de políticas militares/estratégicas durante a guerra. Além disso, os dois compartilhavam uma visão mahaniana do mundo quando se tratava da importância das comunicações marítimas, e se tornariam uma dupla que se autocompletaria no topo da formulação de estratégias dos EUA de 1942 a 1945. O relacionamento com Leahy também proporcionou a Roosevelt uma camada extra de segurança que não estava disponível para a maioria dos outros grandes estrategistas da Segunda Guerra Mundial.

Em fevereiro de 1917, os alemães, em uma tentativa de cortar as rotas comerciais do Atlântico Norte com seus submarinos, reiniciaram a guerra submarina irrestrita. O presidente Wilson, recém-reeleito, havia chegado ao seu limite com a hostilidade alemã e decidiu que a força americana precisava ser lançada na guerra para garantir que o resultado fosse do interesse americano (e, em sua opinião, global). Roosevelt ficou encantado. Em março, ele chegou de volta a Washington com a expectativa de encontrar a administração funcionando com eficiência máxima, preparando-se para lutar a maior guerra da história da humanidade. Ele protestou contra a "procrastinação" de Daniels e reclamou de seu chefe com o famoso confidente de Wilson, Edward House.[38] Ele não conseguia acreditar que Daniels estava agindo de forma tão despreocupada e ficou furioso com o fato de a Marinha dos EUA não estar estudando os métodos britânicos em preparação para entrar na guerra; também culpou o Chefe de Operações Navais em exercício, Almirante William Benson, um católico romano da Geórgia que provavelmente era o homem mais antibritânico da Marinha americana.

Mas Roosevelt não teria que esperar muito mais. Em abril, o Congresso acatou a solicitação do presidente para declarar guerra. A Marinha dos EUA finalmente teria a luta que Roosevelt queria.

4

Benito Mussolini: o nascimento de um estrategista nacionalista

O soldado Benito Amilcare Andrea Mussolini, do 11º Regimento Bersaglieri, estava tonto. Era 16 de setembro de 1915, e ele se preparava para cruzar o Rio Isonzo como soldado de um Exército italiano invasor. O Isonzo, que atravessava a província de Küstenland, do Império Austro-Húngaro, começava no alto, entre as elevações verticais das montanhas da Dalmácia, antes de descer para um vale rochoso e um campo acidentado e, finalmente, desaguar no Mar Adriático. Quando, no início daquele ano, a Itália entrou na Primeira Guerra Mundial ao lado dos Aliados contra os alemães e austríacos, uma de suas primeiras ações foi tomar o Isonzo. O rio corria quase na metade do caminho entre a fronteira austríaca e a cobiçada cidade de Trieste.[I] Suas águas, alimentadas por geleiras, eram de um azul-claro vívido, e Mussolini, deslumbrado, achou-as "maravilhosamente" diferentes de qualquer outra que já havia visto. Ele se abaixou e bebeu a água, exclamando: "Este é um rio sagrado".[1]

[I]Trieste tinha uma população majoritariamente de cidadãos italianos, com uma minoria alemã significativa, embora a população ao redor da cidade fosse predominantemente de outras nacionalidades do Império Austro-Húngaro, incluindo eslovenos.

Ou, pelo menos, era isso que ele queria que as pessoas pensassem que ele acreditava.[II] Chegar ao Isonzo como parte de um Exército italiano invasor representou o ponto culminante de uma notável mudança de carreira para o homem de 32 anos, e uma oportunidade de glorificação pessoal. Ele só havia abraçado a causa do nacionalismo italiano violento e expansionista onze meses antes e, ao fazê-lo, transformou-se em uma pequena celebridade, revelando as razões de grande parte de seu sucesso futuro. Tornar a Itália grande, e a si mesmo ainda maior, seria sua mentalidade estratégica fundamental, mesmo que ele ainda não tivesse uma ideia clara de como alcançá-la.

A adoção do nacionalismo e da expansão violenta por parte de Mussolini foi surpreendente, considerando que a maior parte de sua vida pregressa havia sido passada em círculos radicais de esquerda, lutando contra o militarismo e o capitalismo. Até a Primeira Guerra Mundial, Mussolini parecia mais determinado a se tornar um Lenin italiano do que um Hitler italiano. Ele nasceu em um vilarejo nos arredores da indefinida cidade montanhosa de Predappio, na Emília-Romanha.[2] Um lugar na fronteira entre o antigo e o novo, Predappio estava entre as montanhas dos Apeninos, que se erguiam firmemente a oeste e ao sul, e o enorme e fértil Vale do Pó, que se estendia para o leste em direção ao Mar Adriático e para o norte em direção ao novo e crescente coração industrial da Itália. Um assentamento agrícola no qual a vida pouco mudou durante séculos, Predappio estava, no entanto, perto o suficiente da Itália modernizada para que ideias radicais circulassem.[III] Isso foi muito importante na vida de Mussolini, pois

---

[II] Grande parte do diário de Mussolini, no qual essa história foi contada, estava sendo publicada em série no jornal nacionalista *Il Popolo d'Italia*, portanto, tudo o que ele escreveu precisa ser entendido sob essa perspectiva.

[III] Embora Predappio tenha existido como um assentamento por milênios em uma das regiões historicamente mais importantes da Itália, ela mal aparece como destino turístico. Atualmente, sua maior atração é o local de nascimento de Mussolini, atraindo turistas mórbidos e fascistas modernos em peregrinação com tanto sucesso que possui uma infraestrutura funcional para atender às suas necessidades.

seu pai, Alessandro, um ferreiro preguiçoso, porém hábil, tornou-se uma figura importante na política radical da Romanha.

Em suas memórias, Mussolini se vangloriava de que sua família havia sido um dos principais personagens da Bolonha renascentista. Se foi verdade, há muito os Mussolini haviam decaído socialmente: o pai de Mussolini era bonito e bebia, perseguia mulheres, brigava e gastava o pouco dinheiro que conseguia sem hesitar. Quando jovem, aprendeu a fazer política de esquerda lendo Marx e Bakunin e logo começou a incitar os pobres. Sua ideologia exata era fluida — às vezes preferia o anarquismo, outras vezes, o socialismo violento — mas ele sempre quis derrubar a ordem estabelecida. Acabou chamando a atenção da polícia e, depois que literatura radical foi encontrada em seu poder durante uma batida, foi condenado a seis meses de prisão. Posteriormente, emergiu como como uma figura de certa reputação nos círculos socialistas.[3]

Depois de sair da prisão, Alessandro se apaixonou por Rosa Maltoni, uma professora local. Assim como os Mussolini, os Maltoni vinham de um ambiente pequeno-burguês e tinham se saído quase tão mal com o passar dos anos. Eles lidaram com seu declínio apegando-se firmemente ao tradicionalismo e à ortodoxia. Eram católicos romanos devotos e, no século XIX, tornaram-se nacionalistas italianos patrióticos. Os pais de Rosa sentiam repulsa pela ideia de casar a filha com um radical perturbado e fizeram Alessandro prometer que abandonaria a política antes de deixá-los se casar. Alessandro fez a promessa, e os Maltoni foram tolos o suficiente para acreditar.

Alessandro e Rosa, como todos os pais dos grandes estrategistas da Segunda Guerra Mundial, eram uma combinação terrível, embora Mussolini em suas memórias os tenha pintado como caricaturas fascistas. Alessandro foi descrito como um valente lutador pelo povo, e Rosa, como o protótipo de mãe italiana obediente e obcecada pela família. Na verdade, o relacionamento deles era tempestuoso, e eles duelavam pelo controle do filho pequeno. No início, Alessandro dominava. Em julho de 1883, quando Mussolini nasceu, o pai rompeu com a tradição italiana e deu-lhe o nome de Benito Juárez, o político mexicano radical e reformador.[IV] Ele fez o possível para tornar o menino politicamente consciente, levando Benito a comícios e mergulhando-o em uma vida de reuniões clandestinas e ressentimento de classe. Mussolini tinha uma admiração imensa por seu pai, que para ele era uma figura quase mítica.

Rosa, porém, estava plantando sementes mais profundas. Suas motivações eram parcialmente causadas pelo ressentimento com o estilo de vida precário que a política de Alessandro havia imposto à família.[4] Como Alessandro gastava todo o dinheiro que podia conseguir, incluindo o salário de Rosa como professora e a herança de seu pai, a família Mussolini vivia à beira da pobreza. Rosa era forçada a trabalhar longas horas na escola (onde a família morava em dois cômodos) e a fazer trabalhos por fora para mantê-los alimentados. Mesmo assim, os Mussolini comiam pior do que camponeses, geralmente se contentando com uma sopa no almoço e rabanetes ou chicórias cozidos que eram cultivados nos campos locais para jantar.[5] Eles só podiam comprar carne aos domingos, quando um quilo de carne de carneiro tinha de ser dividido entre cinco. Sem se impressionar com os parcos ganhos do radicalismo, Rosa tentou transformar Benito em um católico romano devoto e patriota italiano.

Ela falhou totalmente na primeira tarefa. Quando arrastou o menino para a missa, Mussolini reagiu da maneira que estava acostumado a fazer quando sentia raiva — com violência. Em vez de entrar na igreja, ele subiu em uma árvore próxima e jogou pedras nas crianças mais devotas que iam rezar. Reconhecer um deus significava aceitar

---

[IV] Em grande parte da Itália, era costume dar ao primeiro filho o nome de um dos avós. O fato de Alessandro não ter feito isso foi uma declaração de que ele não estava preso a esse costume. Além disso, Alessandro se certificou de que seus dois filhos seguintes, irmãos de Benito, também recebessem nomes de figuras radicais.

uma força superior a si mesmo, e isso era algo que ele sempre relutou em fazer. Mais tarde, na vida, ele ocasionalmente fingia ser católico para fins políticos e, quando ditador, assinou uma concordata com a Igreja Católica — mas fez tudo isso com a perspectiva de um cético.

Rosa trabalhou arduamente para fazer de seu filho um nacionalista italiano convicto e, por fim, teve mais sucesso do que imaginava. Ela o fazia cantar regularmente canções patrióticas da era do Risorgimento (Unificação Italiana) — um poderoso Estado político na recém-formada Itália. Como o Risorgimento só havia sido concluído em 1871, a unidade do novo Estado ainda estava longe de ser universalmente aceita. Havia fortes identidades regionais em toda a Itália, desde os sicilianos, no extremo sul, até os lombardos e venezianos, no norte, sem falar nos da Romanha, no centro, de onde vinham os Mussolini e Maltoni. Todos eles competiam com a "italianidade" pela lealdade do povo. Mas Rosa estava determinada a que seu filho acreditasse na Itália acima de tudo, acima do regionalismo e da ênfase de Alessandro na classe. E havia sinais de que, embora o jovem Mussolini defendesse o socialismo radical, o nacionalismo italiano estava à espreita em sua mente. Como estudante, ele proclamava periodicamente sua devoção ao Império Italiano e, às vezes, até pensava em se voluntariar para o exército.

Se o garoto estava sendo dividido pelas diferentes agendas de seus pais, Musolini também revelou ter uma personalidade muito própria. E desagradável: perturbador, questionador, um péssimo aluno e um amigo ainda pior. Acima de tudo, estava determinado a dominar quem o acompanhava. Ele era tão difícil que Rosa, acreditando que seu filho mostrava sinais de grandeza, acabou convencendo Alessandro a educá-lo em um colégio interno, na cidade vizinha de Faenza. As coisas não correram bem; Mussolini era arrogante e fazia poses de desdém em relação aos outros alunos. A situação piorou pelo fato de que os irmãos salesianos dividiam os alunos em três mesas para as refeições, com base no dinheiro que os pais podiam pagar. Assim, Mussolini tinha de se sentar com os alunos mais pobres e longe da maioria de seus colegas.[6] Como era de se esperar, ele fez apenas um amigo — um garoto com uma cabeça particularmente dura, com o qual Mussolini se divertia quebrando azulejos.[7]

Assim como Stalin, Mussolini detestava o controle rígido e o cronograma monótono de orações que os padres impunham a seus alunos e, em troca, era detestado pelos padres salesianos por sua insolência. Ele logo revelou um temperamento explosivo que o levou a sacar a faca que sempre carregava e atacar as pessoas que o irritavam. Em seu segundo ano em Faenza, ele se envolveu em uma briga e esfaqueou outro aluno. Rapidamente foi expulso por se recusar a "submeter-se à disciplina salesiana".[8] Rosa, porém, não se deixou dissuadir. Ela matriculou o filho em outra escola, batizada com o nome do famoso poeta nacionalista italiano Giosuè Carducci e dirigida pelo irmão do poeta. A história se repetiu. Mussolini logo sacou sua faca e a enfiou nas nádegas de outro aluno, a quem acusou de derramar tinta em uma de suas provas. Ele foi rapidamente expulso como aluno interno, embora, pelo menos, tenha sido autorizado a continuar a frequentar as aulas como aluno externo.

Além de revelar sua predileção por punhaladas inesperadas pelas costas, Mussolini, quando estudante, exibia outros traços distintos de personalidade que caracterizariam sua liderança na guerra. Ele aprendia rápido, mas tentava se virar sem estudar muito. No final, conseguiu boas notas em história, literatura italiana e canto, embora muitas vezes precisasse refazer os exames para progredir. Um dos motivos de seu progresso desigual era o egocentrismo; nada do que os outros diziam se comparava ao brilho de seus próprios pensamentos. "Não acredito na suposta influência dos livros", ele escreveria mais tarde. "Não acredito na influência que vem da leitura de livros sobre a vida e o caráter dos homens. Nunca aceitei, de olhos fechados, os pensamentos dos outros." Uma das poucas coisas de que Mussolini parecia gostar mesmo era música. Sempre querendo ser o centro das atenções, ele tocava um trompete grande e barulhento na orquestra da escola.

Benito não era popular entre seus colegas de classe, embora os relacionamentos pessoais tivessem pouca importância para ele em comparação com a glória pessoal. Mais tarde, ele se gabaria: "durante minha vida, acredito que nem meus amigos de escola, nem meus amigos de guerra, nem meus amigos políticos jamais tiveram a menor influência sobre mim. Tenho certeza de que, sempre que tomei uma decisão extrema, obedeci apenas ao firme mandamento da vontade e da consciência que veio de dentro de mim".[9]

Sua obsessão em satisfazer os próprios desejos foi revelada em sua forma mais grotesca quando ele começou a perseguir — para ser mais preciso, estuprar — o sexo oposto. Para Mussolini, as mulheres eram objetos a serem conquistados e descartados. Ele começou a frequentar bordéis ainda novo, e havia rumores de que havia contraído uma infecção sexualmente transmissível. Quando não conseguia comprar uma mulher, era conhecido por atacá-la. Quando jovem, se impôs a uma garota do bairro que ele descreveu como "discreta e generosa"; agarrou-a, jogou-a violentamente em um canto atrás de uma porta e a estuprou. Depois disso, a jovem traumatizada acusou-o de tê-la desonrado. Anos depois, ele ironizou sobre a agressão, escrevendo "de que honra ela estava falando?"[10] Esse estupro não foi uma exceção.

Quando Mussolini terminou a escola, escolheu uma profissão pouco adequada a seus talentos: professor. Um sinal de que, apesar de todo o seu discurso de ser um homem do povo, sua origem pequeno-burguesa significava que ele também desejava respeitabilidade. Ele se candidatou a cargos em escolas locais, e ofereceram-lhe um posto de professor substituto no vilarejo de Gualtieri, em Reggio Emilia, durante o qual ele podia ser visto andando com raiva pela cidade usando um grande chapéu preto e uma gravata preta, assustando os habitantes locais. Todas as chances que ele tinha de conseguir um cargo permanente foram destruídas quando ele começou um caso impetuoso com uma mulher casada da região, Giulia Fontanesi.[11] Sendo Mussolini, ele tentou anular a autonomia de Giulia, esfaqueando-a em um momento em que estava particularmente irritado. Quando a infidelidade foi descoberta, ela foi expulsa de seu lar conjugal e Mussolini fugiu, prometendo a Giulia que a chamaria assim que estivesse estabelecido em um novo local — uma promessa que ele não tinha intenção de cumprir.

Benito então tomou uma decisão que moldaria sua visão internacional: deixou a Itália e, durante a maior parte dos oito anos seguintes, viveu em terras estrangeiras. A exposição ao mundo exterior, de certa forma, aguçou sua identidade italiana. Ele ficava indignado com o que considerava ser um tratamento de segunda classe dado aos italianos fora de seu país, mas, ao mesmo tempo, acreditava firmemente que seus compatriotas que emigravam acabavam se aprimorando. Esse parecia ser o caso, principalmente se um italiano emigrasse para os Estados Unidos. Durante a Primeira Guerra Mundial, Mussolini parecia quase admirado com os ítalo-americanos, especialmente aqueles que retornavam mais tarde a seu país de origem. Para ele, eles pareciam mais modernos, mais determinados e mais confiáveis. Ele mesmo chegou a flertar com a ideia de emigrar para os Estados Unidos e, supostamente, tinha planos de se mudar para a cidade de Nova York em 1903 para escrever para o jornal socialista *Il Proletario*. Somente a doença de Rosa o impediu de se mudar — uma lástima para a Itália.

Na verdade, as viagens de Mussolini para fora da Itália foram apenas para países vizinhos — primeiro a Suíça e depois a Áustria-Hungria. Ambas as viagens ajudaram a criar a personalidade que ele manifestaria mais tarde como líder de guerra. Em 1902, mudou-se para Zurique e, imediatamente, embarcou em uma carreira de propagandista e agitador revolucionário. Ele se lançou na política socialista da Suíça, que era popular entre a considerável população italiana do país. Movimentou-se entre diferentes grupos radicais e revelou a capacidade de escrever artigos inflamados e apaixonados nos jornais socialistas.[12] Também se tornou um orador habilidoso e se inclinou cada vez mais para políticas extremistas, como tentativa de encantar seus seguidores mais radicais.

Embora tenha explorado várias ideologias socialistas ou radicais, não se fixou em nenhuma, adotando diferentes elementos do anarquismo, comunismo, anticlericalismo, sindicalismo e, às vezes, defendendo o antimilitarismo, enquanto em outros momentos se via como um "apóstolo da violência".[13] Sob diversos aspectos, essa "flexibilidade" foi um dos fatores que contribuíram para seu sucesso político posterior. Ele parecia tão interessado em reunir seguidores quanto em seguir uma linha ideológica.

Mussolini foi tão bem-sucedido que chamou a atenção da polícia suíça em 1903, depois de fazer um discurso particularmente inflamado na cidade de Berna, que não era nada inflamada, e foi expulso do país. No início, ele estava determinado a voltar (e evitar ser convocado para o Exército italiano) e, alguns meses depois, voltou para a Suíça para continuar seu trabalho político. No entanto, demonstrando a rapidez com que podia mudar de lado, em dezembro de 1904 retornou à Itália e cumpriu o serviço militar, juntando-se aos Bersaglieri, que estavam baseados em Verona.

Sua primeira experiência militar revelou que o organizador radical ainda tinha impulsos profundamente convencionais que teriam chocado seus seguidores extremistas. Como soldado, Mussolini seguia ordens com complacência, lembrando mais tarde que "o senso de subordinação voluntária combinava com meu temperamento".[14] Ele era obediente, ansioso para agradar seus oficiais e falava aos outros sobre a importância de prestar serviço à pátria.

Ele também gostava de ser um soldado, especialmente em um regimento importante. O Bersaglieri foi (e ainda é) uma das unidades militares italianas mais conhecidas. Originalmente uma formação da

Sardenha, eles foram adotados pelo Estado italiano como atiradores de elite e tropas de choque e se tornaram uma das tropas especiais do novo país. Em virtude de seu status especial, os Bersaglieri usavam penas grandes e escuras de tetraz em seus chapéus macios e flexíveis. Originalmente, elas podem ter sido usadas para camuflar os atiradores de elite Bersaglieri escondidos na vegetação, mas na época de Mussolini eram ornamentais e muito distintas. Os Bersaglieri nunca deveriam andar de um lugar para outro, mas, em vez disso, se deslocavam em um trote rápido. Mussolini adorava o status especial e naturalmente se considerava um grande sucesso, escrevendo mais tarde que "em todos os aspectos eu era um excelente soldado".[15] Ele chegou a afirmar que, se sua mãe não tivesse morrido em 1905, ele poderia ter permanecido no exército por mais tempo e se tornado um oficial.

Em vez disso, Mussolini voltou à política radical quase imediatamente após deixar o exército, em 1906. Ele tentou lecionar na Itália mais uma vez antes de, em 1909, mudar-se para Trento, a parte do Império Austro-Húngaro com população italiana, a nordeste do Lago de Garda. Em Trento, mais uma vez ele se lançou com entusiasmo no mundo dos jornais radicais, escrevendo artigos criticando seus compatriotas italianos por serem muito nacionalistas. Ele se embriagava muito em público e causava problemas onde quer que estivesse. Por fim, os austríacos estavam fartos e, em 1909, ele foi expulso por "irredentismo", o que só o tornou mais uma celebridade radical.[V]

Quando Mussolini retornou à Itália, dessa vez definitivamente, sua vida parecia tão dividida como sempre foi. Por um lado, ele começou a se comportar de forma mais sóbria. Deixou de beber e de assistir a esportes e, mais tarde, foi eleito conselheiro municipal em Milão. Começou a pensar em se casar, embora o momento exato e a pessoa

---

[V] O irredentismo italiano era principalmente um movimento informal que pedia a unificação de todos os falantes de italiano em uma única República Italiana. Por isso, foi considerado uma ameaça à Áustria-Hungria, com sua significativa população de língua italiana.

com quem se casou tenham sido um mistério durante anos. Supostamente, Mussolini também se apaixonou pela filha da nova parceira de seu pai. Ele alegou que Alessandro estava com o coração partido quando Rosa morreu, embora, nesse caso, ele tivesse uma maneira estranha de demonstrar isso. Quase imediatamente após a morte da esposa, Alessandro passou a viver com uma nova companheira, Anna Guidi. Mussolini logo se sentiu atraído pela filha mais nova de Anna, Rachele, e, como de costume, estava disposto a usar a violência para conseguir o que queria. Alessandro e Anna relutavam em abençoar o namoro entre seus filhos, então Mussolini pegou uma arma e ameaçou atirar em Rachele se os pais não dessem sua bênção.[16] É aqui que a história fica um pouco confusa: Mussolini e alguns de seus biógrafos afirmariam que os dois se casaram pouco tempo depois. Em sua autobiografia, descreveu como viveu maritalmente com Rachele — em condições humildes, em 1914 — quando a Primeira Guerra Mundial começou.

A alegação de um casamento nessa época era uma mentira. Ele pode ter forçado Rachele em 1909 e ameaçado matá-la se não conseguisse possuí-la, mas, no típico estilo de Mussolini, parece tê-la abandonado depois. Em 1914, ele se casou com uma mulher chamada Ida Dalser, proprietária de um salão de beleza em Milão, que vendeu seu negócio para ajudar a sustentar o novo marido.[17] Os dois logo tiveram um filho, a quem deram o nome de Benito Jr. Sendo quem era, Mussolini rapidamente abandonou Dasler depois de se beneficiar da generosidade dela — e os dois se divorciaram.[18] Quando Mussolini tornou-se ditador, uma das primeiras coisas que fez foi mandar destruir todos os registros do casamento. Ele mandou espancar e encarcerar Dalser em um asilo, onde ela morreu em 1937. Benito Jr. foi condenado ao ostracismo e recebeu ordens estritas para não se referir a si mesmo como um Mussolini. Em 1942, o filho primogênito de Mussolini morreu, possivelmente em decorrência de injeções que lhe foram aplicadas para induzir o coma. O pai nunca demonstrou o menor remorso. De fato, ele acabou se casando com Rachele Guidi em 1915, pouco tempo depois do fim de seu primeiro casamento.

Mussolini também ganhou certa proeminência na Itália entre 1909 e 1914. Seu papel mais público nessa época foi o de editor-chefe do jornal oficial do Partido Socialista Italiano, o *Avanti!* Sob seu controle, o periódico dobrou sua circulação e, ironicamente, tornou-se um dos principais defensores do direito à liberdade do discurso e da expressão. Mussolini usou o *Avanti!* para dominar a ala mais radical do partido. Dando continuidade a uma tática que havia usado em seus dias na Suíça, ele quase sempre assumia posições extremas, defendendo regularmente a revolução e a derrubada do sistema político vigente. Ele aprovava o fato de os socialistas usarem "violência bárbara" para atingir seus objetivos, e até elogiava o assassinato político.

Enquanto se transformava em um defensor da insurreição interna, em termos de política externa Mussolini era um estridente não intervencionista, quase pacifista às vezes. Em 1911, teve início uma guerra entre a Itália e os otomanos pelo controle da Líbia, e Mussolini criticou duramente a participação italiana, chegando a organizar manifestações contra o conflito. Em setembro, enquanto tentava inflamar uma multidão contra a guerra, fortes estrondos soaram ao fundo. A multidão fugiu imediatamente, levando Mussolini a chamar seus compatriotas italianos de "povo de covardes".[19]

Ele foi preso por sua atuação contra a guerra em outubro, sob a alegação de ser um agitador e sabotador. Não querendo sofrer muito por suas convicções, mudou de ideia e afirmou que era realmente movido por ideais patrióticos e que queria uma Itália "rica e livre". Sua obsequiosidade funcionou e ele ficou preso por apenas cinco meses. Quando foi libertado, voltou a adotar uma retórica extrema e atacou a guerra. Em 1913, de forma bastante irônica, considerando suas posições hipermilitaristas posteriores, afirmou que a guerra era uma coisa ruim, pois levou a "uma espécie de endurecimento da sensibilidade moral e... uma desvalorização da vida humana".[20]

As constantes mudanças de Mussolini revelaram que, para ele, a ideologia era uma ferramenta para atingir um fim — sua grandeza. Ele podia argumentar a favor de posições extremas com intensidade e comprometimento externos, mas depois abandonava facilmente essas posições sinceras se achasse que uma nova postura o beneficiaria mais. Ele fez isso de forma espetacular — e bem-sucedida em termos de carreira — no início da Primeira Guerra Mundial.

Quando as grandes potências da Europa entraram em guerra em agosto de 1914, a Itália ficou de fora. Embora a Itália fosse, desde 1882, membro da Tríplice Aliança, juntamente com a Alemanha e a Áustria-Hungria, esse pacto era defensivo e só poderia ser acionado por um ataque contra um dos signatários. Os italianos alegaram, com justiça, que como os alemães e austríacos haviam lançado operações militares primeiro — com suas invasões à Bélgica e à Sérvia —, a Itália não tinha obrigação de entrar no conflito. Por um breve período, portanto, o povo italiano recebeu um presente precioso, permanecendo neutro naquela que seria, na época, a guerra mais sangrenta da história da humanidade. Infelizmente para eles, pessoas como Mussolini decidiram que a neutralidade simplesmente não seria suficiente.

A mudança na posição de Mussolini sobre a Itália e a guerra foi de tirar o fôlego. Após o início dos combates, ele, ainda afirmando ser socialista, argumentou vigorosamente contra a guerra no *Avanti!* Em 16 de agosto, escreveu: "Os socialistas devem ser indiferentes aos argumentos a favor da guerra, baseados atualmente no irredentismo, na noção de que a democracia precisa ser salva, nas fronteiras a serem corrigidas, nos 'equilíbrios' mais ou menos estáveis a serem mantidos e assim por diante."[21] De fato, em setembro, ele afirmou que a guerra era uma competição entre dois males semelhantes: o imperialismo da Grã-Bretanha colonialista e o imperialismo da Alemanha industrialista.[22]

Mas logo ficou claro para ele que, embora a neutralidade pudesse salvar vidas italianas, ela não beneficiaria nem ele e nem sua visão do que ele queria que a Itália se tornasse. Em outubro, apenas dois meses após o início do conflito que ele havia denunciado com tanta veemência, Mussolini mudou publicamente sua posição em um editorial "estrondoso".[23] Ele agora ridicularizava a neutralidade absoluta, argumentando que todos os bons socialistas tinham que ser livres para ir à guerra, se necessário; deixou de se opor à entrada da Itália no conflito e passou a defender a intervenção. Ainda se apresentando como socialista/marxista e defensor dos pobres, teorizou que a guerra traria importantes mudanças sociais, políticas e econômicas que beneficiariam as classes trabalhadoras. Ele também tentou apresentar argumentos com base em ideais, dizendo que era vital que a França, um farol da liberdade latina, fosse salva da Alemanha militarista e opressora e da Áustria, que odiava os italianos. A segunda dessas afirmações foi quase certamente a mais importante, pois ele também falou sobre entrar na guerra como uma oportunidade para a Itália resolver o "problema de Trento e Trieste".[24]

A mudança foi ainda mais acentuada quando Mussolini desistiu da editoria do *Avanti!* para fundar um novo jornal nacionalista e pró-guerra, *Il Popolo d'Italia*. Favorecendo apelos populistas para uma ação militar robusta contra a Alemanha e a Áustria-Hungria, o *Il Popolo* rapidamente ganhou popularidade e parecia ter influência real sobre a opinião popular italiana.[25] Ter seu próprio jornal (financiado por industriais de direita e pró-guerra) permitiu-lhe desenvolver uma imagem completamente nova.[26] Ele não precisava mais se preocupar com os membros do Partido Socialista e suas pretensões ideológicas antinacionalistas irritantes e, em vez disso, podia abraçar a grandeza italiana e defender a tomada de quantidades cada vez maiores do território austríaco. Agora, não eram apenas Trento e Trieste que precisavam ser conquistadas; a Itália que tomava a maior parte da costa do Adriático havia se tornado uma "obrigação".[27] Para fazer isso, a

Itália precisava renascer espiritualmente, e esse dia feliz só poderia ser alcançado com derramamento de sangue.

Essa obsessão por um sacrifício de sangue revelou o quanto Mussolini via a guerra em termos emocionais, e não racionais, como uma disputa entre duas "vontades". Nas páginas do *Il Popolo*, ele regularmente fetichizava a baioneta e se entusiasmava com a noção de um milhão e meio de baionetas italianas fazendo os austríacos e alemães recuarem.[28] Por outro lado, ele não escreveu quase nada sobre metralhadoras e artilharia — o armamento moderno, industrial e sem glamour que já esvaziava o conceito de sacrifício heroico nos campos de batalha da Europa.

Ter um propagandista tão eficaz como Mussolini foi importante para as forças pró-guerra, pois o povo italiano parecia feliz em permanecer neutro e havia apenas um grupo um tanto heterogêneo agitando publicamente a luta. Além de Mussolini, no campo pró-guerra havia nacionalistas ferrenhos, como o poeta Gabriele D'Annunzio, alguns socialistas que acreditavam que a guerra levaria à revolução e alguns capitalistas que acreditavam que o conflito representava uma oportunidade econômica — mas eles não eram, de forma alguma, a maioria da população italiana. Assim, ter alguns apoiadores vocais e muito visíveis para a guerra continuou sendo importante para aqueles que estavam no topo da liderança política da Itália, que cada vez mais viam o confronto como uma oportunidade única na vida.

O primeiro-ministro Antonio Salandra e o ministro das Relações Exteriores Sidney Sonnino iniciaram um leilão com os Aliados e com as Potências Centrais para ver quem ofereceria o melhor acordo para que a Itália entrasse na guerra. Foi uma competição desigual. Os alemães pressionaram os austríacos para que oferecessem aos italianos parte de seu território soberano (dando a entender que os austríacos poderiam recuperá-lo após a guerra), mas os Aliados, liderados pelos britânicos, sempre podiam oferecer mais aos políticos gananciosos. Eles prometeram à Itália áreas ainda maiores do território austríaco, bem como a possibilidade de partes do império ultramarino alemão. Isso era tentador demais para os líderes italianos e, no início de 1915, Salandra e Sonnino assinaram (em segredo) o Tratado de Londres, no qual foi prometida à Itália toda a província de Trento até o Passo do Brenner, bem como Trieste e um grande território ao redor da cidade, incluindo uma extensa parte do vale do Isonzo e grandes frações da costa da Dalmácia. Eles apresentaram ao rei italiano — o baixo e indeciso Vittorio Emanuele III — um fato consumado. Ele apoiou o acordo e, então, o restante do sistema italiano se alinhou. Quase como em um apertar de botão, a nação passou da paz para a guerra. Em 23 de maio de 1915, a Itália se uniu oficialmente aos Aliados. Foi um dos eventos mais sombrios do século XX — e Mussolini não poderia ter ficado mais feliz.

Como vários italianos favoráveis à guerra, ele acreditava que o país possuía vantagens espirituais que permitiriam que seus soldados derrotassem os austríacos. No *Il Popolo*, ele prometeu a seus leitores que a guerra seria uma campanha curta e gloriosa, que talvez não durasse mais do que algumas semanas.[29] Os italianos estariam lutando uma guerra justa para libertar seus compatriotas despossuídos em Trento e Trieste, e isso incutiria nas forças italianas a vontade e o entusiasmo para levá-las adiante contra os recrutas austríacos, divididos em etnias e linguisticamente poliglotas.[VI] Em um editorial escrito imediatamente após a declaração de guerra italiana, ele proclamou que "a Itália deve conquistar os arquipélagos de Dalmácia e o litoral. A Áustria deve ser expulsa do Mar Adriático".[30]

Mussolini também estava ciente de que os italianos teriam uma vantagem numérica significativa nas próximas batalhas. Com uma nação de 36 milhões de habitantes, a Itália poderia lançar quase todo

---

[VI] Quando a guerra começou, em 1914, o Exército austro-húngaro teve de emitir suas ordens de mobilização em onze idiomas diferentes, para garantir que todas as nacionalidades entendessem o que estava acontecendo.

o seu exército contra as forças austríacas — divididas e dispersas. A leste, os austríacos haviam mobilizado a maior parte de seu exército contra os russos. Mesmo assim, as coisas não deram certo, e os russos tomaram grande parte da Galícia, que os austríacos estavam desesperados para recuperar. Ao sul, os austríacos tinham 200.000 soldados comprometidos com a invasão da Sérvia — uma tarefa que não haviam conseguido concluir em 1914 e que teriam de continuar em 1915. Os austríacos também não poderiam esperar receber apoio adicional dos alemães em qualquer guerra com a Itália. Os alemães tinham a maior parte de seu exército posicionada na Frente Ocidental, enfrentando o poder combinado da França e da Grã-Bretanha. Além disso, eles ainda tinham que manter forças significativas no leste, lutando contra os russos, inclusive enviaram um exército para ajudar os austríacos a conquistar a Sérvia. Os italianos, que não queriam provocar os alemães de forma alguma, se recusaram a declarar guerra à Alemanha até agosto de 1916, não querendo dar à maior potência terrestre do mundo qualquer motivo para enviar ajuda aos seus aliados austríacos.[VII]

A inteligência italiana acreditava que os austríacos poderiam mobilizar apenas 250.000 soldados para cobrir toda a sua fronteira com a Itália,[31] um número que era quase exatamente correto. O Exército italiano, em comparação, sob a liderança do Marechal Luigi Cadorna, iniciou as hostilidades com cerca de 400.000 soldados, com planos de adicionar centenas de milhares por meio da convocação de diferentes classes de recrutas. Assim, Cadorna poderia rapidamente superar os austríacos em número de soldados em qualquer campo de batalha. Tanto ele quanto Mussolini acreditavam que uma gloriosa guerra de conquista se aproximava.

[VII] A Itália e a Alemanha participaram de uma estranha guerra nas sombras entre maio de 1915 e agosto de 1916. Um pequeno número de tropas alemãs apareceu na frente italiana, mas, em geral, evitando ações ostensivas. Os submarinos alemães no Mediterrâneo também afundavam embarcações italianas regularmente, mas em geral hasteavam uma bandeira austríaca quando o faziam.

Não seria tão fácil. Se os italianos tinham uma vantagem numérica, todo o resto, especialmente o terreno, favorecia os austríacos. As áreas que os italianos esperavam conquistar se estendiam de algumas das partes mais montanhosas e remotas da Europa a rochosas e pantanosas, onde o movimento era pesado e os atacantes ficavam expostos assim que chegassem. Em suma, em quase todos os lugares para onde o Exército italiano era enviado, ele se deparava com soldados austríacos entrincheirados que atiravam contra eles de cima. Os soldados italianos — corajosos, em sua maioria não treinados, muitos analfabetos e mal equipados — estavam marchando para o matadouro.

De fato, o terreno determinou grande parte dos estágios iniciais da guerra. Em junho, o Exército italiano fez seus primeiros movimentos em direção a Trento e Trieste, avançando alguns quilômetros rumo ao território austríaco em ambos os locais. Foi um avanço caótico, espasmódico e lento. Originalmente, os austríacos esperavam recuar ainda mais para o interior, mas o ritmo lento dos italianos permitiu que eles se entrincheirassem muito mais perto da fronteira.[32] Trento ficava a pouco mais de vinte e quatro quilômetros da fronteira com a Itália, mas o Exército italiano nunca a alcançou.

Ao sul e ao leste, a situação era ainda pior. A estrada para Trieste começou bem: relativamente plana até chegar na azul-turquesa Isonzo. Do outro lado do rio, no entanto, os soldados italianos entraram no planalto de Carso — uma grande faixa de terras altas pantanosas, marcada por dolinas e afloramentos rochosos brancos.[33] Era praticamente impossível se entrincheirar ali, e havia poucas estradas para uma movimentação eficiente. Os italianos estavam expostos, forçados a atacar em campo aberto contra as forças rivais nas terras mais altas. Um general austríaco descreveu sua vantagem como sendo disparar "de um prédio de dez andares" contra os italianos expostos.[34] Eles logo foram dizimados pelas metralhadoras e pela artilharia austríacas e, na paisagem lunar de crateras do Carso, tiveram dificuldade para cobrir seus mortos, quanto mais para enterrá-los. O Exército italiano nunca chegou a Trieste, pois ficou parado no meio do caminho entre a cidade e a fronteira italiana.

Mussolini não participou dessas campanhas iniciais. Não está claro se tentou se voluntariar no início, mas, de qualquer forma, ele não entrou para o exército até ser convocado para servir. Isso significou que ele permaneceu como civil até setembro de 1915, perdendo os primeiros avanços sangrentos. Só então entrou para o exército, designado para seu antigo Bersaglieri, onde mais uma vez usou a pena de tetraz.

O Mussolini que foi para a guerra no final de 1915 estava a meio caminho entre o estuprador furioso de uma cidade pequena e o ditador mundialmente famoso que se tornaria. Ele tinha uma constituição física robusta, com uma ligeira barriga no meio (algo com que ele se preocupava quando esteve no poder). Ainda tinha uma franja de cabelo preto ralo, por não ter, até aquele momento, tomado coragem para raspar tudo, e ostentava um bigode estreito que o fazia parecer exibido. Ele era fisicamente vigoroso, forte e gostava de se pavonear — afetações físicas que ele levava ao extremo ao fazer discursos na sacada com vista para a Piazza Venezia. Sua carreira militar nos próximos dois anos garantiria que ele fosse exposto às realidades do exército da Primeira Guerra Mundial mais do que qualquer outro líder de guerra, com exceção de Adolf Hitler — embora as lições que ele tirou dela fossem diferentes em aspectos importantes.

As informações mais detalhadas que temos sobre a experiência de guerra de Mussolini vêm de seu diário, grande parte do qual foi escrito para efeito público e publicado no jornal. Ainda assim, há muitos lampejos de honestidade, e ele precisa ser tratado como fonte histórica com seriedade — se for possível ignorar o bombardeio fascista posterior que o envolve.[35] No entanto, ele revela que a guerra vivida por Mussolini foi muito diferente daquela que ele disse com confiança aos seus leitores que seria uma campanha gloriosa de vitória.

As primeiras lembranças são todas previsíveis: homenagens positivas ao impacto unificador da guerra sobre o soldado italiano. Ele escreveu que havia "notado — com prazer, com alegria — que há uma camaradagem muito cordial entre soldados e oficiais. A vida de risco constante une os homens".[36] Mussolini argumentou que a guerra rompeu as lealdades regionais existentes no soldado italiano, criando uma consciência nacional — na verdade, uma consciência racial. O antigo marxista/anarquista exclamou que no exército "ninguém diz: 'Estou voltando para minha cidade natal'. Todos dizem: 'Estou voltando para a Itália'. Talvez pela primeira vez a Itália tenha vindo para ocupar seu lugar, na consciência de seus filhos, como uma realidade viva".

E, é claro, toda essa camaradagem e unidade nacional foram fundidas para fazer com que o soldado italiano, especialmente em sua própria unidade, ficasse ansioso para atacar o inimigo. Os Bersaglieri, de acordo com Mussolini, nunca falavam em "combate", ou mesmo em "ação", mas apenas em participar de um "avanço". Com esse "espírito agressivo que anima os soldados italianos", a vitória estava garantida. Quando gravemente ferido durante esses terríveis avanços, o soldado italiano era retratado por Mussolini como estoico e sem emoção: "O silêncio soberbo desses humildes filhos da Itália, quando sua carne é rasgada e torturada pelo aço implacável, é uma prova da magnífica robustez de nossa raça".[37]

Aos olhos de Mussolini, a única coisa que poderia rivalizar com a grandeza do espírito guerreiro do soldado italiano era o próprio Mussolini. Embora fosse apenas um soldado alistado, ele afirmava regularmente ser aclamado como um grande líder por aqueles que o cercavam. Um Bersaglieri alistado supostamente foi até Mussolini em setembro de 1915 e lhe implorou: "Signor Mussolini, já que vimos que você tem tanto *espírito* (coragem) e nos liderou na marcha sob fogo de obuses, queremos que seja nosso comandante".[38] Oficiais famosos também supostamente o procuravam para abraços amistosos, agradecendo-o por sua agitação em favor da guerra, enquanto outros lamentavam que ele não fizesse parte de suas unidades. Mussolini afirmou que nada disso lhe subiu à cabeça. Ele recusou todas as súplicas para se tornar um oficial e rechaçou a oportunidade de um emprego seguro na retaguarda, pois queria apenas servir como um simples soldado que defendia a "magnífica robustez de nossa raça". Isso exalava mentira e, depois de algum tempo, em seus momentos mais sombrios, Mussolini admitiu que era.

Apesar de todos os seus louvores ao impacto purificador da guerra sobre a raça italiana e das afirmações de que o conflito revelava sua grandeza pessoal, Mussolini deixou escapar que a realidade da guerra, e seu papel nela, não eram tão cor-de-rosa. A Itália, na época apenas parcialmente industrializada e consideravelmente mais pobre per capita do que a França, a Alemanha ou a Áustria, teve dificuldades para equipar seus soldados. Mussolini foi forçado a elogiar a robustez dos sapatos austríacos e admitiu que os cadáveres inimigos eram rapidamente despojados de seus calçados pelos italianos, que estavam usando um produto inferior. Ele também teve de admitir que os primeiros capacetes de aço que os soldados de sua unidade receberam vieram da França, pois não havia versões italianas. A falta generalizada de capacetes de aço no início da guerra deixou os soldados italianos sob grande risco de sofrerem ferimentos terríveis na cabeça por causa das pequenas lascas de metal quente que se espalhavam pelo campo de batalha como insetos.

No entanto, os próprios soldados representavam o maior dilema. Embora Mussolini gostasse de retratar o italiano médio como comprometido com a guerra e determinado a fazer o sacrifício máximo pela causa de uma Itália maior, a realidade era diferente. O Exército italiano era formado por uma massa de recrutas, a maioria deles analfabetos e muitos desnorteados por terem sido levados para tão longe de suas pequenas fazendas e vilas, o único mundo que conheciam. Considerando a transformação, o soldado italiano cumpriu seu dever de forma magnífica e aceitou dificuldades que teriam deixado seu colega britânico ou francês na Frente Ocidental atônito. Mussolini tentou fazer dessa privação uma virtude, contrastando a suposta profundidade e solidez das "trincheiras inglesas... equipadas com todos os confortos — elas têm até aparelhos de aquecimento" com as trincheiras italianas, que tinham de ser raspadas do solo rochoso e eram "meros buracos cavados entre rochas, abrigos expostos a todos os tipos de clima".[39] Ele retratava os soldados como indiferentes ao dinheiro ou a qualquer tipo de prazer, capazes de subsistir com rações insípidas, cujo ponto alto era a cota diária de café. Foi uma admissão de que essa não era a guerra gloriosa que ele havia prometido.

E, como soldado, Mussolini teve muito tempo para observar seus companheiros, embora em parte isso se devesse a uma sorte extraordinária que o manteve à margem ou completamente afastado da grande carnificina que estava ocorrendo ao seu redor. Após o Exército italiano ser detido pouco tempo depois de cruzar o Isonzo, sua principal preocupação foi tentar romper as linhas austríacas e chegar a Trieste. Para isso, teria que vencer as linhas no Carso e, ao mesmo tempo, neutralizar as forças inimigas nas montanhas ao norte — que ocupavam posições estratégicas dominantes. Onze vezes, entre junho de 1915 e agosto de 1917, o Marechal Cadorna reuniu e lançou forças italianas contra as linhas austríacas na área. Ele tentou diferentes táticas: barragens de artilharia em massa, ataques-surpresa, operações nas montanhas e até mesmo ataques frontais diretos. Foram tantas as batalhas que os historiadores simplesmente as numeraram de um a onze — e é difícil distinguir entre elas em virtude da repetição de seu horror. Não importava o que tentassem, os soldados italianos eram obrigados a atacar soldados que estavam em posições preparadas, quase sempre em terreno elevado, e geralmente com tecnologia militar superior. Os resultados foram massacres e mais massacres para os italianos — e avanços que eram mais fáceis de medir em metros do que em quilômetros.

Mussolini presenciou dois desses massacres pouco tempo depois de chegar à frente de batalha, embora em cada um deles ele estivesse longe o suficiente da ação, não correndo maior perigo — posicionado na retaguarda, nas bordas ou até mesmo isolado mais acima, em casamatas nas montanhas. Ele podia ouvir, ver e até sentir o cheiro do que estava acontecendo, mas raramente era atacado. Essas duas batalhas foram algumas das primeiras ofensivas de Cadorna para tentar avançar em direção a Trieste — a terceira e a quarta batalhas do Isonzo. Elas fizeram parte da curva de aprendizado destrutiva do Exército italiano com relação à guerra moderna. Cadorna estava apenas começando a ver as primeiras ondas de reforço em massa de recrutas e decidiu que uma batalha de movimento seria quase impossível com a tecnologia e o terreno que possuíam. Por isso, ele tentou alcançar o "grande avanço" simplesmente abrindo caminho através das linhas austríacas.[40] A Itália foi vasculhada em busca de todas as peças de artilharia sobressalentes, algumas das quais vieram de bases navais distantes ao sul, e todas as armas que puderam ser encontradas foram levadas às pressas para o front. No final, Cadorna utilizou mais de 1.300 peças de artilharia em uma frente de quarenta e oito quilômetros, a maior concentração em massa de poder de fogo que o Exército italiano já havia utilizado. Seu plano era destruir as linhas austríacas com um bombardeio em massa, permitindo que as forças italianas tomassem a cidade de Gorizia (a pouco mais de um quilômetro e meio do ponto de partida) e abrissem uma nova estrada para Trieste.[41] Em 18 de outubro, o ataque começou.

Mussolini provavelmente estava localizado ao norte e na retaguarda da ação.[VIII] Quando os canhões italianos abriram fogo, ele exultou com ao "bombardeio distante e prolongado... Começa o poderoso concerto de nossa artilharia". Depois de dois dias ouvindo esse bombardeio,

---

[VIII] Em seu diário, Mussolini costumava ser irritantemente vago quanto ao local em que estava, talvez por motivos de disciplina militar, mas também porque muitas vezes parecia não participar de batalhas importantes.

que, segundo ele mesmo, abalaria o moral austríaco, Mussolini afirmou com entusiasmo que a ação era iminente. E, no entanto, ele parecia nunca entrar em ação. Ele afirmou que sua unidade estava preparada para "proteger o avanço" de outras unidades, o que parecia significar que eles deveriam ficar na retaguarda e observar as hordas de italianos feridos que retornavam da linha de frente. Ele teve tempo para refletir sobre a bebida dos soldados, o som da artilharia, a disposição do soldado italiano para atacar — em sua maior parte, efêmera. Mussolini claramente não estava na linha de frente e, depois de alguns dias, perguntou a si mesmo: "A 'ação' terminou? Não sei nada sobre isso".[42]

Na realidade, se não no diário de Mussolini, o plano de Cadorna causou um banho de sangue em suas próprias tropas. Da grande quantidade de artilharia que ele havia conseguido em toda a Itália, a maioria absoluta era de armas de pequeno calibre que causaram pouco impacto nas defesas austríacas fortificadas. Quando os soldados italianos avançavam com sua bravura habitual, as metralhadoras inimigas — em sua maioria não danificadas e disparando de terrenos mais altos — os abatiam com facilidade. A linha de frente mal se moveu e, depois de perder 67.000 homens em poucos dias, Cadorna cancelou o ataque.[43] No entanto, ele não se deixou abater. Em vez de repensar, passou as semanas seguintes se preparando para uma nova investida. Ele não mudaria em nada suas táticas, a única diferença era que, quando a Quarta Batalha do Isonzo começou, em 10 de novembro, o tempo estava consideravelmente pior. Agora havia sangue e neve.

O 11º Bersaglieri estava destinado a desempenhar um papel proeminente nesse ataque. No entanto, Mussolini, com uma sorte extraordinária, estava fora da linha de frente — enviado a Vernazza para o treinamento necessário à sua recente promoção a cabo (a mesma patente que Hitler obteria na guerra). Lá, ele passou alguns dias que descreveu como "bastante monótonos" antes de receber a ordem de se juntar à sua unidade. O 11º Bersaglieri havia entrado em ação e precisava de todos os homens que pudesse conseguir. Mussolini só chegou à frente de batalha em 16 de novembro e admitiu que, mesmo assim, foi a única pessoa que voltou quando ordenado. A essa altura, ao que parece, a verdadeira luta para os Bersaglieri estava quase terminada. Mussolini se afastou de seu diário e não voltou a escrever nele até fevereiro de 1916. Não há menção de combate durante a Quarta Batalha do Isonzo, com o último registro terminando em "Esta manhã o sol brilha".[44]

Assim, ele passou por duas das batalhas mais sangrentas que o Exército italiano travaria sem ver nenhuma ação real. Muitos de seus companheiros não tiveram a mesma sorte. Quando Cadorna finalmente cancelou a Quarta Batalha do Isonzo, outros 50.000 italianos foram oficialmente registrados como vítimas. A contagem foi subestimada. Estimativas mais recentes colocam as perdas italianas combinadas na terceira e na quarta batalhas em cerca de 170.000 soldados.[45] No entanto, apesar de todo esse sangue, a linha de frente só havia se movido discretamente.

A experiência fortuita de Mussolini na guerra lhe causou alguma impressão, mas não o suficiente. Ele foi forçado a admitir, em outubro de 1915, que a guerra era muito mais difícil do que ele havia previsto (ou do que havia levado seus leitores a acreditar): "Nossa guerra, como todas as outras guerras, é uma guerra de posição, uma luta por lugar. Uma guerra triste... Todos os atributos pitorescos da guerra antiquada desapareceram".[46] E, no entanto, ele não conseguia se livrar de sua crença central de que a força de vontade triunfaria no final. Quanto mais as lembranças dessas batalhas se distanciavam em sua mente, mais as antigas certezas sobre a importância da vontade — ou do "não quantificável" sobre o material quantificável — se reafirmavam.[47] Como ele escreveria alguns meses depois: "Vence quem quer vencer. Vence quem tem o maior estoque de energia mental, de força de vontade. Um milhão de canhões não trará a vitória se os soldados não tiverem a coragem de atacar".[48]

Ele havia recebido uma excelente oportunidade de aprender — mas simplesmente não gostou da lição e a rejeitou. Como sempre acontecia com Mussolini, o que ele queria ser era mais importante do que realmente era, e isso não serviria de consolo para as centenas de milhares de soldados italianos na Segunda Guerra Mundial, que enfrentariam os milhões de canhões britânicos, soviéticos e americanos com a mesma bravura de seus antecessores da Primeira Guerra Mundial — e morreriam com a mesma facilidade.

5

Adolf Hitler: arte e guerra

Adolf Hitler só era bom o suficiente como artista para sobreviver e, por causa disso, a história do mundo foi diferente. Era agosto de 1914, ele tinha vinte e cinco anos, morava em Munique e pintava quadros. Eram obras pálidas e pouco inspiradoras, muitas vezes copiadas de cartões-postais dos principais pontos turísticos da cidade. Mas os esboços rigidamente desenhados de grandes edifícios barrocos atraíam uma certa classe de pequenos-burgueses que frequentavam os cafés e as cervejarias da cidade, e Hitler conseguia ganhar a vida com seu trabalho. A capacidade de viver de sua arte foi o que lhe permitiu estar em Munique em primeiro lugar, e foi a partir de Munique que Hitler iniciaria o caminho para a destruição da Europa.

Nascido e crescido na Áustria-Hungria, ele viveu nesse império até se mudar para Munique, no início de 1913. A Áustria-Hungria era uma das nações com maior diversidade étnica da Europa, se não do mundo, com uma população que incluía alemães, húngaros, tchecos, italianos, eslovenos, sérvios, croatas, romenos, albaneses, poloneses, eslovacos e judeus, entre outros. Os Hitler eram uma família etnicamente alemã que vivia nesse espaço multicultural, e isso passou a dominar a visão de Adolf. Para ele, a influência dessas diferentes culturas e raças, especialmente a dos judeus, enfraquecia fatalmente a "alemanidade" do que ele estava convencido dever ser o grupo étnico dominante da Áustria.

Antes de Munique, Hitler passou seis anos morando na capital austríaca, Viena, reclamando da falta de uma identidade racial forte que ele via nesse lugar cosmopolita, intelectualmente vibrante e relativamente tolerante — ou, como ele chamava a graciosa capital austríaca, "a encarnação do incesto".[1] Mesmo assim, ele se recusou a sair e precisou encontrar uma maneira de se sustentar até completar vinte e quatro anos e receber uma herança do patrimônio de seu pai. Ele flertou com a pobreza de verdade, mas, mesmo nos momentos mais difíceis, conseguiu sobreviver com as pequenas quantias que ganhava com sua arte, e nunca precisou aceitar um emprego remunerado ou começar a aprender um ofício. Ao se manter em seu estado de desemprego, quando conseguiu o dinheiro da família, ficou livre para fazer o que sonhava há anos: mudar-se para a Alemanha mais pura e forte do ponto de vista racial. Foi assim que ele se viu em Munique quando a Primeira Guerra Mundial começou, e foi por isso que conseguiu se alistar no Exército alemão e não no da Áustria-Hungria. Esse foi um fator decisivo para moldar as experiências de guerra e a subsequente perspectiva estratégica do maníaco que um dia daria início à Segunda Guerra Mundial.

Assim como Benito Mussolini e Josef Stalin, a família de Adolf Hitler vinha de longe, de fora da elite dominante. No entanto, ao contrário dos outros dois ditadores, ele veio de uma família relativamente próspera, e até em ascensão social. Seu pai, o formidável Alois Schicklgruber, era filho de uma camponesa e de um pai cuja identidade até hoje não é de fácil confirmação. Alois era um alpinista social determinado, obcecado pela apicultura, e originalmente havia estudado para ser sapateiro. Com o objetivo de crescer na vida, ele mudou seu nome para Hitler, a fim de se associar à família do homem mais próspero com quem sua mãe havia se unido após seu nascimento.[I] Por fim, ele ingressou no serviço público austro-húngaro como funcionário da alfândega — uma conquista nada desprezível para alguém que tinha apenas o nível elementar de educação. Como sinal de sua devoção ao empregador, Alois deixou crescer pesados bigodes laterais, seguindo o modelo do imperador austríaco de longa data, Franz Joseph.

Como funcionário de carreira da alfândega, Alois conseguiu proporcionar uma vida confortável para suas três esposas e vários filhos, chegando a empregar um cozinheiro e uma empregada. O problema desse conforto era que a família tinha de conviver com Alois, descrito como "pomposo, orgulhoso do status, rigoroso, sem humor, frugal, pedantemente pontual e dedicado ao dever".[2] Hitler tinha pavor desse modelo de oficialismo austríaco, que tratava o filho com uma mistura de formalidade e condescendência. Certa vez, quando o jovem Hitler pediu ao pai que refletisse sobre um problema, Alois respondeu: "Não preciso pensar, sou um oficial".[3] Mais tarde, quando Hitler se tornou ditador de um império nazista que cometia genocídios e se estendia por todo o continente, ele contaria a seus generais como tinha medo do pai e como uma de suas lembranças mais claras eram as constantes picadas que as abelhas de Alois lhe infligiam.[4]

A mãe de Hitler, Klara, era uma criatura totalmente diferente. Terceira esposa de Alois, ela era vinte e três anos mais jovem que o marido, além de gentil, tímida e submissa. Ela e Alois tiveram seis filhos, mas apenas dois — Adolf, que nasceu em 1889, e sua irmã mais nova, Paula — sobreviveram até a idade adulta. Ela amava seu único filho sem reservas e, em troca, pode ter sido a única pessoa com quem Adolf se importava genuinamente. Ele era conhecido por carregar o retrato dela até o momento em que se matou em um bunker em Berlim.

[I] A mudança de nome de Alois, de Schicklgruber para Hitler, foi uma das poucas coisas pelas quais seu filho Adolf o elogiaria mais tarde. "Heil Schicklgruber" não é exatamente algo que soe bem.

A devoção de Hitler a Klara se devia ao fato de que ela se dedicava a satisfazê-lo. A obediência dela ajudou a moldar a visão que ele tinha da mulher ideal — monótona, sem muita inteligência, desinteressada por política e focada na família. No início de 1942, Hitler falava sobre como sua mãe era o modelo perfeito de mulher alemã. "A inteligência, em uma mulher, não é algo essencial", disse ele. "Minha mãe, por exemplo, teria sido uma figura pobre na sociedade de nossas mulheres cultas. Ela vivia estritamente para seu marido e filhos. Eles eram todo o seu universo. Mas ela deu um filho para a Alemanha".[5]

Quando ambos os pais estavam vivos, Hitler era um aluno aceitável e parecia quase normal. Gostava de brincar de caubói e indígena e, embora fosse egocêntrico, interagia bem com os colegas de escola. Em 1903, Alois faleceu enquanto bebia sua taça diária de vinho matinal, e Hitler foi deixado à mercê de sua verdadeira natureza.[II] Alois queria que seu filho se tornasse um funcionário público como ele, mas Adolf não desejava trabalhar para nenhuma outra pessoa ou instituição. Seu egocentrismo foi exacerbado pela viúva Klara, que agora se dedicava em tempo integral a proporcionar tudo o que o filho desejava. Ela se certificou de que todas as tarefas domésticas fossem feitas de acordo com os padrões do menino, fornecia-lhe comida e roupas limpas, dava-lhe dinheiro e permitia que ele se entregasse às suas paixões. Os resultados foram terríveis.

Quando menino e jovem homem, Hitler revelou muitas das características que mais tarde levaria para sua ditadura e liderança na guerra. Ele era preguiçoso, mas exigia ser o centro das atenções; sempre via as coisas em preto e branco intenso — um lado puro e bom (o lado que ele apoiava) e o outro degenerado e desonesto. Ele também achava impossível levar em consideração os sentimentos das outras pessoas, o que dificultava a amizade, exceto com as personalidades mais

---

[II] Hitler acreditava que o tabagismo inveterado de Alois havia sido a causa real de sua morte, e usou seu pai como exemplo para tentar fazer com que outras pessoas abandonassem o tabaco.

submissas. De fato, o único amigo íntimo que ele fez nos anos após a morte de Alois foi o apagado August Kubizek.

Hitler conheceu Kubizek em 1905, depois que ele e Klara se mudaram para a cidade de Linz. Aos dezesseis anos de idade, Hitler adorava se vestir como um dândi, em ternos impecáveis — com uma fina bengala preta que ele girava energicamente quando estava com raiva —, e ir à ópera. Kubizek, um colega aficionado por ópera que compartilhava a paixão de Hitler pelas obras de Richard Wagner, ficou cativado pelo vigoroso jovem Adolf. Kubizek tinha a capacidade de ouvir com devoção e sem questionar os intermináveis discursos de Hitler sobre ópera ou qualquer outra coisa que viesse à sua mente. Eles formavam um par perfeito, Hitler considerava esse período um dos melhores de sua vida, e Linz se tornou sua cidade favorita.[III]

Naquela época, ele não tinha o menor interesse em uma carreira militar ou política. Em vez disso, pretendia "dedicar toda a sua vida à arte" e esperava deixar sua marca no mundo como pintor.[6] Para ajudar a se lançar, Hitler estava determinado a frequentar a Academia de Belas Artes de Viena. Em 1907, pouco tempo depois de Klara ter sido diagnosticada com câncer de mama, Hitler saiu para fazer o exame de admissão, que ele supunha ser uma formalidade. Infelizmente para a humanidade, ele não era bom o suficiente para ser admitido e foi recusado por não conseguir desenhar rostos humanos.[7] Ele conseguia desenhar formas estáticas e linhas retas muito bem, mas formas vivas e flexíveis sempre foram algo muito difícil para ele dominar. Esse golpe foi ampliado quando ele retornou a Linz e teve que cuidar de Klara em seus dolorosos últimos meses de vida. Quando ela morreu, em dezembro de 1907, ele ficou devastado e fugiu de volta para Viena, fingindo para o mundo que havia sido aceito na academia.[8]

[III] Quando se tornou ditador, Hitler demonstrou sua "afeição" por Linz, ao elaborar planos para transformar a cidade em uma grande metrópole, com vastas galerias, repletas de obras de arte saqueadas da Europa.

Na verdade, ele viveu por seis anos como um parasita, sobrevivendo com uma pensão de órfão que recebia do governo austríaco, alguns generosos presentes financeiros de parentes e o dinheiro que lhe era pago por seus quadros insípidos. Viena era um fascinante estudo de contrastes: uma grande capital europeia, na vanguarda da arte e da psicologia modernas, a metrópole abrigava cerca de dois milhões de pessoas, muitas delas vivendo na mais terrível pobreza, em algumas das piores favelas da Europa.[9] Hitler acabou seguindo uma trajetória geral em direção à última opção nesses anos, e teria parecido ao mundo exterior ser mais provável que ele acabasse como um vagabundo sem-teto do que como um ditador infame. Temos uma boa descrição da vida de Hitler nesses anos, porque Kubizek, que estava iniciando uma carreira musical, acabou indo para Viena para morar com ele.

Quando Kubizek chegou, Hitler ainda estava vivendo a mentira de que havia sido aceito na Academia de Belas Artes. Os dois acabaram dividindo um quarto infestado de insetos e com forte cheiro de parafina. Era grande o suficiente para duas camas, o piano de Kubizek e um espaço no chão onde Hitler podia andar três passos para frente e para trás enquanto soltava seus inevitáveis discursos inflamados. No início, Adolf parecia ser o mesmo de sempre: mantinha as aparências e se vestia com roupas impecáveis, chegando a dormir com as calças dobradas sob o travesseiro para manter os vincos perfeitos. No entanto, é evidente que nem tudo estava bem; ele parecia sem rumo e precisava controlar suas despesas. Dedicava quase todo o dinheiro que sobrava para ir à ópera, geralmente Wagner, e sempre nos lugares baratos, apenas para os que ficavam em pé. Mesmo assim, ele precisava racionar suas visitas aos que considerava os "espetáculos" mais importantes.[10] Para direcionar dinheiro à ópera, ele se alimentava com moderação, muitas vezes sobrevivendo à base de leite e pão, e frequentava diferentes cantinas pela cidade, as quais serviam comida a preços subsidiados. Uma das cantinas ficava na academia de música onde

Kubizek estudava, e servia um bolo de nozes ao qual o guloso Hitler não conseguia resistir. Ele gostou tanto que até se dispôs a sentar-se ao lado dos muitos estudantes judeus da academia que também usavam a cantina, o que deve ter irritado o futuro arquiteto do Holocausto.[11]

Depois de um tempo, Kubizek percebeu que algo estava errado. Hitler foi forçado a admitir que não havia sido aceito na academia, mesmo depois de uma segunda tentativa, e que não tinha um caminho claro para se tornar um artista. Ele compensou esse fracasso elaborando um plano grandioso após o outro. Deixando de lado a carreira de pintor, decidiu que se tornaria um arquiteto mundialmente famoso e elaborou um plano para demolir grande parte das terríveis favelas de trabalhadores de Viena e realojar o proletariado em moradias modernas, mais limpas e brilhantes. Em outro momento, decidiu se tornar um bem-sucedido compositor, como Wagner, e começou a escrever uma ópera baseada no mito histórico alemão sobre Wieland, o Ferreiro, que envolvia o estupro e a morte de crianças.[12] De forma típica a Hitler, ele ficava obcecado com diferentes projetos por algumas semanas, trabalhando com intensidade maníaca até as primeiras horas da manhã e, depois, quando o trabalho se tornava muito difícil ou a verdade começava a aparecer, ele voltava à sua habitual indolência.

Com uma série de fracassos em sua vida, Hitler tornou-se amargo, principalmente em relação ao Império Austro-Húngaro e sua capital cosmopolita. Grande parte desse ressentimento revelou sua visão fundamentalmente contraditória dos alemães étnicos, o que influenciaria quase tudo o que ele fez estrategicamente na Segunda Guerra Mundial. Com muito tempo nas mãos, Hitler começou a frequentar as sessões do poliglota parlamento austríaco, chegando até mesmo a arrastar um perplexo Kubizek para assistir aos trabalhos. Hitler não foi para entender a legislação ou aprender sobre política, mas sim para despertar uma raiva intensa pelo que via. Kubizek observava perplexo enquanto o amigo, olhando para os legisladores com suas várias culturas e agendas, ficava cada vez mais furioso e "pulava de pé, com as mãos cerradas e o rosto ardendo de excitação".[13]

A raiva de Hitler era contra o que ele acreditava ser o constante insulto à alemanidade da Áustria-Hungria. Na sua mente, a população alemã do Império era responsável por tudo o que era "bom e honrável", mas estava sendo deixada de lado em favor do multiculturalismo. Os inimigos da alemanidade em seu mundo paranoico eram variados e nefastos, sendo linguísticos, religiosos, artísticos e raciais. Havia os tchecos, que falavam uma língua não germânica que Hitler cogitava abolir, os católicos romanos, cuja religião tornava os alemães moles, e que Hitler queria extirpar da vida alemã, os eslavos, que eram completamente alheios à sua perspectiva e precisavam ser forçados a assumir posições subservientes. Além disso, havia os judeus, que representavam uma ameaça em cada uma dessas áreas.

Foi em Viena que o antissemitismo de Hitler se manifestou pela primeira vez — o que não o tornou atípico na cidade. Como as comunidades judaicas da cidade produziram alguns dos maiores sucessos da Europa, desde o fundador da psicanálise Sigmund Freud até o autor modernista Arthur Schnitzler, elas também se tornaram foco de ressentimento e suspeita. Diferentes movimentos políticos austríacos, que claramente influenciaram Hitler, tornaram o antissemitismo parte de seu credo, argumentando que os judeus diluíram a pureza da raça germânica e perverteram a sociedade, tornando-a muito materialista e moderna. Hitler, que acreditava que os judeus controlavam toda a imprensa em Viena, começou a vê-los como uma ameaça especial à sua ideia de um povo alemão dominante.[14] Quando notou pela primeira vez judeus ortodoxos em Viena, com seus penteados e roupas diferentes, ele se perguntou: "Este é um alemão?"[15] Tornar Viena puramente alemã seria uma de suas grandes ambições como ditador. Em 1943, ele se vangloriou de ter expulsado os judeus de Viena e declarou que seu próximo passo seria repelir os tchecos.[16]

A crença de Hitler de que os não alemães estavam envenenando Viena era mais do que um exemplo de paranoia nacional; era pessoal. Isso o ajudou a explicar o que para ele parecia inexplicável — por que não havia conseguido ser aceito na Academia de Belas Artes e em tudo o mais que tentou. Quando Hitler foi rejeitado pela segunda vez, procurou o reitor da academia para exigir uma justificativa.[17] O homem mais velho, que parece ter querido deixar o jovem e irritado Hitler facilmente na mão, explicou que as habilidades de Adolf, que sempre tenderam para o linear, não eram adequadas para a pintura, mas poderiam ser para a arquitetura. Por um lado, isso deu início à obsessão de Hitler em se tornar um arquiteto, mas não respondeu totalmente às suas dúvidas.

Sua rejeição pessoal certamente o ajudou a azedar a própria reputação em Viena e na Áustria como um todo, e o levou a ver a mão invisível dos inimigos frustrando-o pessoalmente. Em *Mein Kampf*, ele juntou sua miséria pessoal dessa época com a paranoia que sentia sobre os inimigos de todos os alemães.

> Meus olhos se abriram para duas ameaças cujos nomes eu mal conhecia e cuja terrível importância para a existência do povo alemão eu certamente não compreendia: o marxismo e os judeus. Para mim, Viena, a cidade que, para tantos, é o epítome do prazer inocente, um campo de jogos festivo para os alegres, representa, lamento dizer, apenas a lembrança viva do período mais triste de minha vida.[18]

A primeira mítica punhalada nas costas havia ocorrido.

As obsessões de Hitler com o desafio representado pelos judeus e grupos não germânicos também revelaram o segredinho sujo de seu nacionalismo extremo. Embora estivesse convencido de que os alemães eram o melhor povo do mundo, ele também se preocupava com a facilidade com que poderiam ser corrompidos. Os alemães austríacos foram o exemplo mais extremo disso. Quando deveriam ter exercido o domínio, para Hitler, eles estavam dispostos demais a acomodar outros grupos para tentar fazer o Império funcionar e, ao fazer isso, se colocaram além da redenção. Ele se perguntou sobre os alemães austríacos: "Essas pessoas são humanas, dignas de pertencer a uma grande nação?"[19] A resposta era clara — não — e nenhum renascimento delas dentro do Império Austro-Húngaro seria possível.

Assim, Hitler se mudaria para a própria Alemanha, embora precisasse encontrar uma maneira de chegar vinte e quatro anos antes de fazer isso. Nos anos que se seguiram, ele teve de sobreviver por todos os meios possíveis. Isso envolveu uma deterioração constante em seu padrão de vida. Ele se desentendeu com Kubizek (talvez envergonhado por seus constantes fracassos na vida, enquanto seu amigo estava construindo uma carreira medíocre na música) e mudou de moradia para ambientes ainda menos salubres. Por um tempo, chegou a ficar sem teto e conheceu a mais profunda miséria da cidade. Mais tarde, ele falaria das enormes "ratazanas da sarjeta, como não se encontram em nenhum outro lugar".[20] O dinheiro ficou tão escasso que, posteriormente, ele afirmaria que passou "longos meses sem uma única refeição quente".[21] Por fim, embora fosse um fumante inveterado, jogou seus "cigarros no Danúbio" para que pudesse comprar um pouco de manteiga para o seu pão.[22] Foi o momento em que ele se tornou um opositor convicto do fumo e, durante toda a Segunda Guerra Mundial, atormentou seus generais loucos por tabaco falando sobre os males da prática. A posteriori, ele passou a residir em um dos albergues para trabalhadores de Viena, onde se apresentava como um intelectual educado diante de operários confusos. Quando as coisas estavam mais sombrias, ele podia sobreviver vendendo sua arte — e ignorava sugestões, como a de seu tutor legal após a morte de Klara, de que deveria arrumar um emprego de verdade e se tornar padeiro.[23]

Sua visão política em Viena era mista. Embora fosse claramente um nacionalista extremado, ele também estava flertando com uma reforma social drástica para tentar melhorar a vida dos pobres. Seus planos para realojar os trabalhadores de Viena faziam parte de uma ideologia mais ampla, que exigia a redistribuição forçada da riqueza e do poder dos ricos para os pobres. No entanto, o que o diferenciava dos socialistas de esquerda era o motivo subjacente à reforma social. Hitler queria que a mudança tornasse as classes trabalhadoras germânicas mais patrióticas e com mentalidade nacional. Quanto mais tempo ele passava com os trabalhadores, mais chocado ficava com a fraqueza do patriotismo deles.

Quando se tratava de serviço militar e guerra, Hitler não tinha compromisso, era até mesmo hostil. Kubizek se referiu a ele como um pacifista em Viena — embora isso pareça estar confundindo um ódio específico com um princípio geral. Hitler era antimilitarista, se ser militarista significasse servir e lutar pela Áustria-Hungria. Uma das razões pelas quais ele mudava de residência com tanta frequência (geralmente sem deixar um próximo endereço) e por que é tão difícil rastreá-lo nesses anos é que ele era um hábil "esquivador", fugindo do serviço militar obrigatório austríaco. Quando Kubizek mencionou em um determinado momento que estava voltando para Linz para cumprir seu serviço militar, Hitler ficou furioso. Ele declarou que "de forma alguma eu deveria servir no Exército austro-húngaro. Esse moribundo Império Habsburgo não merecia um único soldado".[24]

Assim que colocou as mãos no dinheiro de Alois, Hitler pôde finalmente se mudar para a própria Alemanha. Ele fez isso quase imediatamente após seu aniversário, visando Munique. A capital da Bavária, Munique, era católica romana, como a Áustria, mas consideravelmente menos cosmopolita. Hitler chegou em maio de 1913 "cheio de entusiasmo", determinado a construir uma carreira como arquiteto.[25] Na superfície, sua vida em Munique se assemelhava à de seus tempos mais prósperos em Viena. Ele alugou um quarto da família de Joseph

Popp, um alfaiate, voltou a pintar, vendeu suas obras e passava seu tempo livre lendo ou frequentando cafés e cervejarias, onde expressava suas opiniões com outros excêntricos e teóricos da conspiração. De acordo com sua senhoria, ele era formal, não recebeu uma única visita durante todo o tempo e era difícil de conhecer.[26]

Em janeiro de 1914, as autoridades austríacas o localizaram em Munique e ordenaram que ele atravessasse a fronteira para o serviço militar. Hitler entrou em pânico, escreveu uma carta humilhante às autoridades austríacas e, obedientemente, retornou à sua terra natal. Felizmente para ele, os médicos deram uma olhada nesse artista pálido e frenético e o consideraram clinicamente inapto para o serviço. Ele voltou para Munique muito aliviado.

Então, veio a guerra.

As experiências de Adolf Hitler na Primeira Guerra Mundial mostram a complexidade de se tentar entender o homem e suas ideias. Há milhares de livros escritos sobre sua vida, e ainda existem grandes divergências sobre alguns dos detalhes e interpretações básicas. Hitler muitas vezes dizia coisas contraditórias, exageros ou fabricações completas, deixando aos biógrafos a oportunidade de escolher diferentes comentários para montar diferentes imagens compostas. Até mesmo a fotografia que durante décadas definiu nossa visão de Hitler em agosto de 1914 foi questionada. Quando estava liderando o Partido Nazista e prestes a chegar ao poder político, seu fotógrafo da corte, Heinrich Hoffmann, publicou uma foto surpreendente do jovem Hitler em Munique, em 2 de agosto de 1914. Nela, Hitler pode ser visto claramente, uma pequena figura em um tumulto em massa na Odeonsplatz. A multidão veio para aplaudir a guerra, e Adolf parece extasiado, com a boca ligeiramente aberta de espanto e os olhos fixos, olhando para frente. Mas há sérias dúvidas sobre a legitimidade da fotografia, com alguns argumentando que Hoffmann, tentando embelezar o mito de Hitler, encontrou uma maneira de inseri-lo habilmente na imagem.[27]

No caso de Hitler, é melhor não se concentrar em uma única fonte ou comentário. No que concerne à sua reação à eclosão da guerra, não precisamos de uma foto para saber que ele estava em êxtase — porque suas ações falam tão alto quanto qualquer palavra. Ele se voluntariou imediatamente para servir em um regimento bávaro e, em pouco tempo, passou de pintor medíocre e filósofo de café a soldado. Na verdade, ele se voluntariou tão rapidamente que, por algumas semanas, as autoridades bávaras não sabiam o que fazer com ele.[IV] Hitler registrou sua disposição para lutar em 3 de agosto de 1914, mas foi mandado de volta para casa, pois Munique estava repleta de jovens ansiosos, e as autoridades não conseguiam cadastrar todos eles. Somente em 16 de agosto ele foi aceito no exército e designado para o 16º Regimento de Reserva da Baviera.[V] Com "puro idealismo" em seu coração, Adolf Hitler estava pronto para marchar para a guerra.[28]

O serviço de guerra de Hitler foi distinto dos outros líderes estratégicos da Segunda Guerra Mundial e faz com que ele se diferencie deles. Churchill, Roosevelt e Stalin tiveram posições de autoridade política em algum momento entre 1914 e 1919. Mussolini, por sua vez, possuía uma certa notoriedade. Hitler, no entanto, era um soldado insignificante em um regimento insignificante. O 16º Regimento de Reserva — que ficou conhecido como Regimento List em homenagem ao seu primeiro comandante, o Coronel Julius von List, que foi morto no início da guerra — foi uma das unidades menos ilustres que lutaram pela Alemanha.[29] Era formado por uma mistura de voluntários e homens recrutados, e poucos ou nenhum de seus soldados tinha experiência

---

[IV] Pela composição federal do Reich alemão antes da Primeira Guerra Mundial, a Bavária, que ainda tinha seu próprio rei e estrutura governamental, era responsável por criar as próprias formações militares em 1914. Entretanto, essas unidades estavam sob o comando do Exército alemão como um todo quando o Reich entrou em guerra.

[V] Legalmente, como cidadão austríaco, Hitler deveria ter retornado à Áustria para servir ao exército, mas, no caos do início da guerra, ninguém na Baviera se preocupou com os aspectos legais, de modo que Hitler conseguiu se safar com a trapaça.

militar; o regimento teve de ser treinado do zero.[30] Não era considerado muito eficaz em combate, alcançou poucas distinções no campo de batalha e, com frequência, era enviado para ocupar partes menos importantes da frente. Para Hitler, a guerra não seria glamourosa e ele não apareceria nos jornais. No entanto, ela o exporia à realidade do combate. De todos os líderes de guerra, seu serviço no front foi o mais extenso, e ele enfrentou a perspectiva de morte com muito mais frequência do que os demais — talvez juntos. Ele também veria a guerra do ponto de vista mais básico — como uma engrenagem em uma máquina maior, que não tinha uma compreensão real do quadro completo, mas precisava intuir as coisas por meio da observação. A experiência mudaria algumas das percepções de Hitler e aumentaria outras preexistentes e, ao fazê-lo, seria formativa para ele como líder de guerra — definindo sua visão sobre alemães, judeus, grande estratégia, armas, táticas e soldados.

Em outubro de 1914, após um período de treinamento básico, o Regimento List foi enviado para a Frente Ocidental. A viagem, por si só, pareceu a Hitler uma justificação de sua ideologia nacionalista. Pela primeira vez, ele visitou o coração pulsante da economia alemã e, de certa forma, da cultura — a Renânia.

> Vi o Reno pela primeira vez quando estava a caminho da Frente Ocidental. Os sentimentos que a visão desse riacho histórico inspirou em mim permanecem gravados para sempre em meu coração. A bondade e a espontaneidade dos habitantes da Renânia também me impressionaram profundamente; em todos os lugares eles nos receberam e nos festejaram da maneira mais comovente.[31]

Como sempre acontecia com Hitler, essa visão monocromática era parcialmente fantasiosa. Ele estava determinado a fazer com que a Alemanha fosse apresentada como unida em um entusiasmo avassalador pela nova guerra, e nunca mencionou nenhum sinal de relutância — e a Alemanha tinha muitos.

Em 23 de outubro, o Regimento List cruzou a fronteira com a Bélgica e, pela primeira vez em sua vida, Hitler estava em um país não germânico. Ele continuava tomado por uma empolgação pré-combate, achando que a vitória estava praticamente garantida. Sem nenhuma ideia da guerra moderna, Hitler chegou a escrever para Frau Popp dizendo que esperava "chegar logo à Inglaterra".[32] A ideia de a Alemanha lançar um ataque anfíbio bem-sucedido contra a Grã-Bretanha, em meio ao domínio marítimo da Marinha Real, exigiria um romance de ficção científica para ser justificada. Ainda assim, Hitler estava sonhando com isso.

As semanas seguintes revelariam que a guerra real era bem diferente. Quando Hitler chegou à Frente Ocidental, em outubro de 1914, era um momento de transição na Primeira Guerra Mundial e na guerra em geral. Os Exércitos alemão, francês e britânico estavam começando a construir as famosas linhas de trincheiras que viriam a definir a guerra. Os primeiros meses de combate no oeste tinham sido fluidos. Quando os alemães invadiram a Bélgica e a França em agosto, eles se moviam rapidamente, muitas vezes avançando de dezesseis a vinte e quatro quilômetros por dia. Eles tomaram Bruxelas em 20 de agosto e, por um tempo, pareciam prestes a atravessar a Bélgica e descer do norte para a França para tomar Paris. No entanto, quanto mais rápido e mais longe se moviam, mais as forças alemãs se espalhavam em uma grande área. Surgiram lacunas enormes entre seus exércitos em marcha. Em 9 de setembro, com os alemães a apenas 30 quilômetros de Paris, o Exército francês contra-atacou. Naquilo que hoje é conhecido como a Primeira Batalha do Marne, os franceses exploraram as lacunas entre as forças alemãs, fazendo os invasores recuarem e causando pânico.[33] Logo os alemães estavam em uma retirada precipitada, e o chefe do Estado-Maior prussiano e alemão, Helmuth von Moltke, parecia estar perto de um colapso nervoso. No entanto, depois que os alemães recuaram quarenta e oito quilômetros, o ataque francês perdeu o ímpeto e a frente começou a se estabilizar.

Então, algo inesperado aconteceu. Em vez de continuarem avançando ou recuando, os dois exércitos se entrincheiraram. Os alemães, os franceses e os britânicos começaram a traçar uma linha que corria pelo norte da França antes de entrar na Bélgica e chegar ao Canal da Mancha. Durante o restante de setembro até o início de novembro, suas forças se encontraram em combates contínuos, conhecidos coletivamente como a Corrida para o Mar, para determinar onde seria a linha. Ambos os lados construíram sistemas cada vez mais extensos de trincheiras e fortificações para se protegerem, estendendo-se da fronteira da Suíça até a costa e, ao fazê-lo, deram uma vantagem crucial a qualquer lado que tivesse a sorte ou a inteligência de se encontrar na defensiva durante os próximos anos de guerra.

Em janeiro de 1915, Hitler, que presenciou a construção dessas primeiras linhas de trincheiras, ficou encantado com a força delas, embora até mesmo ele as considerasse indescritivelmente sujas.

> Por causa da chuva eterna... os prados e campos parecem pântanos sem fundo, enquanto as estradas estão cobertas de lama até os tornozelos. Por esses pântanos passam as trincheiras de nossa infantaria — um labirinto de abrigos, trincheiras com brechas, entrincheiramentos, emaranhados de arame farpado, armadilhas, minas terrestres, enfim, uma posição quase inexpugnável. Os franceses e ingleses estão na ofensiva desde o início de novembro. Mas eles sempre foram repelidos com perdas imensas.[34]

Hitler estava certo. As mudanças na tecnologia militar nas décadas anteriores significaram que o defensor na Primeira Guerra Mundial estava em uma posição muito mais forte do que o atacante. As metralhadoras e o fogo de artilharia ampliaram o poder de combate dos defensores bem protegidos localizados em trincheiras preparadas. Eles podiam lançar um campo de fogo tão destrutivo que os atacantes, mesmo em número significativamente maior, ficavam em uma desvantagem crítica. Durante os três anos e meio seguintes, os atacantes, geralmente britânicos e franceses, tentaram várias táticas e tecnologias para romper essas linhas de trincheiras na Frente Ocidental, incluindo fogo de artilharia em massa, tanques e vários gases venenosos. Os resultados foram invariavelmente os mesmos. Seus ataques podiam começar de forma promissora e tomar algumas linhas de trincheiras, mas acabavam entrando em colapso antes que um avanço completo pudesse ser realizado. Nesse meio-tempo, os atacantes seriam mortos ou mutilados em grande número, e a linha mal se movia em relação àquela estabelecida em setembro e novembro de 1914.

As primeiras experiências de combate de Hitler envolveram um dos muitos pequenos combates que ocorreram enquanto os alemães e os Aliados tentavam definir onde essa linha de trincheiras ficaria. Ao contrário da maior parte da história de Hitler na Primeira Guerra Mundial, existe um registro detalhado, em cartas a seus conhecidos de Munique, de como ele vivenciou pela primeira vez — ou pelo menos quis retratar — o combate.

Essas cartas, enviadas a alguns de seus conhecidos de Munique, revelam uma certa tensão sobre a guerra. Hitler não retratava o conflito com leveza. Ele estava disposto a descrever alguns dos horrores que encontrou, embora às vezes também parecesse se deleitar com eles, principalmente se fossem impostos pela ação alemã. Na Bélgica, observou cidades como Louvain — "um monte de cinzas e escombros", escreveu ele — ou a cidade belga de Liège, onde "a explosão dos projéteis alemães" havia destruído as janelas de vidro, deixando apenas as molduras de ferro em pé. A realidade da força militar alemã o tranquilizava. Uma aberração sobre a qual ele se debruçou detalhadamente foi o cadáver "semidecomposto" de um cavalo que ele teve de observar em uma noite, que estava a apenas quatro passos de sua posição. No dia seguinte, ele descobriu uma grande cratera de projétil que havia sido criada pelo constante fogo de artilharia alemã e "inglesa", e "Depois de muito esforço", ele e seus companheiros arrastaram a carcaça apodrecida para dentro dela.[VI]

Por fim, o List Regiment entrou em ação perto da pequena cidade belga de Messines, não muito longe de um dos locais de batalha mais famosos da guerra — a outrora grandiosa cidade medieval de Ypres. Lá, eles fizeram parte dos estágios iniciais do que seria conhecido como a Primeira Batalha de Ypres. Foi uma operação inicial tipicamente caótica, envolvendo uma unidade inexperiente. Hitler não conseguia entender a área de batalha e era capaz de "não ver quase nada no caldeirão de bruxas nebuloso "à sua frente". Mas logo ele seria exposto à realidade destrutiva do poder de fogo moderno. Quando recebeu a ordem para atacar, o Regimento List correu para a frente, imediatamente sofrendo baixas. Felizmente para os bávaros, os britânicos, a essa altura da guerra, ainda tinham suprimentos limitados de metralhadoras, mas as poucas que estavam disponíveis começaram a cobrar um tributo sangrento. Tentando não se expor, Hitler e os outros soldados de List foram forçados a dar uma série de saltos desconexos "através de prados e campos de nabos... emaranhados de arame e cercas-vivas". Por fim, os bávaros, acompanhados por uma unidade de Württembergers, atacaram sobre os corpos de "ingleses mortos e feridos". A resistência britânica foi feroz, e os alemães foram forçados a "muitas escaramuças sangrentas corpo a corpo" antes que a primeira linha de trincheiras britânicas fosse tomada. Alguns soldados britânicos sobreviveram com as mãos para o alto; os que não o fizeram, segundo Hitler, "foram ceifados".[35]

[VI] Grande parte da experiência militar de Hitler na Primeira Guerra Mundial ocorreu do outro lado das linhas britânicas na Frente Ocidental. No entanto, para ele, o inimigo era invariavelmente o "inglês", um hábito que expressava uma perspectiva que ele manteria por toda a vida.

As baixas alemãs foram pesadas. Quando Hitler e seus companheiros descobriram que um de seus oficiais favoritos, um "major maluco", estava "deitado no chão com o peito aberto e uma pilha de corpos ao seu redor", eles foram tomados por uma sede de vingança, e instigaram o auxiliar do major morto a permitir que fizessem um novo ataque. A luta então atingiu o clímax; por quatro vezes o List Regiment tentou romper as linhas britânicas e por quatro vezes foi rechaçado pelo poder de fogo da defesa. Em um determinado momento, uma bala atravessou o lado esquerdo da manga do uniforme de Hitler. Ele afirmou que somente um "milagre" o salvou.

No final, a introdução da artilharia pesada fez a diferença — ou pelo menos Hitler estava convencido disso. Os alemães trouxeram alguns dos maiores canhões de campo que possuíam, obuseiros de 21 cm.[VII] Esses canhões largos e atarracados disparavam projéteis que pesavam 113 quilos. Hitler exultou com seu poder destrutivo, afirmando que eles produziam enormes crateras, "cada uma grande o suficiente para que uma carroça de feno pudesse dar a volta nela sem dificuldade."[36] Os britânicos, que ainda não haviam construído uma linha de trincheiras completa, pareciam incapazes de resistir ao peso dos explosivos que caíam sobre suas linhas e foram forçados a recuar, deixando o campo para os alemães.[VIII] Uma pequena parte da Frente Ocidental havia sido definida.

As descrições de Hitler devem ser consideradas com bastante ceticismo. O ataque alemão com soldados extremamente inexperientes não foi nem de longe tão direto, e seu relato da insistência para que os soldados se expusessem novamente em um ataque de vingança parece

---

[VII] Esses equipamentos eram frequentemente chamados de morteiros pelas tropas alemãs, e Hitler se referia a eles dessa maneira, mas eram obuseiros que disparavam projéteis de alta potência e baixa velocidade.

[VIII] Outra opinião é que os britânicos foram forçados a se retirar porque ficaram sem munição. Hitler, no entanto, estava determinado a dizer a seus conhecidos na Alemanha que foi a artilharia pesada alemã que fez a diferença.

mais do que um pouco heroica. Na realidade, o desempenho alemão foi misto, e um grande número de suas baixas parece ter sido causado por fogo amigo. A verdade, entretanto, é que o ataque aconteceu, Hitler passou por ele e isso o ajudou a desenvolver sua visão da guerra.

O Regimento List sofreu baixas extremas. Hitler alegou que, em um período de quatro dias, o regimento havia diminuído de 3.000 para 600 homens, um cálculo que parece apenas um pouco exagerado. Os registros oficiais do regimento dizem que apenas 725 dos 3.000 homens originais estavam prontos para o combate quando a poeira baixou, e o regimento sofreu uma taxa de baixas ainda maior entre seus oficiais, com apenas quatro dos cerca de trinta oficiais originais aptos para o serviço.[37] Levaria muito tempo até que o Regimento List fosse considerado forte o suficiente para realizar operações significativas. Eles foram colocados em uma parte relativamente tranquila da linha até que suas forças pudessem ser reconstruídas com novos recrutas.

As descrições de Hitler também revelam como ele gostava de misturar a realidade com o exagero. Em *Mein Kampf*, ele falou muito sobre o impacto transformador de suas primeiras experiências de guerra; como o "romance da batalha foi substituído pelo horror", enquanto a "alegria exuberante foi sufocada pelo medo mortal".[38] Muitos soldados com experiências semelhantes foram dominados por uma repulsa à guerra e um cinismo em relação ao poder e à autoridade. Hitler, no entanto, reagiu recorrendo ao seu chauvinismo nacionalista preexistente e aumentando sua paranoia. Ele agora afirmava que a guerra era para limpar a Alemanha de doenças estrangeiras. Se tivesse "a sorte de retornar à pátria", queria encontrá-la "um lugar mais puro, menos cheio de influências estrangeiras, de modo que os sacrifícios diários de centenas de milhares de nós e a torrente de sangue que continua a fluir aqui, dia após dia, contra um mundo internacional de inimigos, não só ajudassem a esmagar os inimigos externos da Alemanha, mas também que o nosso internacionalismo interno entrasse em colapso".[39]

Hitler foi um participante entusiasmado dessa guerra de destruição. Seu desempenho inicial sob fogo mostrou que ele não tinha dúvidas e, durante o resto da guerra, foi conhecido por cumprir seu dever com diligência. Pouco tempo depois da Primeira Batalha de Ypres, diz-se que Hitler arriscou a própria vida para salvar a do comandante do Regimento List. Em novembro, quando o tenente-coronel Philipp Engelhardt entrou em uma posição aberta e exposta, tornando-se um alvo fácil para os atiradores de elite inimigos, Hitler e outro soldado correram para protegê-lo. Eles cobriram o comandante com um cobertor, até que pudessem levá-lo de volta para um abrigo.[40] Durante a batalha, Hitler foi elogiado por ter arriscado sua vida ao voltar correndo para o quartel-general para contar que sua unidade estava recebendo fogo de outras unidades alemãs.[41] Ele acabou recebendo a Cruz de Ferro, Segunda Classe, por suas ações, a mais alta condecoração que poderia ser concedida a alguém de sua patente. Quando recebeu a medalha, ele chamou a ocasião de "o dia mais feliz da minha vida".[42] Como sinal de sua posição, foi promovido a cabo e, ao mesmo tempo, nomeado despachante regional. A guerra e o Exército alemão, pela primeira vez na vida de Hitler, haviam lhe proporcionado sucesso real.

Esses desenvolvimentos, especialmente o fato de se tornar um despachante, também determinaram como Hitler veria, ouviria e sentiria o cheiro da guerra até 1918.[43] Um despachante numa era antes dos eficientes rádios de combate e telefone era a conexão entre os comandantes e as unidades na linha de frente. Eram soldados considerados particularmente confiáveis — indivíduos que não se desviariam de suas obrigações. Havia oito despachantes designados para o quartel-general do Regimento List, responsáveis por levar ordens aos batalhões e trazer relatórios. Em *Mein Kampf*, Hitler nunca admitiu ter servido como despachante, fazendo parecer que ele passou a maior parte da guerra nas trincheiras da linha de frente. Mais tarde, quando a verdade veio à tona, a função de despachante foi considerada pelos nazistas como particularmente heroica, um sinal de sua disposição de se expor ao fogo inimigo em prol do regimento.

A verdade era mais prosaica. Ser um despachante era um posto muito superior a estar na linha de frente — de uma forma que era muito atraente para Hitler. Os quartéis eram mantidos longe do alcance das metralhadoras e da visão direta do inimigo. O quartel-general do List Regiment, por exemplo, geralmente ficava a cerca de dez quilômetros da linha de frente. Mesmo assim, ele normalmente não era solicitado a levar mensagens para as posições avançadas da linha de frente, mas para os quartéis-generais do batalhão, que também eram mantidos a uma certa distância para oferecer proteção.

Quando não estavam carregando mensagens, os despachantes, ou corredores, podiam relaxar em um ambiente relativamente tranquilo, às vezes ensolarado, que causava inveja aos soldados na frente de batalha. Hitler era conhecido por passar seu tempo livre lendo ou até mesmo pintando, tomando chá ou meditando. Por estar perto do quartel-general, também era mais fácil conseguir comida e, muitas vezes, de melhor qualidade. Como soldado, ele tinha um apetite voraz e se tornou adepto de guardar alimentos extras; descobriu uma maneira de remover biscoitos doces do fundo das caixas, fazendo com que parecesse que os contêineres não tinham sido abertos. Mais tarde, durante a guerra, quando a comida estava escassa, Hitler, que ainda não havia adotado o vegetarianismo, tornou-se hábil em caçar cães e gatos para comer, e era conhecido por preferir gatos.[44]

Estar no quartel-general também era consideravelmente mais higiênico. Os soldados na frente de batalha tinham de viver na mira, mantendo suas cabeças abaixo do topo das trincheiras, molhadas pela chuva constante e cobertas pela lama de seu mundo subterrâneo — eles podiam até ser engolidos pela lama. Em maio de 1915, durante a Batalha de Aubers Ridge, os britânicos explodiram uma mina sob os soldados da linha de frente do Regimento List.[45] Muitos dos companheiros de Hitler foram enterrados vivos. Os soldados da linha de frente viviam em meio à visão e ao cheiro constantes da morte. Principalmente após as batalhas, a terra de ninguém entre as trincheiras podia ficar coberta de corpos em decomposição, e seu cheiro adocicado característico de putrescência impregnava a linha de frente. Quando Hitler contou ao seu conhecido de Munique, Ernst Hepp, que havia sido nomeado corredor, ele fez uma grande piada sobre o fato de ser mais perigoso, mas admitiu que era "um trabalho um pouco menos sujo".[46]

De fato, Hitler manteve-se firme em sua posição de despachante durante toda a guerra. Quando lhe era oferecida a oportunidade de promoção, ele sempre recusava. Uma promoção provavelmente o levaria de volta à linha de frente, e ele não desejava se separar do relativo conforto e dos colegas soldados com quem vivia no quartel-general. Com o passar do tempo, esse grupo se tornou uma família substituta para Hitler, e ele era mais apegado a eles do que a qualquer outra pessoa que conheceu durante sua vida, com exceção de Klara. Em troca, seus colegas, embora vissem Hitler como um peixe fora d'água, confiavam nele.

Ele certamente era diferente da maioria dos soldados. Em comparação com seus companheiros, Hitler era intenso, rabugento e escandalosamente prudente — e, por causa disso, era alvo de constantes provocações de sua nova família. Seus camaradas, por exemplo, deliberadamente faziam comentários derrotistas sobre o curso da guerra, apenas para provocá-lo em um de seus inevitáveis discursos furiosos sobre os inimigos da Alemanha. De maneira ainda mais incisiva, eles o provocavam regularmente sobre as mulheres, o que lhe causava profundo constrangimento. Hitler foi um misógino que, por toda a vida, considerava as mulheres inteligentes ameaçadoras. Mesmo quando ditador, ele preferia a companhia de garotas mais jovens que não o achavam um chato e nunca o desafiavam pessoal e intelectualmente. Ele era terrivelmente tímido quando se tratava de sexo e, durante o período em que morou em Viena, fez de tudo para evitar mulheres a todo custo. Há uma boa chance de que, quando a guerra começou, ele ainda fosse virgem, o que o tornou um alvo dos outros no quartel-general. Eles o provocavam por não visitar os bordéis que inevitavelmente seguiam o exército. Hitler se envergonhava, uma vez que respondia a essa provocação recorrendo ao nacionalismo. Ele acusava seus algozes de não terem "nenhum senso de honra alemão", o que era recebido com gargalhadas de seus camaradas mais cínicos.[47]

O maior amigo que Hitler fez como despachante foi um cachorro chamado Foxl. Hitler via os seres humanos como imperativos biológicos, controlados principalmente por suas características raciais. Os cães, por outro lado, eram dignos de afeição, desde que pudessem ser controlados, e Foxl se tornou o animal de estimação uber-hitleriano. Hitler se deparou com ele em janeiro de 1915, quando viu Foxl caçando ratos nas trincheiras. O cão "lutou contra mim e tentou me morder", mas Hitler o fez se submeter. Ele se esforçou para manter o animal sempre por perto, dormindo ao lado de Foxl, assumindo o controle de sua alimentação, ensinando-lhe truques e até mesmo amarrando-o em uma trincheira para que ele não pudesse escapar quando Hitler tivesse que entregar seus despachos. Esse sufocamento funcionou e, depois de algum tempo, Foxl se tornou o companheiro devotado e submisso que Hitler sempre desejou. Ele até rosnava quando alguém que não reconhecia se aproximava do tutor. "Era uma loucura a afeição que eu tinha pela fera", lembrou Hitler. Mais tarde, durante a guerra, Foxl desapareceu. Hitler acreditava que ele havia sido roubado por um trabalhador ferroviário astuto que, em determinado momento, tentou comprar o cão dele. Anos mais tarde, ele ainda estava furioso com a perda, dizendo que "o porco que roubou meu cão não sabe o que fez comigo".[48]

Se ser um despachante tinha suas vantagens — de comida a relativa segurança e até mesmo a possibilidade de ter animais de estimação —, ainda assim podia ser um trabalho perigoso. Quando os corredores tinham informações particularmente importantes para entregar, geralmente dois eram enviados com mensagens idênticas, para o caso de um deles ser morto. Hitler alegou que foi nomeado corredor de despacho do regimento porque três dos oito homens que ocupavam o cargo haviam sido mortos durante o primeiro dia de combate em Ypres.[49] Como corredor, Hitler foi gravemente ferido duas vezes durante a guerra — uma vez por estilhaços e outra por gás. E em várias outras ocasiões, mesmo considerando sua licença poética, ele chegou muito perto da morte.

Um dos maiores perigos que ele enfrentou regularmente na Primeira Guerra Mundial ajudou a consolidar uma suposição que governaria seu pensamento na Segunda: o poder decisivo da artilharia moderna e pesada. Muito mais do que a metralhadora, Hitler temia o fogo de artilharia. Quando os Exércitos alemães estavam marchando pela União Soviética, em outubro de 1941, e a vitória parecia estar ao seu alcance, durante uma de suas meditações noturnas, Hitler lembrou-se dos perigos que havia enfrentado ao entregar mensagens na última guerra. "Quantas vezes eu mesmo tive que enfrentar uma poderosa barragem de artilharia para levar um simples cartão-postal!"[50] Ele se enfureceu contra os comandantes que o forçaram e a outros corredores a enfrentar armas modernas, alegando que "durante a guerra de 1914-1918, cerca de vinte mil homens foram inutilmente sacrificados ao serem empregados como corredores em missões que poderiam ter sido igualmente bem realizadas à noite, com menos perigo".

Os temores de Hitler em relação à artilharia não terminavam quando suas mensagens eram entregues, pois ela representava a maior ameaça à sua segurança quando ele relaxava no quartel-general. Mesmo que os quartéis-generais dos regimentos fossem propositalmente colocados fora da vista do inimigo, se fossem encontrados, poderiam ser alvos. Desde as Guerras Napoleônicas, um século antes, a artilharia havia se desenvolvido tanto quanto, se não mais, do que qualquer outra forma de armamento. Quando os Exércitos napoleônicos se enfrentavam, a artilharia era uma arma de linha de visão[IX] feita de ferro bruto e que podia disparar um projétil a menos de um quilômetro e com pouca precisão. No século seguinte, os saltos na metalurgia — especialmente o desenvolvimento de aços de alta resistência e pureza superior —, combinados com a fabricação de precisões de especificaçao industrial, fizeram com que as armas, como o obuseiro de 21 cm que tanto impressionou Hitler perto de Ypres em 1914, tivessem alcances exponencialmente maiores. Eles podiam disparar projéteis padronizados de fábrica tão alto no ar que alcançavam muito além da visibilidade humana — mais de dez vezes mais longe do que as balas de canhão na Batalha de Waterloo.

Isso tornou o bombardeio de longo alcance um evento particularmente estressante. Os soldados, normalmente incapazes de ver as armas que disparavam contra eles, muitas vezes tinham que confiar em seus ouvidos para saber se estavam sendo atacados. Os projéteis britânicos, franceses e alemães emitiam sons distintos quando suas diferentes formas passavam pelo ar. Os soldados tinham de adivinhar, com base nesses sons, se seriam atingidos em breve, o que os levava a correr em pânico para se protegerem. Em 1942, pensando em suas experiências na Primeira Guerra Mundial, Hitler argumentou que era bom que os projéteis alemães fossem mais barulhentos do que seus equivalentes russos. As armas alemãs faziam "um barulho tão infernal que ninguém consegue suportar. Além do efeito material, elas têm um efeito psicológico. Não faz sentido esconder do inimigo a descarga do tiro, pois, de qualquer forma, não há meios de se proteger contra ela".[51] Ele estava certo em um sentido: muitas vezes não fazia diferença se um soldado ouvia ou não um projétil se aproximando. No final da guerra, estimava-se que 60% de todas as baixas sofridas nos campos de batalha haviam sido causadas pela artilharia.[52]

[IX] Arma que exigia contato visual com o alvo.

E essas baixas poderiam vir do pessoal de trás das linhas, como Hitler no quartel-general. Isso se deveu às melhorias na observação à distância. Em 1914, grande parte disso era feita por observadores de balão, mas com o decorrer da guerra e o desenvolvimento da tecnologia aeronáutica, a observação por avião tornou-se cada vez mais importante.[53] Com essas melhorias na observação, o direcionamento para quartéis-generais que antes eram difíceis de ver tornou-se uma alta prioridade. Uma vez localizados, os quartéis-generais podiam se transformar instantaneamente em objeto de bombardeios de alta intensidade, com as primeiras salvas se revelando apenas quando seus projéteis se direcionavam para baixo, emitindo seus sons característicos.

Embora os quartéis-generais fossem construídos de forma robusta e solidamente reforçados — cada vez mais, à medida que a guerra avançava —, projéteis pesando centenas de quilos, descendo de um quilômetro e meio no ar, poderiam romper praticamente qualquer proteção, matando ou ferindo os habitantes. Essa era uma preocupação que sempre rondava a mente de Hitler. Uma vez, ele foi realmente poupado por um ataque preciso da artilharia aliada, que destruiu um bunker de comando tão rapidamente que ele não conseguiu entrar e se proteger. Em 1916, sua sorte não seria tão boa. Em outubro, perto cidade de Fromelles, ele estava em um abrigo de corredores de despacho quando a artilharia britânica os encontrou com precisão. Um projétil o atingiu quase diretamente, e a coxa de Hitler foi dilacerada por estilhaços, levando-o a uma longa convalescença na Alemanha.

Esse foi um exemplo de como os combates da Primeira Guerra Mundial estavam estabelecendo certas ideias em sua mente — das quais ele jamais desistiria. As armas maiores, mais poderosas e mais espetaculares — principalmente as construídas pela engenhosidade alemã — eram as melhores. Ter a capacidade de explodir soldados como ele era a chave para a vitória. É claro que ainda havia mais lições a serem aprendidas.

6

Winston Churchill: aprendendo a moderação estratégica

Winston Churchill voltou para casa da África do Sul em 1900, determinado a entrar novamente no mundo da política. Ele se candidatou novamente como um dos candidatos de Oldham e foi eleito para a Câmara dos Comuns em outubro, tornando-se membro do Parlamento com apenas vinte e cinco anos. Inicialmente um conservador, como seu pai e seu avô, Churchill logo se afastou do partido em que nasceu, repelido quando os conservadores abandonaram sua política de livre comércio para apoiar tarifas mais altas. Churchill temia que isso levasse a um aumento substancial dos preços dos alimentos para seus eleitores da classe trabalhadora. Também continuava preocupado com a possível alienação do trabalhador britânico em relação ao Império, o que o deixou mais interessado na reforma social. Ele começou a se identificar com o Partido Liberal, de oposição, e em 1906, logo após os liberais conquistarem uma grande maioria no Parlamento, Churchill "denunciou" (em suas próprias palavras) os conservadores e se juntou ao partido no poder.

Como liberal, Churchill ficou muito sob o domínio do político mais hipnotizante da época, David Lloyd George, que havia entrado para a política com um passado tão diferente do de Churchill quanto se poderia imaginar na Grã-Bretanha do final do século XIX. Nascido em uma família obscura na zona rural do País de Gales, Lloyd George começou sua carreira praticamente do nada, usando sua astúcia, cinismo e sagacidade. Ele também era um orador público fascinante. Depois de se tornar advogado, entrou para a política, posicionando-se diretamente na ala à esquerda do Partido Liberal. Tornou-se conhecido como um dos críticos mais contundentes da Grã-Bretanha em relação à Guerra dos Bôeres, e chauvinistas como Churchill o consideravam um traidor, rotulando-o de "pró-bôer".

Ao fim da Guerra dos Boêres, Lloyd George já era uma estrela em ascensão. Quando os liberais assumiram o poder, ele entrou no gabinete primeiro como presidente da Junta Comercial e, em 1908, foi nomeado Chanceler do Tesouro, o segundo cargo mais importante do governo britânico. No comando das finanças nacionais, Lloyd George deu o passo audacioso de pedir aposentadorias por idade para a classe trabalhadora, a serem financiadas por impostos mais altos sobre os ricos proprietários de terras — o primeiro sinal de um Estado de bem-estar social redistributivo na história britânica. Essa medida precipitou uma crise política, pois a Câmara dos Lordes, não eleita e dominada por aristocratas conservadores, fez o jogo de Lloyd George ao defender ruidosamente seus direitos hereditários, permitindo que o chanceler se apresentasse como o protetor da democracia e do povo.

Ao seu lado na luta contra os lordes estava o neto do Duque de Marlborough, Winston Churchill. De fato, depois de 1908, quando o próprio Churchill entrou para o gabinete como sucessor de Lloyd George na Junta Comercial, ele parecia quase um clone do radical galês. Em todas as grandes disputas, Churchill ficou do lado de Lloyd George, apresentando argumentos semelhantes em apoio à posição deste último e, muitas vezes, agindo como o escudo do radicalismo de Lloyd George. O mais incongruente é que Churchill se juntou ao

Chanceler do Tesouro na batalha contra mais gastos navais quando a corrida armamentista naval anglo-alemã começou a sério, em 1909.

Foi um momento fatídico nas origens da guerra global que estava por vir. Antes de 1908, a Marinha alemã não era vista como uma ameaça particularmente grande para a Marinha Real — essa posição era normalmente ocupada pelas frotas francesas e russas combinadas. No entanto, em 1908, fontes da inteligência britânica alertaram o governo de que os alemães, com sua economia industrial avançada, haviam começado a construir o maior número de navios de guerra encouraçados do tipo dreadnought (considerados as embarcações mais importantes em terra e a chave para vencer qualquer grande guerra naval), como um desafio direto à Grã-Bretanha.[I] Se esse fosse o caso, os alemães logo teriam representado uma ameaça existencial ao Império Britânico. Densamente povoada pelo boom de urbanização e industrialização do século XIX, a Grã-Bretanha não conseguia produzir alimentos suficientes para se alimentar. Ela precisava controlar os mares do mundo para importar grandes quantidades de alimentos das Américas do Norte e do Sul.[1] Uma Marinha alemã capaz de cortar o comércio britânico poderia levar o Reino Unido à fome em pouco tempo. Foi por isso que a corrida naval anglo-alemã se tornou tão intensa.

Em 1909, a Marinha Real, com forte apoio do gabinete, argumentou que a Grã-Bretanha deveria iniciar um programa de construção gigantesco e caro de oito encouraçados para enfrentar a suposta ameaça alemã. Um grito público de "Queremos oito e não vamos esperar!" foi ouvido entre os apoiadores da frota. Lloyd George, que precisava de dinheiro do governo para financiar suas aposentadorias, viu-se na

[I]Os *dreadnoughts* eram navios de guerra de grande porte, uma inovação introduzida pelos britânicos em 1906. Eles tinham um poder de fogo muito maior do que os navios de guerra anteriores e podiam atacar a distâncias maiores. A maioria das principais marinhas decidiu que os *dreadnoughts* tornavam obsoletos todos os navios de guerra anteriores e, logo após entrarem em serviço, a força naval foi calculada comparando-se o número de *dreadnoughts* de cada país.

defensiva. Ele decidiu tentar conter esses gastos navais extras, argumentando que não havia necessidade de construir tantos navios de guerra, e recebeu o apoio incondicional de Churchill. De fato, foi Churchill quem forneceu a maior parte dos argumentos escritos no gabinete para aqueles que defendiam um programa naval menor e um orçamento naval igualmente menor.[2]

No final, Lloyd George e Churchill foram vencidos pela grande maioria pró-marinha no gabinete, mas sua aliança foi consolidada. No entanto, logo eles se encontrariam em lados opostos do debate naval, quando, em 1911, Churchill foi nomeado Primeiro Lorde do Almirantado — o chefe civil da Marinha Real, representando a frota para o gabinete e, na maior parte do tempo, para o povo. Considerando o quanto a Marinha Real e o poder marítimo eram fundamentais para o poder do Império Britânico, esse era um dos cargos mais importantes e célebres do país.

Churchill foi a escolha ideal. Com apenas trinta e sete anos de idade, cabelos ralos e ruivos, um corpo baixo e atarracado e um semblante descrito pela esposa do primeiro-ministro como "feio", ele tinha dinamismo suficiente para contrabalançar sua aparência. Em um gabinete repleto de grandes liberais e presidido pelo Primeiro-Ministro H. H. Asquith — um advogado sofisticado com um ar sobrenaturalmente calmo e uma tendência ao distanciamento —, Churchill era um *enfant terrible*. Embora fosse um civil, muitas vezes aparecia ostensivamente em trajes militares, com uma espada, fileiras de medalhas e, quando possível, um grande chapéu bicorne naval. Ele passava muitos dias visitando as instalações navais, falando com a imprensa, fazendo viagens no iate do Primeiro Lorde e transformando-se no rosto público do poder naval britânico.

O exibicionismo de Churchill não deve esconder a realidade de que ele também era eficaz. Quase imediatamente depois de se tornar Primeiro Lorde, a corrida naval com os alemães atingiu um nível crescente.

Quando parecia que os dois países poderiam embarcar em uma nova rodada de construção de encouraçados, o governo alemão cedeu e decidiu não acelerar o ritmo. Foi uma vitória relevante para o governo britânico e para a Marinha Real, o que significou que, quando a guerra começasse, sua frota de *dreadnoughts* seria muito maior do que a dos alemães.

O fato de ter forçado os alemães a ceder parece ter aumentado o interesse e o entusiasmo de Churchill em comandar a Marinha Real. Entre 1911 e 1914, ele mergulhou no conhecimento da tecnologia e estratégia navais, visitou praticamente todas as instalações navais do Reino Unido, viveu a maior parte do tempo no iate do Primeiro Lorde e deixou sua mente ensaiar constantes planos de guerra com a Alemanha.

Quando a guerra começou, em 1914, Churchill estava pronto para ser uma das forças motrizes do governo liberal e tinha à sua disposição todas as ferramentas necessárias para se tornar um histórico Primeiro Lorde do Almirantado. No entanto, sua visão impulsiva e ainda infantil da guerra e da estratégia continuava a segurá-lo. Apesar de todo o seu conhecimento sobre a natureza econômica e tecnológica do poder marítimo moderno, Churchill mantinha um amor pelo risco e pelo perigo que se chocava repetidamente com uma compreensão mais sóbria de estratégia. Os britânicos entraram na Primeira Guerra Mundial com um domínio naval tão grande que não precisavam procurar a frota alemã e correr o risco de lutar. Eles podiam fechar rapidamente o comércio mundial da Alemanha, e o fizeram, confinando a grande potência terrestre ao continente europeu e limitando a máquina de guerra e a população alemãs apenas aos recursos que podiam ser adquiridos em seu entorno. Ao mesmo tempo, os britânicos — e, por meio deles, seus aliados, os franceses e os russos — tiveram acesso aos suprimentos do mundo inteiro, que logo começaram a fluir para seus portos, fábricas e estômagos.

Às vezes, os alemães podiam aparecer nas manchetes com ataques ousados em mares distantes, como os realizados pelo Esquadrão da

Ásia Oriental do Almirante Graf Spee, que operava no Pacífico distante e ao redor da costa da América do Sul nos primeiros meses da guerra. No entanto, essas foram apenas alguns arranhões no curso da guerra. Depois que Spee conseguiu algumas vitórias menores, a Marinha Real destruiu toda a sua força na Batalha de Coronel, em 1º de novembro de 1914. Depois disso, a Grande Frota Britânica, baseada no porto da Ilha Orkney em Scapa Flow, maravilhosamente grande e estrategicamente localizado, foi deixada para observar e esperar, na esperança de que os alemães fossem imprudentes o suficiente para enviar sua principal frota de alto-mar para a batalha. Nesse meio-tempo, o equilíbrio da produção mundial começaria a se voltar decisivamente a favor dos Aliados.

No final, os alemães acabariam, inesperadamente, recorrendo a uma nova forma de arma, o submarino, para atacar o comércio britânico. Mas em 1914 Churchill não estava preocupado com isso, descartando qualquer noção de uma ofensiva submarina irrestrita como extremamente improvável, argumentando que os alemães não tentariam algo tão "incivilizado".

Esse domínio tranquilo não agradava Churchill. Desde o momento em que o conflito começou, ele bombardeou Asquith com planos e ideias, chegando a insistir que os britânicos deveriam programar as operações de acordo com as previsões do astrólogo R. G. Hickling, que Churchill acreditava estar estranhamente correto ao acertar datas auspiciosas.[3] Churchill também estava desesperado para chegar o mais próximo possível dos combates. Uma de suas primeiras incursões foi na Bélgica, onde, se tivesse conseguido o que queria, poderia ter terminado sua vida lutando em uma batalha heroica, embora condenada, em uma fortaleza.

A velocidade com que os alemães avançaram pela primeira vez na Bélgica e no norte da França foi o maior dos choques para todo o governo Asquith. No início de setembro de 1914, uma escuridão ameaçadora tomou conta de Londres quando parecia que os alemães poderiam conquistar Paris. Mesmo depois que a frente se estabilizou com a vitória francesa na Batalha de Marne, as coisas pareciam ameaçadoras, já que os alemães se movimentavam para tomar a maior parte possível da Bélgica, enquanto uma linha de trincheiras era cavada dos Alpes até o mar.

Em 2 de outubro, o governo belga informou aos britânicos que iria abandonar Antuérpia, um dos maiores portos da Europa e uma das poucas cidades belgas que ainda estavam nas mãos dos Aliados. Quando a notícia chegou, Churchill estava sozinho, apenas com o Secretário de Relações Exteriores, Sir Edward Grey, e o novo Secretário de Estado para a Guerra — seu antigo nêmesis do Sudão, Sir Herbert Kitchener. Churchill decidiu ir imediatamente para a Bélgica e ver a situação por si mesmo. Saindo à meia-noite, o "intrépido" Churchill, de acordo com Asquith, partiu para "infundir" na espinha dorsal belga "a quantidade necessária de amido".[4] Comandando trens, navios de guerra e até carros do governo, ele estava na linha de frente ao meio-dia seguinte.

Que espetáculo ele era. Sempre ciente do poder da força militar, o civil Primeiro Lorde do Almirantado se vestiu com um elegante uniforme militar azul com botões dourados e todos os enfeites. Na verdade, era o uniforme de uma organização comercial londrina, mas os belgas não faziam ideia disso.[5] Confrontado com o que lhe parecia ser um governo belga desmoralizado e um rei deprimido, Churchill, confiando no dinamismo de sua personalidade, levantou temporariamente o ânimo deles. Ele prometeu enviar reforços britânicos para manter Antuérpia, telegrafando a Londres para que enviassem imediatamente duas brigadas de fuzileiros navais da Marinha Real com cinco dias de rações e dois milhões de cartuchos de munição.[6] Em poucas horas, ele estava exigindo mais dois milhões de cartuchos. Em 4 de outubro, Churchill havia decidido que somente ele poderia salvar o dia. Ele telegrafou para Asquith dizendo que renunciaria ao cargo de Primeiro Lorde se recebesse um comando militar de nível apropriado e fosse nomeado comandante supremo de todas as forças que lutavam para salvar Antuérpia.[II] Churchill, de acordo com Asquith, havia "provado sangue" e se sentia como um "tigre que ansiava por mais".[III]

A reação em Londres mostrou a reputação peculiar de Churchill em ação. Quando seu telegrama melodramático foi lido no gabinete, houve risadas ao redor da mesa e ele foi recebido com uma "gargalhada homérica".[8] No entanto, quando Churchill voltou para casa, em 7 de outubro, sua ousadia e energia se mostraram contagiantes. Em uma reunião particular, ele deu um sermão em Asquith sobre sua necessidade de receber, em certo momento, um comando militar importante, exclamando que "uma carreira política não era nada... em comparação à glória militar".[9] Asquith disse à sua amante que Churchill era "certamente uma das pessoas no mundo com quem você escolheria ir à caça de tigres".[10] A esposa de Asquith, a eternamente tolerante Margot, também elogiou a ousadia do Primeiro Lorde — com uma ressalva: ela se perguntava o que fazia de Churchill uma figura tão convincente quando ele tinha uma mente tão desorganizada, na verdade "barulhenta". Ela decidiu que era sua "coragem e intensidade — sua incrível mistura de empenho e ousadia". No entanto, algo em seu íntimo percebeu que essa qualidade também representava um grande problema, e acrescentou: "Ele assume grandes riscos".[11] Ela havia resumido perfeitamente os pontos fortes e fracos de Churchill. Em 1914-15, ele argumentou que a guerra seria vencida pelo lado que assumisse uma série de grandes riscos e saísse vitorioso. Como ele disse: "A vitória só se alcança assumindo riscos".[12] Para ele, a questão era escolher os riscos certos.

[II] Como dois grandes generais teriam sido colocados sob seu comando, Churchill deveria ter recebido o posto de, no mínimo, tenente-general para atender às suas exigências — dois degraus abaixo de marechal-de-campo.

[III] Aqui Churchill usou a palavra "raven" no sentido arcaico de "precisar devorar vorazmente".

Embora tenha sido frustrado em seu desejo de obter o comando supremo da Antuérpia (felizmente, pois os belgas evacuaram a cidade e os alemães entraram quase imediatamente após sua partida), Churchill estava determinado a encontrar outra iniciativa ousada para apoiar. Sua necessidade de ação era tão forte que até mesmo se sobrepôs à sua compreensão sóbria do estado atual da tecnologia militar. O lado racional da natureza de Churchill lhe dizia que a ofensiva estava se tornando cada vez mais perigosa. Desde suas experiências na Guerra dos Bôeres, ele havia comentado sobre o poder de destruição das armas modernas. Depois que as linhas de trincheiras foram construídas na França e na Bélgica, ele passou a desconfiar de ofensivas em grande escala na Frente Ocidental.[13]

No entanto, essa cautela não o impediu de planejar operações arriscadas em outros locais. Em outubro de 1914, em um acesso de frustração causado pela inação, ele elaborou um plano maluco com o intuito de usar velhos navios de guerra britânicos para abrir caminho até a Alemanha, navegando pelo sistema do Rio Elba.[14] No final do ano, ele estava pressionando Asquith a realizar o que provavelmente teria sido uma das invasões marítimas mais desastrosas da história. Desesperado para encontrar uma maneira de usar a Marinha Real contra os alemães, Churchill queria forçar uma entrada no Mar Báltico. Ele insistiu em um ataque do tipo Dia D na província alemã mais ao norte, Schleswig-Holstein, e na inserção de tropas britânicas na Dinamarca (que ele supunha que simplesmente decidiria se aliar ao governo britânico naquele momento). No final de dezembro, ele enviou a Asquith uma proposta detalhada para um ataque que ele queria que fosse lançado até março.[15] Os britânicos deveriam enviar sua marinha diretamente para a baía de Heligoland, próxima à costa alemã e a apenas alguns quilômetros da base principal da Marinha alemã em Wilhelmshaven. Lá, deveriam tomar uma ilha, construir uma base de apoio e rapidamente estabelecer um grande campo minado para manter os alemães no porto. Quando isso estivesse pronto, outra invasão, dessa vez do norte da Alemanha, iria começar. Por fim, os dinamarqueses neutros deveriam concordar e, assim, a Marinha Real teria acesso ao Báltico. Felizmente, Churchill recebeu pouco apoio de seus correligionários, e o plano não foi adiante. Mas logo ele encontrou outra operação perigosa para apoiar, uma que quase encerraria sua carreira política — a tentativa de forçar os Dardanelos, mais conhecida como campanha de Galípoli.

Os Dardanelos são um estreito que separa a Europa da Ásia; a península de Galípoli compreende a margem norte, a península de Troad, a margem sul, e o estreito conecta o Mediterrâneo e o Mar Egeu ao Mar Negro por meio do Mar de Mármara. Na margem norte do Mar de Mármara ficava a capital otomana de Constança, protegendo outra via navegável estreita que levava diretamente ao Mar Negro. A passagem pelos Dardanelos era a primeira etapa da jornada para chegar aos portos russos de navio, mas o canal estava completamente dentro do Império Otomano, contrário às potências aliadas. Qualquer ataque certamente enfrentaria uma resistência feroz.

Algumas pessoas têm insistido que Churchill se converteu tardiamente ao ataque a Dardanelos porque ele só endossou o plano específico em janeiro de 1915. Isso dá uma impressão errada. Ele começou a planejar um ataque à Turquia em agosto de 1914, meses antes de os otomanos entrarem na guerra.[16] Essa ofensiva estava fundamentalmente enraizada em sua visão estratégica, que, independentemente de suas posições domésticas mais esquerdistas nos quatorze anos anteriores, permaneceu fixa no fortalecimento e até mesmo na ampliação do Império Britânico. Um ataque à Turquia permitiria que os britânicos tomassem mais partes do Império Otomano e, ao mesmo tempo, fortalecessem seu controle sobre o Egito e suas vias navegáveis vitais para a Índia e o Império do Pacífico. Em novembro de 1914, Churchill explicitou essa conexão ao argumentar no Gabinete de Guerra que "o método ideal de defender o Egito era por meio de um ataque à Península de Galípoli. Isso, se bem-sucedido, nos daria o controle dos Dardanelos e poderíamos ditar os termos em Constantinopla".[17]

Quando ficou claro para Churchill, em janeiro de 1915, que não obteria apoio para o ataque proposto ao norte da Alemanha, ele redirecionou sua energia para os Dardanelos. O plano específico que ele apoiava lhe foi apresentado pelo mais notável oficial naval britânico da geração, o Almirante Sir John (Jackie) Fisher. Tão enérgico quanto e ainda mais inflamável do que Churchill, Fisher foi o First Sea Lord — o chefe profissional da Marinha Real — de 1904 a 1910, e iniciou a revolução dos *dreadnoughts*, que lançou as bases para o domínio naval britânico em 1914. Fisher também era uma força da natureza que bombardeava políticos e amigos com cartas cheias de pontos de exclamação, sublinhados e letras tão grandes que poucas linhas preenchiam a página inteira. Ele se apegou tanto à noção da supremacia naval britânica que, quando a Primeira Guerra Mundial começou, Churchill fez com que Fisher deixasse a aposentadoria e fosse nomeado First Sea Lord novamente — uma medida recebida com aclamação.

Foi uma má ideia. Fisher e Churchill eram naturalmente competitivos e começaram a se enfrentar imediatamente. Depois de algumas semanas no cargo, Fisher reclamou que Churchill havia imposto sua vontade ao Almirantado de tal forma que intimidara toda a equipe naval, tornando-a incapaz de tomar iniciativas.[IV] Fisher, no entanto, não se acuou. Ele propôs a Churchill um bombardeio naval contra os fortes turcos que protegiam os Dardanelos. Assim como Churchill, ele estava preocupado com o fato de a Rússia, isolada de seus dois grandes aliados ocidentais, precisar de apoio, e acreditava que a abertura dos

[IV] Fisher tinha razão. Embora Churchill ficasse mais do que feliz em ter generais seniores no Gabinete de Guerra, ele frequentemente tentava impedir a presença de almirantes seniores, pois queria ter certeza de que sua voz seria a única ouvida no almirantado.

Dardanelos seria estratégica e psicologicamente animadora para os russos. Fisher estava interessado em uma operação de baixo risco, apenas naval, que usaria navios desnecessários à Grande Frota em Scapa Flow. Ele não queria fazer nada que pudesse dar aos alemães qualquer vantagem se eles se dirigissem ao Mar do Norte em busca de batalha.

Churchill rapidamente adotou o plano de Fisher e o transformou em seu próprio plano. Ele exigiu o uso de navios de guerra maiores e mais poderosos, e estava disposto a enfraquecer significativamente a superioridade da Grande Frota sobre os alemães para que o ataque fosse realizado. De fato, ele estava disposto a reduzir o número de *dreadnoughts* da Marinha Real nas águas do Mar do Norte para apenas a paridade com os alemães, a fim de atacar os Dardanelos, argumentando que os navios de guerra britânicos eram individualmente mais eficazes do que seus equivalentes alemães.[V]

Seu apoio impulsionou o ataque com velocidade extraordinária. Em poucas semanas, uma grande força naval britânica no Mediterrâneo Oriental começou a atacar os fortes turcos que protegiam a abertura dos Dardanelos, inicialmente destruindo suas muralhas e armas a uma distância tal que os turcos não conseguiam reagir. O plano era forçar uma abertura para os Dardanelos, seguida de um desembarque de tropas nas praias de Galípoli, no lado europeu da via navegável. Por fim, supunha-se que as forças britânicas marchariam vitoriosamente para Constantinopla, abrindo uma rota naval para a Rússia e transformando o equilíbrio de poder no Oriente Próximo e Médio. Infelizmente, esse era um plano que quase não tinha chance de sucesso.[18]

Lançada em 17 de fevereiro, a campanha foi favorável aos britânicos durante as primeiras semanas. Chegou a notícia de que os turcos

[V] Esse não era o caso, como a Batalha da Jutlândia demonstraria. Se os encouraçados britânicos geralmente tinham um poder de fogo maior do que seus equivalentes alemães, os últimos eram mais bem construídos e mais resistentes. Se tivesse havido uma grande batalha marítima entre frotas alemãs e britânicas igualmente equiparadas, os alemães poderiam muito bem ter vencido, e o curso da história teria sido muito diferente.

estavam ficando sem munição, e Churchill estava em chamas, pedindo que mais forças fossem lançadas na batalha. Vislumbrando os triunfos históricos que estavam prestes a acontecer, ele deu uma palestra ao Gabinete de Guerra dizendo que "o prêmio que devemos buscar com essa ação [é] nada menos que a ocupação da Turquia na Europa pelos Aliados. Tudo deve passar para as nossas mãos, e não devemos aceitar menos".[19] Para Margot Asquith, a arrogância de Churchill tornou-se "insuportável", e ela acrescentou que era "tudo vaidade — *ele* é devorado pela vaidade".

Ele receberia sua punição. Em 18 de março, enquanto uma grande força britânica e francesa tentava abrir caminho pela entrada dos Dardanelos, três navios de capital britânico (dois cruzadores de batalha antigos e um encouraçado mais antigo) foram atingidos por minas em rápida sucessão. Essas perdas, as mais graves sofridas pela Marinha Real desde a Batalha de Trafalgar, levaram o comandante no local, o Almirante John de Robeck, a solicitar o desembarque de tropas terrestres nas praias de Galípoli antes do previsto, para ajudar a reduzir a resistência turca. Churchill apoiou a escalada, otimista de que os soldados britânicos seriam suficientes para fazer com que os turcos se submetessem.

Ele (e muitos outros líderes britânicos da época, tanto civis quanto militares) presumiam que, no final, os turcos não seriam capazes de enfrentar as forças britânicas. Décadas de matança de não europeus os convenceram de sua superioridade inata e, quando confrontados com uma resistência real, pareciam incapazes de calcular racionalmente as chances de derrota. Em 25 de abril, uma grande força do Império Britânico, quase metade da qual era composta por tropas australianas e neozelandesas, começou a desembarcar nas praias de Galípoli. A princípio, Churchill estimou que 50.000 tropas terrestres britânicas seriam suficientes.[21] No entanto, aproximadamente 70.000 a 80.000 desembarcaram — e não chegaram a lugar algum.

O Exército turco se mostrou muito mais eficaz do que Churchill esperava. Perto de suas bases de suprimento, eles conseguiram deslocar forças para as áreas de desembarque rapidamente e se entrincheirar nos terrenos mais altos com vista para as praias. O resultado foi uma catástrofe para os britânicos, que, junto aos australianos e neozelandeses, logo se depararam com um inimigo numericamente maior, bem equipado e determinado. Depois de se baterem infrutiferamente contra as linhas turcas, os invasores ficaram encolhidos em trincheiras de areia fofa, procurando qualquer cobertura que pudessem encontrar. Os turcos, nos cumes, podiam lançar projéteis de artilharia diretamente sobre as tropas expostas.

Churchill recebeu um relato em primeira mão de seu irmão, Jack, que havia sido um dos primeiros soldados a desembarcar em terra e logo soube que os turcos eram um inimigo a se deixar de lado. No início de maio, ele escreveu a Churchill descrevendo o desastre que se desenrolava: "Aqui estamos nós, uma força relativamente pequena, agarrada ao final da Península de Galípoli e com a perspectiva de lutar contra todo o Império Turco!"[22] No entanto, tendo se comprometido, Winston Churchill não podia recuar. Ele solicitou reforço maciço para a operação fracassada, alegando que o desembarque de milhares de homens a mais viraria a maré. Foi uma medida desesperada, mas que ele estava se tornando impotente para ver implementada. O crescente desastre corroía sua posição política.

A primeira baixa foi seu relacionamento já inflamável com Fisher. O First Sea Lord, que havia planejado uma operação muito mais limitada nos Dardanelos, queria se afastar do desastre em andamento e não fazer nada que pudesse colocar em risco a superioridade britânica sobre os alemães. Ele se irritava com o comportamento dominador de Churchill e, em ato de extrema deslealdade, tornou seus sentimentos conhecidos tanto pelo governo quanto pelos conservadores da oposição (que consideravam Churchill um traidor por ter mudado de partido em 1904). Em meados de maio de 1915, Fisher já estava farto e renunciou ao cargo de First Sea Lord. Antes que pudesse ser impedido, ele embarcou no primeiro trem disponível para a Escócia.

A renúncia de Fisher, somada aos fracassos em Galípoli, destruiu a posição política de Churchill. Com um falso boato sobre escassez de cartuchos fornecidos ao Exército britânico aumentando a pressão, todo o governo de Asquith logo ficou em risco, e Churchill seria seu primeiro sacrifício. Para levar os conservadores a um governo de coalizão, Churchill foi rebaixado a Primeiro Lorde e nomeado Chanceler do Ducado de Lancaster, um título que lhe permitia participar do gabinete, mas não do Gabinete de Guerra, o pequeno grupo de ministros seniores que tomava a maioria das decisões estratégicas importantes. De fato, como chanceler, Churchill não tinha responsabilidades governamentais nem um departamento para administrar; era um cargo geralmente concedido a estadistas mais velhos, na fase descendente de suas carreiras. Não se poderia ter escolhido um cargo pior para Churchill — na mesa do poder, mas sem nenhum talher — e isso o levou a cair em depressão. Decidindo que sua única opção era vestir um uniforme de soldado novamente, ele pediu a Asquith que o nomeasse major-general e lhe desse o comando de um corpo inteiro. Asquith hesitou diante desse pedido incomum, mas prometeu ajudá-lo a conseguir um comando decente. Sem outra opção, Churchill renunciou ao governo e voltou para a guerra.

Em 18 de novembro de 1915, ele atravessou o Canal da Mancha para se juntar novamente ao seu antigo regimento, agora chamado de Queen's Own Oxfordshire Hussars. Convidado para jantar pelo comandante da Força Expedicionária Britânica, Sir John French, um velho conhecido da Guerra dos Bôeres, foi-lhe oferecido rapidamente o comando de uma brigada (cerca de 5.000 homens). Isso o levaria a ser promovido a brigadeiro — não a major-general, mas ainda assim uma promoção considerável em relação ao posto de major, que ele ocupava quando deixou o exército.[23] Antes de assumir o comando, no entanto, Churchill acreditava que precisava ser exposto à realidade da guerra de trincheiras e foi destacado como observador para os Grenadier Guards, uma das unidades mais bem treinadas e bem cuidadas do Exército britânico.

O que Churchill descobriu foram táticas de guerra transformadas a partir da pompa da era imperial. Uma das primeiras operações que ele viu sendo preparadas foi a captura de prisioneiros por um esquadrão de dez guardas. Esse pequeno grupo estava sendo enviado sob o manto da escuridão para se infiltrar em um dos postos avançados alemães, capturar alguns soldados inimigos e levá-los de volta às linhas britânicas para interrogatório. Caso os britânicos capturassem mais alemães do que o esperado, os homens recebiam porretes para espancar os prisioneiros excedentes até a morte — em silêncio.[24]

Enquanto examinava esse novo campo de batalha, os diferentes lados da mente "barulhenta" de Churchill se agarraram a coisas muito diferentes. O jornalista que havia nele estava intrigado com as imagens, os sons e os cheiros. Os guardas estavam posicionados perto da cidade de Neuve Chapelle, em uma topografia que havia sido completamente remodelada pela guerra. As antes prósperas terras agrícolas com vilarejos arrumados e igrejas movimentadas agora estavam devastadas e lamacentas, com os campos abandonados, os prédios destruídos e as árvores esqueléticas — uma paisagem infernal entrecruzada com linhas e mais linhas de trincheiras profundas e úmidas. Durante o dia, os soldados tinham o cuidado de manter as cabeças abaixadas, enquanto à noite a lua brilhava intensamente, silenciando grandes morcegos que esvoaçavam sobre suas cabeças. As linhas de trincheiras britânicas, repletas de lixo e caóticas, eram um espetáculo horrível. Os ocupantes anteriores haviam enterrado cadáveres nos aterros, e agora pés humanos em decomposição ou pedaços de roupas podiam ser vistos rompendo a terra.

O estrategista dentro dele ficou alarmado. O que Churchill finalmente estava observando de perto era algo que ele temia desde o início da guerra, embora a realidade fosse muito pior. As trincheiras cavadas por ambos os lados eram tão bem construídas, estendendo-se linha após linha, que tornavam impossíveis quaisquer operações ofensivas. Mesmo as mais pesadas barragens de artilharia faziam pouca diferença em sua integridade. É claro que a artilharia poderia destruir uma linha, permitindo um avanço britânico inicial, mas haveria outras, comandadas por alemães determinados, armados com metralhadoras, bombas de trincheira e artilharia. Quanto mais ele via o Exército alemão em ação, mais se convencia de sua eficiência e letalidade. Tudo, desde os bombardeios de artilharia até as linhas de trincheiras, parecia bem planejado e executado. Para rompê-las, seria necessário um enorme número de baixas e, pelo menos naquele momento, isso parecia praticamente impossível.

O político dentro dele estava aterrorizado com a perda de vidas que esse derramamento de sangue significava para o trabalhador britânico. Mesmo durante esse período tranquilo na frente de batalha, havia um fluxo constante de perdas — um soldado morto por um atirador de elite alemão aqui, um esquadrão horrivelmente ferido por um tiro direto de um projétil em um abrigo ali. Uma geração de soldados experientes já havia sido dizimada, e suas fileiras substituídas por recrutas inexperientes que recentemente haviam sido civis do tipo mais não marcial. Churchill pôde ver essa nova geração sendo preparada para o massacre e entendeu que, se algo não fosse feito, a própria integridade do Reino Unido e de todo o Império Britânico estaria em jogo.

Essas primeiras impressões da guerra moderna só se fortaleceriam quando Churchill passasse mais seis meses na linha de frente. Sua viagem ocorreu em um momento fortuito, entre a sangrenta Batalha de Loos (a primeira vez que os britânicos usaram gás venenoso), que terminou em outubro de 1915, e o cataclismo da Batalha do Somme, que começou em julho de 1916. Se ele estivesse presente em qualquer um desses eventos, sem dúvida teria agido com sua agressividade característica, e correria o risco de ser morto ou gravemente ferido. No entanto, mesmo esse período relativamente calmo foi suficiente para convencê-lo de que os britânicos precisavam repensar drasticamente sua estratégia.

Depois de apenas duas semanas na linha de frente, Churchill escreveu um memorando para tentar organizar seus pensamentos, intitulado "Variantes da ofensiva". Diante da realidade da guerra de trincheiras, a oposição de Churchill a qualquer ofensiva na Frente Ocidental nas condições atuais se tornou inflexível. Ele agora imaginava a derrota da Alemanha como algo que só poderia ser alcançado por meio de atrito — não por ousadia e grandes riscos. O sacrifício de uma vida britânica só deveria ser feito se resultasse, pelo menos, na perda de uma vida alemã. "Qualquer operação na Frente Ocidental é justificada se tirarmos pelo menos uma vida por uma vida".[25] Ele estava disposto a fazer esse sacrifício porque os Aliados tinham mais homens e uma base econômica mundial muito maior para explorar, o que significava que, em uma verdadeira guerra de desgaste, os alemães não tinham chance.

No entanto, ele também sabia que, como os alemães estavam ocupando praticamente toda a Bélgica e grande parte do norte da França, caberia aos Aliados atacar — e isso colocava seus soldados em um risco muito maior de serem mortos ou gravemente feridos do que os alemães. Diante desse dilema, Churchill buscou uma solução tecnológica/industrial. Ele ponderou sobre diferentes tecnologias que permitiriam que o atacante tivesse mobilidade para avançar e não fosse abatido em ondas, incluindo maior blindagem corporal, escudos de mão e novos morteiros de trincheira. Ele estava particularmente interessado em desenvolver tanques (ou, como ele os chamou no documento, lagartas).

Churchill foi um dos primeiros apoiadores britânicos dos tanques. No final de 1914, quando o Secretário do Comitê de Defesa Imperial, Maurice Hankey, chamou sua atenção para um plano de construção de veículos blindados sobre esteiras, o então Primeiro Lorde o apoiou. Como o Ministério da Guerra, que dirigia o exército, não tinha interesse na nova tecnologia, ele transformou os tanques em um projeto do Almirantado, formando o Landship Committee, em 1915, para fornecer o primeiro apoio real ao seu desenvolvimento.[26] Sua experiência nas trincheiras fez com que ele percebesse a verdadeira importância dessa nova tecnologia, e "Variants of the Offensive" foi fundamentalmente um documento que pressionava pela construção de tipos diferentes de tanques.[VI] Ele imaginou formações maciças de veículos blindados de combate rompendo as linhas alemãs e, em seguida, espalhando-se por ambos os lados para abrir a brecha, permitindo que as tropas avançassem e explorassem essas aberturas.

No entanto, antes que pudesse defender suas novas ideias estratégicas nos corredores do poder, Churchill ainda precisava cumprir um período razoável na frente de batalha — embora tenha se certificado de que sua vida nas trincheiras fosse a mais confortável possível. Imediatamente após entrar em ação, ele enviou à sua esposa Clementine uma lista das roupas e dos equipamentos especiais de que precisaria. Ele estava particularmente desesperado por calçados resistentes e à prova d'água — e somente botas da elegante loja de departamentos Fortnum & Mason em Piccadilly serviam. Ele também pediu uma grande variedade de guloseimas, incluindo sardinhas, chocolates, queijos (especialmente o Stilton) e carnes em conserva, e instruiu Clementine a lhe enviar três garrafas de conhaque (uma delas tinha de ser de pêssego) a cada dez dias.

[VI] No documento, Churchill também afirmou acreditar que outras tecnologias, como a artilharia especial de trincheira, ofereciam a perspectiva de mais segurança para as tropas na ofensiva, mas elas receberam menos atenção do que suas seções sobre tanques e veículos sobre esteiras.

Se não negaria a si mesmo algumas das coisas boas da vida, Churchill estava determinado a se empenhar, mesmo quando as coisas não funcionavam exatamente como planejado. Após sua passagem pela Guarda, ele só recebeu a oferta de comandar um batalhão de menos de mil homens, e não a brigada de quase 5.000 que ele achava ter-lhe sido prometida. Embora tenha se irritado com o que considerou um grande insulto (ele culpou Asquith por tê-lo abandonado, achando que o primeiro-ministro tinha medo de má publicidade), Churchill aceitou o comando menor, determinado a torná-lo um sucesso.

Seu batalhão era o 6º Royal Scots Fusiliers, cujos soldados vinham de um mundo muito diferente do dos Guardas ou dos Hussardos. Durante a Batalha de Loos, o batalhão havia sofrido graves perdas de oficiais e suboficiais experientes, e Churchill descreveu os oficiais substitutos como "pequenos escoceses de classe média — muito corajosos, dispostos e inteligentes, mas, é claro, muito novos no mundo da guerra".[27] Ele entrou determinado a submeter o corpo de oficiais à sua vontade. Quando foi apresentado a eles pela primeira vez, durante o almoço, deixou claro que as coisas seriam feitas do seu jeito, e somente do seu jeito. "Senhores, agora sou o oficial comandante de vocês. Aqueles que me apoiarem, eu cuidarei deles. Aqueles que se opuserem a mim, eu os quebrarei."[28]

Os homens alistados lhe eram ainda mais estranhos. Durante toda a sua vida, Churchill viu o trabalhador britânico médio como uma criatura exótica que precisava de apaziguamento ou de um governo firme. Grande parte do batalhão vinha da classe média-baixa de Glasgow; Churchill os descreveu como "merceeiros, montadores, mineiros — provavelmente todos sindicalistas". Ele os treinou nos fundamentos da guerra de trincheiras — tiros de metralhadora, lançamento de granadas, escavação e manutenção dos diques. Para tentar entender a cultura dos soldados escoceses, que ele considerava de uma "raça" diferente, pediu a Clementine que lhe enviasse um volume com a poesia de Robert Burns. Ele achava que poderia confortar os homens se ocasionalmente citasse Burns para eles, embora tivesse autoconsciência suficiente para se preocupar com o fato de que qualquer tentativa de usar o sotaque escocês o faria parecer ridículo.[29]

No final de janeiro de 1916, o batalhão estava pronto para retornar à linha de frente, e Churchill os liderou com confiança. O Churchill que levou os Royal Scots Fusiliers para a linha de frente perto da pequena cidade de Ploegsteert (inevitavelmente chamada de Plugstreet pelos homens) havia evoluído em relação ao jovem que lamentava que mais de seus homens não tivessem sido mortos ao atacar os dervixes no Sudão. Ele agora cuidava de seus soldados com uma devoção quase maternal, e inspecionava assiduamente suas posições. À noite, ele podia ser encontrado na parte mais avançada e exposta da linha, certificando-se de que seus homens estivessem abastecidos e alimentados, ou preparando-os para pequenas operações, como a captura de prisioneiros. Durante o dia, fazia o possível para manter o número de baixas reduzido, e gostava de garantir que seus homens estivessem em "lugares seguros ao longo da linha de frente — sempre os mais seguros".[30] Era um comandante notavelmente leniente com as tropas em que confiava. Evitava impor penalidades severas aos soldados que desobedeciam aos regulamentos se acreditasse que o infrator não era um desleixado. Na verdade, ele era tão tolerante que acabou sendo repreendido pelo quartel-general por ser muito brando.

Sua indulgência foi uma reação compreensível à aleatoriedade da morte nessa guerra. Não havia ilusões românticas na Frente Ocidental; o próprio Churchill quase foi vítima da artilharia alemã algumas vezes — em uma delas foi salvo por simples sorte. Um dia, ele foi convidado para almoçar com seu general-comandante. Ele atravessou os campos desolados para encontrar o carro que deveria levá-lo para a refeição, mas nenhum apareceu. Depois de horas de espera, ele voltou para as linhas, amaldiçoando seu infortúnio, apenas para descobrir que seu quartel-general havia sido demolido por um ataque direto momentos depois de ele ter saído. Em outra ocasião, ele ficou arrasado quando um de seus oficiais ficou tão feliz por ter sido ferido pela artilharia alemã — o que significava que ele seria mandado para casa — que, na frente de Churchill, beijou um fragmento do projétil que o havia atingido. Se Churchill não endossava esse tipo de comportamento, ele se esforçava para se proteger o máximo possível e evitava os riscos ostensivos que caracterizaram sua conduta na Índia, no Sudão e no sul da África. No início de seu período na linha de frente, ele visitou as forças francesas em um setor vizinho e ganhou de presente um capacete Adrian francês. Churchill adorou seus poderes de proteção extra e sua distinção, pois gostava de ser fotografado com ele. Como disse a Clementine: "Os franceses me deram um capacete de aço de verdade, que vou usar, pois é muito bonito e talvez proteja meu valioso crânio".[31] Ele também monitorava constantemente a força das barricadas de sacos de areia que cercavam seus alojamentos, e seu quartel-general favorito era uma casa de fazenda dentro da qual grandes troncos de árvores haviam sido colocados para sustentar as paredes e o teto.

Churchill agora entendia que as armas modernas haviam ridicularizado a bravura. As máquinas determinariam o resultado dessa guerra, e se expor muito provavelmente levaria a ferimentos ou à morte mais do que qualquer coisa. Ele levou seu batalhão para a linha de frente com apenas 700 homens (um batalhão deveria ter mil), mas não se importou, pois eles estavam superabastecidos com metralhadoras. Ele estava convencido de que essas metralhadoras mais do que compensavam os homens que faltavam, e que teriam causado um terrível estrago nos alemães se eles fossem estúpidos o suficiente para atacar essa parte da linha — o que nunca aconteceu.

Em pouco tempo, ele estava se insurgindo contra ataques de quase todos os tipos, alegando que esta "é uma guerra de mecânica e inteligência, e o mero sacrifício de infantaria valente e dedicada não é substituto — e nunca será." Em abril de 1916, ele havia decidido que qualquer ataque dos Exércitos britânico e francês naquele ano deveria ser interrompido. "Formei opiniões definitivas sobre a guerra. Em primeiro lugar, devemos agora decidir que não há chance de vencermos em 1916. Esse é o início da sabedoria — devemos fazer nossos planos para um ataque combinado no verão de 1917." Nessa época, ele esperava que o "acúmulo de munições e o armamento da ilimitada força humana da Rússia" fizessem uma diferença decisiva. Nesse meio-tempo, "deixe os alemães atacarem se quiserem".[33]

Tendo formado planos tão claros em sua cabeça, Churchill se sentia cada vez mais frustrado pela falta de poder para vê-los implementados. Uma das grandes mentiras que ele gostava de contar para si mesmo e para os outros enquanto estava nas trincheiras era que o foco da guerra havia lhe proporcionado uma clareza que lhe faltara durante sua carreira política. Quando entrou na linha de frente com os Guardas, ele escreveu para Clementine que havia "encontrado felicidade e contentamento que não havia experimentado em muitos meses".[34] Na verdade, quanto mais tempo ele passava na linha de frente, mais deprimido ficava com sua queda do poder. Suas crises de depressão se tornaram tão regulares que ele tentou explicá-las, dizendo à esposa que eram, pelo menos, "coisas reais", e não as "crises de depressão terríveis e sem razão" que o haviam afligido quando estava no cargo.[35] Ele se enfureceu com o que via como traições de seus ex-colegas, e vasculhava todos os lugares que podia em busca de fofocas políticas. Sentia-se ignorado quando quase ninguém no poder escrevia para ele ou o visitava, e reclamava dos ataques de "jornais rancorosos ou pessoas fofoqueiras", embora tivesse o cuidado de esconder o quanto aquilo o magoava, afirmando que "nunca mostro nada além de um rosto sorridente para o mundo militar".

Assim, ele estava sempre calculando quando deveria retornar ao Parlamento (ele não havia renunciado ao cargo quando voltou ao exército). Por fim, foi levado a fazer isso pela nomeação de um comitê de investigação oficial de Dardenelos, que ele achava que poderia manchar seu nome. No início de maio de 1916, ele decidiu "cumprir meus deveres parlamentares e públicos", e seu batalhão foi desmembrado e distribuído para outras unidades.[37] Se ele havia mantido muitos traços de menino quando a guerra começou, o homem que retornou a Londres era mais sóbrio, cauteloso e metódico em sua visão estratégica. Ele agora tinha uma estratégia de guerra holística que se estendia desde a produção de armas até a implantação de forças no campo, tudo isso sublinhado por uma visão geopolítica coerente.

Seu problema era que, enquanto ainda era deputado, não tinha poder. Assim, ele ficou furioso quando, não muito tempo depois de voltar à política, o Exército britânico tomou uma atitude para a qual Churchill havia alertado desesperadamente: lançou a ofensiva do Somme. A expectativa para o ataque era de que a artilharia britânica em massa esmagaria os alemães, permitindo o tipo de avanço que a guerra não tinha visto no oeste desde agosto de 1914. Nada seria poupado. O Quarto Exército, a unidade que liderava a ofensiva, tinha cerca de duas vezes mais peças de artilharia por quilômetro de frente do que os britânicos haviam deslocado durante a Batalha de Loos, menos de um ano antes. Esse poder de fogo concentrado deveria esmagar o arame farpado alemão e pulverizar suas linhas de trincheiras à frente, matando ou pelo menos desorientando os soldados alemães, sobre os quais seus projéteis choveriam incessantemente.

Tudo isso foi uma ilusão estratégica. O arame alemão não foi rompido, e suas linhas de trincheiras permaneceram praticamente intactas. Os soldados alemães, que esperavam um ataque, foram mantidos em segurança no subsolo o mais profundamente possível. Em 1º de julho, os bravos soldados do Quarto Exército deixaram as trincheiras britânicas e, seguindo ordens, seguiram em formação lenta e ordenada em direção às linhas alemãs, esperando encontrar apenas destruição e inimigos mortos. Eles foram massacrados. Os defensores alemães lançaram um fogo defensivo tão devastador que muitos dos atacantes britânicos morreram ainda ao alcance de vista de suas próprias linhas. No final do dia, quase 20.000 britânicos haviam sido mortos e mais de 37.000 haviam sido feridos, o maior massacre em um dia na história do Exército britânico.

No entanto, não haveria trégua. Mais uma vez reforçando o fracasso, mas em uma escala ainda maior, os ataques ao Somme foram mantidos durante todo o verão, na vã esperança de que a linha alemã acabasse cedendo à pressão contínua. Quando a ofensiva foi finalmente cancelada, em novembro, a maior penetração britânica na linha alemã era de apenas oito quilômetros, enquanto em muitos lugares eles haviam avançado menos de um quilômetro e meio. Para conquistar uma quantidade tão pequena de território, 420.000 soldados britânicos foram mortos ou feridos.

Churchill, que havia previsto tudo isso, estava alternadamente irritado e descontente. Em agosto, ele havia preparado um memorando pedindo ao gabinete que cancelasse os ataques, que ele transmitiu por meio de seu amigo íntimo F. E. Smith (mais tarde Lord Birkenhead). "Você acha que seríamos bem-sucedidos em uma ofensiva", escreveu Churchill, "se os alemães não conseguem fazer isso em Verdun com toda a sua habilidade e ciência? Nosso exército não é o mesmo que o deles e, é claro, o pessoal deles está intacto e foi ensinado por experiências bem-sucedidas".[38] No entanto, ele poderia muito bem ter continuado a ser um homem com pouca influência, com uma carreira política praticamente encerrada, se Lloyd George não tivesse entrado em cena e proporcionado a Churchill o passo mais subestimado, mas talvez o mais importante, em sua carreira estratégica.

Lloyd George permaneceu surpreendentemente dedicado a Churchill durante o período de ausência política deste último. Percebendo que Churchill instintivamente adotava a posição de suplicante em relação a ele e sabendo que o aliado tinha apenas uma pequena base de apoio político e dependeria dele, Lloyd George o queria de volta ao gabinete o mais rápido possível. Ele também abordou os acontecimentos militares com uma mentalidade semelhante à de Churchill. Ele estava ficando horrorizado com a carnificina na Frente Ocidental e acreditava que o Exército britânico estava sendo teimoso em seu desejo de continuar atacando os alemães. Assim como Churchill, ele queria interromper todas as ações ofensivas até que fosse encontrada uma nova maneira de atacar.

Por fim, Lloyd George tinha uma sólida compreensão dos pontos fortes e fracos de Churchill e achava que podia controlá-lo. Para George, Churchill era "um dos enigmas mais notáveis e intrigantes de sua época", cuja "mente fértil", "coragem inquestionável" e "estudo minucioso da arte da guerra" o tornavam extremamente valioso. Por outro lado, Churchill era atormentado por "impulsos erráticos" e "julgamentos" e precisava de "freios excepcionalmente fortes" para mantê-lo sob controle.[39] Lloyd George ficou feliz em ser esse freio. Ele temia os danos que Churchill poderia causar nos bastidores se fosse mantido fora do poder. Como ele disse sobre Churchill de uma forma menos diplomática anos mais tarde: "Ele faria um tambor com a pele da própria mãe para propagar seus autoelogios".[40]

Lloyd George se destacava como o grande líder britânico da Primeira Guerra Mundial. Durante grande parte da guerra, ele estava cada vez mais desencantado com o que via como a liderança contida de Asquith. Para manter Lloyd George feliz, Asquith começou a delegar-lhe cada vez mais autoridade. No verão de 1916, depois que Kitchener foi morto, afundado por um submarino alemão quando estava a caminho para falar com os russos, Asquith nomeou Lloyd George seu Secretário de Estado para a Guerra. No entanto, mesmo isso não foi suficiente, e o fracasso das ofensivas no Somme e a frustração geral de Lloyd George com o Exército britânico fizeram com que o galês se candidatasse ao cargo mais alto. Em dezembro de 1916, ele fez um acordo com os conservadores, que abandonaram a coalizão com Asquith e ficaram do lado dele. O Partido Liberal se dividiu em dois: alguns com Asquith, mas com um grande bloco apoiando a nova coalizão. Lloyd George era agora o primeiro-ministro, e uma das primeiras coisas que ele queria fazer era trazer Churchill de volta ao gabinete.

O único problema que Lloyd George enfrentou foi fazer com que os conservadores concordassem. Nos primeiros meses de 1917, eles permaneceram resolutamente contrários à reabilitação de Churchill e, sempre que o primeiro-ministro insistia na questão, ameaçavam destruir o governo. Somente no verão ele conseguiu vencer a oposição — com a condição de que Churchill não fosse incluído no Gabinete de Guerra. Diante desse dilema, Lloyd George pediu a Churchill que fosse o novo Ministro de Munições. Era o cargo ideal no momento ideal.

Colocado no comando da produção britânica de material de guerra, Churchill, mais maduro, com 42 anos de idade, pôde tentar impor sua visão de guerra por meio de máquinas, e não de mão de obra. Foi também uma época em que o governo estava cada vez mais disposto a ouvir seus conselhos. Quando Churchill foi nomeado Ministro de Munições, em julho de 1917, o Exército britânico estava iniciando mais uma de suas batalhas sangrentas e lamacentas: a Batalha de Passchendaele. Assim como a Batalha do Somme, esse combate não produziu grandes avanços e resultou em meses de ataques e centenas de milhares de baixas. Para Churchill, foi uma loucura. Ele criticou o desperdício de esforços na Frente Ocidental e acreditava que teria sido muito melhor para a Grã-Bretanha proteger seus valiosos recursos humanos e fornecer apoio para que seus aliados participassem mais dos combates. Nesse caso, ele queria cancelar as ofensivas de Passchendaele para enviar ajuda aos italianos, cuja frente estava ameaçando entrar em colapso sob a pressão dos ataques alemães e austríacos. Quando os ataques finalmente acabaram, ele se alegrou: "Graças a Deus, nossas ofensivas chegaram ao fim. Deixem que eles façam os bolsões, deixem que eles percorram os campos de crateras, deixem que eles se alegrem com a captura ocasional de nomes sem lugar e cumes estéreis".[41]

Na época em que escreveu isso, no final de 1917, ele estava se preparando para defender suas ideias estratégicas no gabinete e redigiu alguns memorandos sobre os planos de produção de guerra da Grã-Bretanha para 1918 e 1919. Churchill, que geralmente escrevia com clareza e força de expressão, foi particularmente incisivo nesses documentos. Em primeiro lugar, ele partiu da perspectiva de que não deveria haver ofensivas em 1918 e ridicularizou qualquer ideia de lançar as forças britânicas contra as trincheiras alemãs até o ano seguinte.

> Desde o outono de 1914, ouvimos os mesmos relatos sobre a exaustão da força humana do inimigo, sobre o declínio de seu moral e sobre como estamos próximos, se apenas nos esforçarmos, do resultado supremo e final. Todos os anos, em consequência disso, temos feito esforços na maior escala possível e, todos os anos, o encerramento da campanha tem visto a frente do inimigo, por mais enfraquecida que seja, ainda intacta.[42]

Portanto, os ataques em 1918 deveriam ser interrompidos, e as tropas deveriam ser mantidas em excelente ordem defensiva para o caso de os alemães atacarem. Todos os esforços britânicos na Frente Ocidental deveriam ser voltados para 1919, quando Churchill acreditava que dois grandes desenvolvimentos, um geopolítico e outro industrial, finalmente permitiriam a possível destruição do Exército alemão.

A guerra no final de 1917 havia passado por uma transformação dramática. Os russos, aliados da Grã-Bretanha desde o início, estavam de joelhos, com seu país dilacerado pela revolução e pela fome. A maior parte do Exército russo havia sido dissolvida e o país estava um caos, com um crescente partido comunista/bolchevique (cujo líder era Josef Stalin) no controle das principais cidades de São Petersburgo e Moscou.

Os comunistas estavam determinados a tirar a Rússia da guerra, o que liberaria um milhão de soldados alemães, que estavam presentes na Frente Oriental, para ir para o oeste.[VII]

Em contraponto a isso, os Estados Unidos entraram na guerra ao lado da Grã-Bretanha e da França. Em abril de 1917, os Estados Unidos, em reação à decisão do governo alemão de reiniciar a guerra submarina irrestrita no Atlântico, declararam guerra à Alemanha. A entrada da enorme potência industrial dos Estados Unidos, com seu grande número de homens em idade militar disponíveis para o serviço, mais do que compensou a perda da Rússia — se a força americana pudesse ser trazida. Entretanto, do ponto de vista de Churchill, os EUA estavam demorando muito para se mobilizar e enviar forças para a Europa, e a ameaça dos submarinos alemães ainda precisava ser superada. Assim, ele calculou que um grande Exército americano não seria capaz de lutar até 1919, e ficou mais do que feliz em esperar que isso acontecesse. Os britânicos já haviam morrido o suficiente; se os americanos pudessem suportar grande parte da carga na luta contra os alemães, tanto melhor.

O segundo desenvolvimento que Churchill esperava que permitisse a destruição do Exército alemão era o aumento da produção britânica. Enquanto os britânicos aguardavam a chegada do poderio americano, Churchill estava determinado a usar sua posição como Ministro de Munições para fornecer todo o material de guerra necessário para oferecer proteção e apoio às tropas britânicas. Sua visão de perto da guerra moderna o levou a um cálculo importante: o poder de fogo era algo muito bom, mas em um ambiente estático ele sempre favoreceria drasticamente o defensor. Mais importante do que qualquer outra coisa era o estabelecimento do que ele chamou de "poder de

[VII] Eles fariam isso em março de 1918, quando concluíram o Tratado de Brest-Litovsk com os alemães, retirando totalmente o que ficou conhecido como a União Soviética da Primeira Guerra Mundial.

movimento".[43] A mobilidade teria que vir da tecnologia, e cabia a ele fornecer o equipamento certo para que isso acontecesse. Assim, levou adiante os planos para o tanque e acrescentou a ele um poderoso corpo de aeronaves.

Havia muito tempo Churchill estava intrigado com os usos militares dos aviões e, à medida que a guerra avançava, parecia convencido de que eles estavam se transformando em uma arma decisiva no campo de batalha. Ele queria não apenas superar os alemães em números (o que os britânicos já estavam fazendo), mas também equipar as aeronaves britânicas com os tipos de arma que permitiriam ataques eficazes às forças terrestres. Ele queria a nomeação de uma equipe aérea independente, um trabalho rigoroso para melhorar a precisão dos bombardeios e uma força aérea britânica que pudesse conquistar a supremacia aérea onde quisesse. Churchill estava convencido de que, uma vez que isso acontecesse, a guerra poderia ser levada ao território alemão de uma forma nova e moderna, com forças aéreas, bombardeio estratégico de fábricas e complexos de transporte, além de ataques aos sistemas de suprimentos do Exército alemão.

Quando o "domínio real" do ar fosse obtido, ele escreveu:

> Todos os tipos de empreendimentos que hoje não são possíveis se tornariam fáceis. Todos os tipos de aviões que hoje não podem ser usados nas frentes de combate poderiam entrar em ação. Grupos consideráveis de soldados poderiam ser transportados por via aérea para as proximidades de pontes e outros pontos de importação. A destruição de determinadas fábricas importantes também poderia ser alcançada... Todos os seus acampamentos [do inimigo], depósitos etc., poderiam ser objeto de ataques constantes e organizados, com metralhadoras de esquadrões que voam baixo.[44]

Churchill propôs o uso de forças armadas centradas em equipamentos, tecnologicamente avançadas e produzidas industrialmente para combater o inimigo por meio do controle do movimento, mantendo o mínimo de baixas britânicas. Ele estava tão convencido de que esse era o caminho a seguir que, mesmo com a guerra em andamento, acreditava que a dissidência interna deveria ser esmagada por métodos semelhantes. Quando a Irlanda explodiu em rebelião em 1916 e 1917, após a Revolta da Páscoa e a repressão brutal imposta pelo governo britânico, Churchill foi um falcão. Ele queria esmagar qualquer movimento em direção à independência irlandesa e pensou em usar os equipamentos militares mais modernos para manter a Irlanda na linha. No final de 1917, quando estava tentando economizar nos destacamentos militares na Frente Ocidental, ele sugeriu o envio de mais carros blindados, ciclistas com metralhadoras, aeronaves e até tanques para combater os republicanos irlandeses.[45]

Na prática, seria mais fácil derrotar a Alemanha do que a Irlanda. O ano de 1918 se desenvolveu de forma muito mais dramática do que se esperava, e a guerra terminou antes que a nova estratégia de Churchill pudesse ser utilizada. A primeira parte do ano parecia um desastre para os Aliados. Com a Rússia Soviética fora da guerra, os alemães transferiram centenas de milhares de homens para o oeste e, em março, lançaram suas ofensivas de primavera. Pela primeira vez em quase quatro anos, eles conseguiram uma ruptura clara, destruindo algumas linhas francesas e britânicas. Eles haviam encontrado uma maneira, do ponto de vista tático, de atravessar as linhas de trincheiras, usando pequenos grupos de soldados da tropa de choque que conseguiam tomar posições sem as pesadas barragens de artilharia que alertavam seus inimigos. Em um determinado momento, os alemães penetraram mais quarenta quilômetros no território francês e, por um momento, Paris parecia novamente prestes a cair. Churchill entrou em desespero. Atordoado com o fato de os alemães terem rompido as linhas de trincheiras britânicas e francesas, seu já saudável respeito pelo Exército alemão tornou-se exagerado. Ele pediu o alistamento de todos os homens com menos de cinquenta anos de idade e até pensou em continuar lutando sem a França. No entanto, o golpe de mestre tático alemão acabou se tornando um desastre estratégico.

O Exército alemão não conseguiu manter o ritmo e, ao avançar, sofreu baixas surpreendentes — quase 700.000 homens haviam sido mortos e feridos quando os últimos ataques foram suspensos, em julho. Os alemães não podiam oferecer proteção adequada a seus homens no ataque, e as armas defensivas voltaram a confirmar sua eficácia mortal. As perdas foram tão grandes que o Exército alemão ficou fatalmente enfraquecido e, em questão de meses, passou de uma organização bem-disposta para uma na qual seus líderes sentiam não poder confiar. Os alemães pediram um armistício em novembro de 1918, e a guerra na Frente Ocidental chegou ao fim. O fim abrupto do conflito fez com que as ideias de Churchill sobre como a guerra deveria ser travada nunca fossem testadas. Isso teria de esperar até a Segunda Guerra Mundial.

7

Josef Stalin e a estratégia da praticidade

Josef Stalin não era um romântico. Ao contrário de Churchill, Hitler e Mussolini, ele nunca viu a guerra como uma aventura de menino, um teste moral de coragem ou uma grande cruzada redentora. Quando observou o Exército Vermelho lutando em torno de Tsaritsyn no verão de 1918, ele não viu um grupo de comunistas valentes e politicamente conscientes, dispostos a fazer o sacrifício supremo em sua batalha contra os russos brancos para criar uma utopia marxista. Com exceção de um grupo de bolcheviques, ele via a maioria dos soldados como não confiáveis e até mesmo traiçoeiros. Os mais desonestos, a seu ver, eram os cossacos que afirmavam estar lutando pelos bolcheviques. Stalin acreditava que eles haviam se unido aos vermelhos apenas para ter acesso a armas e inteligência, e que se recusariam a lutar contra os cossacos brancos quando o momento chegasse. Ele duvidava até do soldado russo comum — ou "*muzhik* competente", como ele o chamava. Stalin disse a Lenin que esse soldado havia lutado anteriormente pelo poder soviético, mas se voltou contra os bolcheviques por causa da política de requisição forçada de grãos. A solução de Stalin para esse problema foi, como sempre, a brutalidade imposta de cima para baixo — ou, como ele dizia, o uso de sua "disciplina de ferro".[1]

Uma visão cética da natureza humana pode ter sido uma das vantagens de Stalin como estrategista — se ele pudesse evitar que suas suspeitas e ideologia o levassem a um caminho muito obscuro, sabotando assim todos os benefícios que seu cinismo proporcionava. Durante seu período em Tsaritsyn e até o final da Guerra Civil Russa, ele esteve longe de manter o equilíbrio correto. O problema fundamental de Stalin era não ser competente o bastante para cumprir os objetivos de seu comando. Muitas vezes, ele tomava decisões ruins e precisava de uma maneira de justificar a Lenin e a outras pessoas por que não era responsável pelos desastres que o seguiam. Ele precisava de uma explicação para a falta de grandes entregas de alimentos que sempre prometia — uma desculpa que satisfizesse as necessidades monstruosas de seu próprio ego e acalmasse Lenin.

Para ser justo com Stalin, em Tsaritsyn ele se deparou com um desafio muito mais difícil do que aqueles enfrentados por qualquer um dos grandes estrategistas da Segunda Guerra Mundial durante suas carreiras na Primeira. Os camponeses da região haviam se desiludido com os bolcheviques, que estavam requisitando grãos à força por preços muito abaixo do mercado. Desanimados, eles escondiam o máximo possível de sua produção. Além disso, a Guerra Civil havia levado à destruição de tantos equipamentos, que não havia maquinário suficiente para processar os grãos e o feno que os bolcheviques conseguiam obter.[2] Esses problemas se multiplicaram. A incapacidade de obter feno, por exemplo, prejudicou gravemente o transporte de gado. Os animais que precisavam ser enviados para o norte tinham de receber alimentos para a viagem, mas Stalin disse que encontrar feno para fazer isso seria "impossível".[3]

Quando Stalin conseguia colocar as mãos nos alimentos, tinha dificuldade para transportá-los. A questão que pairava sobre tudo e que determinaria o destino de sua missão (e mais tarde ditaria o curso de grande parte da Segunda Guerra Mundial na Frente Oriental) era o controle e o funcionamento eficiente das ferrovias. Stalin precisava ter certeza de que as linhas que iam para o sul de Tsaritsyn, especialmente para o norte de Cauus, pudessem levar alimentos para ele, para que pudesse despachá-los para o norte. Em seguida, ele precisava garantir que as linhas ao norte, de Tsaritsyn a Moscou, estivessem livres das forças brancas.

A paranoia de Stalin já havia tornado essa tarefa mais difícil. Ele havia prendido e executado muitos especialistas em ferrovias, porque não confiava em seus antecedentes. Logo seus esforços militares pioraram as coisas; o primeiro teste de Stalin como líder militar ocorreu quando as forças brancas começaram a cortar as linhas ferroviárias que corriam ao sul e ao norte de Tsaritsyn.[1] O General Andrei Snesarev estava prudentemente reunindo forças antes de decidir onde estava a maior ameaça. Stalin, exigindo ação, acusou Snesarev de manter as forças do Exército Vermelho "de pés e mãos atados". Fazendo uma rápida visita à frente ao sul de Tsaritsyn, Stalin decidiu que entendia a situação melhor que o general e insistiu no ataque. Ele pediu a Moscou oito trens blindados, entregou 12.000 soldados de Snesarev ao desesperado Klim Voroshilov e autorizou uma ofensiva.

É difícil saber os motivos exatos do fracasso do ataque, pois as fontes confiáveis são escassas, e Stalin, desesperado para evitar a responsabilidade, tentou transferir a culpa para Snesarev e sua equipe supostamente indigna de confiança. A explicação provável é simples: o Exército Vermelho na região ainda não era capaz de sustentar grandes operações, especialmente sob a liderança incompetente de Voroshilov. Independentemente disso, quando o ataque fracassou, levou a um corte permanente nas linhas ferroviárias que iam para o sul,

[1]Um episódio mencionado pela primeira vez no Capítulo 2.

separando fisicamente Stalin de uma de suas maiores fontes de alimentos. Ele admitiu a Lenin que havia 700 vagões de grãos prontos para serem transportados no norte de Cáucaso, ao sul, mas não havia como levá-los para o norte, para Tsaritsyn. Ele havia perdido o acesso às comunicações fluviais entre Tsaritsyn e o Cáucaso e, portanto, não podia usar o Volga como alternativa. A importância do controle da logística estava começando a se tornar evidente.[4]

Além dessa ofensiva, e talvez assustados por ela, Stalin e Voroshilov mudaram de tática e começaram a favorecer as operações de guerrilha.[5] Essa mudança colocou em risco a própria Tsaritsyn. As táticas de guerrilha poderiam ter funcionado se os bolcheviques quisessem cortar as linhas ferroviárias como segurança, mas agora eles eram o governo e precisavam manter as linhas em operação. Em pouco tempo, as linhas ferroviárias que partiam de Tsaritsyn para o norte também eram periodicamente cortadas, fazendo com que Stalin dependesse, às vezes, apenas do Rio Volga para enviar grãos naquela direção.[6] A incompetência de Stalin estava começando a comprometer os benefícios que as táticas mais tradicionais de Snesarev haviam obtido.

Por um momento, Stalin ficou tentando se livrar de um desastre que ele estava piorando. Depois de dois meses no controle, longe de proteger seu comando, Tsaritsyn estava mais perto de cair nas mãos dos brancos do que quando Stalin chegou.[7] Em 31 de agosto, ele enviou a Lenin um telegrama fantasioso e levemente meloso, implorando por um apoio naval significativo da praticamente inexistente Marinha bolchevique, mas também se gabando de que logo a situação militar estaria resolvida.

> Caro camarada Lenin,
>
> A luta está acontecendo pelo sul e pelo Mar Cáspio. Para manter toda essa área (e *podemos* mantê-la!), precisamos de

> vários destróieres leves e alguns submarinos... Imploro a vocês que derrubem todos os obstáculos e facilitem a entrega imediata do que pedimos. Baku, Turquestão e o norte do Cáucaso serão nossos (sem dúvida!), se nossas exigências forem atendidas imediatamente.
>
> As coisas na frente estão indo bem. Não tenho dúvidas de que irão ainda melhor (os cossacos estão ficando completamente desmoralizados).
>
> Saudações calorosas, meu querido e amado Ilyich.[8]

Pouca coisa era verdadeira na curta mensagem de Stalin, mas, felizmente, ele nunca seria questionado sobre isso. Quase imediatamente após enviar esse telegrama, Stalin recebeu notícias sobre a tentativa de assassinato de Lenin, que deixou o líder bolchevique com duas balas alojadas no corpo. Stalin ficou chocado, mas o ato lhe deu uma desculpa para empregar mais brutalidade. Ele já havia esmagado a maior parte da oposição que enfrentara em Tsaritsyn, mas agora enviou um telegrama ao partido (que na época estava sendo dirigido por Iakov Sverdlov, colega de quarto de Stalin em Kureika) dizendo que instituiria um "terror em massa sistemático" como resposta. Tentando criar uma falsa impressão de sucesso, em 1º de setembro, ele enviou um telegrama a Moscou descrevendo falaciosamente como os brancos tinham sido obrigados a recuar em pânico.[9] É difícil encontrar qualquer exemplo do que ele estava falando.

A tentativa de assassinato de Lenin também tornou inevitável o confronto entre Stalin e Leon Trotsky. Muitos dos oficiais que Stalin havia prendido e cujo poder ele havia usurpado haviam sido nomeados por Trotsky. Lenin, parecendo querer apoiar Stalin em sua difícil tarefa e acreditando no que lhe era dito pelos telegramas fantasiosos, recusou-se a intervir. Porém, com Lenin temporariamente fora de combate, Trotsky, trabalhando com Sverdlov, decidiu chamar Stalin à responsabilidade. No início de setembro, eles o chamaram a Moscou para discutir a situação em torno de Tsaritsyn.

No início, sem a intervenção decisiva de Lenin, foi tentada uma fraude. Stalin foi forçado a compartilhar a autoridade militar com dois oficiais apoiados por Trotsky, que permaneceu no comando do Exército Vermelho, agora renomeado Comando Militar da Frente Sul.[10] Isso nunca funcionaria — Stalin era emocionalmente incapaz de compartilhar o poder, exceto com acólitos. Mesmo enquanto estava em Moscou, ele tentava microgerenciar Voroshilov na linha de frente, incentivando-o a atacar e exigindo sucesso.[11] Quando Stalin retornou a Tsaritsyn, imediatamente tentou subverter o acordo com Trotsky. Em 3 de outubro, ele e Voroshilov enviaram a Lenin um telegrama com um ataque pessoal ao Ministro da Guerra, repleto de narrativas stalinistas sobre as ameaças representadas pelos chamados especialistas. "É necessário discutir com o Comitê Central do Partido a questão do comportamento de Trotsky", dizia a mensagem, "que maltrata os membros mais proeminentes do partido para agradar aos traidores dos especialistas militares em detrimento dos interesses da frente e da revolução. Levantar a questão da inadmissibilidade de Trotsky emitir ordens individuais... Considerar novamente a questão dos especialistas militares do campo dos contrarrevolucionários não partidários".[12]

Trotsky finalmente estava farto. No dia seguinte à chegada desse telegrama, ele respondeu a Stalin e Voroshilov. Afirmou que, embora o comando de Stalin superasse regularmente o número de brancos em até três para um, Tsaritsyn permanecia constantemente em perigo.[13] Trotsky mirou especialmente (e com razão) em Voroshilov quando afirmou que o general apadrinhado por Stalin poderia ser competente para comandar um regimento, mas nunca um exército de 50.000 homens. Ele exigiu "categoricamente" que Lenin removesse Stalin de Tsaritsyn.[14] Finalmente, forçado a escolher, Lenin chamou Stalin, que teve de retornar a Moscou.

Se Stalin tivesse sido capaz de entender o que Trotsky havia feito, ele poderia ter agradecido ao seu grande rival. Ao empurrar Stalin, Trotsky limpou um possível desastre de seu histórico, permitindo que ele começasse a criar um mito totalmente novo de sucesso militar. Na verdade, Stalin agora podia voltar para Moscou, alegando que havia feito um trabalho brilhante em Tsaritsyn, mas, na verdade, deixando para os especialistas militares trazidos por Trotsky a tarefa de arrumar a bagunça que ele havia deixado para trás. Ele certamente não perdeu tempo tentando consolidar a percepção de sua glória militar. No final de outubro de 1918, fez um discurso para o soviete de Moscou e deu uma entrevista detalhada para o jornal *Pravda*, do Partido Comunista, e em ambos descreveu como seu comando havia sido o grande foco dos ataques brancos. "É em Tsaritsyn que o inimigo está concentrando seu fogo mais pesado."[15]

De acordo com Stalin, os brancos haviam combinado três grandes exércitos, uma enorme força de "quarenta regimentos" e "vários generais", para tomar Tsaritsyn em meados de outubro.[16] As valentes forças do Exército Vermelho (que Stalin, é claro, havia organizado e preparado antes de retornar a Moscou) haviam enviado os brancos e seus generais para "buscar segurança em fuga — de modo que um deles [um general] até perdeu as botas". Esse foi o primeiro grande exemplo do hábito de Stalin, que durou toda a sua vida, de criar sua própria narrativa, vangloriando-se de sua previsão e grandeza militar — e, enquanto ele viveu, foi provavelmente o caso mais bem-sucedido de reescrever a história da História.

Em 1929, Voroshilov, a quem Stalin ainda mantinha lealmente ao seu lado, escreveu um artigo chamado "Stalin e o Exército Vermelho". O texto estava repleto dos esperados elogios ao gênio de Stalin, mas Voroshilov, sempre um pouco obtuso, incluiu uma meia-verdade ao afirmar que, embora tivessem sido cometidos erros em Tsaritsyn, Stalin "cometeu menos erros do que outros". Stalin, ao revisar um rascunho do artigo, escreveu na margem: "*Klim*! Não houve erros. Este parágrafo deve ser jogado fora".[17] E foi.

Em 1942, durante um dos períodos mais difíceis para a União Soviética na Segunda Guerra Mundial, um filme sobre a campanha, intitulado *The Defence of Tsaritsyn (A defesa de Tsaritsyn)*, seria lançado, retratando Stalin e Voroshilov trabalhando lado a lado para salvar a cidade dos ataques em massa dos brancos, que eram auxiliados por forças desonestas do Exército Vermelho. O mito havia se tornado história de uma forma que revelou muito sobre como Stalin via a estratégia (até levar um soco na cara da realidade). Você pode se esforçar muito para criar a realidade que deseja e, com poder suficiente, muitas vezes pode ter sucesso.

De fato, certamente houve esforços dos brancos para avançar na área de Tsaritsyn, mas eles geralmente eram desarticulados e envolviam forças que não cooperavam. Seu esforço mais sério, que ocorreu após a saída de Stalin, foi um cerco por forças cossacas que só foi levantado no final de 1918. Os cossacos foram tão brutais com a população local e saquearam tanto que ajudaram a convencer muitos dos camponeses, desiludidos com as políticas bolcheviques de requisição forçada, a apoiar novamente o Exército Vermelho. Nesse ponto, as próprias deficiências de Stalin como comandante e estrategista foram muito mais responsáveis pelo fracasso de seu período em Tsaritsyn do que os brancos.[18]

Se Stalin se baseou mais em ficção do que em fatos ao descrever o curso geral da campanha militar em torno de Tsaritsyn, ele transmitiu sua visão de guerra e estratégia. Ao fazer isso, deu vislumbres do estrategista ideológico e prático em ação. Como sempre, a visão ideológica/paranoica da estratégia predominava, e os aspectos práticos eram acrescentados como um adendo importante, apenas depois que a primeira havia sido exposta.

A análise ideológica de Stalin sobre o que tornava o Exército Vermelho melhor começou, como sempre, com o compromisso ideológico. "Os sucessos de nosso exército se devem, em primeiro lugar, à sua consciência política e disciplina", escreveu ele. Para ter alguma chance de sucesso, o exército precisava ter soldados que lutassem com os ideais políticos corretos — e isso sempre superaria a experiência ou a educação.

Depois de homenagear a importância do compromisso ideológico, Stalin mencionou que a logística e o suprimento também eram pré-requisitos para qualquer operação militar bem-sucedida. "A força do exército não se deve apenas às suas qualidades pessoais", escreveu ele. "Um exército não pode existir por muito tempo sem uma retaguarda forte. Para que a frente seja firme, é necessário que o exército receba regularmente reabastecimentos, munições e alimentos da retaguarda. Um grande papel nesse aspecto foi desempenhado pelo aparecimento na retaguarda de administradores experientes e competentes, principalmente constituídos por trabalhadores avançados, que atendem de forma consciente e incansável aos deveres de mobilização e abastecimento."[19]

Tsaritsyn havia aguçado o apetite de Stalin pela glória militar e sua necessidade de ser visto como igual a Trotsky. Quando retornou a Moscou, ele fez todo o possível para se reaproximar de Lenin e rapidamente obteve sucesso. O que se destaca durante o período pós-Tsaritsyn foi o quanto Lenin perdoou Stalin, como ele continuou a investir grande confiança e autoridade em seu protegido, e como continuou a lhe atribuir relevantes comandos militares. Isso revelou, acima de tudo, que Lenin era, na verdade, mais stalinista do que trotskista quando se tratava de guerra. Ele aceitou, a contragosto, ex-oficiais czaristas e especialistas treinados nas forças vermelhas, mas, assim como Stalin, sempre duvidava de sua lealdade e desconfiava quando suas operações não davam certo. O quanto Lenin perdoava Stalin pode ser visto nos principais comandos militares que o primeiro deu ao segundo em 1919.

No entanto, antes que ele assumisse essa tarefa, a Guerra Civil Russa foi transformada pela capitulação alemã aos Aliados ocidentais. A aposta de Lenin ao concordar com o humilhante Tratado de Brest-Litovsk finalmente teve um bom resultado. Mesmo depois de transferir grande parte de seu Exército Oriental para a Frente Ocidental em 1918 e lançar seus ataques mais bem-sucedidos desde 1914, os alemães não tinham recursos para lutar contra os britânicos, franceses e americanos juntos. Em novembro de 1918, com o Exército alemão em retirada e a população alemã sem fé na vitória, todos já tinham tido o suficiente. Cedendo ao inevitável, o governo da Alemanha solicitou um armistício — uma formalidade que não chegava a jogá-los aos pés dos Aliados e implorar por misericórdia.

Para os bolcheviques, isso seria decisivo. Os alemães os haviam forçado a sair da Ucrânia e de grande parte da Rússia europeia. Agora, com o colapso do Exército alemão, a última coisa que muitas pessoas nessas terras queriam era serem integradas à força em um império bolchevique. O colapso da Alemanha também foi desanimador para os brancos, que haviam sido apoiados pelos alemães. Com a Alemanha fora da equação, os interesses brancos concorrentes se viram diante de um desafio muito maior ao enfrentar um Exército Vermelho centralizado, brutal e cada vez mais experiente. A Guerra Civil ainda tinha que ser travada até o fim, e os vermelhos sofreriam reveses, mas as chances de uma vitória branca foram severamente reduzidas pela derrota alemã.

A experiência militar imediata de Stalin após Tsaritsyn e a capitulação alemã revelou o quanto ele e Lenin tinham em comum — e como ele ainda era valorizado pelo líder bolchevique. Sua próxima tarefa veio quando Lenin o enviou para investigar um dos últimos grandes sucessos dos brancos: a tomada de Perm, nos Urais, pelas forças brancas do Almirante Aleksandr Kolchak.[20]

A história do Almirante Kolchak é uma das que fazem a Guerra Civil Russa se destacar por sua bizarrice. Oficial da Marinha czarista que passou o final da guerra fora da Rússia, Kolchak tentou trabalhar com os britânicos antes de retornar à sua terra natal. Lá, esse "desajustado histórico" observou pela primeira vez, sem frota e a milhares de quilômetros do mar, o desenrolar da Guerra Civil.[21] No final de 1918, ele foi apresentado por grupos díspares de direitistas como líder da contrarrevolução, e aceitou. Ele se declarou herdeiro do governo provisório de Alexander Kerensky e começou a reunir forças sob seu comando. Logo, Kolchak estava prendendo socialistas, tentando voltar no tempo desfazendo as mudanças econômicas dos bolcheviques e marchando com sua força heterogênea para o oeste. Por algum tempo, ele se tornou a maior ameaça que os bolcheviques enfrentavam e foi ungido pelos Aliados como a figura principal de todas as forças brancas.

Os exércitos de Kolchak — uma estranha combinação de unidades czaristas, cossacos e até prisioneiros de guerra tchecos libertados — estavam concentrados a leste de Moscou, na vasta área dos Urais. Kolchak estabeleceu sua capital na cidade de Ecaterimburgo, e suas primeiras ofensivas foram, do ponto de vista bolchevique, preocupantemente eficazes. Quando suas tropas tomaram a cidade de Perm, um importante centro logístico, e uma grande área circundante, isso provocou pânico em Moscou.[22] Como um sinal de que o desempenho de Stalin em Tsaritsyn não o havia prejudicado materialmente aos olhos de Lenin, ele foi enviado para ir à área e determinar o motivo do desastre. Ele viajou para o leste com o chefe-geral da Cheka bolchevique, Felix Dzerzhinsky, nascido na Polônia, outra pessoa cujo poder crescia dentro do partido. O pensamento militar de Stalin revelou que ele continuava sendo o mesmo paranoico ideológico que havia sido em Tsaritsyn, com uma pitada de praticidade ainda intacta.

Sua análise para Lenin, que foi transmitida em um relatório conjunto detalhado por Stalin e Dzerzhinsky no final de janeiro de 1919, previsivelmente atribuiu a maior responsabilidade pela derrota de Perm à falta de disciplina e devoção do partido no Exército Vermelho.[23]

Como sempre, a diferença estava entre os soldados mais ricos e experientes, que não eram confiáveis, e os mais pobres, que (em sua maioria) eram confiáveis. Stalin e Dzerzhinsky recomendaram que o exército passasse a dividir seus soldados entre homens com posses, que Stalin chamou de "não confiáveis", e os pobres e sem posses, que eram "os únicos adequados para o serviço no Exército Vermelho".[24] O quadro geral que ele pintou foi o de um corpo de oficiais — escolhidos por Trotsky, é claro — incompetente, desorganizado ou de duvidosa lealdade. Para colocar o Exército Vermelho em pé, Stalin queria que o partido aumentasse seus esforços na supervisão das operações do exército e na divulgação da propaganda correta entre os soldados.

Se a disciplina e as deficiências organizacionais causadas pela falta de confiabilidade política foram as principais responsáveis pela derrota do Exército Vermelho, Stalin se debruçou longamente sobre as deficiências logísticas do Exército Vermelho na região. A falta de supervisão das ferrovias, de acordo com ele, deixou-as suscetíveis à "sabotagem habilmente organizada do pessoal ferroviário".[25] Sua visão estratégica estava se tornando mais rígida.

O mesmo aconteceu com sua influência no partido e junto a Lenin. Durante a conferência oficial do partido, realizada em março daquele ano, o comando de Stalin em Tsaritsyn foi alvo de críticas. Ele não apenas respondeu com veemência e deixou que Voroshilov assumisse a culpa pela maioria de suas falhas, como também recebeu forte apoio do líder do partido. Lenin, que em 1918 havia declarado achar que os assassinatos generalizados de Stalin em Tsaritsyn haviam sido extremos demais, agora afirmava acreditar que eles "não foram um erro".[26] Era um sinal de como eles viam o mundo de forma semelhante, e um sinal de como Lenin estava feliz em ver Stalin melhorar sua própria posição no partido. Na conferência, Trotsky acabou sendo a figura mais controversa, ganhando muito apoio, mas também mais críticas do que qualquer outro membro do Politburo, o pequeno conselho que estava dominando a política bolchevique por meio de sua função de orientar o Comitê Central do Partido Comunista. Quando chegou a hora de selecionar o próximo Politburo, Stalin, juntamente com Lenin e Trotsky, era um dos cinco membros votantes.

Recém-saído dessa honra, Stalin foi enviado a campo para combater vários incêndios políticos, despachado para uma série de áreas das quais Lenin queria mais informações, ou onde acreditava que a situação era grave. Isso ocorreu durante o que pode ser visto como o auge da Guerra Civil Russa. A conferência de 1919 do partido deu início aos últimos períodos em que os vermelhos estariam sob ataque contínuo. Com o fim da Primeira Guerra Mundial e o acordo do Tratado de Versalhes, as grandes potências estavam cada vez menos comprometidas em se envolver profundamente com a enorme e amorfa massa que a Rússia lhes parecia. Os britânicos, por exemplo, estavam retirando suas tropas de uma parte da Rússia, e embora ainda estivessem dispostos a ajudar os brancos, não o fariam de forma eficaz depois que eles partissem.

Como os vermelhos ainda detinham o coração da Rússia europeia e as cidades de Moscou e Petrogrado, cabia aos brancos lançar ataques para tentar desalojá-los de seu reduto central. Nesse ponto, a falta de unidade demonstrada pelas diferentes forças brancas se revelou particularmente desastrosa. Elas lançaram vários ataques do sudoeste em direção a Petrogrado, do sul do vale do Don e do leste dos Urais em direção a Moscou, mas havia pouca coordenação ou identidade política compartilhada entre as forças. Isso deu aos bolcheviques a vantagem crucial de poder reagir a cada um deles individualmente.

A mais importante das experiências militares de Stalin durante esse crescimento foi vivida em Petrogrado e arredores, no final da primavera e início do verão de 1919. Petrogrado era uma cidade vulnerável e, ao mesmo tempo, difícil de ser atacada pelos brancos. Com os alemães mergulhados no caos e a Polônia e os estados bálticos tentando estabelecer o controle sobre seus novos países, grande parte da área do extremo oeste da Rússia estava em disputa. O general czarista Nikolai Iudenich, que havia fugido para a Finlândia no início da Guerra Civil, tentou formar um exército branco nessa guerra livre e atacar Petrogrado.[27] No entanto, Iudenich estava operando em uma área que continha diferentes grupos, como estonianos e poloneses, que tinham suas próprias agendas, o que dificultou suas tentativas de formar grandes forças. Stalin foi enviado a Petrogrado para verificar as defesas dentro e ao redor da última capital czarista e tentar organizar o maior número possível de recursos para o esforço de guerra vermelho.

Os relatórios de Stalin a Lenin mostravam que ele continuava ainda mais desconfiado de conspirações e traições, principalmente dos membros do Exército Vermelho. Um de seus primeiros relatórios de Petrogrado para Lenin afirmava que havia trapaças em todos os lugares, e que os dois homens precisavam trabalhar juntos para fazer isso funcionar. "Toda a situação da ofensiva da Guarda Branca contra Petrogrado nos faz supor que há uma traição organizada em nossa retaguarda, e talvez na própria frente", escreveu ele.

> Somente isso pode explicar o ataque com forças relativamente insignificantes, o rápido avanço, bem como as repetidas explosões de pontes nas rodovias que levam a Petrogrado. Parece que o inimigo tem plena confiança na ausência de qualquer força militar organizada para resistir e, além disso, conta com a ajuda da retaguarda... Por favor, preste mais atenção a essas circunstâncias e tome medidas urgentes para descobrir conspirações.[28]

A ideia de uma vasta conspiração de traidores em seu meio também ajudou Stalin a atrair Lenin. Ele podia não ter sido muito competente, mas tomaria medidas extremas para proteger a linha leninista contra todos os possíveis inimigos — mesmo aqueles que ainda não eram inimigos. Lenin aprovava a disposição de Stalin de usar os meios mais brutais contra possíveis adversários, mesmo quando sabia que Stalin estava inventando coisas. Esse foi o caso da descrição de Stalin sobre a tomada de uma fortaleza costeira dos insurgentes.

Krasnaia Gorka era uma fortaleza czarista que ficava a cerca de quarenta e oito quilômetros de Petrogrado, na margem sul da entrada do porto interno da grande cidade. Ela estava sob o comando de um ex-oficial czarista que havia se juntado aos vermelhos. No entanto, no início de junho de 1919, o oficial e muitos de seus homens se amotinaram.[29] As tropas comunistas foram feitas prisioneiras, e os rebeldes acabaram se declarando a favor dos brancos.

A reação de Stalin poderia ter sido planejada: expor as conspirações, reprimir brutalmente e proclamar seu próprio brilhantismo. Ele disse a Lenin que os amotinados faziam parte de uma vasta e oculta conspiração e, assim, eliminou as células burguesas suspeitas em Petrogrado.[30] Ele até mesmo mandou revistar todas as embaixadas e consulados estrangeiros suspeitos, alegando que estava procurando por estoques de armas e munições que haviam sido escondidos para os brancos.[II] Depois de satisfazer sua necessidade de encontrar inimigos ideológicos, Stalin exibiu seu ego militar e sua incompetência em seu plano para retomar o forte. Sem nenhuma experiência naval real, ele tentou intimidar os comandantes locais do Exército Vermelho para que atacassem pelo mar. Foi um plano gratuito e desnecessariamente complexo, já que Krasnaia Gorka era acessível por terra e mais vulnerável a ataques por essa via. Ao que parece, as instruções de Stalin não foram seguidas, e o forte foi atacado por forças do Exército Vermelho por terra, o que levou os amotinados a fugir para se unirem às forças de Iudenich mais a oeste.

[II] Supostamente, uma arma foi encontrada na embaixada da Romênia.

Stalin, no entanto, não apenas fingiu que seu plano havia sido seguido, mas afirmou a Lenin que esse era o principal motivo da retomada do forte, e mais um sinal de sua capacidade de entender os assuntos melhor do que os profissionais militares. O telegrama que Stalin enviou a Lenin em 16 de junho e as anotações que Lenin escreveu ao lê-lo revelam muito sobre os dois homens. O telegrama começava com Stalin dizendo que o forte havia sido retomado, e Lenin acrescentou na margem uma exortação muito parecida com a de Stalin para "expurgar" o pessoal que ainda estava lá. A parte seguinte do telegrama era basicamente uma ode que Stalin escreveu para seu próprio gênio: "Especialistas navais afirmam que a captura de Krasnaia Gorka pelo mar é contrária à ciência naval. Só posso deplorar essa assim chamada ciência. A rápida captura de Gorka se deveu à mais grosseira interferência nas operações por mim e pelos civis em geral, chegando ao ponto de revogar ordens em terra e no mar e impor as nossas próprias. Considero meu dever declarar que continuarei a agir dessa forma no futuro, apesar de toda a minha reverência pela ciência." Lenin estava mais do que ciente de que as afirmações de Stalin eram absurdas e escreveu na margem que o forte obviamente havia sido capturado "por terra".[31]

Se Lenin sabia que a descrição de Stalin sobre o ataque era fantasiosa, Stalin, mais uma vez, se certificaria de que o registro histórico fosse reescrito para se adequar aos seus propósitos. Em 1951, os soviéticos produziram um luxuoso filme colorido intitulado *The Unforgettable Year 1919* (*O inesquecível ano de 1919*), com uma trilha sonora particularmente empolgante do grande compositor Dmitri Shostakovich. O filme apresentou uma fabulosa visão ficcional/heroica desses eventos, com as forças de Iudenich marchando sobre Petrogrado, e o Exército Vermelho repleto de traidores czaristas. Somente a chegada de Stalin em cena salva o dia, com sua brilhante liderança na retomada de Krasnaia Gorka dos brancos (completa com um arrojado ataque marítimo). O filme termina com um grande espetáculo quando Lenin concede a Stalin os agradecimentos do povo soviético e a Ordem da Bandeira Vermelha, a mais alta condecoração militar do novo Estado soviético.

O Ano Inesquecível de 1919 tornou-se rapidamente um dos filmes favoritos de Stalin. Nikita Khrushchev, um futuro premiê pós-Stalin, afirmou que "adorava" vê-lo; e Stalin forçava sua comitiva a assistir a intermináveis exibições tarde da noite, enquanto revivia triunfos militares que nunca aconteceram — exceto em sua cabeça.[32] Nesse sentido, a Guerra Civil havia criado em Stalin a ideia de que ele era um gênio militar, e ele estava desesperado para que essa ideia fosse validada. De fato, ele acabou recebendo a Ordem da Bandeira Vermelha, embora ela tenha sido concedida por motivos políticos, não por conquistas marciais.

Em novembro de 1919, no segundo aniversário da Revolução de Outubro, Trotsky foi visto como o maior herói militar da luta, amplamente celebrado da maneira que Stalin desejava, e foi decidido que ele receberia a Ordem da Bandeira Vermelha. Lev Kamenev propôs que Stalin também recebesse o prêmio. Um bolchevique confuso perguntou por que e recebeu a seguinte resposta: "Você não consegue entender? Essa é a ideia de Lenin. Stalin não pode viver a menos que tenha o que outra pessoa tem".[33]

Lenin entendia bem Stalin e havia decidido que sua confiabilidade política era mais importante do que sua capacidade militar — ou a falta dela. Ele também gostava do fato de Stalin oferecer um contrapeso a Trotsky, cujo sucesso militar real parecia torná-lo a segunda pessoa mais importante do Estado soviético e, aos olhos de alguns ocidentais, um rival do próprio Lenin. Certamente, nesse momento, Stalin não era considerado alguém que pudesse desafiar a liderança, o que o tornou duplamente útil para Lenin. Tanto que, quando uma nova guerra eclodiu, não muito tempo depois do fim da Guerra Civil Russa, Stalin recebeu um dos cargos militares mais altos do partido.

No final de 1919, os brancos foram derrotados e seu maior exército, liderado por Aleksandr Kolchak, estava em meio a uma retirada precipitada para a Sibéria, onde logo se dissolveria. No início de 1920, algumas das forças remanescentes de Kolchak o entregaram aos aliados bolcheviques, que o executaram e jogaram seu corpo em um rio congelado. Foi um momento que marcou efetivamente o fim da Guerra Civil, embora ainda restassem algumas forças brancas em campo. No entanto, a vitória bolchevique não levou instantaneamente a um período de paz. Embora o destino da maior parte do antigo Império Russo tivesse sido decidido, as partes do extremo oeste ainda estavam em disputa, e a nova URSS logo se encontraria em guerra com outro novo estado.

Além da fundação da URSS, o desenvolvimento mais importante no Leste Europeu após a Guerra Civil Russa foi a recriação de uma Polônia grande e potencialmente poderosa. Um dos grandes estados da Europa nos séculos XVI a XVIII, a Polônia foi esmagada e dividida por seus vizinhos Rússia, Prússia e Áustria. Em 1800, ela havia deixado de existir, embora a identidade polonesa, aguçada por um intenso catolicismo romano, continuasse forte. Com o colapso da Alemanha em 1918, as potências ocidentais pediram o restabelecimento de uma Polônia independente e forneceram a ela, pelo menos no mapa, território suficiente para torná-la um dos maiores estados da Europa. Ela se estendia, no lado oriental, desde perto de Minsk, nas profundezas da Rússia de 1914, até apenas sessenta e poucos quilômetros de Berlim, no lado ocidental.[34] Desenhar linhas em um mapa, no entanto, não garantia a existência da Polônia. Os poloneses teriam que lutar por isso e, como se viu, a maior ameaça a eles no curto prazo seriam os bolcheviques.

Quando ficou claro que a Guerra Civil terminaria com a vitória dos bolcheviques, iniciou-se um debate sobre o que fazer com a fronteira ocidental da Rússia — uma questão particularmente difícil para os marxistas, que argumentavam estar lutando por uma revolução mundial. Uma das maiores dificuldades para tomar essa decisão foi o fato de que o proletariado da Europa, longe de se comportar como Marx havia profetizado e de se levantar em uma revolução, recusou-se a desempenhar o papel esperado. Embora tenha havido alguns levantes de trabalhadores na Alemanha, eles nunca conseguiram consolidar o poder e, com o passar de 1919, ficou cada vez mais evidente que a revolução bolchevique poderia não fazer parte de uma transformação global. Em um mundo assim, a existência de uma Polônia grande e poderosa na fronteira da União Soviética era uma preocupação real.

Na verdade, a Polônia recriada de imediato se revelou inabalavelmente assertiva. Liderado pelo combatente polonês clandestino de longa data Józef Piłsudski, um novo Exército polonês formado por veteranos dos Exércitos alemão, russo e austro-húngaro entrou rapidamente em campo. Piłsudski, que havia sido socialista antes de 1914, foi rapidamente promovido a marechal, renunciou ao socialismo em favor do nacionalismo e começou a expandir as fronteiras do Estado polonês sempre que possível — o mais controverso foi a Ucrânia, que lutava para conquistar sua própria independência após um longo período de domínio imperial russo e que havia sido particularmente devastada pela Guerra Civil Russa. O líder polonês direcionou suas forças para Kiev, a antiga capital ucraniana e, em determinado momento, a capital da própria Rússia.

Lenin decidiu agir. Ele viu a Polônia não como um novo estado nascido da liberdade, mas como um exemplo perigoso do capitalismo imperialista que estava alcançando seus tentáculos profundamente no que deveria ser a União Soviética por direito. Ele também se convenceu de que o Exército Vermelho, endurecido e mais consciente ideologicamente por dois anos de guerra civil, estava mais do que à altura da tarefa de esmagar as forças polonesas. Depois que ele e Piłsudski trocaram propostas de paz falsas no primeiro semestre de 1920, Lenin optou pela guerra total.[35] Ele alegou que essa seria uma verdadeira guerra de libertação para os poloneses e que, quando eles entendessem que o Exército Vermelho estava trazendo a liberdade, a guerra seria vencida de forma rápida e decisiva.

Stalin acabaria desempenhando um papel importante no resultado da guerra, o que seria visto como mais uma de suas falhas militares. No entanto, isso também mostrou que o Stalin prático continuava vivo, desde que seu lado ideológico/paranoico pudesse ser mantido sob controle. Ele parecia ver o conflito com a Polônia como uma guerra clássica entre Estados, em vez de uma luta ideológica como a Guerra Civil. Ele estava preocupado com o fato de que, independentemente das homenagens marxistas à unidade do proletariado, o povo polonês também via essa guerra de uma perspectiva nacionalista e se recusaria a enxergar os soviéticos como libertadores e, em vez disso, lutaria contra eles como invasores. Além disso, Stalin via a Polônia como um instrumento de manobra para as potências ocidentais e estava convencido de que os poloneses receberiam muito apoio. Como ele disse em uma entrevista para o *Pravda* em maio de 1920: "Não há dúvida de que a campanha da nobreza polonesa contra a Rússia dos trabalhadores e camponeses é, na verdade, uma campanha da Entente".[36]

Stalin parecia ser capaz de ver as guerras com potências externas com mais racionalidade do que as lutas internas, provavelmente porque não se preocupava com a possibilidade de poloneses traidores subverterem o Exército Vermelho por dentro. Em sua mente, nem a vitória polonesa nem a marcha soviética sobre Varsóvia pareciam prováveis, o que o tornava um dos menos belicistas entre os líderes bolcheviques (juntamente com Trotsky, o que era mortificante para ele). Já em julho de 1920, Stalin aconselhava Lenin a ser cauteloso ao atacar a Polônia e, em vez disso, dedicar forças a um dos últimos exércitos brancos remanescentes no campo, controlado por Piotr Wrangel. Em 11 de julho, ele deu outra entrevista ao *Pravda*, aparentemente sobre a guerra com a Polônia, mas terminou com um grito de alerta de que

> enquanto Wrangel estiver intacto, enquanto ele estiver em posição de ameaçar nossa retaguarda, nossas frentes serão instáveis e inseguras, e nossos sucessos na frente antipolonesa não poderão ser duradouros. Somente com a liquidação de Wrangel poderemos considerar segura a nossa vitória sobre a nobreza polonesa. Portanto, o novo slogan que o partido deve agora inscrever em suas bandeiras é: "Lembrem-se de Wrangel!" "Morte a Wrangel!"[37]

Dois dias depois, Stalin fez uma guinada completa, defendendo uma ofensiva total contra a Polônia, embora o motivo pareça estar mais enraizado em seu próprio ego do que em quaisquer lições estratégicas que a guerra lhe proporcionou. Ficou claro que os otimistas estavam corretos e que Varsóvia cairia com relativa rapidez. Stalin ficou desesperado para não ser deixado de lado quando o sucesso se aproximava. Em 13 de julho, ele escreveu a Lenin da linha de frente, quase parecendo receber parte do crédito pelo triunfo soviético: "Os exércitos poloneses estão desmoronando completamente, os poloneses perderam o contato e o controle; as ordens polonesas, em vez de chegarem aos destinatários, muitas vezes caem em nossas mãos; em suma, estão passando por um colapso, do qual não se recuperarão tão cedo".[38]

O que não foi dito é que Stalin havia avaliado mal o conflito do ponto de vista militar, pelo menos no início da guerra. Enquanto Stalin estava sendo cauteloso, o comandante da maior frente do Exército Vermelho, Mikhail Tukhachevsky, agia de forma decisiva e arrojada. Estrela em ascensão no Exército Vermelho, Tukhachevsky havia sido oficial da Guarda no Exército czarista antes de se tornar prisioneiro de guerra alemão. Depois de libertado, ele se juntou ao Exército Vermelho e desempenhou um papel importante em suas vitórias no final da Guerra Civil. Mais tarde, ele se tornaria um dos mais importantes pensadores militares da história da Rússia (pelo menos até Stalin mandar fuzilá-lo sob acusações forjadas durante os expurgos do exército no final da década de 1930). Arrojado e valentão, Tukhachevsky atacou furiosamente as forças polonesas e avançou rapidamente. Logo ele se aproximou de Varsóvia e estava prestes a destruir o novo Estado polonês.

Ao ver a rapidez com que Tukhachevsky avançava, Stalin entrou em ação e se juntou à guerra com entusiasmo, embora fosse uma guerra dele por seus objetivos. Suas escolhas revelaram mais uma vez que, embora a vitória fosse importante, o tipo certo de vitória era mais importante, e o tipo certo de vitória envolvia glória pessoal para ele. Assim que decidiu avançar com uma ofensiva, Stalin não cooperou com Tukhachevsky no ataque a Varsóvia, como deveria fazer — o que teria sido inteligente em qualquer medida da ciência militar. Em vez disso, ele decidiu usar sua frente para um sucesso que poderia ser totalmente seu: a captura da cidade de Lviv.[39]

Em agosto de 1920, Stalin ofuscou, atrasou e simplesmente desobedeceu as ordens que exigiam que ele fizesse com que a frente sudoeste apoiasse o ataque de Tukhachevsky a Varsóvia.[40] Entre 5 e 13 de agosto, Stalin recebeu várias ordens diretas de Moscou para enviar forças para tomar Varsóvia, e Trotsky, acreditando que isso aconteceria, vangloriou-se de que a capital polonesa seria capturada em 16 de agosto.[41] As respostas de Stalin às ordens que ele não queria seguir mostraram que ele nem sempre precisava bajular Lenin como antes. Em 13 de agosto, ele respondeu ao líder soviético que não cumpriria as ordens de enviar tropas de cavalaria comandadas por Semion Budennyi para ajudar Tukhachevsky a tomar Varsóvia, pois elas já haviam sido enviadas para Lviv. "Sua última diretriz... desnecessariamente derruba o agrupamento de forças existente na área desses exércitos, que já iniciaram a ofensiva", escreveu ele. "Essa diretriz deveria ter sido dada ou há três dias, quando a 1ª Cavalaria estava na reserva, ou mais tarde, depois que a 1ª Cavalaria tomou a região de Lviv; no momento atual, ela apenas confunde a questão e inevitavelmente causa uma interrupção prejudicial desnecessária nos negócios em prol do novo agrupamento. Em vista disso, eu me recuso a assinar a decisão correspondente [do comando] da frente sudoeste como uma continuação da sua diretriz."[42]

A insubordinação de Stalin fez parte da transformação da guerra — que parecia ser uma vitória iminente — em um empate bastante humilhante. Ao longo de um combate que durou quase duas semanas, conhecido como a Batalha de Varsóvia, as forças polonesas contra-atacaram Tukhachevsky.[43] Os Exércitos soviéticos, dispersos pelo avanço, estavam tão separados que as comunicações foram cortadas. Cerca de 100.000 soldados do Exército Vermelho foram feitos prisioneiros no caos, enquanto outros recuaram em direção à Rússia. A derrota foi o início de uma recuperação notável do Exército polonês e forçou Lenin a outro acordo humilhante, o Tratado de Riga, assinado em março de 1921. A Polônia acabou ficando com uma área geográfica maior do que a que lhe havia sido atribuída pelo Tratado de Versalhes, embora Lenin tenha garantido a Ucrânia como parte da URSS.

Stalin levou grande parte da culpa, embora a maneira como ele lidou com isso tenha revelado muito sobre como três anos de guerra criaram sua mentalidade estratégica e o que o futuro lhe reservava.[44] O Stalin que retornou da guerra contra a Polônia derrotado era desafiador e convencido. Durante a nona conferência especial do Partido Comunista de toda a Rússia, realizada no final de setembro especificamente para discutir a guerra na Polônia, houve um grande confronto. A conferência começou com um discurso apologético e ligeiramente embaraçado de Lenin, no qual ele tentou explicar a impressionante reviravolta nos combates.[45] Ele acusou Stalin de negligenciar o que era necessário para tomar Varsóvia e de ser parcial em relação às necessidades de sua própria frente em Lviv. Trotsky foi ainda mais agressivo, acusando Stalin de vender histórias extremamente otimistas sobre o colapso polonês e de enganar o Comitê Central como forma de desobedecer às suas ordens.[46]

Em resposta, Stalin enfrentou os dois e jogou seus argumentos na cara deles. Enumerando seus pontos como o jovem sacerdote catequista estagiário que havia sido, ele atacou de forma sarcástica os líderes do Exército Vermelho e do Partido Comunista, declarando que suas críticas eram ilusões:

> a) A declaração do camarada Trotsky de que eu retratei a situação em nossas frentes de forma cor-de-rosa não corresponde à realidade. Ao que parece, fui o único membro do Comitê Central que ridicularizou o slogan de uma "marcha para Varsóvia" e advertiu abertamente os camaradas na imprensa para que não se deixassem levar pelos sucessos e não subestimassem as forças polonesas. Você poderia simplesmente ler meus artigos no *Pravda*.
>
> b) A declaração do camarada Trotsky de que meus cálculos sobre a capacidade de Lviv não eram justificados contradiz os fatos. Em meados de agosto, nossas tropas se aproximaram de Lviv a uma distância de 8 verstas [1 versta equivale a 1.066 metros], e provavelmente a teriam tomado, mas não a tomaram porque o alto comando se recusou deliberadamente a tomar Lviv e, no momento em que nossas tropas estavam a 8 verstas de Lviv, o comando transferiu Budennyi da região de Lviv para a região da frente ocidental para resgatar o último. O que os cálculos de Stalin têm a ver com isso?
>
> c) A declaração do camarada Lenin de que sou parcial em relação à frente ocidental, de que a estratégia não decepcionou o TsK [Comitê Central do Partido Comunista], não corresponde à realidade. Ninguém negou que o TsK recebeu um telegrama do comando militar [da frente ocidental] sobre a tomada de Varsóvia em 16 de agosto. A questão não é

> que Varsóvia não tenha sido tomada em 16 de agosto — essa é uma questão menor —, mas o fato é que a frente ocidental, como se vê, estava prestes a enfrentar uma catástrofe devido ao cansaço dos soldados, à falta de ordem na retaguarda, e o comando não sabia, não percebeu... Se o comando militar tivesse avisado o TsK sobre a situação real da frente, o TsK teria, sem dúvida, suspendido a ofensiva, como está fazendo agora. O fato de Varsóvia não ter sido tomada em 16 de agosto é, repito, uma questão pequena, mas o fato de ter sido seguida por uma catástrofe sem precedentes, que nos custou 100.000 prisioneiros e 200 armas, é, por sua vez, um grande descuido do comando — que não pode ser ignorado. É por isso que exigi a nomeação de uma comissão no TsK, que esclareceria as causas da catástrofe e impediria uma nova derrota. Camarada Lenin, aparentemente, poupa o comando militar, mas acho que é necessário poupar o negócio, não o comando.[47]

Do seu ponto de vista, Stalin estava sendo honesto em relação à guerra e à estratégia. O Stalin prático aparece várias vezes — como quando ele afirma (com sinceridade) que foi um dos únicos bolcheviques seniores a alertar contra o ataque à Polônia no início, e em sua resposta a Lenin, quando diz que o verdadeiro problema era a falta de cadeias de suprimentos adequadas na retaguarda do exército de Tukhachevsky, o que levou a um colapso da frente. No entanto, o que paira sobre tudo isso é a visão ideológica/paranoica profundamente suspeita de Stalin sobre a guerra. Ao responder a Trotsky, ele simplesmente ignorou o fato de que a ajuda chegou tarde para auxiliar Tukhachevsky porque Stalin manteve o foco em Lviv. No entanto, sua resposta a Lenin demonstrou seu verdadeiro lado desconfiado. O real problema que Stalin queria destacar era, como sempre, os comandantes seniores do exército. Ele acusou-os de terem feito as coisas de forma errada, e disse ser necessária uma investigação para encontrar os responsáveis. Mas até mesmo Lenin era muito sensível para fazer o que Stalin acreditava que tinha de ser feito — e Stalin provavelmente entendia.

Era a declaração de um futuro ditador que não estava mais ouvindo os outros. Stalin estava pronto para assumir o poder, e ai daqueles que se colocaram ou se colocariam em seu caminho, inclusive Lenin. A essa altura, ele também tinha a sorte de que as mentiras básicas que sustentavam suas explicações nunca causaram nenhuma repercussão e, de certa forma, até ajudaram sua ascensão ao topo. Isso só mudaria substancialmente quando ele tivesse que elaborar uma estratégia para enfrentar Adolf Hitler, e não pudesse mais simplesmente fazer com que a narrativa se encaixasse em seus desejos.

8

Franklin Roosevelt e a política doméstica de estratégia

Os navios estavam operando em total blackout, aproveitando as breves horas de escuridão disponíveis em uma noite de verão no meio do Atlântico Norte. Era julho de 1918 e o comboio, composto por navios rápidos de transporte de tropas, transportava 20.000 soldados americanos recém-treinados para lutar nos campos de batalha do norte da França. Entre a frota, havia gigantescos transatlânticos alemães convertidos que haviam sido confiscados pelo governo dos Estados Unidos e que agora estavam sendo usados para espremer a vida do país que os fabricou. Para confundir quaisquer submarinos alemães que estivessem por perto, os navios de transporte de tropas foram camuflados com designs futuristas pintados em tons conflitantes de cinza e preto; suas formas e tonalidades estranhas dificultavam que qualquer oponente avaliasse a velocidade e a direção. O volume dos grandes navios de transporte de tropas fazia com que suas silhuetas se destacassem como "grandes massas negras sem luz" e permitia que eles navegassem "firmes como rochas" pelas águas imprevisíveis do Atlântico Norte. Ao redor deles, corriam contratorpedeiros muito menores, "construídos para a velocidade",[1] correndo como aves de rapina, esperando e procurando os submarinos alemães.

Dormindo a bordo de um desses destróieres, o USS *Dyer*, estava o secretário assistente da Marinha, Franklin Delano Roosevelt.[2,I] Ou, melhor dizendo, tentando dormir. Enquanto o destróier balançava de um lado para o outro com a ondulação, ele se enfiou entre o colchão leve de seu beliche e a parede na qual a cama estava fixada. Era a única maneira de evitar que ele fosse jogado no convés. Desde o momento em que embarcou no Brooklyn Navy Yard para essa "aventura", a maior esperança de Roosevelt era ver um submarino alemão em alto-mar — e sua empolgação o deixou nervoso. Ele ficava pulando acordado a cada pequeno barulho.[3] Naquela noite, um apito de advertência soou, e Roosevelt, com a "rapidez de um relâmpago", pulou da cama e se dirigiu à ponte do *Dyer*, esperando alguma ação. Somente quando chegou à frente do capitão do contratorpedeiro, Roosevelt percebeu que ainda estava de pijama e que havia esquecido de calçar os chinelos. Era um alarme falso; eles estavam apenas cruzando o caminho de outro comboio. Roosevelt riu, adorando "cada minuto".[4]

A viagem foi a realização de um sonho de toda uma vida. Ele poderia ter escolhido viajar com conforto, em um transatlântico ou em um navio de combate maior, como um cruzador ou um encouraçado. No entanto, optou deliberadamente por fazer a travessia no menor navio disponível. Destróieres finos e manobráveis eram a espinha dorsal da frota. Eles realizavam patrulhas, procuravam embarcações inimigas e protegiam os principais encouraçados de ataques de torpedos. O tamanho dos contratorpedeiros fazia com que viajar neles fosse um teste de habilidade marítima, que era exatamente o que Roosevelt queria. O *Dyer* balançava violentamente para cima e para baixo no Atlântico, fazendo com que muitos tripulantes vomitassem e deixando o navio, como Roosevelt observou, com o cheiro de "uma rua no Haiti". Nada disso incomodou o secretário naval assistente.

[I] O USS *Dyer* era um contratorpedeiro da classe Wickes que acabara de ser construído e estava fazendo sua viagem inaugural para a Europa.

Ele estava "totalmente sem medo" e, quanto mais difícil era a experiência, mais Roosevelt "parecia gostar dela". Mais uma vez, ele podia se gabar de que, por mais revoltos que fossem os mares, ele nunca ficava enjoado.[5]

Outro motivo pelo qual Roosevelt queria experimentar a vida em um contratorpedeiro era porque ele entendia como esses navios haviam transformado a guerra no mar. Nos primeiros seis meses de 1917, os submarinos alemães cobraram um preço assustador da navegação dos Aliados. Com liberdade para atacar quando quisessem, eles afundaram tantos navios mercantes que parecia que os britânicos poderiam morrer de fome se algo drástico não fosse feito. Essa medida acabou sendo o sistema de comboios, que foi iniciado no final de maio. Em vez de enviar navios mercantes para o alto-mar individualmente, esperando que a vastidão do oceano proporcionasse proteção, eles agora eram agrupados e protegidos por navios de escolta — e o contratorpedeiro havia se mostrado o mais eficaz deles. Equipados com novas armas, como cargas de profundidade, os contratorpedeiros afugentaram ou afundaram um grande número de submarinos alemães. Imediatamente, o número de navios mercantes perdidos despencou, enquanto as perdas de submarinos alemães atingiram níveis recordes. Em setembro de 1917, os alemães estavam perdendo mais submarinos do que construíam. Eles estavam prestes a perder a guerra no mar, o que significava que acabariam perdendo a guerra como um todo.

Desde o momento em que os Estados Unidos entraram na guerra, vencer essa luta contra os submarinos alemães tornou-se seu objetivo naval mais importante. Para Roosevelt, o controle das comunicações marítimas no Atlântico se converteu em uma obsessão, embora ele não pudesse simplesmente impor suas ideias ao governo dos EUA. Seu trabalho estava mais voltado aos detalhes básicos da frota do que à grande estratégia. Em junho, ele visitou os distritos navais do nordeste, em Boston, Newport, Rhode Island e na cidade de

Nova York.[6] Em um relatório que enviou a Josephus Daniels, seu chefe, Roosevelt criticou os comandantes dos dois últimos distritos, acusando-os de incompetência. Ele pediu ao Secretário da Marinha que os substituísse, mas Daniels se recusou a agir. Em setembro, Roosevelt voltou aos distritos e, mais uma vez, escreveu um relatório dizendo que os dois comandantes deveriam ser removidos.[7] Preocupado com o fato de Daniels ainda não ter feito nada, Roosevelt solicitou que sua carta fosse oficialmente reconhecida, tornando suas objeções uma questão de registro público.

Se grande parte de seu tempo foi gasto na administração naval e na construção de navios, Roosevelt também continuou seu papel de lobista público para uma Marinha maior e mais poderosa. Ele sempre esteve ciente de problemas políticos envolvidos nas questões estratégicas, embora tenha levado anos para atingir o tom certo. Em 1914, ele fez uma tentativa frustrada de ser indicado como candidato democrata para o Senado dos EUA pelo estado de Nova York. Roosevelt tentou aproveitar sua experiência naval e visão estratégica para reforçar a candidatura, dando uma palestra a um público do Condado de Dutchess sobre como os Estados Unidos eram muito mais fracos do ponto de vista naval do que a maioria das pessoas supunha.[8] Com a nação, naquele momento, determinada a ficar fora de uma guerra europeia, esses apelos tiveram pouca repercussão, e Roosevelt foi facilmente derrotado. De volta ao Departamento da Marinha, ele estava determinado a ser mais esperto da próxima vez.

Quando os Estados Unidos finalmente entraram na guerra, Roosevelt aproveitou sua experiência de campanha para escrever uma série de artigos explicando por que o crescimento da Marinha dos EUA era bom para a nação. Em junho de 1917, ele publicou um artigo no *Ladies' Home Journal* intitulado "What the Navy Can Do for Your Boy".[9] Recusando-se a começar com todas as vantagens materiais ou oportunidades educacionais que um novo recruta da Marinha poderia obter, Roosevelt, em vez disso, apelou aos pais, apresentando os fundamentos de uma estratégia mahaniana, mas no tom popular que se tornaria sua marca registrada:

> Todos sabemos mais ou menos que nossa marinha é a primeira linha de defesa e estamos começando a perceber que a definição da palavra "defesa" não significa impedir que forças armadas hostis desembarquem em nossa costa marítima, mas que, em seu sentido mais amplo e à luz das condições modernas, a palavra "defesa" significa também manter abertas nossas estradas de comércio através dos mares. Se os navios mercantes ficarem presos no porto de Nova York, não será apenas a cidade de Nova York que sofrerá, mas o efeito dessa prisão se espalhará rapidamente para o interior do país, bloqueando o transporte, enchendo os elevadores de grãos até a capacidade máxima, perturbando enormes mercados de manufaturas e produtos e causando confusão geral em todo o país.[10]

Enquanto Roosevelt falava sobre a importância do poder naval, um esquadrão de encouraçados dreadnought americanos embarcou para se juntar à frota de batalha principal da Marinha Real em Scapa Flow. Como os britânicos haviam efetivamente mantido a frota de superfície alemã engarrafada no porto desde 1914, os maiores encouraçados americanos tinham pouca perspectiva de entrar em combate. Em vez disso, eram os navios menores — os destróieres que tanto encantaram Roosevelt — que lutariam contra os submarinos alemães.[11] De fato, cerca de 70% dos destróieres modernos dos Estados Unidos foram enviados para a Europa durante a guerra. Uma base dos Estados Unidos, sob comando britânico, foi estabelecida em Cork, na Irlanda (chamada de Queenstown na época), e logo se tornou um centro de atividades, pois os americanos aprenderam os métodos britânicos mais modernos para transportar navios mercantes e atacar os submarinos alemães. Roosevelt tinha pouca influência sobre essas forças, pois elas estavam sob o comando do comandante naval americano supremo na Europa, o Almirante William Sims. Sims, que passava a maior parte do tempo em Londres, mantinha excelentes relações com os britânicos e se mostrava um chefe vigoroso no teatro de operações, o que deixou Roosevelt com muita vontade de voltar a Washington.

Embora não tivesse quase nenhuma influência sobre os navios americanos no mar, Roosevelt fez uma incursão significativa na estratégia naval — ele considerava o submarino alemão a maior ameaça aos Aliados. A questão, é claro, era como destruir, ou pelo menos parar, esses submarinos antes que eles afundassem mais navios mercantes. Encontrar um submarino em mar aberto era uma tarefa quase impossível em uma época sem sonar e patrulha aérea eficazes.[II] Eles eram simplesmente muito pequenos e, com a capacidade de submergir, quase impossíveis de serem localizados antes de se revelarem.

Diante desse dilema, Roosevelt adotou a ideia de um campo minado defensivo em uma escala heroica. Os campos minados já haviam se mostrado eficazes em mares estreitos, onde podiam controlar a passagem de navios. As minas otomanas ajudaram a impedir a Marinha Real quando ela tentou forçar a subida dos Dardanelos, e as minas alemãs impediram os britânicos de perseguir a Marinha alemã quando ela fugiu para suas bases após a Batalha da Jutlândia, em 1916.

Roosevelt levou a ideia ao extremo, defendendo a construção de um campo minado ao longo de todo o Mar do Norte, da costa da Escócia à Noruega, uma distância de 386 quilômetros. Para completar

---

[II] Isso não impediu que as pessoas tentassem. Durante a Primeira e a Segunda Guerra Mundial, foram feitos esforços para a implantação de forças de caça-submarinos, que eram enviadas para encontrar os submarinos alemães antes que eles pudessem atacar os comboios. Em sua maioria, elas falharam.

uma barreira tão grande, seriam necessárias aproximadamente 100.000 das mais modernas minas com detonador de "antena", dispostas em campos de 24 a 56 quilômetros de largura e em várias profundidades.[12,III] Roosevelt, no entanto, estava convencido de que o custo valia a pena. A barreira do Mar do Norte usaria máquinas, que os Estados Unidos poderiam fabricar em número sem precedentes, para travar uma guerra industrial contra a Alemanha, salvando assim vidas americanas e, ao mesmo tempo, assumindo o controle das comunicações do Oceano Atlântico. Tudo o que estava faltando, na mente de Roosevelt, eram a ambição e o impulso para tornar a barreira uma realidade.

É difícil subestimar a paixão de Roosevelt pela Barragem de Minas do Mar do Norte, como ficou conhecida. Ele se referia a ela como seu "passatempo de estimação" e estava convencido de que foi seu lobby que fez o Departamento da Marinha acabar apoiando o plano.[13] Ele havia começado a promover a ideia muito antes de os Estados Unidos entrarem na guerra.[14] Quando os Estados Unidos entraram na guerra, ele avançou com ainda mais força. Em maio de 1917, Roosevelt abordou pessoalmente Daniels e Woodrow Wilson sobre a questão.[15] No início, ele encontrou pouco apoio. O Secretário da Marinha e o presidente tinham pouco entusiasmo para um empreendimento defensivo tão grande. Na verdade, o governo como um todo, inclusive o presidente, estava pressionando por operações ofensivas muito mais arriscadas para atacar os submarinos alemães. Wilson parecia ansioso para que os americanos "fizessem algo audacioso na linha de ataque", como se aventurar nas próprias bases de submarinos alemães — ou, como ele gostava de chamá-las, seu "Ninho de Vespas".[16] Para Wilson, essa necessidade era tanto pessoal quanto qualquer outra coisa; ele queria

---

[III] Elas eram chamadas de minas de antena porque eram conectadas a um cabo de 30 metros. Tudo o que o alvo precisava fazer era roçar o cabo para que a mina explodisse, levando a uma cobertura muito maior por mina. Os submarinos eram considerados tão delicados que a mudança na pressão da água causada por uma explosão dentro desse alcance seria suficiente para provocar sérios danos.

que os americanos fossem vistos como tendo um papel decisivo na derrota dos alemães, de modo a fortalecer sua própria posição de negociação durante as conversações de paz do pós-guerra. Mas ele não tinha ideia do que significava atacar as bases alemãs e estava promovendo uma política imprudente.[17] As bases alemãs eram extremamente bem protegidas, com grandes campos minados, e as principais instalações ficavam a quilômetros rio acima em relação ao mar. Qualquer ataque desse tipo exigiria que as embarcações americanas se colocassem em grande perigo e poderia envolver o desembarque de tropas terrestres na própria Alemanha — um pouco como os planos de Churchill em 1914 para ameaçar a costa norte alemã.

Os britânicos, que entendiam o quanto os ataques às bases alemãs eram perigosos, a princípio se opuseram tanto aos planos de Roosevelt para uma grande barragem de minas no Mar do Norte quanto aos de Wilson para ações ofensivas nas bases submarinas do inimigo. No entanto, com a pressão dos americanos sobre os britânicos para que fizessem alguma coisa, no verão de 1917 eles cederam em relação à barreira do Mar do Norte, com a condição de que os Estados Unidos pagassem e fornecessem quase todas as minas necessárias para o esforço hercúleo.

Depois de conseguir que os britânicos concordassem, Roosevelt teve de voltar para sua própria administração. Em outubro, ele alcançou um novo ponto alto em sua assertividade, escrevendo um memorando para Daniels exigindo ação sobre a barreira do Mar do Norte e, em seguida, enviando uma cópia desse memorando para Wilson, em uma tomada de poder bastante despojada, pedindo que alguém — provavelmente ele mesmo — ficasse responsável pelo plano. "É meu dever dizer a você que, se o plano for colocado em execução com a mesma velocidade e método empregados no passado, outros meses inestimáveis serão desperdiçados", escreveu ele. "Uma pessoa em quem você tenha confiança deve receber a ordem e a autoridade necessária para executar o plano sem demora." Para o caso de Wilson precisar revisar seu Mahan, Roosevelt terminou a carta com uma lição sobre o poder marítimo: "Não gosto de exageros, mas a verdade é que a eliminação de todos os submarinos das águas entre os Estados Unidos e a Europa é, necessariamente, um fator vital para vencer a guerra".[18]

A carta não era apenas uma indicação da crescente confiança de Roosevelt; era um apelo para uma mudança em sua posição. Percorrer as bases navais americanas e escrever artigos para acalmar os pais nervosos era muito bom, mas essas tarefas estavam muito longe de ser as responsabilidades de um verdadeiro líder de guerra, como Roosevelt as imaginava. Ele considerou a possibilidade de deixar o Departamento da Marinha e lutar na frente de batalha — e até mesmo tinha uma unidade específica em mente, porque ele a havia criado.

À medida que passava mais tempo no lado técnico da construção naval, Roosevelt se sentiu atraído pela ideia de montar em vagões de trem os enormes canhões navais de 14 polegadas normalmente colocados nos *dreadnoughts* americanos.[19] Essa seria a resposta americana às famosas peças de artilharia supergrandes da Alemanha — o Big Bertha e o Paris Gun. Elas seriam construídas usando o poderio industrial americano, transportadas através do Atlântico e montadas na França, onde atingiriam alvos estratégicos alemães com um poder explosivo sem precedentes. Quando concluídas, essas peças poderiam disparar um projétil de 635.000 quilos a um alcance de 38 quilômetros.[20] Em dezembro de 1917, foram elaborados planos para construir os enormes vagões ferroviários necessários para suportar o peso dos canhões navais e, em janeiro de 1918, foi iniciada a construção do produto final. Era a maior peça de artilharia aliada da guerra, e esperava-se que estivessem prontos para entrar em ação no verão.

Roosevelt havia sido "responsável pela aceitação dessa proposta extraordinária".[21] Assim como no caso da barragem de minas do Mar do Norte, ele se tornou territorial em relação ao progresso. Essa seria a unidade com a qual ele lutaria — se assim escolhesse. Servir com essas armas permitiria que ele se tornasse um membro da marinha e, ao mesmo tempo, aceleraria o tempo necessário para colocá-lo em ação (o treinamento para comandar um navio levaria muitos anos). A única decisão era se ele iria se arriscar.

Uma coisa que impediu Roosevelt de se alistar foi a esperança de ser enviado em uma missão especial à Europa. Muito antes de os EUA entrarem na guerra, ele já tinha interesse em ver a situação do conflito e se envolver em alguma diplomacia internacional de alto nível, e propôs pela primeira vez que fosse enviado à Europa em uma viagem de inspeção em 1914. Quando os EUA finalmente entraram na luta, sua súplica tornou-se incessante. Ele disse a Daniels: "Um de nós deve ir e ver a guerra em andamento com seus próprios olhos, caso contrário, seremos como um jogador de xadrez movendo suas peças no escuro".[22] No entanto, o Secretário Naval parecia relutante em dispensar Roosevelt do departamento. Daniels não dizia não, mas encontrava motivos para adiar.

Durante algum tempo, no início de 1918, parecia que qualquer missão de Roosevelt poderia nunca sair da terra firme. A guerra, do ponto de vista dos Aliados, tomou um rumo deprimente quando os alemães lançaram suas famosas ofensivas de primavera, em março. Usando um milhão de soldados transferidos da Frente Oriental, agora que a Rússia Soviética (RSFSR) havia assinado um tratado de paz com Berlim, os alemães atacaram usando táticas de *storm troopers*. Quando chegou a Washington a notícia de que eles haviam aberto um grande buraco nas linhas francesas e britânicas e começado a marchar novamente sobre Paris, houve um momento de desespero, pois se temia que a França pudesse sair da guerra. Em 28 de março, depois que Roosevelt discutiu a situação militar com o General Leonard Wood, ele se descreveu para sua mãe como estando "um pouco triste", acrescentando: "Não é muito provável que eu vá para lá, embora eles devessem me enviar".[23]

E então, milagrosamente, os ataques alemães cessaram, e a Frente Ocidental se estabilizou novamente. Finalmente, concordou-se que a missão de Roosevelt poderia prosseguir. Poucos perceberam, na época, que ele estava indo para uma guerra quase no fim. Ele acreditava estar prestes a vislumbrar pessoalmente uma luta que tinha a perspectiva de mais anos de sangue e trabalho árduo.

Em 8 de julho de 1918, Franklin Roosevelt embarcou no *Dyer* com destino à Europa.[24] Aos 36 anos, ele estava longe de ser o presidente em uma cadeira de rodas que as gerações posteriores se lembrariam. Com um nível de energia que um assessor comparou ao de seu primo Theodore — um elogio que Franklin teria adorado —, Roosevelt passava os dias andando pelo convés do *Dyer*, observando um encouraçado em ação. Ele passava horas na ponte, atento a tudo e a todos; acompanhava como o comboio ziguezagueava, sempre se certificando de nunca voltar ao curso verdadeiro por mais de 24 quilômetros — o que era considerado muito mais longo do que um submarino alemão poderia observar visualmente.[25] Esse civil a bordo de um navio repleto de marinheiros profissionais deslumbrava os que o cercavam com seu conhecimento enciclopédico da frota, com um observador dizendo que o ASN "sabia mais sobre as muitas atividades de nossa marinha do que qualquer outra pessoa".[26]

A maior parte do tempo do *Dyer* era gasta em exercícios. Como o navio tinha acabado de ser construído, sua tripulação verde ainda tinha muito a aprender. Eles praticaram com as armas que mais esperavam usar contra os submarinos alemães, lançando cargas de profundidade e disparando seus novos canhões. As cargas de profundidade causaram um impacto muito maior do que Roosevelt esperava. Tambores com 136 quilos de explosivo de alto poder foram lançados da popa e programados para detonar em uma determinada profundidade. Na primeira vez que o *Dyer* lançou uma carga de profundidade, ela explodiu depois que o contratorpedeiro se afastou apenas algumas centenas de metros. A essa distância, a explosão foi tão forte que o navio estremeceu violentamente, como se tivesse se chocado contra uma rocha fixa no meio do oceano. Roosevelt admitiu com pesar que seria necessário "muito mais" do que alguns dias de treinamento "para tornar a tripulação eficiente". E esse foi um pequeno contratempo, comparado a outro momento em que uma tripulação encarregada de um dos canhões de 127 milímetros do *Dyer* disparou para trás, errando por pouco a ponte de onde Roosevelt estava observando. Sua reação foi rir.[27]

Em Londres, ele foi imediatamente apresentado ao Primeiro Lorde do Almirantado, Sir Eric Geddes. Empresário bem-sucedido, com reputação de gênio organizacional, Geddes fez o possível para se enturmar com o jovem. Durante dias, ele pessoalmente pastoreou seu hóspede, chegando a viajar até a Irlanda para fazer companhia a Roosevelt. Mas Geddes tinha um motivo oculto; o britânico estava pensando no mundo pós-guerra e, assim como muitos na Marinha Real, havia ficado desanimado com o programa naval americano de 1916, que prometia construir novos navios de grande porte nos EUA. O problema de Geddes era que, embora estivesse determinado a manter a supremacia naval nas mãos da Grã-Bretanha, ele não podia se dar ao luxo de não fazer nada para antagonizar o governo dos EUA.

Diante desse dilema, Geddes encantou o encantador. Quando ele e Roosevelt conversaram sobre as prioridades da construção naval, o Primeiro Lorde falou de forma amistosa sobre a desnecessidade de novos navios de grande porte na guerra contra a Alemanha. O que eles realmente precisavam dos americanos era de mais e mais navios antissubmarinos. A Grã-Bretanha havia interrompido toda a construção de navios de capital durante a guerra, e os Estados Unidos também deveriam fazê-lo. Roosevelt acreditou na história sem hesitação. Imediatamente, ele comunicou a Daniels uma excelente ideia de "discutir a possibilidade de encaixar o programa britânico de novas construções em nosso programa, para que, entre nós, não construíssemos um número excessivo de um tipo de navio".[28]

Mais tarde, durante a viagem, Roosevelt se encontrou com David Lloyd George, e o primeiro-ministro, assim como Geddes, seduziu o jovem ASN. Roosevelt foi atraído pela "tremenda vitalidade" de Lloyd George, e os dois homens, políticos internos em sua essência, discutiram relações trabalhistas durante o almoço. Roosevelt revelou o quanto poderia ser agressivo nessa época, criticando os britânicos por não terem adotado o alistamento obrigatório no início da guerra, o que, segundo o americano, privou o governo de uma arma poderosa para manter os sindicatos na linha.

O ponto alto de sua estada em Londres foi a audiência particular de Roosevelt com o Rei George V. Na manhã de 30 de julho, ele foi conduzido ao Palácio de Buckingham, onde passou apressado por vastos corredores repletos de belas pinturas navais e foi conduzido a uma sala de espera. Lá, viu vários ornamentos chineses de laca refinados. Ainda não totalmente confortável com as aspirações imperialistas globais do Estado britânico, Roosevelt esperava que os ornamentos não tivessem sido confiscados durante os saques que se seguiram à Rebelião dos Boxers. Finalmente, ele foi escoltado até o rei. O americano fez o melhor que pôde para não se intimidar e lidar com George como um colega de elite. Os dois se deram bem imediatamente. O rei, um oficial da marinha, elogiou Roosevelt por ter feito a travessia do Atlântico em um contratorpedeiro. A maior parte do tempo foi dedicada à discussão sobre os terríveis alemães. A mandíbula do rei "estalava" quando ele cuspia detalhes de supostas atrocidades alemãs, e ele confidenciou a Roosevelt que, embora tivesse muitos parentes alemães, "posso dizer a você francamente que, em toda a minha vida, nunca vi um homem alemão que fosse gentil". Mais tarde, Roosevelt se vangloriou de que, embora a reunião devesse ter durado quinze minutos, os dois "se deram tão bem" que ele saiu depois de quase quarenta e cinco.[29]

Roosevelt parecia se dar bem com todos, com exceção de Winston Churchill. Os dois se encontraram apenas brevemente, durante um jantar, e o britânico mais velho causou uma péssima impressão no jovem americano. Não se sabe ao certo o que aconteceu entre os dois, mas anos depois Roosevelt ainda estava irritado com o ocorrido e disse a Joseph Kennedy, que Roosevelt nomearia embaixador dos EUA na Grã-Bretanha de 1938 a 1940, que Churchill havia "agido como uma pessoa desprezível".[30] Churchill alegou não se lembrar do evento, o que pode ter sido o problema em primeiro lugar. A acusação específica de Roosevelt era de que Churchill havia sido "rude" com ele.[31] Isso poderia significar que Churchill havia ignorado Roosevelt, achando-o indigno de sua atenção, o que Franklin teria considerado um verdadeiro insulto — supostamente nunca o esquecendo.

Deixando de lado o julgamento de Churchill, a grande atenção dada a Roosevelt em Londres pareceu subir à sua cabeça. Enquanto os formuladores de políticas britânicos faziam o possível para conquistar o jovem, eles lançavam diferentes iniciativas. Um deles sugeriu que Roosevelt ajudasse a instalar um comandante naval britânico no Mediterrâneo, que poderia assumir o controle das forças italianas e obrigá-las a agir. Roosevelt ficou entusiasmado com a ideia, lisonjeado com a perspectiva de se envolver com a política internacional. Durante sua visita a Roma, ele defendeu o caso britânico diretamente para o primeiro-ministro italiano, Vittorio Emanuele Orlando.[32] No entanto, os italianos não tinham intenção de entregar suas forças aos britânicos, nem os franceses apoiavam um comando britânico dominante na área — e isso também não era a política oficial americana. Rejeitado, Roosevelt rapidamente abandonou a ideia.

Se ele passava grande parte de seu tempo com altos líderes políticos, passou o mesmo tempo visitando unidades navais americanas, para que pudesse garantir a Daniels e Wilson que seus filhos estavam sendo bem cuidados. A primeira grande instalação que visitou, três dias após sua chegada, foi a base em Cork, que abrigava um grande destacamento de destróieres americanos em operações antissubmarinas. Roosevelt inspecionou as instalações para os homens alistados: seus hospitais, teatros e clubes. Ele também foi apresentado a um dos segredos britânicos mais bem guardados da guerra: os Q-ships, os aparentemente inocentes navios mercantes que, na verdade, haviam sido equipados com poderosos canhões navais ocultos e eram tripulados por oficiais e selecionados da Marinha Real. A função de um Q-ship era navegar pelo Atlântico Norte parecendo um alvo fácil para qualquer submarino alemão que o encontrasse. A esperança era que um U-boat, pensando que se tratava de um navio civil sem escolta, viesse à tona para destruir o Q-ship com seu canhão de convés (poupando um torpedo e dando à tripulação a chance de abandonar o navio). Quando o submarino azarado vinha à tona, o Q-ship manobrava para mais perto e, quando o alcance era adequado, rapidamente levantava a bandeira da Marinha Real, revelava seu armamento pesado e explodia o submarino em pedacinhos antes que ele pudesse reagir. Era um trabalho perigoso, pouco cavalheiresco e, de acordo com os padrões do direito internacional da época, provavelmente ilegal. Isso não incomodou Roosevelt. Ele estava fascinado ao ouvir as histórias "de arrepiar os cabelos" de um capitão de Q-boat que havia afundado "4 ou 5" submarinos.[33]

Roosevelt estava ainda mais interessado em sua Barragem de Minas do Mar do Norte. Sua viagem de volta ao Reino Unido em agosto envolveu uma extensa visita às instalações navais na Escócia. Ele visitou a Grande Frota Britânica, a força de navios de guerra dominante no mundo, então sediada no Firth of Forth, nos arredores de Edimburgo, mas ficou mais empolgado quando saiu de Edimburgo em direção às Highlands e pôde ver sua barragem de minas sendo instalada. O que ele descobriu foi uma operação em pleno andamento. Os britânicos haviam começado a colocar as primeiras minas em março;[34] os americanos seguiram o exemplo em junho.[35] Quando Roosevelt chegou, a área estava movimentada, com minas sendo desempacotadas, montadas, carregadas em navios e depois transportadas para seus locais. Depois de ver a operação de minas em ação, ele propôs que uma barreira semelhante fosse construída no Mediterrâneo para encurralar a Marinha austríaca no Adriático.

Confiante em sua capacidade de analisar e orientar a guerra naval, Roosevelt chegou à França para observar a guerra terrestre. Ele ficou fascinado com as imagens e os sons do campo de batalha, e com as histórias de brutalidade e heroísmo que supostamente ocorriam no terreno à sua frente. Em seu diário, os alemães eram invariavelmente os "Boche" ou os "Hunos", responsáveis por cometer as mais horríveis atrocidades. Eles destruíam igrejas, bombardeavam prédios inutilmente, saqueavam "deliberada e maliciosamente" e roubavam tudo o que queriam. Com seus horrores, os alemães criaram uma geração de cidadãos franceses que, segundo Roosevelt, jamais perdoariam seus invasores. Essa era uma impressão que ele também levaria consigo pelo resto da vida.

Em Paris, ele teve uma reunião particular com o primeiro-ministro da França, Georges Clemenceau. De baixa estatura e vigoroso, Clemenceau estava lutando contra os alemães desde a década de 1870. Calculando que Roosevelt era um homem que valia a pena impressionar, o líder francês tentou chocá-lo com histórias de depredações alemãs. Ele queria dissuadir o americano de que a guerra poderia acabar logo — "que os alemães pararam de lutar ou que não estão lutando bem".[36]

A Alemanha precisava ser derrotada e, para mostrar o esforço que isso levaria, Clemenceau contou a Roosevelt sobre um quadro que havia testemunhado em uma de suas muitas visitas à linha de frente. Ele se deparou com dois corpos, de um alemão e um francês, parcialmente enterrados em uma cratera. Os homens haviam sido mortos pela artilharia enquanto estavam em combate, sem armas, tentando morder um ao outro até a morte.

Roosevelt partiu para ver com seus próprios olhos essas paisagens. Descartando um itinerário repleto de campos de batalha abandonados e hotéis confortáveis, ele pediu aos comandantes franceses locais que fosse autorizado a avançar o máximo possível. Durante quatro dias, de 4 a 7 de agosto, ele entrou e saiu das áreas de combate, sentiu as explosões dos projéteis que caíam nas proximidades, rastejou para dentro de abrigos e fortalezas, catalogou a destruição em sua cabeça e viu túmulo após túmulo marcando onde um homem havia caído recentemente, fosse ele francês, alemão ou mesmo americano.

Ele começou sua turnê com os fuzileiros navais dos EUA perto de Belleau Wood, onde foi recebido pelo comandante da 4ª Brigada de Fuzileiros Navais (parte da 2ª Divisão de Infantaria), Major General John LeJeune. Roosevelt ouvia histórias de Belleau Wood, a "maior batalha americana desde que Lee se rendeu em Appomattox" e acreditava nos rumores de que o exército havia feito com que essa única brigada de fuzileiros navais lutasse duas vezes mais do que duas divisões do exército juntas. De fato, como um bom marinheiro, ele estava convencido de que o exército faria qualquer coisa para aproveitar a glória do Corpo de Fuzileiros Navais. Quando soube que estavam sugerindo renomear Belleau Wood — que os franceses haviam rebatizado como *Bois de la Brigade de la Marine* em homenagem à bravura do Corpo — para *Bois des Américains*, fez questão de registrar formalmente sua objeção.

Depois de alguns dias com os fuzileiros navais, Roosevelt juntou-se ao Exército francês no local da batalha mais famosa da guerra, Verdun. Assim como Winston Churchill dois anos antes, ele usou o distinto capacete militar francês e carregou uma máscara de gás enquanto avançava. Ele precisaria dela. Como um sinal de que, em algumas áreas, os sistemas complexos de trincheiras, em camadas de ambos os lados, tornavam os ataques quase impossíveis, Verdun, no verão de 1918, ainda estava na linha de frente — tal como no início da batalha, dois anos antes.

Roosevelt foi conduzido pela famosa Voie Sacrée, a estrada estreita que os franceses usaram para reforçar suas tropas sitiadas durante a batalha, e levado até a Cidadela, a grande fortaleza — agora muito danificada —, que ficava em um cume com vista para a cidade. Ao olhar para Verdun, ele ficou chocado. Roosevelt tentou encontrar um telhado ainda intacto — e não conseguiu. Havia "grandes lacunas" onde antes havia grandes edifícios e "paredes irregulares" destacadas por toda parte. Ao percorrer os campos de batalha fora da cidade, Roosevelt ficou inicialmente confuso com a extensão vazia que se desenrolava à sua frente. Foi só depois de um momento que ele percebeu que toda a área havia sido tão saturada por tiros e explosões que todas as árvores, arbustos e estruturas foram simplesmente levadas pelo vento, deixando uma tela em branco de terra. Ele escreveu em seu diário: "Você não vê buracos completos de projéteis, pois um corre para o outro, e sistemas de trincheiras, fortes e estradas foram engolidos em um caos marrom".[37]

O passeio de Roosevelt pelo campo de batalha permitiu que ele mostrasse sua verdadeira coragem. Um dos locais mais importantes foi o Forte Douaumont, a maior fortaleza da linha de Verdun, que havia sido capturada pelos alemães em 1916, antes de cair novamente nas mãos dos franceses. Como o forte ainda era alvo de fogo alemão, Roosevelt e seu grupo só puderam entrar em fila única, deixando quarenta passos de distância entre eles, em uma tentativa de não chamar a atenção.[38] Mesmo assim, foram espionados pelos alemães, que começaram a lançar projéteis na direção de Roosevelt. Sempre que ouviam o zumbido de um projétil, um oficial francês levantava a mão e o ASN saltava para um uma cratera abandonada. (Você pode imaginar as repercussões se o fogo de artilharia dos alemães tivesse sido certeiro; o líder mais forte dos americanos na Segunda Guerra Mundial teria sido eliminado antes mesmo de começar). Dentro do forte, mais de

800 oficiais e homens se espremiam, preenchendo todos os cantos, e o prédio inteiro tremia com a explosão dos projéteis alemães. Roosevelt sorriu, mas provavelmente odiou cada minuto.

Depois de um dia visitando os locais importantes de Verdun, ele foi levado de volta à Cidadela para um "jantar delicioso" com oficiais franceses e, esperava ele, um sono reparador depois de todos os seus esforços. Enquanto estava deitado na cama, a vinte e quatro metros abaixo do piso da Cidadela, em um túnel apertado, ele percebeu como a guerra terrestre era estranha à sua sensibilidade. Cheirava errado. Nas cavernas e fortalezas de Verdun, ele se sentia apertado, úmido e sujo, e exclamou em seu diário que "odiaria ter de viver neste lugar".[39] Havia algo de sujo e anti-higiênico em estar em uma grande formação de infantaria que fazia Roosevelt se arrepiar. Ele também não conseguia descansar na Cidadela, onde o ar tinha de ser circulado por bombas mecânicas, "sentindo que é o mesmo ar sendo respirado repetidamente".[40] Outros odores o bombardeavam constantemente, sobretudo o de animais mortos e em decomposição espalhados por toda parte. Para o "sensível nariz naval" de Roosevelt, "o cheiro de cavalos mortos não é apenas evidente, mas muito horrível".[41] Ele observou os oficiais do exército e ficou surpreso com o fato de eles não se incomodarem nem um pouco com o mau cheiro.

De fato, quando esse homem da marinha analisou a guerra terrestre, a viu pelas lentes de Alfred Thayer Mahan. Roosevelt não estava particularmente envolvido na questão das táticas de poder terrestre, mas parecia mais crítico em relação às questões de comunicação e logística. Embora respeitasse muito os esforços franceses, ele repreendeu seus anfitriões por não reconstruírem as linhas ferroviárias e as pontes sobre o Marne, que os alemães haviam destruído ao se retirarem dos fracassos da primavera.

Se Roosevelt não estava familiarizado com as nuances da guerra terrestre, ele estava fascinado com o que acontecia no ar. O crescimento da aviação militar havia se tornado um dos grandes pontos de discussão da Primeira Guerra Mundial, com as pessoas elogiando as aeronaves como veículos revolucionários que ameaçavam derrubar todas as noções estabelecidas de como as nações lutariam, ou acreditando que eram distrações caras e perigosas que pouco realizavam. Quando os Estados Unidos se juntaram à guerra, milhões de dólares foram destinados à aviação.[42] Roosevelt queria ver o quanto as novas armas seriam eficazes.

Ao deixar Paris pela primeira vez a caminho da linha de frente, Roosevelt visitou um campo de aviação francês e ficou surpreso ao ver os aviões de combate alinhados, ao ar livre, e perguntou se as autoridades francesas estavam preocupadas com os bombardeios alemães. Disseram-lhe que os alemães preferiam bombardear à noite e que, nesse caso, eles estavam seguros porque os inimigos nunca poderiam encontrá-los.

Naquela noite, Roosevelt esperava ver um bombardeio americano partindo de uma base aérea perto de Saint-Inglevert.[43] Depois de duas horas de espera, ele foi informado de que a neblina no solo impossibilitava qualquer ataque. Frustrado, ele foi para a cama, mas acordou um pouco mais tarde com o som de bombas caindo no porto de Calais, nas proximidades. "Evidentemente, os Boche não consideraram a névoa do solo muito pesada", registrou em seu diário. Ainda assim, ele viu os limites do poder aéreo. Embora os alemães tivessem bombardeado Calais por meses, o porto — crucial para a entrada de tropas e suprimentos — ainda estava "repleto de movimento", o cais "nunca esteve fora de serviço" e as ferrovias para a frente de batalha "eram usadas continuamente".[44]

Se Roosevelt não ficou impressionado com a eficácia dos bombardeios aéreos, ele estava ciente de que os avanços tecnológicos mudavam a guerra quase a cada momento. Em um curto período, as bombas lançadas por aviões passaram de vinte e dois quilos — capazes de causar danos leves, como janelas estouradas ou paredes chamuscadas, e apenas com um impacto direto — para gigantes de mais de 500 quilos usadas pelos bombardeios noturnos alemães, que podiam arrasar edifícios. Roosevelt pessoalmente inspecionou uma rua onde uma das maiores bombas havia caído. Ela destruíra "seis casas de cada lado" e matou muitos de seus moradores. Como o visitante estava começando a entender, as armas do futuro seriam cada vez mais poderosas e eficazes.

Obviamente, Roosevelt estava convencido de que a instituição que alcançaria esse futuro primeiro seria a Marinha dos EUA. Este foi um dos motivos pelos quais ele foi à Itália foi para ver os novos bombardeiros noturnos da marinha, que em breve sobrevoariam os Alpes para serem utilizados na Frente Ocidental. Eles eram capazes de transportar as novas bombas superpesadas de quase 800 quilos, que tinham como objetivo destruir as obras e baterias alemãs na Bélgica.

A fé de Roosevelt na Marinha dos EUA também o levou a fazer uma das últimas paradas da turnê — e talvez a mais reveladora —, quando, em meados de agosto, ele visitou os portos de Bordeaux e da Bretanha. Os principais centros de trânsito para o transporte de tropas americanas e equipamentos de guerra para a França estavam cheios de atividade. O Exército dos EUA havia tomado conta do principal porto de Bordeaux e, por três quilômetros ao longo da costa, tudo o que se via eram "navios, guindastes, trilhos de trem, vagões de carga e armazéns", com todo o trabalho pesado sendo feito por equipes de tropas afro-americanas.[45] No entanto, Roosevelt estava mais interessado no que acontecia na costa, em Saint-Nazaire. Lá, seus amados canhões navais de 25 milímetros estavam sendo montados em vagões ferroviários, com cada enorme canhão apoiado por um trem de treze vagões. Havia o "enorme carro do canhão", três carros de construção necessários para a manutenção do canhão, dois carros de munição para armazenar os enormes projéteis, um de oficina, um carro de combustível, um carro de cozinha e quatro carros para abrigar a tripulação e o quartel-general.[46] Cada trem era tão pesado que os franceses temiam que pudessem derrubar algumas das pontes mais antigas que teriam de atravessar para chegar à frente.

No entanto, essa não era a preocupação de Roosevelt. Ao observar os americanos preparando essas armas imensas e de última geração para o combate, ele sentiu um impulso irresistível de se juntar a eles. Isso era certamente o que o primo Ted teria feito — na verdade, havia tentado fazer, até ser impedido pelo presidente Wilson. Enquanto Franklin Roosevelt fazia seus últimos preparativos para deixar a França e voltar para os Estados Unidos, ele parece ter decidido que aquele era o momento de se juntar à luta. Em 20 de agosto, enquanto aguardava a partida, escreveu para Eleanor que "quanto mais penso nisso, mais sinto que, tendo apenas 36 anos, meu lugar não é em uma mesa de Washington, nem mesmo em uma mesa da marinha. Sei que você entenderá...".

Ele não teria essa chance. Em 11 de setembro, quando zarpou de Brest no transatlântico USS *Leviathan* (originalmente construído como SS *Vaterland* para uma empresa alemã) para a viagem de volta aos Estados Unidos, Roosevelt estava muito doente. Ele havia contraído gripe espanhola, rapidamente agravada por uma pneumonia. Um dos surtos mais mortais da história moderna, a gripe devastou grande parte do mundo durante o último ano da guerra, deixando milhões de mortos.[IV] Embora Roosevelt tenha sobrevivido, ele chegou em casa tão fraco que precisou ser retirado da embarcação em uma maca, e só voltaria a trabalhar no Departamento da Marinha em 15 de outubro.

Naquela época, o Exército alemão estava se retirando rapidamente, e a ideia de Roosevelt se alistar para lutar havia se tornado inútil. Parte dele lamentaria, pelo resto de sua vida, sua incapacidade de

---

[IV] Essa pandemia, geralmente chamada de epidemia da Grande Gripe, estendeu-se de 1918 a 1920. Começou nos EUA antes de se espalhar pelo mundo todo e atingiu um número excepcionalmente alto de adultos jovens. É extremamente difícil estimar o número global de vítimas, mas afirma-se que até 50 milhões de pessoas morreram.

servir. E se a doença mudou sua vida pública, ela também transformou sua existência particular. Com Roosevelt tão doente quando chegou de volta aos Estados Unidos, Eleanor ficou encarregada de desfazer as malas de seus pertences. Ao vasculhar roupas e lembranças, ela fez uma descoberta que revelou que sua vida era uma mentira. Franklin estava envolvido há anos em um caso extraconjugal com a própria secretária de correspondência dela, Lucy Mercer. Eleanor havia sido traída por duas das pessoas mais próximas a ela no mundo.

A vida de Franklin estava em uma encruzilhada. Ele provavelmente amava Lucy, mas o divórcio teria sido uma grande desvantagem política. Ainda assim, parte dele queria fugir com a mais jovem e bela — Mercer. No final, foi sua mãe, Sara, que o levou a seguir o caminho da convencionalidade. O preço que Eleanor o fez pagar foi a profissionalização do casamento deles. A partir daquele momento, eles raramente dividiam a cama, e nunca um com o outro. Suas vidas particulares divergiam cada vez mais, e sua cooperação se dava principalmente nas questões políticas, sobre as quais ambos se importavam. De muitas maneiras, eles formaram um casal político melhor do que um casal pessoal — como o futuro demonstraria.

A crise em seu casamento levou Roosevelt a desejar outra viagem — voltar à Europa o mais rápido possível. Três dias após a rendição dos alemães, ele começou a pressionar Daniels para que o enviasse de volta, aparentemente para supervisionar a desmobilização das forças navais americanas, que estavam espalhadas pela Europa Ocidental, desde as Terras Altas da Escócia até o sul da Itália.[47] Mais uma vez, Daniels se recusou no início e manteve Roosevelt ao seu lado, mas no início de 1919 as súplicas se tornaram incessantes, e Daniels cedeu. Logo Roosevelt estava novamente no mar, mas, para garantir que ele se comportasse, Eleanor o acompanhou dessa vez.

Ele podia estar voltando para a Europa com sua vida pessoal mergulhada em caos, mas estava mais confiante do que nunca em suas ideias estratégicas. Ele continuou convencido de que suas escolhas durante a guerra eram corretas, até mesmo a controversa barragem de minas no Mar do Norte. No entanto, a história não foi gentil com a barragem de minas em relação ao custo-benefício.[48] Mais de 70.000 minas foram colocadas antes da rendição dos alemães. Mesmo assim, a barreira sofria de problemas técnicos, como o fato de as minas de antena serem propensas a explosões fratricidas. O maior problema, no entanto, foi o fato de a barreira nunca ter sido concluída. Os Aliados se recusaram a colocar minas nas águas territoriais norueguesas, por exemplo, o que deixou um caminho livre para os submarinos alemães contornarem o campo.[V] No final, relativamente poucos submarinos alemães foram realmente destruídos pela barreira — talvez quatro ou seis — e isso levou alguns a chamá-la de ineficaz. É um julgamento interessante e, em parte, impossível de ser justificado, pois a barreira estava em operação há apenas dois meses e "mal estava atingindo seu ápice" quando a Alemanha se rendeu.[49] Roosevelt, no entanto, permaneceu dedicado à ideia da barragem de minas e, se seu impacto na Primeira Guerra Mundial foi mínimo, revelou dois aspectos importantes de sua abordagem às questões estratégicas que se manifestariam na Segunda Guerra Mundial. O primeiro: vencer a guerra das comunicações era sempre a base sobre a qual qualquer guerra era vencida, e os Estados Unidos teriam que investir nisso como prioridade. E o segundo: diante de um problema estratégico, se possível, devem-se usar máquinas, mesmo em grande escala, em vez de sacrificar vidas de soldados para fazer o trabalho sujo. As máquinas não votam. Os pais, irmãos e entes queridos dos soldados mortos, sim.

Com o fim da guerra, Franklin Roosevelt estava mais uma vez buscando coisas mais grandiosas. A guerra havia elevado seu perfil

---

[V] Depois que os britânicos e os americanos começaram a colocar minas, os noruegueses disseram que instalariam as minas em suas próprias águas.

público. Atraente, com uma voz forte e, ao contrário de Daniels, um interesse apaixonado por questões navais, Roosevelt era cada vez mais o rosto público da frota. No verão de 1919, ele foi o tema principal de um editorial do *New York Times* que elogiava sua posição a favor do aumento do salário dos oficiais da marinha.[50] Isso foi simples em comparação com grande parte de sua publicidade. Sempre que possível, Roosevelt tentava se vincular à tecnologia de ponta da marinha e, em 1919, isso significava participar de shows aéreos para mostrar as possibilidades da aviação a um cidadão americano interessado.

Em abril, ele fez um voo público no mais novo barco voador da marinha, o Curtiss NC-2, construído com o objetivo de cruzar o Atlântico. Depois de falar com os repórteres, Roosevelt lembrou a eles: "Da última vez que estive no ar, foi em patrulha ativa na costa da França".[51] Algumas semanas antes, ele havia participado de um show aéreo no Madison Square Garden, em Nova York. Falando da cabine de comando do maior e mais novo bombardeiro da marinha, um Handley Page, ele fez um apelo apaixonado para que os Estados Unidos se tornassem a principal potência aérea do mundo. Ele até pegou o conceito mahaniano de controle dos mares e o adaptou a essa nova tecnologia. "O controle do ar", afirmou Roosevelt, "[é] absolutamente necessário neste país para fins comerciais, para viagens e para defesa em possíveis guerras futuras".[52]

Ele estava cada vez mais entusiasmado com as possibilidades do poder aéreo e, como secretário assistente, prestou um último serviço à Marinha dos EUA ao desempenhar um papel político importante para garantir que ela mantivesse o controle de seu próprio braço aéreo. O nascimento da aviação desencadeou um debate burocrático sobre como essas novas máquinas deveriam ser controladas. A Grã-Bretanha, a principal potência aérea, deu um passo decisivo e controverso ao estabelecer uma Força Aérea Real distinta em 1918, concedendo a esse novo braço o controle de todas as aeronaves do exército e da marinha.[VI] Havia defensores dessa ideia nos Estados Unidos, principalmente o homem que se tornaria o mais famoso entusiasta do ar no país, o general de brigada William "Billy" Mitchell. Em 1919, Roosevelt escreveu um artigo para a revista *US Air Service*, republicado na íntegra no *New York Times*, defendendo a continuidade de um braço aéreo naval americano independente. Seria "impensável" privar a frota de sua própria força aérea. "Somente quando acabarmos completamente com os exércitos e as marinhas", escreveu ele, "ou quando o desenvolvimento de aeronaves liberar as forças terrestres e a marinha para a sucata, chegará o momento de criar um Serviço Aéreo Unido".[53]

Toda essa publicidade ajudou Roosevelt a se tornar uma estrela em ascensão no Partido Democrata, mas até mesmo ele teria se surpreendido ao ver o quanto estava prestes a um salto dramático. No final da guerra, muitos supunham que Woodrow Wilson concorreria a um terceiro mandato em 1920. Entretanto, enquanto fazia campanha para o Tratado de Versalhes em 1919, o presidente sofreu um terrível derrame. Ele nunca se recuperaria totalmente. Embora Wilson ainda cobiçasse a indicação democrata, ele estava fraco demais para concorrer novamente, e o partido acabou recorrendo ao governador de Ohio, James Cox, que era uma opção segura, mas um tanto entediante.

Em uma tentativa de adicionar um pouco de brilho e energia à sua campanha, os democratas escolheram Franklin Roosevelt para ser seu candidato a vice-presidente. Ele demonstrou ser um incansável

---

[VI] Essa medida acabou sendo muito controversa. Embora tenha ajudado os britânicos a manter uma força aérea estratégica e tática de primeira linha nos anos entre guerras e durante a Segunda Guerra Mundial, argumenta-se que foi uma séria desvantagem para o desenvolvimento do poder aéreo naval britânico, uma das razões pelas quais os porta-aviões britânicos usaram aviões tão ruins até o início da Segunda Guerra Mundial, quando receberam aviões americanos projetados especificamente para a marinha.

militante, cruzando o país em nome do partido. Em determinado momento, ele visitou vinte estados em dezoito dias, fazendo vários discursos por dia na plataforma traseira de um vagão de trem. Desde o momento em que Roosevelt aceitou a indicação até o dia da votação, ele martelou a mensagem do internacionalismo, do poder americano e da importância da Liga das Nações. Às vezes, ele podia personalizar as questões, falando sobre a barragem de minas do Mar do Norte, uma marinha mercante mais forte ou a importância do poder naval dos EUA, mas, na maioria das vezes, adotou uma linha internacionalista wilsoniana.[54] Sua declaração final de campanha foi um apelo a um compromisso mundial dos EUA:

> Por fim, toda a conduta da campanha em relação à questão primordial da Liga das Nações está de acordo com o que foi dito anteriormente: de um lado, um programa bem definido para o futuro, para a realização do objetivo mais elevado de nossa participação na guerra, para a realização progressiva de um novo objetivo; do outro, uma política de retrocesso que resultaria em um retorno às relações internacionais de 1914.[55]

Se Roosevelt foi uma escolha inspirada para a indicação à vice-presidência, ele também provou como a vice-presidência era irrelevante nas campanhas. O povo americano ouviu os democratas discorrerem sobre a importância da Liga das Nações e a necessidade de os Estados Unidos se engajarem internacionalmente — e se desligaram. Entediados com os sermões sobre suas responsabilidades internacionais, eles optaram majoritariamente pelos republicanos, que prometeram um retorno à "normalidade". Não é que eles rejeitassem a Liga das Nações; é que eles não se importavam.

Quando os votos do colégio eleitoral foram computados, a chapa republicana de Warren Harding e Calvin Coolidge somou 404 votos, enquanto Cox e Roosevelt receberam apenas 127.[VII] Roosevelt lidou com os resultados com calma, mas aprendeu uma importante lição que moldaria sua visão sobre a próxima guerra mundial: o povo americano nunca poderia ser motivado a apoiar o engajamento internacional preventivo, e falar sobre o uso da força americana em todo o mundo era uma perda de votos. Após a derrota na eleição, ele deixou de ser talvez o membro mais belicoso da equipe de formulação de políticas estrangeiras e estratégicas do governo Wilson para se tornar um apóstolo da paz. Em março de 1921, ele estava declarando ao público que sempre se opôs ao fato de os EUA serem a maior potência naval do mundo.[56] Ele havia decidido que uma marinha forte e qualquer coisa que sugerisse uma possível guerra deveria ser evitada. Como disse tristemente a um amigo de sua época no Departamento da Marinha, o povo americano tinha pouco interesse no poder naval.[57]

Essa cautela foi a peça final do quebra-cabeça na criação da estratégia que conduziria os Estados Unidos na Segunda Guerra Mundial. O poder naval, especialmente o controle das comunicações, deteria o resultado de qualquer guerra.[VIII] Para permitir que isso acontecesse, os Estados Unidos deveriam limitar as batalhas terrestres sempre que possível, priorizando a tecnologia e a produção de armamentos marítimos e aéreos. No entanto, politicamente, era preciso presumir que o povo americano seria relutante, até mesmo hostil, em seguir o caminho internacionalista e, portanto, qualquer estratégia tinha de ser elaborada para mantê-lo a bordo. De muitas maneiras, era uma política do tipo "diga uma coisa, mas faça outra" — e o tempo mostraria que Franklin Roosevelt era um mestre nisso.

[VII] Os republicanos também receberam mais de 60% do voto popular, o que fez com que essa fosse a vitória mais esmagadora desde antes da Guerra Civil.

[VIII] Na época da Segunda Guerra Mundial, Roosevelt ampliou sua compreensão do controle de comunicações para incluir os poderes aéreo e marítimo, que ele via como uma área combinada da guerra moderna a ser vencida com a construção da maior marinha e força aérea possível.

9

Benito Mussolini e o blefe como estratégia

Benito Mussolini sentou-se no alto, entre cumes e picos, olhando através de extensões vazias para montanhas cobertas de neve, céus estrelados e o ocasional soldado austríaco. "Do alto, você tem uma vista maravilhosa das montanhas", escreveu ele em seu diário. "À esquerda do Cadore, os picos pontiagudos das Dolomitas são delineados contra o céu. A alma se expande e se eleva com essa visão. As montanhas, assim como o mar, nos fazem *sentir* a imensidão do espaço."[1] Às vezes, as cenas eram tão inspiradoras que, por mais arrogante que fosse, ele sentia não poder fazer justiça a elas: "Uma suave linha roxa marca a chegada do sol. Se eu fosse um poeta...!!"[2]

A série de boa sorte de Mussolini havia continuado. Era primavera de 1916, e seu novo posto era um dos melhores do Exército italiano. Durante quatro meses, de fevereiro até o final de maio, as Dolomitas seriam seu lar. Embora tenha enfatizado em seu diário os perigos que supostamente enfrentou, Mussolini claramente se divertiu, mas não seria totalmente verdadeiro dizer que foi fácil. Os soldados italianos que serviram nas montanhas tiveram que lutar em uma paisagem traiçoeira e suportar condições climáticas extremas. Quando a frente se deslocou 48 quilômetros ao norte do Adriático, quase até chegar à área de Trento, seguiu por altas cadeias de montanhas — algumas das mais altas da Europa — que só podiam ser cruzadas por passagens estreitas. Isso tornava impossível o deslocamento de grandes contingentes de tropas.[3] Reduzidos a pequenas unidades, os soldados nas Dolomitas faziam caminhadas com risco à vida, muitas vezes amarrados a linhas de burros carregados de suprimentos, ao longo de trilhas estreitas nas montanhas, com a possibilidade constante de morrerem com um passo em falso.[I] Eles tinham que se preocupar em serem enterrados vivos por avalanches ou nevascas que poderiam cair sem aviso prévio. Suas vidas também podiam ser monótonas. Muitas vezes encarregados de manter barricadas isoladas ou entrincheiramentos nas montanhas, ocasionalmente passavam longos períodos com poucas pausas; e se os atiradores de elite austríacos estivessem operando nas proximidades, eles teriam que se manter abrigados o dia todo — incapazes de contemplar a imensidão do espaço.

O que Mussolini não precisava temer, no entanto, era receber ordens para avançar diretamente contra o fogo das metralhadoras austríacas — e só isso já tornava sua posição valiosa. Emilio Lussu, um soldado de uma unidade da Sardenha que passou o mesmo período lutando no planalto de Carso, invejava soldados como Mussolini, que estavam nas Dolomitas, refletindo mais tarde: "Sempre falamos da guerra nas montanhas como se fosse um descanso privilegiado".[4]

As experiências de Mussolini reforçam as suspeitas de Lussu. Movendo-se de fortificação em fortificação, de encosta em topo de montanha, ocasionalmente indo para a retaguarda para descansar, ele raramente via o inimigo, muito menos o enfrentava. Ele marchava muitos quilômetros por dia pelas trilhas das montanhas, tornando-se

[I]Mussolini elogiou particularmente o papel dos burros em manter o Exército italiano abastecido durante a guerra. Para muitos soldados italianos, esses animais eram o meio de suprimento mais confiável que tinham.

fisicamente mais forte, e se deleitava com sua sensação de bem-estar. Em uma manhã de maio, depois de um "sono profundo, doce e revigorante", ele parecia brilhar de boa saúde. "Brilhante luz do sol esta manhã", escreveu em seu diário. "Colocamos ramos de abeto nas tendas e árvores nas laterais para que fiquemos escondidos do alto. Vida simples — penso em Rousseau e em seu 'retorno à natureza'".[5]

Com o tempo disponível, Mussolini pensou muito sobre a Itália e a guerra, o que lhe trouxe o que seria um de seus constantes enigmas. Ele queria que o soldado italiano fosse (e gostava de retratá-lo como) um nacionalista agressivo, ansioso para atacar qualquer inimigo sem hesitação. Ele certamente fez o possível para encontrar evidências disso, registrando conversas que reforçavam seus preconceitos sobre a força do nacionalismo italiano. Nas montanhas, ele esteve com um oficial, um siciliano de Catânia, que lhe disse exatamente o que ele queria ouvir. Os sicilianos eram os "melhores soldados possíveis", disse o homem a Mussolini, e depois acrescentou: "Meus pequenos sicilianos deram todas as provas de sua coragem e lealdade. Tudo o que eles querem é uma baioneta para atacar e depois...".[6]

No entanto, Mussolini também entendeu que muitos soldados italianos dificilmente eram fanáticos nacionalistas. Em abril de 1916, ele fez um exercício mental e dividiu uma companhia típica de 250 homens com base em seu apoio à guerra. Dos 250 soldados, ele calculou que apenas 20% a apoiavam fortemente. Esses incluíam 10% que haviam retornado à Itália do exterior — muitos dos Estados Unidos — e que Mussolini considerava "soldados esplêndidos de todos os pontos de vista". Havia outros 20%, em sua maioria homens mais jovens, que eram dignos de confiança, pois haviam se voluntariado. Os outros 60% da companhia, uma maioria significativa, não apoiavam a guerra. Ele calculou que 100 homens, 40% do total, aceitaram seu dever com resignação e "gostariam de ter ficado em casa". Os 20% restantes eram, na melhor das hipóteses, silenciosamente hostis, incluindo "os inescrupulosos, a ralé" — aqueles que só se mantinham na linha por medo da disciplina militar. Para um dos principais intervencionistas da Itália, esse não era um resumo otimista.[7]

Mas Mussolini não era pessimista o suficiente, como ele logo descobriria. Uma das dificuldades de julgar seu histórico de guerra é que ele passou longos períodos fora da linha de frente, seja em licença, seja escrevendo artigos para tentar manter as esperanças italianas de vitória final. Essas longas lacunas geralmente são deixadas em branco em seu diário de guerra. Ele não diz quase nada sobre elas em sua autobiografia, e seus biógrafos não conseguiram descobrir detalhes específicos sobre seu paradeiro.[8] Esse foi o caso da maior parte de 1916, quando seu último registro no diário durante a fase de montanha foi em 16 de maio, e o próximo em 30 de novembro. Durante seis meses que se seguiram, é difícil dizer exatamente o que ele estava fazendo.

Certamente parece plausível que ele estivesse sendo protegido de ações perigosas pelos militares ou, pelo menos, que lhe fosse concedida uma licença especial para mantê-lo longe da frente de batalha durante períodos particularmente perigosos. As ausências de Mussolini na linha de frente coincidiram com algumas das piores batalhas entre os italianos e os austríacos. Pouco antes de seu diário parar, em maio, os austríacos pegaram os italianos de surpresa ao lançar uma ofensiva em Trentino. Eles abriram um buraco no meio da linha italiana e, por um tempo, ameaçaram descer até a planície veneziana com suas pontas de lança, a apenas 30 quilômetros de Vicenza. O marechal Cadorna enviou reforços às pressas para tapar a brecha e, em seguida, um ataque russo na Frente Oriental fez os austríacos retirarem metade de suas tropas. Quando os combates cessaram, outros 80.000 soldados italianos haviam sido mortos, feridos, capturados ou declarados desaparecidos.

Na outra extremidade da linha, no Carso, Cadorna partiu para a ofensiva novamente em sua busca, semelhante à de Dom Quixote, para capturar Trieste. A partir de agosto de 1916, ele lançou uma série de ataques contra as linhas austríacas: a Sexta, a Sétima, a Oitava e a Nona Batalhas do Isonzo. A primeira delas foi um de seus poucos sucessos significativos na guerra. Os soldados italianos, agora fortemente apoiados por fogo de artilharia bem preparado, atacaram com entusiasmo em direção a Gorizia e Monte San Michele.[9] Na confusão que era o Carso, muitas vezes eles acabaram lutando corpo a corpo com as tropas austríacas, mas no final garantiram os dois objetivos. No entanto, os austríacos simplesmente recuaram para a próxima linha de altas cordilheiras rochosas, e a investida italiana se esvaiu. Isso não impediu Cadorna de lançar três ofensivas subsequentes, cada uma tentando ampliar ainda mais a cabeça de ponte de Gorizia. Ele conseguiu alguns avanços locais, mas nenhum grande progresso. No final da Nona Batalha, no início de novembro, o entusiasmo italiano havia se transformado em exaustão, senão em depressão total.[10] Combinadas, essas quatro batalhas no Carso custaram à Itália cerca de 150.000 baixas a mais. Trieste permaneceu obstinadamente nas mãos dos austríacos.

Assim que as operações ofensivas italianas cessaram, Mussolini apareceu na frente, como num passe de mágica. Dessa vez, porém, não haveria vistas gloriosas das montanhas. Ele foi forçado a enfrentar o horror da guerra — ou, pelo menos, os detritos — que ele havia ajudado a desencadear. "Foi uma guerra cruel no terrível Carso", escreveu ele em seu diário. No entanto, apesar da quantidade impressionante de derramamento de sangue e de vidas perdidas, a princípio ele tentou interpretar a carnificina que testemunhou como uma etapa necessária no caminho para o renascimento. "As trincheiras lamacentas e sangrentas estão engolindo nossos homens, mas a Europa de amanhã verá que desse solo trágico brotarão as flores roxas de uma liberdade maior."[11]

O soldado italiano comum, entretanto, não desejava se tornar um ferrenho defensor da liberdade de Mussolini. Ele podia ver ao seu redor muitos exemplos reais de tal sacrifício. Muitos homens haviam morrido no Carso, e a movimentação sobre ele podia ser tão perigosa que vários corpos permaneciam insepultos — outros apenas parcialmente cobertos, em locais rasos, cavados às pressas. Mussolini viu um desses cemitérios improvisados ser atingido por um projétil de artilharia que lançou cadáveres para o céu, deixando a área repleta de partes de corpos. Ele não conseguiu pensar em nada poético, simplesmente registrando: "Macabro!"[12]

Essas visões não eram incomuns. Embora não houvesse ataques em grande escala durante os meses de Mussolini no platô, havia patrulhas regulares, artilharia e fogo de franco-atiradores, lama congelante e constantes premonições de morte. Ele ficou horrorizado ao ver o cadáver de um colega soldado Bersaglieri sem ser enterrado, bem à vista de seus companheiros vivos. "Por que ninguém o enterra?", perguntou ele em seu diário, e depois tentou explicar a indiferença de seus colegas soldados. "Para permitir que sua família mantenha a ilusão de que ele está 'desaparecido'? Talvez."[13]

O que Mussolini não queria admitir era que seus companheiros soldados não davam a mínima. Eles não desejavam se expor ao perigo pela visão mundana de um cadáver — mesmo o de um amigo. O moral do Exército italiano, independentemente de todas as homenagens de Mussolini, estava despencando. Tanto em casa quanto no campo de batalha, os soldados eram assolados pela tragédia. Na linha de frente interna, o inverno de 1916-17 foi uma época de grandes privações, e a taxa de mortalidade italiana aumentou em decorrência de doenças e suprimentos inadequados de alimentos.[14] Muitos dos soldados — camponeses que haviam trabalhado a vida inteira em fazendas — estavam desesperados para voltar para casa e ajudar. É claro, o principal motivo pelo qual muitos queriam fugir era o fato de terem passado por uma das experiências de batalha mais difíceis da guerra. Um ano e meio de combates constantes, a maior parte dos quais com o Exército italiano lutando para avançar sobre um terreno inútil e sofrendo um número de baixas significativamente maior do que o de seus inimigos austríacos, havia cobrado seu preço em vidas e mentes.

Na maior parte do tempo, na narrativa da Primeira Guerra Mundial, a experiência italiana é ignorada em favor das grandes batalhas das Frentes Ocidentais e até mesmo das Frentes Orientais. No entanto, pelos padrões da Frente Ocidental, o soldado italiano fez um sacrifício igual e, em alguns aspectos, maior do que o de seus companheiros britânicos e franceses. No final da guerra, cinco milhões de italianos haviam servido nas forças armadas, e 650.000 deles haviam morrido (ou morreriam em breve por ferimentos de guerra).[15] Cadorna, ao lançar uma ofensiva a cada três meses entre maio de 1915 e agosto de 1917, exigiu mais de suas tropas do que britânicos e franceses exigiam das suas.[16] A taxa de mortalidade italiana, aproximadamente igual à do Reino Unido, ocorreu em um período 25% mais curto.

Os soldados italianos também viviam em condições piores e lutavam em terrenos mais traiçoeiros, o que levava a um ambiente ainda mais estressante. Por exemplo, os projéteis de artilharia disparados na frente italiana tinham maior probabilidade de cair em rochas, o que lançava estilhaços mortais no ar, multiplicando o efeito letal. Em comparação com os campos agrícolas macios e sem pedras do norte da França, o fogo de artilharia na frente italiana era 70% mais mortal.[17]

Em todo o Exército italiano, as deserções aumentaram quase exponencialmente, e os incidentes de automutilação se tornaram um problema sério.[18] Em 1917, um esquadrão de soldados sicilianos infectou deliberadamente seus próprios olhos com muco gonorreico. Quatro deles ficaram permanentemente cegos, mas isso não impediu que o exército aplicasse a todos severas sentenças de prisão de até quinze anos.[19]

O ciclo de Mussolini de destacamentos agradáveis e relativamente livres de perigo, seguido de longos intervalos fora da linha de frente, foi uma exceção extraordinária à vida normal de um soldado italiano. As unidades italianas, mesmo as de elite, como os Bersaglieri, podiam ser mantidas em postos avançados e perigosos por demorados períodos. Preocupados demais com o comportamento dos soldados se fossem deixados muito longe das linhas de frente, Cadorna e outros oficiais superiores muitas vezes mantinham suas unidades na frente por medo equivocado de que pudessem causar sérios problemas, ou até mesmo desertar se não estivessem sob a mais rígida disciplina militar.

Em 1916, Cadorna recebeu um relatório de que o 5º Bersaglieri, que não vinha sendo retirado da linha com frequência, estava passando por uma crise de moral. Seus soldados estavam sofrendo de "exaustão" mental e física, e as deserções aumentavam.[20] Cadorna respondeu que os Bersaglieri teriam que aguentar calados. Diante dessa realidade, não é de surpreender que muitos soldados italianos estivessem fartos da guerra — e isso era política e pessoalmente perigoso para Mussolini, um dos mais proeminentes agitadores intervencionistas do país.

Desde o início da guerra, os intervencionistas vinham sendo alvo de raiva. Um colega intervencionista e amigo de Mussolini, Filippo Corridoni, havia sido morto no final de 1915, com um tiro na cabeça, lutando contra os austríacos. Pouco tempo depois, Mussolini se deparou com um soldado italiano que o abordou, dizendo: "Tenho boas notícias para você: eles mataram Corridoni. Isso é bom para ele, fico feliz com isso. Todos esses intervencionistas deveriam morrer".[21] No final de 1916, esses sentimentos estavam se espalhando.

No Carso, Mussolini teve de procurar outros intervencionistas para obter apoio emocional. Na véspera do Ano Novo de 1917, ele estava mostrando sinais de depressão e precisava fazer algo para manter o ânimo.[22] Ele se juntou a um grupo de camaradas intervencionistas, e eles falaram corajosamente sobre a preparação de uma ofensiva na primavera, admitindo ao mesmo tempo que precisariam de "várias semanas de tranquilidade" em uma cidade italiana muito atrás das linhas antes de qualquer ataque ser lançado. Mussolini e seu grupo tinham uma necessidade patética de justificar sua posição a favor da guerra, e ele declarou que somente depois da guerra seu valor seria reconhecido: "Esses humildes filhos do povo, que sentiram a justiça de nossa guerra, merecem ser altamente 'honrados' quando a vitória chegar".[23]

Naquela época, havia pouca honra para eles. O histórico de guerra de Mussolini, combinado com sua agitação em favor dela, estava levando a ataques pessoais à sua integridade. Circulavam histórias de que ele havia recebido licença da linha de frente muito mais do que a média dos soldados (o que parece ser a verdade). Ele ficou tão preocupado com rumores que começou a procurar pessoas para defender seu histórico de guerra, chegando ao ponto de tentar mobilizar a Igreja a seu favor. No dia seguinte ao Natal de 1916, a unidade de Mussolini recebeu a visita de seu capelão, o padre Michele. Mussolini falou "com ele sobre as polêmicas que surgiram por causa da minha licença de inverno e pedi que ele testemunhasse por mim". O padre prometeu sair em sua defesa.

Essa necessidade de reivindicação revela a profundidade da crise emocional que Mussolini estava sofrendo. A presença constante da morte, combinada com as chuvas torrenciais de inverno, havia cobrado seu preço. Ele se queixava da falta de motivação para realizar tarefas básicas, deixando de melhorar as fortificações para se proteger contra os tiros do inimigo. À medida que sua condição mental se deteriorava, o agnóstico chegou a se envolver com a ideia da devoção católica. Na véspera do Ano Novo, o padre Michele voltou à unidade de Mussolini e distribuiu folhas de orações devocionais, que foram politicamente construídas para dar aos soldados italianos o conforto de que seu sacrifício tinha valor, e que a vitória seria deles no final. Mussolini leu atentamente as orações e as registrou textualmente em seu diário: "De fato, queremos a vitória; uma vitória dupla: uma sobre nossos inimigos políticos, para a glória de nosso país, e a outra sobre nós mesmos, para nossa própria purificação e elevação".[24] Embora claramente comovido com as palavras, seu humor não melhorou. Em 21 de janeiro de 1917, ele admitiu: "Estou com o moral baixo" e, em 27 e 28 de janeiro, escreveu simplesmente: "Neve, frio, tédio infinito. Ordens, contraordens, desordem".[25] Em fevereiro, sua necessidade de acalmar os nervos tornou-se tão aguda que ele começou a fumar.[26]

Se Mussolini tivesse sido deixado na frente por muito mais tempo, poderia ter entrado em uma depressão irreversível. No entanto, ele foi poupado. Em 23 de fevereiro, ele fazia parte de uma equipe que manejava uma arma de trincheira quando um projétil explodiu no cano, atingindo os soldados com estilhaços. Mussolini foi levado ao hospital soando incoerente, murmurando: "Eu vi tragédia". Ele nunca mais veria a frente de batalha como soldado.

Sua recuperação foi típica da Primeira Guerra Mundial. Ele teve seus altos e baixos, com febres altas quando as infecções surgiam e sofrendo de delírio. Por fim, a maior parte dos estilhaços foi removida de seu corpo. O único acontecimento atípico, que reforçou a noção de que ele recebeu tratamento especial durante a guerra, foi o fato de o próprio rei ter visitado o coronel ferido no hospital e elogiado sua devoção ao dever.

Quando se recuperou o suficiente para voltar à ativa, a carreira de Mussolini como soldado terminou e ele voltou a trabalhar em tempo integral como agitador a favor da guerra. Tendo sido ferido em combate, ele agora se sentia ainda mais livre para defender a grandeza italiana em geral — e a sua própria grandeza em particular.[27] Ele retomou as rédeas como editor do *Il Popolo d'Italia*, que havia sofrido durante sua ausência. Os editores substitutos não tinham a agressividade de Mussolini, e o jornal havia se endividado significativamente, tendo de ser socorrido por industriais nacionalistas amigos.[28] Mussolini energizou o jornal e tornou sua missão manter o ânimo dos italianos e assegurar à nação que a vitória seria deles. Ele avisou ao governo que seria necessário fazer grandes mudanças sociais para "dar aos combatentes a certeza de que o país para o qual voltarão quando a guerra terminar será diferente".[29]

Não mais na frente de batalha, onde tinha que se preocupar com os soldados irritados com os intervencionistas, ele começou a promover uma noção cultista de uma aristocracia de veteranos politicamente conscientes. Essa *trincerocrazia* (governada por aqueles que serviram nas trincheiras) formaria o núcleo de uma "nova e melhor elite" que, segundo ele, deveria governar a Itália depois da guerra.[30] É claro que ele era modesto demais para apontar que um proeminente editor de jornal que havia servido no exército seria o ideal para liderar essa nova trincheira democrática. Mussolini estava cada vez mais perto de defender a derrubada do Estado italiano.[31] A jornada para uma ditadura pessoal estava se encurtando.

Os artigos que ele publicou após seu retorno dão uma indicação de como o tempo que passou na linha de frente moldou sua visão da guerra — e o quanto ele decidiu deliberadamente não aprender. Em junho de 1917, ele deu a seus leitores uma visão geral detalhada da guerra a partir de uma perspectiva de grande estratégia. Naquela época, dois acontecimentos importantes haviam remodelado o conflito: a entrada dos Estados Unidos como apoiadores dos Aliados e a retirada quase simultânea da Rússia após a revolução bolchevique. Para Mussolini, em parte por seu grande respeito pelo poder americano, isso tornava inevitável a vitória dos Aliados. Ele disse a seus leitores que, embora a guerra não terminasse em 1917, ela havia entrado em sua "fase decisiva e conclusiva".[32]

Além desse julgamento, no entanto, grande parte do artigo mostrou o quanto ele ainda via essa guerra "sagrada" como uma disputa de vontade, com fatores materiais secundários. Ele argumentou que a entrada dos EUA era importante por causa da consciência política dos soldados americanos, mais do que pelo fato de a maior potência produtiva do mundo ter entrado na briga. No mundo de Mussolini, meio milhão de americanos "bem conscientes do motivo pelo qual lutam" valiam mais do que cinco milhões de soldados russos politicamente inconscientes.

De fato, Mussolini enfatizou muito a importância da vontade sobre o equipamento — ou, como ele chamava, "a superioridade material não é suficiente para vencer a guerra". Ele disse que os alemães haviam cometido um erro terrível ao entrar na defensiva na Frente Ocidental em 1917, pois isso era, na verdade, "mais caro" do que entrar na ofensiva. É difícil compreender como alguém que testemunhou o poder devastador das metralhadoras e da artilharia moderna sobre a infantaria atacante ainda podia acreditar que a defesa era mais cara. Entretanto, para Mussolini, incutir os valores corretos continuava sendo a chave para preparar os soldados para avançar. Ele acreditava que o fracasso dos italianos em garantir suas metas ofensivas não se devia ao fato de terem ordenado constantemente ataques a linhas defensivas bem preparadas, mas porque o Exército italiano não havia conseguido educar politicamente e motivar seus soldados. No equilíbrio entre moral e equipamento, a força de vontade sempre triunfou sobre o aço. Mussolini estava "certo de que milhares de canhões e metralhadoras não são suficientes para a vitória, se faltar o espírito dos soldados".

A relativa falta de interesse de Mussolini na importância da produção e da tecnologia para vencer a guerra se destaca porque ele teve tempo para ver ambas em ação. As aeronaves desempenharam um papel cada vez mais proeminente na frente italiana com o decorrer da guerra, uma presença que ele não deixou de notar. Em março de 1917, ele chegou a escrever, de sua cama de hospital, sobre ouvir o "zumbido habitual dos aviões".[33] No entanto, pouco pensou em como eles mudariam ou poderiam mudar a guerra.[II]

[II] A relação de Mussolini com as aeronaves explica muito sobre seu pensamento estratégico. Ele usava aviões como uma forma de melhorar sua imagem pessoal. Ele se tornou um piloto muito precoce e usou isso para ajudar a estabelecer uma narrativa pessoal de ousadia e bravura. O que ele nunca fez, entretanto, foi tentar entender a importância do poder aéreo na guerra.

A ironia para Mussolini era que seu foco na vontade do soldado italiano estava prestes a passar por seu maior teste, embora os resultados fossem diferentes de suas expectativas. Durante todo o verão de 1917, Mussolini assegurou a seus leitores que o moral do exército estava em excelente forma, e que logo a marcha sobre Trieste seria recomeçada. Os alemães tinham outras ideias. Embora a Alemanha e a Itália tivessem declarado guerra uma à outra em 1916, os alemães haviam enviado muito pouco apoio aos austríacos na frente italiana. Isso mudou no final de 1917. Naquele ano, os alemães desconsideraram sensatamente os conselhos de Mussolini e adotaram uma estratégia defensiva na Frente Ocidental. Eles se acocoraram em posições bem preparadas e permitiram que os britânicos e os franceses lançassem seus ataques catastroficamente sangrentos, conhecidos como a Batalha de Passchendaele e a ofensiva de Nivelle (a última quase acabou com o moral do Exército francês). Cadorna, no entanto, agindo exatamente como Mussolini queria, preparou-se para mais dois grandes ataques, a Décima e a Décima Primeira Batalhas do Isonzo. Nesse ponto, os detalhes são desnecessários. O Exército italiano fez o possível para avançar contra o poder de fogo defensivo austríaco, mas, mesmo com vantagens numéricas significativas, quase não progrediu. Algumas colinas foram conquistadas durante a Décima Primeira Batalha, mas a um custo proibitivo. Essas ofensivas foram as duas mais sangrentas que Cadorna supervisionaria, infligindo um total de 300.000 baixas e deixando o Exército italiano catatônico quando terminaram, em setembro. Esse foi exatamente o momento em que os alemães decidiram fazer um grande esforço.

Tendo conseguido reduzir suas baixas na Frente Ocidental em 1917, os alemães começaram a pensar em uma ofensiva contra a Itália. Com os bolcheviques no comando de Petrogrado e conduzindo negociações de paz com Berlim, o Exército alemão e seu aliado austríaco poderiam liberar um número significativo de tropas para o ataque.

Eles formaram uma nova força conjunta alemã e austríaca, o 14º Exército, composto por quinze divisões. As tropas alemãs selecionadas para a operação eram aquelas com grande experiência de combate em terrenos montanhosos, inclusive o "ilustre" Alpenkorps da Baviera, que incluía o jovem Erwin Rommel. Somando-se as tropas concentradas ao norte e ao sul do 14º Exército, os austríacos e alemães agora tinham superioridade numérica na área de ataque e estariam avançando das colinas em direção a um terreno melhor, e não diretamente para o terreno elevado, como os italianos vinham fazendo há mais de dois anos.

Cadorna, no entanto, embora estivesse recebendo relatórios precisos sobre o crescimento alemão, era obtuso demais para perceber que seu exército estava sob ameaça. Até poucos dias antes do ataque, ele não levou a sério os prospectos de uma ofensiva inimiga.[34] Quando aceitou que um ataque poderia estar chegando, ele pareceu dar as boas-vindas a uma ofensiva germano-austríaca, dizendo à filha que suas tropas estavam "às vésperas de grandes eventos".[35] Ele estava convencido de que seus comandados neutralizariam o ataque que estava por vir, o que tornaria sua próxima grande ofensiva muito mais fácil. Além disso, o tempo estava péssimo, o que levaria os atacantes ao caos, aumentando apenas suas perdas.

Como era típico de Cadorna, as coisas não funcionaram como esperado.

Quando os alemães e austríacos lançaram seu ataque, em 24 de outubro, no que é conhecido como a Batalha de Caporetto, a frente italiana entrou em colapso. Os alemães usaram o clima terrível e suas habilidades nas montanhas para manobrar perto das linhas italianas antes de atacar. Em vez de sinalizar suas intenções com um longo e pesado bombardeio de artilharia, eles usaram um bombardeio curto e intenso, seguido de uma rápida infiltração nas linhas italianas por pequenos grupos de soldados habilidosos que buscavam os pontos fracos.[36] Os cumes e as fortificações no topo das montanhas, que se pensava serem quase inexpugnáveis, foram rapidamente capturados.

A caótica liderança italiana tornou as coisas muito piores. Cadorna deu ordens de retirada, depois as revogou e ordenou que os soldados lutassem até a morte, antes de finalmente ordenar a retirada novamente. Outros oficiais superiores abandonaram completamente o campo de batalha e não puderam ser localizados por dias. Em menor número, exausto após anos de ataques sangrentos, liderado de forma ruim e incompetente, o Exército italiano no Carso estava esgotado. Os soldados começaram a abandonar as linhas de frente e todos os equipamentos pesados que não podiam carregar, e voltaram para a retaguarda.

Rapidamente virou uma debandada.[37] Os alemães avançaram tão rápido que ameaçaram cercar o 2º Exército Italiano, a formação mais confiável de Cadorna. Não querendo ficar presa no lado errado do Isonzo, a maioria dos soldados do 2º Exército, sem ordens, optou por tentar atravessar o rio. Eles se aglomeraram nas estradas que levavam às principais pontes, uma das quais era o local do drinque sagrado de Mussolini como um conquistador atravessando para o leste dois anos antes. Eles criaram uma massa desorganizada de gente, juntando-se aos milhares de civis que também estavam tentando fugir. Ao longo da frente de batalha, mais de um milhão de pessoas estavam fugindo para salvar suas vidas. A única vantagem disso foi o número relativamente pequeno de italianos mortos, embora o número de capturados ou desertores tenha sido gigantesco.[III] A área também ficou repleta de equipamentos descartados.

O colapso foi tão rápido e total que até mesmo os alemães e os austríacos ficaram surpresos.[38] Como esperavam que o ataque liberasse o Carso e empurrasse os italianos de volta para as fronteiras de 1915,

---

[III] Segundo algumas estimativas, 280.000 soldados italianos foram feitos prisioneiros e 350.000 desertaram. Em comparação, apenas 30.000 ficaram feridos e 10.000 foram mortos.

eles descobriram que a porta para a Itália se abriu. Foi nesse ponto que o terreno passou a ajudar os atacantes. Depois de deixarem as montanhas e colinas e seguirem para o oeste, os alemães e austríacos chegaram à ampla e quase nivelada planície veneziana. Eles podiam se mover rapidamente e avançavam em um ritmo que nunca havia sido visto antes na frente italiana, e que só havia sido igualado na Frente Ocidental, em 1914, antes da Primeira Batalha de Marne.

A reação de Mussolini a Caporetto foi extraordinária. Depois de garantir a seus leitores que o Exército italiano estava motivado e pronto para o combate, ele primeiro tentou fingir que tudo estava bem. Em 28 de outubro, um dia antes de os alemães tomarem Udine, onde Cadorna tinha seu quartel-general de longa data, Mussolini disse a seus leitores que tudo isso fazia parte de um plano astuto elaborado pelo alto comando italiano: "Nosso comando não ficou surpreso... entre todas as possibilidades da manobra austro-alemã, o que aconteceu foi levado em conta pelo nosso chefe do Estado-Maior, como deveria. Mesmo antes da ofensiva, nosso comando deve ter estudado e tomado todas as medidas para a contramanobra".[39]

Dois dias depois, quando ficou claro que Cadorna não tinha nenhum plano de combate, Mussolini começou a culpar os russos por terem se retirado da guerra.[40] Enquanto isso, os alemães e austríacos continuaram com seu rápido avanço. Em 12 de novembro, pouco mais de duas semanas após o ataque, suas forças haviam penetrado mais de 160 quilômetros na Itália e estavam a apenas 30 quilômetros de Veneza. A oeste de Veneza ficava o coração industrial e econômico da Itália; toda a posição do país na guerra estava em jogo. Os britânicos e franceses começaram a se perguntar se os benefícios de ter um aliado italiano valiam o custo.

Então, de forma surpreendente e inesperada, o soldado italiano manteve sua posição. Quando a notícia do desastre de Caporetto chegou à nação, a guerra foi reformulada para muitos, deixando de ser um ataque inútil e de mortes sem significado para se tornar uma defesa do lar e do coração contra invasores germânicos brutais.[41] O número de deserções caiu drasticamente, e novos recrutas começaram a se apresentar para o alistamento em maior número do que antes de Caporetto.

Dito isso, a recuperação italiana foi funcional, bem como emocional. Quando a primeira fase da ofensiva germano-austríaca estava se esgotando, a linha de frente estava em uma das poucas posições defensivas excelentes para os italianos na planície veneziana — o Rio Piave, largo e de fluxo rápido (no inverno). Quando os soldados italianos se encontravam em segurança na margem oeste do Piave, suas pontes foram destruídas e, pela primeira vez desde a fuga pelo Carso, o Exército italiano recuperou a vantagem territorial. Além disso, grandes mudanças materiais e organizacionais logo ajudaram a tornar as coisas ainda melhores. Cadorna foi finalmente removido, em uma das poucas medidas corajosas tomadas pelo Rei Vittorio Emanuele. Seu sucessor, o General Armando Diaz, um napolitano, tinha um temperamento muito diferente: prudente e sem nenhum desejo de sacrificar seus homens desnecessariamente.[42] Cético e racional, enquanto Cadorna era altamente religioso e arrogante, Diaz priorizou a construção de uma sólida linha defensiva e adiou qualquer ideia de ofensiva. Depois de segurar os alemães e austríacos durante suas últimas tentativas de cruzar o Piave no final de dezembro e início de janeiro, ele se concentrou em melhorar seu exército de forma holística. Isso significava atrasar qualquer ofensiva. Mesmo quando os britânicos e os franceses o pressionaram a atacar no início de 1918, ele se recusou a ceder.

Diaz também aproveitou o fato de que a produção de guerra italiana havia aumentado significativamente desde 1915.[IV] Os estoques

---

[IV] Obter números precisos sobre a produção italiana de armamentos durante a Primeira Guerra Mundial não é fácil, pois não foram mantidos registros detalhados e consolidados. O que parece ter acontecido foi que a produção de guerra aumentou significativamente desde o início da guerra até a primeira metade de 1917. Nesse ponto, chegou-se a algo próximo da produção total e, em seguida, a construção de material de guerra se estabilizou antes de diminuir em 1918.

de metralhadoras e cartuchos eram agora particularmente altos.[43] Ele até mesmo cuidou para que o pagamento dos soldados fosse aumentado, e as duras punições da era Cadorna fossem moderadas. As licenças regulares, por exemplo, tornaram-se uma política, e o soldado italiano passou a ser tratado como um homem, e não como uma criança indigna de confiança e que se comportava mal.

Por fim, os Aliados decidiram dar à Itália um apoio significativo. Um dos aspectos mais impressionantes do desempenho de Diaz é que ele conseguiu obter uma grande quantidade de equipamentos de linha de frente e apoio de infantaria dos Aliados, ao mesmo tempo que resistiu às solicitações para ir para a ofensiva. Pouco tempo depois de ficar claro o tamanho do desastre em Caporetto, os britânicos e os franceses prometeram enviar seis divisões cada um para a Itália, para ajudar a conter o avanço inimigo. Nesse caso, eles foram (quase) verdadeiros em suas promessas.[V] Entre 30 de outubro e 8 de dezembro de 1917, mais de 1.400 trens transportaram 261.000 soldados, 1.000 peças de artilharia e 24.000 veículos para ajudar a estabilizar a frente no Piave.[44]

Quando os austríacos e alemães voltaram à ofensiva, em junho de 1918, enfrentaram um inimigo totalmente diferente — motivado, mais bem equipado e com significativo apoio francês e britânico. Quando tentaram forçar a travessia do Piave, deram de cara com defesas ferozes e bem construídas, e foram abatidos com metralhadoras como se fossem italianos no Carso. Depois de alguns dias de massacre inútil para tentar romper a linha italiana, os alemães e austríacos cancelaram a ofensiva. As baixas foram enormes e agora seus exércitos estavam se desintegrando.

Sempre prudente, Diaz levou tempo para lançar um contra-ataque. Ele não acreditava que as coisas estivessem prontas até 23 de outubro. Naquela época, os Exércitos austríaco e alemão derretiam por toda a

[V] No final, os Aliados enviaram apenas onze divisões, pois uma das unidades britânicas foi mantida na Frente Ocidental em virtude da Batalha de Cambrai.

Europa, e o ataque italiano, que ficou conhecido como a Batalha de Vittorio Veneto, rapidamente destruiu o que restava de suas linhas. A retirada austríaca que se seguiu foi tão caótica e destrutiva quanto a que os italianos haviam experimentado exatamente um ano antes em Caporetto. A guerra na Itália, e em toda a Europa, estava terminando.

Enquanto Diaz reconstruía o exército, Mussolini passava a maior parte do tempo pensando em como destruir o Estado italiano e substituí-lo por algo novo — algo mais parecido com Mussolini. Uma das primeiras coisas sobre as quais ele falou foi usar o poder do Estado para esmagar todos os oponentes da guerra e direcionar os esforços do povo. Quando a enormidade do desastre em Caporetto se tornou inegável, ele pediu uma forma de guerra total, que incluía o fechamento de quase todas as modalidades de recreação, como salas de concerto, pistas de corrida e até mesmo cafeterias.[45] Isso foi apenas o início. Logo ele estava exigindo que toda a mídia italiana fosse impiedosamente expurgada e centralizada sob uma única autoridade. Como ele disse aos leitores do *Il Popolo d'Italia* em 2 de fevereiro de 1918: "Eu estou fortemente convencido de que é necessário acabar com todos os jornais, matá-los e organizar seu massacre". Esses jornais deprimiam o espírito público ao se concentrarem em notícias ruins e derrotas, pensava ele. Seria muito melhor ter apenas um jornal nacional que pudesse fornecer as notícias que ele considerava melhores. Não teria sido difícil imaginar qual editor Mussolini gostaria de ter para dirigir o único jornal nacional.

Controlar a mídia era apenas um passo no caminho para uma ditadura nacionalista. Poucos dias depois de pedir a "matança" de todos os outros jornais, Mussolini ponderou em um discurso para apoiadores pró-guerra que o grande erro que os intervencionistas haviam cometido foi não ter derrubado o governo italiano no início da guerra. Deixar o poder nas mãos do "velho establishment" enfraqueceu a determinação nacional e a disposição de tomar as medidas radicais necessárias para tornar a guerra um sucesso.[46] Nessa visão, a ditadura durante a guerra foi uma coisa boa. Sendo particularmente pró-americano nessa época de sua vida, Mussolini elogiou Woodrow Wilson de forma extravagante por ter assumido poderes durante a guerra que eram equivalentes aos de um "ditador". Ao assumir tais poderes, Mussolini argumentou, "significa, em poucas palavras, que Wilson terá uma ditadura. Quando um homem de Estado possui poderes ilimitados, ele é um 'ditador', mesmo que não se dê esse título".[47]

Se Mussolini estava caminhando rumo ao poder pessoal, ele também estava perdendo qualquer inibição em termos de manipulação do patriotismo para seus próprios fins. Agora a Itália precisa se tornar ainda mais poderosa, dominando os dois lados do Adriático. "O povo italiano mudou durante esses três anos de guerra", declarou ele. "A Itália deve se tornar uma grande potência, expandindo-se no mar, para o leste. O Mar Adriático deve se tornar um mar militarmente italiano e somente italiano."[48] Como parte de sua postura nacionalista extrema, ele começou a criar delírios patrióticos. Assim, a Batalha de Vittorio Veneto deixou de ser apenas uma contribuição para o colapso geral da Alemanha e da Áustria-Hungria e passou a ser a "maior vitória da história mundial".[49] Mussolini estava tentando fazer com que a população italiana acreditasse que a Itália era uma grande potência com direito a uma posição de maior prestígio no mundo.

Mas o blefe só pode levar alguém até certo ponto, como a Itália descobriu na Conferência de Paz de Paris em 1919-20. A delegação italiana, liderada pelo primeiro-ministro Vittorio Orlando, que chegou ao poder após a catástrofe de Caporetto, e estimulado por nacionalistas como Mussolini, foi para a conferência querendo mais do que o prometido pelo sórdido Tratado de Londres em 1915. Em particular, eles exigiram a cidade austro-húngara de Fiume (hoje conhecida como Rijeka, na Croácia) e falaram sobre novos avanços italianos na costa do Adriático. Embora os paramilitares italianos, liderados por Gabriele

D'Annunzio, tenham tomado Fiume em nome da Itália em 1919, a delegação italiana em Paris esbarrou em um obstáculo, e o relativo equilíbrio de poder entre a Itália e seus parceiros mais influentes ficou bem claro. Os britânicos e os franceses não viam mais a Itália como importante para sua vitória, e Woodrow Wilson se recusou a dizer que os Estados Unidos, que só haviam entrado na guerra em 1917, estavam vinculados ao Tratado de Londres.

A delegação italiana ficou frustrada e saiu irritada das negociações. No entanto, quando ficou claro que os Aliados não cederiam, eles não tiveram outra escolha a não ser voltar a Paris e aceitar o que receberiam. A vitória italiana na guerra foi rapidamente transformada em outra humilhação nacional — pelo menos de acordo com Mussolini. Sua Itália, uma nação "poderosa e prolífica" com uma população "exuberante", recebeu apenas algumas migalhas da mesa (como Trieste, que agora era vista como algo insignificante), enquanto o restante dos Aliados levou os prêmios maiores.[50]

Esse ressentimento serviu muito bem a Mussolini. Se os Aliados tinham frustrado injustamente a Itália em Paris, Mussolini seria o homem que tornaria a Itália grande novamente. Ele criou seu próprio movimento político em meio a essa suposta humilhação: o Partido Nacional Fascista. Apresentado como um movimento patriótico dominado por ex-soldados com mentalidade política, como Mussolini havia começado a profetizar em 1917, os fascistas seriam seu veículo para se tornar ditador. No início, grupos vagamente organizados chamados *Fasci* foram reunidos em março de 1919, em meio à humilhação de Orlando. Em novembro de 1921, o próprio Partido Fascista foi fundado, tendo Mussolini como líder, e em 1922 ele tomou o poder em toda a Itália. Esse foi o ponto culminante de seu aprendizado durante a guerra.

Mussolini via o Estado italiano, não insensivelmente, como fraco e caótico demais para se salvar. Assim, ele ameaçou marchar sobre

Roma mais como um ato de fanfarronice do que qualquer ação violenta generalizada. Na verdade, ele estava preparado para cancelar tudo se o governo reagisse com força. Felizmente para ele, isso não aconteceu, e o indeciso rei ficou muito feliz em convidar Mussolini para assumir o poder e acabar com o caos. O *Il Duce* foi criado.

A Primeira Guerra Mundial ensinou a Mussolini como tomar e manipular o poder, e o valor de agir como uma grande potência, mesmo que você não seja uma. O único problema com essa perspectiva estratégica viria se alguém desafiasse o blefe de Mussolini.

10

Adolf Hitler: vitória e derrota

Perambulando pelas ruas de Berlim em outubro de 1917, Adolf Hitler encontrou a frente interna alemã transformada. Quando ele esteve na capital pela última vez, um ano antes, ela estava cheia de moradores desesperadamente famintos que rapidamente perderam a fé na vitória final. Agora a cidade estava pulsando com energia. Berlim estava "magnífica, uma verdadeira metrópole". Uma colmeia movimentada de atividades, o "tráfego" que Hitler via nas ruas era "tremendo". Ele passava seu tempo como turista "conhecendo melhor os museus" e parecia satisfeito com tudo o que encontrava. Como ele escreveu em um cartão-postal, com visível satisfação, para outro soldado na frente de batalha, "não me falta nada".[1]

Hitler estava em Berlim porque as coisas na linha de frente pareciam muito calmas. Naquela que seria a única vez na guerra, ele havia pedido licença voluntariamente, um pedido que o regimento ficou mais do que feliz em conceder. Quando retornou à França depois de suas agradáveis férias, ele encontrou uma situação que apenas ampliou sua sensação de bem-estar. O Regimento de List estava servindo em uma das seções mais tranquilas da Frente Ocidental, protegendo o Canal Oise-Aisne na Picardia, não muito longe do coração das regiões produtoras de champanhe da França. Do final de 1917 até o início de 1918, Hitler podia ir e vir pelas terras planas e colinas baixas da região, com pouco a temer do que lhe parecia ser uma artilharia francesa anormalmente controlada. Ele se sentiu triunfante, acreditando que as forças aliadas diante dele estavam "visivelmente deprimidas". Elas haviam passado dois anos lutando contra o Exército alemão, quase não conquistando nenhum território, e logo seriam esmagadas pela maior ofensiva alemã da guerra.[2]

Em quase todos os lugares para onde Hitler olhava na Frente Ocidental, havia evidências de que o Exército alemão estava se fortalecendo e se preparando para atacar. Filas de novos soldados se materializavam, desembarcando de uma procissão constante de trens que chegavam do leste. Esses eram os veteranos da vitória da Alemanha sobre a Rússia. No final, quase um milhão de homens foram deslocados para a Frente Ocidental em preparação para a grande ofensiva. Esses reforços foram acompanhados por equipamentos cada vez mais pesados, o que, conhecendo o que sabemos sobre Hitler, teria lhe deixado ainda mais entusiasmado. Junto com os grossos obuseiros de 42 cm — apelidados de Big Berthas por causa de sua espessura e força —, havia os Paris Guns de longo alcance, que pareciam pontes suspensas inclinadas para cima, e os pesados tanques A7V, que se movimentavam como fortalezas móveis e pesadas. Esses gigantes eram apoiados por aeronaves novas e tecnologicamente avançadas que sobrevoavam o local, incluindo o formidável Fokker D.VII, mais manobrável do que seus equivalentes britânicos e franceses. Hitler estava convencido de que esse poderio esmagaria as forças francesas e britânicas que estavam enfrentando, levando a Alemanha à vitória final. Relembrando essa época, quando ditava *Mein Kampf*, mesmo depois que a guerra estava perdida, ele ainda não conseguia conter sua empolgação. "Até mesmo a propaganda inimiga estava tendo dificuldades; não era mais tão fácil provar a desesperança da vitória alemã."[3]

Outro motivo pelo qual a confiança de Hitler no Exército alemão estava no auge no final de 1917 e início de 1918 era o fato de que, até então, ele havia evitado a maioria das batalhas catastróficas que definem nossa compreensão da Frente Ocidental. Seus destacamentos eram normalmente ao longo de áreas tranquilas ou, ocasionalmente, à margem de grandes batalhas. Isso o impediu de ver o pior que a guerra poderia oferecer. Em 1915, o Regimento List passou a maior parte do tempo posicionado perto da cidade de Fromelles, no extremo norte da França. Eles participaram das batalhas de Neuve Chapelle, em março, e de Aubers Ridge, em maio, mas essas foram pequenas em comparação com o que viria mais tarde na Frente Ocidental, incluindo as duas grandes batalhas de 1916: Verdun e Somme.

Verdun foi a primeira grande batalha das trincheiras e surgiu do plano do General Erich von Falkenhayn, chefe do Estado-Maior alemão depois de Moltke, de atacar a cidade francesa simbolicamente importante. Independentemente de o plano real de Falkenhayn ter sido ou não usar Verdun para atrair o Exército francês para o combate e "sangrar a França", ele certamente conseguiu matar um número sem precedentes de soldados.[4] Os alemães iniciaram sua operação em fevereiro de 1916, e os franceses reagiram como esperado, lançando um grande número de tropas na área para manter a cidade. Os combates continuaram pelo resto do ano, fazendo com que a batalha de Verdun fosse a mais longa e uma das mais sangrentas da guerra, mas a cidade permaneceu desafiadoramente francesa. No final, ambos os lados sangraram muito. O Exército alemão sofreu quase 150.000 mortes de um total de quase 340.000 baixas. As baixas francesas foram ainda maiores. Para muitos dos soldados que participaram do banho de sangue, foi uma luta debilitante e assustadora, que os deixou em estado de choque e desmoralizados. Embora os alemães tivessem que transferir cada vez mais tropas de outras partes da frente de batalha para participar de Verdun, o Regimento List não participou da campanha.

Eles participaram da Batalha do Somme, inicialmente na periferia. A Batalha do Somme foi a primeira grande ofensiva do Exército Britânico, maciçamente ampliado e equipado industrialmente, e teve início em 1º de julho. Os britânicos tentaram usar sua artilharia para subjugar os defensores alemães, permitindo que as ondas seguintes de infantaria rompessem suas linhas de trincheiras. Não funcionou como planejado. O primeiro dia do Somme foi o mais sangrento da história militar britânica, quando quase 20.000 soldados britânicos foram mortos e 40.000 ficaram feridos.[5] Esse massacre foi apenas o início do que seria uma campanha de cinco meses que deixaria cada lado com cerca de meio milhão de baixas. Hitler evitou quase tudo isso. Em julho, o Regimento List serviu na borda oeste da área de batalha, mantendo bem a sua linha e sofrendo um pequeno número de baixas.[6] Em outubro, no entanto, ele foi destacado para o centro da ação. Hitler e seus companheiros foram colocados em um trem e enviados para uma nova linha alemã em Warlencourt Ridge, bem no meio da linha de combate.[7] Hitler estava animado ao se aproximar da grande batalha. Em 1942, ele comentou sobre como ele e seus companheiros "riram e fizeram piadas a noite toda" enquanto se dirigiam ao campo de batalha de Somme.[8]

No caso de Hitler, os resultados da batalha seriam curtos e inglórios. O Regimento List entrou na linha de frente em 2 de outubro e, apenas três dias depois, foi atingido, sofrendo o que os americanos na Segunda Guerra Mundial chamariam de "ferimento de um milhão de dólares". Quando ele estava resguardado no abrigo dos corredores de despacho, um projétil britânico caiu do lado de fora. Os estilhaços atravessaram a abertura do abrigo, atingindo de raspão Hitler e dois outros soldados. O ferimento de Hitler, na coxa, era relativamente leve, mas ele foi retirado da linha de frente e enviado para um hospital militar perto de Berlim. Uma vez lá, em razão dos caprichos da burocracia militar, ele esperaria aproximadamente seis meses antes de retornar à Frente Ocidental.

Hitler ficou chocado com o que descobriu na Alemanha.[I] Em vez de um povo unido em apoio à guerra, ele se deparou com uma insatisfação generalizada, até mesmo com o derrotismo, tanto no exército quanto no público em geral. No hospital, ele ouvia, irritado, os soldados se vangloriarem por terem evitado o combate. Um deles, segundo Hitler, disse que "passou a mão por um emaranhado de arame farpado" para que tivesse de ser internado no hospital e, uma vez lá dentro, encontrou infinitas maneiras de prolongar sua convalescença.[9] Quando Hitler conseguiu andar, foi autorizado a visitar Berlim e depois voltou a Munique. Visitar ambas as cidades só aumentou sua ansiedade. Embora tentasse se acalmar visitando museus e galerias, ele ficava cada vez mais irritado. Hitler havia retornado à Alemanha bem no meio da maior escassez de alimentos da guerra, o famoso Turnip Winter (Inverno do Nabo) de 1916-17. Com o comércio transatlântico interrompido pela Marinha Real e sem acesso a alimentos importados da Rússia ou da França, restou à Alemanha tentar alimentar sua população muito grande e densamente povoada usando apenas seus próprios recursos. As coisas pioraram quando a safra de 1916 foi uma das piores já registradas, e foi necessário introduzir um racionamento rigoroso.[10] A ingestão calórica, de uma média de 3.000 calorias por dia na Alemanha antes da guerra, foi reduzida a um terço disso.[11] Foi ordenada a construção de cozinhas sociais em todas as cidades alemãs, em uma tentativa de evitar a fome em massa. Quando Hitler visitou Berlim, encontrou fome e descontentamento por toda parte.

As coisas pioraram quando ele chegou a Munique. Em vez de encontrar a unidade alemã, Hitler ficou novamente furioso quando ouviu os bávaros culparem os prussianos por sua miséria e fome,

---

[I]Nenhuma carta escrita por Hitler nesta época sobreviveu, portanto, os únicos detalhes que temos são suas lembranças em *Mein Kampf*. Nesse caso, como ele é tão crítico em relação aos alemães, é provável que estivesse, de fato, recordando com precisão o que sentia na época.

chegando ao ponto de defender a restauração da independência da Baviera. Em Munique, segundo Hitler, a evasão bem-sucedida do dever havia se tornado um distintivo de honra para os soldados que voltavam da frente de batalha.[12] A cidade, que havia sido sua favorita antes de 1914, jamais se recuperaria totalmente aos seus olhos.

Quem foi o culpado por essa crise? Ao responder a essa pergunta, Hitler deixou seu mundo interior paranoico à solta. Embora suas dúvidas sobre a verdadeira resistência do povo alemão permanecessem, ele não queria admitir que os alemães pudessem sinceramente duvidar que essa guerra miserável, que já havia matado centenas de milhares de pessoas e trazido a miséria e a fome para eles, fosse um erro. Não, o verdadeiro culpado tinham de ser os judeus. Em seu mundo isento de fatos, os judeus haviam usado a guerra para inserir sua dominação em todo o processo de produção e para alimentar a animosidade entre a Baviera e a Prússia, ao mesmo tempo que evitavam habilmente o serviço militar.[13]

Lendo seus delírios, é difícil acreditar que as pessoas, muito menos Hitler, pudessem levar essas ideias a sério. Como ele podia ver em seu próprio regimento, os judeus alemães haviam se voluntariado com entusiasmo para o exército, lutado com bravura e morrido em grande número. Aproximadamente 100.000 judeus alemães serviram no exército entre 1914 e 1918, 18% da população judaica, o que era representativo da Alemanha como um todo. Desses, 80% serviram nas linhas de frente, e 12.000 deles morreram ou desapareceram.[14] Eles foram uma grande ajuda para o esforço de guerra alemão em termos de soldados e produção econômica. No entanto, um nacionalista extremista como Hitler não podia culpar o povo alemão como um todo por suas próprias dúvidas, por isso, ele precisou recorrer ao inimigo que já havia identificado desde os tempos de Viena — e passou a ampliá-lo enormemente.

Hitler ficou envolto em sua raiva em Munique, querendo voltar para seu regimento e reclamando que, ao contrário do que acontecia na frente de batalha, não conseguia encontrar geleia suficiente para seu pão.[15] Quando retornou, em março de 1917, as coisas estavam novamente calmas para o Regimento List. Na verdade, no verão e no inverno, o regimento estaria mais uma vez envolvido de forma tangencial nas grandes batalhas daquele ano — as quais, para um participante mais distante como Adolf Hitler, teriam fornecido alguma prova de que a guerra estava virando a favor da Alemanha. Os Aliados lançaram duas grandes tentativas de romper o impasse das trincheiras na Frente Ocidental em 1917: a ofensiva de Nivelle em abril e a Batalha de Passchendaele em julho. Ambas quase acabaram com o ânimo dos exércitos atacantes.

Durante a ofensiva de Nivelle, supervisionada pelo imerecido e arrogante general francês Robert Nivelle, o plano era dominar as linhas alemãs com barragens de artilharia em massa, mais de um milhão de soldados e até mesmo alguns dos mais novos tanques da França.[16] Ele planejava usar seus canhões para criar uma barragem rasteira — uma parede de fogo que cercava suas tropas em avanço, protegendo-as dos contra-ataques alemães e abrindo um buraco nas defesas do inimigo. Os alemães, no entanto, alertados pelo alarde público de Nivelle, tiveram tempo mais do que suficiente para se preparar. Eles reforçaram suas defesas exatamente nos lugares certos, perto do Rio Aisne, e a ofensiva francesa, inevitavelmente, foi um fiasco sangrento. Com os alemães à espera, os bravos soldados franceses foram triturados à medida que seguiam, avançando cerca de um quilômetro antes de verem seu progresso morrer interrompido. A barragem rasteira de Nivelle não podia ser coordenada em uma escala tão grande, e muitos soldados franceses foram mortos e feridos por seus próprios projéteis. Após algumas semanas de massacre, o Exército francês estava exausto. Unidades inteiras começaram a desobedecer às ordens, recusando-se a atacar. Por fim, até 40.000 soldados participaram do motim. Para tentar conter o desastre, Nivelle foi demitido, e alguns dos amotinados foram fuzilados. As coisas se acalmaram, mas o Exército francês não estava em condições de tentar outro ataque e precisaria do resto do ano para se recuperar.

O ataque britânico em Passchendaele foi um pouco mais bem-sucedido, mas a um custo muito alto. Uma tentativa de expulsar as forças alemãs do terreno elevado em torno de Ypres e retomar a costa belga, a ofensiva ainda se baseava na ideia de usar uma força esmagadora para romper as linhas alemãs (que o Estado-Maior do Exército Britânico esperava que tivessem sido consideravelmente enfraquecidas pela ofensiva de Nivelle). Quando o ataque britânico começou, em julho, houve alguns avanços locais, mas, inevitavelmente, as coisas ficaram mais desafiadoras. O clima de verão foi excepcionalmente atroz, com chuvas torrenciais transformando o solo já macio do norte da França e do sul da Bélgica em hectares de pântano. Esses campos pantanosos foram então pulverizados pelo fogo maciço da artilharia britânica e transformados em uma gosma lamacenta, espessa o suficiente para engolir cavalos e corpos de homens, muitos dos quais nunca foram encontrados.[17] O resultado foi um mar de imobilidade, com as tropas britânicas lutando por horas ao ar livre para se deslocar por curtas distâncias, exaurindo-se. Quando os ataques de Passchendaele finalmente acabaram, 300.000 soldados do Império Britânico estavam mortos, feridos ou desaparecidos. O governo em Londres, incluindo o Ministro de Munições Winston Churchill, ficou chocado. Churchill, que havia estado na frente de batalha apenas um pouco mais de um ano antes, não queria lançar nenhuma ofensiva em 1917. Ele reagiu ao massacre de Passchendaele redigindo seus documentos sobre a importância do movimento em detrimento do poder de fogo, e a necessidade de adiar mais ataques até que as tropas britânicas pudessem ser mais bem protegidas — aguardando até 1919, no mínimo.

Esse planejamento de alto nível estava muito além das atribuições do cabo Adolf Hitler. Ele tinha apenas uma experiência passageira de

Passchendaele.[18] O regimento estava originalmente posicionado em parte da linha que foi atacada, embora tenha sido rapidamente transferido para um setor muito mais calmo na Alsácia.[II] Em sua própria mente, no entanto, o desempenho do Exército alemão havia fornecido motivos suficientes para um crescente otimismo. Com base em suas experiências nos três anos desde seu batismo de fogo, Hitler acreditava que a Alemanha havia desenvolvido o equipamento, construído o exército e criado a situação internacional para vencer a guerra. Ele ainda tinha algumas dúvidas incômodas sobre o comprometimento da frente interna alemã com a causa, mas até quase o final da guerra ele conseguiu suprimi-las.

Quando se tratava de equipamentos, ele se concentrava no valor do maior e mais forte, fascinado, como sempre, por peças pesadas de maquinaria que tinham um grande impacto. Assim como Mussolini, Hitler acreditava que o compromisso político/nacional do soldado (a vontade) era um elemento fundamental para a vitória. No entanto, ao contrário de Mussolini, Hitler tinha um foco muito maior na importância do equipamento militar para determinar o resultado das batalhas modernas. Durante a Segunda Guerra Mundial, ele criticou os tomadores de decisão alemães em 1916 e 1917, por darem muita ênfase ao envio de soldados para a frente de batalha e, ao fazê-lo, negligenciarem a priorização de áreas cruciais da produção bélica na Alemanha. "Durante a Primeira Guerra, tivemos que esperar até 1918 para que o Exército concordasse em liberar quarenta mil trabalhadores necessários com urgência para a construção de submarinos", disse ele. "Em 1917, as autoridades militares se recusaram a disponibilizar os homens necessários para a fabricação de tanques. Com isso, o Alto Comando cometeu um erro fatal, sacrificando uma melhoria potencialmente tremenda na técnica de guerra para evitar uma diminuição da força

[II] Foi durante a transferência para a Alsácia que Hitler perdeu seu cachorro Foxl.

humana disponível." Após essa reflex, ele acrescentou, para enfatizar, que "o fator decisivo em qualquer guerra é a posse de armas tecnicamente superiores".[19]

A necessidade de armas superiores era algo que transbordava dos poros estratégicos de Hitler, embora ele tivesse uma ideia particular e distorcida do que era superior. Isso pode ser mais bem visto em seu foco constante na artilharia pesada, que teria enormes ramificações na formação da produção alemã na Segunda Guerra Mundial. O fascínio de Hitler pelo valor da artilharia, que foi a causa de seu ferimento em 1916, só aumentava à medida que ele passava mais tempo na Frente Ocidental.

Esse foco era compartilhado por muitos outros soldados alemães. Adolf Meyer serviu no Regimento List e depois se tornou um nazista convicto. Na década de 1930, ele escreveu uma descrição hagiográfica do serviço de Hitler no regimento, que não tem valor como obra a seu respeito. Entretanto, Meyer confirmou uma coisa que provavelmente era verdade: o surgimento da nova artilharia pesada alemã foi um fator importante na condição mental das tropas. Ele relacionou o aumento do moral geral do regimento no final de 1917 e início de 1918 ao surgimento de mais artilharia pesada, como o Paris Gun.[20] Esses canhões, que tinham canos tão longos que precisavam ser suspensos por cabos, eram as maiores armas de artilharia de guerra. Eram capazes de lançar projéteis a quarenta quilômetros no ar — tocando a estratosfera — e seu enorme arco de disparo permitia que o tiro alcançasse uma distância de mais de 128 quilômetros.[21] Meyer afirma que, quando os soldados foram informados sobre essa nova arma maravilhosa, ficaram estupefatos — entusiasmados com o fato de que agora poderiam bombardear Paris a partir da Frente Ocidental.[22]

Hitler estava ainda mais convencido do que Meyer sobre o valor das armas pesadas. Um de seus favoritos era o arquétipo do canhão pesado alemão da guerra, o Big Bertha. Como nacionalista convicto,

Hitler tinha certeza de que o canhão de 42 cm, que ele havia visto devastar vilarejos franceses e linhas britânicas em 1914, já era o melhor do mundo, superando em muito qualquer coisa que os franceses possuíssem. No entanto, mesmo com essa superioridade, ele acreditava que a Alemanha precisava continuar em busca de armas maiores, mais pesadas e mais potentes, como a Big Bertha. Em *Mein Kampf*, ele falava sobre como ter armas melhores e de tamanho semelhante às do inimigo nunca era suficiente. As forças armadas da Alemanha não deveriam atingir o mesmo nível de seus inimigos, mas sempre procurar alcançar um "poder de combate superior".[23]

Apesar de nunca ter ido ao mar, Hitler estava tão convencido de estar certo nessa questão que chegou a condenar a Marinha alemã por construir embarcações com armas que ele considerava inferiores. Em 1914, a Alemanha havia construído a segunda maior frota de batalha do mundo, com base em uma força de formidáveis encouraçados. Ao produzir esses navios de guerra, os alemães tentaram equilibrar a proteção e o poder de fogo, tornando-os resistentes, com placas blindadas maiores e subdivisões mais estanques do que seus equivalentes britânicos, mas, em troca, com armas um pouco menores. Para Hitler, esse equilíbrio foi uma péssima escolha, e a Marinha alemã deveria ter optado, em primeiro lugar, pelos canhões mais potentes, pois a única maneira de ter sucesso na guerra era atacar. "A negligência do poder de artilharia superior e da velocidade superior estava inteiramente na chamada 'ideia de risco' absolutamente errônea", escreveu ele em *Mein Kampf*. "A liderança da Marinha, pela própria forma com que expandiu a frota, renunciou ao ataque e, portanto, desde o início, inevitavelmente assumiu a defensiva. Mas, com isso, eles também renunciaram ao sucesso final, que reside, e só pode residir, no ataque."[24]

O fascínio de Hitler pelo maior e mais pesado poder de fogo revela algo comum em ditadores: uma ênfase na força, sem uma capacidade correspondente de entender as compensações racionais. O problema com a Big Bertha era o fato de ser tão pesada (quase cinquenta toneladas), que sua movimentação e montagem consumiam muito tempo, e era extremamente difícil produzir munição em grandes quantidades. Além disso, seu uso era limitado. Embora pudesse ser eficaz contra grandes fortificações anteriores a 1914, seu valor em uma era de guerra de trincheiras dispersas era reduzido. Sua reputação se baseava mais na mitologia do que em qualquer outra coisa e, no final da guerra, para aqueles que entendiam de artilharia, a importância da Big Bertha havia sido rebaixada, e ela era considerada ultrapassada.[25]

Quanto ao Paris Gun, raramente se escreveu tanto sobre algo tão inútil (e caro). Para impulsionar um projétil a ponto de atingir Paris, os alemães só podiam incluir uma pequena quantidade de explosivo no invólucro, o que tornava as rondas, na maioria das vezes, incômodas, reforçando a reputação que os alemães haviam construído para si mesmos: a de uma brutalidade gratuita e sem propósito. Alguém com uma compreensão muito mais racional da relação custo-benefício na guerra foi o capitão William Leahy, amigo de Franklin Roosevelt que mais tarde serviria como chefe de gabinete do presidente e presidente do Estado-Maior Conjunto durante a Segunda Guerra Mundial. Leahy visitou Paris no verão de 1918 como parte de uma missão de apuração de fatos para os Aliados e viu um Paris Gun em ação. No dia seguinte à sua chegada, os alemães começaram a bombardear Paris a uma distância de "104 ou 112 quilômetros", Leahy lembrou. O ataque começou pela manhã e durou um dia, com um projétil sendo lançado a cada vinte minutos aproximadamente. Um deles atingiu bem perto de onde Leahy estava trabalhando, matando "duas mulheres, uma criança e alguns cavalos".[26]

Embora as baixas tenham sido trágicas, Leahy achava que os ataques alemães eram inúteis e caros.

> O dano causado por essas armas de longo alcance é insignificante em comparação com o esforço que deve ser despendido para dispará-las. O projétil evidentemente carrega uma pequena carga explosiva, que não é capaz de produzir nenhum efeito destrutivo além de alguns metros de seu ponto de impacto. Não é provável que muitas pessoas em Paris saibam algo sobre o efeito do bombardeio ou prestem atenção a ele.[27]

Hitler, no entanto, adorava esse tipo de armamento e acabaria investindo dinheiro em distrações brutalmente caras e vistosas durante a Segunda Guerra Mundial.

Os julgamentos de Hitler sobre a artilharia naval alemã eram ainda mais carentes de evidências. A Marinha alemã antes da Primeira Guerra Mundial, ao dar alta prioridade à proteção, construiu alguns dos encouraçados mais robustos e difíceis de afundar do mundo. Isso foi revelado durante a Batalha da Jutlândia, o maior confronto de encouraçados da história. Quando a Grande Frota Britânica e a Frota de Alto-Mar Alemã se encontraram no Mar do Norte, em 1916, os britânicos descobriram que causar danos graves a um encouraçado alemão, com sua proteção sólida e compartimentada, não era uma tarefa fácil.[III] Ainda que os alemães estivessem com poder de fogo inferior, seus navios causaram mais danos do que sofreram. Isso se deveu quase inteiramente ao fato de que os britânicos tinham mais navios projetados de acordo com o gosto de Hitler do que os alemães — cruzadores de batalha com armas superpesadas, mas com proteção relativamente pequena. Na Jutlândia, todos os três *dreadnoughts*

[III] Para ser justo, também não foi fácil para os alemães danificar navios de guerra britânicos totalmente protegidos na Jutlândia. O que estava claro, e onde Hitler estava definitivamente equivocado, foi que os navios que priorizavam o poder de fogo em detrimento da proteção eram os mais vulneráveis — destruídos e afundados em números alarmantes.

britânicos afundados eram cruzadores de batalha, pois foi demonstrado que ter um canhão grande sem proteção adequada era extremamente arriscado.

A obsessão de Hitler com o peso e o poder de fogo foi transferida, em grande parte, para o tanque. Os tanques apareceram pela primeira vez na Frente Ocidental em 1916, quando os britânicos os usaram na Batalha do Somme. Em muitos aspectos, os tanques foram criados por Winston Churchill e considerados a chave para desbloquear o impasse das trincheiras na Frente Ocidental. A verdade era menos glamourosa. Embora o primeiro ataque de tanques britânicos tenha causado pânico nas linhas alemãs, os tanques ainda estavam longe de serem os famosos veículos de *blitzkrieg* da Segunda Guerra Mundial. Eles eram lentos, com média de menos de seis quilômetros por hora, quebravam com facilidade e tinham dificuldade para manobrar em grandes valas e obstruções.

Os alemães descobriram rapidamente esses problemas, assim que decidiram reagir. No início, eles não se apressaram em construir seus próprios tanques, pensando que poderiam combater o problema com balas perfurantes e artilharia. Somente em 1918 surgiu algo parecido com um tanque alemão de verdade: o Sturmpanzerwagen A7V. Mais parecido com um forte blindado móvel do que com o que hoje conhecemos como tanque, o A7V pesava trinta toneladas, levava uma tripulação de dezessete soldados e um oficial e era repleto de armamentos. Sua blindagem inclinada, que chegava quase até o chão, fazia com que ele parecesse um grande vagão de trem de metal enquanto avançava — o que revelou um de seus problemas. Ele era propenso a falhas e tinha grande dificuldade de operar em qualquer coisa que não fossem estradas decentes. Hitler, entretanto, tinha poucas dúvidas. Ele acreditava que a Alemanha deveria ter se empenhado mais na construção de tanques mais cedo, até mesmo reduzindo o número de soldados disponíveis, se isso significasse que a produção de tanques poderia ter crescido e ser mais rápida.[28] Em 1942, ele expôs suas ideias sobre o projeto de tanques, fazendo referência direta à Primeira Guerra Mundial e à necessidade de priorizar o poder de fogo em detrimento da mobilidade:

> No final da Primeira Guerra Mundial, a experiência havia demonstrado que somente o tanque mais pesado e com blindagem mais espessa tinha algum valor. Isso não impediu que, assim que a paz voltou, as pessoas começassem a construir tanques ultraleves. Dentro de nossas fronteiras, temos uma rede de estradas perfeita, o que nos encoraja a acreditar que a velocidade é um fator decisivo.[29]

Hitler era capaz de entender o valor da velocidade quando se tratava de aeronaves, mas, além disso, ignorava a nova tecnologia que estava começando a exercer influência no campo de batalha da Primeira Guerra Mundial. Ele tinha visto aviões em ação desde o início da guerra, embora, a princípio, não os considerasse particularmente importantes; os observava lançando folhetos de propaganda e fazendo reconhecimento, mas raramente entrando em combate. Isso mudou em 1916-17, quando ele começou a prestar atenção às aeronaves em um papel de combate. Foi durante esse período que seu chauvinismo básico sobre o valor relativo do equipamento e da tecnologia alemães se afirmou. Como muitos alemães, ele foi cativado pelas façanhas do Barão Vermelho, Manfred von Richthofen. Voando em seu característico Fokker de três asas, Richthofen liderou a mais famosa ala de caças alemães da guerra, que incluía o jovem Hermann Göring, que Hitler tornaria o chefe da Luftwaffe alemã e nomearia seu sucessor. Mais tarde, Hitler afirmou ter observado Richthofen em ação durante a Batalha de Arras em 1917, quando o Barão Vermelho e seus caças alemães superiores "limparam totalmente o céu. Os esquadrões britânicos surgiram e foram completamente derrotados". Ele disse que viu um voo inteiro de dez aviões britânicos ser abatido "até o último". Em um sinal de que estava cada vez mais ciente do poder das aeronaves para controlar o movimento no campo de batalha, ele lembrou que o domínio do ar pelo Barão Vermelho deu às tropas alemãs "liberdade total".[30] Essa fé na superioridade técnica alemã era algo a que Hitler se apegaria desde seu tempo na Frente Ocidental até o final da Segunda Guerra Mundial. Como ele disse confiantemente a seus generais em 1942: "Na técnica de armamento, sempre superiores aos outros".[31]

Se a fé de Hitler na excelência do equipamento alemão só aumentava durante o curso da guerra, ele também acreditava que a situação geopolítica havia se movido muito a favor da Alemanha no final de 1917, outro motivo para seu otimismo. Hitler não havia dito quase nada sobre política internacional antes disso, com sua visão internacional mais bem resumida como: a Alemanha é a melhor, a Áustria é uma degenerada sem esperança e os Aliados são inimigos. No entanto, agora ele olhava para a Europa e calculava que a Alemanha estava muito mais forte do que em qualquer outro momento desde 1914. Na frente italiana, a grande vitória germano-austríaca de Capo Retto, que havia causado tanto pânico a Mussolini, fez parecer que a Itália poderia ser retirada da guerra em pouco tempo. Ainda mais importante, ela confirmou a Hitler que o Exército alemão tinha uma vantagem qualitativa significativa sobre seus inimigos, e que poderia romper as linhas aliadas.[32] No entanto, ofuscando até mesmo isso, houve a revolução bolchevique e a retirada da Rússia da aliança dos inimigos da Alemanha. Com Stalin desempenhando seu papel na criação da URSS, retirando-se da guerra, a Alemanha havia garantido o que parecia uma vitória esmagadora. Isso permitiu que Hitler visse o que aparentava ser "transportes de homens e materiais a menos" partindo da Rússia em direção à Frente Ocidental.[33]

Somando esses fatores, talvez não fosse irracional que um soldado de infantaria alemão com um campo de visão estreito pensasse que seu exército estava prestes a desencadear a "conclusão final da luta eterna".[34] No entanto, como a primeira metade de 1918 mostraria, a Alemanha havia reunido uma série de vantagens que foram suficientes para vencer algumas batalhas, mas não a guerra. O país transferiu um milhão de soldados da Frente Oriental para o oeste depois que os bolcheviques pediram paz. Os novos comandantes alemães no oeste, o marechal de campo Paul von Hindenburg e seu chefe de gabinete, General Erich Ludendorff, estavam determinados a usar essas tropas para quebrar a resistência francesa — e Hitler e o Regimento List acabariam participando da ação.

A tática alemã mais famosa a ser usada na tentativa foi, na verdade, um retorno à solução de problemas pré-industriais. Em vez de tentar submeter os franceses com armas modernas, as ofensivas de Hindenburg e Ludendorff em 1918 usaram métodos menos óbvios. Soldados alemães altamente treinados, chamados de *storm troopers*, se infiltrariam nas linhas aliadas da forma mais silenciosa possível,[IV] contornando áreas fortemente defendidas e localizando brechas. Só então começaria a ofensiva, com um bombardeio curto e forte, incluindo explosivos de alta potência e gases venenosos para imobilizar os defensores. Isso abriria uma brecha para que grandes massas da infantaria alemã atravessassem as lacunas, rompendo o estrangulamento das linhas de trincheiras.

No início, foi exatamente isso que aconteceu. Quando o ataque alemão começou, em 21 de março, um grande avanço na Frente Ocidental foi alcançado pela primeira vez desde 1914. Movendo-se em grande parte do mesmo território que havia visto soldados se esgueirarem e morrerem por centenas de metros durante a Batalha do Somme, os alemães empurraram primeiro as tropas britânicas e depois as francesas para fora de suas defesas — e para uma retirada geral. Isolados e

[IV] Mais tarde, o Partido Nazista de Hitler chamaria aqueles que faziam parte da SA, sua ala paramilitar, de *storm troopers*, em homenagem a esse tipo de combate.

confusos, os soldados aliados ficaram desorientados, e um grande número deles se tornou prisioneiro. Em 21 de março, 21.000 soldados britânicos foram capturados, o número mais alto de todos os dias da guerra, e o total de baixas britânicas após os três primeiros dias foi de 53.000, o que quase se equiparou aos números sangrentos contabilizados durante o primeiro dia da Batalha do Somme.[35] Em pouco tempo, uma seção da frente com quase sessenta e quatro quilômetros de largura foi dividida, e uma protuberância de aparência ameaçadora surgiu, à medida que as tropas alemãs, com o moral em alta a cada momento, reiniciaram sua marcha para o sul e para o oeste.[36] Antes do fim da primeira fase das operações, os alemães haviam avançado quase quarenta e oito quilômetros. Alguns estrategistas britânicos começaram a se perguntar se a França seria expulsa da guerra como a Rússia.

Hitler acompanhou tudo isso com entusiasmo, mas não participou de nenhum dos ataques originais. Por não ser considerado particularmente eficaz em combate, o List Regiment foi mantido na reserva, e as primeiras ofensivas foram realizadas por algumas das tropas de "elite" mais experientes que o Exército alemão conseguiu reunir. E, embora essas tropas melhores tenham conseguido um feito notável com suas armas, o que Hitler não percebeu foi que tudo aquilo era inútil. Os alemães perderiam a Primeira Guerra Mundial de qualquer maneira, porque o equilíbrio do poder mundial havia mudado de forma tão drástica contra eles que mesmo esses avanços impressionantes não passavam de pequenos sinais no processo inexorável da derrota alemã que se aproximava. Isso ficou evidente para alguns soldados alemães em campo que, quando tomaram as trincheiras britânicas, ficaram surpresos ao ver como o inimigo havia se tornado bem equipado. Até o próprio Hitler comentou sobre as enormes quantidades de alimentos que os britânicos haviam estocado.

A falha fatal no plano de Hindenburg e Ludendorff e a razão pela qual os alemães nunca poderiam ter vencido a guerra em 1918, independentemente do otimismo de Adolf Hitler, foi o fato de a Alemanha estar muito fraca. Naquela época, os Aliados eram muito mais poderosos, com mais soldados, muito mais equipamentos e uma base de recursos que superava o que a Alemanha podia explorar. Mesmo com todas as perdas que os Aliados pareciam sofrer em 1917, incluindo a retirada da Rússia da guerra, a entrada dos Estados Unidos no lado dos Aliados significava que a guerra só poderia ter um desfecho — e esse seria uma derrota alemã. Na verdade, as ofensivas alemãs de 1918 apenas aceleraram seu colapso, pois levaram a perdas extraordinariamente altas entre as melhores tropas do seu exército.

Somente nas duas primeiras semanas de combate, as ofensivas da primavera custaram aos alemães 250.000 baixas e, embora as baixas dos Aliados tenham sido um pouco mais altas, eles conseguiram compensar suas perdas, enquanto os alemães já estavam raspando o fundo do barril.[37] Na verdade, tudo o que Hindenburg e Ludendorff podiam fazer era empregar suas reservas cada vez menores para tentar romper as linhas e esperar que isso pudesse, de alguma forma, levar à vitória. Assim, eles se reagruparam e os soldados alemães foram enviados mais uma vez para encontrar brechas nas linhas aliadas.

Os resultados mostraram a inutilidade das ofensivas, em primeiro lugar. Os alemães conseguiram romper as linhas francesas em uma ofensiva em maio e criar outra protuberância que se estendia até Paris, mas nunca chegaram perto de tomar a capital francesa. À medida que os Aliados se sentiam mais à vontade para lidar com os novos métodos alemães e mais tropas britânicas e francesas eram levadas às pressas para a área de batalha, acompanhadas por um grande número de novas forças americanas, as ofensivas alemãs produziam cada vez menos, e a força vital literalmente se esvaiu de seu esforço de guerra. Quando Hindenburg e Ludendorff encerraram os ataques, quase 900.000 de seus soldados haviam sido mortos, feridos ou capturados. Foi o maior número de baixas que os alemães sofreriam em qualquer série de batalhas na guerra — e um sinal da derrota catastrófica que a liderança do Exército alemão havia infligido a si mesma.

Hitler não entendia nada disso. Sua posição atrás das linhas permitiu que ele ficasse obcecado pelas histórias dos avanços e triunfos táticos alemães e não entendesse que esses triunfos estavam apenas apressando a derrota. Hitler e seus companheiros puderam ver as tropas de elite treinando para o ataque e ouviram as histórias de triunfo dos sobreviventes, mas permaneciam em segurança. Sua principal experiência de combate ocorreu em meados de julho, durante o que ficou conhecido como a Segunda Batalha do Marne, uma última e desesperada tentativa alemã de criar mais uma brecha e tomar Paris. Foi um fracasso, mas mesmo assim o Regimento List evitou o pior dos combates, sofrendo apenas 482 baixas, um número menor do que o regimento havia sofrido em 1914.[38] Hitler, no entanto, só via que durante quatro meses o Exército alemão estava avançando, conquistando mais território do que em qualquer outro momento durante anos. Para ele, tudo isso era sinal de um sucesso magnífico e que, no verão de 1918, "a vitória estava tão próxima de nós quanto de nossos adversários".[39]

Com o fracasso na tomada de Paris durante a Segunda Batalha de Marne, todas as ofensivas alemãs na Frente Ocidental foram interrompidas. O Regimento List assumiu uma posição defensiva perto de Le Cateau, e Hitler presumiu que os ataques alemães seriam reiniciados em breve. Ele até recebeu sua segunda Cruz de Ferro, para a qual foi recomendado por um oficial judeu-alemão, o tenente Hugo Gutmann. Então, de forma estratégica, Hitler foi transferido de volta para a Alemanha, como se a guerra fosse continuar por anos. O Exército alemão, decidindo que precisava de comunicações por rádio para operações futuras, estava pegando despachantes como Hitler e treinando-os novamente como operadores de rádio. Em 15 de agosto, ele deixou o regimento e, portanto, estava longe da linha de frente quando a situação no oeste se transformou.

Quando Hitler estava deixando a frente de batalha, os Aliados iniciaram seus contra-ataques para retomar as terras perdidas para as ofensivas alemãs. Esses ataques, às vezes chamados de Ofensiva dos Cem Dias, culminariam no colapso do Exército alemão alguns meses depois. Pela primeira vez na guerra, uma força militar verdadeiramente integrada e moderna foi enviada para a ação. Os britânicos, franceses e norte-americanos não só tinham muito mais soldados, como também milhares de tanques trabalhando com milhares de aeronaves, combinados com infantaria e grande quantidade de artilharia. Embora o primeiro dos ataques dos Aliados tenha começado em 8 de agosto, foi somente no final do mês, quando Hitler estava de volta à Alemanha em segurança, que as linhas alemãs começaram a entrar em colapso.

A Alemanha para a qual ele retornou era ainda mais derrotista do que a que ele havia encontrado em 1916. Ele não conseguia acreditar que os jornais alemães fossem tão pessimistas quando, apenas algumas semanas antes, o exército havia alcançado o Marne e parecia pronto para tomar Paris. Além disso, os trabalhadores das fábricas que produziam armamentos, que Hitler acreditava terem tido suas mentes envenenadas pelos marxistas, escolheram esse momento para entrar em greve.[40] No mundo de Hitler, a podridão havia se instalado mais uma vez na frente interna, e não no exército que ele tanto amava. A solução adequada teria sido executar mais descontentes e, em sua opinião, as autoridades alemãs eram tolerantes demais. "O triunfo do gangsterismo em 1918 pode ser explicado", escreveu ele.

> Durante quatro anos de guerra, grandes lacunas foram formadas entre os melhores de nós. E, enquanto estávamos na frente de batalha, a criminalidade floresceu em casa. As sentenças de morte eram muito raras e, em resumo, tudo o que precisava ser feito era abrir os portões das prisões quando fosse necessário encontrar líderes para as massas revolucionárias.[41]

A obsessão de Hitler com a dissidência e a insatisfação que encontrou na Alemanha moldou decisivamente sua crença sobre como a guerra terminou. Ele acreditava que havia deixado um exército em grande parte vitorioso em uma frente onde as coisas pareciam bem equilibradas, apenas para descobrir que os alemães em casa estavam sendo levados a trair os esforços desse exército em campo. Quando retornou ao Regimento List no final de setembro, mais uma vez posicionado perto da cidade de Ypres, e logo encontrou o exército em retirada, ele estabeleceu uma conexão causal entre a perda de vontade da própria Alemanha e o eventual fracasso de seu exército. As coisas pioraram quando Hitler foi alvo de um ataque britânico com gás mostarda, em 15 de outubro, e recebeu seu segundo ferimento significativo na guerra. Parcialmente cego e quase certamente traumatizado, ele foi enviado de volta à Alemanha e tratado em um hospital militar em Pasewalk.

Foi lá que ficou sabendo do pedido alemão de armistício (na verdade, uma rendição) algumas semanas depois. Seu estado mental na época era de choque e descrença. Ele pode até ter tido um colapso. Em Pasewalk, ele foi tratado não apenas pelos efeitos do ataque com gás mostarda, mas também por "histeria de guerra", e houve rumores de que ele foi hipnotizado como parte do tratamento.[42] Mesmo considerando a hipérbole de sua retórica em *Mein Kampf*, ele estava claramente arrasado com a notícia de que a Alemanha havia perdido a guerra. Para responder à pergunta de por que esse desastre havia ocorrido, Hitler recorreu às teorias da conspiração que vinha alimentando há anos e as ampliou em proporções enormes. Um inimigo interno e criminoso havia envenenado a mente do povo alemão, levando-o a trair as valentes tropas no front e transformando uma possível situação de vitória na guerra em uma derrota humilhante.

Pelo resto de sua vida, Hitler ficaria obcecado com essa traição fictícia e imaginada, falando, durante toda a Segunda Guerra Mundial, sobre como os criminosos de 1918 haviam apunhalado o Exército alemão pelas costas ao penetrar na mente do seu povo (que mais uma vez revelou seu calcanhar de Aquiles). "Um povo, considerado em massa, não é nem totalmente bom nem totalmente ruim", declarou ele.

> Ele não possui nem a coragem para ser totalmente admirável nem a maldade para ser totalmente mau. São os extremos em cada margem da escala que decidem o nível da média. Se os bons são dizimados enquanto os maus são preservados, então é bem possível, como aconteceu na Alemanha em 1918, que um punhado de centenas de vagabundos malvados cause violência a uma nação inteira.[43]

Uma vez formada, essa visão de que o inimigo interno era a causa da derrota alemã, mesmo quando os alemães eram militarmente superiores, nunca o abandonou. Em seu segundo livro, não publicado, Hitler foi ainda mais explícito nesse ponto, escrevendo: "O colapso que o povo alemão sofreu em 1918 não se deve, como quero estabelecer aqui mais uma vez, à queda de sua organização militar ou à perda de suas armas, mas sim à sua decadência interna".[44]

Essa é a peça crucial do quebra-cabeça para entender Hitler como líder de guerra na Segunda Guerra Mundial. Ela combinava sua compreensão de como vencer guerras (equipamentos pesados baseados em tecnologia alemã que tinham o maior poder de fogo possível) com a forma como a Alemanha perdeu essa guerra (frente interna enfraquecida e depois traída por influências malignas — particularmente judeus). A combinação dessas ideias também parece ter sido a motivação de que ele precisava para mudar de profissão. Se Hitler foi para exército em 1914 ainda pensando que se tornaria um grande artista ou arquiteto, em 1918 ele decidiu mergulhar na política. O exército até ajudou nessa transformação. Ao contrário da maioria dos soldados alemães, Hitler se esforçou para permanecer no exército durante anos após a guerra, e só foi dispensado em março de 1920.[V] O que o exército fez nesse intervalo foi protegê-lo, alimentá-lo e treiná-lo para transformar o que antes em sua vida pareceria um discurso perturbado em um movimento político fanático.

Nessa carreira, Hitler foi ajudado pelo caos político e pela instabilidade em que se encontrava quando retornou a Munique no final de novembro de 1918.[45] Em um hospício como a Alemanha do pós-guerra, um louco tinha uma vantagem distinta, e Hitler se viu em um dos poucos momentos da história em que suas habilidades especiais como porta-voz maníaco e fanático de teorias conspiratórias foram um grande trunfo. O fim da guerra deixou a Baviera sem governo, e as revoluções se seguiram à medida que a sociedade parecia perder o rumo. No início, a esquerda socialista tomou o poder, liderada por Kurt Eisner, um judeu, que declarou uma república bávara. Eisner não apenas admitiu que a Alemanha era culpada por iniciar a Primeira Guerra Mundial, como também pediu a cooperação entre o governo bávaro e os recém-formados sovietes alemães, que estavam imitando o comportamento dos sovietes formados no início da Revolução Russa.[46] Como Hitler optou por permanecer no exército em um regimento bávaro, ele se tornou legalmente um servo do regime de Eisner. Foi durante essa fase que o exército decidiu que Hitler seria um bom propagandista e o enviou para treinamento, a fim de aprender a se comunicar com as tropas. Assim, parece provável que seus primeiros discursos tenham sido feitos em favor do "estado democrático-republicano" de Eisner.[47]

Eisner foi assassinado em fevereiro de 1919, o que foi precedido por seis meses de convulsões ainda mais brutais. Havia um grupo comunista que proclamava a Baviera como um novo Estado soviético

---

[V] Também é possível que Hitler tenha trabalhado para a ala de inteligência militar do exército após a guerra.

e tentava aliar o país à Rússia Soviética (RSFSR). Elementos de direita extremamente nacionalistas no exército começaram a se organizar em oposição aos comunistas — e isso proporcionou a Hitler uma entrada crucial na política nacional extremista. Ele foi acolhido por uma dessas facções do exército, recebeu ainda mais treinamento em oratória e propaganda e foi enviado para garantir que os soldados aliados aos nacionalistas tivessem os pensamentos certos.

Foi nesses discursos para os soldados que ele começou a expressar publicamente o antissemitismo que há anos já habitava seu interior. Ele atacou a ameaça fantasma dos judeus com tanta força que um oficial acabou pedindo que ele diminuísse o tom de sua retórica, para não ofender alguns dos outros soldados.[48] Essa repreensão não o deteve. Na que talvez seja a primeira carta política escrita por Hitler após a guerra, é possível vê-lo defendendo a "eliminação total dos judeus".[49]

Os discursos de Hitler, cheios de antissemitismo, normalmente eram extremamente populares, e ele cresceu na estima de oficiais e homens. Em 12 de setembro de 1919, como parte de suas atividades políticas, ele foi enviado para observar/espionar um dos muitos novos movimentos políticos que estavam surgindo em Munique, o Partido dos Trabalhadores Alemães. Um grupo pequeno e marginal que se reunia em uma das cervejarias menos salubres da cidade, o partido representava uma mistura de nacionalismo patriótico combinado com anticapitalismo. A princípio, Hitler não se impressionou com o pequeno número de participantes e os discursos fracos que ouviu. Porém, quando um orador visitante se apresentou e começou a defender a independência da Baviera, Hitler ficou irritado. Em um frenesi, ele repudiou a ideia. O presidente do partido, impressionado com o poder da retórica de Hitler, supostamente exclamou: "Meu Deus, ele tem lábia. Poderíamos usá-lo".[50] Hitler foi convidado a falar na próxima reunião do partido. Em pouco tempo, o Partido dos Trabalhadores Alemães se tornaria o Partido Nacional Socialista dos Trabalhadores Alemães, e Hitler seria seu líder — o Partido Nazista havia sido criado.

Quando Hitler deixou o exército, ele se dedicou totalmente ao partido e, em especial, a usá-lo para se tornar poderoso. Como Mussolini, Hitler via o partido não tanto como um receptáculo de crenças, mas como um veículo para amplificar suas convicções e aumentar a autoridade de seu líder. A guerra deu a ele a confiança, o treinamento e a mentalidade geral para transformar o Partido Nazista de um pequeno grupo de malucos que gritavam uns com os outros em uma cervejaria em uma poderosa força política que acabaria assumindo o poder ao explorar um enorme poço de ressentimento e medo popular. A primeira parte desse processo começou em Munique, entre 1920 e 1923, quando Hitler, usando discursos extravagantes, transformou o Partido Nazista em uma força regional forte o suficiente para lançar um golpe violento. Lidos hoje, os discursos parecem pouco mais do que uma mistura de teorias da conspiração, história ruim e teorias econômicas infantis. O mito da punhalada pelas costas os permeava, e o alvo habitual eram os judeus que haviam colocado a Alemanha de joelhos quando a vitória estava ao seu alcance.

Como parte dessa teorização e obsessão pelos judeus, Hitler começou a pensar na política externa como parte de uma grande estratégia. Ele era completamente amoral, vendo a política externa apenas como um meio de elevar a Alemanha à grandeza. Esse foi um dos motivos pelos quais ele decidiu abandonar a Áustria o mais rápido possível.

> Quanto mais eu me preocupava com questões de política externa, mais minha convicção aumentava e se enraizava de que essa formação política não poderia resultar em nada além da desgraça do germanismo. Cada vez mais eu via claramente que o destino da nação alemã não seria mais decidido aqui, mas no próprio Reich.[51]

Hitler acreditava que a guerra havia lhe ensinado que a Alemanha precisava de uma ideia muito melhor de como se integrar em uma estrutura de aliança. No período que antecedeu 1914, o país havia praticado o pior tipo de política de aliança; se ancorou em uma Áustria fraca, que não podia fornecer recursos ao Reich e podia fazer muito pouco para ajudá-lo a expandir suas fronteiras. A Alemanha chegou a essa situação difícil porque não conseguiu firmar uma aliança com uma das duas nações das quais precisava ser amiga: Grã-Bretanha e Rússia. Das duas, uma aliança com a Grã-Bretanha era para Hitler o principal objetivo da política alemã, e assim seria durante toda a sua ascensão ao poder. Ele acreditava que a Grã-Bretanha poderia agora ser conquistada para o lado da Alemanha, em razão do medo de que a França se tornasse poderosa demais e dominasse o continente europeu. Em seu segundo livro, ele descreveu não apenas os benefícios de uma aliança britânica para a Alemanha, mas também a melhor maneira de garantir que não houvesse competição naval direta entre os dois países.[52]

A Rússia também era um possível aliado de curto prazo, mas qualquer aliança com ela acabaria entrando em colapso quando a Alemanha se voltasse para o leste. O que Hitler era totalmente contra (e continuaria assim até 1940) era que a Alemanha se envolvesse em uma guerra com a Grã-Bretanha e a Rússia ao mesmo tempo — o desastre de duas frentes que ajudou a perder a Primeira Guerra Mundial. É claro que Hitler acreditava que, antes que a Alemanha pudesse ter uma aliança com a Grã-Bretanha, ela precisava esmagar a influência judaica, que, mesmo depois de ter devastado a Alemanha com a punhalada nas costas em 1918, estava totalmente determinada a impedir a amizade entre os dois estados. "Por mais que a Inglaterra, do ponto de vista do Estado britânico, tenha pouco interesse em uma nova aniquilação da Alemanha", escreveu ele, "é grande o interesse dos judeus da bolsa de valores internacional em tal desenvolvimento".[53]

Um dos primeiros discursos de Hitler, proferido em setembro de 1922, mostrou-o dando rédea solta à sua visão de mundo distorcida, internacional e antissemita. "Nós, na Alemanha, chegamos a esta conclusão: sessenta milhões de pessoas veem seu destino dependente da vontade de algumas dezenas de banqueiros judeus", declarou ele. É possível imaginá-lo com os olhos arregalados e os braços fazendo gestos teatrais, enquanto se atiçava e levava o público a um frenesi contra esse inimigo que supostamente os havia feito perder a guerra. Os judeus haviam envenenado a mente alemã, insistia ele, enganando o povo com chavões globalizados como "democracia" e "paz mundial". Isso levou diretamente à derrota alemã, desintegrando a "consciência racial" alemã e gerando "covardia".

A solução de Hitler foi direta e indescritivelmente grotesca:

> Temos de chamar à responsabilidade os criminosos de novembro de 1918. Não é possível que dois milhões de alemães tenham caído em vão e que, depois disso, alguém se sente como amigo na mesma mesa que os traidores. Não, nós não perdoamos, nós exigimos — vingança![54]

Hitler acabaria por se vingar. Esse combatente da Primeira Guerra Mundial estava convencido de que tinha o plano estratégico certo para levar a Alemanha à vitória na próxima guerra. Ele estava convicto de que conhecia os tipos de armas de que a Alemanha precisaria para vencer uma nova guerra e sabia como elas deveriam ser usadas. Ele acreditava ter uma compreensão da geopolítica e de com quem a Alemanha deveria se aliar (e contra quem deveria lutar). Além disso, sabia quem eram os verdadeiros inimigos e como eles deveriam ser confrontados e erradicados. Para uma pessoa sã e racional de fora, deve ter sido difícil imaginar que chegaria o momento em que Hitler realmente colocaria seu plano em ação.

11

Interlúdio: os anos entre guerras

Entre o fim da Guerra Russo-Polonesa, em 1921, e a eclosão da Segunda Guerra Mundial, em 1939, quatro dos cinco grandes estrategistas que a controlariam chegaram ao topo do poder político em seus países. Adolf Hitler, Josef Stalin, Benito Mussolini e Franklin Roosevelt acabaram criando muitas das estruturas de tomada de decisão e das forças armadas que estariam à sua disposição quando a guerra começasse. Somente Winston Churchill foi, na maior parte deste tempo, um outsider.

Benito Mussolini

Benito Mussolini, de muitas maneiras, realizou o maior de todos os truques, até que, em 1940, tolamente, decidiu apostar alto demais. Ao tomar o poder em 1922, ele rapidamente transformou a Itália em uma ditadura, em 1925. Como Il Duce ("o Líder", apelido que escolheu para si mesmo), Mussolini ansiava pelo reconhecimento da Itália como uma grande potência. Ele falava grandiosamente sobre criar um vasto império na África ou tornar o Mediterrâneo um mar italiano e transformar os italianos em uma raça marcial e dura, digna de sua liderança. Como parte desse esforço, Mussolini criou um mito sobre si mesmo como um organizador eficiente — uma visão que perdura em alguns círculos até hoje. Esse Mussolini "fez os trens andarem na hora certa", como diz o clichê sobre ele, e pela primeira vez desde a unificação fez da Itália uma grande potência respeitada. Isso certamente levou a perfis dignos de nota no período entreguerras, pois alguns jornalistas e escritores proeminentes dos Estados Unidos escreveram perfis horrivelmente obsequiosos de Mussolini — os quais o faziam parecer tudo o que ele queria ser.

Na verdade, o que Mussolini fez foi tomar emprestado e gastar enormes quantias de dinheiro, nacionalizar grande parte da economia italiana e bombardear o povo com slogans e programas intermináveis que mostrassem seus esforços. Tudo isso foi um bom teatro, mas ele fez pouco ou quase nada para transformar a Itália em uma potência econômica ou militar relativamente maior. Embora tenha havido um boom na Itália no final da década de 1920 (como em muitos lugares da Europa e da América do Norte), o país foi um dos mais afetados quando a Grande Depressão chegou. De modo geral, o PIB per capita italiano diminuiu em relação a outras potências europeias durante o governo de Mussolini.[1] A produção italiana de aço, vital para a fabricação de armas modernas, permaneceu estagnada.

Se Mussolini não fez nada para melhorar os fundamentos da produção econômica da Itália, ele também permitiu que as forças armadas italianas seguissem em frente com alguns feitos chamativos, mas sem qualquer ganho real em sua força relativa. O período entreguerras viu a transformação das forças armadas avançadas em forças pelo menos parcialmente mecanizadas. A Itália tentou acompanhar esse ritmo, mas teve problemas para fabricar equipamentos modernos, por falta de um parque industrial plenamente equipado. Por exemplo, embora os italianos tivessem um grande número de aeronaves à disposição quando a Segunda Guerra Mundial começou, metade de seus caças eram biplanos primitivos que se sentiriam mais à vontade nos céus dos campos de batalha da Primeira Guerra Mundial. O mais desmoralizante é que, embora a Itália tenha desenvolvido várias estruturas excelentes para seus aviões modernos, não conseguiu equipá-los com motores fortes o suficiente para suas características superiores, tornando-os presas fáceis para aeronaves inimigas mais avançadas. Os tanques italianos, por outro lado, geralmente eram péssimos, com motores e armas insuficientes, tanto que até mesmo seus inimigos mais tarde sentiriam uma pontada de tristeza pelas tripulações italianas forçadas a servir neles. Até mesmo a Marinha italiana, que produziu vários navios de guerra excelentes durante o período de governo de Mussolini, nunca conseguiu criar sistemas modernos capazes de permitir que a frota operasse com eficiência no mar, como, uma unidade naval japonesa.

Mussolini, no entanto, optou por ignorar todas essas deficiências e tentou blefar para obter o status de grande potência. Por um tempo, ele conseguiu. Com a Grã-Bretanha e a França preocupadas com a Grande Depressão, que as deixou mais cautelosas em relação a confrontos internacionais, Mussolini enviou forças militares para a Etiópia e depois para a Espanha. A invasão da Etiópia em outubro de 1935 mostrou até onde a Itália precisava ir para se tornar uma potência militar de primeiro escalão. Mussolini atacou com centenas de milhares de soldados, com o apoio dos melhores aviões da Itália, e mesmo assim teve dificuldades para avançar contra as forças etíopes, que não tinham armamento moderno e dependiam de mensageiros a pé para se comunicar. Para ajudar seu ataque, Mussolini aprovou o uso de gás venenoso e sancionou uma campanha de atrocidade contra os etíopes — algo que se aproxima da definição de genocídio. Ainda assim, as forças italianas levaram um ano e meio para conquistar a Etiópia, embora Mussolini tivesse apostado corretamente que a Grã-Bretanha e a França fariam pouco mais do que repreendê-lo em troca.

Com o fim da guerra, ele voltou seus olhos para a Espanha, onde ocorria uma guerra civil entre um governo republicano de esquerda e as forças nacionalistas lideradas pelo General Francisco Franco. Entendendo que Franco estava impondo algo próximo ao fascismo espanhol, Mussolini tornou-se um apoiador entusiasmado, inicialmente fornecendo uma grande quantidade de armamentos e, em seguida, enviando forças italianas para lutar. O fato mais famoso é que ele permitiu que unidades da Força Aérea italiana bombardeassem cidades espanholas.

A intervenção expôs os pontos fracos fundamentais do status de poder da Itália que Mussolini não havia conseguido corrigir. A Alemanha de Hitler também apoiou Franco e, apesar de os italianos terem fornecido mais ajuda geral, Franco se voltou cada vez mais para o seu patrono alemão. Ter o apoio de Mussolini não era considerado tão importante.

Na verdade, o próprio Mussolini estava se voltando para Hitler para tentar realizar suas ambições de tornar a Itália uma grande potência. Quando Hitler chegou ao poder e falou sobre trazer todo o povo alemão para o seu Reich, Mussolini ficou chocado e parecia disposto a adotar uma forte linha antialemã. No entanto, com o passar do tempo e o fato de Hitler ter se mostrado um líder revisionista eficaz, Mussolini começou a entrar cada vez mais em sua órbita. O mais importante é que, quando Hitler decidiu tomar a Áustria militarmente em 1938, Mussolini concordou e se recusou a intervir — algo pelo que Hitler ficou eternamente grato. Desse ponto em diante, Mussolini parece ter se juntado ao seu colega ditador fascista, embora de uma forma que destacava a fraqueza italiana, não a força. Ele fazia as vontades de Hitler, como fez mais tarde, em 1938, durante a Crise de Munique, quando fingiu ser um intermediário entre a Alemanha e os Aliados ocidentais. Ele usou seu prestígio para propor um acordo entre o ditador da Alemanha, o primeiro-ministro britânico Neville

Chamberlain e o premiê francês Édouard Daladier, por meio do qual eles concordariam em dar a Hitler o que ele queria em troca de uma promessa de paz sem sentido. Mussolini recebeu os aplausos por ter organizado o acordo, embora tenha recebido pouco de concreto em troca, a não ser a capacidade de pegar migalhas da mesa dos alemães quando elas eram oferecidas. E esse foi o dilema que ele enfrentou quando a Segunda Guerra Mundial começou na Europa. Ele havia feito a Itália parecer uma grande potência, e ele próprio um grande líder, mas não havia feito nada para criar a base real de poder para sustentar suas ações quando mais precisasse.

Josef Stalin

A ascensão de Stalin ao poder absoluto começou logo após a de Mussolini. Quando a poeira baixou no final da Guerra Russo-Polonesa e os bolcheviques começaram a governar, ficou evidente que a organização paranoica de Stalin o tornara muito mais poderoso no partido do que figuras externamente mais conhecidas e celebradas, como Leon Trotsky. Stalin, parcialmente incentivado pela incompetência política de Trotsky e fortemente apoiado por Lenin, tornou-se secretário-geral do Partido Comunista em 1922. Essa função, que lhe permitiu controlar a burocracia do partido, deu-lhe enormes poderes de apadrinhamento. Ele usou esse poder para promover seus acólitos, como Viacheslav Molotov, e eliminar impiedosamente os apoiadores de outros, como Trotsky. A única pessoa que poderia ter impedido a ascensão de Stalin nesse momento era o próprio Lenin, mas o líder bolchevique de longa data vinha se enfraquecendo desde 1921 e, em 1923, teve um acidente vascular cerebral devastador que o deixou em uma cadeira de rodas, do qual nunca se recuperou. Não se sabe ao certo se Lenin já havia se decepcionado com Stalin nessa época; Trotsky gostava de afirmar que sim. Se assim fosse, havia pouco que até mesmo

Lenin, debilitado e afastado, pudesse fazer. Stalin controlava o acesso de e para o líder moribundo, e havia estabelecido um núcleo de apoio tão forte no Comitê Central do Partido que se tornara intocável. Quando Lenin morreu, em janeiro de 1924, Stalin estava livre para fazer quase tudo o que quisesse.

O que ele fez foi jogar os diferentes lados do Partido Bolchevique uns contra os outros para remover qualquer possível impedimento. No início, ele se aliou aos "direitistas", como seu velho amigo Lev Kamenev e o chefe do escritório do partido em Petrogrado (agora Leningrado), Grigory Zinoviev. Isso lhe permitiu destruir Trotsky.[1] Depois, com seu grande rival fora do caminho, ele se aliou a alguns dos esquerdistas remanescentes contra os direitistas, e derrubou Kamenev e Zinoviev. No final da década de 1920, o Partido Comunista era dele e somente dele.

O que se seguiu mostrou que Stalin havia chegado a um ponto em que não só queria ter o poder e humilhar seus rivais, mas também matar qualquer um que, segundo ele, representasse um desafio ao seu governo e à sua visão do marxismo. Nessa época, ele tentou refazer radicalmente a economia soviética. No que se refere à agricultura, ele acabou com as políticas mais moderadas de Lenin, que permitiam que os camponeses possuíssem suas próprias terras, e introduziu a coletivização forçada. Foi um desastre; milhões de pessoas morreram de fome. Stalin foi forçado a recuar temporariamente e usou a trégua para se preparar para destruir tudo e todos que ele acreditava estarem em seu caminho. O resultado foram os grandes expurgos da década de 1930.

Stalin fez com que o partido e o país fossem vasculhados por sua polícia secreta para descobrir conspirações (em sua maioria falsas)

[1] No início, Stalin nem sempre matava seus inimigos no partido. Trotsky acabou sendo forçado ao exílio, e outros foram presos. Foram necessários mais alguns anos para que Stalin se satisfizesse apenas com sacrifícios de sangue.

envolvendo forças antiestalinistas. Ele mandou matar centenas de milhares, talvez milhões, desses supostos traidores, muitas vezes depois de usar as formas mais grotescas de tortura para obter confissões fictícias de traição, que eram levadas a lume durante julgamentos pantomímicos. No final, ele acabou matando ou induzindo ao suicídio muitos de seus velhos amigos, como Kamenev, sua segunda esposa, Nadia Allilueva, e praticamente qualquer outra pessoa que soubesse como ele realmente era ou como ele cometeu erros desastrosos ao longo de sua carreira. O resultado foi que ele ficou com um grupo de criaturas dispostas a cumprir suas ordens — pessoas que não podiam aconselhá-lo com qualquer tipo de distanciamento, mas que seguiam suas orientações servilmente. Isso, de certa forma, sempre foi o objetivo dos expurgos.

Se Stalin estava permitindo que seu lado ideológico e paranoico matasse muito mais pessoas do que Mussolini teria considerado, ele também preparou a URSS de forma muito mais grandiosa para uma guerra moderna, tanto industrial quanto diplomaticamente, do que o italiano. Stalin forçou a industrialização do país em um ritmo notável, construindo uma grande indústria siderúrgica, por exemplo, e implantando instalações de fabricação para produzir grandes quantidades de material de guerra sólido, se não da mais alta qualidade. No final da década, a União Soviética era um dos maiores produtores de bens industriais do mundo, tinha uma rede ferroviária grande e funcional e um enorme estoque de tanques e peças de artilharia.

Stalin chegou a ter sob seu controle uma das forças armadas mais intelectualmente engajadas do mundo. Durante a década de 1920 e início da década de 1930, o Exército Vermelho foi um dos exércitos mais criativos do mundo no que se referia a tentar integrar doutrinariamente as mudanças na guerra provocadas pela criação de melhores tanques e aeronaves. Oficiais bem-sucedidos da Guerra Civil, incluindo o mais famoso, o Marechal Tukhachevsky, desenvolveram teorias de ponta, como a batalha profunda, que previa algo semelhante às táticas de blitzkrieg, usando formações em massa de equipamentos industriais com motor de combustão para atravessar rapidamente as linhas inimigas. Grande parte dessa experiência era voltada para a guerra contra a Alemanha; na verdade, a URSS tinha planos de lançar uma invasão preventiva e forçada na Europa Oriental. Em 1937, a URSS estava mais bem preparada para combater a Alemanha nazista do que qualquer outro país do mundo.

Mas então Stalin jogou fora essa grande vantagem em um ataque de paranoia assassina. A partir de 1937, ele instituiu um expurgo generalizado no Exército Vermelho, matando a maioria dos comandantes seniores (inclusive Tukhachevsky). Em especial, ele tinha como alvo as classes de oficiais das quais desconfiava desde seus dias em Tsaritsyn — aqueles que haviam servido no exército do czar e aqueles com habilidades avançadas. No final, três dos cinco marechais do Exército Vermelho, onze de seus treze comandantes de exército e cinquenta e sete de seus oitenta e cinco comandantes de corpo foram eliminados. Em seu lugar, Stalin promoveu aqueles com pouca experiência em comando sênior, mas que vinham do tipo de classe pobre e sem instrução que ele favorecia. Muitos deles eram figuras medíocres — liderados por seu próprio protegido Klim Voroshilov, que agora era o oficial mais importante de todo o Exército Vermelho.

Stalin também observou a ascensão de Hitler com menos pavor do que se poderia imaginar. Embora ostensivamente anti-hitlerista, Stalin parecia vê-lo não como um inimigo particularmente agressivo, mas como apenas uma das muitas faces diferentes do capitalismo que ele precisava manipular para seus próprios fins. Então, manteve as linhas de comunicação abertas com os britânicos e franceses, e com os nazistas, presumindo que todos eram inimigos em potencial e que seria melhor que lutassem entre si, deixando a União Soviética cuidar dos cacos dos sobreviventes.

Adolf Hitler

Ao contrário de Mussolini e Stalin, Adolf Hitler demorou um pouco para assumir o poder político. Depois de sua tentativa fracassada de golpe em Munique, em 1923, o Partido Nazista permaneceu à margem da política alemã até 1929, e Hitler parecia mais um radical maluco do que um futuro líder. A chegada da Grande Depressão, no entanto, sobrecarregou a mensagem de ressentimento de Hitler em relação aos judeus e ao Tratado de Versalhes, e forneceu a muitos alemães uma maneira simples de explicar sua má sorte. Aproveitando essa onda de ressentimento, os nazistas se transformaram rapidamente no maior partido da Alemanha e, em janeiro de 1933, Hitler foi convidado a liderar uma coalizão de partidos de direita como o novo chanceler.

Em poucas semanas, ele transformou a Alemanha em uma ditadura. Quando o prédio do parlamento alemão, o Reichstag, foi incendiado em fevereiro, provavelmente por um simpatizante comunista, Hitler agiu imediatamente. Ele aprovou uma legislação de emergência que lhe deu poderes ditatoriais e, em seguida, pediu ao povo alemão que concordasse com a perda de liberdade em um referendo, o que foi feito. Agora sem freios, Hitler expurgou o Partido Nazista de quaisquer possíveis rivais e, assim como Mussolini, embarcou em uma onda de gastos deficitários para conquistar o apoio do povo alemão para a nova realidade. A partir desse momento, ele começou a preparar a Alemanha para a expansão e para uma grande guerra no futuro, e o Estado alemão e as forças armadas que entraram em guerra em 1939 carregavam fortemente sua marca.

O cabo da Primeira Guerra Mundial, obcecado pelo mito da facada nas costas, iniciou seu governo com um plano que prejudicaria gravemente a Alemanha como potência na Segunda Guerra Mundial. Convencido de que os judeus alemães eram uma ameaça à sua visão de um estado unificado, Hitler colocou em vigor uma série de leis antissemitas cada vez mais severas que, a essa altura, tinham como objetivo principal forçar os judeus alemães a deixar o país. Ele foi extremamente bem-sucedido e autodestrutivo. Entre 1933 e 1939, mais da metade da população alemã de pouco mais de meio milhão de judeus emigrou, amargurada e com medo, geralmente com apenas alguns itens que podiam carregar em uma mala. Isso não apenas privou o Estado alemão de muitas pessoas que haviam acabado de demonstrar seu patriotismo na última guerra mundial, mas também prejudicou a ciência e a tecnologia locais. Entre os que partiram estavam muitas das maiores mentes de sua geração — físicos, engenheiros, médicos e outros cientistas brilhantes —, não apenas privando a Alemanha de suas habilidades, mas muitas vezes agregando-as a países que logo seriam inimigos de Hitler. Por exemplo, Albert Einstein, Leo Szilard e Edward Teller, que ajudariam de diferentes maneiras na construção da bomba atômica para os Estados Unidos durante a guerra, trocaram a Alemanha pela América, em virtude das políticas de Hitler. Na história da guerra, é impossível encontrar uma decisão mais catastroficamente equivocada.

O fortalecimento militar de Hitler, que viu uma enorme quantidade de recursos ser transferida para o setor de armamentos, também refletiu fortemente suas percepções anteriores de guerra e poder. Por um lado, o aumento foi realizado com o objetivo de manter o apoio interno. O aumento geral nos gastos do governo significava que o alemão médio experimentava uma melhoria nos padrões de vida; e os empregos, que a Grande Depressão havia tornado difíceis de encontrar, agora eram abundantes. É claro que ainda era cedo, e os gastos maciços significavam que Hitler, por um tempo, poderia ter seu bolo de gastos crescentes com o armamento e deixar o povo alemão comê-lo também — quando se tratava de mantê-lo empregado e com mais assistência.

O que Hitler construiu mostrou a importância de suas experiências durante a guerra para moldar sua visão. Ele ficou mais do que satisfeito ao ver o exército se transformar construindo tanques mais novos e se agrupando em divisões *panzer* blindadas. Ele também foi um dos primeiros defensores da criação de uma nova Força Aérea alemã, a Luftwaffe; forneceu uma grande quantidade de dinheiro a Hermann Göring para colocar o novo serviço em funcionamento e, em muitos aspectos, o crescimento da Luftwaffe representou o crescimento militar alemão mais bem-sucedido nos anos pós-1933. Dito isso, a Luftwaffe, tal como criada, era quase inteiramente uma força tática, com aeronaves menores (caças ou bombardeiros bimotores) cuja função era atacar as forças armadas inimigas. Quando lhe era pedido que lutasse em uma guerra estratégica, tentando cortar as rotas de navegação ou atingir alvos econômicos, ela era lamentavelmente insuficiente.

A marinha que Hitler começou a construir também veio quase diretamente de suas percepções anteriores de guerra. Por um lado, ele usou a frota para tentar chegar a um acordo com o Reino Unido em sua busca quixotesca para garantir uma aliança anglo-alemã. Em 1935, concordou com um tratado com os britânicos que limitava a Marinha alemã a 35% da força da Marinha Real. O que ele então apoiou — trabalhando com o chefe da Marinha alemã, o Almirante Erich Raeder — foi uma força de frota de superfície com armas cada vez maiores. Ele parecia mais do que feliz em gastar poucos recursos na construção de submarinos e, quando invadiu a Polônia em 1939, os alemães tinham apenas uma lastimável força de algo entre vinte e trinta submarinos disponíveis para operações.[II] O que os alemães estavam construindo, no entanto, eram encouraçados gigantescos, como o *Bismarck* e o *Tirpitz*, os dois maiores construídos na Europa, que podiam disparar os enormes tiros de canhão que Hitler havia

[II] O Almirante Dönitz, chefe da força de submarinos, estimou que precisaria de 300 submarinos operacionais para vencer a guerra no mar.

argumentado vinte anos antes que deveriam ser o objetivo de qualquer frota alemã. No fim das contas, os dois encouraçados não teriam importância no decorrer do conflito.

No entanto, Hitler nunca conseguiu atingir seu objetivo ao criar a situação internacional correta que lhe permitiria alcançar seu objetivo de Lebensraum (uma palavra alemã que significa "espaço vital") — um império alemão etnicamente puro. Sua suposição de que o Reino Unido e a França poderiam se separar, o que lhe permitiria chegar a um acordo com o Reino Unido, nunca se concretizou por causa de sua política externa agressiva. Desejoso de reunir todos os alemães em um único Estado, ele regularmente criava crises, como a remilitarização da Renânia (1936) e o Anschluss com a Áustria (1938), que, embora não tenham sido respondidas por uma resposta militar franco-britânica, ajudaram a manter as duas potências ocidentais unidas, mesmo quando elas encontraram maneiras de tentar trabalhar com Hitler — uma política conhecida como apaziguamento.

O apaziguamento atingiu seu ponto alto no final de 1938, durante a crise sobre os Sudetos, a parte que falava alemão da Tchecoslováquia. Quando Hitler se sentou com Chamberlain, Daladier e Mussolini em Munique para tentar resolver a crise, os britânicos e os franceses concordaram em entregar os Sudetos à Alemanha, presumindo que isso seria o fim das ambições territoriais do país. Quando, apenas alguns meses depois, Hitler marchou para o que restava da Tchecoslováquia, os britânicos e franceses decidiram que reagiriam com mais força se ele pressionasse a Polônia. Hitler não estava disposto a esperar. Em 1939, começou a agitar para que a cidade de Danzig, que tinha uma população alemã, mas era cercada por campos dominados pelos poloneses, e havia sido nomeada uma cidade livre pelo Tratado de Versalhes, lhe fosse entregue. Nesse ponto, os britânicos e os franceses decidiram não recuar, deixando Hitler com o dilema sobre o que fazer quando suas expectativas não estavam sendo atendidas.

Franklin Roosevelt

Franklin Roosevelt foi eleito presidente dos Estados Unidos da América apenas alguns meses antes de Hitler se tornar chanceler da Alemanha, mas os anos que se seguiram foram muito mais transformadores para ele como indivíduo do que para Hitler. Embora Roosevelt estivesse do lado perdedor da eleição presidencial de 1920, ele se saiu tão bem que foi amplamente reconhecido como uma estrela em ascensão para os democratas. Sua ascendência foi brutalmente interrompida menos de um ano depois, quando, durante as férias de verão em Campobello, ele contraiu poliomielite. Em questão de dias, perdeu a capacidade da andar — um golpe devastador para alguém que baseava grande parte de seu apelo em sua energia e vigor.

Após alguns anos de ajuste emocional, durante os quais Roosevelt se tornou mais sensível às necessidades dos menos favorecidos e das pessoas com deficiência, ele voltou ao mundo político em 1928, quando disputou e ganhou o cargo de governador do estado de Nova York, uma das posições mais proeminentes do país. Depois que a Grande Depressão começou após a quebra da bolsa de valores em 1929, Roosevelt entendeu que os democratas estariam em posição privilegiada para ganhar a Casa Branca na eleição de 1932 e decidiu se lançar no ringue para conquistar o prêmio máximo. Com uma plataforma de otimismo, pouco envolvimento com o mundo exterior e baixos gastos militares, ele fez uma campanha transcendente. Ganhou a indicação democrata e, em seguida, obteve uma vitória esmagadora sobre o presidente republicano em exercício, Herbert Hoover.

Em seu primeiro mandato, Roosevelt concentrou-se predominantemente em questões domésticas e lançou um plano sem precedentes em tempos de paz, que incluía o aumento do poder regulatório do Estado, o fornecimento de uma rede de segurança social e a reativação da economia dos EUA com um enorme aumento nos gastos do governo em uma série de grandes projetos de infraestrutura. Conhecido como New Deal, esse foi um dos poucos programas governamentais da história dos EUA que realmente poderia ser chamado de radical. Mesmo com essa proposta ambiciosa de remodelar a sociedade americana, os antigos instintos mahanianos de Roosevelt voltaram a se manifestar. Em um ano, ele reviu sua postura não militarista e embarcou em um grande plano de gastos navais, concentrado principalmente na construção de navios de guerra. Em uma época de dificuldades financeiras e ameaças militares crescentes na Europa e na Ásia, a agenda de Roosevelt fortaleceu a Marinha dos EUA e, ao mesmo tempo, proporcionou empregos industriais extremamente necessários nos estaleiros de todo o país.

Esse seria o início dos preparativos militares de Roosevelt para a Segunda Guerra Mundial e revelaria o legado duradouro de suas experiências anteriores. Ele pressionou fortemente pelo desenvolvimento do poder marítimo e aéreo americano, gastando pouco com o exército. Durante seu segundo mandato, mais uma vez pressionou pela construção da marinha mais poderosa do mundo, assim como havia feito em 1916. Ele colocou em ação planos para construir mais navios de guerra do que qualquer outro presidente na história, acrescentando não apenas encouraçados, mas também porta-aviões, embarcações menores e, principalmente, embarcações de apoio logístico à lista de itens que estavam sendo construídos.

Ao mesmo tempo, os gastos com aeronaves militares aumentaram significativamente após 1936, superando os gastos com navios pela marinha. Grande parte desse financiamento forneceu aos EUA as bases da força de bombardeio estratégico mais eficaz do mundo. Isso incluiu o projeto e a construção do melhor bombardeiro pré-guerra, o B-17, a construção da melhor mira de bombardeio, o Norden, e o desenvolvimento da melhor doutrina aérea estratégica, que surgiu da Air Corps Tactical School, em Maxwell, Alabama.

Se Roosevelt fez um trabalho digno de confiança ao preparar os EUA para lutar em sua guerra aérea e marítima preferida nesses anos, ele permaneceu cauteloso, talvez cauteloso demais, no que se refere à política interna do conflito. A Grande Depressão deu um forte impulso aos sentimentos isolacionistas dos Estados Unidos, ao mesmo tempo que Roosevelt estava cada vez mais preocupado com a possibilidade de a nação ter de intervir em duas áreas do mundo de grande preocupação estratégica.

A primeira era ajudar a China em sua luta contínua pela independência contra o Japão. Em 1937, o Exército japonês decidiu invadir o norte da China por conta própria, desencadeando uma das maiores guerras de conquista violenta da história. As forças japonesas avançaram implacavelmente pelo litoral da China e começaram a se dirigir para o interior, empurrando o governo nacionalista chinês cada vez mais para o interior do país. Para Franklin Roosevelt, isso foi um desastre estratégico. Ele sempre acreditou que, em algum momento, a China se modernizaria e se tornaria uma grande potência global e, quando isso acontecesse, ele queria que os Estados Unidos fossem seu parceiro mais próximo. A agressão japonesa ameaçou acabar com tudo isso.

Ao mesmo tempo, Roosevelt estava alarmado com o crescimento da Alemanha nazista. Ele entendia que a Alemanha representava a única potência que poderia derrubar o equilíbrio estratégico da Europa, ao dominar o continente. À medida que Hitler expandia a força alemã, acrescentando novas pessoas e territórios ao Reich, Roosevelt estava ansioso para que alguém enfrentasse o ditador nazista.

O único problema era ele não estar disposto a tomar nada além das medidas mais tímidas para intervir: condenou o Japão e a Alemanha e pediu a outros países, como a Grã-Bretanha, que fossem mais enérgicos quando se tratava de confrontar o segundo, mas se recusou a deixar que os Estados Unidos fizessem algo palpável. Ele calculou que, politicamente, não havia vantagem em uma política mais enérgica, e não fez quase nada para tentar forçar os elementos isolacionistas a repensar suas prioridades estratégicas. Mesmo quando o Congresso aprovou a legislação mais isolacionista da história dos EUA, os Atos de Neutralidade, que Roosevelt considerava perigosos e insensatos, ele acabou assinando os projetos de lei em vez de investir grande parte de seu enorme capital político para combatê-los. Esse foi o grande dilema de Roosevelt. Ele estava preparando os Estados Unidos materialmente para enfrentar o nazismo e a expansão japonesa, mas, ao mesmo tempo, era limitado em termos políticos e de políticas públicas. Sempre temeroso das opiniões do povo americano, ele esperava e torcia para que os acontecimentos lhe permitissem ser o tipo de líder estratégico que ele queria ser.

Winston Churchill

Winston Churchill foi o único líder da Segunda Guerra Mundial que não estava no poder quando Adolf Hitler ordenou que o Exército alemão cruzasse a fronteira da Polônia, em 1º de setembro de 1939. De fato, o momento da invasão evitou que Churchill se tornasse uma nota de rodapé na história britânica. Ao final da Primeira Guerra Mundial, ele ainda parecia um político pronto para chegar ao topo da pirâmide do poder. Com Lloyd George como primeiro-ministro, Churchill foi nomeado Secretário de Estado da Guerra (e do Ar) em 1919 e, em seguida, Secretário Colonial, em 1921. Ambos os cargos mostraram que ele continuava tão centrado no Império como sempre. Ele foi um dos grandes falcões na Irlanda, apoiando de forma desastrosa o uso de paramilitares para tentar manter o domínio britânico. Quando se tratava do Império em outros países, ele passava boa parte do tempo pensando em como usar novas tecnologias, como o poder aéreo, para impor o domínio britânico.

Em 1922, o governo de Lloyd George caiu e Churchill perdeu sua cadeira em Dundee para um ativista antiálcool. Quando voltou ao Parlamento, em 1924, ele havia milagrosamente retornado ao Partido Conservador, o qual havia abandonado em 1904. Como um sinal de que a mudança não havia prejudicado seu status, Churchill foi nomeado Chanceler do Tesouro no governo do Primeiro-Ministro Stanley Baldwin. O Chanceler do Tesouro, o segundo ou terceiro mais alto cargo do Estado (dependendo de como você o classificava em relação ao Ministro das Relações Exteriores), controlava o orçamento e, por alguns anos, Churchill se transformou em um opositor convicto dos gastos militares, reduzindo com sucesso o número de navios de guerra que a Marinha Real podia construir e endossando fortemente a regra que defendia que o Reino Unido não precisava planejar uma grande guerra por um período de pelo menos dez anos. Ele também era estridentemente antiamericano, acreditando que não se podia confiar nos Estados Unidos, e chegou a argumentar que seria mais vantajoso para a Grã-Bretanha melhorar as relações com o Japão do que apaziguar o que ele acreditava serem exigências injustas dos Estados Unidos de igualdade naval com a Grã-Bretanha.

Como Chanceler do Tesouro, ele não foi um grande sucesso político. Churchill demonstrou pouco interesse ou talento para a política financeira, recorrendo à ortodoxia básica para a maioria de suas decisões políticas. Parecia insensível a um número cada vez maior de trabalhadores pobres nos centros industriais da Grã-Bretanha e adotou uma linha particularmente dura contra as ações de greve, especialmente a greve geral de 1926.

Em 1929, ele era considerado um chanceler tão comprometido e impopular que Baldwin estava procurando uma maneira de rebaixá-lo. Ele considerou a possibilidade de enviá-lo para o Gabinete da Índia, mas, antes que isso acontecesse, os conservadores perderam as eleições daquele ano. Para Churchill, essa derrota tinha todas as marcas do fim de sua carreira política. Embora os conservadores tenham retornado ao poder como parte de diferentes coalizões nacionais de 1931 a 1939, o partido não demonstrou nenhum desejo de ter Churchill entre seus colaboradores. De fato, com o passar do tempo, ele parecia cada vez mais um homem à margem, lutando por questões que lhe interessavam, mas com apenas uma pequena base de apoio disposta a lutar junto com ele.

As duas questões que mais lhe interessavam eram a defesa do Império Britânico e a oposição à expansão da Alemanha nazista. A primeira sempre foi a mais próxima de seu coração, e Churchill pode ter tido seu imperialismo mais desagradável na década de 1930. Remontando à sua primeira experiência de guerra, quando lutou para manter a Índia britânica, na década de 1930 ele atacou violentamente a noção de autogoverno indiano, que estava se tornando popular naquele tempo. Qualquer plano que envolvesse dar aos indianos alguma voz ativa em seu governo, embora permanecessem dentro do Império Britânico, não era apenas uma loucura estratégica; era uma concessão perigosa a grupos de pessoas não brancas. Ele continuou a argumentar que os indianos eram incapazes de se governar honestamente e, portanto, a missão da Grã-Bretanha continuava sendo manter o Império. Nesse sentido, Churchill estava articulando uma visão cada vez mais extrema do poder e do domínio imperial do que a maioria dos principais políticos da época.

Ao mesmo tempo que reforçava sua visão imperial da dominação britânica, ele também defendia uma resposta britânica muito maior ao crescente militarismo e agressão de Adolf Hitler — por muitos dos mesmos motivos. A partir de meados da década de 1930, Churchill tornou-se o mais famoso oponente britânico do apaziguamento. Quando o Acordo de Munique foi selado por Neville Chamberlain, entregando os Sudetos a Hitler e prejudicando a Tchecoslováquia, Churchill fez talvez seu maior discurso de todo o período. Ele atacou o que chamou de um acordo pobre e autodestrutivo, que não apenas traía os tchecos, mas ameaçava tornar a Alemanha muito forte e só levaria a mais agressões. Era muito melhor ter uma resposta coordenada a Hitler, envolvendo até mesmo a União Soviética de Stalin, do que permitir que a Alemanha ficasse mais forte.

Dessa forma, sua posição contra o apaziguamento não era uma atitude a favor da democracia; era uma posição a favor de um equilíbrio de poder na Europa. Ao mesmo tempo que era tão crítico em relação a Hitler, por exemplo, ele podia dizer coisas extremamente gentis e favoráveis a Benito Mussolini.

Até quase 1939, esse era o destino de Churchill. Para muitos, ele parecia mais um dinossauro imperial vitoriano, que se opunha à modernização do Império e, ao mesmo tempo, lutava pela guerra com a Alemanha. Esse poderia ter sido o epitáfio de sua carreira, se Adolf Hitler não tivesse entrado em cena e feito exatamente o que Churchill precisava que ele fizesse.

12

Hitler, Stalin e o Pacto Nazi-Soviético

"Eu os tenho! Eu os tenho!" Adolf Hitler gritava, provavelmente batendo em sua coxa.[1] Sentado entre seus acólitos favoritos em seu refúgio *kitsch* nas montanhas da Baviera, ele acabara de receber a notícia pela qual esperara durante todo o verão.[2] Durante semanas, ele cortejou gentilmente Josef Stalin, na esperança de organizar um pacto estratégico entre a Alemanha Nacional Socialista e a União Soviética Bolchevique. Agora, no final de agosto de 1939, Stalin concordou em conversar. Hitler podia ver todas as peças de sua grande estratégia se encaixando.

A quase 2.400 quilômetros a leste, Stalin estava igualmente animado. Quando se convenceu de que Hitler de fato queria fazer um acordo, ele assumiu avidamente o controle das negociações. Em resposta a uma solicitação pessoal de Hitler, ele convidou o Secretário de Relações Exteriores nazista, Joachim von Ribbentrop, para ir a Moscou. Em apenas algumas horas, os dois homens firmaram um dos pactos mais cínicos da história. Stalin concordou em transformar a URSS, que aparentemente era o maior oponente do mundo contra o nazismo, em seu mais importante apoiador — e, em troca, recebeu mais da metade da Polônia e dos Estados bálticos como espólio.[3]

Ao contrário de Hitler, que era abstêmio, Stalin decidiu comemorar seu triunfo com bebidas fortes. Quando as negociações foram concluídas, ele mandou trazer garrafas do melhor espumante russo, e os bolcheviques e nazistas fizeram uma festa. Depois de algumas rodadas de brindes, o ditador soviético, com aquele brilho no olhar que podia significar alegria ou morte, disse a um funcionário nazista: "Vamos brindar ao novo anticominternista, Stalin!".[4] Ele também fez um brinde ao próprio Hitler, dizendo: "Sei o quanto o povo alemão ama seu Führer; portanto, quero brindar à sua saúde".[5]

Hitler e Stalin estavam exultantes, cada um convencido de ter concluído um golpe estratégico — inspirado diretamente em suas primeiras experiências de guerra. Hitler acreditava que havia evitado o que mais temia, o fator que levou à derrota da Alemanha na Primeira Guerra Mundial: uma guerra em duas frentes. Como os soviéticos não eram mais uma ameaça, ele poderia direcionar suas forças militares para o oeste, consolidando seu poder de fogo contra a ameaça britânica que ele previa. A ofensiva seria grande demais para Londres, forçando-a a aceitar o ataque à Polônia. Enquanto isso, Stalin acreditava ter conseguido o que Lenin havia logrado em 1918: colocar as potências capitalistas umas contra as outras. Agora a Alemanha entraria em conflito com a Grã-Bretanha e a França, e as duas forças capitalistas se esgotariam em uma guerra sangrenta. Sua União Soviética ficaria à parte, controlando sua força, pronta para tirar proveito da carnificina resultante.

A assinatura do Pacto Nazi-Soviético deu início à Segunda Guerra Mundial na Europa e determinou grande parte de seu curso. Ele não trouxe a guerra ou o mundo que Hitler ou Stalin pensavam estar criando. Ambos cometeram erros graves. Stalin quase pagou com a própria vida em 1941, e Hitler definitivamente pagou em 1945.

A visão grandiosa e estratégica de Adolf Hitler para a Alemanha quase sempre se baseou em uma eventual guerra na Europa, que garantiria ao povo alemão um enorme império terrestre, livre de judeus e de outros "indesejáveis", no qual mais alemães poderiam se estabelecer. Esse império também forneceria acesso a recursos naturais que não poderiam ser cortados pelo poder marítimo — cuja falta era, na mente de Hitler, uma das fraquezas fundamentais da posição geográfica da Alemanha.[6] Essa necessidade de um império terrestre vasto e contíguo, chamado por Hitler de Le-bensraum (espaço vital), permitiria que os nazistas criassem uma potência mundial capaz de igualar e depois superar os Estados Unidos e o Império Britânico.[7] Embora Hitler ocasionalmente pensasse em construir um grande império ultramarino em algum lugar como a África, essa visão nunca foi seu foco por muito tempo. Era no leste da Europa que ele acreditava estar o destino alemão.

Para alcançar sua visão de Lebensraum, Hitler insistiu na necessidade de a Alemanha manter boas relações com a Grã-Bretanha. Ele estava convencido de que a Grã-Bretanha e a Alemanha tinham interesses nacionais que se reforçavam, e que ele deveria ser capaz de garantir um acordo entre os dois como parte de seu plano para a grandeza nacional alemã. No segundo livro nunca publicado de Hitler, ele dedicou um capítulo inteiro à discussão da importância de uma aliança entre a Alemanha e a Grã-Bretanha.[8] Em sua análise (espetacularmente falha) da política britânica, ele afirmou que o Reino Unido não seria ameaçado por um continente europeu dominado por um Exército alemão, desde que o domínio da Marinha Real sobre os mares fosse aceito, e que a Grã-Bretanha não se oporia "fundamentalmente a uma grande potência europeia de importância militar preeminente, desde que os objetivos de política externa dessa potência fossem obviamente de natureza estritamente continental".[9]

Na visão de mundo de Hitler, o grande erro que a Alemanha havia cometido antes de 1914 foi desafiar a supremacia naval britânica, transformando a Grã-Bretanha do maior aliado em potencial da Alemanha em seu maior inimigo. Para Hitler, o maior sucesso da política externa alemã seria chegar a um acordo com a Grã-Bretanha, por meio do qual a Alemanha apoiaria a posição global da Grã-Bretanha e ajudaria a manter seu Império e, em troca, os britânicos permitiriam que os alemães tivessem liberdade de ação no continente europeu e aceitariam a expansão alemã para o leste. Quando Hitler assumiu o poder, ele se esforçou ao máximo para concretizar essa visão.

Uma das melhores e mais negligenciadas maneiras de entender a grande estratégia é não se distrair com discursos ou mesmo com planos escritos, que geralmente são a cortina de fumaça e os espelhos da política. Em vez disso, você deve começar analisando como as forças armadas são organizadas e quais equipamentos são construídos para alimentá-las. Essas escolhas estruturais e materiais envolvem o comprometimento de quantias significativas de dinheiro, além de decisões que afetam a maneira como as sociedades são impactadas — mais do que planos ou discursos. Uma vez tomadas, é muito mais difícil mudá-las.

No início de 1939, Hitler estava no poder há seis anos e, nesse período, gastou grandes somas para criar um Exército alemão muito parecido com sua imagem — a de um soldado da Primeira Guerra Mundial que acreditava na superioridade inata do poder de fogo e da tecnologia alemã. Era uma força centrada em terra, construída para travar batalhas com a França e a URSS, com uma das Forças Aéreas mais poderosas do mundo, se não a mais poderosa. A natureza centrada na guerra terrestre da Força Aérea alemã se destacava porque diferentes forças aéreas no período entreguerras seguiram caminhos diferentes. Os EUA e o Reino Unido, por exemplo, começaram a desenvolver aeronaves e doutrinas com base na ideia de um bombardeio estratégico — o direcionamento a longa distância da base industrial ou populacional de um inimigo, muito longe do campo de batalha. A Luftwaffe, embora tivesse gostado de ter a opção de planejar uma guerra aérea estratégica, estava muito ligada à retaguarda do Exército alemão. Dessa forma, os alemães não tinham planos, no início da guerra, de lutar em uma campanha aérea contra a Grã-Bretanha.[10]

Mas, pelo menos, a Alemanha gastou recursos significativos com a Luftwaffe, o que não acontecia com suas forças navais no período anterior à guerra. Os gastos com a frota normalmente representavam menos de 10% da despesa anual com armamentos alemães. Na verdade, desde que chegou ao poder, Hitler tentou usar a política naval como uma forma de se aliar à Grã-Bretanha ou, pelo menos, tentar garantir aos britânicos que ele não tinha intenção de competir com eles. Em 1935, ele assinou o Acordo Naval Anglo-Alemão, pelo qual prometeu limitar qualquer crescimento futuro da Marinha alemã a 35% da Marinha Real em cada classe de navio de guerra (uma proporção muito menor do que a alcançada pelos alemães antes de 1914). Mesmo após esse acordo, ele não teve pressa em construir sua pequena frota. Somente em 1939 foram lançados os dois primeiros navios de guerra alemães de grande porte — relativamente pequenos, navios de guerra híbridos/cruzadores de batalha chamados *Scharnhorst* e *Gneisenau*. O famoso navio de guerra *Bismarck*, o primeiro realmente importante que os alemães construiriam após a Primeira Guerra Mundial e que poderia se equiparar aos melhores navios de guerra britânicos, não seria comissionado até agosto de 1940, e seu navio irmão *Tirpitz* não estaria pronto para a ação até 1941. A construção naval de Hitler foi tão lenta que, quando ele começou a levar as questões navais a sério, no início de 1939, colocou em prática um plano que estabelecia muitos anos até que a Marinha alemã estivesse pronta para qualquer tipo de guerra real com os britânicos. Naquele momento, ele apoiou um programa de construção, às vezes chamado de Plano Z, segundo o qual a Alemanha construiria uma força naval formidável. Em 1944 ou 1945, o país teria mais seis superencouraçados e vários porta-aviões prontos para entrar em ação.

O resultado dessa tentativa de chegar a um acordo com a Grã-Bretanha em alto-mar significou que, quando a guerra começou, Hitler possuía uma marinha que não estava nem perto de ser capaz de lutar com os britânicos no oceano ou sob ele. Embora a Marinha alemã viesse a representar um desafio significativo para os britânicos com seus submarinos, da mesma forma que havia feito durante a Primeira Guerra Mundial, no início da guerra os alemães tinham apenas uma pequena força, menos de quarenta submarinos, dos quais apenas alguns eram do tipo oceânico, necessários para travar uma guerra comercial adequada contra a Grã-Bretanha. Além disso, apenas alguns outros estavam em processo de construção. Durante todo o ano de 1939, a Alemanha completaria apenas vinte e três U-boats de diferentes classes, com um deslocamento combinado de menos de 12.000 toneladas.[11] A força submarina da Alemanha era tão pequena que Albert Speer, que se tornaria Ministro de Munições de Hitler em 1942, afirmou que isso era uma indicação convincente de que seu líder não estava esperando uma guerra com a Grã-Bretanha em 1939.

Se o desenvolvimento militar de Hitler foi especialmente inadequado para combater a Grã-Bretanha, ele complementou muitos de seus pronunciamentos públicos e privados. Enquanto se referia regularmente ao bolchevismo ou ao comunismo como uma "infecção", ele falava com tanta frequência de seu respeito, e até mesmo afeição, pela Grã-Bretanha — à qual sempre se referia como "Inglaterra" — que soava até carente.[12] Antes de 1939, ele dizia regularmente a jornalistas, diplomatas e até mesmo a visitantes aleatórios que ficaria feliz em proteger o futuro do Império Britânico e que acreditava que a Grã-Bretanha e a Alemanha eram aliados naturais. Em 1934, ele concedeu uma entrevista ao jornalista britânico George Ward Price, que escrevia para o *Daily Mail*, um dos jornais mais lidos do Reino Unido.[I] Hitler começou dizendo a Price: "Se a Inglaterra não nos atacar, nunca teremos diferenças com eles". Quando Price expressou ceticismo e ques-

[I]Price parece ter sido um dos meios favoritos de Hitler para comunicar suas ideias ao povo britânico. Ele fez cinco entrevistas com o jornalista britânico entre 1934 e 1938.

tionou se a Alemanha cobiçava algumas das colônias ultramarinas da Grã-Bretanha, Hitler agiu com mágoa, dizendo que "não exigiria a vida de um único alemão para ganhar qualquer colônia" e, além disso, que ele via com bons olhos o aumento da força naval e aérea britânica. "Os ingleses", assegurou a Price, "podem dobrar ou quadruplicar sua frota, podem torná-la do tamanho que quiserem; não temos nada a ver com isso, porque não pretendemos atacá-los." Poucos momentos depois, ele acrescentou, em um tom melancólico, que o "Movimento Nacional Socialista veria uma guerra contra a Inglaterra como um crime contra a raça".[13] Ao mesmo tempo, em privado, Hitler falou com a mesma intensidade sobre seu desejo de fazer um acordo com a Grã-Bretanha. Em 1936, ele disse ao visitante Aga Khan que estava disposto a fazer uma oferta "muito generosa" de que, se "a Inglaterra nos der liberdade no continente, não nos intrometeremos em seus assuntos no exterior".[14]

O fato de Hitler estar sempre ansioso por um acordo com a Grã-Bretanha não significava que ele achava que a guerra era uma impossibilidade — longe disso. Quanto mais os britânicos continuavam a rejeitar o que ele considerava suas ofertas muito razoáveis de amizade, mais magoado ele ficava. Em 1937, ele começou a pensar em uma possível guerra entre os dois países, embora em um futuro distante. Em um monólogo tipicamente longo para um grupo de oficiais militares seniores reunidos, registrado no que é conhecido como Memorando de Hossbach, Hitler mencionou a possibilidade de uma guerra com a Grã-Bretanha em algum momento entre 1943 e 1945. Para ele, esses anos representavam o período ideal para uma grande guerra, com base em seus planos de rearmamento. Mesmo nesse caso, não seria uma guerra preferencial, já que o objetivo de sua política era conquistar espaço vital no leste — para futura colonização e assentamento alemão. Não havia nada que indicasse que ele queria, ou mesmo esperava, uma guerra com a Grã-Bretanha.

Em 1939, um dos motivos pelos quais Hitler acreditava que o Pacto Nazi-Soviético tornava improvável uma guerra com a Grã-Bretanha era o fato de ele ter se acostumado com a postura do primeiro-ministro britânico, Neville Chamberlain, de fazer de tudo para evitar um conflito — algo que Hitler definitivamente havia internalizado — começando com o Anschluss no início de 1938 (a incorporação ilegal da Áustria ao Terceiro Reich) e culminando com o famoso e sujo acordo para desmembrar a Tchecoslováquia na Conferência de Munique. Alguns meses depois, ele viu os britânicos concordarem com o repúdio total ao Tratado de Versalhes e com a expansão significativa do poder alemão — desde que a agressão alemã fosse mantida em terra e direcionada para o leste. Ao mesmo tempo, ele viu que os britânicos não estavam dispostos a fazer um acordo com Stalin para tentar cercar a Alemanha.

Isso ajuda a explicar uma das declarações mais carregadas de testosterona que Hitler faria. Em Munique, Chamberlain e Édouard Daladier basicamente ordenaram que o governo da Tchecoslováquia entregasse as áreas de língua alemã conhecidas como Sudetos e, ao mesmo tempo, permitiram que a Eslováquia criasse um estado separado, deixando uma República Tcheco-Eslovaca. Quando o acordo foi fechado, Hitler — um dos maiores vendedores de fumaça da história — começou a dizer a seus acólitos que era na verdade uma derrota, pois ele havia sido cruelmente privado da guerra que realmente queria na época.

Não se tratava da esperança de Hitler de uma guerra geral, mas de uma guerra limitada apenas contra a Tchecoslováquia, com os britânicos e franceses se afastando. Ele parecia não entender completamente o que Chamberlain esperava dele após Munique. Durante a guerra, Hitler continuaria a argumentar que Chamberlain compartilhava com ele um entendimento básico do que era de interesse nacional britânico. Hitler estava convencido de que um acordo poderia ter sido alcançado entre os dois, se Chamberlain tivesse convocado uma eleição geral britânica imediatamente após Munique. Em 1942, Hitler disse, em sua reunião noturna de oficiais bajuladores, que, se Chamberlain tivesse realizado uma eleição naquele momento, concorrendo com uma plataforma de paz com a Alemanha, o povo britânico teria se unido a ele: "Se Chamberlain, ao retornar de Munique, tivesse baseado as eleições na escolha entre guerra e paz, ele teria obtido uma maioria esmagadora a favor da paz".[15] Na visão de Hitler, o fracasso de Chamberlain significou que os antialemães irracionais, como Churchill — auxiliado, como sempre, pela conspiração judaica mundial —, puderam se recuperar e pressionar Chamberlain a ser agressivo demais em relação à Polônia.

A visão de Hitler, como sempre, estava errada. Ele não entendeu que Chamberlain acreditava que Munique havia resolvido a questão da Tchecoslováquia e, quando Hitler renegou o acordo alguns meses depois, marchando e tomando o resto do país, foi Chamberlain quem pôs fim a qualquer outro acordo. Talvez o melhor sinal disso tenha sido o fato de que, depois que Hitler tomou toda Tchecoslováquia, Chamberlain, com relutância, começou a avançar para fazer seu próprio acordo com Stalin. A questão era, como sempre, se Chamberlain estaria disposto a pagar o alto preço que Stalin, sem dúvida, exigiria.

Enquanto Hitler expandia para o leste, em 1937 e 1938, Stalin avaliava suas opções de maneira especial. Um dos motivos pelos quais ele expurgou tão brutalmente seu corpo de oficiais pouco antes do Pacto Nazi-Soviético foi a suspeita, com base em evidências mínimas, de que o Exército Vermelho havia sido penetrado por uma rede de espiões estrangeiros que trairiam o país em qualquer guerra.[16]

Há uma enorme quantidade de estudos sobre os vínculos pessoais e as ações desses dois ditadores, muitos dos quais enfatizam as semelhanças em seus métodos. Certamente, ambos tinham inclinação genocida.[17] E compartilhavam certas qualidades. O mais importante é que, em 1939, ambos haviam criado câmaras de eco para suas decisões estratégicas, cercando-se de pessoas que automaticamente concordavam com eles e, na verdade, elogiavam sua suposta genialidade, reforçando sua confiança estratégica e seu senso de grandeza histórica.

No período que antecedeu a invasão da Polônia, Hitler confiou cada vez mais em seu bajulador Ribbentrop, que também era a favor da guerra e sempre lhe assegurava que a Grã-Bretanha poderia ser mantida fora de qualquer conflito. Hitler, cujo ego já era enorme, começou a dizer às pessoas que tudo agora dependia dele e somente dele, e que ele precisaria agir antes que morresse precocemente e a Alemanha fosse privada de sua liderança histórica.

Stalin, por sua vez, tinha uma tolerância ainda menor em relação à dissidência, matando a maioria das pessoas de quem discordava, bem como muitas que ele achava que discordavam dele, mas não. Em 1939, ele havia criado uma câmara de eco que apoiava cada vez mais sua iniciativa de melhorar as relações com os nazistas. Em maio daquele ano, ele rebaixou uma das poucas vozes pró-Aliados que restavam no governo, o Ministro das Relações Exteriores Maxim Litvinov, e o substituiu pelo muito mais pró-alemão Viacheslav Molotov. Outros membros mais jovens de seu círculo íntimo eram, em sua maioria, funcionários do partido que haviam ascendido sob sua ditadura e deviam suas posições inteiramente ao seu apoio.[18] Apavorados com a possibilidade de dizer algo que fizesse Stalin duvidar de sua lealdade, eles reforçaram todos os seus preconceitos e permitiram que ele controlasse todas as alavancas da política externa e estratégica soviética. Embora Stalin normalmente tivesse o cuidado de não sair por aí dizendo a todos como ele era maravilhoso, ele permitia que todos os outros lhe dissessem isso. Na verdade, elogiar a previsão e a genialidade de Stalin e, ao mesmo tempo, massagear seu ego tornou-se uma das tarefas mais importantes do Estado e da mídia soviéticos. No final da década de 1930 e início da década de 1940, por exemplo, foram produzidos muitos dos filmes que retratam seu brilhantismo (completamente fictício) durante a Guerra Civil Russa — incluindo *Oborona Tsaritsyna* (A Defesa de Tsaritsyn).

Mesmo com essas semelhanças, havia uma diferença importante na visão estratégica dos ditadores. Enquanto Hitler acreditava que a Grã-Bretanha e a Alemanha tinham interesses comuns e deveriam cooperar, Stalin via todos os países que ele não podia controlar como inimigos. Ele não era um realista de maneira clássica, pois filtrava tudo através de suas lentes ideológicas. Se podemos chamar a perspectiva estratégica de Hitler de racismo grandioso, a de Stalin seria mais bem denominada paranoia prática.

Um dos melhores exemplos disso foram suas negociações com o Japão e a China entre 1937 e 1939. Stalin queria manter boas relações com o Japão e, ao mesmo tempo, mantê-lo envolvido na guerra que havia desencadeado com a China em 1937. O que ele não queria, portanto, era enfraquecer ainda mais o já caótico regime nacionalista chinês de Chiang Kai-shek, que estava liderando a luta contra os japoneses. Por isso, ordenou que os comunistas chineses liderados por Mao Zedong, que poderiam ter tentado derrubar o fraco Chiang, apoiassem os nacionalistas chineses para manter os japoneses engajados. Em um determinado momento, Stalin até salvou Chiang de ser morto, quando o líder chinês foi capturado por forças com estreitas ligações com os comunistas chineses.[19] Em última análise, o comunismo e os comunistas estavam lá para servir aos interesses de Stalin, e não o contrário.

No que se refere à Europa, que sempre foi uma preocupação maior, Stalin vinha tentando colocar os alemães contra os britânicos e franceses há anos. Embora os nazistas fossem externamente antibolcheviques, Stalin sempre considerou que fazer um acordo com eles era tão provável quanto um pacto temporário com os britânicos e franceses. No entanto, a primeira preocupação de Stalin em 1938 foi vencer o inimigo interno, e isso incluía suas forças armadas. O desenvolvimento militar e as políticas de Stalin revelam tanto sobre sua visão de guerra e estratégia quanto as de Hitler — e, nesse caso, mostram os dois extremos do comportamento stalinista.

O prático Stalin, que havia compreendido a importância de equipamentos e logística modernos, começou a construir uma força terrestre relativamente impressionante. Em meados da década de 1930, o Exército Vermelho havia feito avanços significativos na produção de seu equipamento militar, com um número crescente de tanques modernos e alguns projetos de aeronaves contemporâneos e decentes.[20] Embora fosse uma força incapaz de atender às expectativas doutrinárias do conceito de batalha em profundidade do Marechal Tukhachevsky, ainda era um exército a ser levado a sério, e havia a perspectiva de um desenvolvimento ainda mais impressionante nos próximos anos.

Mas então, Stalin, querendo destruir qualquer possível centro que pudesse se opor ao seu poder, cortou a cabeça de suas forças armadas. Julgando que, quanto mais graduado fosse o oficial, mais perigoso ele era, matou bem mais da metade dos comandantes mais graduados da União Soviética, e um número assustador de seus escalões intermediários. Embora alguns talentos tenham sobrevivido, como Gueorgui Jukov, que viria a se destacar como um dos maiores comandantes da guerra, a profundidade do quadro de oficiais do Exército Vermelho foi devastada. Tanto em seus pontos fortes quanto fracos, ele agora era claramente "o exército de Stalin".[21]

Na mente do líder da União Soviética, os pontos fortes do Exército Vermelho após seus expurgos o colocaram exatamente na situação em que ele desejava estar: capaz de negociar entre os alemães e os britânicos/franceses. Ele não só acreditava que todas as potências capitalistas eram suas inimigas, mas também estava convencido de que elas eram inimigas umas das outras. Ele via o final da década de 1930, muito antes da invasão alemã da Polônia, como um período de guerra capitalista globalizada e interconectada entre dois campos diferentes. Em março de 1939, em uma de suas exposições mais detalhadas, ele delineou essa visão para o Comitê Central do Partido Comunista. "Uma nova guerra imperialista já está em seu segundo ano, uma guerra travada em um enorme território que se estende de Xangai a Gibraltar", escreveu ele. Além disso, Stalin acreditava que as potências economicamente mais fortes, mas politicamente mais fracas e anteriormente dominantes do Reino Unido, da França e dos EUA, estavam sendo desafiadas pelos "agressores" da Alemanha, Japão e Itália.[22] As potências agressoras haviam triunfado até então na Guerra Civil Espanhola, na invasão italiana da Etiópia, na invasão japonesa da China e na expansão alemã para a Áustria e a Tchecoslováquia.[23]

Entretanto, agora essa crise estava chegando a um estágio delicado. Stalin entendeu que a Alemanha era a mais importante das potências agressoras na Europa e argumentou que, como o rearmamento nazista já estava muito avançado, os alemães teriam que continuar com sua ofensiva, ou logo entrariam em um relativo "caminho descendente". A questão era, portanto, se o Reino Unido, a França e os EUA seriam mais duros e lutariam de forma mais assertiva. Até aquele momento, Stalin argumentou, por causa das políticas internas, o grupo adotou uma política de "não intervenção" que favoreceu especialmente a Alemanha e o Japão. Essa política havia sido um erro. "Longe de mim", declarou ele, "moralizar a política de não intervenção, falar de traição, deslealdade e assim por diante. Seria ingênuo pregar moral para pessoas que não reconhecem a moralidade humana. Política é política, como dizem os diplomatas burgueses antigos e experientes."[24]

Stalin estava determinado a se certificar de que triunfaria no grande jogo político, jogando os dois lados um contra o outro. Ele vinha dando dicas sobre sua disposição de fazer um acordo com Hitler há anos. Ele sempre acreditou que um acordo com os nazistas era possível e, de certa forma, preferível. Os alemães e os soviéticos haviam construído um forte relacionamento na década de 1920, com os alemães podendo treinar ilegalmente uma força militar em território soviético para escapar dos olhares curiosos do Tratado de Versalhes e, em troca, os soviéticos recebendo alguns equipamentos militares de alta qualidade que ajudaram em seu desenvolvimento tecnológico. Stalin também viu vantagens em trabalhar com Hitler, pois isso impediria definitivamente um grupo britânico-alemão contra ele e, como colega ditador, ele parecia acreditar que poderia falar mais diretamente com Hitler do que com políticos democráticos.

Publicamente, no entanto, foi com britânicos e franceses que Stalin mais conversou. Uma das razões para sua evidente frustração com os não intervencionistas era o fato de que ele estaria disposto a participar de uma reação mais enérgica por parte deles. Ele certamente deixou claro a Chamberlain, em 1938, que estaria disposto a unir forças para manter os alemães fora da Tchecoslováquia — embora trabalhar com Stalin fosse algo tão repulsivo para Chamberlain que o britânico preferiu, nesse caso, fechar um acordo com Hitler. Em 1939, no entanto, os britânicos e franceses pareciam entender que precisavam entrar em contato com Stalin de alguma forma, pelo menos para parecer que estavam interessados em formar uma coalizão anti-Hitler. O problema é que eles fizeram isso da maneira mais incompetente possível.

A história das negociações entre britânicos e franceses com Stalin na primavera e no verão de 1939 é constrangedora. Stalin continuou a expressar disposição de participar de uma coalizão antialemã e propôs termos regularmente para os Aliados do oeste.[25] Seu preço mínimo era a Grã-Bretanha e a França apoiarem a absorção dos Estados bálticos (Letônia, Lituânia e Estônia) pela União Soviética.[26] Para o prático Stalin, a relutância ocidental em ceder esses Estados pequenos e fracos era surpreendente.[27]

A Polônia também era um problema real. O governo polonês, que os britânicos e os franceses estavam tentando proteger, não queria tropas soviéticas em seu território e teria visto o abandono do Báltico como uma venda da mais alta ordem. Ainda assim, as negociações continuaram e, no início de agosto, quando a crise polonesa estava piorando, os britânicos e franceses enviaram uma delegação a Moscou. Isso piorou as coisas. Em vez de enviar seus emissários de avião, os britânicos demonstraram sua falta de urgência usando um lento navio a vapor. Quando a equipe britânica finalmente chegou a Moscou, os soviéticos descobriram que eles não tinham nem sequer poderes para fazer um acordo.[28]

Stalin já havia suportado o suficiente. Como os britânicos e os franceses não estavam dispostos, em sua opinião, a oferecer nenhuma concessão realista, ele decidiu recorrer à alternativa alemã — exatamente o que Hitler estava esperando. Os alemães estavam se aproximando discretamente dos soviéticos desde maio. À medida que a crise polonesa aumentava e as tropas alemãs assumiam posições para invadir, Hitler se retirou para Obersalzberg, na Baviera, para se entregar à sua paixão pela vida e pelos monólogos burgueses. Em seu refúgio isolado, ele dormia até tarde, comia bolo, passeava pelo campo, assistia a filmes ruins e discutia incessantemente com seus companheiros escolhidos sobre suas ideias históricas malucas. À medida que o momento da ação se aproximava e suas propostas aos britânicos, em particular, continuavam a ser rechaçadas, a tensão aumentava (o que geralmente levava os monólogos a ficarem ainda mais obsessivos). Hitler disse a Ribbentrop, com quem tinha contato regular, que começasse a pressionar os soviéticos a conversar. Ribbentrop enviou uma carta a Molotov deixando claro que um acordo de longo alcance poderia ser alcançado, já que as "democracias capitalistas" eram tão inimigas da Alemanha Nacional Socialista quanto da URSS comunista.[29]

Quando Stalin retribuiu, informando a Hitler que estava disposto a conversar, os resultados foram rápidos. Em 21 de agosto, Hitler pediu a Stalin que convidasse Ribbentrop para ir a Moscou, dizendo que um acordo entre os dois países dividindo a Polônia e o Báltico poderia ser "resolvido substancialmente no menor tempo possível". Stalin respondeu quase imediatamente, e Ribbentrop estava em um avião rumo ao leste algumas horas depois. Lá, o acerto foi fechado em uma velocidade extraordinária.

Hitler, acreditando que havia evitado a guerra com a Grã-Bretanha, estava eufórico, mas poucos dias depois entrou em depressão por uma decisão de Benito Mussolini. Hitler presumiu que o Pacto Nazi-Soviético havia mudado tanto a balança a favor da Alemanha que a Itália estava obrigada a lutar ao seu lado quando ele atacasse a Polônia. No início de 1939, Mussolini havia assinado um "Pacto de Aço" com Hitler, no qual os dois países se comprometiam a lutar um pelo outro, independentemente da provocação.[30] Hitler vinha mantendo contato regular com Mussolini desde que recebeu seu genro, o ministro das Relações Exteriores da Itália, Conde Galeazzo Ciano, em Obersalzberg, em 12 e 13 de agosto.[31] Ele deixou claro para Ciano que "havia decidido atacar, e atacará".[32] Ao mesmo tempo, o egocentrismo de Hitler fez com que os italianos acreditassem que os alemães não os viam como parceiros, mas apenas como ferramentas para ajudá-los a tirar o poder do inimigo quando Hitler entrasse na guerra. Quando Ciano retornou a Roma, encontrou um Mussolini que, pela única vez na guerra, fez a escolha estratégica correta.

O ditador italiano, dividido entre a admiração pelo poder dos alemães e o sentimento de estar sendo infantilizado por eles, também estava preocupado com o estado das forças armadas da Itália. Em sua análise, as deficiências de equipamento e treinamento as deixavam longe de estar prontas para a guerra.[33] Além disso, Mussolini ainda não tinha ideia do que pretendia conquistar na guerra, não tinha objetivos estratégicos nem certeza de que a Alemanha poderia vencer. Dessa vez, ele se esquivou astutamente do chamado de Hitler às armas.

Mussolini compilou uma lista extraordinária de munições e matérias-primas — Ciano disse que ela era "longa o suficiente para matar um touro" — e a enviou aos alemães, dizendo que só poderia entrar em guerra se recebesse tudo. A lista era tão extensa que teria prejudicado o esforço de guerra alemão se seus termos tivessem sido atendidos. A manobra de Mussolini deixou Hitler atordoado e abatido.[34] Agora ele teria de atacar a Polônia sem o suporte do único poder que ele esperava que o apoiasse.

Hitler sempre acreditou que a frota e a Força Aérea italianas seriam uma ferramenta útil para impedir que os britânicos entrassem na guerra contra ele. Quando recebeu as exigências inaceitáveis de Mussolini, ele "acreditou que seus planos haviam sido arruinados". Com "consternação", Hitler "adiou o ataque à Polônia" e, por um breve momento, perdeu a coragem. Mussolini havia desferido um importante golpe estratégico: manter a Itália fora de qualquer guerra na qual não precisasse entrar.[35]

Hitler, no entanto, não podia esperar que Mussolini mudasse de ideia. Depois de concordar com o Pacto Nazi-Soviético, seu enorme ego e suas manobras diplomáticas o colocaram em uma situação da qual ele não poderia escapar. Durante semanas — na verdade, anos — antes da invasão, ele se vangloriou para seus generais sobre sua genialidade pessoal e visão de futuro.[36] Dizia a eles que saberia o melhor momento para atacar, e que sua intervenção pessoal garantiria que tudo desse certo. Depois de prepará-los para a invasão e dizer-lhes que o Pacto Nazi-Soviético era a peça final do quebra-cabeça, desistir prejudicaria sua reivindicação de gênio estratégico.

Além disso, se ele não atacasse a Polônia, seu acordo com Stalin não seria cumprido. E mais que isso, ele argumentou, os britânicos poderiam não entrar na guerra contra ele. Admitir que os britânicos definitivamente lutariam contra ele seria admitir que ele estava errado o tempo todo — algo que Hitler jamais faria. Assim, depois de hesitar por um dia, Hitler mais uma vez autorizou um ataque contra a Polônia, a ser iniciado em 1º de setembro. Ele estava disposto a arriscar uma guerra com a Grã-Bretanha, mesmo que ainda não a desejasse. Hitler se reuniu com o emissário sueco visitante (e bom amigo de Göring) Birger Dahlerus. Prestes a lançar o Exército alemão contra a Polônia, Hitler lamentou: "Herr Dahlerus, você conhece a Inglaterra tão bem, pode me dar alguma razão para minha eterna incapacidade de chegar a um acordo com ela?"[37]

O fracasso estratégico de Hitler nesse caso foi um dos motivos pelos quais ele perdeu a Segunda Guerra Mundial. Ele viu a Grã-Bretanha do jeito que queria que o país fosse, e não do jeito que era. Essa era uma tendência que ele demonstraria repetidas vezes. Ele havia criado um sistema em torno de si que reforçava seu ego, e achava impossível admitir que estava errado. Mas ele estava errado, e logo a Alemanha se viu lançada em uma guerra com um exército terrestre brilhante, mas com forças aéreas e navais seriamente deficientes, que fracassariam de forma espetacular um ano depois, quando chamadas a lutar contra um inimigo que Hitler presumiu — e torceu — não ter de combater.

Se Hitler teve uma crise apenas alguns dias após o pacto, em Moscou o clima permaneceu otimista por mais tempo. Mikhail Smirtiukov, um oficial júnior do Sovnarkom (o conselho de ministros soviético), não participou das conversas, mas viu Molotov andando pelo Kremlin. Mais tarde, ele relembrou a empolgação que o pacto havia gerado. Depois que o acordo foi assinado, a liderança soviética foi tomada pela "euforia", sentindo que "eles haviam agarrado Deus pela barba". Eles haviam "agarrado um pedaço da Polônia" e "conquistado os Estados bálticos", sem precisar mexer um dedo sequer.[38]

Stalin compartilhava dessa euforia. Ele certamente admitia que Hitler poderia atacar a União Soviética em algum momento, mas acreditava que o havia afastado por enquanto — e de uma forma que poderia ser devastadora para os alemães. De acordo com Nikita Khrushchev, um dos novos homens de Stalin que havia ascendido completamente por seu apadrinhamento e que agora estava à beira do poder real na corte de Stalin, o ditador soviético exclamou: "Bem, quem vai enganar quem? Nós enganaremos Hitler!"[39]

Era um pensamento reconfortante, mas decepcionante. Stalin não havia enganado Hitler; ele o havia fortalecido, aliviando-o da preocupação de que a URSS pudesse participar de uma guerra de duas frentes. Alguns defenderam a escolha de Stalin, argumentando que ele teve de optar por um pacto com os nazistas, já que os britânicos e franceses nunca ofereceram um acordo concreto.[40] Isso é verdade, mas Stalin não era obrigado a fazer um acordo com nenhum dos lados, especialmente com aquele que cobiçava abertamente as terras soviéticas. Ao considerar todas as potências capitalistas inimigas, ele não conseguiu entender que uma delas, a Alemanha de Hitler, queria eliminá-lo da face da Terra, enquanto outras, como a Grã-Bretanha e a França, não tinham tais ambições. Ele havia, conscientemente, tornado mais provável que Hitler fosse capaz de fazer isso.

13

Churchill, Hitler e a Batalha da Grã-Bretanha

No final da tarde de 16 de maio de 1940, Winston Churchill voou para Paris, chegando pela primeira vez como primeiro-ministro do Reino Unido. Ele havia chegado ao cargo apenas seis dias antes, finalmente alcançando o posto com o qual sonhava desde que entrou para a política. Ele não poderia ter escolhido um momento pior — embora fosse por isso que estava lá, em primeiro lugar. Neville Chamberlain, primeiro-ministro quando a guerra começou, havia se mostrado um líder de guerra pouco inspirador. Em abril de 1940, os alemães promoveram invasões bem-sucedidas na Noruega e na Dinamarca, e seu apoio no Partido Conservador começou a ruir. A posição política de Chamberlain rapidamente se tornou insustentável e, com relutância, ele entregou as rédeas do poder a Churchill.[1]

Quando Churchill assumiu o cargo, a Frente Ocidental estava começando a entrar em colapso. O Exército alemão tinha acabado de romper as linhas francesas e belgas na floresta de Ardennes, e suas pontas de lança *panzer*, apoiadas pela força aérea tática mais poderosa do mundo, estavam começando sua corrida para o Canal da Mancha. Com uma situação tão precária, Churchill fez sua viagem apressada a Paris para consultar a liderança francesa. Quando aterrissou no aeroporto de Le Bourget, encontrou um povo atônito com a velocidade com que as coisas estavam se desenrolando na linha de frente e, ainda assim, sem compreender totalmente a profundidade do perigo que corriam. Uma das primeiras coisas que Churchill recebeu foi a informação de que os franceses estavam tendo dificuldades para levar tropas para as partes ameaçadas da linha de frente, em razão de uma greve dos trabalhadores ferroviários belgas. Ele disse a seus anfitriões para "atirar nos trabalhadores".[2]

Às 17h30, Churchill foi levado ao centro de Paris para se reunir com a liderança francesa no lendário prédio do Ministério das Relações Exteriores da França, no Quai d'Orsay. O estilo de Segundo Império das salas de meados do Século XIX era um acompanhamento desagradável para uma reunião de homens no limite. Ninguém conseguia relaxar o suficiente para se sentar, então todos se aglomeraram, desempenhando seus papéis na tragédia. O General Maurice Gamelin, o desesperado comandante-chefe do Exército francês, começou com um breve esboço do desastre que se desenrolava. Falando com naturalidade, ele disse que a única maneira de deter os alemães que avançavam rapidamente era os britânicos inundarem a área de batalha com suas aeronaves. Somente uma infusão maciça de aviões novos, alegou Gamelin, daria cobertura aos soldados franceses que estavam sendo implacavelmente bombardeados pela Luftwaffe e permitiria que os Aliados contra-atacassem atingindo os vulneráveis depósitos de suprimentos alemães.[3]

Churchill se resguardou. Ele prometeu enviar mais alguns esquadrões da RAF para ajudar os franceses, mas não mais do que isso. Ele manteria a maior parte das aeronaves britânicas na Grã-Bretanha, onde permaneceriam para proteção doméstica. Embora não dissesse isso abertamente, Churchill já estava pensando em uma guerra caso a França fosse invadida.[I] Quando Paul Reynaud, o aguerrido premiê francês, perguntou o que aconteceria se os alemães voltassem sua força aérea para a Grã-Bretanha, ele foi extremamente otimista. Como disse aos franceses, "enquanto os britânicos pudessem manter o comando do ar sobre a Inglaterra e controlar os mares do mundo, eles estavam confiantes nos resultados finais, e sempre seria possível continuar".[4] No entendimento de Churchill, proteger a Grã-Bretanha era o caminho para a vitória final, e se isso significasse a queda da França em 1940, por mais terrível que fosse, não poderia ser evitado.

Adolf Hitler não poderia ter visto os eventos de maio de 1940 de forma mais distinta. Para ele, a vitória sobre a França foi um evento determinante para a guerra, que significava a ruína da Grã-Bretanha — e ele se deleitou com isso. Pouco mais de um mês após a visita de Churchill a Paris, Hitler entrou na cidade como um conquistador. Ele realizou o sonho de sua vida ao passar o dia como turista, acompanhado pelo arquiteto de sua corte, Albert Speer, e pelo escultor nazista Arno Breker. Hitler passou a maior parte do tempo satisfazendo seu fetiche pela grandiosidade do século XIX.[5] Ele ficou muito empolgado com a chance de visitar o túmulo de Napoleão com seu extraordinário sarcófago de mármore vermelho-escuro e o hiperornamentado Palais Garnier, sede da Ópera de Paris. Ele também visitou a Torre Eiffel, fazendo uma pausa para algumas fotos de férias, e a enorme catedral neobizantina branca Sacré Coeur em Montmartre. Com sua psicopatia casual, Hitler admitiu que havia pensado em varrer Paris do mapa, mas decidiu que pouparia a cidade — por enquanto.[6] Em vez disso, ele se certificaria de que as cidades alemãs ficassem ainda mais vistosas.

[I] É importante perceber que Churchill, e também Franklin Roosevelt, viam a França e o poder francês de uma perspectiva tanto e europeia quanto global. Mesmo que a França caísse nas mãos dos alemães, ambos presumiam que a resistência francesa poderia continuar de alguma forma no vasto Império Francês que se estendia do norte da África, passando pelo Caribe, até o sudeste da Ásia.

Uma coisa que não parecia preocupar muito Hitler era a eventual vitória sobre a Grã-Bretanha. Em 21 de julho, ele se reuniu com o marechal de campo Walter von Brauchitsch, o comandante-chefe do Exército alemão. Hitler pontificou para o comandante sênior sobre como a posição da Grã-Bretanha era "desesperadora. A guerra foi vencida por nós. Uma reversão nos efeitos do sucesso é impossível".[7] Por que, então, Winston Churchill estava se recusando a aceitar essa realidade? Hitler imaginou que Churchill ainda não havia feito exigências por causa da esperança de intervenção dos EUA ou da União Soviética. Ele tinha certeza de que logo poria um fim a esses sonhos, e ordenou que a Grã-Bretanha fosse "reduzida" por meio de ataques aéreos e marítimos até meados de setembro e, em seguida, invadida por uma força maciça.[8] Ele provavelmente já estava planejando seu dia de turismo em Londres.

Em um curto espaço de tempo, Churchill e Hitler articularam suas visões diametralmente opostas de como as guerras são vencidas. Parte da confiança de Churchill em 16 de maio era performática. Ele estava tentando convencer seus aliados franceses e, pessoalmente, ainda não havia compreendido o quão terrível era a situação. Sua avaliação, em geral otimista, surgiu principalmente de suas experiências de vida. Ele havia desenvolvido uma compreensão global, imperial, tecnológica e econômica da guerra. Em seu mundo, a(s) potência(s) que controlava(m) o comércio e os recursos mundiais e tinha(m) acesso à maior base de produção com a melhor tecnologia venceria(m) no final. As batalhas individuais eram importantes na medida em que afetavam esse equilíbrio. Embora a queda da França tenha sido uma experiência terrível para Churchill e tornado a Segunda Guerra Mundial muito mais longa e sangrenta, ela fez surpreendentemente pouco para mudar o cálculo global de produção e fornecimento. De certa forma, Hitler estava certo; Churchill realmente achava que, enquanto os Estados Unidos e o Império Britânico não fossem conquistados, o Reino Unido poderia acabar — e provavelmente acabaria — no lado vencedor.

Hitler, por sua vez, com sua experiência firmemente enraizada no exército, possuía uma compreensão da guerra centrada na batalha, e tinha uma fé mal orientada na importância do poder de fogo pesado, da tecnologia alemã e da superioridade racial. Ele não conseguia imaginar nenhuma potência na Europa, inclusive a Grã-Bretanha, resistindo a ele depois que seu exército derrotasse a França. Desde o início da guerra, sua confiança no soldado e no Exército alemão, juntamente com a visão de sua própria genialidade, havia crescido exponencialmente. Apenas cinco dias após a última das forças armadas polonesas ter sido forçada a se render em outubro de 1939, Hitler estava pedindo a seus generais que se preparassem para um ataque na Frente Ocidental o mais rápido possível.[II] Ele leu um memorando que dizia: "Devemos fazer com que os franceses e os britânicos lutem, para depois derrotá-los. Somente assim nossa superioridade em liderança, treinamento e material poderá ser aplicada com total vantagem".[9] Hitler argumentou que, depois de dar uma "surra" nos Exércitos francês e britânico no oeste, os britânicos estariam "prontos para conversar" e aceitar a superioridade alemã no continente.[10]

Hitler já estava pensando no mundo pós-guerra. Ele disse a Speer, que havia projetado e estava supervisionando a construção de muitas de suas obras mais grandiosas, para não redirecionar nenhum dos recursos significativos sob sua direção para apoiar o esforço de guerra alemão. Hitler queria que o trabalho continuasse em seus projetos de ego, mesmo que isso enfraquecesse suas forças armadas. Talvez isso também fosse um indicativo de sua preocupação persistente com a disposição do povo alemão de travar uma guerra em seu nome. Ele nunca se esqueceu de que o povo alemão, embora enganado por judeus "malvados",

---

[II] Ou seja, as forças polonesas que permaneceram na Polônia. Muitos soldados e pilotos poloneses conseguiram escapar e continuar a luta, com grande bravura, contra a Alemanha a partir da França e da Grã-Bretanha. Durante a Batalha da Grã-Bretanha, o famoso esquadrão polonês nº 303 da RAF chegou a reivindicar o maior número de abates de todos os sessenta e seis esquadrões de caças Aliados.

havia perdido a vontade e traído o exército em 1918. Portanto, ele estava determinado a garantir que eles não fossem privados de muita coisa durante a guerra — fosse comida ou distração.

Hitler combinou sua confiança na superioridade alemã e sua suspeita persistente sobre o desejo de guerra do povo alemão no último discurso que ele faria antes de atacar a França. Um discurso proferido no Sportpalast de Berlim para oficiais alemães em 3 de maio foi, por um lado, um populismo típico, militarista e racista. Por outro, Hitler claramente sentiu a necessidade de garantir ao seu público que o ataque à França — na verdade, toda a guerra — era a coisa certa a se fazer. O "guerreiro" alemão era o "soldado mais bem equipado do mundo", com o melhor treinamento e a melhor liderança.[11] Assim, o "Volk" alemão poderia ter certeza de que a vitória seria alcançada e que não "cairia", como aconteceu em 1918. Hitler estava tentando convencer o povo alemão a manter a calma, e a vitória sobre a França e a Grã-Bretanha viria em seguida.

Compartilhando com Hitler uma resposta específica, Churchill acreditava que os primeiros meses da guerra justificavam sua visão estratégica. E, surpreendentemente, ele se viu capaz de agir de acordo com seus conceitos estratégicos. Menos de um ano antes, Churchill ainda estava à margem da política do Partido Conservador, discutindo com qualquer pessoa que pudesse encontrar contra a política de apaziguamento de Chamberlain. Porém, quanto mais Hitler correspondia à imagem que Churchill tinha dele como o facínora expansionista com o qual não se podia negociar, mais as perspectivas de Churchill se iluminavam. Quando a guerra parecia praticamente inevitável, em agosto de 1939, Chamberlain convidou Churchill de volta ao gabinete como Primeiro Lorde do Almirantado, exatamente o cargo que Churchill ocupava quando a Primeira Guerra Mundial começou.

O senso de simetria histórica era algo que Churchill adorava. Ele entrou correndo no prédio do almirantado, perto de Whitehall, e encontrou o escritório do Primeiro Lorde quase igual ao que havia deixado. Muitos dos mesmos modelos de navios estavam expostos e muitos dos mesmos quadros estavam pendurados nas paredes. Para completar a sensação de voltar para casa, Churchill ordenou que vários de seus móveis e acessórios antigos favoritos fossem retirados do depósito. Ele ficou particularmente feliz quando, em uma caixa há muito ignorada, escondida atrás de um sofá antigo, descobriu as mesmas cartas que havia deixado lá em 1915.[12]

Ao mesmo tempo que o almirantado voltou rapidamente à sua aparência da Primeira Guerra Mundial, Churchill também mostrou que continuava sendo, em parte, o mesmo estrategista errático e impulsivo que havia sabotado o primeiro mandato. Se Josef Stalin tinha uma visão estratégica que era fundamentalmente paranoica, mas podia ser prática quando sua paranoia permitia, Churchill era o oposto. Em geral, ele tinha uma visão estratégica bastante prudente e ponderada, que sempre ameaçava descarrilar com impulsos precipitados e uma necessidade constante de ação. Parte dele continuava a ser a criança indisciplinada, sempre ansiosa para fazer alguma coisa — geralmente, quanto mais perigosa e ousada, melhor.

Imediatamente, ele começou a revisitar alguns dos planos mais perigosos que havia contemplado um quarto de século antes. Um dos primeiros era forçar a entrada das forças navais britânicas no Báltico, para tentar cortar o comércio entre a Alemanha e a Escandinávia (codinome Operation Catherine em 1939-40). Ele começou a pressionar por ações nesse sentido apenas alguns dias depois de assumir o cargo e voltou a falar sobre isso regularmente até que os alemães atacaram a Dinamarca e a Noruega. Na verdade, qualquer ataque britânico à costa alemã teria sido uma tarefa mais difícil na Segunda Guerra Mundial do que na Primeira, já que a presença de aeronaves alemãs tornava extremamente perigosas as operações de navios de guerra britânicos tão próximos da Alemanha.

Churchill também começou a se envolver novamente com planos de injetar o poder britânico na Turquia ou nos Bálcãs. Ele tinha a visão de estabelecer uma grande aliança na Turquia e nos Bálcãs para levar a guerra à Alemanha (e talvez à URSS). Em outubro de 1939, ele ordenou que o First Sea Lord, Almirante Sir Dudley Pound, explorasse planos para enviar uma grande força naval através dos Dardanelos até o Mar Negro, para ameaçar as forças navais soviéticas posicionadas lá. Felizmente, esses planos não foram adiante.

Se o peripatético Churchill se animou imediatamente após assumir o cargo, o mesmo aconteceu com o grande estrategista mais ponderado. É fascinante ver que uma das primeiras pessoas com quem Churchill começou a se comunicar depois de se tornar Primeiro Lorde do Almirantado pela segunda vez foi Franklin Delano Roosevelt. Em 11 de setembro, de forma bastante incomum, FDR escreveu a Churchill para parabenizá-lo por sua nova nomeação — e, de forma ainda mais incomum, pediu a Churchill que o mantivesse pessoalmente informado sobre os acontecimentos da guerra no mar, que, segundo ele, poderiam ser enviados em relatórios incluídos em malas diplomáticas lacradas.[13] Churchill, é claro, estava exultante e, com a aprovação do Gabinete de Guerra, iniciou uma correspondência sem precedentes com o presidente americano — que logo passou a incluir até mesmo a ainda raríssima chamada telefônica transatlântica.[III]

Esses primeiros contatos ajudaram a estabelecer um entendimento estratégico entre os dois que duraria até a morte de Roosevelt. A correspondência, que foi quase inteiramente sobre a guerra naval, mostrou o quanto ambos estavam fascinados com o poder marítimo, que estava se expandindo para o poder aéreo, e demonstrou um

[III] Antes dessa correspondência entre Roosevelt e Churchill, é impossível encontrar comunicações diretas entre o presidente dos EUA e um membro do gabinete (que não seja o primeiro-ministro) do governo britânico.

entendimento fundamental de que manter o Atlântico Norte aberto seria decisivo para o resultado da guerra. Em uma das primeiras cartas de Churchill, ele tentou impressionar Roosevelt mencionando a importância dos sucessos britânicos com o sonar (conhecido como "Asdic") e, ao mesmo tempo, menosprezar a eficácia dos ataques aéreos alemães contra navios, dizendo que os alemães obviamente não tinham uma mira de bomba de alta qualidade.[14] Posteriormente, ele enviou a Roosevelt histórias de combates no mar, sendo a mais famosa o afundamento do *Almirante Graf Spee*, bem como outros relatórios técnicos. Roosevelt estava obviamente muito interessado no que lhe era dito e, em fevereiro de 1940, introduziu uma nota mais pessoal na correspondência entre eles, dizendo a Churchill o quanto ele desejava "conversar sobre as coisas com você pessoalmente".[15]

Outra área em que Churchill se estabeleceu rapidamente após retornar ao almirantado foi como uma autêntica voz de resistência à Alemanha. Ao contrário do moderado e professoral Chamberlain, ele falou sobre o desafio britânico em cores vivas, com a autoridade adicional de suas experiências anteriores de guerra. Ele também usou seu novo púlpito para enfatizar mais uma vez seu compromisso com o Império. Churchill tentou imprimir no povo britânico uma perspectiva semelhante. Um dos últimos artigos que ele publicou antes de se tornar primeiro-ministro, em março de 1940, foi uma homenagem imperialista no *Sunday Dispatch*, intitulada "The Mysteries of Empire" (Os mistérios do Império).[16] O império que havia sido "fundado pela guerra e pela conquista" estava agora servindo ao seu propósito de manter a Grã-Bretanha forte. Milhares de soldados jovens e em boa forma do Canadá, Austrália, Nova Zelândia e África do Sul estavam naquele exato momento se voluntariando para lutar pela Grã-Bretanha. A chave para manter esse edifício imperial vital unido — Churchill queria impressionar o público britânico — era dar igualdade política aos domínios brancos. Nada foi dito sobre as partes do Império que não eram dominadas por brancos, como a Índia, já que, sem dúvida, elas deveriam continuar sob o domínio de Londres.

A habilidade de Churchill com as palavras foi um dos motivos pelos quais ele foi considerado a escolha natural para substituir Chamberlain quando a posição deste último desmoronou após as invasões alemãs da Noruega e da Dinamarca.[IV] Quando Churchill assumiu o cargo, provavelmente tinha mais experiência do que qualquer outro líder de guerra da história. Ele possuía décadas de serviço político, tendo atuado como Ministro de Munições, Secretário de Guerra, do Ar, Secretário Colonial e Chanceler do Tesouro, além de Primeiro Lorde do Almirantado. Ele também lutou em quatro guerras e observou muitas outras. Essa vasta experiência o ajudou politicamente desde o início. Uma coisa que Churchill fez que rendeu dividendos reais nessa guerra (mesmo que isso possa ter levado à sua derrota política em 1945) foi criar um governo verdadeiramente nacional, trazendo o Partido Trabalhista, de oposição, totalmente para o gabinete e dando a ele vários cargos importantes.[17]

A experiência de Churchill e a mentalidade estratégica que ela criou, com uma possível oscilação, permitiram que ele mantivesse a fé na vitória da Grã-Bretanha, mesmo com a queda da França. A única oscilação para Churchill — e mais ainda para os membros de seu Gabinete de Guerra — aconteceu em meio à crise de Dunquerque no final de maio de 1940, quando as forças britânicas estavam sendo evacuadas às pressas do continente e a capitulação francesa parecia iminente. A ideia de buscar um acordo negociado com Hitler foi seriamente discutida no Gabinete de Guerra e recebeu pelo menos algum apoio do Secretário de Relações Exteriores, Lord Halifax,[18] que

[IV] Chamberlain, é claro, não via as coisas dessa forma e preferia que seu sucessor fosse o Secretário de Relações Exteriores de Wan, Lord Halifax. Churchill, no entanto, não concordou com isso e, portanto, Chamberlain não teve outra opção a não ser substituí-lo.

propôs entrar em contato com Mussolini para ver se o ditador italiano poderia ajudar a intermediar um pacto.[19] Churchill expressou dúvidas sobre essa medida, mas admitiu, em 26 de maio, que isso era algo que o Gabinete de Guerra deveria "considerar".[20]

Essa única expressão de dúvida foi seguida, algumas horas depois, por uma das mais fortes declarações de Churchill de que a Grã-Bretanha deveria continuar lutando, independentemente da queda da França. As atas registram que ele disse ao Gabinete de Guerra:

> Estávamos em uma posição diferente da França. Em primeiro lugar, ainda tínhamos poderes de resistência e ataque, o que eles não tinham. Em segundo lugar, a Alemanha provavelmente ofereceria condições decentes a eles, o que não aconteceria conosco. Se a França não pudesse se defender, era melhor que ela saísse da guerra em vez de nos arrastar para um acordo...[21,V]

O motivo pelo qual Churchill continuava confiante era que ele acreditava que a Grã-Bretanha poderia e manteria o controle do ar e do mar ao redor das Ilhas Britânicas e, enquanto isso acontecesse, os alemães poderiam ser mantidos à distância. Apenas alguns dias após o pedido francês de armistício, no final de junho de 1940, Churchill expôs a Jan Smuts, um antigo adversário da Guerra dos Bôeres — e agora um bom amigo, primeiro-ministro da África do Sul e defensor do Império Britânico —, sua visão do que aconteceria nos próximos meses. Haveria uma Batalha da Grã-Bretanha, os britânicos a venceriam e, então, Hitler seria forçado a se voltar para o leste e atacar a União Soviética.

[V] Isso também mostra como Churchill pode estar enganado — Hitler quase certamente teria oferecido melhores condições à Grã-Bretanha do que à França, e ele continuava interessado em cooperar com a Grã-Bretanha como parte de sua nova Europa.

> Obviamente, primeiro temos que repelir qualquer tentativa de invasão à Grã-Bretanha, e devemos ser capazes de manter o desenvolvimento do nosso poder aéreo. Isso só poderá ser decidido na prática. Se Hitler não conseguir nos derrotar aqui, ele provavelmente recuará para o leste.[22]

A visão confiante de Churchill sobre a guerra em 1940, mesmo após a queda da França, é duplamente interessante porque, na época, ele estava recebendo informações que superestimavam muito a força da Luftwaffe e a produção de aeronaves alemãs. No decorrer da guerra, a inteligência britânica geralmente era bastante precisa em suas estimativas da força alemã, mas no verão de 1940 eles calcularam mal, pois presumiram que cada unidade aérea alemã tinha muito mais aeronaves do que a realidade, e estimaram que a indústria alemã estava sendo mobilizada com o imediatismo que os próprios britânicos demonstravam.

A disparidade entre o que Churchill supunha que a Grã-Bretanha estava enfrentando e a realidade da ameaça alemã era gritante. No início da Batalha da Grã-Bretanha, estimava-se que os alemães tinham aproximadamente 5.400 aeronaves prontas para operações contra o Reino Unido. O número real era aproximadamente a metade.[23] As estimativas britânicas sobre a produção de aeronaves alemãs eram ainda mais desalinhadas. Pouco antes da Batalha da Grã-Bretanha, os britânicos estimavam que os alemães estavam produzindo 1.300 aeronaves por mês. Na realidade, a média mensal em 1940 foi de 401.

Um dos motivos pelos quais os britânicos estavam tão equivocados em relação ao poder aéreo alemão provavelmente era o fato de Churchill estar levando a produção britânica a níveis sem precedentes. Com o entendimento de que a vitória britânica final seria construída com base na capacidade do Reino Unido de controlar o espaço aéreo ao redor das Ilhas Britânicas e da Europa Ocidental, Churchill fez da produção de aeronaves de combate a maior prioridade do país quase imediatamente após assumir o cargo. Ele nomeou Lord Beaverbrook, um dos membros mais vigorosos do gabinete, como Ministro da Produção Aérea, e disse-lhe para fazer o que fosse necessário para produzir o maior número possível de caças. A produção britânica disparou. Entre julho e dezembro de 1940, a Grã-Bretanha construiu 2.779 caças, quase o mesmo número que a Alemanha conseguiu construir durante todo o ano.[24] Na verdade, enquanto a produção britânica de aeronaves aumentava em ritmo acelerado, a construção alemã ficou estagnada ao longo de 1940 e em 1941, com média de pouco mais de 400 por mês (todos os tipos), enquanto o número britânico semelhante no final de 1940 era de mais de 1.000.[25] A vantagem britânica na produção de aeronaves que Churchill estabeleceu em 1940 continuaria por quase toda a guerra, e desempenharia um papel enorme na conquista da vitória dos Aliados que Churchill conseguiu imaginar na hora mais sombria.

Enquanto Winston Churchill organizava suas ideias para um conflito global prolongado que, segundo ele, terminaria com a vitória britânica, Adolf Hitler tentava escolher a maneira mais rápida de tirar a Grã-Bretanha da guerra. No entanto, por não ter preparado a Alemanha para este confronto, ele ficou inventando estratégias na hora — com resultados desastrosos. Hitler começou a discutir seriamente os planos para atacar a Grã-Bretanha em junho de 1940, e duas opções foram contempladas: uma invasão direta (de codinome Operação Leão Marinho) ou ataques aéreos e marítimos isolados. Quando se tratava de um ataque marítimo real, Hitler demonstrava certa cautela. Ele parecia estar ciente de que a Marinha alemã não possuía embarcações de desembarque adequadas, seu exército nunca havia praticado ataques marítimos, e a Marinha Real superava em muito a frota de superfície alemã. De fato, o amadorismo com que os alemães tentaram estabelecer uma força de invasão é o que faz com que seus preparativos se destaquem nos anais da Segunda Guerra Mundial. Em última análise, eles planejaram colocar muito mais tropas em terra na Grã-Bretanha em 1940, dez divisões completas, do que os EUA e o Reino Unido fizeram no Dia D em 1944. No entanto, eles não tinham nada parecido com o equipamento especializado necessário para fazer isso de forma eficaz. O Almirante Karl Dönitz, comandante da força submarina da Alemanha e, mais tarde, chefe de toda a Marinha e sucessor de Hitler como chanceler, admitiu que os alemães teriam que desembarcar suas tropas com "barcos e embarcações fluviais que encontramos nos rios e canais franceses". Não totalmente sem razão, ele rapidamente chegou à conclusão de que qualquer invasão alemã à Grã-Bretanha era "militarmente impossível".[26] Essa opinião também era compartilhada pelos comandantes seniores do exército. Quando lhe perguntaram se havia sido um erro não ter tentado uma invasão da Grã-Bretanha, o General Alfred Jodl, que seria um dos oficiais militares mais importantes de Hitler até os últimos dias no bunker, deu uma resposta dura, dizendo: "Não posso considerar isso um erro porque, na época, dei a ele uma avaliação da situação na qual eu o desaconselhava".[27]

Embora Hitler tenha se recusado a dizer que uma invasão era impossível, ele estava claramente preocupado com tudo o que ela implicava. Em 11 de julho, quando discutiu os detalhes do planejamento da invasão com o Almirante Erich Raeder, ele disse que considerava qualquer ofensiva um "último recurso".[28] A exposição mais longa de Hitler sobre o assunto foi dada a Raeder dez dias depois:

> A invasão da Grã-Bretanha é um empreendimento excepcionalmente ousado, porque, mesmo que o caminho seja curto, não se trata apenas de uma travessia de rio, mas de uma travessia do mar, que é dominado pelo inimigo... não se pode esperar por surpresa operacional; um inimigo defensivamente preparado e totalmente determinado nos enfrenta e

> domina a área marítima que devemos usar. Para a operação do Exército, 40 divisões serão requisitadas. A parte mais difícil será o reforço contínuo de material e lojas. Não podemos contar com suprimentos de qualquer tipo disponíveis na Inglaterra.

Além disso, Hitler acrescentou, como fez regularmente durante todo esse tempo, que a Luftwaffe tinha que estabelecer "domínio completo do ar" sobre a área de batalha.[29]

O que ele não entendeu, mas logo seria forçado a perceber, era que nenhuma de suas condições poderia ser atendida, independentemente do que ele decidisse fazer. Os alemães simplesmente não tinham o equipamento necessário para fazer uma invasão. Por agora, a força alemã de submarinos, cuja tarefa era patrulhar toda a costa do sul da Inglaterra durante semanas, tinha apenas um punhado de submarinos que poderiam ser utilizados a qualquer momento. O próprio Dönitz desconsiderou a possibilidade de a Alemanha invadir a Grã-Bretanha em 1940 porque o número de submarinos em operação nas principais áreas de combate ao redor das Ilhas Britânicas variava de dois a oito. De fato, ele acreditava que a força alemã de submarinos não estaria em condições de representar uma ameaça real à Grã-Bretanha até 1942.[30]

Se as forças navais eram escassas, Hitler ainda presumia que a sua Luftwaffe, conquistadora de tudo, estava à altura da tarefa. Uma área em que Hitler tinha uma compreensão básica do que uma invasão exigiria era a sua crença de que a Alemanha teria de obter a supremacia aérea total pelo menos sobre o sul da Inglaterra e o Canal da Mancha para que a Grã-Bretanha fosse expulsa da guerra. Dito isso, seu entendimento do poder aéreo ainda era muito semelhante ao de um soldado de infantaria da linha de frente. A Força Aérea alemã que ele havia criado tinha se mostrado uma brilhante executora de guerra tática em 1940 — excelente no ataque direto aos exércitos inimigos.

Hitler parecia supor que essa capacidade se traduziria magicamente em ataques estratégicos contra a Grã-Bretanha. Um de seus constantes refrões, a partir da campanha polonesa, era sobre o poder dos bombardeiros de mergulho alemães — o mais famoso deles, o Junkers Ju 87 Stuka, com asas de gaivota e apito. Ele acreditava que os bombardeiros de mergulho eram a forma mais eficaz de ataque aéreo e queria que eles desempenhassem papéis importantes na batalha contra o Reino Unido.[VI] De fato, os bombardeiros de mergulho, voando sem oposição em boas condições, podiam lançar uma pequena carga útil com muita precisão. No entanto, como a Batalha da Grã-Bretanha mostraria, eles eram extremamente vulneráveis e precisavam ser rapidamente retirados de um espaço aéreo disputado. Em 18 de agosto de 1940, por exemplo, durante um ataque à costa sul da Inglaterra, uma força de pouco mais de 100 Stukas sofreu uma taxa de perda catastrófica de 21%, e as aeronaves foram designadas para tarefas secundárias pouco tempo depois.[31]

Mesmo as aeronaves alemãs melhores do que o primitivo bombardeiro de mergulho Stuka não estavam à altura das tarefas específicas que seriam esperadas em qualquer campanha para tirar a Grã-Bretanha da guerra. O melhor caça alemão, o Messerschmitt Me 109 (também conhecido como Bf 109), era um excelente *dogfighter*, mas tinha um alcance muito curto — tão curto que não podia escoltar os bombardeiros alemães para muito longe nos céus da Grã-Bretanha e, se tivesse que entrar em combate ar-ar, só poderia voar por alguns minutos antes de ter que retornar às suas bases na França. Os bombardeiros alemães, em sua maioria Heinkel He 111 e Dornier Do 17,

[VI] O fascínio de Hitler pelos bombardeiros de mergulho se mostraria um grande obstáculo para a modernização do poder aéreo alemão durante a guerra. Dois dos mais caros e avançados aviões que a Alemanha construiria, o bombardeiro pesado quadrimotor Heikel He 177 e o primeiro caça a jato operacional, o Messerschmitt Me 262, tiveram sua produção seriamente prejudicada pelo desejo de Hitler de que ambos tivessem capacidade de bombardeio de mergulho.

eram pequenos para os padrões dos Aliados (com cargas de bombas equivalentes a aproximadamente um quarto das transportadas pelos pesados bombardeiros quadrimotores que britânicos e americanos usariam para bombardear a Alemanha a partir de 1942). Além disso, eles eram relativamente pouco armados e protegidos, o que os tornava muito mais fáceis de serem abatidos do que os bombardeiros aliados.

No geral, era uma força que não tinha capacidade de vencer uma guerra aérea sobre o sul da Inglaterra, como foi rapidamente demonstrado. No que se refere à campanha aérea para a Batalha da Grã-Bretanha, uma coisa que os alemães fizeram bem foi elaborar provavelmente o plano mais sensato possível. Eles estabeleceram dois alvos principais no início. Primeiro, tentariam paralisar a RAF no sul da Inglaterra e, em seguida, depois de ganhar domínio nos céus, atacariam o sistema portuário da Grã-Bretanha. O general da Luftwaffe Karl Koller, que serviu como chefe de gabinete da Luftflotte 3, a principal força de ataque aéreo alemã durante a Batalha da Grã-Bretanha, expôs o plano para os interrogadores Aliados após a guerra. O principal "objetivo estratégico... era a destruição dos portos e da navegação britânicos". Após obter o comando aéreo, as docas de Londres e outros portos importantes deveriam ser devastados, e uma ofensiva combinada com os submarinos alemães deveria destruir ainda mais a navegação britânica. É claro que, como Koller também admitiu, a falta de planejamento para armar qualquer guerra com a Grã-Bretanha significava que a Alemanha não tinha as aeronaves de reconhecimento ou ataque de longo alcance que seriam necessárias para apoiar a campanha dos submarinos no mar.[32]

Os alemães descobriram rapidamente que, embora tivessem um plano sensato, não tinham como colocá-lo em operação sem o equipamento de que dispunham. Usando o paradigma estratégico de meios e fins, eles haviam desenvolvido uma noção muito boa do que era necessário para tentar tirar a Grã-Bretanha da guerra; faltavam-lhes apenas os meios para concretizar os fins — e, independentemente do que fizessem, continuariam a fazê-lo por anos.

A Batalha da Grã-Bretanha acabou sendo um caso de vários estágios em que os alemães começaram com um objetivo, descobriram que não conseguiriam chegar nem perto de alcançá-lo, então mudaram para outro objetivo, mas também falharam nele. Os ataques iniciais, em julho e no início de agosto, visavam paralisar a RAF, danificando seus campos de aviação e locais de radar e reduzindo seu número de caças. Mas, depois de algumas semanas, os alemães descobriram que estavam perdendo aeronaves mais rapidamente do que os britânicos. Eles mudaram seus alvos para as instalações de produção de aeronaves, o que muitas vezes envolvia bombardeiros voando sem escolta para Midlands, onde suas perdas permaneciam muito altas e os resultados de seus ataques eram mínimos. Quando esses ataques às fábricas foram considerados muito perigosos, a Luftwaffe voltou a atacar os aeródromos e tentou danificar portos. Finalmente, a partir de setembro, os alemães recorreram a ataques a Londres e fizeram uma última tentativa de danificar o maior número possível de aviões da RAF, mas também não conseguiram. Eles estavam simplesmente ficando sem aeronaves na linha de frente e não podiam mais ser competitivos nos céus da Grã-Bretanha à luz do dia.[33] Como Koller lamentaria mais tarde: "De qualquer forma, a Luftwaffe foi forçada a dissipar suas energias em ataques a muitos tipos de objetivos. A seleção de alvos foi claramente errônea".[34]

Tudo o que Hitler demonstrou durante a Batalha da Grã-Bretanha foi o quanto ele estava perdido nesse tipo de guerra e, no fundo, talvez soubesse disso. O fato de ser tão ineficaz em prejudicar os britânicos corroeu Hitler e revelou o que o aterrorizava acima de tudo: mostrou ao povo alemão os limites de suas habilidades e da máquina de guerra que ele havia criado. Isso ajuda a explicar uma das mais ridículas, embora tipicamente histriônica, de suas explosões durante a batalha.

No final de agosto de 1940, a RAF lançou seus primeiros bombardeios em Berlim.[35] Pequenos para os padrões de 1942 ou 1943, esses bombardeios causaram danos mínimos. Cerca de oitenta bombardeiros participaram do primeiro ataque, dos quais apenas cinquenta chegaram a Berlim. Eles não atingiram nada de valor militar, e sua vítima mais famosa foi um elefante no zoológico da cidade. Hitler, no entanto, ficou apoplético. Seu primeiro grande discurso após o ataque foi feito em 4 de setembro, na abertura do esforço alemão de ajuda no inverno de 1940. Ele estava repleto de fanfarronices, como as de Mussolini: "E se a Força Aérea Real lançar dois mil, ou três mil, ou quatro mil quilos de bombas, agora lançaremos 150.000; 180.000; 230.000; 300.000; 400.000; sim, um milhão de quilos em uma única noite. E se eles declararem que aumentarão muito seus ataques às nossas cidades, então nós apagaremos suas cidades!"[36]

Hitler não tinha capacidade para fazer tal coisa. Ele simplesmente não conseguia admitir a verdade para si mesmo ou para o povo alemão. Em vez disso, em 14 de setembro, quando os planos para qualquer invasão estavam sendo discretamente arquivados, Hitler mais uma vez preferiu enganar a si mesmo e aos outros afirmando que a vitória sobre a Grã-Bretanha estava próxima. Ele disse a seus generais que a Luftwaffe havia feito coisas "além do elogio". Se os alemães pudessem contar com apenas mais alguns dias de bom tempo, então "um resultado decisivo seria alcançado". Para completar, ele acrescentou: "Temos uma boa chance de forçar a Grã-Bretanha a se ajoelhar".[37]

Na verdade, a Luftwaffe estava prestes a jogar a toalha. Poucos dias após a mais recente declaração de Hitler sobre a vitória iminente, a força aérea mudou de alvo mais uma vez e se concentrou no bombardeio noturno de alta altitude de Londres e de algumas outras cidades britânicas. Os incêndios que eles causaram pareceram espetaculares, e a mídia mundial, especialmente nos EUA, fez um grande alarde sobre como Londres estava sitiada pelo ataque alemão.

No entanto, os relatos da mídia não entenderam completamente a questão. Em um esforço para reduzir as perdas alemãs incapacitantes, os bombardeiros de Hitler estavam voando alto demais para ver seus alvos e, portanto, lançavam bombas indiscriminadamente, na esperança de atingir algo útil. Raramente acertavam. De fato, até o final de 1940, é notável o pouco dano que os alemães causaram aos fundamentos do esforço de guerra britânico.

O bombardeio noturno era basicamente tudo o que a Luftwaffe faria durante o restante do inverno de 1940-41, após o qual os bombardeiros remanescentes foram, em sua maioria, transferidos para a Frente Oriental para participar do ataque à União Soviética. Os ataques noturnos eram a única maneira de manter as perdas em um nível controlável e continuar funcionando.[38] No final, a Luftwaffe, de acordo com seus principais comandantes, simplesmente sofreu perdas demais contra os britânicos de julho a setembro de 1940.[39] O General Werner Kreipe, mais tarde chefe de todo o treinamento de pilotos da Luftwaffe, disse que a força aérea estava "simplesmente espantada" com suas enormes perdas, principalmente de bombardeiros.[40] O General Werner Junck, que estava encarregado de todos os caças da Luftflotte 3 no verão de 1940, descreveu a Batalha da Grã-Bretanha como um "Verdun aéreo" para a Luftwaffe, em que os alemães foram os perdedores.[41]

Hitler foi tão completamente derrotado na Batalha da Grã-Bretanha que lhe restaram basicamente duas opções. Ele poderia reequipar toda a sua indústria bélica e tentar criar as massas de armas ar-mar de que precisaria para derrotar a Grã-Bretanha. Isso levaria muitos anos, no mínimo, e mesmo assim, enquanto a Grã-Bretanha tivesse acesso aos recursos dos EUA, não seria um caminho claro para a vitória. A outra opção era recorrer ao seu entendimento de guerra preferido do exército terrestre. Ele escolheu a opção mais fácil e decidiu atacar Stalin e a URSS.

Hitler vinha compartilhando amplamente suas suspeitas de que um dos motivos pelos quais Churchill continuava a lutar era que o primeiro-ministro britânico esperava, eventualmente, chegar a um acordo com a União Soviética.[42] Em 21 de julho de 1940, Hitler deu a Walther von Brauchitsch, comandante-chefe do Exército alemão, uma longa descrição do motivo pelo qual a Grã-Bretanha havia depositado "esperança na União Soviética".[43] Além disso, Hitler estava convencido de que Stalin acabaria sendo receptivo a qualquer proposta britânica para evitar que a Alemanha se tornasse muito forte. Portanto, agora era o momento de começar a antecipar o "problema russo". Hitler ordenou que o Exército alemão começasse a planejar a invasão da União Soviética.[44]

Desse ponto em diante, a necessidade de frustrar a Grã-Bretanha, removendo a URSS como uma consideração estratégica, tornou-se um refrão constante de Hitler. Como ele disse em 31 de julho, ao explicar sua decisão de iniciar um planejamento detalhado para atacar a URSS:

> Tudo o que a União Soviética precisa fazer é dar a entender que não se importa em ter uma Alemanha forte, e a Grã-Bretanha terá esperança, como aquela que está prestes a acontecer, de que a situação sofrerá uma mudança radical dentro de seis ou oito meses. Com a União Soviética esmagada, a última esperança da Grã-Bretanha seria destruída.[45]

Assim, o ataque à URSS em 1941 foi resultado direto do fracasso de Hitler em derrotar a Grã-Bretanha em 1940, e mostrou como sua incapacidade de lutar contra os britânicos o havia atingido. A visão estratégica de Hitler após a Primeira Guerra Mundial, que foi reforçada regularmente durante o período entreguerras, era de que a Alemanha deveria evitar uma guerra em duas frentes, especialmente se a Grã-Bretanha fosse um de seus inimigos. Agora, Hitler estava deliberadamente iniciando uma guerra de duas frentes, acrescentando uma frente contra a URSS quando já estava em guerra com a Grã-Bretanha. Ele simplesmente não suportava fazer o que seria necessário para combater de fato o inimigo britânico, o que ele sabia que seria muito caro e levaria tempo demais.

Se a Batalha da Grã-Bretanha fez com que Hitler mudasse de estratégia por frustração, ela foi muito animadora para Churchill e os que o cercavam. À medida que a batalha se desenvolvia, as pessoas de dentro do governo britânico perceberam que a Alemanha não tinha as ferramentas para derrotar o Reino Unido. Lord Beaverbrook, um dos ministros mais importantes de Churchill na época e responsável pela construção de aviões de combate, escreveu a um amigo em 30 de agosto (quando supostamente a batalha estava entrando em sua fase mais dramática):

> A ofensiva aérea alemã é, no momento, o que mais ocupa a mente do público, excluindo quase tudo. No entanto, considerada como uma operação militar séria, seu efeito é pequeno. A produção nas fábricas de aeronaves é afetada mais pelas sirenes do que pelas bombas, e não muito por nenhuma delas.[46]

Na verdade, o que a batalha fez foi reconfirmar as percepções estratégicas de Churchill, que, de muitas maneiras, remontam à sua experiência como Ministro da Produção de Guerra em 1918. Em outubro, quando os resultados da Batalha da Grã-Bretanha pareciam certos, Churchill começou a imaginar como o Reino Unido acabaria alcançando a vitória. Por um lado, ele sabia que não seria fácil e que exigiria uma grande quantidade de ajuda e, provavelmente, uma aliança com os Estados Unidos. Ao mesmo tempo, o papel da Grã-Bretanha nessa vitória era quase idêntico ao que ele havia imaginado duas décadas antes. Os britânicos deveriam se concentrar em tecnologia e máquinas, evitar grandes combates de infantaria e esforçar-se ao máximo para controlar o espaço aéreo e marítimo ao redor de si e da Europa.

Em 15 de outubro, Churchill escreveu uma nota para o Gabinete de Guerra sobre as prioridades da produção de guerra. As duas principais eram manter o controle ar-mar. Havia as comunicações e o radar, o que Churchill chamou de "esfera do rádio", e a produção de aeronaves. No que se refere ao exército, ele queria que o foco permanecesse em um pequeno número de divisões blindadas altamente mecanizadas. Como ele disse, os britânicos "não podem esperar competir com o inimigo em número de homens e, portanto, devem contar com uma proporção excepcional de veículos blindados de combate".[47]

Duas semanas depois, Churchill foi mais longe e tentou dar forma concreta ao seu plano de vitória. Em uma ata detalhada para o Gabinete de Guerra, ele apresentou um plano de três anos para levar a luta até os alemães.[48] O restante de 1940 e a maior parte de 1941 seriam gastos para aumentar a força material britânica (com muita esperança de que os Estados Unidos dessem apoio). O mais importante era que a Grã-Bretanha "deveria manter nossas comunicações marítimas abertas" e o Reino Unido (incluindo a Irlanda) seguro.[49]

A partir dessa base, seria possível criar um contra-ataque. As forças britânicas trabalhariam para reforçar sua posição no Mediterrâneo e iniciariam o primeiro ataque aéreo sério contra a Alemanha. Em 1942, a Grã-Bretanha teria um total de cinquenta e cinco divisões prontas para operar e poderia considerar operações anfíbias contundentes contra a Europa de Hitler.

Quando chegasse a hora de contra-atacar, Churchill estaria pronto.

14

Mussolini, Churchill e Grécia, 1940-41

Benito Mussolini poderia ter morrido em uma cama ornamentada, cercado por discípulos chorosos, atendido pelos melhores médicos que a Itália poderia oferecer. Sua morte poderia ter sido lamentada por grandes massas de fascistas vestidos de preto, seu funeral, assistido por fileiras de dignitários globais, e seu corpo, enterrado em um enorme mausoléu modernista no topo de uma montanha dos Apeninos ou talvez no meio do Fórum Romano. Você acha que isso é muito? Foi exatamente o que aconteceu quando o ditador espanhol Francisco Franco morreu, em 1975, e Mussolini, em 1939, era considerado uma personalidade muito maior do que o espanhol. A razão pela qual Franco morreu em sua cama, cercado pelas armadilhas do poder, e depois foi sepultado em uma montanha oca, e Mussolini foi morto a tiros na esquina de uma rua decadente, tendo seu cadáver maltratado por uma multidão enfurecida, foi que Franco acabou se recusando a se aliar por completo a Adolf Hitler, enquanto Mussolini não resistiu ao impulso de fazê-lo.[1]

---

[1]Franco certamente flertou com a possibilidade de se juntar de maneira formal ao Eixo como um beligerante, mas suas exigências para tal movimento foram consideradas tão exageradas que Hitler nunca considerou que valesse a pena fazer um acordo.

A ironia para Mussolini foi que, no início da Segunda Guerra Mundial, ele fez a escolha inteligente. Quando Hitler o chamou, em agosto de 1939, Mussolini, temendo que suas forças armadas não estivessem à altura dos rigores de uma guerra mundial, evitou participar do conflito. No entanto, o italiano não conseguiu manter o curso, e isso revela quase tudo o que você precisa saber sobre ele como um grande estrategista. Embora Hitler, Stalin, Roosevelt e Churchill pudessem falar e agir de forma contraditória e impulsiva, Mussolini se destaca nesse aspecto. À medida que a guerra se aproximava, ele queria e não queria participar, acreditava que os italianos lutariam e poderiam lutar, ao mesmo tempo que se preocupava com o fato de que eles realmente não queriam, e até pensou, quase ao mesmo tempo, que a Alemanha estava fadada a ganhar e perder. Sua tomada de decisões podia ser igualmente errática, com resoluções fatídicas tomadas com celeridade, após pouca reflexão e baseadas mais em esperanças do que em realidades.

Ele compartilhava esses diferentes impulsos tanto com sua amante, Clara Petacci, quanto com seu genro, Secretário de Relações Exteriores e sucessor assumido, Galeazzo Ciano. Com Petacci, de 27 anos, o Mussolini de 56 anos ruminava sobre seu medo da morte iminente e sua necessidade de realizar grandes feitos antes que fosse tarde demais. Essa tensão talvez tenha sido a principal força pessoal que o movia naquele período. Em 1939, ele estava no poder há dezessete anos, mais tempo do que qualquer um dos outros líderes de guerra e, de muitas maneiras, havia conquistado a reputação de ser o mais bem-sucedido de todos. Para muitos, ele parecia ser um hábil, embora brutal, manobrador, que havia transformado a Itália em uma grande potência respeitada. Atribui-se a ele a expansão do Império Italiano na África, a ajuda a Franco para tornar a Espanha fascista e a transformação geral da Itália em uma nação de peso na política de poder europeia. Em muitos círculos, ele foi considerado o homem que evitou a guerra em

1938, com sua mediação na Crise de Munique e, quando a guerra começou, em 1939, ele foi considerado um dos únicos políticos capazes de intermediar um novo acordo de paz na Europa. *O Times* editorializou em 26 de setembro de 1939 que Mussolini havia "trabalhado durante toda a crise, antes e depois da invasão da Polônia, como um sincero defensor da paz".[1]

No entanto, quando Hitler conquistou a Polônia sem a Itália, Mussolini começou a temer que estivesse perdendo não como pacificador (o que nunca foi seu forte), mas como conquistador (o que também não era sua maior habilidade, diga-se de passagem). Além disso, o ditador, que havia cultivado uma imagem tão hipermasculina, preocupava-se com o fato de ter se humilhado ao não cumprir os termos do Pacto de Aço.[2] Em novembro de 1939, ele lamentou a Petacci: "Não tenho tempo: estou com muita pressa. Não poderei realizar tudo o que planejei. Não serei capaz. Meu trabalho ficará incompleto".[3] Esse medo de precisar agir logo o perseguiu. Em março de 1940, ele confidenciou ainda mais emocionalmente a Petacci: "Sinto a morte na vida. Um dia esta areia será pisoteada por outras pegadas, as estrelas nascerão e cairão... os olhos mortos não serão capazes de admirar o espetáculo sublime desta natureza maravilhosa, e eu serei comido por vermes".[4]

Embora parte de Mussolini temesse ter perdido uma oportunidade ao não declarar guerra em 1939, até que ficasse claro que a Alemanha conquistaria a França, seu lado prático manteve esses temores sob controle. Em discussões com seu Secretário de Relações Exteriores, Mussolini admitiu que poderia pagar um preço alto se ficasse do lado de Hitler. Um dia antes de dizer a Petacci que temia morrer cedo demais, Mussolini ouviu rumores de que os alemães estavam prestes a atacar a Bélgica e a Holanda. Ele considerava essa atitude imprudente. Se Hitler atacasse, a Alemanha "seria totalmente desacreditada e... na Itália haveria uma onda de ódio tão grande contra a Alemanha que faria qualquer um pensar duas vezes".[5] Apenas alguns dias depois de escrever sobre suas preocupações em virar comida para vermes, Mussolini se inquietou com o fato de os alemães terem se esforçado além de sua capacidade, mas admitiu estar apavorado caso vencessem. De acordo com seu genro Ciano, Mussolini queria "dissuadir Hitler de sua ofensiva terrestre, uma ideia a que ele retorna repetidamente". Seria "insuportável se as forças alemãs de fato entrassem na luta".[6] Mussolini estava tão em conflito que chegou a tentar bancar o grande pacificador. Em fevereiro de 1940, quando as coisas pareciam estar em um impasse no Ocidente, ele ridicularizou britânicos, franceses e alemães em igual medida. Ele disse a Petacci que as três potências estavam "submergidas pela estupidez que aumenta, aumenta, aumenta e submerge". Sim, tudo isso poderia ter sido evitado; tudo o que eles tinham de fazer era me seguir..."[7]

Quando os alemães estavam prontos para atacar no oeste, Mussolini havia se colocado em um estado de alta tensão, com os lados contraditórios de sua natureza em conflito. No entanto, quando as notícias sobre os sucessos alemães começaram a chegar, toda essa energia nervosa foi liberada, e Mussolini de imediato passou da cautela à retórica inflamada — e depois para a guerra. Em 3 de maio de 1940, as histórias das conquistas alemãs na Noruega "literalmente exaltaram o *Duce*", de acordo com Ciano, que afirmou que Mussolini agora tinha certeza da vitória alemã.[8,II] Quando os relatos dos primeiros ataques alemães bem-sucedidos na França apareceram poucos dias depois, Mussolini falou de "sua certeza sobre o rápido sucesso dos exércitos nazistas e de sua decisão de intervir". Ciano, um personagem notavelmente escorregadio cujas afirmações, mesmo em seu diário, precisam ser tratadas com cautela, afirmou que, quando tentou diminuir o ardor de Mussolini

---

[II] O que torna isso tão interessante é que, no dia em que Mussolini parecia ter certeza da vitória alemã, ele recebeu uma mensagem de Franco dizendo que a Espanha permaneceria neutra em todos os casos.

para ir à guerra ao lado de Hitler, isso "serviu apenas para irritá-lo". A probabilidade de a Itália declarar guerra estava "ficando cada vez mais forte".[9]

Três dias depois, no típico estilo Mussolini, o ditador declarou que nunca tivera dúvidas sobre a vitória alemã, e que a Itália deveria entrar na guerra de imediato, para compensar o fato de não ter apoiado Hitler em setembro do ano anterior. "Há alguns meses, eu disse que os Aliados haviam perdido a vitória. Hoje eu digo a vocês que eles perderam a guerra. Nós, italianos, já estamos suficientemente desonrados. Qualquer atraso é inconcebível. Não temos tempo a perder. Dentro de um mês, declararei guerra."[10]

Nesse caso, Mussolini cumpriu sua palavra. Em 10 de junho, em um momento que representou a realização do "sonho" de uma vida inteira, ele apareceu na sacada de seu quartel-general na Piazza Venezia, em Roma, e, diante de uma plateia numerosa que havia sido reunida para tranquilizá-lo de que a decisão estava correta, declarou guerra contra a Grã-Bretanha e a França.[11] O povo italiano não era tão sonhador. Ainda havia um forte sentimento antialemão detectado no campo e em algumas cidades grandes, e muitas pessoas continuavam se opondo de maneira contundente à guerra.[12] No entanto, Mussolini não se importava mais, pois a atração pela vitória era muito forte.

Ele caiu na grande armadilha comum aos líderes políticos, e aos ditadores mais do que a outros — se convenceu a acreditar no que queria que fosse verdade, mesmo sabendo que talvez não fosse. Embora tenha havido algum argumento de que Mussolini entrou na guerra por causa de um senso de ideologia fascista/nacional-socialista, parece que foi mais uma aposta calculada para tentar ganhar glória e saque ao se manter na correnteza de Hitler.[13] O que freou a decisão de Mussolini em 1939 foram dois cálculos racionais. O primeiro era que os militares e o povo italiano, mesmo após dezessete anos de governo, não estavam prontos para participar de uma guerra moderna em grande escala. O segundo era que derrotar a Grã-Bretanha seria uma tarefa muito complicada e a Itália precisava ter muito cuidado para não entrar em uma guerra no Mediterrâneo contra uma potência aérea e marítima superior. Suas preocupações com o estado das forças armadas italianas mostraram que Mussolini tinha a capacidade de superar seu lado impulsivo — mesmo que apenas temporariamente.

Um dos dilemas apresentados pelos sucessos estratégicos de Mussolini na década de 1930 foi o fato de que eles fizeram parecer que a Itália era realmente uma das grandes potências, agora capaz de se impor na mesa de negociações da Europa com a Grã-Bretanha, a França, a Alemanha e a URSS. Mas não era. A Itália continuou a ser o que era antes da Primeira Guerra Mundial: uma potência econômica de médio porte com um histórico misto de inovação tecnológica e sem a capacidade de equipar e sustentar um exército completo de primeira linha. A produção de aço da Itália, por exemplo, era igual à da Bélgica, cerca de um terço da França e um oitavo da Alemanha.[14] Enquanto isso, sua produção de combustível era ainda pior, com a produção doméstica de carvão capaz de atender a menos de um terço de suas necessidades domésticas e uma produção de petróleo quase inexistente.[15] Embora Mussolini e seus acólitos fascistas gostassem de se gabar de seu histórico econômico, na verdade eles haviam deixado o país exposto. A Itália "pagaria caro por sua experiência fascista".[16]

A fraqueza industrial/econômica se traduziu nas forças armadas italianas. O exército tinha apenas tanques leves frágeis e um punhado de caminhões, e a força aérea mostrou até que ponto o país estava sobrevivendo com base em blefes. Embora tivesse mais de 3.000 aeronaves listadas em seus registros, menos de 200 eram caças modernos (a grande maioria dos caças italianos ainda eram biplanos). O mais moderno deles, o Fiat G.50 Freccia, um dos melhores da Itália, tinha uma estrutura excelente e manobrável, mas um motor de baixa potência (um problema comum nas aeronaves italianas). Ele não podia competir com os melhores caças britânicos ou alemães da época. A força de bombardeiros italiana não se saiu muito melhor. Embora os italianos tivessem alguns bombardeiros modernos excelentes, eles não haviam desenvolvido planos estratégicos para seu uso. Quando a guerra chegou, eles foram usados em cenários muito variados, mas obtiveram poucos resultados dignos de nota.[17] O único serviço que possuía equipamentos de linha de frente comparáveis aos das grandes potências era a marinha, que tinha várias unidades individuais excelentes, desde encouraçados com canhões de 381 milímetros da classe Littorio até alguns dos melhores submarinos anões do mundo. Ainda assim, essas unidades navais não tinham radar ou sonar, e não possuíam os tipos de sistemas de suporte, como aviação naval avançada, que podiam ser encontrados nas melhores marinhas do mundo na época.

Mussolini estava ciente de muitas dessas deficiências. Mesmo antes de os alemães atacarem a Polônia, ele começou a reclamar que o exército e a força aérea estavam lhe enviando deliberadamente estimativas falsas de suas forças.[18] Em janeiro de 1940, ele afirmou que a força aérea havia exagerado em três vezes o número de aeronaves operacionais que possuía.[19] A compreensão de Mussolini sobre as limitações de suas forças armadas foi acompanhada pela percepção de que uma parte significativa do povo italiano era bastante hostil à perspectiva de ir à guerra. Mesmo depois de quase duas décadas no poder, não havia conseguido transformar os italianos nos prussianos do sul da Europa que ele queria que fossem. Não importava quantos desfiles militares, discursos sanguinários e edifícios imperiais exagerados e cafonas ele construísse, eles permaneciam céticos em relação à sua proximidade com a Alemanha e tinham pouco desejo de entrar em guerra com a França e a Grã-Bretanha, como Mussolini foi regularmente informado por muitas fontes diferentes.[20]

Em abril de 1940, ele estava tão irritado com a relutância dos italianos em desempenhar o papel que ele queria que começou a atacar seu próprio povo: "Odeio essa ralé italiana! Enquanto lá em cima [na Europa] os exércitos se esmagam uns aos outros, aqui as pessoas vivem com medo e serenidade. Acompanhei o estado de espírito desse povo por oito meses, percebi seus humores, e devo dizer que eles me enojam. Eles são covardes e fracos, têm medo".[21] Mussolini até começou a falar em entrar na guerra para dar uma lição aos italianos — para purificá-los e puni-los, fazendo-os experimentar o combate. Em uma reminiscência de sua retórica de 1915-18, ele mais uma vez viu a guerra como um grande teste para a coragem italiana, um processo que eliminaria os fracos e permitiria o surgimento de um país novo e mais militarizado. Como Mussolini disse em uma reunião de seus associados políticos mais próximos em 1940: "Uma nação que se esquiva do teste supremo de sua história é uma nação de porcos".[22]

A fé do ditador em uma vontade não quantificável e seu compromisso de justificar sua decisão pela guerra, mesmo diante de seu conhecimento das deficiências militares e políticas da Itália, foram reproduzidos na imprecisão de sua compreensão dos meios e fins estratégicos. Durante anos ele havia equiparado seu governo fascista a uma recriação da grandeza da Roma imperial. À medida que a guerra se aproximava, seu desejo de ser visto como um Júlio César ou Augusto dos tempos modernos se intensificava.[23] No entanto, as especificidades do que seria um novo Império Romano eram fungíveis, impulsionadas por um desejo geral de mais território, pelo oportunismo puro e simples e pelo comportamento errático de Mussolini. Ele queria que a Itália fosse a potência dominante no Mediterrâneo, com um império grande, talvez até o maior, nos Bálcãs e no norte e nordeste da África. Ele tinha apenas as mais vagas noções de como realizar esse sonho, e menos certeza ainda de quais territórios específicos seriam incluídos nele.

Uma realidade da qual ele estava ciente, pelo menos em parte, era que, se declarasse guerra e se propusesse a ampliar a posição da Itália, ele seria o parceiro menos forte da Alemanha — e isso o atormentava.

Embora Mussolini gostasse de agir como o ditador sênior da Europa, ele entendia que seus recursos militares eram bem menores do que os de Hitler. Assim, ele percebeu que seus planos de expansão e de derrotar os britânicos deveriam ser baseados, em grande parte, em seguir o rastro da Alemanha. O truque seria fazer isso e, ao mesmo tempo, manter alguma autonomia política.

Em uma de suas poucas reflexões estratégicas que pareciam coerentes na época, Mussolini delineou o que chamou de guerra "paralela".[24] Essa seria uma guerra italiana, com objetivos italianos específicos, a ser travada em aliança com a Alemanha nazista, mas de alguma forma separada dela. As duas potências ligadas buscariam seus próprios objetivos, cooperando para seu maior benefício, mas, fundamentalmente — como esperava Mussolini — mantendo certa independência de ação para decidir onde e quando agir. A ideia de uma guerra paralela foi, provavelmente, a melhor noção estratégica que qualquer líder italiano com espírito de guerra poderia ter pensado. O único problema era que a Itália não tinha nem de longe os meios necessários para travá-la. Em poucos meses, toda a estrutura da guerra paralela desmoronou, e Mussolini se viu travando o que só pode ser chamado de uma guerra de suplicantes.

A história da transformação de uma guerra paralela em uma guerra de suplicantes revela o quanto a ênfase de Mussolini na vontade e no poder purificador da guerra lhe pregou uma peça brutal, mas muito justa. Logo após sua declaração de 10 de junho, ele ordenou que seu exército invadisse uma França em colapso. Ele queria tomar o máximo possível do sudeste francês antes que os alemães terminassem o trabalho de destruição do Exército francês. Mussolini havia reunido cerca de 300.000 soldados na fronteira da França com a Itália, presumindo que eles poderiam subjugar as forças francesas, muito menores, que se posicionavam contra eles. Pela primeira, mas certamente não a última vez na guerra, seus planos se desfizeram quase de imediato.

Quando as forças italianas cruzaram a fronteira, quase simultaneamente à declaração de guerra de Mussolini, logo foram prejudicadas pelas diversas deficiências da formação militar de seu líder.[25] Equipamentos precários, liderança ausente e falta de compreensão da moderna guerra de armas combinadas, para não falar da resistência determinada das poucas tropas francesas na área, dificultaram seus esforços.[26] Os soldados italianos estavam sendo obrigados a lutar em um terreno que anulava qualquer vantagem numérica que possuíssem e que destacava o estado deplorável de grande parte de seus equipamentos. Forçados a canalizar seu avanço por um pequeno número de passagens alpinas íngremes, o ataque italiano se dividiu em diferentes investidas descoordenadas. Os equipamentos italianos eram tão ruins que muitos soldados não tinham proteção para o ambiente montanhoso e, mesmo em junho, sofreram lesões causadas pelo frio. Depois de conquistar alguns quilômetros do território francês, o ataque foi interrompido, à custa de muitos milhares de italianos mortos.[27]

Mussolini tentou fingir que tinha sido um grande sucesso e decidiu pedir mais espólio de uma França derrotada. Os italianos até solicitaram que os alemães levassem soldados italianos para posições mais profundas na França, para que pudessem reivindicar mais terras. A resposta alemã foi dura. O General Franz Halder, chefe do Estado-Maior do Exército alemão, afirmou que tudo aquilo era "o melhor tipo de fraude barata" e deixou claro que não teria seu nome "ligado a esse tipo de trapaça".[28,III] Hitler também tinha pouca simpatia pelo erro da primeira campanha de Mussolini. Embora ele pessoalmente tivesse uma verdadeira simpatia pelo ditador, foi duro com o fato de o italiano ter adiado sua declaração de guerra até que a França estivesse prestes a

[III] Como uma indicação de quão pervertido era o senso de honra no Exército alemão durante esse período, alguns meses antes de Halder acreditar que era uma falta de respeito ajudar seus aliados italianos, ele havia escutado sem objeção Hitler delinear seus planos de transformar os poloneses em uma raça de escravos cativos.

cair. Hitler disse a um grupo de oficiais do exército que a medida italiana era "a pior declaração de guerra do mundo. Eu não imaginava que o *Duce* fosse tão primitivo".[29]

Quando os franceses pediram condições, alguns dias após a entrada da Itália na guerra, Hitler mal levantou um dedo para ajudar seu aliado "mais próximo". A Itália foi alocada em uma pequena zona de ocupação da França, com menos de 30.000 pessoas, centrada na cidade turística de Nice. Na verdade, Hitler já estava tentando decidir se jogar migalhas para Mussolini era mais importante do que tentar recriar a França como um ator em sua nova Europa. Se o italiano quisesse travar sua guerra paralela com algum tipo de sucesso, isso teria que acontecer em outro lugar, e suas forças armadas teriam que mostrar que estavam à altura da tarefa.

No fim das contas, seria no Mediterrâneo Oriental e, dessa vez, o adversário mais importante não seria uma França em colapso, mas uma Grã-Bretanha ainda poderosa, liderada por Winston Churchill. Para piorar as coisas, Mussolini escolheria lutar na única área que Churchill há muito tempo considerava estrategicamente vital para a manutenção e, se possível, o fortalecimento do Império Britânico.

Mesmo durante o auge da Batalha da Grã-Bretanha, Churchill tinha seus olhos voltados para o Mediterrâneo Oriental como a passagem estratégica do Império Britânico. Ele passou muito tempo ampliando as forças na região, até mesmo transferindo unidades aéreas e marítimas do próprio Reino Unido enquanto a Batalha da Grã-Bretanha estava em andamento. Mais tarde, quando acreditou que a Batalha da Grã-Bretanha havia sido vencida, Churchill acelerou esse reforço. Em sua importante análise estratégica de 31 de outubro de 1940, ele deixou claro que, além da defesa das próprias Ilhas Britânicas, o Oriente Médio e o Mediterrâneo Oriental seriam a maior prioridade. "Já havíamos enviado 72.000 homens para o Oriente Médio, e mais 53.000 chegariam do Reino Unido e de outras partes do Império até o final do ano. Mais da metade de nossos melhores tanques foi enviada para o Oriente Médio e, apesar das grandes batalhas aéreas sobre nós, estávamos no processo de reequipar e aumentar nossas forças aéreas no exterior."[30]

O compromisso de Churchill com a guerra no Mediterrâneo fez com que italianos e britânicos acabassem tendo seus primeiros combates terrestres nas áreas de fronteira entre a colônia italiana da Líbia e o protetorado/colônia britânica do Egito. Esses primeiros confrontos foram insignificantes, pois ninguém esperava que a região fosse um importante teatro de guerra. Em setembro de 1940, as forças italianas, novamente mal equipadas e lideradas de forma hesitante, avançaram alguns quilômetros no Egito. Elas estabeleceram algumas posições fortificadas ao redor da cidade costeira de Sidi Barrani, hastearam a bandeira italiana e declararam vitória.[31] No entanto, não causaram quase nenhum dano às forças britânicas e, a partir daquele momento, demonstraram pouco desejo de se aprofundar no Egito. Mussolini, quando soube desses sucessos limitados, ficou, de acordo com Ciano, "radiante de alegria".[32] Na verdade, esse pequeno avanço fez parte de um grande período de otimismo italiano, no verão de 1940.[33] O Ministério das Relações Exteriores de Mussolini elaborou planos fantásticos para a vitória, com uma Itália fascista no pós-guerra com uma enorme esfera de influência, abrangendo não apenas o Egito e o Sudão, mas um extenso arco do Oriente Médio que se estendia da Palestina até o Iraque.

Certamente, o apetite de Mussolini por maiores conquistas e glória havia sido aguçado, e ele decidiu atacar a Grécia em seguida, para solidificar seu controle sobre o Mediterrâneo Oriental. Essa escolha foi uma das mais desastrosas de qualquer grande líder estratégico na guerra, e uma das que Mussolini havia rejeitado anteriormente. A Grécia era governada pelo protofascista Ioannis Metaxas, que estava tentando manter o país fora do conflito ao manter linhas de comunicação abertas com as potências britânicas e do Eixo. No início, o ato de equilíbrio parecia estar funcionando. Em 1939, mesmo depois de Hitler ter entrado na guerra, Mussolini rejeitou a ideia de atacar a Grécia, chamando o país de "pobre demais para cobiçarmos".[34]

No final do verão de 1940, Mussolini não estava mais pensando assim. Como a Itália tinha uma fronteira terrestre com a Grécia através da colônia italiana da Albânia, a Grécia era um dos poucos países que Mussolini poderia atacar sem ter que se preocupar com a interferência da Marinha Real. Ele gostava de argumentar que a Grécia representava, talvez, a última oportunidade estratégica para a Grã-Bretanha no continente europeu e que, ao tomá-la, a Itália expulsaria os britânicos. O país também tinha um significado simbólico para um italiano que adorava a ideia de recriar o Império Romano, já que a tomada da Grécia havia sido um dos marcos importantes na marcha da Roma clássica rumo à grandeza. Acima de tudo, Mussolini se convenceu de que essa invasão seria uma questão direta e simples, algo que a Itália poderia realizar sem a ajuda alemã. Ele poderia lançá-la como parte de sua guerra paralela sem ter que depender de Hitler. Na verdade, em parte, ele gostava da ideia de retribuir um pouco a Hitler por tratar a Itália como algo secundário no planejamento estratégico da Alemanha. Talvez no comentário mais patético feito por um dos grandes estrategistas durante a guerra, Mussolini admitiu que, pela primeira vez, queria ser o grande homem do continente europeu: "Hitler sempre me enfrenta com um fato consumado. Desta vez, vou lhe pagar com sua própria moeda. Ele descobrirá pelos jornais que ocupei a Grécia".[35]

Mussolini talvez quisesse ser o único conquistador da Grécia, mas seu planejamento estratégico revelou o quão pouco ele entendia da guerra moderna. Suas inadequações brutais podem ser mais bem vistas em uma das últimas reuniões de planejamento realizadas entre ele e seus comandantes militares seniores, em 15 de outubro, onze dias antes do início do ataque à Grécia.[36,IV] Embora a invasão fosse iminente, os principais detalhes que deveriam ter sido definidos muito antes ainda estavam no ar, inclusive a parte da Grécia que deveria ser tomada. Mussolini admitiu isso ao dizer a seus comandantes que eles precisavam "definir as linhas de ação".[37] Originalmente, disse Mussolini, ele queria tomar Épiro, a parte noroeste da Grécia que faz fronteira direta com a Albânia, bem como as Ilhas Jônicas e talvez a cidade de Tessalônica no leste. Agora, porém, isso não seria suficiente, e ele estava pensando em tomar todo o país.

Suas ambições estavam crescendo porque ele estava cada vez mais convencido de que os gregos entrariam em colapso pouco tempo depois da invasão. Os italianos superariam os inimigos em mais de dois para um, e os gregos não tinham tanques nem aeronaves. Além disso, os locais estavam divididos e sem ânimo, com sua sociedade particionada entre uma "classe política e governante plutocrática" fabulosamente rica e uma grande massa de pobres "indiferentes".[38] O italiano tinha certeza de que a única esperança válida dos gregos oferecerem alguma resistência seria a intervenção dos britânicos e de sua força aérea.

Se os gregos eram vistos como uma preocupação insignificante, Mussolini também tinha certeza de que seus soldados estavam ansiosos para atacar. Sebastiano Visconti Prasca, o general comandante das forças italianas na Albânia, exclamou que o espírito das tropas era "extremamente elevado. O entusiasmo está em seu auge". Prasca se gabava de que os únicos problemas de disciplina com os quais tinha que lidar vinham de soldados italianos que tinham um "excesso de desejo de lutar".[39] Mostrando como havia esquecido suas próprias experiências de serviço na linha de frente na Primeira Guerra Mundial e as dúvidas que havia enfrentado na época, Mussolini aceitou essas declarações absurdas ao pé da letra. Ele fez algumas perguntas e deixou

[IV] O ataque deveria ter começado em 26 de outubro, mas começou em 28 de outubro.

a conversa se acalmar. Na verdade, ele estava mais interessado em como sua conquista deveria ser encenada, quase como uma procissão teatral, do que nos detalhes do planejamento estratégico. Ele encerrou a reunião apresentando uma operação que deveria chegar à capital grega em questão de semanas: "ofensiva no Épiro, observação e pressão sobre Tessalônica, e... marcha sobre Atenas".[40]

Essa reunião revelou que Mussolini estava totalmente dominado pela doença do ditador: fazer planos em uma câmara de eco, cuja função era confirmar e não desafiar as opiniões do líder. Alguns dos presentes na sala em 15 de outubro tinham dúvidas sobre o ataque, mas não estavam dispostos a dizer a verdade na cara do ditador. O Marechal Pietro Badoglio, chefe de longa data do Estado-Maior italiano, participou da reunião e estava otimista. Dois dias depois, no entanto, ele procurou Ciano dizendo que os chefes das forças armadas acreditavam que as forças italianas na Albânia não eram tenazes o suficiente para a tarefa, e pediu que a invasão fosse cancelada.[41] Ciano, um forte defensor do ataque, transmitiu as dúvidas de Badoglio a Mussolini no dia seguinte. Ao ouvir as dúvidas, o ditador italiano teve "uma violenta explosão de raiva". Ele entraria em campo pessoalmente, disse, "para testemunhar a incrível vergonha dos italianos que têm medo dos gregos".[42] Se Badoglio quisesse renunciar, Mussolini não se importaria. É claro que, quando o marechal ficou cara a cara com o *Duce* mais tarde naquele dia, ele perdeu a coragem e se recusou a repetir qualquer uma das dúvidas que tinha comunicado a Ciano. Mussolini teria seu momento de conquistador.

Ele se divertiu por algumas horas. Em 28 de outubro, as forças italianas cruzaram a fronteira grega. Naquele momento, Mussolini estava se reunindo com Hitler em Florença. O ditador nazista fazia uma de suas poucas incursões fora da Alemanha, para falar com Franco, Pétain e agora com Mussolini sobre a construção da nova Europa. Quando chegou a Florença, Hitler estava irritado, pois achava as exigências exorbitantes de Franco bastante inoportunas. Ele foi imediatamente abordado por Mussolini, que lhe informou, de ditador para ditador, que as forças italianas estavam agora invadindo a Grécia. Hitler ficou furioso, mas manteve a compostura e desejou felicidades a Mussolini.[43] Para sua equipe alemã, ele foi duro; já havia decidido que, se Mussolini atacasse a Grécia, os italianos estariam "por conta própria".[44] Hitler se recusou a declarar guerra contra os gregos, como deveria ter feito de acordo com o Pacto de Aço.

Mussolini teve sua guerra paralela, mas os resultados logo se transformaram em uma versão muito ampliada de seu ataque à França. Depois de alguns dias de tentativas de avanço na Grécia, o Exército italiano foi impedido pelo terreno montanhoso e pela forte resistência grega.[45] Os soldados italianos, em número muito pequeno, foram mais uma vez prejudicados por seus sistemas de suprimentos primitivos e pela falta de apoio de armas combinadas, enquanto os soldados gregos, bem preparados para o ataque, estavam com excelente moral. Duas semanas após a invasão, as coisas se deterioraram de forma alarmante para os italianos. Em 13 de novembro, os gregos lançaram um grande contra-ataque, e logo as forças de Mussolini estavam em retirada total. No final de 1940, o Exército italiano havia sido totalmente expulso da Grécia, e os gregos haviam avançado mais de 30 quilômetros em direção à Albânia. Em fevereiro de 1941, a linha havia recuado ainda mais, e os gregos estavam no controle do sul da Albânia e iniciando uma nova ofensiva.[46]

Humilhado outra vez pelo desastre que havia provocado, Mussolini tentou desesperadamente conter a maré. Ele fez da guerra contra a Grécia a prioridade número um da Itália, enviando tropas para o teatro de operações e deixando outras frentes desguarnecidas, como a do norte da África contra os britânicos.[47] Em fevereiro, havia quase 380.000 soldados italianos na Albânia, e, ao mesmo tempo, menos de 125.000 no norte da África. Esses reforços em massa ajudaram a deter o avanço grego, mas as forças italianas, reunidas às pressas, sofreram enormes perdas. Nos seis meses que se seguiram à invasão, a Itália sofreu três vezes mais baixas do que os britânicos e alemães juntos — e a maioria esmagadora dessas baixas veio dos combates na Grécia e na Albânia.[48]

Uma das pessoas que mais entraram em conflito com a invasão da Grécia por Mussolini foi Winston Churchill. Quando Mussolini atacou, os gregos pediram apoio aos britânicos, o que colocou Churchill diante de seu primeiro grande dilema estratégico como primeiro-ministro. Ele ficou tentado com a ideia transformar a Grécia em uma nova área de batalha para enfrentar o Eixo. Desde a Primeira Guerra Mundial, ele pensava nos Bálcãs como uma área frutífera para a Grã-Bretanha, a fim de sangrar a Alemanha e seus aliados. Em 1940 e no início de 1941, Churchill tinha a visão de uma frente unida nos Bálcãs, envolvendo não apenas a Grécia, mas também a Turquia e a Iugoslávia. Com isso em mente, pouco após saber da invasão de Mussolini, ele começou a elaborar planos para obter ajuda militar para os gregos.[49] Ao mesmo tempo, o lado arrojado de Churchill estava sendo regularmente controlado por uma análise prudente de custo-benefício para saber se qualquer intervenção britânica valia o risco. O problema que Churchill rapidamente identificou nesse caso foi que Adolf Hitler poderia optar por ajudar seu aliado vacilante, a Itália, e enviar uma grande força própria.[50] A perspectiva de uma grande guerra terrestre contra a Wehrmacht na Grécia e em seus arredores fez o estômago de Churchill revirar.

Sua cautela teve um papel importante na limitação da quantidade de ajuda que ele enviou inicialmente aos gregos, que se resumiu a algumas aeronaves e munição.[51] Ele relutou em enviar uma grande força terrestre britânica e hesitou sobre a questão por meses. À medida que o Exército grego empurrava os italianos de volta para a Albânia, aumentava a pressão sobre Churchill para que enviasse tropas. Em janeiro de 1941, mesmo com o reconhecimento de que o fracasso de

Mussolini poderia levar a uma intervenção do Exército alemão, Churchill argumentou que a guerra no norte da África deveria ter sua prioridade reduzida para garantir que fosse dado um apoio substancial aos gregos.[52] Em fevereiro, Churchill estava em discussões profundas com o governo grego para enviar uma grande força, chegando a oferecer 100.000 soldados.[53] Em 2 de março de 1941, ele mergulhou de cabeça, e as tropas britânicas começaram a transportar soldados ao porto grego de Piraeus. Em abril, quase 60.000 soldados do Império Britânico estavam no país, muitos deles vindos dos campos de batalha da Líbia.

Ainda assim, Churchill estava dividido. De vez em quando, ele falava sobre a Grã-Bretanha liderar uma grande coalizão pan-balcânica para enfrentar os alemães. Certa vez, ele calculou que o Reino Unido, com seus aliados gregos e, possivelmente, com a ajuda da Turquia e da Iugoslávia, poderia reunir setenta divisões na região, enquanto os alemães, segundo ele, poderiam enviar apenas trinta.[54] Além disso, as tropas alemãs teriam que passar por terrenos complicados, onde não havia rotas de comunicação preexistentes. No entanto, esses lampejos de otimismo foram equilibrados com uma reflexão sóbria. Se os alemães de fato interviessem de forma significativa, Churchill se preocupava, a superioridade numérica dos anglo-gregos não teria importância, e a Grécia estaria condenada.[55] Mesmo depois que as tropas britânicas chegaram à Grécia, Churchill propôs dizer aos gregos que "eles eram livres para fazer acordos com a Alemanha" se isso significasse que a Grã-Bretanha seria dispensada da obrigação de enviar seu exército.[56]

Ele estava certo em ser cauteloso. A história da intervenção de Churchill na Grécia é frequentemente vista como um desastre — embora, no caso, não tenha levado a uma degradação significativa da força britânica. A história da retirada britânica da Grécia estava ligada de maneira íntima à veracidade de seu principal temor: Hitler enviar uma grande força para a região para salvar seu aliado italiano.

A situação se deteriorou muito para os britânicos quase tão logo suas tropas começaram a chegar à Grécia. O evento que causou o colapso aconteceu ao norte, na Iugoslávia. No final de março de 1941, oficiais iugoslavos organizaram um golpe contra o governo, que acabara de concordar em se juntar ao Eixo. Para Hitler, esse foi um sinal de que ele precisava agir. Anteriormente ele havia assistido ao colapso italiano na Grécia com escárnio. Embora ainda defendesse Mussolini ocasionalmente, Hitler acreditava que os resultados desastrosos da invasão revelavam o completo vazio no topo da liderança italiana.[57] Para o caso de ser necessário, Hitler começou a enviar forças militares para a Bulgária, um novo membro do Eixo, para advertir os gregos a não abusarem da sorte. Agora, com o golpe de Estado na Iugoslávia e os italianos ainda em posição de recuo na Albânia, ele decidiu lidar com toda a região de uma só vez.

No que só pode ser chamado de uma operação logística impressionante, uma grande força alemã (muitas das quais haviam sido mobilizadas para invadir a União Soviética) foi deslocada para pontos acima e abaixo das fronteiras norte e leste da Iugoslávia, e ao longo da fronteira nordeste da Grécia. Em 6 de abril, eles estavam posicionados e, com o apoio de seus aliados dos Bálcãs e dos italianos, os alemães atacaram. O Exército alemão avançou com velocidade extraordinária, penetrando profundamente na Iugoslávia e na Grécia em questão de dias.

Churchill determinou que o curso de ação prudente era retirar suas tropas o mais rápido possível.[58] Em 17 de abril, ele estava pressionando o Gabinete de Guerra, pedindo que os 59.000 soldados britânicos fossem evacuados com celeridade, mesmo que isso significasse ter que deixar para trás a maior parte de sua artilharia e tanques.[59] A retirada em si, embora caótica — como todas as retiradas apressadas — funcionou razoavelmente bem, considerando que o Exército alemão estava se aproximando. No final de abril, mais de 50.000 soldados britânicos haviam sido retirados, o restante havia sido morto ou capturado na Grécia.[V] No entanto, longe de ver isso como um grande revés, Churchill parecia mais aliviado. Ele relatou as notícias de forma positiva à Câmara dos Comuns, até mesmo minimizando o fato de os britânicos terem sido forçados a deixar para trás seus tanques, explicando que os alemães já "não careciam de equipamentos pesados".[60]

Ele estava certo. A intervenção britânica na Grécia poderia ter sido muito pior se Churchill tivesse decidido ficar e lutar, empregando mais recursos. Os alemães teriam tido forte superioridade aérea sobre a Grécia continental, dificultando a manobra das forças britânicas. Em muitos aspectos, o maior desastre que os britânicos enfrentaram naquela época não foi na Grécia continental, mas do outro lado do mar, na ilha de Creta. E Churchill não foi o culpado por isso. Relativamente bem defendida pelo Exército britânico, Creta foi atacada por uma ofensiva aérea alemã em 20 de maio.[61] Comandantes britânicos indecisos não revidaram logo contra as tropas alemãs reduzidas e, em vez disso, abandonaram o principal campo de aviação de Creta para os invasores. Com isso, os alemães conseguiram estabelecer uma linha de abastecimento para seus paraquedistas e garantir proteção aérea. As tropas britânicas se renderam ou foram evacuadas no início de junho.

Mussolini não teve tanta sorte quanto os alemães. Embora ele acabasse sendo o "conquistador" da Grécia e tivesse seu desfile da vitória em Atenas, sua invasão catastrófica e a necessidade de ser socorrido por Adolf Hitler significaram o fim de qualquer guerra paralela — e a infantilização da Itália dentro do Eixo, o que ficou brutalmente claro para ele poucos dias depois que os britânicos se retiraram de Creta. Em 1º de junho, os dois ditadores realizaram uma reunião de cúpula para avaliar o estado da guerra, encontrando-se no Brenner Pass. Mais uma vez, eles agiram como amigos, com Mussolini tendo

---

[V] No início, Churchill informou que apenas 45.000 haviam sido evacuados, mas o número parece estar mais próximo de 50.000.

o maior respeito e sendo tratado como um igual. Foi tudo uma encenação. Hitler inclusive teve uma bela atuação, alegando que não tinha certeza do que faria em seguida. Ciano escreveu em seu resumo que "Hitler não tem um plano de ação preciso. União Soviética, Turquia, Espanha são todos elementos subsidiários: complementos ou dispersão de forças, mas não é aí que se pode encontrar a solução de um problema". Mussolini demonstrou sua total ignorância sobre os planos imediatos de Hitler ao declarar com confiança que os alemães queriam ter uma "paz negociada" e que agora estavam "saciados de vitórias".[62] Hitler era muitas coisas, mas estar saciado de vitórias e ver a URSS como subsidiária não estavam entre elas. Ele havia passado a maior parte dos últimos nove meses se preparando para lançar sua maior invasão até então: da União Soviética. A essa altura, Mussolini simplesmente não importava.

O fiasco da Grécia terminou como um triunfo desastroso para Mussolini e um fracasso bem-sucedido para Churchill. O primeiro se baseou na arrogância e na força de vontade para conquistar um país que não podia, enquanto o segundo entendeu o que era importante para sua nação e o que era subsidiário, e estava disposto a cortar, fugir e aceitar as críticas que lhe foram feitas. Churchill estava lidando com a substância do poder, enquanto Mussolini ainda estava obcecado com o estilo.

15

Stalin, Hitler e Barbarossa

Seu tempo havia acabado? Durante dois dias, Josef Stalin ficou escondido em sua dacha fortemente vigiada nos arredores de Moscou, temendo uma retribuição que ele merecia muito. Pouco mais de uma semana antes, Adolf Hitler havia feito a única coisa que Stalin declarou repetidas vezes que o ditador nazista jamais faria: atacar a União Soviética enquanto ainda estava em guerra com a Grã-Bretanha. Stalin passou os últimos meses zombando do fluxo de relatórios que inundavam sua mesa avisando que os alemães estavam prontos para atacar. Em uma linguagem cada vez mais grosseira e ríspida, ele descartava as informações da inteligência como sendo um erro ou uma conspiração britânica deliberada para semear a desconfiança entre a URSS e a Alemanha nazista.[1]

Em 22 de junho de 1941, Stalin foi exposto como um tolo. Em uma das operações militares mais famosas da história, os alemães entraram no território soviético e lançaram uma invasão com o codinome Barbarossa. Usando armas combinadas aperfeiçoadas em campanhas anteriores, o Exército alemão, contando com quatro grandes pontas de lança blindadas apoiadas pelo poder aéreo tático da Luftwaffe, começou de pronto a dividir as numerosas, mas muitas vezes inertes, forças do Exército Vermelho que Stalin havia colocado na fronteira. Depois de apenas alguns dias, os alemães avançaram mais de 160 quilômetros para dentro da União Soviética e encurralaram um grande número de Exércitos soviéticos ao redor de Minsk, capital da Bielorrússia. O caminho para Moscou parecia aberto. Stalin, paralisado tanto pela consciência de seus próprios fracassos quanto pelo medo de longa data do poder do Exército alemão, entrou em pânico. Em 28 de junho, ele se retirou e parou de se comunicar com o resto do Estado soviético.

Stalin esperava que os que estavam abaixo dele no governo soviético fizessem o que ele, sem dúvida, faria com alguém que tivesse cometido um erro tão catastrófico: prendê-lo, culpá-lo e depois depô-lo após um julgamento público. Stalin construiu seu poder com base em métodos brutais praticados em uma escala épica, e foram suas escolhas, e somente elas, que levaram a União Soviética a esse estado perigoso. Em 30 de junho, quando outros membros seniores de seu governo, liderados por Viacheslav Molotov, apareceram na dacha de Stalin, o ditador soviético temeu o pior. Eles o encontraram sentado de forma cautelosa, mas passiva, em uma poltrona, olhando para frente com uma expressão estranha no rosto. "Por que vocês vieram... quem está no comando?" Stalin teria perguntado. A resposta foi um choque. Eles tinham ido implorar a Stalin que voltasse ao Kremlin e exercesse o comando supremo, pois estavam paralisados sem sua orientação. Seus subordinados haviam sido tão condicionados na forja psicologicamente castradora de seu regime que não conseguiam funcionar sem seu comando, mesmo depois de sua grande estratégia ter fracassado de forma tão desastrosa. De certa forma, esse foi o sinal de um dos maiores "sucessos" do governo de Stalin — a maneira como ele se tornou indispensável. Ele havia destruído de tal maneira qualquer rival em potencial — muitos fisica, mas alguns mentalmente — que, mesmo quando estava vulnerável, o sistema soviético não conseguia produzir uma pessoa ou grupo forte o suficiente para tentar tirá-lo do poder.

A tomada de decisão estratégica que levou à Barbarossa, tanto para Stalin quanto para Hitler, revelou a grande diferença entre eles que explica como um terminou a guerra como parte de uma coalizão vitoriosa e o outro teve seu corpo cremado em uma cova rasa no meio de uma capital destruída. A paranoia de Stalin permitiu que ele agarrasse as mãos americanas e britânicas para se salvar quando Hitler se mostrou a maior ameaça, enquanto a megalomania de Hitler levou o alemão a dobrar sua autopercepção de gênio estratégico e continuar a travar uma guerra que não poderia vencer. Essa diferença também ajuda a explicar a forma como Barbarossa funcionou. Hitler, no comando da maior máquina de guerra em 1941, não foi sincero sobre como foi forçado a fazer as escolhas estratégicas que fez, e travou uma campanha com base no que esperava que acontecesse. Stalin, diante de uma catástrofe criada por ele mesmo, ajustou-se para salvar a si e ao seu governo sendo prático e fazendo o que precisava ser feito.

Para ser justo, Stalin precisava de muita salvação. Desde o momento em que concordou com o Pacto Nazi-Soviético, ele agiu de forma a imitar Hitler, mas também tornou mais provável um ataque da Alemanha nazista à União Soviética — e mais provável de acontecer mais cedo. Ele logo colocou em prática uma interpretação ambiciosa do Pacto Nazi-Soviético e assumiu o controle de qualquer área que considerasse de interesse soviético, usando métodos semelhantes aos de Hitler. De fato, Stalin se associou publicamente ao ditador alemão. Ele retratou o mundo como uma competição entre as potências do status quo, como a Grã-Bretanha e a França, e as potências revanchistas, que, segundo Stalin, incluíam tanto a URSS quanto a Alemanha nazista.[2] Ele chegou a dizer ao povo soviético que eles precisavam aceitar que o "hitlerismo", como ideologia, era uma parte permanente do mundo.

Quando a imprensa francesa publicou um discurso que não era real, mas que descrevia de maneira correta os objetivos expansionistas de Stalin, ele respondeu em novembro de 1939 publicando uma declaração no *Pravda* dizendo que estava ao lado de Hitler. Nela, ele disse:

> a) Não [foi] a Alemanha [que] atacou a França e a Inglaterra, mas a França e a Inglaterra [que] atacaram a Alemanha, assumindo a responsabilidade pela guerra atual.
> b) Após o início das hostilidades, a Alemanha procurou a França e a Inglaterra com propostas de paz, e a União Soviética apoiou abertamente as propostas de paz da Alemanha...
> c) Os círculos governantes da França e da Inglaterra rejeitaram rudemente as propostas de paz da Alemanha e as tentativas da União Soviética de alcançar um fim rápido para a guerra.[3]

Ao se associar tão abertamente a Hitler, Stalin estava apenas falando a verdade. Na realidade, seus métodos para garantir a expansão nacional eram ainda mais descarados do que os do líder nazista. Depois de tomar sua fatia da Polônia, que era maior do que a zona alemã, Stalin intimidou os estados bálticos da Estônia, Letônia e Lituânia para que aceitassem o domínio soviético.[4] Ele não os invadiu completamente (no início), mas, em vez disso, forçou-os a assinar tratados de defesa mútua que entregavam à URSS as bases militares nos três países e, em seguida, começou a inundar os estados bálticos com dezenas de milhares de soldados do Exército Vermelho. Stalin foi tão duro que até Hitler ficou um pouco surpreso.

Ao tomar essas medidas, ele não estava apenas se associando aos métodos de Hitler, mas ameaçando a Alemanha estrategicamente mais do que qualquer outra potência restante no continente europeu — de uma forma que o próprio Stalin parecia incapaz de compreender. Começando com os Bálcãs, mas depois se espalhando para a Finlândia e a Romênia, ele passou a estabelecer o domínio soviético em áreas cujo controle ameaçava a capacidade da Alemanha de travar guerras econômica e estrategicamente. A primeira dessas outras aventuras — a invasão da Finlândia por Stalin — ameaçou estender o poder soviético em uma área que poderia afetar o fornecimento vital de minério de ferro sueco para a economia alemã. Ao mesmo tempo que fazia Stalin parecer ganancioso, isso o exporia ao ridículo militar — o que nunca é uma boa combinação.

De acordo com o protocolo secreto do Pacto Nazi-Soviético, a Finlândia e os estados bálticos estavam na esfera de interesse soviético.[5] Stalin interpretou essas declarações como se ele pudesse fazer o que quisesse com esses países e tentou obrigar os finlandeses a aceitar sua supremacia. Ele tratou a Finlândia com o desprezo que sentia por todas as nações pequenas. Ele vinha pressionando os finlandeses há algum tempo para que cedessem parte de sua costa sul para a União Soviética, argumentando que isso era vital para garantir a segurança do porto de Leningrado. No entanto, como a Polônia estava caindo, ele decidiu simplesmente pegar o que queria.[6] Em outubro de 1939, Stalin exigiu não apenas uma grande fatia do território finlandês, mas também o direito de basear as tropas soviéticas na própria Finlândia.[7,I] Os finlandeses se recusaram e Stalin não se importou, pois agora podia invadir. Ele ordenou que o Exército Vermelho começasse a se aglomerar na fronteira finlandesa para o que ele supunha que seria uma campanha simples, rápida e muito vitoriosa.

Assim como Mussolini faria um ano depois na Grécia, ele se enganou e acreditou no que queria que fosse verdade. A preparação para a invasão russa da Finlândia foi um processo apressado e descuidado, e Stalin reuniu uma força de invasão inadequadamente liderada

[I] Em troca de áreas com relativa densidade populacional (para a Finlândia) perto de Leningrado, Stalin ofereceu entregar uma parte ainda maior do território soviético, que ficava ao norte e era quase despovoada.

e equipada. Ele acelerou o ritmo de forma tão implacável que grande parte das forças do Exército Vermelho ainda não estava posicionada quando o ataque começou, em 30 de novembro.[8] Para o líder soviético, isso não deveria ter feito diferença. Ele acreditava que os finlandeses, no que viria a ser chamado de Guerra de Inverno, seriam conquistados pelas forças soviéticas "em uma ou duas semanas".[9]

Os resultados não foram tão desastrosos quanto a invasão da Grécia por Mussolini, mas quase. Os finlandeses tinham apenas um punhado de tanques, pouca artilharia moderna e quase nenhuma aeronave, mas eram liderados com competência, haviam preparado excelentes posições defensivas e estavam muito à vontade para lutar em algumas das áreas de batalha mais inóspitas do planeta. O inverno de 1939-40 foi brutalmente frio, mesmo para os padrões finlandeses, com temperaturas que chegaram a -50 °C. As forças soviéticas, por outro lado, foram dirigidas de forma incompetente — a começar pelo comandante-geral, o antigo companheiro de Stalin dos tempos de Tsaritsyn e agora marechal da União Soviética, Klim Voroshilov. Muitos dos equipamentos soviéticos mais modernos, inclusive aeronaves, não podiam ser usados nas pouquíssimas horas de luz disponíveis naquela alta latitude em dezembro e janeiro, e o frio intenso muitas vezes fazia com que os veículos do Exército Vermelho quebrassem.

Durante semanas, os ataques soviéticos foram rechaçados ao longo das linhas pelos finlandeses. O Exército Vermelho avançou alguns quilômetros aqui e ali, ainda menos do que os italianos entrariam na Grécia e com um custo ainda maior de baixas do que os italianos sofreriam. Os finlandeses, lutando dentro do que foi chamado de Linha Mannerheim (em homenagem ao seu principal comandante), confundiram ainda mais os já confusos e mal preparados oponentes soviéticos, massacrando-os de posições invisíveis e deixando milhares de soldados feridos do Exército Vermelho morrerem de frio nas densas florestas finlandesas. Internacionalmente, a eficácia da resistência finlandesa e a brutalidade aberta de Stalin fizeram dos finlandeses uma sensação. Eles conquistaram a admiração de uma ampla coalizão que incluía Franklin Roosevelt, Winston Churchill, Adolf Hitler e Benito Mussolini.

Humilhado, Stalin teve que interromper os ataques no início de 1940. Depois de levar um golpe direto, ele por fim entendeu a tarefa formidável que havia assumido e reuniu uma força contundente o bastante para destruir as linhas inimigas. Contando sobretudo com a artilharia em massa, os soviéticos lançaram um poder de fogo avassalador na luta.[10] No início de março de 1940, a Linha Mannerheim havia sido pulverizada, e as forças finlandesas bateram em retirada. O governo finlandês pediu negociações, e Stalin concordou. Em relativamente pouco tempo, os dois lados concluíram o Tratado de Paz de Moscou, no qual a Finlândia foi forçada a ceder mais território do que Stalin havia exigido originalmente. Em um sinal de como a guerra havia sido difícil, ele deixou o restante da Finlândia como um estado independente.

As baixas soviéticas foram extremas para os padrões da Segunda Guerra Mundial até aquele momento, com bem mais de 100.000 mortos e desaparecidos e outros 200.000 feridos.[11] Isso significava que, ao atacar a pequena Finlândia, Stalin havia perdido mais do que o dobro de soldados que Hitler ao tomar a Polônia, a Dinamarca, a Noruega, a Holanda, a Bélgica e a França — um fato que não passou despercebido pelos alemães.[12] Hitler observou o fraco desempenho do Exército Vermelho na Guerra de Inverno com um olhar atento — seria possível dizer até superexcitado. Há muito tempo ele considerava que a União Soviética,, lutando sozinha, era fraca demais para enfrentar a Alemanha. Depois do desempenho na Finlândia, que veio logo após o extraordinário expurgo de Stalin de seu próprio corpo de oficiais, Hitler decidiu que o Exército Vermelho era uma ameaça ainda menor — por enquanto. Isso ajuda a explicar sua grande virada estratégica apenas alguns meses depois, no verão de 1940, quando ele decidiu invadir a URSS no ano seguinte, mesmo sem conseguir tirar os britânicos da guerra.

Quando Hitler começou a pensar seriamente em Barbarossa, falou como se destruir o Exército Vermelho e tomar a Rússia europeia — região ocidental da União Soviética que, antes da Revolução Russa, era comumente conhecida por essa denominação — fosse rápido e fácil. Em 22 de julho de 1940, ele ordenou pela primeira vez que seus generais iniciassem um planejamento detalhado, e afirmou que seria necessário um exército significativamente menor para aniquilar os soviéticos do que o necessário para conquistar a França um mês antes. Pensando que o Exército Vermelho só poderia contar com 50 a 75 boas divisões, Hitler acreditava que 80 a 100 divisões alemãs seriam suficientes para "esmagar" os soviéticos e penetrar o suficiente na URSS para subjugar as principais áreas de resistência estratégica. Como a Alemanha precisaria de uma força relativamente pequena, Hitler também acreditava que levaria apenas de "4 a 6 semanas" para montar seus exércitos.[13]

Também vale a pena observar como o fraco desempenho dos soviéticos na Finlândia transformou o valor dos finlandeses na mente de Hitler. No verão de 1940, ele começou a pedir estudos sobre a força militar da Finlândia e a imaginar seu uso como um aliado importante nos planos para atacar Stalin.[II] Em agosto de 1940, Hitler estava disposto a quebrar a cláusula do Pacto Nazi-Soviético que colocava a Finlândia na esfera soviética, providenciando aos finlandeses uma ajuda militar significativa na forma de armas, munições e até mesmo duas divisões de montanha da Alemanha.[14] Se Stalin pensasse em atacar a Finlândia outra vez, Hitler havia deixado claro que a Alemanha poderia estar disposta a ajudá-la.

O aumento da desconsideração de Hitler em relação à capacidade militar soviética foi espelhado por uma irritação crescente com o que ele via como metas expansionistas e exageradas de Stalin. Quando

---

[II] Em seus momentos mais grandiosos antes de lançar a Barbarossa, Hitler pensou em dar uma grande quantidade de território russo à Finlândia após a guerra — basicamente todo o território até o porto de Murmansk.

a França estava prestes a entrar em colapso, no final de junho de 1940, Stalin aproveitou a oportunidade para invadir a província romena de Bessarábia, no leste do país. Assim como na Finlândia, o Pacto Nazi-Soviético proclamava que a Bessarábia era uma área de interesse soviético, e não alemão.[15] Ainda assim, o fato de Stalin ter usado isso como justificativa para simplesmente marchar e tomar uma parte da Romênia parecia desnecessariamente ameaçador. O General Halder, por exemplo, ficou perplexo quando Stalin tomou essa atitude, pois achava que os soviéticos não tinham intenção de ocupar fisicamente o território.[16]

Não está claro se Stalin entendeu o quanto essa ação parecia perigosa para Hitler. Ao invadir a Romênia, ele estava ameaçando uma das áreas de recursos estratégicos mais importantes para a Alemanha em todo o mundo. A Romênia possuía os maiores campos de petróleo em funcionamento no continente europeu (fora da URSS) e, como a Alemanha tinha pouquíssimo petróleo, garantir acesso ao petróleo romeno era crucial para que mantivesse a autonomia estratégica na guerra. Depois que Stalin atacou a Bessarábia, Hitler passou muito mais tempo integrando o restante da Romênia ao seu cálculo estratégico. Durante a reunião de 22 de julho de 1940, quando Hitler apresentou pela primeira vez uma lógica estratégica e a alocação de forças para a invasão da URSS, ele deixou claro que uma das maiores prioridades da operação era a "proteção dos campos de petróleo romenos".[17]

Se as falhas estratégicas de Stalin e a expansão precipitada serviram apenas para aumentar a probabilidade de um ataque alemão, seus erros, pelo menos no caso da Guerra de Inverno, proporcionaram um benefício significativo em termos da capacidade soviética de resistir a uma invasão alemã. Eles expuseram as enormes fraquezas que haviam sido acumuladas no Exército Vermelho nos últimos anos, principalmente depois que os expurgos de Stalin destruíram tantos profissionais talentosos. O líder soviético, agora não mais temendo que o Exército Vermelho representasse uma ameaça ao seu governo, e diante da clara evidência das enormes deficiências de suas forças armadas, conseguiu ativar seu lado prático após a guerra com a Finlândia e pressionar por reformas importantes no comando e no equipamento que trariam benefícios significativos a partir de 1941. Ele agora admitia que suas experiências em Tsaritsyn haviam proporcionado uma visão falha da "guerra moderna", e que o Exército Vermelho precisava de uma nova mentalidade e de novos equipamentos.[18] Como ele afirmou em um estudo detalhado das deficiências do Exército Vermelho à luz do fiasco da Finlândia: "É precisamente o culto à tradição e à experiência da guerra civil que deve ser encerrado e que impediu que nossa equipe de comando se reorganizasse de uma nova maneira, nos trilhos da guerra moderna".[19]

Quando se tratava da formação de tropas do Exército Vermelho, Stalin argumentou que o "culto" da Guerra Civil havia levado o planejamento a ser improvisado e baseado em esperanças políticas em detrimento da realidade — ambos com efeitos desastrosos. Os ataques podiam ser feitos de maneira prematura (Stalin admitia abertamente os fracassos da Guerra de Inverno por ter começado cedo demais, embora evitasse a culpa pessoal, é claro), porque os comandantes não entendiam que a supremacia material era mais importante para levar a melhor do que o zelo revolucionário. Que supremacia material era necessária? Nesse ponto, ele foi muito claro. O Exército Vermelho precisava melhorar seu pesado poder de fogo em todas as áreas — de aviões a tanques, passando por armas pequenas carregadas pelos soldados. A "primeira coisa" em que ele se concentrou foi o sistema de armas que havia se mostrado decisivo na guerra contra a Finlândia e que seria um dos componentes mais bem-sucedidos do Exército Vermelho na guerra contra a Alemanha: a artilharia pesada. "Na guerra moderna, a artilharia é Deus", escreveu Stalin. "A artilharia decide o destino da guerra, a artilharia em massa."[20]

Depois da artilharia, Stalin acreditava que o Exército Vermelho precisava melhorar drasticamente seu apoio aéreo tático, não com "centenas" de aeronaves, mas com "milhares". Stalin, assim como a maioria dos grandes estrategistas, não tinha conhecimento algum sobre os tipos de aeronaves e seus usos, mas acreditava que ter o controle aéreo sobre a área de batalha era uma parte fundamental da vitória. Depois, havia a necessidade de tanques cada vez mais "maciços", novamente aos milhares. Eles precisavam ser de "casca grossa" e poderosos, para trabalharem com a artilharia e sobrecarregarem o inimigo.[III] Era uma reflexão importante, e ele colocaria suas ideias em prática. Desde o fim da guerra com a Finlândia até o lançamento da Barbarossa, o Exército Vermelho avançaria com esse plano de modernização, o que o tornaria mais eficaz em combate quando os alemães cruzassem a fronteira — e consideravelmente mais eficaz em combate à medida que a guerra continuasse.

Para melhorar os recursos humanos do Exército Vermelho, o treinamento tornou-se mais realista em relação ao combate, a disciplina militar foi imposta, e as prerrogativas de ação dos comandantes foram fortalecidas.[21] No que diz respeito ao poder de fogo, novos sistemas de armas mais pesadas foram desenvolvidos com maior urgência, para dar ao Exército Vermelho a vantagem que Stalin desejava. A primeira geração de aeronaves soviéticas de ataque ao solo, o Ilyushin Il-2 — a variante de aeronave mais produzida de qualquer tipo durante a guerra — passou da fase de protótipo para a operacional nessa época. Mais funcional do que de primeira linha em comparação com aeronaves britânicas ou alemãs, o Il-2 forneceria ao Exército Vermelho um apoio aéreo útil durante batalhas famosas, como as de Stalingrado e Kursk.

As intervenções pessoais de Stalin renderam dividendos especiais com a melhoria e o aumento do equipamento de artilharia pesada e de morteiros. Agora que já não dependia de equipamentos recondicionados da era czarista, o Exército Vermelho começou a receber um suprimento

[III] O foco de Stalin no maior e mais poderoso também abrangia as armas de infantaria. Ele acreditava que o Exército Vermelho precisava de novos morteiros "maciços" e novos rifles automáticos e semiautomáticos. A ênfase estava no poder de fogo.

regular de artilharia moderna mais robusta — desde o excelente canhão de 76 mm que serviria com muita eficácia durante a guerra até o grande morteiro de trincheira de 80 mm.[22] De todas as atualizações de equipamentos nessa época, provavelmente a mais conhecida pelos historiadores militares é a nova geração de tanques médios e pesados que, de certa forma, superou os alemães. O lendário tanque médio T-34 (que não era muito mais leve do que um tanque pesado, segundo os padrões da época) entrou em operação em 1940 e, em 1941, a indústria soviética estava se preparando para produzir esse AFV (*armoured fighting vehicle* — veículo blindado de combate) confiável e bem protegido em números que superariam a quantidade de veículos de tamanho semelhante que os alemães conseguiam produzir. De modo geral, o Exército Vermelho atualizou consideravelmente seus equipamentos entre 1939 e 1941, e obteve a capacidade e a compreensão para atualizar ainda mais entre 1941 e 1945.[23] Dessa forma, Stalin transformou o desastre da Guerra de Inverno em uma oportunidade.

Seu foco no poder de fogo pesado mostrou algumas semelhanças com Hitler, com a diferença crucial de que o líder soviético possuía a capacidade de se adaptar. Nesse ponto da guerra, Hitler acreditava que a Alemanha já havia demonstrado sua superioridade em equipamentos pesados e poder de fogo, e parecia satisfeito em continuar com as armas que já possuía. Analisando seus planos para Barbarossa à medida que se desenvolviam entre o verão de 1940 e junho de 1941, o que se destaca é a sua complacência — a extraordinária confiança que ele demonstrava nas habilidades do Exército alemão e no lugar da Alemanha no mundo. Em um sentido geral, Hitler acreditava que seus sucessos até aquele momento mostravam que a produção industrial alemã não era apenas a melhor da Europa, mas a melhor do mundo. Ele exagerou tanto em particular quanto em público sobre sua visão da força alemã. Em 8 de novembro de 1940, em um discurso para os membros do Partido Nazista, ele exaltou o poder alemão em um nível ridículo: "A capacidade de produção alemã é a mais alta do mundo. E não vamos deixar parar por aqui, já que hoje estamos em posição de mobilizar quase toda a Europa, e eu estou fazendo isso na esfera industrial, você pode ter como certo... Estamos mais bem preparados para o futuro do que antes".[24]

Ele era igualmente efusivo ao falar com seus principais generais. Em janeiro de 1941, ele se gabou da mesma forma, afirmando que os britânicos, por agora, estavam se enganando quando falavam sobre a proeza industrial britânica, porque, na estimativa de Hitler, a Alemanha era "a maior nação industrial do mundo".[25] Na verdade, a Alemanha não estava nem perto de ser a maior potência industrial do mundo, e nunca seria. A Grã-Bretanha ainda superava significativamente os alemães em aeronaves, o maior elemento de produção industrial para as potências beligerantes, enquanto a URSS a superava em veículos de combate e artilharia, e os EUA demonstravam a capacidade de superá-la em tudo. O verdadeiro problema que a Alemanha estava começando a enfrentar era que ela não estava nem perto de mobilizar seus recursos de forma eficaz para equipar propriamente o Exército alemão para uma invasão da URSS — a menos que a empreitada terminasse logo.[26]

No que se refere a equipamentos, Hitler tinha a mesma certeza de que possuía as ferramentas para esmagar os soviéticos. Em especial, ele e seus generais estavam convencidos de que a Alemanha tinha grandes vantagens em tanques e aeronaves. Os tanques alemães eram supostamente superiores aos russos em termos de proteção de blindagem e velocidade, com miras ópticas e equipamentos de rádio muito melhores.[27] As aeronaves alemãs, por sua vez, eram consideradas pelo menos uma geração à frente de suas contrapartes soviéticas. Embora a Luftwaffe tivesse sido derrotada de forma decisiva na Batalha da Grã-Bretanha, Hitler presumiu que o poder aéreo alemão, mesmo se significativamente superado em número pelos soviéticos, venceria com facilidade seus oponentes. Quando as contas foram feitas, em fevereiro de 1941, Hitler foi informado de que se esperava que as aeronaves russas superassem as alemãs em número durante a Barbarossa em quase dois para um (mais de 4.000 aeronaves soviéticas para aproximadamente 2.300 alemãs), mas que as aeronaves russas eram tão "inferiores" ou "obsoletas" que representavam pouca ameaça.[28] Embora algumas dessas estimativas estivessem corretas, sobretudo em termos de qualidade das aeronaves, os alemães fariam uma amarga descoberta quando encontrassem a mais nova geração de tanques soviéticos.

É importante lembrar o excesso de confiança que Hitler demonstrou no equipamento alemão nessa época, pois isso ajuda a compreender a ideia de que ele havia decidido atacar a URSS para evitar um ataque soviético à Alemanha em outro ensejo. Hitler mencionou algumas vezes seu medo de permitir que a União Soviética se fortalecesse demais, embora houvesse falta de imediatismo em suas expressões. Em fevereiro de 1941, ele disse a alguns oficiais que estava "atordoado" com os relatórios sobre os planos soviéticos de aumentar seu poder aéreo no futuro, e que esse era um motivo para atacar logo. No entanto, mais tarde ele acrescentou que o verdadeiro motivo pelo qual precisava atacar agora era que, depois de derrotar a Grã-Bretanha, o povo alemão poderia perder o interesse em qualquer extensão da guerra para incluir a URSS.[29]

Hitler permaneceu, como vinha acontecendo desde o verão de 1940, encurralado por sua incapacidade de elaborar um plano para derrotar a Grã-Bretanha. Sua frustração, mesmo quando dominava a maior parte do continente europeu, era sempre uma consideração mais importante do que evitar um ataque de Stalin. A raiva e a irritação que ele sentia em relação à Grã-Bretanha eram tão fortes que o atormentavam. Ele tentava processar tal frustração oscilando entre o orgulho de que a Grã-Bretanha estava condenada à derrota e o desejo ocasional de que ela ainda pudesse se tornar o aliado valioso que ele sempre quis que fosse. Em novembro de 1940, Hitler declarou que relutava em permitir que a França de Vichy se tornasse um aliado alemão porque esperava "negociar um acordo com a Inglaterra à custa da França".[30]

Para aqueles que o cercavam, esse desejo estava "sempre" em sua mente — e, de fato, um mês depois, Hitler repetiu mais uma vez em uma reunião militar a ideia de tornar a Grã-Bretanha o grande aliado da Alemanha para controlar a França (e toda a Europa) no futuro.[31]

O desejo contínuo de Hitler de ter a Grã-Bretanha ao seu lado provavelmente aumentava à medida que ele percebia sua impotência para forçar o país à paz. A história da guerra contra a Grã-Bretanha no final de 1940 e nos primeiros seis meses de 1941 foi uma continuação daquela estabelecida durante a queda da França e a Batalha da Grã-Bretanha. Nos lugares em que Hitler podia se envolver em terra usando o Exército alemão, ele podia vencer — como nos Bálcãs e na Grécia. Entretanto, assim que a guerra mudou para o mar e o ar, os alemães se viram frustrados. Embora nem sempre seja retratado dessa forma, em 1941, a Grã-Bretanha estava crescendo em força e vencendo a guerra aérea e marítima. A campanha dos submarinos no Atlântico Norte, que parecia promissora para os alemães no verão de 1940, estabilizou-se em termos de afundamentos nos primeiros seis meses de 1941, antes de entrar em declínio à medida que a capacidade da Marinha Real de proteger os comboios crescia numérica e qualitativamente. O número de embarcações de escolta equipadas com radar disponíveis para o serviço de comboios cresceu sobremaneira, as aeronaves de longo alcance passaram a desempenhar um papel importante, e os submarinos alemães começaram a ser afundados em números tão altos que os ataques de superfície foram interrompidos em março de 1941. No ar, os britânicos viraram o jogo contra os alemães e, enquanto os ataques da Luftwaffe às cidades britânicas se tornaram menos problemáticos, os ataques britânicos às cidades alemãs aumentaram a ponto de se tornarem cada vez mais embaraçosos para Hitler, que gostava de falar sem parar sobre como estava vencendo a guerra. Esse ano também evidenciou que, em muitos aspectos, a Grã-Bretanha era a potência aérea superior, pois lançou um número significativo de bombardeiros pesados de quatro motores — principalmente os Halifaxes e, mais tarde, os Lancasters.[IV] A Alemanha, por sua vez, não conseguiu produzir com eficiência um bombardeiro de quatro motores em nenhum momento da guerra.

A força crescente da Grã-Bretanha no ar havia até mesmo pontuado o último grande cenário diplomático entre a Alemanha nazista e a União Soviética antes da invasão alemã: a visita de Molotov a Berlim em novembro de 1940. Em uma exibição luxuosa para a hora, o Secretário de Relações Exteriores soviético foi recebido na grande Anhalter Bahnhof de Berlim com todos os protocolos apropriados, incluindo uma orquestra tocando *A Internacional*, o hino mundial do comunismo.[32,V] No entanto, apesar de toda a pompa, as conversas foram algumas das mais bizarras da história diplomática.

O objetivo externo da visita de Molotov era verificar se havia motivos para formalizar a aliança nazista-soviética, até o ponto de incluir a União Soviética no pacto do Eixo. Isso era algo que intrigava Stalin e, portanto, Molotov, fortemente antibritânico, estava pelo menos abordando as conversas com um pouco de boa-fé. Hitler, no entanto, estava negociando enquanto concentrava mais e mais tropas na fronteira russa. A única dúvida que ele parecia ter era se Stalin poderia lhe oferecer algo que anulasse a necessidade de uma invasão. Foi um encontro de predador e presa.

Durante dois dias inteiros, 12 e 13 de novembro, os soviéticos e os nazistas conversaram entre si, cada um concentrado em suas preocupações individuais, testando a sinceridade do outro lado. Hitler e Joachim von Ribbentrop passaram o tempo tentando seduzir Molotov com sonhos de um Império Britânico dividido no pós-guerra, com os soviéticos recebendo a Índia como parte do espólio. Molotov, que não era um sonhador, concentrou-se nas questões mais imediatas do apoio

---

[IV] Os Lancasters não estariam disponíveis para operações até 1942.

[V] A Anhalter Bahnhof foi destruída no final da guerra, exceto por uma pequena seção do muro que ainda pode ser vista em Berlim atualmente.

alemão à Finlândia, no reconhecimento do interesse soviético na Romênia e nos Bálcãs e, talvez o mais irritante para os alemães, em um esforço para fazer com que os nazistas concordassem em entregar o Bósforo à URSS.[33] As coisas chegaram ao auge na última noite; os avisos de um ataque de bombardeio britânico forçaram os negociadores a se refugiarem em um abrigo antiaéreo apertado embaixo do Ministério das Relações Exteriores da Alemanha, um lembrete adequado de que Hitler e Ribbentrop não tinham nenhum poder para oferecer nada de substancial. Quando Ribbentrop voltou a falar sobre o que a Alemanha daria aos soviéticos depois que a Grã-Bretanha fosse derrotada, Molotov apontou que os alemães "estavam presumindo que a guerra contra a Inglaterra já havia sido vencida".[34] Nenhum acordo foi obtido.

Para Hitler, o fim das conversas com Molotov ajudou a eliminar qualquer dúvida que ele tivesse sobre o lançamento da Barbarossa. A União Soviética não era apenas fraca — era obstrutiva; ela se recusava a aceitar sua visão de mundo e, ao mesmo tempo, tentava se expandir para áreas que ameaçavam a Alemanha. Ele uniu essas diferentes vertentes de sua mentalidade estratégica à sua frustração com a Grã-Bretanha durante um de seus monólogos mais longos e obcecados, proferido para seus oficiais em 30 de março de 1941. Durante duas horas e meia, em seu enorme escritório na Chancelaria do Reich, Hitler delineou sua lógica geoestratégica para a Barbarossa. Foi uma combinação desconcertante de excesso de confiança, ilusão e a mais profunda autoestima. Ele começou a visão geral de seu incômodo incessante — a necessidade de se vingar dos britânicos por não terem concordado em ser seus amigos e pela temeridade de não terem perdido a Batalha da Grã-Bretanha. Hitler afirmou que esse foi o grande "erro" deles e que, por não terem agarrado a mão da amizade que lhes foi oferecida, os britânicos ficaram depositando suas esperanças nos EUA e na União Soviética. Hitler disse com confiança a seus generais que os EUA não atingiriam a produção máxima por quatro anos e, portanto, poderiam ser deixados de lado por enquanto. A URSS, por outro lado, estava próxima, ainda fraca, e sua conquista resolveria todos os "problemas de terra" da Alemanha. Após essa eventual conquista, a Alemanha poderia se dedicar inteiramente à guerra contra a Grã-Bretanha, dando aos nazistas dois anos para se concentrarem por completo em "tarefas no ar e nos oceanos".[35,VI]

Quando se tratava de conquistar a URSS, o principal problema seria a "vastidão" do país, não o Exército Vermelho ou o estado stalinista. As forças armadas soviéticas tinham uma grande quantidade de equipamentos, mas a maioria deles era antiga e estava atrás dos alemães em termos de sofisticação tecnológica.[36] Além das fraquezas materiais, Hitler também acreditava que o bolchevismo era tão impopular em grande parte da União Soviética que muitas das diferentes nacionalidades, como os ucranianos, veriam os alemães como libertadores. Talvez a frase mais citada da visão geral de Hitler sobre a URSS seja: "Só temos que arrombar a porta... e toda a estrutura podre virá abaixo".[37] Além disso, ele disse a seus oficiais que, quando confrontados com o pesado poder de fogo alemão e a tecnologia superior, os russos "desmoronariam sob o impacto maciço de nossos tanques e aviões".[38] Na verdade, o que ele disse com mais frequência em 1941 foi que, quando confrontados com um ataque alemão moderno, eles "entrariam em colapso".

Esse foi sem dúvida o maior fracasso de Hitler no planejamento da Barbarossa. Ele estava se preparando para invadir o maior país do mundo com um exército que, de certa forma, era menos eficaz do que o que ele havia enviado contra a França um ano antes. Embora o Exército alemão tivesse mais soldados e tanques, o estresse da guerra

---

[VI] Vale a pena observar que, embora Hitler estivesse começando a entender como havia construído mal suas forças armadas para combater a Grã-Bretanha em uma guerra ar-mar, ele ainda continuava a subestimar a capacidade dos Estados Unidos de produzir armas ar-mar. Ele disse a seus oficiais que os EUA levariam quatro anos para aumentar a produção de guerra até seus níveis máximos e, mesmo assim, duvidava que conseguissem enviar tudo pelo Atlântico.

aérea e marítima contra a Grã-Bretanha significava que a força da Luftwaffe disponível para atacar a URSS era quase metade da usada em maio de 1940 contra a França e os Países Baixos. Naquela ocasião, a Luftwaffe havia mobilizado quase 4.000 aeronaves. Agora, para o ataque iminente contra Stalin, a força aérea tinha aproximadamente 2.300 aviões disponíveis.[39]

O excesso de confiança de Hitler persistia independentemente do que ele visse. Mesmo depois de ter que adiar a invasão da União Soviética por um mês porque Mussolini o arrastou para atacar a Iugoslávia e a Grécia, ele parecia despreocupado com as forças armadas de Stalin. Quando lhe perguntaram se a URSS poderia tirar vantagem do fato de a Alemanha ter que atacar os Bálcãs por causa da guerra desastrosa de Mussolini com a Grécia, ele respondeu que não tinha "nenhum motivo para ansiedade".[40] Apenas uma semana antes do lançamento da Barbarossa, Hitler fez um monólogo detalhado sobre as razões políticas por trás da invasão, que se resumia ao fato de que ele calculava que "o colapso da União Soviética induziria a Inglaterra a desistir".[41]

Enquanto Hitler estava endurecendo sua convicção estratégica de que precisava atacar Stalin, o ditador soviético acreditava no contrário. Durante a primeira metade de 1941, ele se envolveu em uma disputa cada vez mais surpreendente para se convencer de que todos os diferentes relatórios que estava recebendo sobre os preparativos alemães para uma invasão, que atingiriam o auge do desespero nas semanas anteriores a 22 de junho, estavam errados. Stalin de fato parecia acreditar que poderia convencer Hitler de que ele continuava sendo um protoaliado do Eixo que valia a pena. Como parte disso, ele se esforçou para insultar Churchill e os britânicos. Em maio de 1941, Stalin retirou o reconhecimento oficial soviético dos governos pré-guerra da Bélgica, Noruega e Iugoslávia — todos reconhecidos pela Grã-Bretanha. Além disso, ele fez com que a imprensa soviética repreendesse o embaixador britânico em Moscou, Sir Stafford Cripps, por minar a grande união entre a Alemanha e a URSS.[42] No entanto, independentemente do que ele fizesse, mais e mais relatórios lhe eram entregues dizendo que Hitler estava se preparando para atacar.

O grande volume desses relatórios era impressionante.[43] Stalin recebeu avisos de agentes soviéticos de todo o mundo; talvez o mais famoso deles tenha sido Richard Sorge, o lendário espião soviético da embaixada alemã no Japão. As embaixadas estrangeiras em Moscou também haviam sido penetradas pelos serviços de contrainteligência de Stalin, produzindo uma grande quantidade de informações confirmatórias, sobretudo dos alemães. Dois dias antes do início da invasão, o embaixador alemão na URSS, Friedrich von der Schulenburg, foi gravado pelo equipamento de escuta soviético afirmando que Hitler estava prestes a atacar.[44]

Os rumores eram difíceis de ignorar. Até mesmo os britânicos transmitiram diretamente a Stalin informações que tinham sobre as intenções alemãs, que ele descartou como uma conspiração para envenenar a relação entre ele e Hitler. Era como se Stalin tivesse de acreditar que Hitler não iria atacar, pois a verdade revelaria a ele mesmo — e ao resto do mundo — o erro em sua estratégia. Stalin ficou tão furioso com os avisos de uma traição alemã que se tornou abusivo, exclamando, em um momento em que recebeu um relatório extraído de uma fonte alemã: "Você pode mandar a sua 'fonte' de volta para a maldita mãe dele. Isso não é uma fonte, mas uma desinformação..."[45]

Com seus olhos e ouvidos vendados, Stalin tomou medidas para colocar seu autoengano em ação de tal forma que ajudou ativamente os alemães em sua invasão. Ele proibiu a força aérea de tentar interceptar os voos de reconhecimento alemães que entravam ilegalmente no espaço aéreo soviético.[46] Assim, a Luftwaffe pôde sobrevoar parte do território da URSS, anteriormente denominado Rússia ocidental sem ser incomodada, reunindo um quadro detalhado da disposição das forças locais e do terreno que o Exército alemão encontraria pela primeira vez. Ele também manteve os trens carregados de suprimentos entrando regularmente na Alemanha, alimentando o esforço de guerra alemão e permitindo que estes criassem estoques de matérias-primas vitais que poderiam ser aproveitadas quando a Barbarossa começasse e eles perdessem o acesso às fontes soviéticas. Ele até se recusou a permitir que as grandes formações do Exército Vermelho, que estavam posicionadas na fronteira diretamente em frente ao Exército alemão, assumissem posições de prontidão.[47] Por isso, eles estavam muito despreparados quando os alemães atacaram.

O motivo pelo qual Stalin era tão dogmático em relação à sua aparente cegueira intencional aos planos alemães ainda é algo difícil de entender. Alguns historiadores argumentaram que Stalin confiava em Hitler, uma acusação que Molotov rejeitou décadas após a morte do ditador, dizendo: "Stalin confiava em Hitler? Ele não confiava nem em seu próprio povo!"[48] De fato, Stalin provavelmente não confiava em Hitler, mas em Josef Stalin. Desde agosto de 1939, quando assinou o Pacto Nazi-Soviético, ele afirmava não haver como a Alemanha atacar a URSS enquanto ainda estivesse em guerra com a Grã-Bretanha, e baseou toda a sua política de ajuda à Alemanha nessa suposição. Ele precisava estar certo, pois as implicações de estar errado pareciam ser demais para ele aceitar.

É claro que até mesmo os ditadores descobrem que nem tudo o que eles querem acontece. Em 22 de junho de 1941, quase no momento em que muitas das fontes haviam previsto, os alemães invadiram a União Soviética. Stalin ficou arrasado, mas depois que o choque passou e ele permaneceu no poder, fez tudo o que era possível para se proteger. Ele aceitou imediatamente as ofertas de amizade e ajuda de seus dois grandes inimigos, a Grã-Bretanha e os Estados Unidos. Também reintroduziu antigos costumes russos para mobilizar o povo soviético, permitindo até mesmo a reabertura de igrejas. Uma vez demonstrado que estava errado, ele faria o que fosse necessário no momento para se proteger. Se ele perdesse a batalha contra Hitler no curto prazo, a venceria no longo.

16

Roosevelt, Hitler e o caminho para a guerra

Em 30 de agosto de 1939, Franklin Delano Roosevelt deu seus primeiros passos rumo à guerra contra Adolf Hitler. Com o ditador nazista pronto para invadir a Polônia, o presidente americano pensava na estrutura estratégica necessária para guiar os Estados Unidos à vitória. Ele havia refletido sobre essa questão durante anos, suspeitando há muito tempo que a fome voraz de expansão de Hitler acabaria mal. Roosevelt também tinha certeza de como queria que os Estados Unidos lutassem em uma guerra — uma guerra marítima e aérea para controlar as linhas de comunicação globais. No entanto, temia que o sistema de governo americano pudesse complicar seus esforços para colocar os planos em prática. Como seria demonstrado mais tarde, ele tinha visões muito diferentes de guerra e conflito bélico em relação a muitos de seu próprio governo. O Departamento de Guerra, que supervisionava o Exército dos EUA, favorecia a criação de um grande exército terrestre e uma invasão rápida da França. O que Roosevelt queria, na verdade, era uma estrutura governamental, chefiada por alguém de sua confiança, para fazer o trabalho sujo de coordenar as forças armadas americanas, colocando seus planos em prática e simplificando sua vida.

Ele também sabia exatamente quem queria nesse cargo. Assim, em 30 de agosto, convidou para uma conversa particular no Salão Oval um velho amigo do Departamento de Marinha de Woodrow Wilson, William Leahy.[I]

Agora um almirante, Leahy, de 64 anos, se aposentaria no dia seguinte como chefe de operações navais de Roosevelt e partiria para Porto Rico para atuar como governador escolhido a dedo pelo presidente. Nos anos anteriores, os dois haviam tido muitas conversas reservadas na Casa Branca, pois Leahy havia se tornado o conselheiro naval mais importante de Roosevelt. A reunião de 30 de agosto foi diferente, mais intensa. Passaram uma hora analisando a probabilidade de uma guerra na Europa e o papel que os Estados Unidos deveriam desempenhar nesse processo. Roosevelt entendeu que ele e Leahy compartilhavam uma mentalidade estratégica muito semelhante — e, talvez ainda mais importante, que podia confiar no almirante. Na verdade, o presidente se inclinou e contou a Leahy um segredo. Se os Estados Unidos se envolvessem "seriamente na dificuldade europeia", Roosevelt queria que Leahy assumisse o comando de um "Conselho de Guerra de quatro homens, com o dever de coordenar o trabalho dos Departamentos de Estado, Guerra e Marinha".[1] Roosevelt, em uma elaboração bastante notável, estava criando um cargo que acabaria se transformando no atual Conselheiro de Segurança Nacional e no presidente do Estado-Maior Conjunto.[II]

O presidente cumpriria sua palavra. Quando os Estados Unidos entraram na Segunda Guerra Mundial, depois que os japoneses atacaram Pearl Harbor, Leahy estava servindo como embaixador dos EUA na França de Vichy. Roosevelt o chamou de volta a Washington assim que

[I] Roosevelt raramente chamava Leahy por seu título formal, preferindo o informal "Bill", enquanto Leahy sempre se referia a Roosevelt como "Sr. Presidente".

[II] Roosevelt já havia discutido a possibilidade de Leahy assumir um papel de conselheiro sênior e auxiliar em caso de guerra, em abril de 1939, mas foi muito menos específico do que em 30 de agosto.

foi politicamente possível e o nomeou chefe de gabinete do Comandante em Chefe e "membro sênior" do Estado-Maior Conjunto.[III]

Esse tipo de manobra revela muito sobre Roosevelt como líder de guerra. Mais de dois anos antes de os EUA entrarem na luta, cercado pela oposição pública ao conflito, ele já estava tentando imaginar uma estrutura política para o tempo de guerra. Em muitos aspectos, foi um dos grandes estrategistas mais visionários e preparados. A escolha de Leahy como seu conselheiro mais próximo mostra o quanto o presidente valorizava a coerência estratégica no topo. Os dois compartilhavam visões idênticas de como os Estados Unidos deveriam lutar em uma guerra mundial, uma fusão de mentes estratégicas que remontava à sua amizade no Departamento da Marinha. Ambos acreditavam que os EUA deveriam estabelecer o controle sobre as linhas de comunicação do mundo, no mar e no ar, como o primeiro passo para a vitória. A visão de Alfred Thayer Mahan, que havia orientado as ações dos dois homens antes e durante a Primeira Guerra Mundial, foi ampliada para incluir o poder aéreo, mas a ideia básica de controlar as comunicações permaneceu. Nenhum deles estava entusiasmado com grandes exércitos ou batalhas terrestres. Eles queriam usar máquinas aéreas e marítimas para enfraquecer a resistência inimiga antes de usar o poder terrestre da forma mais seletiva possível para encerrar qualquer guerra.

Como presidente, Roosevelt esteve muito mais intimamente envolvido com os detalhes da construção da marinha, no final da década de 1930, do que com qualquer coisa relacionada ao exército. Com os japoneses invadindo a China e Hitler agitando seu sabre na Europa, Roosevelt pressionou por uma frota bastante ampliada. Em 1938, a pressão resultou em uma Lei de Expansão Naval (Naval Expansion Act) que exigia um aumento de 20% na construção naval em todos os

[III] O cargo formal de presidente do Conjunto foi criado por uma lei do Congresso e só entrou em vigor em 1948.

setores.[2] Parecia um aumento enorme para a época, mas seria ofuscado pelo que Roosevelt faria pela marinha dois anos depois.

Se em 1939 o presidente estava convencido de que sabia como os Estados Unidos venceriam qualquer guerra, ele não tinha tanta certeza de como exercer controle sobre a grande estratégia americana. Em especial, queria coordenar as forças armadas com o Departamento de Estado para colocar suas ideias em ação, mas podia ver problemas surgindo nesse ponto. Homem de grande desconfiança, Roosevelt normalmente escondia seus verdadeiros sentimentos por trás de uma máscara — geralmente de charme. Ele estabelecia um ar de falsa intimidade com as pessoas, fazendo-as pensar que valorizava suas ideias e amizade, quando, na verdade, muitas vezes as via como um meio para atingir um fim. Portanto, não gostava de discordar de forma escancarada de membros de seu próprio governo, mesmo quando havia sérias diferenças políticas, e, à medida que a guerra se aproximava, isso acontecia sobretudo com os membros de seu gabinete com poder sobre assuntos estratégicos — os secretários de Estado, da Marinha e da Guerra. Ele valorizava esses secretários mais por razões políticas do que por qualquer outra coisa: Cordell Hull, o Secretário de Estado de longa data e uma potência no Partido Democrata; e Henry Stimson e Frank Knox, ambos republicanos pró-britânicos que há pouco haviam sido nomeados secretários de Guerra e da Marinha em uma demonstração de bipartidarismo. Mas Roosevelt tinha pouca confiança em suas visões estratégicas e queria reduzir sua influência. Esse foi um dos motivos pelos quais ele começou a preparar Leahy para o cargo de chefe do Estado-Maior anos antes de Pearl Harbor — ele queria ter certeza de que, se os Estados Unidos entrassem em guerra, lutariam a guerra de Franklin Roosevelt.

Dois dias após a reunião de Roosevelt e Leahy na Casa Branca, Hitler invadiu a Polônia, e o presidente logo começou a assumir uma posição claramente pró-Aliados. Em um discurso público em 3 de setembro, ele repudiou o famoso apelo de Woodrow Wilson, em agosto de 1914, para que os americanos fossem neutros "em pensamento". Como Roosevelt disse a seus concidadãos americanos, "até mesmo um neutro tem o direito de levar em conta os fatos. Mesmo um neutro não pode ser solicitado a fechar a mente ou a consciência".[3] Se Roosevelt estava torcendo abertamente por uma vitória franco-britânica, ele também acreditava, naquele momento, que a entrada dos EUA na guerra não era necessária para esse resultado. Certamente não queria arriscar muito de seu capital político pressionando de maneira agressiva a intervenção em favor dos britânicos e franceses. Roosevelt ficou satisfeito quando, em novembro de 1939, o Congresso alterou os Atos de Neutralidade, que impossibilitavam o comércio com as nações beligerantes, para permitir que os Aliados comprassem munições fabricadas nos EUA com pagamento à vista e transporte por conta do comprador, mas, fora isso, esperou para ver o que aconteceria.

A queda da França mudou tudo. Roosevelt parecia relativamente otimista em relação às perspectivas de conter Hitler, com os Exércitos francês e britânico aparentemente bem posicionados, em uma posição melhor do que durante a última guerra mundial. No entanto, quando o Exército alemão rompeu as linhas francesas, tomou Paris e ditou termos que tiraram a França da guerra, ele viu seus cálculos estratégicos serem alterados quase da noite para o dia. Isso mudou sua visão de como as guerras eram travadas e o que os Estados Unidos precisariam fazer para garantir que Hitler não vencesse essa.

A queda da França foi o evento que deixou claro para Roosevelt que o avião agora era, no mínimo, igual ao navio na determinação do resultado da guerra moderna. À medida que a invasão alemã avançava, ele ouvia relatos horríveis sobre o impacto do poder aéreo tático alemão, com muitas histórias vindas do embaixador dos EUA na França, William Bullitt. O embaixador transmitiu relatos de unidades do Exército francês que estavam sendo destruídas pelo poder da Luftwaffe de Hitler, assim como de colunas de civis franceses em fuga, impiedosamente atacados pelo ar. Os meses seguintes apenas consolidariam essa transição em favor do poder aéreo na mente de Roosevelt, pois ele recebeu histórias sobre bombardeio de cidades britânicas pela Luftwaffe.

Em resposta, Roosevelt elevou a produção de aeronaves à mais alta prioridade possível. Pressionando por um aumento maciço nos gastos com defesa dos EUA, afirmou ao povo americano em julho de 1940, quando Winston Churchill estava se preparando para lutar na Batalha da Grã-Bretanha, que a derrota da França havia mudado tudo. As "mudanças na situação mundial são tão grandes e tão profundas", disse ele, que os Estados Unidos precisavam se preparar para defender não apenas a si mesmos, mas todo o hemisfério ocidental contra a agressão nazista. A Marinha dos EUA, insistiu ele, precisava ser forte o suficiente "para enfrentar qualquer combinação possível de forças navais hostis".[4]

A outra prioridade de Roosevelt era, de longe, a mais cara. Ele pediu aos Estados Unidos que mais do que triplicassem o tamanho de suas capacidades aéreas existentes, acrescentando 15.000 aviões às forças aéreas do exército e 4.000 à marinha. Além disso, como ele enfatizou, não queria acrescentar apenas números; queria fortalecer a capacidade dos Estados Unidos de construir aeronaves a tal ponto que o país ofuscaria as outras nações, com a capacidade de produzir 50.000 aeronaves por ano.

A queda da França também deixou claro para Roosevelt que os Estados Unidos teriam que se juntar à guerra para derrotar a Alemanha nazista. Ele nunca disse isso abertamente, tendo o cuidado de usar a máscara de não combatente perante o povo americano e nunca se comprometendo com um caminho de guerra (para grande consternação de Winston Churchill). Mas a cautela de Roosevelt não era um sinal de que estivesse indeciso. Politicamente, ele precisava que Hitler lhe desse um pretexto para dar o próximo passo e, até que o ditador nazista o fizesse, ele estava mostrando ao público americano uma face e se esforçando muito para mostrar outra a Hitler.

No início, Hitler parecia incerto quanto ao compromisso de Roosevelt com a causa dos Aliados. Entre a invasão da Polônia e a reeleição de Roosevelt, em novembro de 1940, Hitler falou, em seu habitual modo contraditório, sobre uma possível guerra com os Estados Unidos. Em alguns momentos, ele presumia que Roosevelt jamais conseguiria obter o apoio público para a guerra, enquanto em outros falava que a união dos EUA à Grã-Bretanha era uma possibilidade real. Quando Hitler imaginava uma guerra com os EUA, não se esquivava de imediato. Ele estava mais preocupado que isso acontecesse em seus termos, quando estivesse pronto e quando acreditasse que o poder americano não poderia ser mobilizado para a Europa com rapidez ou material suficiente para detê-lo. Nesse sentido, ele revelou uma visão fundamentalmente falha dos Estados Unidos. Ele respeitava a capacidade americana de exercer poder, mas também estava cada vez mais convencido de que seu próprio gênio estratégico e uma Europa dominada pela Alemanha seriam capazes de se defender de qualquer coisa que Roosevelt pudesse lançar contra ele.

Em particular, Hitler parecia nunca conseguir se decidir se os Estados Unidos eram uma nação racialmente impura de "vira-latas" que estavam longe demais da Europa para interferir na guerra ou uma potência econômica que ele precisava temer e talvez até mesmo emudecer.[5] Ele gostava de se gabar de que os carros alemães eram muito melhores do que seus equivalentes americanos, os quais rotulava como lixo. Por outro lado, era um consumidor voraz de filmes de Hollywood, em especial filmes de faroeste. Essa obsessão teve um grande impacto em sua compreensão dos EUA, pois ele era conhecido por se referir ao clássico da era da Depressão, *As Vinhas da Ira*, para argumentar que os Estados Unidos estavam muito divididos e fracos para querer entrar em uma guerra contra ele.

No entanto, externamente, Hitler não parecia estar em conflito. Embora ele e Roosevelt nunca tenham se encontrado, eles se comunicavam por meio de declarações e discursos públicos. Em abril de 1939, Roosevelt fez uma declaração pública na qual pedia a Hitler que não ameaçasse militarmente os vizinhos da Alemanha. Poucos dias depois, em um longo e zombeteiro discurso no Reichstag, Hitler ridicularizou o presidente americano.[6] Referindo-se à guerra mundial anterior, acusou Roosevelt de ignorar o fato de que foram os Estados Unidos que entraram em guerra contra a Alemanha, não por autodefesa, mas "para a realização de interesses capitalistas". Os EUA, declarou ele, eram mais belicosos e intervencionistas do que a Alemanha nazista, e Roosevelt representava uma ameaça maior à paz da Europa do que Adolf Hitler aos Estados Unidos. Perto do final, Hitler provocou aplausos entre os deputados nazistas quando exclamou, com sinceridade, que "não gostaria de deixar passar esta oportunidade sem dar garantias" a Roosevelt "de que toda e qualquer alegação de um ataque alemão planejado a territórios americanos ou de uma intervenção [é] pura fraude e invenção grosseira".[7]

Quando a guerra começou, Hitler pareceu despreocupado, no início, com a possibilidade de os Estados Unidos se unirem aos Aliados — tanto que ele continuou a desprezar as tentativas públicas de intervenção de Roosevelt. Logo após Hitler invadir a Polônia, Roosevelt pediu publicamente que todos os combatentes se abstivessem de bombardear alvos civis. A Luftwaffe de Hitler bombardeou a residência da embaixada dos EUA na Polônia alguns dias depois.[8] Nem mesmo o aumento significativo de Roosevelt nos gastos militares após a queda da França pareceu preocupar Hitler, que raramente falava sobre Roosevelt, os Estados Unidos ou o poder americano. Quando os mencionava, tentava parecer indiferente, acreditando que, se os Estados Unidos começassem a fazer valer seu peso, seria apenas de forma limitada. Em 15 de outubro de 1940, durante um de seus monólogos regulares baseados na suposição de que a guerra já havia sido vencida e que a Grã-Bretanha havia sido derrotada, Hitler afirmou com confiança que os EUA "forneceriam apenas materiais de guerra" para a Grã-Bretanha e que qualquer discussão sobre a entrada americana na guerra era apenas um "grande blefe".[9]

Dito isso, Hitler sabia que Roosevelt concorreria à reeleição em 1940, e que isso teria um peso. Na véspera do pleito, o ditador alemão profetizou que os Estados Unidos poderiam entrar na guerra em algum momento, embora isso não fosse acontecer antes de 1942, no mínimo.[10] Ele prosseguiu com esse pensamento uma semana após a reeleição de Roosevelt, indo além e fornecendo algumas de suas primeiras ideias concretas — embora pouco ortodoxas — sobre como seria uma guerra germano-americana. Hitler disse ao Almirante Erich Raeder, chefe da Marinha alemã, para planejar a tomada das ilhas dos Açores na costa do norte da África, explicando que o arquipélago lhe proporcionaria "a única facilidade para atacar a América, se ela entrasse na guerra, com um avião moderno do tipo Messerschmitt, que tem um alcance de 12.600 km".[11,IV] Essa ideia de atacar a América a partir dos Açores criou raízes profundas. No final de maio de 1941, enquanto fazia os preparativos finais para a Barbarossa, Hitler mais uma vez instruiu a marinha a elaborar planos para tomar os Açores, embora a marinha acreditasse que seria impossível manter as ilhas contra os ataques britânicos e americanos. Hitler não se importou com as objeções, pois ainda acreditava que as ilhas eram a única maneira de atacar os EUA com bombardeiros de longo alcance, e que a Alemanha poderia precisar fazer isso no outono.[12]

Dessa forma, Hitler demonstrava ter alguma noção da verdadeira postura do presidente americano — e do quanto ele o detestava, assim como ao seu regime. Afinal, o Roosevelt do pós-eleição seria, de fato,

---

[IV] Hitler estava se referindo ao desenvolvimento do protótipo do Me 264, às vezes chamado de *Amerikabomber*. Um projeto de glamour nazista tipicamente esbanjador, o avião era caro e impraticável, e acabou engavetado em favor de preocupações mais imediatas.

muito diferente do anterior: mais disposto a ajudar a Grã-Bretanha, a preparar os Estados Unidos para a guerra e, ao mesmo tempo, a enganar Hitler quanto às suas verdadeiras intenções. Antes da votação, Roosevelt permaneceu politicamente cauteloso, desconfiado de que, pela primeira vez desde que se tornou presidente, a próxima eleição poderia ser acirrada. Seu adversário republicano, Wendell Willkie, era um forte candidato, e muitos republicanos (se não o próprio Willkie) acusavam o presidente de estar disposto demais a intervir na guerra europeia. Esses ataques isolacionistas preocuparam o presidente, e foi por isso que ele se esforçou até a noite da votação para garantir aos americanos que seus filhos não morreriam em nenhuma "guerra estrangeira".

Uma vez reeleito com segurança e por uma confortável maioria de 449 votos a favor e 82 contra, Roosevelt estava livre para usar uma máscara mais agressiva. Depois de tirar algum tempo em novembro para "reabastecer" suas ideias sobre a guerra na Europa, começou a se revelar muito mais belicoso no mês seguinte.[13] Falando pelo rádio durante um de seus "Fireside Chats" regulares, Roosevelt dirigiu-se a Hitler, mesmo que se recusasse a usar o nome do ditador alemão. Enquanto Hitler zombava de Roosevelt, o presidente falava do ditador nazista com aversão e também descreveu os alemães como tendo o objetivo de conquistar o mundo, liderados por um homem que mentia e enganava com "fraudes piedosas" e que só poderia ser detido pelo cano de uma arma.[14] Ele ainda tentou assegurar ao povo americano que, caso enfrentasse Hitler diretamente, não seria necessário que disparassem armas para destruí-lo, mas teriam de produzi-las, pagar por elas e, em muitos casos, enviá-las para a Grã-Bretanha. O povo britânico era a "ponta de lança da resistência" contra o plano de conquista mundial de Hitler, de acordo com Roosevelt, e cabia aos Estados Unidos garantir que eles recebessem esse apoio. A fala de Roosevelt ficou conhecida como o discurso do "Arsenal da Democracia".

A firme convicção de Roosevelt de que não se poderia permitir a queda da Grã-Bretanha em nenhuma circunstância foi transmitida à Europa por meio de duas das três pessoas em quem ele mais confiava na época: William Leahy e Harry Hopkins.[V] De fato, esses dois, ambos destinados a desempenhar papéis importantes na Casa Branca de Roosevelt, foram enviados em missões diplomáticas separadas logo após a reeleição do presidente, para deixar claro na Europa que os Estados Unidos fariam que seu poder fosse sentido.

Em dezembro de 1940, Leahy foi retirado de sua sinecura como governador de Porto Rico nomeado pelos EUA (onde havia supervisionado a elaboração de planos para criar uma nova e enorme base naval na ilha) para se tornar o novo embaixador dos EUA na França de Vichy. Roosevelt o escolheu porque achava que o almirante era confiável para seguir exatamente seus desejos. Para ter certeza, antes de Leahy partir para a França, o presidente convidou seu amigo para outra reunião longa e privada na Casa Branca para discutir políticas. Durante algumas horas, conversaram sozinhos no escritório, sobretudo com Leahy ouvindo enquanto Roosevelt expunha sua visão da guerra e o que queria que o outro realizasse na França.

A profundidade da convicção de Roosevelt causou tamanha impressão que Leahy pediu e recebeu uma carta detalhada descrevendo os desejos do presidente. Ela é um dos melhores, mais claros e mais sinceros exemplos de como Roosevelt via a guerra na época.[15] Grande parte da carta é um testemunho da obsessão contínua do presidente com o poder naval. Embora a França parecesse derrotada e desmoralizada, ele estava preocupado que o governo de Vichy, liderado pelo herói octogenário da Primeira Guerra Mundial, o marechal Philippe Pétain, pudesse ser um verdadeiro trunfo para a Alemanha

---

[V] O terceiro foi o Subsecretário de Estado Sumner Welles, que foi amigo do presidente por toda a vida e era tão próximo de Roosevelt que causou ressentimento no restante do Departamento de Estado, especialmente em Cordell Hull.

nazista. O presidente acreditava que, se Hitler conseguisse colocar as mãos na frota francesa, isso seria um golpe para os britânicos (e para os Estados Unidos), complicando a guerra no mar. Desde o colapso da resistência francesa, Roosevelt havia tentado obter promessas de Pétain de que a grande e funcional frota francesa poderia não ser entregue à Alemanha. Mas, independentemente do que Pétain lhe prometesse, o americano estava preocupado. Por isso, disse a Leahy que manter a Marinha francesa fora das mãos de Hitler era de "importância primordial" para os Estados Unidos e para a defesa do hemisfério ocidental.

De modo geral, o que Roosevelt queria que Leahy fizesse na França era deixar absolutamente claro para Pétain (e para o resto da Europa, se possível) que os EUA iriam garantir que Hitler e Mussolini fossem derrotados de qualquer maneira. O novo embaixador deveria dizer a todos que a posição do governo dos Estados Unidos (ou seja, Roosevelt) era uma "firme convicção de que, somente com a derrota das forças que controlam o destino da Alemanha e da Itália, o mundo pode viver em liberdade, paz e prosperidade; que a civilização não pode progredir com o retorno ao totalitarismo". Como isso aconteceria? Os EUA, por enquanto, começariam a inundar a Grã-Bretanha com todas as armas de que precisasse; Roosevelt estaria assegurando ao Reino Unido "toda a assistência possível sem guerra". Para garantir que essa mensagem específica fosse ouvida em alto e bom som, Leahy foi instruído a periodicamente "levar ao conhecimento do Marechal Pétain e dos membros do governo informações concretas sobre o programa americano para esse fim".[16]

Leahy levou essa mensagem a sério e, desde o momento em que chegou à França, manteve um ritmo constante, dizendo que os EUA se certificariam de que Hitler não venceria a guerra. Enquanto isso, o presidente enviou Hopkins, seu conselheiro mais próximo na época, para falar com Winston Churchill e descobrir de fato o que a

Grã-Bretanha precisava para garantir que os nazistas fossem derrotados. Hopkins conheceu Roosevelt, então governador de Nova York, em 1931, e era um reformador social ambicioso e determinado que havia chegado ao estado vindo de Iowa para exercer sua profissão. Os dois se conectaram, com Hopkins desenvolvendo um senso aguçado para apelar a Roosevelt e os dois compartilhando a vontade de tentar qualquer coisa para ajudar a combater a extrema pobreza que assolava o estado durante a Grande Depressão.

Quando Roosevelt se tornou presidente, em 1933, chamou Hopkins para Washington e, nos sete anos seguintes, Hopkins se estabeleceu como uma das poucas pessoas em quem Roosevelt confiava. No início, ocupou vários cargos importantes na burocracia do New Deal, mas num dado momento as funções formais terminaram, e ele foi para a Casa Branca para servir ao presidente como conselheiro constante, companheiro social e imprescindível assessor geral. O uso de Hopkins dessa forma era típico da administração de Roosevelt. Hopkins era o homem dele e somente dele e, por causa disso, era muito mais influente do que aqueles com cargos formais no gabinete, que podiam ser atores independentes e políticos por direito próprio. Nesse caso, ao usar Hopkins para se dirigir a Churchill, Roosevelt estava basicamente tirando do circuito o Secretário de Estado Cordell Hull, que estava ostensivamente encarregado das relações exteriores dos EUA, e alheio aos acontecimentos.

Quando Hopkins chegou, Churchill ficou confuso com o motivo pelo qual o presidente havia lhe enviado esse reformador social magríssimo, fumante inveterado, enigmático e anti-imperialista. Mas logo entendeu a imensa influência que Hopkins exercia como um canal direto para Roosevelt.[17] A partir de então, Churchill mal o perdia de vista, levando o americano consigo nos fins de semana para Chequers, a casa de campo oficial do primeiro-ministro (e um lugar que Hopkins considerava a casa mais fria em que já havia se hospedado), e o conduzindo por Londres.[VI] Hopkins originalmente deveria ficar na Grã-Bretanha por duas semanas, mas o trabalho era tão intenso e considerado tão importante que ficou por seis. Quando foi embora, Churchill estava anormalmente efusivo e enviou um telegrama a Roosevelt dizendo ao presidente que agora podia entender "por que ele é tão próximo de você".[18]

Churchill havia entendido, por meio de Hopkins, o quanto Roosevelt estava comprometido com a vitória dos Aliados. Isso ficou claro para ele apenas algumas semanas após a partida do emissário, quando o Congresso dos EUA aprovou o mais importante projeto de lei estratégico em tempo de paz da história dos EUA: o Lend-Lease Act, de março de 1941. Proposto pela primeira vez por Roosevelt na época em que ele estava se reunindo com Leahy e antes de seu discurso no Arsenal da Democracia, o Lend-Lease era um plano para permitir que Roosevelt entregasse qualquer equipamento militar a qualquer país que ele acreditasse ser vital para a segurança dos EUA. Entre 1941 e 1945, os EUA enviariam US$ 49 bilhões de ajuda, principalmente para a Grã-Bretanha, mas também com grandes quantias enviadas para a União Soviética e a China nacionalista.

O Lend-Lease iniciou o processo de vinculação do Reino Unido à economia dos EUA (de certa forma, uma subsidiária) e contribuiu muito para estabelecer as condições prévias para a entrada dos EUA na guerra. Ainda assim, isso levaria mais oito meses, mas é o bastante para contar uma história interessante de Roosevelt e Hitler como líderes de guerra.

Ambos sabiam que um confronto entre suas nações era quase inevitável, mas cada um estava tentando pavimentar o caminho para a guerra com base, em grande parte, em suas experiências na Primeira

[VI] Um dos fins de semana de Hopkins com Churchill foi, na verdade, passado em Ditchley Park, pois a equipe de segurança do primeiro-ministro não o deixava ficar em Chequers se houvesse lua cheia — por medo de que a Luftwaffe tentasse atacar a famosa casa.

Guerra Mundial. Roosevelt, sempre cauteloso com a natureza inconstante da opinião pública dos EUA, passou os meses seguintes transformando seu conflito retórico e econômico com a Alemanha de Hitler em um conflito quase militar, mas sempre evitando dar o passo final, na esperança de que fosse Hitler quem disparasse o primeiro tiro. E essa manobra expôs o único problema que ele nunca esteve disposto a enfrentar: como fazer com que os Estados Unidos entrassem na guerra se Hitler não resolvesse esse problema político para ele.

Hitler, por outro lado, queria esperar para dar esse tiro até sentir que havia estabelecido o tipo de Europa que desejava — uma em que ele fosse o senhor e mestre, com acesso a toda a base de recursos do continente. Em 1941, ele parecia mais do que disposto a aceitar uma guerra com os Estados Unidos, embora esperasse adiá-la até ter certeza de que a Alemanha conquistaria a URSS para não enfrentar um conflito em duas frentes.

Ao contrário de 1940, Hitler falava regularmente de guerra com os Estados Unidos em 1941. Ele parecia aceitar as declarações de Roosevelt, desde o discurso sobre o Arsenal da Democracia até a aprovação do Lend-Lease, como um forte sinal de que a guerra estava chegando. Em 8 de janeiro de 1941, menos de duas semanas após o discurso em que Roosevelt o chamou de mentiroso e o ameaçou publicamente, Hitler convocou uma conferência dos chefes de suas forças armadas, o exército (Heer), a marinha (Kriegsmarine) e a força aérea (Luftwaffe), em sua residência em Berghof, em Obersalzberg.[19] Aparentemente realizada para discutir seus planos para os Bálcãs e o norte da África, a reunião deu a Hitler mais uma oportunidade de proclamar seu próprio brilhantismo geopolítico. Parte desse brilhantismo consistia em assegurar a seus generais e almirantes que, se a guerra com os Estados Unidos acontecesse, ele poderia dominar a situação. Não se preocupe com o fato de os EUA se unirem à Grã-Bretanha, disse Hitler. As possibilidades produtivas de uma Europa dominada pela Alemanha eram significativamente superiores. Ele estava "firmemente convencido de que o armamento e os recursos econômicos da Europa ofereciam possibilidades muito maiores" do que a força combinada do Reino Unido e dos EUA.[20] É claro que isso significava que ele teria que derrotar Stalin primeiro. Se a Alemanha se encontrasse em guerra com a Grã-Bretanha, os Estados Unidos e a URSS, a situação seria "muito complicada".[21] Portanto, seu próximo passo, a menos que por fim conseguisse convencer a Grã-Bretanha a aceitar um acordo de paz, seria conquistar a URSS. Feito isso, a Alemanha estaria segura no continente.

Essa meditação sobre a necessidade de conquistar os recursos soviéticos antes que os EUA entrassem na guerra tornou-se uma parte regular das conversas de Hitler. Em discussões com o chefe da Marinha alemã, Almirante Raeder, o ditador se perguntava se poderia tentar os japoneses a tomar medidas militares para desviar os americanos e os britânicos. Em março de 1941, Raeder falou sobre como o Japão "deve" ser incentivado a atacar a base naval britânica em Cingapura "já", porque os EUA ainda não estavam "preparados para a guerra".[22] Em abril, Hitler repetiu esse apelo e perguntou como o Japão poderia ser "induzido a atacar Cingapura".[23]

Mais fatalmente ainda, na mesma época, Hitler, por meio de seu Secretário de Relações Exteriores, Ribbentrop, começou a instigar os japoneses a se mudarem para o sul do Vietnã.[24] Então parte do Império Francês, o Vietnã era supostamente o território imperial do regime de Vichy, mas os franceses não tinham como defendê-lo do poder japonês. Na segunda metade de 1940, os japoneses deslocaram forças para o norte do Vietnã, mas deixaram o sul desocupado. Em 1941, eles começaram a olhar para o sul, já que as fracas forças de Vichy pareciam incapazes de detê-los; tomar o sul seria uma etapa necessária se o Japão pretendesse atacar Cingapura, então parte das Índias Orientais Holandesas. Hitler via esse movimento como sendo exatamente o que ele queria para distrair os Estados Unidos, e garantiu aos japoneses que os apoiaria se qualquer movimento em direção ao sul resultasse em guerra com os americanos.

A política de Hitler fez o tempo passar. Quando a Alemanha atacou a União Soviética, deu início à ação japonesa e à ação do país americano que levou diretamente a Pearl Harbor. Em primeiro lugar, a invasão da União Soviética convenceu Roosevelt de que ele precisava dobrar a aposta no confronto com Hitler. Em 11 de julho, durante uma de suas conversas noturnas com Harry Hopkins, arrancou um mapa do Atlântico Norte de um exemplar da *National Geographic* e desenhou uma linha dividindo o oceano em duas partes desiguais.[25] O segmento menor se estendia da Europa, em torno do Reino Unido, até o oceano. A parte maior cobria os dois terços restantes da via marítima vital, incluindo tudo, desde as costas dos EUA e do Canadá até o leste da Groenlândia e da Islândia.

Roosevelt estava dividindo o Atlântico em zonas americanas e britânicas. Ele estava propondo que os Estados Unidos, completamente contra todas as leis de guerra para potências neutras, assumissem a proteção do comércio em sua área, reduzindo muito a responsabilidade da Marinha Real e permitindo que os britânicos fornecessem uma proteção muito maior para os navios mercantes em águas britânicas e europeias. É claro que Hitler poderia ordenar ataques na zona americana que Roosevelt logo declararia, mas isso daria ao presidente seu *casus belli*[VII]. Se, por algum motivo, Hitler não atacasse, Roosevelt pelo menos teria simplificado a vida dos britânicos.

Depois de desenhar seu mapa, ordenou que Hopkins fosse de imediato para a Grã-Bretanha para falar com Churchill e comunicar seu plano e, em seguida, para a União Soviética para falar com Josef Stalin e informar ao ditador soviético que os Estados Unidos estavam

[VII] Em latim no original. "Ocasião para a guerra", "ato que justifica a guerra".

dispostos a fornecer a ele uma grande quantidade de apoio em sua luta contra Hitler. Roosevelt estava montando a grande coalizão.

Se a Barbarossa aumentou a agressividade de Roosevelt, ela também tornou os japoneses mais propensos a riscos. Eles por fim decidiram tomar o sul do Vietnã, partindo do pressuposto de que a vitória alemã na Europa estava praticamente garantida. Em 28 de julho, as forças japonesas começaram a ocupar o sul do país, tendo forçado o regime de Vichy a concordar.

Roosevelt, em retaliação, lançou uma bomba econômica sobre o Japão. Ele não apenas congelou todos os ativos japoneses nos Estados Unidos, mas também embargou a venda de petróleo dos EUA (uma medida logo copiada por Winston Churchill). Com uma canetada, Roosevelt cortou 75% do comércio exterior do Japão e fechou a fonte de 88% do petróleo do país no exterior. Ele forçou os japoneses a enfrentarem a mais fatídica das escolhas: ceder humilhantemente às suas exigências de retirada ou ir à guerra para obter petróleo para manter sua economia e suas forças armadas funcionando. Eles logo escolheriam a segunda opção.

Roosevelt talvez nunca tenha previsto que o Japão daria o passo extraordinariamente arriscado de entrar em guerra com os Estados Unidos, cuja economia era talvez vinte vezes maior que a sua. Mas ele estava disposto a correr o risco, aberto a qualquer coisa para entrar na guerra — e ainda sentindo que não poderia fazê-lo diretamente até que outra pessoa disparasse primeiro.

A continuação de seu dilema ficou clara pouco mais de uma semana após a sanção aos japoneses. A bordo de um navio de guerra atracado na costa de Newfoundland, Roosevelt cumprimentou Winston Churchill em uma das mais famosas reuniões de cúpula da Segunda Guerra Mundial, conhecida como Conferência de Argentia. Churchill esperava obter um compromisso de Roosevelt para que os Estados Unidos entrassem na guerra. Em vez disso, ele foi subjugado pelo clássico charme do americano. O presidente proferiu palavras calorosas sobre o apoio dos EUA à Grã-Bretanha, mas se recusou a dizer qualquer coisa que sugerisse um compromisso definitivo de lutar. Sua única conquista real foi uma declaração conjunta de princípios, que ficou conhecida como Carta do Atlântico. Usando frases pomposas, os dois líderes expressaram seu apoio à democracia e à liberdade, embora, na verdade, a carta fosse tão anti-imperialista quanto antinazista. Churchill, no entanto, assinou, receoso de fazer algo que ofendesse o charmoso presidente americano. Quando a conferência terminou, o sentimento predominante no primeiro-ministro era a decepção.[26]

De certa forma, Churchill tinha razão em se sentir assim; Roosevelt ainda estava jogando um jogo de fazer causa comum com a Grã-Bretanha, ameaçando Hitler verbalmente, tentando incitar os alemães à ação, mas hesitando em declarar guerra primeiro. E Hitler, por um tempo, parecia determinado a não dar essa satisfação ao presidente. Depois de Argentia, Roosevelt enviou navios de guerra dos EUA para patrulhar o Atlântico, logo entrando em conflito com submarinos alemães. Em 4 de setembro, ocorreu um confronto bastante confuso quando um submarino alemão e um destróier americano, o *Greer*, entraram em ação. O que aconteceu de fato não está totalmente claro, mas Roosevelt retratou o fato como um ataque alemão covarde a um navio americano que estava em paz. Em 11 de setembro, o presidente iniciou uma política de tiro à vista na zona americana, permitindo que os navios dos EUA atacassem qualquer coisa que considerassem um alvo.

A resposta de Hitler mostrou como as ações de Roosevelt o haviam convencido de que os americanos logo entrariam na guerra. Os sucessos iniciais da Barbarossa, que incluem as forças alemãs cercarem e destruírem um grande número de Exércitos russos, pareciam ter convencido o líder alemão de que a vitória sobre os soviéticos era iminente. Em 17 de setembro, menos de uma semana depois que Roosevelt emitiu sua política de "tiro à vista", Hitler e o Almirante Raeder se reuniram com Ribbentrop e oficiais superiores do Exército alemão para analisar as ações de Roosevelt.[27] Raeder apresentou um relatório detalhado sobre a situação no Atlântico Norte à luz da nova política americana, afirmando que o presidente havia basicamente transformado todo o Atlântico em um lago estadunidense. Ele aconselhou a Alemanha a apressar uma guerra com os Estados Unidos, desafiando a política de Roosevelt e exigindo que a zona de neutralidade dos Estados Unidos fosse respeitada somente até 32 quilômetros da costa americana. Além disso, a frota alemã, incluindo seus submarinos, teria liberdade para atacar qualquer navio que quisesse.

A resposta de Hitler não foi negativa. Querendo apenas ganhar um pouco mais de tempo, ele disse a Raeder que a invasão russa deveria ser resolvida até o final do mês e, portanto, ele não queria nenhum compromisso que pudesse levar a um grande confronto com a América antes de "meados de outubro".[28]

No final, o catalisador que Roosevelt estava procurando não veio do Atlântico, mas do Pacífico. Quando os japoneses atacaram Pearl Harbor, em 7 de dezembro de 1941, o presidente ficou chocado e irritado, mas estava pronto para agir.[29] E o fez declarando guerra imediatamente ao Japão, mas não à Alemanha. Roosevelt não podia imaginar que Hitler não lhe faria o favor de declarar guerra primeiro.[30] Quatro dias depois, em 11 de dezembro, totalmente condicionado pelas decisões de Roosevelt e confiando em sua própria visão otimista do poder alemão, Hitler declarou guerra aos Estados Unidos. Roosevelt havia usado sua máscara com perfeição, e os EUA estavam agora em uma guerra com a Alemanha, tal como ele queria.

17

Roosevelt, Churchill, Hitler e o supercampo de batalha ar-mar

Depois de 7 de dezembro de 1941, nem Franklin Roosevelt nem Winston Churchill tinham dúvidas sobre o resultado da Segunda Guerra Mundial. Ambos estavam convencidos de que a Alemanha, a Itália e o Japão seriam pulverizados. O que eles discordavam, às vezes de forma tensa, era sobre a melhor maneira de fazer isso. Eles tinham prioridades estratégicas muito diferentes, o que levou a algumas discussões exaustivas sobre a melhor forma de levar a guerra ao coração da Europa nazifascista. No entanto, apesar de todas essas discordâncias, eles estavam unidos por uma coisa, e isso os manteve alinhados nos momentos mais difíceis. No final, tal conduta os levou a criar a aliança mais próxima e bem coordenada da história militar moderna.

O que mantinha Roosevelt e Churchill unidos era a crença de que o que acontecia nos campos de batalha da Europa era secundário. Enquanto os Aliados controlassem as comunicações mundiais, ambos estavam convencidos de estarem no caminho da vitória. Assim, eles julgavam que, quando os grandes exércitos terrestres britânicos e americanos entrassem em combate com a Alemanha em algum lugar do continente (e eles discordavam muito sobre onde deveria ser), isso representaria a morte dos impérios nazista e italiano. Portanto, o estrangulamento aéreo e marítimo da Alemanha e da Itália, precedendo essa guerra terrestre, seria crucial para determinar a duração e a gravidade do conflito.

Essa luta de comunicações, que ocorreu em uma vasta área, pode ser chamada de supercampo de batalha ar-mar. Foi uma disputa extrema em termos de comprimento, largura, profundidade e esforço.[1] Ela se estendeu dos portos da América do Sul e do Norte por todo o Oceano Atlântico; também chegou ao redor da Noruega até Murmansk, e pelo Estreito de Gibraltar até o Canal de Suez. Cobriu os céus da Europa, desde o sul da Itália até a costa do Báltico — e, sobretudo, as principais cidades e os centros industriais da Alemanha. Esse supercampo de batalha ar-mar consumiu muito mais produção industrial do que a famosa guerra terrestre, às vezes em uma quantidade significativa. A Alemanha dedicou, no mínimo, dois terços de sua produção anual de guerra a armas e munições ar-mar e, em 1944, esse número seria superior a 70%. Para os Estados Unidos e o Reino Unido, o número era ainda maior.[2]

Suas experiências anteriores com a guerra haviam ensinado a Roosevelt e Churchill a importância vital de controlar o supercampo de batalha ar-mar e, dessa forma, eles tinham uma enorme vantagem sobre Adolf Hitler, com suas experiências de guerra e de vida mais limitadas. A visão de Hitler sobre o poder aéreo e marítimo era, sobretudo nos primeiros anos da guerra — antes de ser repetidamente confrontado com a realidade da superioridade aérea e naval dos Aliados —, a de que esses recursos eram apenas uma extensão da guerra terrestre. Ele nunca pareceu ver o poder aéreo e marítimo como Churchill e Roosevelt viam: uma forma de controlar o fluxo de bens civis, suprimentos e equipamentos militares. Apesar de toda a sua exposição a armas e tecnologias modernas, ele permaneceu um soldado de infantaria, com uma compreensão da guerra ainda presa às trincheiras da última guerra. "As armas do futuro?", perguntou retoricamente ao seu público em uma noite de agosto de 1941, antes de, naturalmente, responder a si mesmo: "Em primeiro lugar, o exército terrestre, depois a aviação e, apenas em terceiro lugar, a marinha".[3]

Os motivos apresentados por Hitler para sua classificação revelam sua compreensão limitada do poder militar. Embora sua própria economia de guerra estivesse dedicando mais recursos à produção de aeronaves do que a qualquer outra coisa, ele via o poder aéreo quase exclusivamente como uma forma de artilharia móvel, útil para apoiar as tropas no campo de batalha ou, ocasionalmente, como um meio de aterrorizar as populações inimigas. Quanto à marinha, ele havia visto a maioria de seus navios de guerra serem afundados ou obrigados a buscar refúgio no porto, inclusive o famoso encouraçado *Bismarck*, que havia sido destruído pelo poder aéreo e marítimo britânico menos de três meses antes. Com dúvidas sobre o valor de uma frota de superfície, Hitler lançou um ataque ao conceito de "grande navio de guerra" por completo. "A marinha... não mudou, por assim dizer, desde a Primeira Guerra Mundial. Há algo de trágico no fato de que o encouraçado, esse monumento da engenhosidade humana, perdeu toda a sua razão de ser...".[4]

Seis dias depois de Pearl Harbor, em 13 de dezembro de 1941, Winston Churchill embarcou no enorme encouraçado britânico *Duke of York* e, em meio a ondas profundas e ventos fortes do inverno do Atlântico Norte, viajou para seu primeiro encontro com Franklin Roosevelt como aliados de guerra. Em 22 de dezembro, o encouraçado atracou no pátio da Marinha do Norte, e Churchill correu para o norte, para Washington, onde foi logo instalado na Casa Branca. Nas três semanas seguintes, durante o que foi chamado de Conferência Arcádia, ele esteve lado a lado com Roosevelt — jantando, conversando, fumando e, às vezes, até entrando no quarto um do outro enquanto ainda estavam em trajes íntimos ou parcialmente vestidos.

Os dois formavam um par estranho. Roosevelt, o americano complacente, mantinha à mão um grande suprimento de champanhe, conhaque e uísque. Churchill se sentiu em casa na Casa Branca, montando a própria sala de mapas (que Roosevelt imitou mais tarde, estabelecendo a sua bem ao lado do Salão Oval) e mantendo seu hábito preferido de longas conversas regadas a álcool que se estendiam até tarde da noite.[5] Essas conversas duravam mais tempo do que Roosevelt, que adorava dormir, teria preferido, mas ele — muitas vezes acompanhado por Harry Hopkins, que também morava na Casa Branca — fazia o possível para acompanhá-las.[I] Essas conversas noturnas foram, em muitos aspectos, as discussões mais importantes da conferência e permitiram que os líderes de guerra tentassem resolver suas diferenças longe de todos, exceto do confiável Hopkins.[6]

Durante esses bate-papos e as reuniões mais formais com seus oficiais, os dois estrategistas se debruçaram sobre os problemas do presente e do futuro, e tentaram imaginar do que precisariam para combater a guerra que estava por vir. Grande parte da conferência tratou de questões funcionais, pois os líderes tentaram estabelecer uma estrutura mais formal para a liderança de guerra anglo-americana, incluindo conselhos conjuntos para transporte e recursos naturais e um Estado-Maior Conjunto, para que todas as operações militares fossem planejadas da forma mais cooperativa possível.

Além da estrutura, os líderes tinham que pensar em como vencer a guerra no menor número possível de anos. Como Roosevelt disse logo no início das discussões, eles precisavam olhar para o futuro por pelo menos dois anos, porque qualquer coisa que decidissem, para "aviões, tanques [ou] munição", não seria produzida nas quantidades necessárias para concluir uma estratégia para vencer a guerra antes de então.[7] De fato, durante as três semanas da conferência, Churchill e

---

[I] Durante essa conferência, Roosevelt iniciou o processo de limitar as conversas mais importantes a reuniões apenas com ele mesmo e com assessores selecionados, como Hopkins. Convidou ministros do gabinete, como Henry Stimson, para participar de reuniões maiores, mas logo decidiu que eles não eram úteis e se certificou de não envolvê-los em conferências futuras, como as Conferências de Casablanca e Teerã/Cairo, sempre que possível.

Roosevelt passaram horas sozinhos ou com seus conselheiros tentando entender essa vasta questão.

O transporte marítimo e o controle do mar figuraram em quase todas as discussões de diferentes maneiras, com ambos os líderes demonstrando seu conhecimento detalhado — às vezes até se exibindo um pouco um para o outro. Em 4 de janeiro de 1942, Roosevelt e Churchill sentaram-se com seus líderes militares para uma das discussões mais abrangentes. Eles abordaram uma variedade de questões, concentrando-se nas operações "Exército-Marinha", que Roosevelt destacou como tendo importantes "considerações políticas" (uma maneira rooseveltiana de dizer que eram muito importantes).[8] Uma das operações mais importantes que eles estavam considerando tinha o codinome Gymnast (uma investida anfíbia britânica para tomar o norte da África francesa) ou Super-Gymnast (se os americanos também se juntassem). Tanto Roosevelt quanto Churchill mostraram seu pensamento naval como se fossem mais uma vez secretário assistente da Marinha e Primeiro Lorde do Almirantado, respectivamente. Roosevelt queria ser informado sobre as "condições do mar" na possível área de invasão, e foi informado de que, nessa época do ano, haveria "ondas fortes e grandes".[9] Churchill, por outro lado, entrou em detalhes sobre o uso de porta-aviões, dizendo que essa era uma consideração importante, pois a vulnerabilidade deles aos ataques de submarinos alemães significava que "o fator tempo para o descarregamento teria que ser reduzido".[10] A tarde foi dedicada para o poder no ar.

Após o término da conferência formal, os líderes voltaram para as salas privadas da Casa Branca, e o general comandante das forças aéreas do Exército dos EUA, Henry A. "Hap" Arnold, foi levado para reuniões privadas. Ele começou com Hopkins, quase como uma sessão de aquecimento para se preparar para seus encontros com os senhores da guerra. Os dois examinaram os detalhes do programa de produção aérea dos EUA e os planos de implantação e, em seguida, o general se reuniu sozinho com Churchill para discutir a construção e a alocação de aeronaves nos Estados Unidos para serem enviadas à Grã-Bretanha. Churchill pareceu satisfeito e, para a surpresa de Arnold, pediu ao americano que comentasse sobre a estrutura do comando aéreo britânico, dizendo-lhe que algumas mudanças importantes de pessoal estavam para acontecer na RAF, as quais Arnold deveria manter em sigilo.[11]

Em seguida, Arnold foi levado ao escritório do presidente para o ponto alto da noite, um *tête-à-tête* de 45 minutos com Roosevelt. Eles abordaram todas as questões importantes do dia no que se refere ao poder aéreo. O presidente questionou seu comandante aéreo sênior sobre a distribuição de aeronaves, perguntando quantas estavam indo para a Irlanda, a Inglaterra e o norte da África. Ele estava, como sempre, particularmente interessado nos detalhes do programa de construção de aeronaves das Forças Aéreas do Exército dos Estados Unidos, querendo que o maior número possível de aeronaves fosse construído e o enviado o quanto antes. Por fim, Roosevelt voltou-se para Arnold e perguntou "se poderíamos ou não" atingir a meta planejada de construção de aeronaves dos EUA "e quais seriam os obstáculos em nosso caminho". Arnold tentou garantir ao presidente que as coisas estavam sob controle e, mais tarde, lembrou que, no final da reunião, Roosevelt estava de acordo com o plano de construção em "todos os aspectos".[12] O programa de construção de Arnold acabaria ficando muito aquém de suas metas, e a reação enérgica e irritada de Roosevelt a esse fracasso mostraria como ele estava profundamente envolvido na guerra aérea naquela época — mais até do que Churchill, e a um mundo de distância de Adolf Hitler com seus horizontes estratégicos limitados.

As claras diferenças entre Hitler, de um lado, e Roosevelt e Churchill, de outro, determinariam os próximos dois anos da Segunda Guerra Mundial. Essas diferenças se estendiam além das visões da guerra aérea e marítima, chegando a métodos e tendências importantes no exercício do poder estratégico. As experiências de Arnold com

Roosevelt e Churchill em 4 de janeiro foram típicas de como ambos operavam. Em geral, eles estavam à procura de informações que os ajudassem a tomar decisões — e normalmente (Roosevelt mais do que Churchill) tinham o cuidado de limitar suas decisões aos níveis mais altos da grande estratégia. Os dois se empenharam nas decisões gerais sobre a criação e a aplicação do poder militar, deixando os detalhes para os que estavam abaixo deles. Eles decidiriam as prioridades para os programas de construção, moldando as forças armadas de acordo com suas perspectivas estratégicas, mas permitiriam que suas forças armadas decidissem sobre as especificidades de cada equipamento. Roosevelt, por exemplo, estava determinado a que os Estados Unidos controlassem o ar e garantiu bilhões de investimento na construção de aeronaves. Ele deixou a cargo das forças aéreas do Exército e da Marinha dos EUA (que acabaram por formar uma das maiores forças aéreas do mundo) determinar os tipos e as especificações das aeronaves necessárias para alcançar o domínio.

Quando se tratava da aplicação do poder militar, eles agiam de forma semelhante. Cada um tinha ideias claras de onde a guerra deveria ser travada. Churchill esperava se concentrar principalmente no norte da África e depois no Mediterrâneo de 1942 a 1944. Quando chegou a hora de planejar as famosas operações, como a Batalha de El-Alamein ou a invasão da Sicília, ele permitiu que os comandantes dos teatros de operações continuassem com o trabalho da maneira que considerassem adequada. Roosevelt, quando muito, era ainda menos intrusivo. Ocasionalmente, ele tomava decisões sobre ações no teatro de operações — a mais famosa talvez tenha sido na Guerra do Pacífico, em 1944, quando decidiu apoiar uma invasão das Filipinas em vez de um ataque a Taiwan —, mas quase sempre deixava a decisão específica de como iniciar as operações para seus comandantes.

Dessa forma, tanto Roosevelt quanto Churchill compreendiam seus pontos fortes e fracos de uma forma que era estranha a Adolf

Hitler. O ditador alemão estava convencido de sua própria genialidade e desconfiava de dar muito poder aos outros. Enquanto Roosevelt e Churchill gostavam de fazer perguntas e aceitavam o debate, Hitler preferia seus próprios monólogos tediosos e se cercava de conselheiros que concordavam entusiasticamente com tudo o que dizia. Portanto, ele se sentia livre para interferir sem cessar nas decisões em todos os níveis — chegando a criar estruturas de poder concorrentes, o que resultava em incoerência estratégica. Essa desorganização, porém, lhe era útil, pois permitia que ele manipulasse disputas internas e mantivesse o controle absoluto. Dessa forma, ele não apenas decidia o que construir, mas também interpunha suas ideias nos mínimos detalhes de equipamentos e planejamento. Um dos melhores exemplos foi sua decisão de pegar o que seria o primeiro caça a jato operacional do mundo, o Messerschmitt Me 262, e atrasar sua eventual aparição nos céus da Alemanha em uma tentativa vã e tola de transformar a aeronave em um bombardeiro de mergulho, para que ele pudesse ter uma arma com a qual revidar os bombardeios britânicos sobre as cidades alemãs.

Quando se tratava de operações militares, Hitler podia assumir o controle de unidades em qualquer lugar, tanto na linha de frente quanto na de retaguarda, dando-lhes ordens mesmo quando não tinha conhecimento do terreno ou das condições de combate que estavam enfrentando. Ele exigia regularmente que as unidades realizassem operações que não tinham chance de cumprir, ordenando que se mantivessem firmes em todas as circunstâncias. Era como assistir a um garoto do ensino médio brincando de guerra em um mapa.

No que se refere ao poder aéreo e marítimo, a interferência e a necessidade de controle de Hitler desempenharam um papel importante para acelerar a derrota da Alemanha. Roosevelt e Churchill, por outro lado, fizeram uma diferença significativa, ajudando a garantir que os Aliados vencessem a guerra aérea e marítima da forma mais abrangente possível. O primeiro passo no caminho para a vitória na guerra ar-mar foi garantir o controle dos Aliados sobre o movimento de mercadorias e suprimentos através do Oceano Atlântico. Para isso, eles precisavam encontrar uma maneira de conter a ameaça representada pelos alemães na Batalha do Atlântico.

Essa batalha, conduzida sobretudo por submarinos do lado alemão, mas ocasionalmente por embarcações de superfície e aeronaves de longo alcance, foi a campanha mais eficiente e moderna que a Alemanha poderia ter realizado. O afundamento dos navios mercantes dos Aliados durante o trânsito das Américas para a Grã-Bretanha alcançou uma série de objetivos que a simples destruição no campo de batalha jamais poderia alcançar. Destruiu uma grande quantidade de matérias-primas antes que chegassem à Grã-Bretanha ou aos Estados Unidos, reduzindo, assim, a produção de equipamentos de guerra nas fábricas locais. Os alvos também incluíam navios mercantes carregados com munições acabadas destinadas aos campos de batalha do norte da África ou da Europa, privando assim os soldados aliados da possibilidade de usá-las contra soldados alemães ou italianos. Por fim, a campanha alemã forçou britânicos e norte-americanos a desviar grandes quantidades de equipamentos militares para desenvolver suas próprias capacidades antissubmarinas e a capacidade de transporte mercante — tanto que essa foi uma das campanhas mais caras que os Aliados lutariam em 1942 e na primeira metade de 1943. Nenhum simples combate terrestre poderia ter tido esse tipo de impacto holístico.

Hitler, no entanto, não entendeu isso até que fosse tarde demais. Seu interesse na guerra marítima foi intermitente e prejudicial. Ao entrar na Segunda Guerra Mundial, seu foco estava quase inteiramente na construção de navios de superfície, não de submarinos. Mesmo quando foi demonstrado como os navios de superfície alemães eram vulneráveis ao poder aéreo e marítimo britânico durante os dois primeiros anos da guerra, o valor investido na produção de submarinos alemães ainda estava defasado. Se Hitler tivesse se dado ao trabalho de priorizar a construção de submarinos antes, eles poderiam ter sido uma arma extremamente potente contra a capacidade britânica de fazer a guerra.

A invasão da Noruega e a queda da França em abril e junho de 1940 deram à Alemanha acesso a bases navais que lhe permitiram flanquear a Marinha Real em ambos os lados das Ilhas Britânicas. Mas, com menos de quarenta submarinos operacionais, os alemães não conseguiram aproveitar ao máximo essa vantagem. As novas bases alemãs levaram temporariamente a um aumento nos afundamentos, pois os britânicos tinham poucas embarcações de escolta, mas, graças à prioridade de Churchill para a guerra no mar, a Marinha Real logo obteve acesso a embarcações de escolta melhores e em maior quantidade, e os afundamentos alemães no segundo semestre de 1941 caíram para o nível mais baixo desde a queda da França.

Quando os Estados Unidos entraram na guerra, Hitler se deparou com a realidade de estar enfrentando a maior potência industrial do mundo. Essa realidade era quase demais para ele compreender. Ao saírem da Conferência de Arcadia, Roosevelt e Churchill concordaram que a navegação mercante teria alta prioridade na construção, e anunciaram planos ambiciosos para garantir que material e mão de obra suficientes pudessem ser enviados à Europa para uma invasão até 1944, no máximo.[13] De fato, em 1942, somente os construtores navais dos EUA produziram aproximadamente 5,5 milhões de toneladas de navios mercantes e mais do que dobrariam esse número em 1943.

Hitler, entretanto, permaneceu em negação e se recusou a aceitar que os Aliados pudessem produzir navios mercantes em um ritmo parecido com aquele. Ele e seus conselheiros navais procuraram as desculpas mais frágeis para tentar justificar seu ceticismo. Em maio de 1942, o Almirante Karl Dönitz, comandante da força alemã de submarinos, afirmou que os EUA e o Reino Unido juntos só poderiam construir cinco milhões de toneladas de navios mercantes em 1942 como um todo.[14]

O líder nazista concordou. Em setembro, durante uma conferência realizada especificamente para discutir o agravamento da situação na guerra contra a navegação anglo-americana no Atlântico, Hitler declarou com convicção — e sem evidências — que "a taxa mensal de afundamentos [de navios mercantes] continuará a ser tão alta que o inimigo não poderá substituir suas perdas por novas construções". Além disso, afirmou que era impossível para os Aliados construírem navios mercantes em qualquer lugar com a mesma rapidez que a "propaganda" deles. "Mesmo que o inimigo conseguisse lançar navios com relativa rapidez, ele ainda não teria os motores necessários, os motores auxiliares, outros equipamentos e, acima de tudo, as tripulações para esses navios."[15] O motivo pelo qual os Aliados não teriam os motores nunca foi especificado. Era tudo ilusão travestida de sabedoria.

Quando não estava vivendo nesse estado de negação, Hitler muitas vezes se distraía com suas atividades amadoras em questões de construção e tecnologia naval. Nos primeiros seis meses de 1942, ele passou grande parte do tempo com seus conselheiros navais imaginando a construção de uma frota alemã de porta-aviões. Embora a Alemanha ainda não tivesse concluído um único porta-aviões e não tivesse nenhuma experiência em operar e manter um, muito menos em construir porta-aviões eficazes e operá-los como parte de uma força-tarefa naval, Hitler imaginou a criação de uma série de diferentes navios de grande porte. Em março, ele disse ao alto comando de suas forças armadas, incluindo o Almirante Raeder, que o trabalho de construção de porta-aviões era "urgentemente necessário" e que ele daria instruções diretas para a Luftwaffe para tornar o desenvolvimento deles uma prioridade.[16] Em abril, discutiu com Raeder a conclusão do único porta-aviões alemão, o *Graf Zeppelin*, que estava em construção. Mesmo quando o almirante disse que ele não seria "concluído antes do inverno de 1943" por causa de problemas na fabricação de todos os novos equipamentos, como catapultas de lançamento, Hitler deixou de lado suas preocupações.[17] Ele alegou que, "em geral, as forças armadas estabeleceram requisitos muito altos" e continuou falando sobre a importância de a Alemanha começar a desenvolver torpedos de porta-aviões.[18] Em maio, Hitler levou seus sonhos a níveis ainda mais extremos, dizendo que a melhor maneira de a Alemanha entrar na aviação naval era construir quatro porta-aviões de escolta (não havia nenhum em construção na época) e iniciar a produção em massa de porta-aviões (ainda que nenhum tivesse saído do estágio de protótipo).[19] Em junho, para satisfazer essa fantasia, a marinha lhe informou sobre os planos para começar a coletar imediatamente os materiais para construir seus quatro porta-aviões, que foram batizados, em homenagem à visão de Hitler da grandeza militar alemã e da subjugação europeia, de *Europa*, *Potsdam*, *Seydlitz* e *Gneisenau*.[20]

Enquanto imaginava essa nova frota, Hitler também estava se convencendo de que entendia a mecânica da propulsão de navios muito melhor do que os engenheiros navais. Talvez o exemplo mais extraordinário de suas reflexões sobre navios tenha sido durante um jantar em junho de 1942, com a presença do Almirante Theodor Krancke, comandante do pequeno encouraçado *Admiral Scheer*. Neste evento, Hitler questionou se a própria marinha sabia o que estava fazendo. Sem qualquer conhecimento sobre resistência hidrodinâmica, aerodinâmica ou leis dos rendimentos decrescentes, ele deu uma palestra ao almirante sobre propulsão de navios:

> Você não pode negar que o projeto e o método de propulsão dos navios atuais estão desatualizados. Com os navios de guerra, já chegamos a um ponto em que o aumento da potência de propulsão não leva a aumento correspondente da eficiência. Você descobre que um encouraçado de mais de 45.000 toneladas com motores de 136.000 cavalos de potência opera a 30 nós, enquanto um porta-aviões da metade do tamanho

> com motores de 200.000 cavalos de potência atinge apenas 35 nós! Obviamente, algo está errado com a matemática... Só posso esperar que nossos especialistas navais finalmente se deixem persuadir de que seus métodos atuais de projeto e construção de navios estão desatualizados.[21]

No final, é claro, Hitler não completaria nenhum porta-aviões e não reescreveria as leis de propulsão de navios de superfície. Mas os primeiros seis meses de 1942 deram a ele a capacidade de sonhar que tudo estava sob controle. No final do ano anterior, a entrada dos Estados Unidos na guerra havia proporcionado aos alemães uma grande oportunidade. Para tentar se recuperar da humilhação do ataque japonês a Pearl Harbor e deter a expansão japonesa, a Marinha dos EUA havia deliberadamente priorizado a guerra no Pacífico. O teatro do Atlântico ficou, portanto, sem navios de escolta americanos, o que fez com que a proteção de comboios fosse impossível em qualquer lugar próximo aos Estados Unidos. Deixados à própria sorte, os navios mercantes foram massacrados enquanto navegavam em uma vasta área desde o Golfo do México até a costa leste dos EUA. As perdas resultantes foram históricas, pois um número muito pequeno de submarinos alemães conseguiu patrulhar à vontade em um ambiente tão rico em alvos que precisou racionar torpedos. No final, os alemães afundaram 526 embarcações, pesando um total de 2.832.000 toneladas entre janeiro e junho de 1942, o maior número semestral que eles alcançariam durante a guerra.[22]

Esse massacre foi o pior momento de Franklin Roosevelt como grande estrategista durante a guerra. Como sua escolha preferida para coordenar as forças armadas, o Almirante Leahy, estava preso na França como embaixador e só voltaria aos Estados Unidos em junho, Roosevelt ficou sozinho tentando atuar como árbitro entre o Exército dos EUA, liderado por George Marshall, e a Marinha dos EUA, liderada por Ernest King. Este, encarregado das embarcações navais dos EUA, estava determinado a enviar tudo o que fosse possível para o Pacífico e se recusou a instituir um sistema de comboios para proteger as embarcações mercantes em qualquer ponto da costa leste, embora os Estados Unidos tivessem prometido ostensivamente ter a Alemanha como foco na guerra. Marshall, determinado a aumentar as forças na Grã-Bretanha para um ataque antecipado ao continente europeu, se enfureceu contra essa falta de proteção e implorou que Roosevelt ordenasse a King que iniciasse os comboios. Dividido entre seus dois comandantes mais graduados, Roosevelt prevaricou. Incapaz de usar seu charme para resolver o problema do círculo entre o exército e a marinha, ele deixou que as forças armadas se autogerissem, o que fez com que King se recusasse a enviar navios suficientes ao Atlântico para instituir um sistema de comboios.

A paralisia americana nessa questão causou um verdadeiro desespero em Churchill. Durante toda a primavera de 1942, ele importunou e persuadiu Roosevelt e Hopkins a fazerem algo, qualquer coisa, para que a Marinha dos EUA transferisse as escoltas do Pacífico para o Atlântico. Ele até se ofereceu para enviar navios britânicos para patrulhar a costa dos EUA, mas essa oferta não deu em nada. No final, foi preciso esperar até o verão para que Roosevelt ordenasse a King que iniciasse os comboios — e King ficou feliz em obedecer. A produção de novos navios americanos significava que ele não precisava transferir nada significativo do Pacífico para que isso acontecesse. Logo depois que os comboios foram instituídos, os afundamentos de submarinos alemães na costa americana caíram drasticamente.

Roosevelt considerou toda a experiência frustrante e exaustiva — o tipo de problema de tomada de decisão que ele detestava e o motivo pelo qual começou a discutir a nomeação de Leahy como coordenador de política estratégica em 1939. Felizmente para Roosevelt, isso não se repetiria. Em junho de 1942, ele conseguiu trazer Leahy de volta da França de Vichy e, em julho, nomeou-o chefe de gabinete e membro sênior do Estado-Maior Conjunto (mais tarde renomeado presidente do Conjunto).[II] A partir desse ponto, Roosevelt pôde usar Leahy como executor de seus desejos estratégicos, o que reduziu enormemente o tempo que ele passava interagindo com King e Marshall.[23] Não haveria repetição do massacre dos navios do início de 1942.

Depois de afastar a ameaça alemã da costa dos EUA, Roosevelt e Churchill estavam determinados a fazer tudo o que estivesse ao seu alcance para garantir que isso nunca acontecesse de novo. No papel, parecia que as coisas poderiam piorar muito em 1943.[24] Eles começaram a receber relatórios de que o número de submarinos alemães estava prestes a aumentar — e os relatórios estavam certos. No verão de 1942, Hitler finalmente compreendeu a importância da guerra no mar e fez dos U-boats um dos itens de produção de maior prioridade. Em breve, submarinos alemães recém-construídos estariam caçando no Atlântico Norte.[25]

Hitler por fim notou que uma presença insuficiente de U-boats dificultaria a contenção do envio de materiais de guerra e recursos das Américas para a Europa — uma ameaça capaz de arruinar todos os seus planos. Em junho, reconheceu pela primeira vez que "o conflito submarino acabará decidindo o resultado da guerra".[26] Em julho, pediu a liberação dos soldados que tinham experiência na construção de submarinos de volta às fábricas para ajudar na produção.[27] Em setembro, ele estava realizando conferências dedicadas quase inteiramente à guerra submarino.

No entanto, ele foi mais do que igualado pelos esforços extraordinários de Roosevelt e Churchill. Eles estavam bem cientes de que a Alemanha teria um grande aumento na construção de submarinos em 1943. Churchill forneceu a Roosevelt, em outubro de 1942, um excelente resumo de suas opiniões sobre como a Batalha do Atlântico e a guerra no mar em geral evoluiriam no ano seguinte. Ele declarou que

---

[II] O título completo de Leahy era Chefe de Gabinete do Comandante em Chefe dos Estados Unidos. Em muitos aspectos, seu equivalente mais próximo hoje seria Conselheiro de Segurança Nacional, pois Leahy se reunia com o presidente todas as manhãs e o mantinha informado sobre a situação do mundo.

a guerra contra os submarinos era "nosso maior risco" em toda a guerra. "Haverá muito mais U-boats [em 1943] e eles terão um alcance mais amplo. Nenhuma passagem oceânica será segura."[28]

A solução de Churchill para o problema era clara, simples e onerosa: construir o maior número possível de navios de escolta e colocar um número crescente de navios mercantes em comboios bem defendidos. Nesse esforço, Churchill precisava de Roosevelt, pois as instalações de produção dos EUA tinham capacidade para uma expansão significativa. Em resposta, Roosevelt superou as expectativas (no final, até demais). Embora os EUA estivessem em meio a uma grande crise de produção de guerra e todas as principais prioridades estivessem sendo avaliadas, o presidente, trabalhando com Leahy, certificou-se de que os navios de escolta estivessem no topo da lista (logo abaixo dos porta-aviões e das aeronaves). De fato, no segundo semestre de 1942, o valor gasto com navios de escolta foi maior do que o gasto com todas as embarcações de guerra maiores, como cruzadores, encouraçados e porta-aviões combinados.[29]

A ironia dessa situação é que Churchill e Roosevelt estavam, na verdade, se preparando demais, já que as políticas anteriores de Hitler tornaram a construção de submarinos alemães muito menos poderosa do que parecia no papel. Embora o número de submarinos alemães tenha aumentado enormemente em 1943, dobrando entre abril de 1942 e abril de 1943, a falta de interesse anterior de Hitler fez com que as embarcações construídas na Alemanha não conseguissem competir com a tecnologia e as táticas britânicas e americanas — muito mais avançadas.[30] Os novos submarinos de Hitler eram fáceis de serem encontrados e destruídos pelos submarinos aliados.

A Batalha do Atlântico entre 1940 e 1943 foi dominada pelo U-boat Tipo VII, atualizado com avanços tecnológicos como os detectores de radar Metox, mas, em geral, era um projeto anterior à guerra — com desvantagens significativas. Extremamente lento quando submerso, era incapaz de alcançar os navios mercantes aliados mais novos, bem como as novas embarcações de escolta muito mais rápidas que estavam sendo produzidas pelos estaleiros navais americanos e britânicos. Embora os alemães tenham aumentado a produção, eles estavam produzindo em massa equipamentos antiquados e deficientes.[31]

Essa deficiência seria cruelmente exposta, já que os britânicos e os norte-americanos estavam prestes a melhorar sobremaneira suas capacidades antissubmarinas em 1943. Os dois anos anteriores de guerra antissubmarina haviam dado à Marinha Real, em particular, uma notável compreensão da importância do tamanho e da velocidade do comboio para neutralizar a ameaça dos submarinos (quanto mais rápido o comboio, mais seguro ele era; e, quanto maior ele fosse, mais fácil seria defendê-lo). Além disso, as melhorias dos Aliados no radar e no sonar facilitaram a detecção dos submarinos alemães. As armas antissubmarinas também estavam se tornando cada vez mais eficazes, com cargas de profundidade melhores e até mesmo sistemas de morteiros lançados por navios. Por fim, e talvez o mais importante, os Aliados estavam prestes a lançar ainda mais poder aéreo na guerra antissubmarina.

O papel das aeronaves na detecção e destruição de submarinos cresceu ao longo de 1941 e em 1942. As aeronaves, sobretudo os bombardeiros B-24 *Liberator* de longo alcance especialmente modificados, podiam localizar submarinos com o radar, alertando os comboios sobre as ameaças à espreita, e também eram capazes de atacar suas presas desavisadas antes que os submarinos soubessem que eram alvos. A eficácia desses aviões fez com que, na segunda metade de 1942, os submarinos alemães só pudessem operar em uma área relativamente pequena no meio do Norte, às vezes chamada de brecha do Atlântico Norte, sem medo de ataques aéreos. Até mesmo essa área foi eliminada em 1943 com a introdução dos porta-aviões auxiliares dos Aliados.

O cenário estava pronto, portanto, para o ponto culminante da Batalha do Atlântico em 1943, embora fosse um final muito diferente e menos dramático (e muito mais claro e simples) do que Hitler, Churchill ou Roosevelt jamais haviam imaginado. Isso se deveu ao fato de a liderança estratégica dos Aliados ter fornecido o equipamento certo e deixado os especialistas navais trabalharem. Quando os submarinos alemães começaram a aparecer em grande número na primavera de 1943, eles foram massacrados pela proteção avançada e em camadas dos comboios. Depois disso, a Batalha do Atlântico terminou de forma rápida e decisiva em questão de semanas. Em maio, os alemães haviam jogado a toalha, e os submarinos foram retirados dos canais cruciais do Atlântico Norte. O acúmulo geral de armas para esmagar a Alemanha e a Itália poderia, então, prosseguir sem grandes obstáculos pelo resto da guerra.

Naquele momento, houve uma grande mudança no supercampo de batalha, passando do uso mais defensivo do poder ar-mar para controlar as comunicações no Atlântico para o uso ofensivo do poder aéreo sobre a Alemanha. Essa ofensiva, conhecida como Combined Bomber Offensive, foi uma das campanhas militares mais controversas da Segunda Guerra Mundial. Ela envolveu o emprego de grandes frotas de bombardeiros britânicos e americanos de quatro motores (como o Lancaster britânico e o B-17 americano) para devastar a pátria alemã por meio de ataques aéreos diretos. Esses bombardeiros tiveram duas funções principais em 1943. Os britânicos, que chegavam à noite, faziam ataques de área nas maiores cidades alemãs. O objetivo era devastar grandes partes das áreas urbanas alemãs, matando, ferindo e confundindo os trabalhadores locais e, ao mesmo tempo, destruindo o maior número possível de edifícios para prejudicar a resistência em geral. Os bombardeiros dos EUA, que chegavam de dia, visavam mais especificamente às áreas de produção alemãs, como as fábricas. A expectativa era que, ao devastar seletivamente a capacidade dos alemães de produzir itens de guerra, como aeronaves ou rolamentos de esferas, toda sua estrutura de combate entrasse em colapso.

O papel que Churchill e Roosevelt desempenharam nesse processo foi semelhante ao que tiveram na guerra no mar, embora ainda menos intrusivo. Roosevelt, em particular, mostrou um contraste fascinante quando se tratava do poder aéreo — por um lado, seu maior defensor; por outro, alguém afastado dos detalhes. Depois de decidir, em 1940, que o domínio do poder aéreo era pelo menos tão importante quanto o domínio dos mares, ele fez da construção de aeronaves talvez a mais importante meta de produção americana. Contudo, não desempenhou quase nenhum papel na determinação de como essas aeronaves seriam usadas. Em vez disso, permitiu que Hap Arnold elaborasse a estratégia aérea dos EUA em relação à Alemanha, geralmente se contentando apenas em ser informado e dando apenas uma opinião ocasional.

Churchill se envolvia um pouco mais com os detalhes, embora até mesmo ele se submetesse à equipe aérea em todas as questões técnicas e estratégicas. Um dos melhores exemplos disso é que a RAF, sob o comando do Bomber Command, liderado pelo Marechal Arthur Harris, conduziu uma campanha de três anos de bombardeio de cidades alemãs. Churchill não estava convencido de que esse era o melhor uso do poder aéreo e questionou a estratégia diversas vezes aos seus comandantes seniores, como o chefe do Estado-Maior da força aérea, o Marechal Charles Portal. No entanto, nunca levou suas objeções muito longe, e a RAF foi deixada, de modo geral, para conduzir o bombardeio da Alemanha da forma que considerasse melhor.

A abordagem de Hitler em relação à estratégia aérea não poderia ter sido mais diferente. Assim como no caso do poder marítimo, ele foi intrometido e destrutivo. À medida que a ameaça dos bombardeiros aliados se aproximava, ele parecia incapaz de pensar seriamente sobre as implicações de um ataque aéreo combinado britânico e americano. Em vez de se preparar para as grandes frotas de bombardeiros que seu inimigo produziria, contra-atacando-as com aviões de combate alemães, ele fantasiava em construir uma grande e cara força de bombardeiros alemães e atacar a Grã-Bretanha. "Se eu tivesse um bombardeiro capaz de voar a mais de setecentos e cinquenta [quilômetros] por hora", disse ele em fevereiro de 1942, "eu teria a supremacia em todos os lugares. Essa aeronave não precisaria ser armada, pois seria mais rápida do que os caças mais rápidos. Portanto, em nossos cronogramas de fabricação, deveríamos atacar primeiro o problema dos bombardeiros, em vez de dar prioridade aos caças".[32]

A fantasia de Hitler foi traduzida em política: até 1943, os alemães priorizaram a produção de bombardeiros em detrimento de todas as outras aeronaves.[33] Isso incluiu a tentativa de construir o fracasso mais caro da guerra, o He 177, com quatro motores. Hitler falou com entusiasmo sobre a capacidade teórica do bombardeiro de obliterar Londres.[34] Com um design terrível e demasiado caro, o projeto nunca produziu uma aeronave que pudesse ser enviada para combate. Em 1944, até mesmo o líder nazista seria forçado a admitir que todo o seu desejo e recursos só haviam criado um avião que ele chamou de "lixo" e "o maior pedaço de sucata".[35] A essa altura, é claro, o estrago já estava feito.

Foi somente quando a ofensiva de bombardeiros combinados de fato decolou no verão de 1943 que Hitler compreendeu a realidade de sua situação. O bombardeio de Hamburgo em julho resultou em quase 40.000 alemães mortos e muitos mais feridos. No entanto, o primeiro instinto dele foi reagir com fúria e mostrar que poderia contra-atacar. Ele dirigiu sua ira contra a equipe militar, contestando o que poderia ter sido uma operação bem-sucedida — o uso de minas marítimas para bloquear os portos britânicos — e, em vez disso, insistindo que a Alemanha precisava punir os civis britânicos. "O terror deve ser quebrado pelo terror!", ele reclamou. "Temos que fazer contra-ataques — todo o resto é bobagem. Todas essas minas não servem para nada, na minha opinião; não afetam as massas e, mesmo lá fora, não afetam as pessoas. Também não nos afetam."[36]

Hitler investiu recursos em uma arma para atacar a Grã-Bretanha: o famoso foguete V-2. Esse programa de armamentos — o mais caro já empreendido pela Alemanha — foi uma maravilha tecnológica.

No entanto, os foguetes nunca chegaram a ser produzidos em número suficiente para ter um impacto significativo na guerra e, embora tenham causado grande repercussão quando lançados, foram responsáveis pela morte de menos de 3.000 pessoas no Reino Unido. Para construí-los, os alemães consumiram recursos equivalentes aos necessários para fabricar 20.000 caças de linha de frente — uma quantidade enorme, que poderia ter feito diferença na guerra aérea sobre a Alemanha.[37]

Em 1943, Hitler embarcou na construção e manutenção de sistemas defensivos para tentar recuperar o controle sobre os céus da Alemanha. Na verdade, fez disso a principal prioridade militar. Enfrentando uma guerra de três frentes (uma na URSS, uma na Itália e no Mediterrâneo e uma sobre a Alemanha), ele decidiu que os campos de batalha onde seus exércitos estavam engajados, incluindo a Frente Oriental, deveriam ser destituídos de cobertura de caças, e que o maior número possível de aeronaves deveria ser levado de volta para casa. Entre junho e setembro de 1943, a porcentagem de caças alemães defendendo a Alemanha e a Europa Ocidental saltou de cerca de 50% para 70%. Enquanto isso, os Exércitos alemães foram basicamente deixados para se defenderem sozinhos do poder aéreo aliado. Hitler também começou, por fim, a priorizar a produção de caças alemães, embora os números só tenham começado a aumentar acentuadamente em 1944.

A outra interferência de Hitler na guerra aérea nessa época mostrou que, apesar de todas as suas alegações de viés tecnológico, no fundo ele continuava sendo um soldado obcecado pela artilharia da Primeira Guerra Mundial. Durante seus anos nas trincheiras, desenvolveu um fascínio pela artilharia antiaérea, ou flak, como era chamada com frequência.[38] Vinte e cinco anos depois, ainda encantado com a ideia, Hitler canalizou recursos para a construção desse armamento. Em 1944, cerca de 10% de toda a produção militar da Alemanha era dedicada à fabricação de armas e munições antiaéreas.[39] Embora muitas vezes exista a ideia de que muito do armamento antiaéreo da Alemanha foi enviado para as linhas de frente, na verdade a maior parte foi usada no país para proteger a Alemanha contra bombardeiros britânicos e americanos. Considerando o enorme investimento feito por Hitler, o flak teve apenas um efeito marginal para impedir a campanha de bombardeio estratégico.

O investimento em armas antiaéreas era típico das falhas de Hitler na produção de guerra. Ele escolhia uma tecnologia que estava convencido de ser eficaz, geralmente com base em um entendimento da Primeira Guerra Mundial que valorizava o poder de fogo em detrimento da mobilidade. Em seguida, investia recursos nessa escolha. Por ter uma confiança tão equivocada na superioridade da tecnologia alemã, presumia que a nova arma ajudaria a mudar o curso da guerra. De tanques pesados e armamento antiaéreo maciço a caças a jato e navios de guerra, ele tinha certeza de suas escolhas. Mas, em geral, ele fez as escolhas erradas, até o final do conflito. Mesmo quando o mundo desmoronou ao seu redor no final de 1944, ele garantiu aos seus interlocutores que a tecnologia alemã era a melhor e que as armas alemãs estavam prestes a mudar o curso da guerra.[40] Era um absurdo.

No final, Roosevelt e Churchill estavam certos, tanto em termos conceituais quanto organizacionais, quando se tratava da guerra aérea e marítima. Eles reconheceram a enorme importância dessa campanha e garantiram que os recursos apropriados fossem dedicados a ela com antecedência suficiente para fazer uma grande diferença. Além disso, entenderam os limites de sua liderança e raramente interferiram onde seus conhecimentos terminavam. Eles permitiram que seus conselheiros militares determinassem as especificações tecnológicas do que era construído e decidissem como esse equipamento deveria ser utilizado. Hitler nunca entendeu isso e sabotou repetidas vezes a condução da guerra ar-mar da própria Alemanha, ao impor suas ideias nas decisões estratégicas. Felizmente.

18

Mussolini, Churchill, Roosevelt e o Império no Mediterrâneo

Se Winston Churchill era o homem mais feliz do mundo quando a notícia do ataque japonês a Pearl Harbor chegou à Europa, Benito Mussolini não era o mais infeliz. Embora se possa pensar que a ideia de a Itália travar uma guerra contra a maior potência econômica e industrial do mundo — um rival de todo o continente europeu — deveria ter causado preocupação a Mussolini, se não pânico absoluto, ele reagiu à notícia com satisfação. Disse que estava esperando o anúncio há dias e já havia decidido que uma guerra maior o ajudaria a atingir seus objetivos estratégicos.

Em 3 de dezembro de 1941, poucos dias antes do ataque, o embaixador japonês em Roma solicitou uma audiência formal com o ditador italiano. Em uma reunião repleta de tensão, o diplomata leu uma longa declaração, cujo objetivo era anunciar a Mussolini e ao Secretário das Relações Exteriores italiano, Conde Galeazzo Ciano, que as negociações japonesas com Franklin Roosevelt haviam chegado a um impasse. Dessa maneira, ele deixou claro que o Japão não tinha outra opção a não ser entrar em guerra com os Estados Unidos, e o embaixador perguntou formalmente a Mussolini se a Itália "declararia guerra aos Estados Unidos assim que o conflito começasse".[1]

A maioria das pessoas na sala ficou impressionada com a gravidade do momento. O intérprete italiano estava tão nervoso que acabou "tremendo como uma folha". Ciano tentou calcular como terminaria uma guerra mundial tão grande; ele esperava que o Eixo saísse vitorioso, mas tinha uma ideia do custo que pagariam se não ganhassem. Mussolini, no entanto, estava mais contente do que nervoso. "Assim chegamos à guerra entre continentes que eu havia previsto desde setembro de 1939", gabou-se.[2I]

Cinco dias depois, no início da manhã de 8 de dezembro, a notícia do ataque chegou a Roma. Agora o ditador italiano estava "feliz", alegando que há muito tempo desejava o esclarecimento da posição dos Estados Unidos em tempo de guerra.[3] Quando a Itália declarou guerra aos Estados Unidos, em 11 de dezembro, Mussolini continuou a irradiar confiança. Disse aos italianos que era um grande "privilégio" para eles lutar lado a lado com os japoneses. Além disso, declarou que os países do Eixo tinham os "recursos morais e materiais" necessários para a vitória e exortou: "Italianos! Mais uma vez, levantem-se e sejam dignos do momento histórico! Nós iremos vencer".[4]

O motivo do prazer de Mussolini com a perspectiva de outra guerra mundial, mesmo que envolvesse os Estados Unidos, era que ele via essa guerra como a melhor maneira de proteger e ampliar o grande Império Italiano que sempre desejou. No entanto, o que a guerra lhe ensinara até agora foi que a Itália era fraca demais para criar um império adequado ao seu ego. Sem o interesse, muito menos a capacidade intelectual, de preparar a Itália — de forma adequada — para

[I]Não há evidências de que Mussolini tenha realmente acreditado que uma grande guerra mundial era inevitável em 1939. Na verdade, sua decisão de manter a Itália fora da guerra naquele momento — a posição grandiosa e estratégica mais sensata que ele já assumiu — indicaria que não estava nem um pouco convencido de que uma grande guerra aconteceria ou que seria do interesse da Itália.

uma guerra moderna, Mussolini decidiu que era melhor ficar atrás de seus aliados mais poderosos, pegando os pedaços de território ao redor do Mediterrâneo e do norte da África que os alemães não almejavam. Sendo o mesmo homem que havia sido durante a Primeira Guerra Mundial, decidiu que agir como líder mundial era a melhor maneira de se tornar um — e, embora tentasse convencer o povo italiano a ter uma mentalidade militar, acabaria sobrevivendo com o que pudesse roubar de seu aliado. E ele tinha grandes esperanças em seu roubo. No final de 1941, Mussolini parecia convencido de que a vitória alemã sobre a URSS era inevitável, liberando os nazistas para enviar uma grande quantidade de forças para o Mediterrâneo e o norte da África. Além disso, ele acreditava que os japoneses seriam um grande trunfo. Durante anos, Mussolini manteve um respeito saudável pelo poder japonês. Em 1937, ele disse que os japoneses eram "invulneráveis" aos ataques americanos.[5] Pouco antes de Pearl Harbor, ele deu uma entrevista a um jornalista fascista na qual discutiu como as capacidades japonesas e alemãs, haviam colocado a Itália em uma excelente situação estratégica. Aliada básica, a Itália triunfaria vampiricamente com a "vontade" e os sucessos militares de seus aliados. "A União Soviética perdeu e está perdendo terreno, a Inglaterra perdeu terreno, estamos envolvidos em uma luta amarga, mas as contas devem ser acertadas no final", disse ele. "No final, o ativo superará o passivo, pois a Itália e a Alemanha estão aliadas ao Japão, que é um país muito poderoso e que, certamente, fará valer seu enorme peso."[6]

Winston Churchill não poderia ter encarado a entrada dos Estados Unidos na guerra de forma mais diferente. Ele tinha total confiança de que a Alemanha, o Japão e a Itália seriam reduzidos a pó. Tendo aperfeiçoado na Primeira Guerra Mundial sua compreensão da guerra industrial e do potencial de mobilização total dos EUA, para Churchill a vitória agora estava garantida. Pouco tempo depois de Pearl Harbor, ele começou a falar sobre um possível colapso da Alemanha em 1944 ou até mesmo em 1943. O Japão, por sua vez, seria eliminado rapidamente assim que a Alemanha fosse condenada.

Além disso, Churchill achava que ter os Estados Unidos como um combatente pleno era a melhor maneira de garantir a existência de um Império Britânico forte e coeso. Aos sessenta e sete anos de idade, quando se tratava de império, ele havia mudado pouco em relação ao jovem de vinte e três anos que foi à guerra pela primeira vez no vale de Malakand, na Índia. Apesar de toda a retórica de Churchill sobre a luta pela liberdade, a continuação do Império Britânico seguiu como a força motriz mais poderosa em sua mentalidade estratégica e emocional. Muitos de seus discursos mais famosos proferidos durante a guerra foram avisos aos seus compatriotas britânicos sobre a importância da continuidade do Império. Em seu discurso "Finest Hour", em maio de 1940, afirmou que, sem a vitória sobre a Alemanha nazista, não havia possibilidade de o Império Britânico perdurar.[7] Em novembro de 1942, assim que recebeu a notícia da grande vitória em El-Alamein, Churchill exclamou que "não havia se tornado o primeiro-ministro do Rei para presidir a liquidação do Império Britânico".[8]

Ele também entendeu que a vitória na Segunda Guerra Mundial não garantia que o Império sobreviveria por muito tempo. O Reino Unido tinha a menor população de todas as principais potências, exceto a Itália, e sua massa de terra, sem o Império, era de longe a menor. Até mesmo uma Grã-Bretanha vitoriosa seria, segundo Churchill, diminuída pelas megapotências dos EUA e da URSS.

Churchill sabia que partes do Império — em especial, determinadas partes da sociedade indiana — estavam ameaçando acabar com o que ele mais amava. O Partido do Congresso Indiano, com líderes como Mahatma Gandhi e Jawaharlal Nehru, vinha se tornando cada vez mais influente e assertivo em sua campanha pela independência.[9] Eles se ofereceram para apoiar a Grã-Bretanha em seu esforço de guerra em troca da independência da Índia após o combate. Churchill, em resposta, estava determinado a não desistir da Índia e do restante do Império sem lutar. Assim, se a Grã-Bretanha perdesse muitos soldados nos campos de batalha ou simplesmente ficasse exausta demais no final, isso seria quase tão prejudicial para a capacidade da Grã-Bretanha de manter seu império quanto perder a guerra. Como Mussolini, portanto, Churchill esperava manipular seus aliados para atender às suas ambições imperiais.

No geral, esse foi um dos grandes fatores que o levaram a exigir que o teatro de operações do Mediterrâneo/norte da África fosse a maior área de operações ofensivas dos Aliados. Tornar essa área a principal na guerra terrestre atingiria uma série de objetivos, inclusive diminuir as baixas britânicas. Suas próprias experiências de enfrentar o Exército alemão nos campos da França em 1916 o deixaram apreensivo com a ideia de enviar fileiras maciças de soldados britânicos de volta para lá na década de 1940. Dessa forma, Churchill ficou mais do que feliz em deixar a URSS levar a melhor na guerra terrestre europeia. Era muito mais pertinente que os americanos e os britânicos se concentrassem no que faziam de melhor: combater a guerra ar-mar com máquinas em vez de mão de obra em massa.

O desejo de Churchill de transformar o Mediterrâneo e o norte da África em uma área importante do esforço britânico se manifestou quase imediatamente após a queda da França. Embora sempre tenha entendido que a Batalha da Grã-Bretanha precisava ser vencida e que a Batalha do Atlântico era a luta fundamental que tinha de ser conduzida com sucesso acima de tudo, quando se tratava de contra-atacar o Eixo, Churchill se voltou para o Mediterrâneo. Mesmo enquanto a Batalha da Grã-Bretanha estava sendo travada, ele começou a planejar a transferência das forças britânicas para a região, para poder realizar operações ofensivas.[10]

A priorização do Mediterrâneo por Churchill significou que, a partir do verão de 1940 e dezembro de 1941, houve uma grande luta imperial entre os britânicos e os italianos. Nos três anos seguintes da guerra, o Exército britânico lutou contra muito mais soldados italianos do que alemães, sobretudo na África, mas também na Grécia e, por fim, na Sicília e na própria Itália. O resultado dessas campanhas foi misto, como na Grécia. Entretanto, um dos triunfos britânicos mais claros foi a tomada dc toda a África Oriental italiana.

O Império Africano de Mussolini era centrado na Etiópia e havia sido montado principalmente na década de 1930, usando táticas e armas horríveis, inclusive o uso de gás tóxico — ordenado por ele.[11] No início de 1941, os britânicos, trabalhando com forças etíopes e sudanesas, atacaram a África Oriental italiana pelo Norte. Essa campanha humilhante custou aos italianos aproximadamente 300.000 soldados, a grande maioria dos quais foi capturada e não morta. Mussolini assistiu, horrorizado, à perda de uma das joias da coroa de seu império. Em julho de 1941, com a maior parte da Etiópia já sob controle britânico, ele jurou "ódio contra os britânicos para sempre" e afirmou que a região seria reconquistada — a despeito do custo.[12] No entanto, para que isso acontecesse, teria que começar com uma campanha já em andamento no norte da África.

A Guerra do Deserto, como ficou conhecida a luta no local, ocorreu em grande parte da Líbia e do Egito de 1940 a 1942. Em janeiro de 1941, um Exército britânico bem preparado — apoiado por muitas tropas de domínio, principalmente da Austrália e da Nova Zelândia — lançou um ataque contra as forças italianas que haviam cruzado a fronteira da Líbia com o Egito. Quase de imediato, os britânicos fizeram com que os italianos recuassem em disparada. Em pouco tempo, metade da Líbia estava nas mãos dos britânicos, e o colapso italiano parecia iminente. Mussolini, desesperado, implorou a Hitler por ajuda, e os alemães enviaram algumas divisões lideradas pelo General Erwin Rommel. Embora os italianos ainda fornecessem a maior parte da mão de obra, as forças alemãs lideradas por Rommel, que logo ganharia o apelido de Raposa do Deserto por suas façanhas, viraram a maré. Em pouco tempo, a invasão britânica da Líbia não só parou, como também se reverteu. Durante o restante de 1941, as forças se alternaram no oeste da Líbia, com Rommel avançando até a fronteira egípcia antes de seu movimento ser interrompido. Felizmente para Churchill, Hitler estava muito mais preocupado com a invasão da URSS do que com as necessidades de Mussolini, de modo que Rommel recebeu pouco apoio adicional para continuar.[13]

Então aconteceu Pearl Harbor, e Churchill estava determinado a envolver os Estados Unidos o máximo possível na Guerra do Deserto. As primeiras reuniões dos líderes aliados após o ataque japonês, na Conferência de Arcadia, representaram uma oportunidade de ouro para Churchill convencer Roosevelt a assumir um compromisso maior com essa guerra no norte da África e no Mediterrâneo. Churchill acreditava que tinha uma excelente carta na manga. Algumas semanas antes de Pearl Harbor, os britânicos haviam lançado a Operação Crusader, uma ofensiva em grande escala contra as forças de Rommel. Embora tenham sofrido pesadas perdas de tanques, eles acabaram por derrotar as tropas alemãs. Quando Churchill estava embarcando no *Duke of York* para Washington, os alemães e italianos já haviam sido forçados a recuar por um longo caminho até a Líbia. Assim, Churchill poderia argumentar que Roosevelt deveria apoiar esse grande sucesso.

Enquanto estava a bordo do encouraçado, Churchill aproveitou a relativa paz e o isolamento para escrever um resumo da estratégia e propor um plano conjunto anglo-americano para 1942.[14] De muitas maneiras, o documento delineou uma grande estratégia que ele defenderia — primeiro com sucesso e depois cada vez soando mais desesperado — pelos próximos dois anos. Quando analisou a grande guerra terrestre na Europa, Churchill declarou abertamente que Stalin e a URSS deveriam carregar o fardo principal. Os britânicos e os americanos, segundo ele, poderiam fornecer ajuda, mas ainda não deveriam considerar o envio de forças terrestres para o continente europeu.[II] "Nem a Grã-Bretanha nem os Estados Unidos têm qualquer papel a desempenhar nesse evento, exceto o de garantir que enviaremos, sem falta e com pontualidade, os suprimentos que prometemos", escreveu ele.[15]

Tendo argumentado contra uma guerra terrestre na Europa, Churchill delineou uma visão expansiva de uma guerra no norte da África. Em muitos parágrafos, discutiu uma invasão americana do norte da África francesa, uma ofensiva britânica contínua a partir da Líbia e até mesmo, se possível, a deserção de um número significativo de forças francesas de Vichy na região para a causa aliada. Se essa estratégia fosse priorizada, ele argumentou que, até o final de 1942, todo o litoral do norte da África, desde o Marrocos, no Atlântico, até o Canal de Suez, no Egito — uma distância de mais de 3.000 quilômetros —, estaria seguramente sob o controle dos britânicos e americanos.

As justificativas de Churchill para isso eram tanto imperiais quanto qualquer outra coisa. Essa estratégia garantiria as comunicações britânicas através do Mediterrâneo, pelo Canal de Suez, até o Oceano Índico, e daí em direção ao Império Britânico no Pacífico.[16] Qualquer discussão sobre o envio de forças significativas para a Europa, além dos bombardeiros, teria que esperar no mínimo até 1943 e, esperava Churchill, poderia ser desnecessária. Talvez, argumentou, o regime de Hitler pudesse ser levado ao ponto de colapso por meio da aplicação do poder aéreo e marítimo dos Aliados a partir do sul e do oeste, e do poder do Exército Vermelho de Stalin pressionando atrás a partir do leste — tornando supérflua qualquer invasão anglo-americana do continente, ou mais uma operação de limpeza.

[II] Havia uma exceção a essa regra: se a URSS parecesse prestes a entrar em colapso. Se esse fosse o caso em 1942, Churchill e Roosevelt discutiriam uma invasão quase desesperada da França para tentar atrair o máximo possível de forças alemãs e dar esperança a Stalin. É claro que as coisas nunca chegaram perto de alcançar esse ponto.

Quando Churchill chegou a Washington para a Conferência Arcadia, ele imediatamente começou a pressionar Franklin Roosevelt com uma visão estratégica centrada no Mediterrâneo e no norte da África. Em 23 de dezembro, os dois grandes estrategistas e suas equipes militares se reuniram na Casa Branca em uma de suas primeiras ocasiões. O primeiro-ministro britânico apresentou sua visão geral da guerra, admitindo que a Grã-Bretanha estava "com falta de mão de obra" e que isso moldaria seus planos. Uma de suas esperanças era que os americanos assumissem uma série de responsabilidades do Reino Unido, inclusive a defesa da Islândia. Ele também acolheu a ideia de enviar algumas tropas americanas para o Reino Unido e a Irlanda o mais rápido possível.

Em seguida, se voltou para sua grande paixão, o norte da África. Tentando criar um ar de empolgação, Churchill afirmou que as questões na região estavam "chegando a um ponto crítico com celeridade".[17] Não parecendo mais tão preocupado com a mão de obra, afirmou que tinha mais 55.000 soldados britânicos, com transportes, prontos para entrar em ação a qualquer momento. Na esperança de convencer Roosevelt a agir com ele, propôs um desembarque americano no Marrocos francês. O presidente rechaçou a ideia. Ele fez comentários positivos, como de costume, mas lançou algumas críticas sobre um possível desembarque em Agadir e mencionou determinadas complicações que precisavam ser consideradas. Churchill, no entanto, não desistiu. Sem entender a hesitação de Roosevelt, ele insistiu em agir no norte da África, dizendo que a "expedição britânica estava pronta".

Roosevelt não se comoveu e se recusou a se comprometer. No entanto, isso não ocorreu porque ele se opunha, em princípio, à ideia de uma grande campanha no norte da África. Como ele disse a Hap Arnold algumas horas depois, quando os dois conversaram em particular, a verdadeira questão era o momento certo. FDR não queria invadir, naquele momento, as colônias francesas no norte da África se isso pudesse levar a uma guerra direta com o regime de Vichy e provocasse um maior apoio francês aos nazistas.[18] Ele não estava apoiando ou interessado em proteger o Império Francês (ou mesmo o Império Britânico) naquele momento — longe disso. Era puramente tático, pois ele estava tentando equilibrar cálculos políticos e estratégicos diferentes.

O presidente americano estava endurecendo o que já era uma posição anti-imperial apaixonada. Quando se tratava de impérios e colonialismo, Roosevelt, à medida que envelhecia, estava se tornando um radical. Cada vez mais os impérios lhe pareciam exploradores, humilhantes e, em última análise, destrutivos para a segurança futura do mundo (e, portanto, dos Estados Unidos). Em seu primeiro mandato como presidente, ele assinou um projeto de lei para tornar as Filipinas independentes até 1946 — e ele estava falando sério. Em sua mente, a Segunda Guerra Mundial representava a grande luta entre o mundo daqueles que queriam criar impérios (Alemanha nazista, Itália fascista e Japão imperial) e os Aliados, cuja tarefa seria inaugurar a era pós-imperial — mesmo que, no caso dos britânicos, eles não percebessem isso. Não foi por acaso que Roosevelt forçou Churchill, na Carta do Atlântico de 1941, a assinar um documento que era implicitamente anti-império. Ele falava do direito de "todos os povos escolherem a forma de governo sob a qual viverão".[19]

A entrada na guerra apenas intensificou a aversão de Roosevelt ao império e sua crença de que a guerra precisava pôr fim ao colonialismo, tanto praticado pelos inimigos como pelos aliados dos Estados Unidos.[20] Uma de suas experiências mais chocantes na guerra foi no início de 1943, quando ele estava a caminho da Conferência de Casablanca. Para fazer a viagem, Roosevelt teve que voar dos EUA para o Caribe, depois atravessar o Atlântico para a Gâmbia Britânica, antes de seguir para o norte, para o Marrocos. Ao passar pela Gâmbia, viu os trabalhadores locais indo trabalhar nos campos — uma cena de pobreza e exploração que o deixou abalado. Ele não disse nada sobre isso a Churchill, mas uma noite, no início da Conferência de Casablanca, teve uma conversa particular com seu filho Elliott. Fumando uma cigarrilha durante o frescor de uma noite africana, ele ficou cada vez mais irritado ao descrever o que havia testemunhado. "Os nativos estavam começando a trabalhar. Em trapos... com aparência triste... Disseram-me que o salário vigente para esses homens era de um e nove. Um xelim e nove pence. Menos de cinquenta centavos". Roosevelt acrescentou: "Eles recebem meia xícara de arroz... Sujeira. Doenças. Taxa de mortalidade muito alta. Eu perguntei. Expectativa de vida — você nem imagina qual é. Vinte e seis anos. Essas pessoas são tratadas pior do que o gado. O gado deles vive mais!"[21]

Não contente em descrever a miséria do Império Britânico na Gâmbia, Roosevelt passou a falar do Império Britânico em nível global.

> A questão é que... o sistema colonial significa guerra. Explorar os recursos de uma Índia, uma Birmânia, uma Java; tirar toda a riqueza desses países, mas nunca colocar nada de volta neles, coisas como educação, padrões de vida decentes, requisitos mínimos de saúde — tudo o que você está fazendo é acumular os tipos de problemas que levam à guerra.[22]

Roosevelt deu ao primeiro-ministro britânico fortes vislumbres de seu pensamento sobre o Império Britânico em geral, incluindo a necessidade de considerar a independência da Índia após a guerra. No início de 1942, não muito depois do término da cúpula de Washington, o presidente abordou o assunto de várias maneiras diferentes para um Churchill claramente irritado.[23] Em fevereiro, FDR ofereceu-se para tentar uma mediação entre o governo britânico e os nacionalistas indianos.[24] Algumas semanas depois, ele enviou a Churchill, de forma bastante atrevida, um panfleto que argumentava que a Índia, naquele momento, era muito semelhante aos Estados Unidos quando declarou independência.[25]

No entanto, por mais que Roosevelt tivesse passado a desprezar o modelo imperialista, ele queria, acima de tudo, vencer a guerra. Foi isso que acabou levando-o a mudar de rota no verão de 1942 e apoiar o plano preferido de Churchill para a invasão do norte da África. Esse movimento é uma das escolhas estratégicas mais importantes, embora nem sempre mais bem compreendidas, que Roosevelt fez na guerra. Por fora, ela aconteceu quase do nada, quando o presidente — que aparentemente estava em cima do muro entre apoiar o que Churchill queria e o que seu próprio exército queria — optou, em julho, por uma invasão do norte da África francesa, mais tarde batizada de Operação Torch. De fato, Churchill acreditava ter feito toda a diferença para convencer Roosevelt a apoiar a operação, em virtude da força de seus argumentos.[26]

A decisão de Roosevelt em favor da Torch foi, na verdade, algo que ele vinha considerando há mais de um ano. O americano havia deixado clara a importância estratégica do norte da África para William Leahy quando nomeou o almirante embaixador na França de Vichy, e o presidente mandou um enviado especial, Robert Murphy, ao norte da África francesa para mantê-lo informado sobre o que estava acontecendo na região. Leahy, que sempre esteve em sintonia com o pensamento de Roosevelt, foi a primeira pessoa a pedir ao presidente, em maio de 1941, que considerasse uma invasão do norte da África francesa. De acordo com Leahy, 250.000 soldados apoiados pelo poder aéreo e marítimo americano tinham possibilidade de tomar o Marrocos e a Argélia antes que os alemães respondessem, reduzindo pela metade o tempo necessário para derrotar a Alemanha. Usando quase a mesma linguagem que Churchill usaria sete meses depois, Leahy argumentou que "algum dia, para vencer a guerra, uma pressão superior deve ser aplicada em um ponto fraco da campanha militar alemã. Hoje, o ponto vulnerável é o norte da África."[27]

O motivo pelo qual Roosevelt não agiu na época e ainda se recusou a agir no início de 1942 não foi o fato de ele se opor à operação, mas sim porque as condições prévias ainda não estavam alinhadas. Antes de Pearl Harbor, não havia nenhuma chance de ele fazer algo tão ousado como levar os EUA à guerra diante de tanta oposição interna. E, uma vez que os EUA entraram na guerra, ele teve que lidar com a realidade de que os chefes do exército e da marinha eram totalmente contra qualquer invasão do norte da África. De fato, o Exército dos EUA estava quase apoplético com a ideia. O Secretário de Guerra Henry Stimson, escrevendo com o total apoio dos generais George Marshall e Hap Arnold, enviou a Roosevelt um documento durante a Conferência Arcadia delineando as prioridades estratégicas dos EUA. Para o exército, proteger o Atlântico Norte para permitir o aumento das forças aéreas e terrestres dos EUA no Reino Unido era facilmente a preocupação dominante.[28] O norte da África quase não foi mencionado, e a Guerra do Deserto no Egito foi deixada de lado como uma preocupação imperial britânica da qual os EUA deveriam se afastar.

> Embora essa área [Egito] seja de imensa importância psicológica para o Império Britânico e, talvez, estratégica, como uma frente possível, embora desfavorável, para um ataque a Hitler na Europa, ela me parece ser a menos importante para nós como área de combate. É claro que devemos continuar a fornecer suprimentos para os britânicos. Na minha opinião, não devemos desviar forças armadas para essa área...[29]

Marshall e o Exército dos EUA tinham uma estratégia muito direta em mente para vencer a guerra: eles defendiam manter a segurança do Atlântico Norte, com um grande reforço no Reino Unido e, em seguida, a invasão da França/noroeste da Europa o mais rápido possível. Ele estava totalmente confiante no acerto estratégico do plano "Alemanha em primeiro lugar" e acreditava que gastar forças no

Pacífico ou no norte da África era um desperdício. Para o Almirante King, a Operação Torch era um dreno de recursos que ele queria que fossem enviados para o Pacífico. Ele considerava a guerra contra o Japão a maior prioridade da Marinha dos EUA e não queria enviar forças navais significativas para o Atlântico, sobretudo quando os japoneses pareciam estar se saindo tão bem em pressionar a Marinha americana.

Roosevelt, portanto, estava quase sozinho no topo da estrutura estratégica dos EUA, vendo as vantagens de uma invasão do norte da África. No entanto, é fácil identificar os motivos que o levaram a apoiar a invasão quando se aborda o assunto do ponto de vista dele. FDR não só tinha uma compreensão estratégica de longo prazo da importância da região, mas uma invasão se encaixava em suas prioridades políticas e militares. Sendo o político doméstico de sucesso extraordinário que era, Roosevelt estava determinado a manter as baixas dos EUA as menores possíveis. Tentar uma invasão precoce e arriscada da França não o atraía (a menos que parecesse que a URSS entraria em colapso, caso em que medidas desesperadas deveriam ser tentadas). Assim como Churchill, ele tinha suas próprias lembranças dos campos de batalha da Frente Ocidental, e um respeito saudável pelo que o Exército alemão poderia realizar. Portanto, Roosevelt só apoiaria uma invasão da Europa quando fosse a hora certa, mas isso seria em 1943, no mínimo, ou, ainda mais provavelmente, em 1944.

Nesse intervalo, uma invasão do norte da África permitiria que o Exército dos EUA aprendesse seu ofício e, ao mesmo tempo, mostraria ao público americano que os EUA estavam dispostos a enfrentar o inimigo. Como tinham um dos menores exércitos do mundo em uma base per capita antes de 1939, pouquíssimos soldados americanos (incluindo os generais George Marshall e Dwight Eisenhower) tinham alguma experiência real de combate. Invadir o norte da África permitiria que eles aprendessem em um ambiente mais difícil de ser reforçado pelos alemães, preparando-os para lutar na Europa no futuro.

Além disso, como Roosevelt admitiu em Arcadia, uma invasão do norte da África mostraria ao povo americano que o país estava pronto para entrar na luta — embora de maneira prudente e rooseveltiana.

Por fim, a invasão do norte da África, em vez de um acúmulo maciço no Reino Unido em preparação para a invasão da Europa, permitiria que Roosevelt mantivesse e, de fato, reforçasse as forças americanas no Pacífico. Embora acreditasse na política de "Alemanha em primeiro lugar", segundo a qual os Estados Unidos deveriam se concentrar primeiro em derrotar os nazistas e depois o Japão, ele também achava que não poderia deixar os japoneses à solta no Pacífico. As primeiras vitórias japonesas ocorridas após Pearl Harbor, incluindo a derrota das forças dos EUA nas Filipinas, em Guam e na Ilha Wake, fizeram com que Roosevelt ficasse desesperado para ser visto revidando contra o Japão. Em suma, o norte da África era um poderoso coquetel estratégico para o presidente.

O problema que Roosevelt teve com a Torch foi levar o restante de sua equipe militar com ele. Seus temores anteriores à guerra de ter uma estrutura separada que não pudesse controlar se concretizaram. Os Departamentos de Guerra e da Marinha em geral tinham suas próprias agendas, e o Estado-Maior Conjunto, o novo órgão que ele havia criado para colocar ordem no processo, era disfuncional. Suas duas principais figuras, Marshall e King, tinham visões quase antagônicas sobre como a guerra deveria ser travada e, como não conseguiam resolver suas diferenças, coube a Roosevelt fazer a arbitragem entre eles — uma tarefa que o presidente detestava.

A nomeação de Leahy como presidente do Estado-Maior Conjunto em julho de 1942 e, talvez ainda mais importante, o primeiro e único chefe de gabinete do Comandante em Chefe na história dos EUA, permitiu a Roosevelt exercer o controle sobre a política estratégica que sempre desejou. Ele de imediato usou esse poder para imprimir sua visão de grande estratégia no governo, forçando Marshall, King e os demais a se curvarem aos seus desejos, ou seja, a invasão do norte da África. Leahy e Roosevelt começaram de pronto a planejar a operação, reunindo-se continuamente do final de junho até meados de julho.[30,III]

Marshall e King não entendiam Roosevelt. Quando os rumores de que o presidente estava considerando seriamente a operação no norte da África chegaram aos seus ouvidos, eles estavam determinados a impedi-la. Juntamente com Arnold, redigiram um memorando pedindo a Roosevelt que desistisse de seus planos para a região e, em vez disso, se concentrasse no fortalecimento do Reino Unido em preparação para uma invasão do continente europeu.[31] Para a surpresa deles, o presidente respondeu e os colocou em seus lugares, informando que a Torch era uma escolha dele, que ele a havia feito, e que eles tinham que aceitar isso ou poderiam ir embora. Ou, para ser mais preciso, pediu a Leahy que lhes dissesse isso em seu nome.

Roosevelt reduziu sobremaneira o tempo que passava interagindo com Marshall e King, recusando-se até mesmo a escrever diretamente para eles.[32] Em vez disso, canalizou suas comunicações por meio de Leahy, transformando seu amigo/almirante tanto em um executor para realizar seus desejos quanto em um escudo para absorver todas as reclamações que os outros oficiais superiores queriam fazer ao presidente. Roosevelt foi, portanto, poupado das constantes disputas e discussões de detalhes relativamente pequenos em que Hitler, Stalin, Mussolini e, até certo ponto, Churchill estavam envolvidos. Ele podia se concentrar em questões maiores e não se prender a minúcias, o que não era seu forte.

Se Roosevelt, no verão de 1942, estava colocando sua casa estratégica em ordem e se alinhando com Winston Churchill para tornar a

---

[III] Roosevelt ofereceu formalmente a Leahy o cargo de chefe de gabinete do Comandante em Chefe em 6 de julho de 1942 e, a partir de então, Leahy forneceria ao presidente seu briefing matinal diário e o acompanharia na maioria de suas viagens oficiais, e até mesmo particulares.

guerra no norte da África uma das principais prioridades da aliança anglo-americana, Benito Mussolini estava preso na esperança de que seus aliados ganhariam seu império para ele. As diferenças estratégicas entre os três não poderiam ter sido mais acentuadas. Churchill e Roosevelt tinham motivos coerentes, embora muito diferentes, para lutar na região, e tinham as forças disponíveis para executar seus planos. Mussolini estava cada vez mais distante da realidade estratégica, vivendo de esperanças e sonhos e quase sem poder para influenciar os acontecimentos.

Parte de Mussolini estava bem ciente de sua impotência e tinha noção suficiente da realidade para saber que, com os britânicos e os americanos lançando forças no Mediterrâneo, seu regime — na verdade, sua própria vida — estava com os dias contados. Nervoso e estressado, sofria de distúrbios estomacais extremos e, às vezes, só conseguia comer com limitações, o que levava à perda de peso. Ele estava tão preocupado com sua condição que, logo após os americanos desembarcarem no norte da África e os britânicos terem colocado Rommel em fuga na Líbia, Mussolini disse que só se encontraria com Hitler se pudesse fazer suas refeições em particular. Ele não queria que os alemães vissem sua dieta deplorável que consistia apenas em "arroz e leite".[33]

A incapacidade de Mussolini de controlar seu próprio destino e o de seu império começou a prejudicar não apenas sua saúde, mas também sua parceria estratégica. De acordo com Ciano, durante boa parte de 1942, Mussolini adotou uma visão "antialemã" declarada.[34] Ele criticava as ofensas alemãs, tinha ciúmes dos sucessos alemães e sentia-se cada vez mais emasculado na presença de líderes alemães seniores, inclusive o próprio Hitler. No entanto, Mussolini também era completamente dependente dos alemães e tinha que torcer pelo sucesso deles, apesar de seus próprios sentimentos. No ano anterior, havia usado as tropas italianas como peões para tentar convencer Hitler de que ainda era um aliado útil. Quando a Alemanha invadiu a União Soviética, em junho de 1941, Mussolini estava determinado a enviar um grande Exército italiano para ajudar. Ele fez essa escolha mesmo depois de Hitler tê-lo humilhado ao se recusar a informá-lo sobre os planos de ataque, embora tivessem se encontrado pouco antes do início da Barbarossa. Além disso, ele se sentia humilhado porque Mussolini entendia que os alemães não queriam as tropas italianas — mas isso não importava, pois precisava ser visto como importante, mesmo que na verdade não fosse. Como Ciano admitiu de forma um tanto patética: "O *Duce* sabe que Hitler não gostaria da participação de nossas tropas na frente russa, mas insiste em enviá-las mesmo assim". Todo o raciocínio de Mussolini era sobre prestígio — ou a guerra terminaria logo por meio de um acordo que salvaria o equilíbrio de poder e, portanto, sua posição, ou "duraria muito tempo, permitindo que, pela força das armas, recuperássemos nosso prestígio perdido".[35]

Para ajudar a restaurar o prestígio de Mussolini, centenas de milhares de tropas italianas foram enviadas para o leste no ano e meio seguinte e colocadas sob o comando alemão. Como de costume, os italianos em geral estavam mal equipados e completamente despreparados para o ambiente em que deveriam lutar. Isso parecia não importar para Mussolini. Ele precisava do apoio alemão para seus próprios planos de grandeza e, se tivesse que sacrificar multidões de seus próprios cidadãos, que assim fosse. Ele admitiu sua dependência quase total dos alemães a Ciano em maio de 1942, mesmo depois que o primeiro ano da Barbarossa não conseguiu fazer Hitler tirar Stalin da guerra. "A máquina alemã ainda é formidavelmente poderosa, mas sofreu um grande desgaste. Agora ela vai se lançar em uma nova e vigorosa ofensiva."[36] Para Mussolini, a chave era conseguir ajuda alemã para deter os britânicos, que, após o sucesso da Operação Crusader, em meados de janeiro, haviam avançado até a metade da Líbia — para Mussolini, o "bastião" de seu império.[37]

Por um tempo, parecia que as esperanças do líder italiano estavam baseadas em alguma realidade. O avanço britânico a partir da Crusader acabou sendo interrompido pela sobrecarga das linhas de suprimentos. Em 21 de janeiro de 1942, Rommel, com um Exército alemão-italiano reforçado, contra-atacou. Em pouco tempo, ele fez com que o 8º Exército britânico, conhecido como os Ratos do Deserto, recuassem. Nos seis meses seguintes, Rommel venceria uma série de combates e faria com que os britânicos recuassem para o Egito mais do que em qualquer outro momento da guerra. Quando sua ofensiva perdeu força, em julho de 1942, sofrendo também com linhas de suprimento sobrecarregadas, o exército de Rommel havia chegado aos arredores da pequena cidade de El-Alamein, no Egito, a apenas 241 quilômetros da capital Cairo. Lá, as coisas pareciam ter se congelado.

Mussolini ficou satisfeito com as vitórias de Rommel, mas se irritou com o fato de que o sucesso estava sendo atribuído ao general alemão (agora marechal de campo) em vez de ao brilhantismo do próprio Mussolini. Em 26 de junho, Ciano observou que a situação estava "parecendo cada vez mais uma vitória alemã em vez de italiana".[38] Seria a última vez que Mussolini poderia falar sobre vitória.

Embora as linhas no deserto parecessem estáticas nos meses seguintes, a realidade era que o Eixo estava prestes a ser esmagado. Com Roosevelt e Churchill tendo feito suas escolhas, o envio de uma força avassaladora para a região estava em curso, cercando o exército de Rommel. O 8º Exército britânico, agora sob o comando de Bernard Montgomery, foi reforçado com centenas de novos tanques — tanto britânicos quanto americanos — e uma grande quantidade de artilharia. A Força Aérea Real no teatro de operações foi elevada a uma força sem precedentes, proporcionando uma vantagem crucial. A milhares de quilômetros a oeste, os EUA começaram a reunir a maior força terrestre desde a Primeira Guerra Mundial, juntamente com o transporte marítimo e o poder aéreo necessários para levar essas tropas a campo. Era um tipo de força nunca antes vista na região, o que significava que a campanha vindoura só poderia ter um resultado.

A primeira indicação da catástrofe que se abateria sobre Mussolini foi o ataque de Montgomery em El-Alamein, que começou no final de outubro. Usando metodicamente suas forças e um poder de fogo muito maior, Montgomery fez com que o 8º Exército destruísse as forças de Rommel sem piedade. No final da primeira semana de novembro, restavam-lhe poucos veículos, e seu exército estava se desintegrando. Logo, os italianos e alemães foram levados de volta para a fronteira da Líbia, sem esperança de retornar. Do outro lado do norte da África, a partir de 6 de novembro, veio o segundo golpe: as forças americanas começaram a desembarcar na costa do Marrocos francês e da Argélia. Embora os soldados franceses tenham resistido em alguns lugares, em outros eles pareciam dispostos a colaborar com os americanos. Em meados de novembro, as tropas dos EUA haviam garantido todos os portos de desembarque e podiam começar a se preparar para marchar na retaguarda das forças de Rommel.

Em apenas algumas semanas, a sorte do Eixo no deserto havia se transformado. Embora os alemães enviassem grandes reforços para Rommel, não havia como eles se equipararem às forças anglo-americanas posicionadas contra eles. A realidade da guerra em que Hitler e Mussolini haviam se metido agora estava clara: havia muitos lugares que precisavam de força — e não havia o suficiente para todos.

Na Frente Oriental, os alemães estavam em outra luta debilitante. As forças alemãs, que haviam lançado uma ofensiva no sul da União Soviética e no Cáucaso no verão de 1942, foram contidas na cidade russa de Stalingrado. Menos de duas semanas após os desembarques da Torch no norte da África, os russos contra-atacaram em ambos os lados da cidade. Com um ataque selvagem que afetou muito as tropas italianas que Mussolini havia enviado à URSS para ganhar a simpatia de Hitler, os russos encurralaram todo o 6º Exército alemão em Stalingrado. Se isso não bastasse, os Aliados estavam fortalecendo seu controle sobre o Atlântico Norte e começando a exercer mais pressão sobre os céus da Europa Ocidental. E, durante todo esse tempo, mais e mais forças logo chegariam dos Estados Unidos.

Mussolini não conseguia admitir essa realidade; na verdade, ele se apegava ainda mais ao mundo dos sonhos estratégicos que havia habitado durante todo o ano. Às vezes, ele falava como se a grandeza e o Império Italiano ainda estivessem à espreita. No início de dezembro de 1942, depois de ler um dos discursos de Churchill, Mussolini afirmou que "o discurso de Churchill me honra porque prova que eu sou o verdadeiro antagonista da Grã-Bretanha".[39] Vários dias depois, falou sobre uma "vitória rápida" que estava prestes a acontecer no norte da África.[40]

No final de janeiro de 1943, quando as notícias de Stalingrado estavam ficando sombrias para os alemães, Mussolini teve que manter a ideia de que Hitler logo poderia enviar forças para ajudar a salvar a situação no deserto. Cinco dias antes de os lamentáveis remanescentes do 6º Exército se renderem aos exércitos de Stalin, Mussolini declarou com confiança que os alemães tinham "homens, recursos e energia para dominar a situação".[41] Mesmo depois que os alemães se renderam em Stalingrado, Mussolini continuou falando como se as coisas estivessem bem. Para mostrar o pouco valor que dava a seus próprios soldados, em março de 1943, ele pediu a Hitler que utilizasse melhor as forças italianas na União Soviética e as destacasse com mais frequência para missões de combate perigosas.[42]

Certamente havia uma parte de Mussolini que estava ciente de que vivia uma mentira. Apesar de todas as suas tentativas de demonstrar confiança, sua saúde piorou ainda mais. Ele foi submetido à eletroterapia, sofria com fortes dores de estômago e parecia cada vez mais abatido. Ciano, que tentava retratar Mussolini de forma um tanto positiva, imaginou que a condição ruim do ditador se devia à ansiedade e ao "nervoso" da situação.[43] Mussolini se tornava sombrio em alguns momentos, e suas tentativas de projetar positividade desapareciam.

Nesses casos, muitas vezes ele culpava o povo italiano por não lutar com a coragem que ele queria que lutassem. Quando começaram a chegar as notícias sobre as terríveis batalhas campais em Stalingrado, Mussolini, "deprimido", afirmou que gostaria que suas forças lutassem dessa forma em Trípoli, na Líbia, mas que "isso não acontecerá".[44]

Culpar os outros era tudo o que lhe restava. Com seus sonhos desaparecendo, ele se queixava à sua amante Clara Petacci sobre a inadequação do Exército italiano, a covardia de seus oficiais e a fraqueza geral da raça italiana.[45] Em discursos públicos, ele se queixava contra as classes médias frouxas e, em uma linguagem muito semelhante à nazista, atribuía os problemas da Itália aos elementos física e mentalmente fracos de sua sociedade.[46] Nos meses seguintes, não haveria trégua — apenas catástrofes militares, uma após a outra. Em maio de 1943, a tropa de 260.000 italianos e alemães restantes no norte da África — para não falar de uma grande força de veículos blindados — foi forçada a se render. No total, de outubro de 1942 a maio de 1943, os britânicos e americanos destruíram uma força no deserto não muito diferente daquela destruída pelos russos em Stalingrado. Em seguida, os ingleses, americanos e canadenses invadiram a Sicília, e o governo de Mussolini entrou em colapso quase da noite para o dia.

No fim de semana de 24 e 25 de julho de 1943, o Grande Conselho Fascista destituiu Mussolini de sua posição de líder do partido, com o voto contrário até mesmo de seu genro, Ciano. O rei retirou sua autoridade governamental e Mussolini foi preso.[47] Ele estava muito cansado ou muito iludido para entender sua situação. Ainda dizendo aos que o cercavam que a Alemanha tinha uma chance real de vencer a guerra, ele aceitou docilmente seu cativeiro. Embora Hitler tenha "libertado" seu colega fascista um mês e meio depois e colocado Mussolini no comando de um suposto novo Estado — a República Social Italiana —, a influência do *Duce* havia acabado. Tudo o que ele poderia fazer era viver um pouco mais, executando alguns de seus supostos inimigos, como Ciano, mas sem nenhuma autoridade para decidir a grande estratégia da guerra. Hitler faria isso por ele.

Foi um fim rápido para o grande estrategista que havia sido moldado pelo Exército italiano na Primeira Guerra Mundial, quando ele aprendeu que agir com arrogância e bravatas poderia ajudá-lo a chegar ao poder. Em seguida, aproveitou essa experiência e a transferiu para a política internacional, fingindo ser o líder de uma grande potência — e por algum tempo ele conseguiu levar o blefe adiante. Agora, porém, os limites de sua experiência na Primeira Guerra Mundial haviam sido impiedosamente expostos. Tendo baseado a maior parte de sua liderança em agir como um importante líder mundial e tentando fingir que a "vontade" tornaria a Itália grande, ele não conseguia reconhecer suas próprias falhas terríveis, então ficou culpando o povo italiano pelo desastre que havia criado. Quando o mundo estava desmoronando ao seu redor, em junho de 1943, ele admitiu apenas um erro. "Minha culpa é ter dado um império aos italianos 40 anos antes do tempo."[48] A culpa nunca era de Mussolini.

19

Hitler, Stalin e a Frente Oriental

Quando Adolf Hitler lançou a Operação Barbarossa, em 1941, Josef Stalin aprendeu uma dura lição de humildade. Antes de 22 de junho, ele achava que era o mais esperto, que havia colocado as duas maiores potências capitalistas europeias, Alemanha e Grã-Bretanha, uma contra a outra. Agora, Hitler havia mostrado a ele, da maneira mais clara possível, que isso não fazia sentido e que Stalin é que havia sido enganado. Hitler havia se voltado contra Stalin quando este estava sem amigos, e o Exército alemão estava invadindo a URSS, destruindo unidades do Exército Vermelho e capturando as principais cidades soviéticas. Com a sobrevivência de seu regime em jogo, a paranoia stalinista foi superada por seu lado prático. Um dos estranhos benefícios de sua crise emocional no início da invasão, quando se perguntou se seus colegas iriam depô-lo, foi que, quando eles não o fizeram, ele pareceu ser capaz de trabalhar com os outros pelo resto da guerra sem ser prejudicado pela suspeita. A mesma coisa aconteceu, em uma escala menor, internacionalmente. Se, em seu momento mais sombrio, quando poderiam tê-lo abandonado, Roosevelt e Churchill estivessem oferecendo apoio, ele aceitaria — na verdade, imploraria por isso. Ele havia aprendido com suas experiências na Guerra Civil Russa que você poderia cometer grandes erros, mas, desde que acabasse vencendo, esses erros poderiam ser apagados da história. Ele estava determinado a fazer a mesma coisa.

Quando se tratava de ajuda, o verdadeiro prêmio oferecido era do coração pulsante do capitalismo mundial, os Estados Unidos da América. Winston Churchill havia se adiantado imediatamente após 22 de junho, comprometendo-se a ajudar Stalin com o auxílio britânico e criando uma aliança militar entre os dois países. No entanto, a Grã-Bretanha também estava lutando por sua própria sobrevivência no verão de 1941, e não tinha muitos recursos disponíveis para oferecer. Os Estados Unidos eram diferentes. Franklin Roosevelt estava no controle da maior economia do mundo, com enormes reservas inexploradas, e parecia interessado em ajudar. Além disso, seu conselheiro e emissário pessoal mais próximo, Harry Hopkins, já estava planejando ir a Londres quando Hitler atacou. Hopkins rapidamente adicionou Moscou ao seu itinerário, para se reunir com Stalin e ter uma visão melhor de como as coisas funcionavam. O líder soviético faria todo o possível para que a reunião fosse um sucesso.

Stalin e Hopkins se encontraram pela primeira vez em 28 de julho, e o anfitrião não poderia ter sido mais gentil. Embora a guerra na Frente Oriental continuasse em um estado de crise para o Exército Vermelho, ele prometeu ao americano que estaria disponível para se reunir das 18h às 19h todos os dias que Hopkins estivesse em Moscou.[1] Isso não era suficiente, e suas reuniões acabavam se estendendo por horas. Stalin também colocou à disposição de Hopkins seu próprio abrigo antiaéreo e o abasteceu generosamente com espumante, caviar, chocolates e cigarros.[2] Eles precisariam desse abrigo mais cedo do que gostariam, embora Stalin tenha conseguido usar a experiência para demonstrar o valor de sua amizade.

Moscou foi submetida a um bombardeio da Luftwaffe quase imediatamente após a chegada de Hopkins (fontes soviéticas acreditavam que a notícia da visita havia vazado). Stalin e o americano foram rapidamente levados do Kremlin para a estação de metrô próxima, onde estava localizado o abrigo antiaéreo. Uma vez lá, Stalin se recusou a permitir que seu chefe de segurança do Estado, Lavrenti Beria, um notório assassino, os conduzisse para um local seguro. Com um aceno de mão, Stalin disse a Beria: "Vá embora, covarde".[3] Em seguida, ele se pôs ao ar livre, observando desafiadoramente os aviões alemães. Hopkins o acompanhou. Logo, o fogo antiaéreo soviético atingiu dois bombardeiros alemães, e as aeronaves nazistas caíram do céu à vista de todos. Stalin voltou-se para Hopkins e disse: "Assim será com qualquer um que vier até nós com uma espada. E quem for gentil, nós o aceitaremos como um hóspede querido".[4]

Essa encenação funcionou, e Stalin conseguiu convencer Hopkins de seu desejo de lutar contra Hitler até o fim e de sua disposição de trabalhar com Roosevelt e com os Estados Unidos. O fato de que apenas algumas semanas atrás ele estava atacando o capitalismo não tinha mais importância. O ditador soviético se esforçou muito para elogiar Roosevelt e falar sobre as perspectivas de cooperação futura entre a URSS e os EUA. Ele chegou a dizer a Hopkins que acreditava que Roosevelt "tinha mais influência sobre as pessoas comuns do mundo atual do que qualquer outra força".[5]

Hopkins não só estava convencido da sinceridade de Stalin, como também se tornou o maior defensor da ajuda para auxiliar a URSS em sua luta. Essa ajuda, que Roosevelt também apoiaria pessoalmente, seria repassada como parte do famoso programa Lend-Lease,[6] que forneceu a Stalin muitos tipos de equipamentos de guerra que o Exército Vermelho teria dificuldade de produzir por conta própria, incluindo 400.000 jipes e caminhões, 14.000 aviões, 13.000 tanques e enormes quantidades de matérias-primas, incluindo tanto alumínio que os soviéticos poderiam fabricar dezenas de milhares de aeronaves por conta própria. O valor final da ajuda do Lend-Lease concedida às forças de Stalin foi calculado em US$ 11,3 bilhões, uma soma enorme para os padrões da época.[7]

No exato momento em que Stalin e Hopkins estavam trabalhando nos detalhes práticos de uma eventual vitória compartilhada, Adolf Hitler vivia uma fantasia. Na noite de 28 de julho, ele contou ao seu público noturno como já havia vencido a guerra e como em breve refaria o mundo. A campanha na Frente Oriental tinha acabado de completar sua quinta semana, e os Exércitos alemães estavam prestes a iniciar uma grande pausa operacional, mas Hitler garantiu aos seus ouvintes que tinha tudo sob controle. "A razão pela qual não estou me preocupando com a luta na Frente Oriental", disse ele, "é que tudo o que acontece lá está se desenvolvendo da maneira que eu sempre achei desejável". Na verdade, tudo o que eles estavam testemunhando nos campos de batalha da União Soviética parecia confirmar sua genialidade: "No início da Primeira Guerra Mundial, muitas pessoas achavam que deveríamos olhar para as riquezas minerais do Ocidente, as matérias-primas das colônias e o ouro. De minha parte, sempre achei que ter o sol no Oriente era o essencial para nós".[8] Hitler então revelou algo que basicamente resumia sua grande estratégia desde então até o final da guerra: "Não tenho motivos para modificar meu ponto de vista".[9]

A essa altura da guerra, impor seus pontos de vista era o modus operandi estratégico de Hitler. Enquanto Stalin estava no processo de aprender a adiar planos e confiar nos outros, o líder alemão concentrava cada vez mais poder em suas próprias mãos, vendo os outros como impedimentos que estavam contrariando sua genialidade. Essa foi a diferença formativa entre os dois como líderes de guerra.

Os sucessos militares da Alemanha no início da Barbarossa inflaram o ego já monstruoso de seu líder. Ele viu um Exército alemão que conquistava tudo e que justificava suas ideias sobre guerra, raça, religião, economia — praticamente qualquer questão que lhe viesse à mente. Além disso, a luta no leste o convenceu ainda mais de que seus preconceitos da Primeira Guerra Mundial, de que o poder de fogo e a proteção superavam a mobilidade e a velocidade, estavam corretos. É interessante notar que uma de suas principais suposições sobre a superioridade alemã provou ser um mito. Hitler sempre afirmou que um dos motivos pelos quais a URSS entraria em colapso era a fraqueza e a má qualidade dos equipamentos do Exército Vermelho em comparação com a excelência dos equipamentos do Exército alemão. Barbarossa mostrou que, pelo menos no que se refere a tanques, a União Soviética estava muito à frente. Naquela época, o T-34 tinha maior poder de fogo e, em geral, era mais pesado, mais rápido e mais simples de produzir e manter do que seus equivalentes alemães.[10] Hitler estava determinado a construir uma nova geração de tanques que fosse melhor do que o T-34 ou qualquer outra coisa que eles esperassem que os soviéticos tivessem. Ele não se importava em ter um tanque mais rápido ou mais manobrável, é claro; queria um tanque mais pesado, com blindagem mais forte e um canhão mais potente.[11]

Logo, para agradar Hitler, a indústria de armamentos alemã produziu dois novos e poderosos projetos, o Panzer VI (Tiger) e o Panzer V (Panther). Caros, altamente técnicos e, especialmente no caso do Tiger, superpesados, os tanques só podiam ser fabricados em pequenas quantidades e, quando começaram a aparecer nos campos de batalha em 1943, sua vantagem de poder de fogo podia ser neutralizada de várias maneiras.

A experiência de Hitler na Primeira Guerra Mundial também lhe ensinou lições vitais de comando, ou assim ele pensava. Olhando para trás, ele gostava de imaginar que era mais inteligente do que o alto comando alemão naquela guerra, e que entendia como manter as perdas baixas, em oposição ao massacre nas trincheiras. Também gostava de atacar as decisões alemãs anteriores, como o lançamento da Batalha de Verdun, chamando-a de "loucura" e dizendo que nunca sacrificaria seus soldados de forma inútil.[12] Mas enquanto falava como se a guerra na

União Soviética fosse uma confirmação da sua visão estratégica, ficou claro que a suposição na qual ele baseou seu planejamento de campanha estava errada. Longe de ser uma casa em decomposição que o Exército alemão destruiria facilmente, a resistência soviética, embora às vezes mais valente do que hábil, era feroz. A ideia de que os alemães poderiam encerrar a campanha em dezesseis semanas, como planejado, não fazia sentido, e logo Hitler estaria sacrificando vidas de soldados alemães em um ritmo que excedia o da Primeira Guerra Mundial. O Exército alemão foi forçado a parar, reagrupar-se e reabastecer-se continuamente, pois o desperdício de equipamento militar era muito maior do que se imaginava, e corria o risco de ultrapassar a capacidade de seu fraco corpo logístico de acompanhar os avanços do exército. Durante essas pausas operacionais, Hitler começou a flexionar seus músculos militares e a destruir o que restava da independência do Exército alemão.

A decisão mais controversa ocorreu durante a primeira pausa operacional, em agosto. Naquele momento, grande parte do alto comando do Exército alemão queria atacar Moscou, tomar a capital soviética e dividir a linha de frente em duas. Hitler, no entanto, considerou a cidade um objetivo "secundário" e propôs atacar o sul da Ucrânia. Ele argumentou que era mais importante tomar os recursos econômicos ucranianos. Quando confrontado com uma objeção a essa ideia por muitos de seus generais, reagiu com raiva. Ele iria conduzir a guerra do seu jeito, e o exército teria que entrar na linha. Começou a acusar o exército de falhar com ele e deixou claro que assumiria o comando.[13]

No final, ele conseguiu o que queria, com resultados variados. Por um lado, o resultado imediato foi uma grande vitória alemã na Ucrânia, que incluiu a captura de 600.000 soldados do Exército Vermelho. Por outro, a decisão significou que, quando o Exército alemão se preparou para a tentativa de tomar Moscou, o inverno russo se aproximava. A ofensiva começou em outubro e se tornaria o foco dos combates na Frente Oriental pelos próximos cinco meses — de uma forma que

Hitler nunca previu. No início, o Exército alemão parecia mais uma vez ser triunfante. Eles cortaram as linhas do Exército Vermelho e capturaram grandes quantidades de tropas soviéticas — aproximadamente mais 600.000. No final de novembro, os alemães estavam se aproximando de Moscou, mas então três coisas se combinaram e levaram ao primeiro grande revés da Alemanha na guerra terrestre desde que eles cruzaram a fronteira com a Polônia.

Primeiro, mais uma vez, começaram a ter dificuldades com os suprimentos. As tropas alemãs estavam tentando avançar muito à frente das linhas ferroviárias estabelecidas e, sem trens, a capacidade alemã de levar os suprimentos necessários para a frente começou a falhar. Na verdade, essa foi uma das principais falhas de Hitler. Seu foco em armamento pesado e poder de fogo em detrimento da mobilidade fez com que a produção de caminhões fosse uma prioridade muito baixa na Alemanha. O Exército alemão que invadiu a URSS só tinha caminhões suficientes para equipar adequadamente cerca de um décimo de suas unidades, e o restante teve que se contentar com cavalos e carroças.

Ao mesmo tempo que as linhas de suprimentos alemãs estavam se rompendo, o rigoroso inverno russo começou mais cedo do que o esperado. E então os russos passaram a contra-atacar de forma planejada e organizada, algo que os alemães nunca haviam experimentado antes. Tendo aprendido algo com suas primeiras batalhas fracassadas, os comandantes soviéticos, liderados pelo famoso General Georgi Zhukov, acumularam um grande exército em torno de Moscou e esperaram que os alemães se afastassem demais das bases antes de lançar uma série de contraofensivas.[14] Embora elementos do Exército alemão estivessem perto o suficiente de Moscou no início de dezembro para alcançar as linhas de bonde que se estendiam até a capital soviética, eles nunca conseguiriam tomar a cidade.

Em 6 de dezembro, o Exército Vermelho contra-atacou com força maciça. Superando em número as tropas alemãs, que estavam sobrecarregadas e exaustas, por 2,5 a 1, os exércitos de Jukov — muitos deles recém-chegados da Sibéria, onde haviam evitado o combate — pararam os invasores em seu avanço e chocaram o alto comando alemão.[15] Ao mesmo tempo, a temperatura despencou. Um soldado alemão lembrou que a temperatura chegou a -46 °C naquele dia.[16] As tropas alemãs envolvidas no ataque estavam exaustas e congeladas. Agora que se encontravam mal supridas, sem proteção de inverno e enfrentando um inimigo reforçado e agressivo, começaram a recuar em alguns lugares, embora tenham resistido em outros. Os oficiais alemães mais graduados sofreram colapsos nervosos, enquanto as unidades com menor força em ambos os lados de Moscou mudavam instantaneamente do ataque para a defesa, desesperadas apenas para sobreviver diante da ofensiva soviética.[17]

Essa reviravolta causou o oposto de humildade em Hitler e, quando confrontado com o primeiro revés real em sua guerra terrestre no continente europeu, ele falhou no teste básico de liderança de guerra. Quando começaram a chegar histórias sobre o vacilante avanço alemão e os primeiros sinais de um possível contra-ataque, Hitler ficou irritado e desequilibrado e começou a emitir a primeira de suas famosas ordens de não recuo — as quais ele repetiria até o momento em que cometeu suicídio em Berlim, três anos e meio depois. Um dos primeiros exemplos disso foi em 30 de novembro. Hitler perdeu o controle quando ouviu a notícia de que os contra-ataques soviéticos haviam feito com que o 1º Exército Panzer, que se dirigia a Moscou pelo sul, recuasse para não ser cercado. De acordo com Franz Halder, chefe do Estado-Maior do Exército, Hitler estava "em um estado de extrema agitação". Recusando-se a deixar que seus generais falassem, o líder nazista era quem "falava, despejando censuras em tom de ataque e gritando ordens tão rápido quanto lhe vinham à cabeça". Tais ordens eram todas variações do mesmo tema: Hitler proibia "recuos" ou que seus exércitos "retrocedessem".[18]

Quando as coisas ficaram mais difíceis, em dezembro, e a verdadeira força do contra-ataque soviético foi revelada, Hitler tentou se livrar da culpa por ter subestimado o Exército Vermelho. Em 8 de dezembro, emitiu uma diretriz do *Führer* ordenando que seus exércitos parassem de atacar e, em vez disso, assumissem posições defensivas em toda a linha. O motivo apresentado não foi o contra-ataque soviético, mas o "inverno rigoroso que chegou surpreendentemente cedo no leste e as consequentes dificuldades em trazer suprimentos".[19] No entanto, culpar o clima não impediu que os soviéticos pressionassem, e cada vez mais unidades alemãs tiveram que recuar. Em resposta, Hitler repetiu a mesma ordem várias vezes — não recuar, manter a posição e morrer no local, se necessário.[20]

Incapaz de assumir a culpa sozinho, começou a responsabilizar seus generais, alegando que eles eram fracos ou conspiravam contra ele. Em 19 de dezembro, decidiu neutralizar a interferência do exército o máximo possível, abolindo o cargo de comandante-chefe do Exército alemão e assumindo ele mesmo o controle direto. Isso significava que o General Halder agora se reportava diretamente a ele.[21] Hitler chegou a se gabar de que o comando operacional era tão fácil que qualquer um poderia fazê-lo.[22] A essa altura, ele já havia infantilizado por completo as forças armadas e, pelo resto da guerra, cada vez mais se cercaria apenas de oficiais que lhe dissessem o que gostaria de ouvir.

Com um controle a menos em vigor, Hitler continuou a ordenar que as tropas fora de Moscou não recuassem, independentemente do clima congelante. Em 20 de dezembro, ele falou "longamente" sobre a necessidade de manter a linha. "Todo homem precisa resistir onde está posicionado."[23] Ele também se referiu às suas próprias experiências na Primeira Guerra Mundial. Quando o General Heinz Guderian, que comandava um dos Panzergruppen voltados para Moscou, disse que suas tropas não podiam se entrincheirar porque o solo estava congelado por pelo menos um metro e meio abaixo da superfície, Hitler sugeriu que os soldados usassem obuses para explodir crateras e usá-las como trincheiras. Afinal de contas, disse, era isso que as tropas alemãs haviam feito na Frente Ocidental na Primeira Guerra Mundial.[24] Ele parecia incapaz de entender que as condições na União Soviética poderiam ser tão diferentes daquelas que ele mesmo havia experimentado como soldado.

Essa ordem de "aguentar firme e morrer no lugar" logo se tornou parte do mito de grandeza que Hitler reforçava a si mesmo — quase como se estivesse prestes a apagar o desastre que havia acontecido com o Exército alemão em 1918. Ele acreditava que foram sua vontade e determinação que salvaram o Exército alemão de uma catástrofe fora de Moscou, que reuniram as tropas e evitaram uma grande derrota. Essa era uma visão sem substância, mas que perdurou — em parte porque foi repetida. No entanto, ela não faz sentido. Em primeiro lugar, muitos soldados alemães de fato se retiraram. O Exército alemão, sob pressão dos russos, desconsiderou várias vezes a ordem de Hitler de ficar de pé e morrer. No final de janeiro, até mesmo ele foi forçado a admitir a realidade e autorizou uma retirada significativa das forças nos arredores de Moscou.[25] O resultado de tudo isso foi que o Exército alemão se viu muito mais distante da capital na primavera de 1942 do que em dezembro de 1941. Em alguns casos, estava agora a mais de 160 quilômetros a oeste, e Moscou estava tão segura que Hitler jamais poderia ameaçá-la novamente.[26]

Um líder de guerra reflexivo poderia ter tentado entender o que havia acontecido no inverno de 1941-42 e aprender com isso. O Exército alemão havia sido sobrecarregado devido ao excesso de confiança em suas próprias habilidades e a uma drástica subestimação das habilidades do inimigo. No entanto, a lição que Hitler tirou de tudo isso foi que ele estava certo o tempo todo — que foi a sua grandeza que salvou o dia. Na verdade, quando as coisas se acalmaram na Frente Oriental em 1942, ele voltou à sua percepção anterior, já refutada, de que os russos estavam prestes a entrar em colapso e não resistiriam por muito mais tempo. Ele disse ao seu secretário que logo seria demonstrado que as linhas russas eram "um véu muito fino" e que seria descoberto que "a resistência não duraria".[27] O necessário, é claro, era um controle mais direto de sua parte, para garantir que seus fracos generais lutassem com a vontade e a convicção imprescindíveis para esmagar o enfraquecido Exército Vermelho.

Quem seguiu em uma direção oposta à de Adolf Hitler foi Josef Stalin. O encontro de Stalin com Harry Hopkins foi apenas um exemplo de como ele reagiu à adversidade, não se apoiando em seu próprio brilhantismo, mas tentando cultivar e se beneficiar do apoio de outros. Isso não se deveu a nenhuma mudança de personalidade; foi porque ele calculou, com precisão, que as chances de sua sobrevivência pessoal e da URSS (e, mais tarde, de seus sucessos futuros) seriam mais bem asseguradas se aceitasse ajuda onde pudesse obtê-la, mesmo que isso o levasse a fazer coisas que, ideológica ou pessoalmente, ele não havia feito antes.

Depois de ter sido tão espetacularmente enganado por Hitler até 22 de junho, Stalin se tornou, sem dúvida, o mais bem-sucedido manobrador no cenário internacional. Seu encontro com Hopkins foi apenas o início de sua aproximação com os formuladores de políticas dos EUA e da Grã-Bretanha, de modo que essas duas grandes potências capitalistas fornecessem apoio maciço à União Soviética bolchevique. Quando se tratava de cultuar Roosevelt, até novembro de 1943, Stalin teve de agir por meio de intermediários (principalmente Hopkins) e telegramas — e fez isso com muito sucesso.

Em relação aos britânicos, Stalin conseguiu marcar uma reunião com Churchill mais de um ano antes da eventual reunião com Roosevelt, e de uma forma que lhe permitiu o controle e, ao mesmo tempo, fez com que ele parecesse agradável. Stalin entendeu o quanto Churchill e Roosevelt estavam ansiosos para se encontrar com ele e se valeu disso de forma psicológica e material. Um dos motivos para essa vantagem era o fato de Stalin ter um medo patológico de voar. Com Roosevelt, no final de 1943, fez com que o presidente viajasse metade do mundo, de Washington a Teerã — o mais longe que um presidente dos EUA já havia viajado no cargo. Stalin podia pegar um trem para a cidade soviética de Baku, de onde faria um voo muito curto sobre a fronteira com o Irã. Mesmo assim, ficou receoso. Quando chegou a Baku, havia dois grandes aviões de transporte C-47 (de fabricação americana) esperando para levá-lo a Teerã. O avião em que ele deveria voar era pilotado por um general da Força Aérea Soviética, mas Stalin percebeu que o outro era pilotado por um homem mais jovem, um coronel. Na hora, trocou de avião, dizendo que "generais raramente pilotam aviões"[28]. Ele preferiu apostar no coronel.

Quando se tratou do encontro com Churchill, em agosto de 1942, Stalin também tomou as rédeas da logística. O primeiro-ministro se ofereceu para ir à URSS para a reunião, mas, devido ao estado da guerra, teve de fazer uma rota longa e tortuosa, saindo de Londres e indo para o sul, até Gibraltar e depois para o leste — até o Cairo — antes de seguir para o norte, rumo à URSS. Para ter um pouco de descanso, Churchill propôs que se encontrassem em Astrakhan, no Cáucaso, que ficava cerca de 1.200 quilômetros mais perto do Cairo do que de Moscou.[29] Stalin disse não. Ele estava ocupado demais com sua "intensa luta" contra Hitler, portanto Churchill teria de viajar até a capital soviética se quisesse encontrá-lo,[30] e o primeiro-ministro concordou.

O encontro entre os dois mostrou que Stalin sabia o que poderia conseguir e o que era impossível. Como aconteceu com Hopkins um ano antes, ele foi um anfitrião generoso, fornecendo a Churchill acomodações repletas de iguarias e bebidas, incluindo grandes quantidades de "caviar e vodca".[31] Quando se sentaram para o primeiro encontro cara a cara, Stalin fez o papel de suplicante. A situação na Frente Oriental era difícil, segundo ele; os alemães estavam se movendo rapidamente pela estepe do sul da União Soviética em direção à cidade de Stalingrado e ao Cáucaso para tentar tomar o centro da produção de petróleo soviético. Ele queria desesperadamente que os Aliados ocidentais lançassem uma invasão através do Canal da Mancha para aliviar a pressão.

Churchill, no entanto, foi totalmente contra a operação e falou sobre como os britânicos e os americanos não tinham forças para tentar algo tão ambicioso como um ataque através do Canal da Mancha. Stalin, parecendo "muito triste", imaginou que os Aliados poderiam tentar algo de menor porte — como tomar as Ilhas do Canal ou ameaçar desembarcar uma força na costa francesa.[32] Qualquer coisa que afastasse até mesmo um punhado de tropas da Frente Oriental seria suficiente.

O inglês continuou a levantar objeções. As forças anglo-americanas simplesmente não estavam prontas para invadir a França e, acrescentou, iriam se concentrar em sua área favorita, o Mediterrâneo. Embora Stalin não estivesse convencido de que lutar no Mediterrâneo faria diferença, ele entendeu que não conseguiria o que queria e desistiu. "O Sr. Stalin (que parecia ainda mais triste) disse que, se não pudéssemos fazer um desembarque na França este ano, ele não tinha o direito de exigir ou insistir nisso", registrou Churchill.[33]

No curto prazo, Stalin se contentaria com o máximo possível de apoio de Lend-Lease e deixaria Churchill manter seu foco no Mediterrâneo. Churchill, no entanto, parecia não entender a manobra de Stalin. Quando voltou para seu quarto naquela noite e conversou com seus conselheiros, ele adotou a visão de aristocrata do século XIX e viu Stalin como um simplório sem sofisticação, "um camponês com quem ele sabia como lidar".[34] Ele simplesmente entendeu o equilíbrio de poder entre eles. Quando os dois líderes voltaram a se reunir, quinze meses depois, em Teerã, Stalin inverteu impiedosamente a balança. Em uma posição muito mais poderosa, pressionou brutalmente Churchill para fazer as coisas do seu jeito.[I]

[I]Consulte o capítulo 20.

A disposição de Stalin em ceder a Churchill em 1942 refletia outro de seus cuidadosos equilíbrios internacionais naquele período: sua forma de lidar com o Japão. Embora fosse agora um aliado dos Estados Unidos e do Reino Unido, ambos envolvidos em uma guerra amarga contra os japoneses, Stalin queria que a URSS evitasse a guerra com o Japão no momento. Ele ordenou que seu exército não fizesse nada que provocasse as tropas japonesas na fronteira com a China e confirmou seu compromisso com o tratado de não agressão que havia acordado com o Japão em abril de 1941.[35] Ele entendia que uma vitória dos Aliados lhe daria a capacidade de expandir sua influência no leste asiático e, embora assegurasse aos japoneses suas boas intenções, planejava atacá-los no momento certo — como disse aos britânicos e americanos. Enquanto isso, estava mais do que feliz em deixar que os EUA e o Reino Unido fizessem o trabalho pesado no Pacífico, e só entraria para pegar os despojos no final, quando os japoneses não pudessem mais lutar.[36]

Esse foi outro exemplo de como Stalin, mais do que qualquer outro líder de guerra, manipulou com sucesso outras potências para atender às suas necessidades. Seus grandes sucessos estratégicos foram reconhecidos dentro da liderança militar soviética e ajudaram a consolidar seu poder pessoal. Ao analisar a liderança de Stalin vinte anos após a guerra, Zhukov observou como o líder se sentia confortável com as relações internacionais (em seu idioma, "estratégia" e "política") desde o início. "Stalin entendeu as questões estratégicas desde o início da guerra. A estratégia estava próxima de sua esfera habitual — a política — e, quanto mais diretamente as questões de estratégia se sobrepunham às questões políticas, mais confiante ele se sentia para resolvê-las." No entanto, Zhukov fez uma crítica incisiva. "No início da guerra, Stalin não dominava a arte operacional."[37]

Essa crítica, certamente merecida, também revelou uma das grandes diferenças entre Hitler e Stalin como líderes de guerra. Stalin tinha a capacidade de aprender. Em 1941 e no início de 1942, os dois eram bastante semelhantes como comandantes militares. Assim como Hitler, Stalin começou com o desejo de microgerenciar seus exércitos. Estava sempre em contato por telégrafo e telefone com os oficiais no campo e deixava claro que observava atentamente seus movimentos.[38] Ele dava ordens que deveriam ser seguidas por todos os escalões, tirando a independência dos comandantes e tornando-se responsável por muitos dos desastres que se abateram sobre o Exército Vermelho no primeiro ano após Barbarossa. Durante o resto de 1941, ele fez com que a mídia soviética apresentasse uma imagem muito mais otimista da guerra do que era real, levando ao pânico em momentos em que a população descobria que os alemães estavam muito mais próximos do que haviam sido levados a acreditar.[39]

Mesmo antes de Hitler desenvolver sua visão de manter a todo custo o comando em dezembro de 1941, Stalin havia tentado, com resultados desastrosos, implementar uma política de avanço idêntica. Quando os alemães invadiram, as forças do Exército Vermelho que se opunham a eles foram empurradas para muito longe, em direção à fronteira, pois Stalin gostava de ter suas forças em uma posição "avançada".[40] Um dos motivos pelos quais as primeiras semanas de Barbarossa tiveram um sucesso tão espetacular foi o fato de Stalin não apenas ter empurrado suas tropas até a fronteira, mas também tê-las proibido de se prepararem para o combate, preocupado com a possibilidade de Hitler considerar tal ação muito provocativa. Assim, quando as pontas de lança blindadas alemãs romperam as linhas avançadas do Exército Vermelho, havia pouco que os soviéticos pudessem fazer para não serem cercados.

Esse desastre inicial foi seguido por uma catástrofe ainda maior, exacerbada por Stalin. Quando Hitler rejeitou o conselho de seus generais de ir para Moscou e, em agosto, decidiu atacar a Ucrânia, ele encontrou outro grupo de Exércitos soviéticos que Stalin havia preparado para a derrota. Essas tropas do Exército Vermelho não só estavam mais uma vez sob a batuta de Stalin, como ele também continuava a proibir qualquer retirada. Além disso, sua escolha para o comando do teatro de operações foi desastrosa: um de seus antigos companheiros da Guerra Civil, o Marechal Semion Budionny. Um antigo oficial de cavalaria com um bigode imenso, Budionny havia sido um trunfo para Stalin nos grandes expurgos, e sua lealdade havia sido recompensada com casas, dinheiro, medalhas e poder. Budionny podia ser elegante, mas também era incompetente e, quando enfrentou a melhor força de ataque do Exército alemão em 1941, congelou. Mantendo-se firme às ordens de não recuar, Budionny apresentou à Wehrmacht uma massa inerte de tropas centradas em Kiev. Os alemães rapidamente cercaram esses exércitos estacionários, e as rendições em massa começaram pouco tempo depois. Além dos mais de 600.000 prisioneiros capturados pelos alemães, as forças de Budionny tiveram centenas de milhares de mortos e feridos, com perdas totais de mais de um milhão. Talvez o único aspecto positivo para Stalin tenha sido o fato de Hitler ter considerado essa vitória como uma confirmação de seu próprio gênio estratégico.

Desse ponto em diante, Stalin nunca mais seria tão inflexível, mas por muitos meses ele permaneceu precipitado, ainda propenso a um gerenciamento participativo e agressivo demais quando a situação exigia prudência. Após os sucessos iniciais do Exército Vermelho nos arredores de Moscou em dezembro e no início de janeiro, Stalin começou a pensar em uma campanha militar para 1942. Ele estava convencido de que os sucessos limitados do Exército Vermelho significavam que o Exército alemão estava em péssimas condições; e, assim como Hitler um ano antes, ele achava que, se pressionasse, toda a linha inimiga entraria em colapso. Em 10 de janeiro de 1942, Stalin produziu uma visão estratégica geral que distribuiu aos comandantes seniores do Exército Vermelho. Eles deveriam se preparar para a ofensiva, não dar trégua aos alemães e, com sorte, derrotar o exército invasor antes do final do ano. Ele escreveu:

> Depois que o Exército Vermelho conseguiu exaurir o suficiente as tropas nazistas, ele lançou uma contraofensiva e levou as tropas alemãs para o oeste.
>
> Para atrasar nosso avanço, os alemães entraram na defensiva e começaram a construir linhas de defesa com trincheiras, barreiras e fortificações de campo. Eles estão contando com o atraso da nossa ofensiva até a primavera, de modo que, na primavera, depois de terem reunido forças, eles voltarão à ofensiva contra o Exército Vermelho. Portanto, os alemães querem ganhar tempo e ter uma trégua.
>
> Nossa tarefa não é lhes dar essa trégua, mas levá-los para o oeste sem parar, forçá-los a usar suas reservas antes da primavera — quando teremos novas e grandes reservas, e eles não terão mais — e conseguir, dessa forma, a derrota completa das tropas nazistas em 1942.[41]

Stalin estava sonhando. Embora o Exército Vermelho tivesse lutado bem em torno de Moscou e o Exército alemão precisasse de descanso, os soviéticos ainda tinham um longo caminho a percorrer para conseguir lançar uma guerra de operações combinadas bem-sucedida, enquanto os alemães continuavam operacionalmente fortes. No entanto, impulsionado pelo otimismo de seu líder, o Exército Vermelho preparou uma série de ofensivas em toda a linha para os primeiros meses de 1942. Quando lhe foram apresentados planos para operações mais limitadas, Stalin inicialmente preferiu uma ofensiva maior e mais arriscada.[42] O resultado de suas preferências foi outra série de desastres do Exército Vermelho, em particular o que é conhecido como a Segunda Batalha de Kharkiv.

Em 12 de maio, uma força soviética de mais de 750.000 soldados, superando as forças alemãs em mais de 2 para 1, e aproximadamente 1.000 tanques, que superavam os alemães em 1,5 para 1, atacaram.[43]

Infelizmente para eles, os ataques a Kharkiv foram lançados sem querer perto de onde os alemães estavam preparando algumas de suas forças para a ofensiva de verão. Isso incluía o 6º Exército, liderado pelo General Friedrich Paulus. Em poucos dias, os alemães não apenas neutralizaram o ataque soviético, mas contra-atacaram com tanta tenacidade que o Exército Vermelho viu suas forças sobreviventes serem empurradas para bem longe de onde haviam começado. Em meados de junho, as perdas do Exército Vermelho na batalha foram "catastróficas", com quase 280.000 soldados perdidos por todas as causas, e praticamente toda a força de tanques com a qual haviam começado a batalha foi eliminada.[44] Foi uma das maiores derrotas que qualquer exército na guerra sofreria em 1942.

Essa também seria uma das últimas derrotas do Exército Vermelho. Nos quatorze meses seguintes, ocorreriam duas das campanhas mais famosas da Segunda Guerra Mundial, resultando nas batalhas de Stalingrado e Kursk — combates que marcaram o fim de qualquer movimento de avanço do Exército alemão na Frente Oriental. Um dos motivos mais importantes pelos quais essas batalhas tiveram o resultado que tiveram foi o fato de Stalin ter evoluído como comandante, enquanto Hitler permaneceu o mesmo.

A Batalha de Stalingrado talvez seja o melhor exemplo disso. Essa famosa campanha surgiu devido aos resultados da ofensiva alemã do verão de 1942, que foi excessivamente ambiciosa. Mais uma vez, houve um grande debate entre Hitler e alguns de seus generais sobre o que o Exército alemão deveria fazer. Quando se tratou da ofensiva, alguns generais estavam cautelosos e outros propuseram um ataque relativamente modesto em direção à cidade de Stalingrado, que, na época da Guerra Civil Russa, era Tsaritsyn, o local do primeiro e mais famoso comando militar de Stalin. Hitler, no entanto, considerou essa operação muito cautelosa e elaborou um plano bem mais ambicioso, que recebeu o codinome de Caso Azul. Essa operação visaria Stalingrado com uma força, mas mais para proteger o flanco norte do Exército alemão. Outra grande força alemã avançaria quase 1.600 quilômetros desde seu ponto de partida e atacaria profundamente o Cáucaso, tomando os campos de petróleo mais produtivos de Stalin e mirando a cidade de Baku, no Mar Cáspio. O plano era certamente ousado.

No início, as coisas pareciam estar indo bem. Quando o Caso Azul começou, o Exército Vermelho estava tão enfraquecido pela Segunda Batalha de Kharkiv que não tinha condições de oferecer muita resistência. Os alemães avançaram com relativa facilidade por centenas de quilômetros de território russo e estepes com poucas características distintas. Em alguns dias, o avanço alemão era limitado apenas pela quantidade de combustível que podiam colocar em seus tanques. Esse sucesso inicial deixou Hitler ainda mais convencido, e ele subjugou aqueles que defendiam a cautela. Em 23 de julho, Halder, que tinha um relacionamento cada vez mais conflituoso com o ditador, desabafou em seu diário. Depois que Hitler explodiu "em um acesso de raiva insana" e lançou "as mais graves censuras" contra o Estado-Maior alemão por questionar alguns de seus planos, Halder comentou: "A tendência crônica de subestimar as capacidades do inimigo está gradualmente assumindo proporções grotescas e se transformando em um perigo real".[45]

Por um tempo, isso não pareceu importar. O 6º Exército chegou aos arredores de Stalingrado no final de agosto e, em seguida, iniciou o trabalho de tentar retirar as forças soviéticas da cidade. Foi uma tarefa muito mais difícil do que o esperado. O Exército Vermelho, que havia se retirado silenciosamente antes disso, fez os alemães pagarem por cada centímetro do difícil terreno urbano, defendendo-se de casas e fábricas. No final de setembro, Halder (que estava prestes a ser demitido por Hitler) admitiu que as tropas de assalto do 6º Exército em Stalingrado estavam "chegando à exaustão".[46] Mesmo assim, o líder nazista ordenou que a cidade fosse tomada, e os alemães continuaram a atacar.

Hitler parecia fascinado em capturar a cidade cujo nome homenageava seu colega ditador e queria que ela fosse tomada independentemente do custo. Paulus concordou, enviando a maior parte das melhores tropas para a cidade e deixando os flancos de seu exército fora de lá para serem defendidos por tropas mais fracas dos aliados da Alemanha, incluindo romenos e centenas de milhares de tropas italianas que Mussolini havia enviado para mostrar a Hitler como ele era importante.

Em novembro, a vitória parecia estar ao alcance de Hitler, e a rádio alemã se vangloriava de que a Wehrmacht havia capturado a cidade que levava o nome de Stalin. Então os soviéticos atacaram. Em uma operação com o codinome Uranus, poderosas forças soviéticas, que haviam sido metodicamente acumuladas, atacaram em ambos os lados de Stalingrado. Elas evitaram as poderosas unidades alemãs e destroçaram os romenos e italianos. Abriram tantos buracos nas linhas do Eixo e se moveram tão rapidamente que, no final do mês, o Exército Vermelho tinha cercado o 6º Exército na cidade. Foi um exemplo clássico da moderna guerra blindada de ruptura, exploração e cerco.

Para Stalin, foi um sinal de que a escola de comando militar mais agressiva e direta — manter sua posição a todo custo ou avançar diretamente em direção ao inimigo — estava chegando ao fim. Ele havia permitido que os comandantes do Exército Vermelho recuassem, atraíssem os alemães e, quando estivessem prontos, contra-atacassem as áreas fracas da linha do Eixo e cercassem um exército inteiro. O Marechal Zhukov, por sua vez, ficou impressionado: "Desde Stalingrado, Stalin aderiu à sua própria abordagem aos problemas de cerco e destruição das tropas alemãs. O curso dessa operação ficou gravado em sua memória, e ele repetidamente revisitava essa experiência".[47]

Agora, Hitler e Stalin lutavam pelo destino do 6º Exército, sepultado como estava em Stalingrado. De modo geral, Stalin estava satisfeito em deixar que os comandantes no local controlassem a campanha, desde que mantivessem o 6º Exército imobilizado e cercado e neutralizassem o esperado contra-ataque alemão. Hitler, no entanto, queria o controle total. Como considerava a retirada uma humilhação, ele proibiu qualquer possibilidade de o 6º Exército lutar para sair do cerco, que passou a ser chamado de Kessel. Em vez disso, gastou seu tempo desesperadamente criando maneiras de tentar manter todas as suas conquistas.[II]

Quando Hitler ouviu pela primeira vez histórias de um grande contra-ataque russo, ele minimizou a ameaça, dizendo que o Exército Vermelho nunca seria forte o suficiente para impedir que o Exército alemão dominasse a situação. "Nossos generais estão cometendo seus velhos erros novamente", disse ele a Albert Speer. "Eles sempre superestimam a força dos russos."[48] Basicamente, contanto que ele conseguisse reunir algumas tropas de socorro, os russos se mostrariam fracos demais e ele salvaria o dia novamente. "A curto ou longo prazo, os russos simplesmente vão paralisar. Eles vão se esgotar. Enquanto isso, nós colocaremos algumas divisões novas; isso colocará as coisas em ordem."[49]

Quando sua primeira previsão excessivamente confiante se mostrou absurda, Hitler procurou por qualquer coisa que lhe permitisse manter a cidade e aliviar o 6º Exército. O que ele decidiu revelou o quão pouco ele entendia da guerra moderna, mas também como havia corrompido o sistema alemão de elaboração de estratégias para lhe dizer o que ele queria ouvir — mesmo que fosse mentira. Em busca de ideias, Hitler recorreu ao seu vice e comandante-chefe da Luftwaffe, Hermann Göring, e perguntou se Stalingrado poderia ser abastecida por via aérea. A essa altura, Göring já estava programado para dizer a Hitler somente o que o ditador queria ouvir e simplesmente mentiu para que Hitler se sentisse melhor por um momento. "Meu líder! Eu

[II] *Der Kessel* em alemão é uma chaleira ou caldeira, ou seja, uma panela em que o líquido pode ser aquecido até ferver.

garanto pessoalmente o abastecimento de Stalingrado por via aérea. Você pode confiar nisso."[50]

Göring estava falando bobagem, como ele provavelmente sabia e muitos generais de Hitler suspeitavam. O 6º Exército precisava de 300 toneladas de suprimentos por dia para funcionar, e a ideia de que a Luftwaffe conseguiria fazer isso no meio do inverno russo, voando de bases avançadas com um número limitado de aeronaves, era uma fantasia. Um cálculo rápido dos aviões disponíveis e das cargas teria deixado isso claro. Na verdade, os alemães tinham uma média de entregas de pouco mais de 100 toneladas por dia, o que deixava o 6º Exército à própria sorte.[51] Seus soldados não estavam apenas cercados; estavam morrendo de fome, com falta crônica de munição e suprimentos básicos. Hitler, no entanto, preferiu aceitar as garantias de Göring sem fazer muitas perguntas e sem pedir um cálculo.[52] Ele não queria saber a verdade.

Tendo recebido a mentira de que precisava para impedir que o 6º Exército se dispersasse e batesse em retirada, Hitler depositou suas esperanças no ataque com uma força alemã de resgate. Essa era uma ideia quase tão fantasiosa quanto o abastecimento por via aérea. O Exército alemão estava exausto depois de meses de constantes movimentos e combates, e suas outras unidades mais poderosas estavam nas profundezas do Cáucaso, a centenas de quilômetros de distância. O líder nazista conseguiu reunir uma força e a enviou em 12 de dezembro. No início, ela obteve alguns ganhos decentes, mas logo foi detida pelas grandes forças soviéticas em torno de Stalingrado e, no final do mês, estava sendo empurrada para trás, sem nunca ter chegado a cinquenta quilômetros das forças alemãs encurraladas. Nesse ponto, a única opção realista era que o 6º Exército abandonasse Stalingrado e lutasse para alcançar segurança.

No entanto, Hitler não quis fazer nada disso. A retirada seria um fracasso e uma desonra; seria muito melhor para o 6º Exército lutar e morrer no local. E foi o que a força fez — até que não aguentou mais e fez a única coisa que Hitler proibiu. Em 2 de fevereiro de 1943, o que restava das tropas de Paulus, bem como o próprio Paulus, se renderam. Foi a liderança catastrófica de Hitler que causou o desastre — resultado direto de ele ter assumido o comando supremo do exército um ano antes.[53] Foi também a primeira vez que um Exército alemão inteiro capitulou na Segunda Guerra Mundial. Não seria a última.

De modo geral, Hitler pegou uma situação difícil e a tornou infinitamente pior. Sua ordem inflexível e seu plano fantasioso de abastecer o 6º Exército por via aérea falharam de maneira catastrófica. No entanto, mais uma vez, ele culpou todas as pessoas ao seu redor pelo fracasso e usou esse fato para afastar ainda mais as vozes dissonantes. Ele agora era um agente que estava levando a Alemanha a uma derrota histórica. Stalin, por outro lado, se tornava cada vez mais compatível com o panorama e se transformava em um trunfo como comandante, área em que antes havia causado problemas reais. Durante a campanha de Stalingrado, ele demonstrou flexibilidade ao não exigir a manutenção a todo custo e ao permitir retiradas e esperar por contra-ataques bem planejados. Ao contrário de Hitler, ele se afastou do gerenciamento ativo, permitindo que seus comandantes com melhor conhecimento tivessem a liberdade necessária para administrar a situação.

O desempenho de Stalin como comandante no final de 1942 e em 1943, durante a campanha de Stalingrado, destacou-se para muitos de seus comandantes seniores. O Marechal Aleksander Vassilevski, que se tornou chefe do Estado-Maior militar de Stalin durante a guerra e trabalhou muito próximo a ele, foi muito específico ao datar a mudança mais importante no comportamento do líder: "setembro de 1942", data que chamou de "ponto de virada". Daquele momento em diante, Stalin parecia confiante o suficiente para ouvir mais e permitir uma maior tomada de decisão coletiva. Vassilevski disse que isso foi mais perceptível porque o rude líder passou a ter imagens mais realistas do que estava acontecendo na frente de batalha, e exclamava regularmente: "Droga, por que você não me disse isso [antes]?"[54] Mais tarde, o Marechal acrescentou: "A guerra deve ter lhe ensinado muito. Ele parece ter percebido que poderia estar errado, que suas decisões nem sempre seriam as melhores e que o conhecimento e a experiência dos outros também poderiam ser úteis".[55] Jukov também notou uma mudança marcante nele como comandante nessa época e, assim como Vassilevski, considerou a campanha de Stalingrado um "marco" para Stalin como líder de guerra. "Senti que ele tinha uma melhor compreensão das questões operacionais no último período da Batalha de Stalingrado e, na época da saliência de Kursk, já era possível dizer, sem exagero, que ele se sentia bastante confiante nessas questões também."[56]

A referência de Jukov a Kursk, a grande batalha de tanques que seria a última tentativa de Hitler em uma grande ofensiva no leste, foi apropriada. Após o desastre de Stalingrado, os alemães desistiram de todo o território que haviam conquistado em 1942 e, no verão de 1943, encontravam-se basicamente no mesmo lugar em que estavam um ano antes. Hitler, entretanto, queria lançar outro ataque. Nesse caso, estava claro que a força crescente do Exército Vermelho significava que as ambições alemãs teriam de ser diminuídas. O ditador alemão decidiu fazer uma ofensiva para cortar uma grande protuberância do território do Exército Vermelho que surgia bem no meio da linha alemã, uma protuberância conhecida como saliência de Kursk.

Também seria um teste para a busca de Hitler pelos tanques mais pesados e poderosos. Suas preferências fizeram com que o Tiger, originalmente planejado para pesar cinquenta toneladas, chegasse a enormes setenta e cinco toneladas.[57] Enquanto isso, o Panther, que deveria ser mais manobrável, cresceu de trinta toneladas para quase quarenta e cinco. O líder estava mais do que satisfeito com o aumento de peso e acreditava que essas eram as armas certas para ajudar a revigorar o esforço alemão na Frente Oriental. De fato, ele continuou adiando a ofensiva de Kursk, com o codinome de Operação Citadel, para ter certeza de que seus novos tanques pesados apareceriam em número suficiente para fazer a diferença.[58]

Para azar de Hitler, o atraso para colocar suas novas feras em ação talvez apenas tenha tornado as coisas ainda mais difíceis para o Exército alemão. O tempo extra permitiu que Stalin e o Exército Vermelho enchessem a saliência de Kursk com tantos soldados e equipamentos que os alemães não tiveram chance de romper suas linhas. Os tanques Tiger alemães não eram mecanicamente confiáveis, mas, apesar dos protestos do General Guderian, o inspetor-geral de todos os panzers alemães, Hitler ordenou que eles ainda fossem lançados na batalha.[59] O que se desenvolveu foi uma batalha relativamente curta e sangrenta. Os alemães, mesmo com seus novos Panthers e Tigers, avançaram pouco em ambos os lados da saliência. Eles destruíram uma grande quantidade de equipamentos soviéticos, mas as forças de defesa os contiveram. No final, depois de menos de duas semanas, Hitler cancelou a ofensiva. Com poucas perspectivas de avanço e com as notícias do desembarque anglo-americano na Sicília, ele havia perdido o apetite de continuar.

O comando estratégico geral de Stalin antes e durante a Citadel mostrou que ele tinha se transformado e havia começado a conversar com Zhukov e outros generais soviéticos sobre a possibilidade de uma ofensiva alemã em Kursk em abril. Embora acreditasse pessoalmente que Moscou fosse um alvo alemão mais provável, ele permitiu que o Exército Vermelho priorizasse a construção das defesas de Kursk, pois os generais achavam que essa era a área mais provável de ser atacada por Hitler.[60] Isso significava que os soviéticos colocavam suas forças exatamente no lugar certo e na hora certa para estarem prontos para os alemães.

À medida que se aproximava o momento da ofensiva alemã, Stalin tinha algumas dúvidas. Perguntando-se se o Exército Vermelho conseguiria resistir a uma nova investida alemã em massa, ele parecia ser a favor de um ataque preventivo do Exército Vermelho antes que os alemães estivessem prontos. Seus generais se opuseram a isso, acreditando que o Exército Vermelho já era forte e profissional o suficiente para resistir ao ataque alemão — então, mais uma vez, Stalin cedeu. Relembrando o fato após a morte de Stalin e depois que o Partido Comunista Soviético foi oficialmente desestalinizado, Vassilevski ainda estava impressionado com a disposição do líder de ir contra seu instinto, seguindo o conselho dos profissionais militares. "Stalin estava preocupado, e não escondeu isso, se nossas tropas poderiam resistir ao golpe de grandes massas de tanques fascistas", lembrou.

> No entanto, não estávamos mais em 1941. O Exército Vermelho foi forjado em batalhas, adquiriu vasta experiência de combate, tinha excelentes armas e excelente equipamento militar. Agora os nazistas tinham medo de nós. E a hesitação foi deixada de lado. Uma análise minuciosa da situação e a previsão do desenvolvimento dos eventos tornaram possível chegar à conclusão correta: as forças principais deveriam se concentrar ao norte e ao sul de Kursk, para sangrar o inimigo aqui em uma batalha defensiva e, em seguida, partir para a contraofensiva e derrotá-lo.[61]

A diferença entre Stalin e Hitler não poderia ter sido mais gritante. Os resultados de Kursk também marcaram o fim do segundo como um grande estrategista ofensivo na Segunda Guerra Mundial. Embora a Alemanha nazista fosse continuar lutando por mais vinte e dois meses, era liderada por um ditador desesperado e cada vez mais autossabotador, que tomava decisões progressivamente erráticas e estúpidas, excluía outras vozes e sacrificava seu povo em prol da própria visão de grandeza nacional. Se Mussolini foi o mais patético dos grandes estrategistas, Hitler foi o mais delirante.

20

Churchill, Roosevelt, Stalin e a invasão do Canal da Mancha

No final da tarde de 23 de janeiro de 1943, no Hotel Anfa, em Casablanca, Marrocos, o presidente dos Estados Unidos, o primeiro-ministro do Reino Unido e seus mais importantes conselheiros militares sentaram-se juntos para uma sessão de tapinhas nas costas e autocongratulação. Com uma estrutura modernista arredondada com toques de *art déco*, o hotel poderia facilmente se localizar em Miami Beach e, nos nove dias anteriores, abrigou um grupo dos mais importantes estrategistas do mundo. Após um árduo processo de negociação, as equipes britânica e americana haviam chegado a um consenso sobre como levar a guerra adiante em 1943, e era hora de colocar os pingos nos is. De todos os presentes na sala, Winston Churchill foi o mais efusivo. Ele afirmou que era o "primeiro caso que ele conhecia" em que um grupo como esse havia trabalhado em conjunto de forma tão próxima, livre de "considerações" políticas, para se unir e apoiar uma visão estratégica.[1] O chefe militar das forças armadas britânicas, General Sir Alan Brooke, mais tarde Visconde de Alanbrooke, registrou as felicitações em seu diário, dizendo que Churchill e Roosevelt elogiaram os chefes de Estado-Maior combinados por produzirem "o plano mais completo para uma guerra mundial que já foi concebido".[2]

Não era de surpreender que Churchill estivesse tão feliz, pois a estratégia europeia aprovada na Conferência de Casablanca (codinome Symbol) era praticamente um endosso, palavra por palavra, do que ele queria.[3] A discussão que ocorreu nas duas horas seguintes daquela tarde de janeiro foi basicamente uma recriação de sua lista de prioridades. De modo geral, a guerra na Europa dominou os acordos, com o Pacífico relegado a algumas palavras no final. No que se refere à Europa, as duas questões que ocuparam a maior parte da visão estratégica foram como obter ajuda para a União Soviética para que Stalin pudesse continuar travando a guerra terrestre e um plano para lutar no Mediterrâneo em 1943.

O plano de Churchill de continuar a fazer do Mediterrâneo o foco dos esforços anglo-americanos, proporcionando assim a melhor proteção para o Império Britânico e mantendo baixas as perdas britânicas, também foi confirmado por Roosevelt e pelos americanos. A única operação ofensiva de 1943 que recebeu autorização definitiva em Casablanca recebeu o codinome Husky, um ataque anfíbio à ilha da Sicília. Era exatamente o que ele queria, e Churchill chegou a falar em acelerar os preparativos para a Husky e antecipar a data. Embora a data provisória para a Husky fosse julho, ele sugeriu que junho seria possível e acrescentou que estava "certo de que a força poderia ser enviada mais cedo".[4]

Casablanca foi o momento exato em que Churchill atingiu o ápice de sua autoridade como grande estrategista na Segunda Guerra Mundial. Desde que Roosevelt havia optado pela Operação Torch, a guerra parecia estar indo para o lado do inglês. Com a invasão da Sicília preparada, quem sabia se seria necessário invadir a França? Talvez, esperava Churchill, o governo de Mussolini entrasse em colapso quando a Husky fosse lançada, o que permitiria que a guerra fosse rapidamente ampliada para o território continental italiano.[I] As forças terrestres anglo-americanas

---

[I] É importante perceber que em Casablanca não houve acordo de que uma invasão da Sicília seria seguida por uma invasão da Itália como um todo. Essa decisão deveria ser deixada para uma data posterior.

poderiam fazer seu principal esforço pelo resto da guerra na área que Churchill chamou, de forma um tanto inapropriada, de "ponto fraco" da Europa. Na verdade, tratava-se de uma paisagem acidentada cortada por uma série de montanhas e trechos regulares de terreno perigoso, que ofereciam grande cobertura para as forças defensivas. Mas era onde Churchill estava determinado a lutar, disposto a fazer de tudo para não repetir o massacre na França durante a Primeira Guerra Mundial.

No final, suas esperanças de tornar o Mediterrâneo o teatro mais importante para a derrota da Alemanha não se concretizaram. Embora Roosevelt tenha dito tudo o que o primeiro-ministro queria ouvir em Casablanca, Churchill não havia entendido as motivações subjacentes do presidente. Roosevelt continuava convencido de que, em todas as circunstâncias, exceto as excepcionais, o Dia D (uma invasão da França/noroeste da Europa através do Canal da Mancha) aconteceria. A menos que a Itália entrasse em colapso de forma tão espetacular que os Aliados pudessem chegar até quase o topo dos Alpes, o presidente sentia que uma invasão da França seria necessária para destruir o Império Nazista de Hitler.[5] Dessa forma, a decisão de Casablanca de se concentrar no Mediterrâneo foi, para FDR, um passo na preparação para um ataque através do Canal da Mancha, e não um movimento para prevenir um ataque. Logo seus sentimentos seriam mais bem compreendidos pelos britânicos. Alanbrooke acabou ficando surpreso com a rapidez com que o consenso mediterrâneo se desfez após Casablanca, como ele comentou sobre os grandes estrategistas anglo-americanos em um pós-escrito em seu diário: "Assim que nos separamos, começamos a nos afastar uns dos outros, e os mal-entendidos cresceram".[6]

A verdade é que nunca houve o tipo de consenso que Alanbrooke ou Churchill acreditavam haver. O que aconteceu foi que uma diferença de opinião dentro da estrutura de tomada de decisões dos EUA precisou primeiro ser reconciliada e, depois que isso aconteceu, Roosevelt basicamente pressionou Churchill até a submissão, chegando a utilizar Josef Stalin para esmagar qualquer esperança restante do primeiro-ministro britânico.

A história de como Roosevelt forçou Churchill a concordar com o Dia D e, no processo, tornou-se o grande estrategista dominante da guerra, aconteceu em 1943 durante as várias conferências de grande estratégia realizadas após Casablanca. Os dois líderes se reuniriam novamente em Washington, DC (codinome Trident) em maio, na cidade de Quebec (codinome Quadrant) em agosto e no Cairo/Teerã (codinome Sextant/Eureka) em novembro e dezembro. Juntas, essas conferências determinaram a forma final da Segunda Guerra Mundial. Elas também foram uma série exaustiva de reuniões que testaram Roosevelt e Churchill de maneiras extremas. Tudo, desde as longas viagens para chegar aos locais, as reuniões em si, a necessidade constante de agradar os dignitários locais, as refeições pesadas com muito álcool e o fumo ainda mais consistente, teve um grande impacto. O presidente deixaria o Cairo em dezembro de 1943 em um estado de exaustão total e, em muitos aspectos, nunca mais foi o mesmo comandante-chefe confiante e enérgico que havia sido antes de Casablanca. Churchill ficou tão desgastado com o processo que, na mesma época, teve um colapso emocional.

A questão que Roosevelt ainda estava tentando resolver em Casablanca era que, mais uma vez, ele discordava dos fortes sentimentos de seu próprio exército. George Marshall continuou o mesmo de 1942 — determinado a invadir a França o mais rápido possível — e, na época de Casablanca, acreditava que isso significava 1943. Mesmo que os Estados Unidos não tivessem a força necessária para invadir e libertar toda a França, Marshall argumentou que poderia ser feita uma tentativa de tomar a península da Bretanha. Isso permitiria que os Aliados acumulassem força suficiente para invadir o resto do país em 1944.

Roosevelt estava cauteloso. Embora esperasse invadir a França, ele só queria tentar quando tivesse certeza de que o esforço seria bem-sucedido e não terminaria com muitas baixas. Na época de Casablanca, ele parecia cada vez mais convencido de que 1944 seria o ano certo. No entanto, depois de humilhar Marshall uma vez ao passar por cima dele quando se tratava da Torch, o presidente queria operar de maneira mais branda do que no verão de 1942, quando basicamente havia pressionado o exército a entrar na linha. Quando se sentou com seus chefes conjuntos em 7 de janeiro de 1943 para se preparar para Casablanca, o presidente voltou a usar sua máscara desgastada de simpatia. Na reunião, Marshall previsivelmente apresentou um argumento direto para a invasão da Bretanha. Ele queria ir em frente mesmo que a operação resultasse em pesadas baixas americanas. Os EUA "poderiam substituir as tropas" que fossem perdidas, argumentou Marshall, e valeria a pena para um objetivo de tão alta prioridade.[7] Por dentro, Roosevelt provavelmente empalideceu quando ouviu isso, mas, em vez de discordar, falou sobre o plano de Marshall. Sim, os EUA deveriam apoiar o aumento da força na Inglaterra, disse Roosevelt, mas não poderiam se comprometer no momento com o que fazer com essas tropas. Que tal, sugeriu, qualquer decisão sobre o que fazer de fato ser adiada "por um mês ou dois"?[8]

Depois de expressar suas dúvidas e pedir que a decisão final fosse adiada para depois de Casablanca, Roosevelt podia agora contar com o apoio do sempre leal William Leahy. O almirante imediatamente apoiou a posição de FDR, dizendo que ela tinha "mérito considerável". Em particular, Leahy era ainda mais cético do que o presidente sobre a perspectiva de invadir a França em 1943. Ele considerava prematura qualquer operação desse tipo, pois os Aliados não podiam garantir um poder aéreo e marítimo esmagador (do ponto de vista de janeiro de 1943) e, portanto, havia a possibilidade de ser um desastre sangrento. Ele não via motivo para os EUA participarem de um evento que poderia resultar em "fracasso ou grande perda de vidas".[9]

As dúvidas do presidente, reforçadas por seu chefe do Estado-Maior, ajudam a explicar o grande êxito de Churchill em Casablanca. Não havia unidade na delegação americana durante a conferência Symbol e, assim, nas negociações, Marshall acabou basicamente deixado à própria sorte.[II] Era conveniente para Roosevelt, bem como para Leahy — e, até certo ponto, para o Almirante King — permitir que os britânicos fizessem o trabalho pesado para manter o foco das operações em 1943 no Mediterrâneo e evitar que uma grande preparação para uma invasão através do Canal da Mancha ocorresse muito cedo.[III] No entanto, depois que os britânicos fizeram o trabalho sujo de Roosevelt ao bloquear uma invasão da França em 1943, o presidente decidiu agir e garantir uma ofensiva em 1944.

Uma de suas primeiras medidas ao retornar de Casablanca foi promover uma postura de negociação americana mais unida para a Conferência Trident. O presidente entendeu que, ao optar pela Husky como o principal esforço no verão de 1943, ele poderia ter evitado uma invasão através do Canal da Mancha naquele ano, mas de forma alguma garantiu isso para o próximo. Nas palavras de Leahy, que analisou os resultados da conferência com Roosevelt de volta a Washington, acreditava-se que as decisões de Casablanca tinham "pouco potencial de acabar com a guerra".[10] Determinado agora a garantir exatamente o que queria na Trident, Roosevelt encarregou os chefes conjuntos de elaborar uma série de documentos estratégicos claros que orientariam suas ações durante a próxima conferência.

O que os chefes ofereceram, sob a constante insistência de Leahy, pode ser chamado de exagero. Uma série de documentos estratégicos

[II] Leahy adoeceu a caminho de Casablanca e teve de ficar no Caribe para se recuperar, perdendo toda a conferência. Isso foi um grande golpe para Roosevelt, e ele reclamou com seu primo que "sentiria sua falta, pois ele é um velho amigo e um sábio conselheiro".

[III] King ofereceu a Marshall um apoio morno para uma invasão da França em 1943, mas essa era uma preocupação claramente secundária para ele, que estava preocupado sobretudo em obter a liberdade estratégica necessária para lutar na guerra contra o Japão da maneira que queria e com o equipamento que desejava.

foi produzida nos meses seguintes, descrevendo em detalhes a posição atual dos EUA, como ela se diferenciava da britânica e o que os EUA esperavam alcançar com a Trident. Os chefes analisaram todas as rotas de invasão possíveis pelo Mediterrâneo e rejeitaram todas elas por vários motivos. Na verdade, eles passaram a atacar a ideia de empregar qualquer força a leste da Sicília no Mediterrâneo e disseram que um aumento da carga no Reino Unido para poder lançar um ataque à França/noroeste da Europa em 1944 constituía a "estratégia básica dos EUA contra a Alemanha e não devia ser atrasada ou prejudicada por outros empreendimentos na Europa".[11]

Talvez pela primeira vez, os chefes conjuntos explicaram claramente que a estratégia para o Mediterrâneo que Churchill estava propondo era mais voltada para a proteção do Império Britânico do que para a derrota do Eixo. Quando Roosevelt foi informado por Leahy e pelos outros chefes sobre os preparativos para a Trident, em 1º de maio, Leahy admitiu que eles temiam que "a Grã-Bretanha quisesse confinar o esforço militar aliado na Europa à área do Mediterrâneo, para que a Inglaterra pudesse exercer o controle de lá, independentemente dos termos da paz".[12]

Acreditando plenamente que o foco de Churchill no Mediterrâneo era imperial, os chefes, com a aprovação evidente de Roosevelt, argumentaram que, se Churchill continuasse a "insistir em assumir compromissos no Mediterrâneo, que os Estados Unidos consideram prejudiciais ao conceito geral da derrota mais rápida da Alemanha e da derrota final do Japão", então os dois países deveriam seguir seus próprios caminhos estratégicos.[13] Nesse cenário, "os britânicos serão informados de que os Estados Unidos podem ser forçados a revisar sua estratégia básica e ampliar as operações e os compromissos no Pacífico".[14] Basicamente, os chefes estavam dizendo que, se Churchill continuasse a insistir em ampliar a guerra no Mediterrâneo e não priorizasse uma preparação para o Dia D em 1944, os EUA seguiriam seu próprio caminho na guerra e o deixaria à deriva.[IV] Todos os relatórios foram encaminhados ao presidente e, na Trident, a delegação dos EUA seguiria à risca as orientações.

Churchill não tinha como saber que toda a sua visão estratégica estava prestes a ser atacada de forma selvagem. Ele saiu de Casablanca esperançoso, determinado a aproveitar os acordos para tornar o Mediterrâneo ainda mais central. Uma de suas grandes esperanças era proteger o Mediterrâneo Oriental, convencendo a Turquia a se juntar à luta, e decidiu falar diretamente com representantes do governo turco e, em vez de voltar para Londres, embarcou para o Cairo, a caminho do país.[15] Depois de um voo noturno muito turbulento, ele chegou à capital egípcia e exigiu o café da manhã imediatamente. Quando lhe ofereceram uma xícara de chá, ele a rejeitou com uma carranca e pediu uma taça de vinho branco, que bebeu de pronto. Em seguida, exclamou: "Ah, isso é bom, mas você sabe, eu já tomei dois uísques com soda e fumei dois charutos esta manhã".[16] Quando chegou à Turquia, insistiu em seu ponto com o vigor habitual, embora os turcos continuassem cautelosos.

Nos meses seguintes, Churchill continuaria a agir como se a Conferência de Casablanca representasse um consenso estratégico de que o Mediterrâneo seguiria como o principal teatro de operações dos Aliados. Sua grande prioridade com Roosevelt era convencer o presidente a expandir os objetivos da Operação Husky. Conforme aprovado em Casablanca, o plano era tomar apenas a Sicília, mas Churchill começou a defender uma invasão em grande escala da Itália continental (exatamente o que Leahy e os chefes conjuntos temiam que ele pretendesse fazer). Em abril, Churchill escreveu para Roosevelt dizendo que, embora a Husky fosse vista como um "fim em si mesma", seria

---

[IV] Vale a pena observar que a suspeita dos chefes conjuntos em relação à estratégia imperial de Churchill se estendeu ao Pacífico. Eles acreditavam que os britânicos não estavam interessados em ajudar a China a resistir à agressão japonesa (um grande interesse de Roosevelt), porque o Império Britânico não estava diretamente envolvido.

uma grande oportunidade perdida se os britânicos e os americanos parassem na Sicília. Se possível, os Aliados deveriam fazer um esforço imediato para tomar o máximo possível da Itália — até mesmo, como Churchill ofereceu de forma bastante otimista, tão ao norte quanto "o Brenner [Pass] ou ao longo da Riviera Francesa".[17]

De modo geral, os preparativos de Churchill para a Trident não poderiam ter sido mais diferentes dos de Roosevelt. Enquanto o presidente planejava metodicamente, Churchill parecia estar de braços cruzados. Em 5 de maio, ele viajou de Londres para o norte até os arredores de Glasgow, onde embarcou no famoso navio *Queen Mary* para a travessia transatlântica. De forma um tanto bizarra, o grande navio carregava não apenas a grande liderança estratégica do Reino Unido, mas também cinco mil prisioneiros de guerra alemães que estavam a caminho da América do Norte para serem internados. Embora o *Queen Mary* não fosse um navio de guerra, sua alta velocidade o tornava invulnerável aos ataques dos submarinos alemães, e Churchill podia cruzar o oceano com segurança e certo conforto. A maior parte de seu tempo a bordo foi gasta em discussões estratégicas, com o primeiro-ministro se perguntando como poderia se defender das esperadas solicitações americanas para empregar mais esforços no Pacífico — em particular, obter apoio para a China, o que ele considerava um desperdício. Churchill e seus chefes estavam unidos na opinião de que a invasão da Sicília aprovada em Casablanca deveria ser seguida de uma invasão da Itália Continental.[18] Eles não tinham interesse em uma invasão da França através do Canal da Mancha. Roosevelt tinha outras ideias.

A Conferência Trident teve início em 12 de maio, em Washington, em um clima quente e úmido fora de época, com o presidente, o primeiro-ministro e suas equipes militares enclausurados na Casa Branca.[19] Roosevelt iniciou a reunião com uma nota de triunfo, destacando que a guerra no norte da África estava prestes a terminar com uma "conclusão satisfatória". Em seguida, voltou-se para Churchill e pediu que o primeiro-ministro apresentasse uma visão geral de seus pensamentos. Aproveitando um pouco as vitórias recentes, Churchill disse que a aliança agora deveria concordar com uma meta, ou "primeiro objetivo", que era o Mediterrâneo. O "grande prêmio ali", afirmou Churchill a Roosevelt, era "tirar a Itália da guerra por qualquer meio que fosse o melhor".[20] Esmagar Mussolini prejudicaria o moral alemão, fazendo com que soubessem que estavam enfrentando "o início de sua desgraça".

Olhando para o leste, no Mediterrâneo, Churchill argumentou que a queda da Itália garantiria os Bálcãs para os Aliados, poderia trazer a Turquia para a guerra, afastaria as tropas alemãs da União Soviética e até mesmo ajudaria os americanos em sua guerra contra a Marinha japonesa, pois liberaria muitos navios de guerra britânicos para o Pacífico. Uma invasão da França, mesmo em 1944, não era atrativa. As atas da reunião registram:

> Churchill disse que não podia fingir que o problema do desembarque na costa do Canal da Mancha havia sido resolvido, pois as defesas alemãs seriam formidáveis. As praias difíceis, com a grande subida e descida da maré, a força das defesas do inimigo, o número de suas reservas e a facilidade de suas comunicações, tudo isso fazia com que a tarefa não fosse subestimada.[21]

Foi, sob certos aspectos, uma defesa irretocável de sua posição. Até mesmo Leahy, que tinha uma visão estratégica totalmente diferente da de Churchill, chamou a apresentação de "convincente".[22] Mas, nesse caso, a eloquência não teria importância. Quando Churchill terminou, Roosevelt lhe agradeceu e prosseguiu, com uma leveza típica, discordando ponto a ponto.[V] Atacar a Itália pode ser muito bom, dis-

[V] Roosevelt também discordava de Churchill sobre a importância da China, o que ele deixou claro nessa e em outras discussões ao longo da Conferência Trident.

se Roosevelt, mas os Aliados não deveriam fazer disso sua prioridade, pois seria um "dreno" de recursos. Em vez disso, os britânicos e os americanos deveriam se concentrar "definitivamente" no aumento da força para invadir a França na "primavera de 1944".[23]

A ruptura estratégica entre os dois líderes havia sido consumada, e o restantc da conferência girou em torno dela. Essa diferença estratégica fundamental deu à Trident uma sensação completamente diferente da Symbol. Agora os americanos estavam unidos, obstinados e totalmente inflexíveis. Para os britânicos, isso foi chocante e um pouco desanimador. Churchill e Alanbrooke continuaram insistindo em uma grande operação no Mediterrâneo em 1943 e argumentando contra os preparativos em larga escala para uma invasão da França em 1944, mas ficavam cada vez mais frustrados quando seus argumentos eram confrontados com uma sólida parede de oposição americana. Para Churchill, isso foi particularmente perturbador, pois ser forçado a se comprometer com uma invasão da França era o que mais o apavorava.

O britânico expressou seus temores de forma mais sucinta, não para os americanos, mas para os delegados do Império que também estavam em Washington. Em 20 de maio, ele foi o anfitrião de uma reunião com representantes do Canadá, Austrália, África do Sul, Nova Zelândia e Índia.[24] Churchill começou com avaliações otimistas da guerra no mar e no ar. No entanto, quando o assunto foi a guerra terrestre e os planos para a invasão da França, seu tom ficou mais sombrio. Reimaginando a carnificina da Primeira Guerra Mundial, ele estava preocupado com a possibilidade de uma grande guerra na França repetir o massacre de quase trinta anos atrás. Ele disse aos líderes presentes que qualquer invasão encontraria "a costa francesa cheia de canhões, protegida por correntes e com a guarda de uma maré de 30 pés e praias planas demais. [Por isso, devia] ser considerada uma costa mortal. Se os alemães forem capazes de se opor a um ataque com uma reserva móvel ativa, corremos o risco de um desastre".[25]

No entanto, os temores de Churchill nunca iriam influenciar Roosevelt; o presidente estava disposto a fazer tudo o que fosse necessário para quebrar a resistência britânica. Com uma divisão tão profunda entre as duas delegações, Leahy sugeriu que os chefes militares apresentassem relatórios separados para Churchill e Roosevelt, basicamente dissociando a estratégia britânica da americana.[26] Isso causou uma crise, e os chefes tiveram que entrar em uma sessão durante a qual não foram feitas atas. No final, os britânicos foram forçados a aceitar a exigência americana de que a prioridade número um no teatro de operações europeu fosse a preparação para uma invasão da França dentro de um ano. O relatório final, apresentado a Roosevelt e Churchill em 25 de maio, depois de discutir a importância de derrotar a ameaça submarina alemã e apoiar a Ofensiva de Bombardeiros Combinados, voltou-se para os preparativos para a guerra terrestre contra a Alemanha.[27] A primeira prioridade era a montagem de um mínimo de vinte e nove divisões no Reino Unido, prontas para lançar uma invasão através do Canal da Mancha até 1º de maio de 1944. Para que isso fosse possível, as tropas deveriam ser retiradas do Mediterrâneo após a Husky. Quatro divisões americanas e três britânicas deveriam ser preparadas para serem enviadas ao Reino Unido até o outono, e as operações no Mediterrâneo teriam que ser realizadas com o que sobrasse.

Churchill teve que desistir, apesar de seus desejos mais ardentes, devido ao poder bruto dos Estados Unidos. A produção industrial e a mobilização americanas estavam começando a causar impacto, e logo o Reino Unido se tornaria um parceiro menor em quase todos os teatros. Ainda assim, durante o resto de 1943, Churchill argumentou, às vezes de forma majestosa, às vezes de forma autodestrutiva, para impedir a aprovação de um Dia D na França. Para alguém cuja carreira havia sido construída superando fracassos, a Trident sozinha nunca seria o fim da história.

Por algumas semanas gloriosas no verão de 1943, parecia que a incompetência estratégica de Benito Mussolini poderia oferecer a Churchill uma tábua de salvação. Os resultados da Trident significavam que a única oportunidade que o primeiro-ministro teria de ampliar a guerra para a Itália continental em 1943 seria um colapso italiano. E eis que, quando a Husky foi lançada, na noite de 9 para 10 de julho, ela de fato levou a uma implosão do Estado italiano. Com a posição da Itália tendo seus alicerces totalmente corroídos pela estratégia fantasiosa de Mussolini, e sem ninguém acreditando que ele tivesse alguma maneira de evitar a derrota iminente, o ditador italiano ficou politicamente indefeso. Duas semanas depois, em conjunto com o rei italiano, os principais membros do Partido Fascista depuseram Mussolini e iniciaram negociações com os Aliados.

O colapso do próprio Partido Fascista ocorreu quase imediatamente. Em muitos aspectos inteiramente construído com base na personalidade de Mussolini, uma vez que ele foi deposto, o partido ficou sem propósito, e o governo italiano passou para o exército e o rei, uma irmandade de incompetentes. Por um momento, pareceu a Churchill, e também a muitos americanos, que a Itália, como um estado em unidade, poderia mudar de lado. Roosevelt, no final de julho, achou que esse desenvolvimento era digno de consideração e poderia levar a uma revisão da estratégia dos Aliados.[28] Foram elaborados planos para levar rapidamente as tropas para o sul da Itália como parte de um plano para tomar a maior parte possível do país.

Esses acontecimentos sobrecarregaram a atmosfera da próxima grande conferência estratégica, a Quadrant, que teve início na cidade de Quebec, no Canadá, em 17 de agosto. Os americanos ainda mantinham sua crença de que a preparação para a invasão do Canal da Mancha em 1944 era a principal prioridade para a Europa, mas admitiram que, "em vista dos acontecimentos muito recentes na Itália, cujas consequências finais ainda são imprevisíveis", essa estratégia agora deveria ser considerada "provisória".[29] Em Quebec, ele não pediu o cancelamento da invasão através do Canal da Mancha; apenas pressionou por um acordo que tornasse essa operação provisória — seu destino estaria sujeito a mudanças se a situação na Itália assim o exigisse. Ele foi parcialmente bem-sucedido. Embora os acordos de Quebec tenham reafirmado, como os americanos queriam, que os planos para uma invasão através do Canal da Mancha continuavam sendo a prioridade estratégica número um para o ataque a Hitler, eles também aprovaram uma tentativa de invadir a Itália em setembro de 1943. Churchill aproveitou o momento e, quando ele e Roosevelt se reuniram com seus chefes militares em 23 de agosto para analisar as conclusões finais, o primeiro-ministro estava otimista.[30] Tendo garantido o apoio para a invasão da Itália, ele tinha o objetivo de chegar ao extremo norte do país. Churchill alegou que os alemães, que estavam tentando desesperadamente aumentar a resistência, planejavam manter apenas uma linha que se estendia de Ravena a Gênova, centenas de quilômetros ao norte de Roma. Ele pediu uma ação imediata para invadir o continente, alegando que "quanto mais ao norte da Itália as Nações Unidas [os Aliados] conseguissem progredir", mais apoio receberiam dos guerrilheiros italianos e mais fácil seria a campanha.[31]

Churchill, em Quebec, também foi coerente ao argumentar que um ataque através do Canal da Mancha era agora provisório. Seu primeiro comentário sobre o planejamento da Overlord (o codinome dado à invasão da França) foi que ele "desejava que ficasse definitivamente entendido que a aceitação britânica" do plano "incluía a ressalva de que a operação só poderia ser realizada caso certas condições relativas à força alemã fossem atendidas".[32] Essas condições eram que o número de divisões alemãs e a força da Luftwaffe deveriam ser considerados pequenos o suficiente para o sucesso. Caso contrário, ameaçou Churchill, ele interromperia toda a operação.

Roosevelt ouvia, estranhamente silencioso. Seu desempenho em Quebec foi possivelmente o primeiro sinal de que sua força estava diminuindo. Ele participou de poucas reuniões estratégicas maiores, preferindo ter pequenos encontros com figuras importantes, incluindo Churchill e Leahy. Nas discussões maiores das quais participava, ele falava com pouca frequência e, quando falava, dizia pouco. Roosevelt parecia estar poupando suas forças e deixando que os chefes militares conduzissem os trabalhos.

Para Churchill, o que Mussolini dava, Adolf Hitler tirava. O ditador alemão observou a queda de seu colega fascista e decidiu agir. Ele não queria controlar apenas o norte da Itália, como Churchill havia presumido, mas a maior parte possível do território italiano e, ao mesmo tempo, trazer Mussolini de volta. Quase no momento em que Hitler soube da planejada invasão da Sicília, ele começou se preparar para levar mais tropas alemãs para lá; na verdade, um dos motivos pelos quais cancelou a ofensiva de Kursk na Frente Oriental foi porque precisava de tropas exatamente para esse propósito.[33]

Hitler enviou essas tropas para a Itália, apesar das objeções da nova liderança do país, capitaneada pelo Marechal Pietro Badoglio, um dos oficiais mais graduados e menos habilidosos de Mussolini. Quando Badoglio e o rei assinaram um armistício com os Aliados, em 3 de setembro, Hitler estava pronto. As tropas alemãs desarmaram todas as tropas italianas que consideravam desleais, e logo os alemães tinham unidades posicionadas em quase todo o sul da Itália — até abaixo de Nápoles. Em 12 de setembro, Hitler ordenou uma ousada incursão, composta por paraquedistas alemães e comandos da Waffen-SS, para retirar Mussolini do esconderijo no topo da montanha, para onde o governo italiano o havia levado. Em pouco tempo, seu antigo aliado foi reintegrado, no comando de um novo Estado italiano. Mussolini não tinha nenhum poder real para falar, a não ser o de matar aqueles que considerava traidores. Um dos que seriam executados era Ciano, seu genro e suposto sucessor por muitos anos. Entretanto, fora de uma área muito restrita de governo, Mussolini era irrelevante na elaboração da grande estratégia da Segunda Guerra Mundial, e seu Estado era visto como um apêndice de Hitler.

Essa transformação extraordinária significou que, quando as tropas americanas e britânicas começaram a desembarcar na Itália continental, em vez de serem recebidas por italianos amigáveis, se depararam com alemães furiosos. Em particular, o desembarque dos EUA em Salerno, que começou em 9 de setembro, encontrou tropas alemãs bem posicionadas que causaram um grande número de baixas nos EUA. Em um determinado momento, parecia que o desembarque poderia até fracassar. Em vez de avançar rapidamente para o norte da Itália, os Aliados se viram presos nas profundezas do sul, lutando para o norte em um dos piores terrenos possíveis. Em dezembro, quando os combates começaram a se encerrar para o inverno, as linhas haviam se estabilizado com os alemães em uma excelente posição defensiva a cerca de 160 quilômetros ao sul de Roma.

A resposta rápida de Hitler significou o fim das esperanças de Churchill de impedir uma invasão através do Canal da Mancha em 1944. Quando as coisas ficaram paralisadas na Itália, Roosevelt perdeu qualquer esperança de que a luta lá oferecesse a oportunidade de quebrar o poder de Hitler e redobrou seu compromisso com o Dia D. Esse endurecimento da posição americana preparou o terreno para as últimas grandes conferências estratégicas da guerra: as duas reuniões no Cairo e uma em Teerã, que começaram no final de novembro.

Essas reuniões foram, na verdade, três conferências bem diferentes, cada uma delas com um elenco diverso de personagens e um tom muito distinto. A Primeira Conferência do Cairo, que ocorreu de 23 a 26 de novembro, concentrou-se mais na guerra do Pacífico do que em qualquer outra coisa. Churchill e Roosevelt tiveram a companhia do líder chinês, Chiang Kai-shek, e grande parte das discussões girou em torno do que deveria ser feito para ajudar a China. Quando Churchill tentou discutir a guerra na Europa, Roosevelt o desviou do assunto. A delegação americana deixou pistas preocupantes aos britânicos de que estavam esperando Stalin e a conferência de Teerã para levantar a questão — embora não esteja claro se Churchill compreendia o que o aguardava.[34]

Em 27 de novembro, Roosevelt e Churchill embarcaram em aviões e voaram para Teerã, capital do Irã. Josef Stalin estava esperando por eles lá. Roosevelt agora colocava em ação um plano no qual vinha pensando há anos. Ele estava convencido de que Stalin desconfiava dos britânicos em geral e de Churchill em particular, e que ele, Franklin Roosevelt, seria visto como um intermediário justo entre os Aliados. Em março de 1942, Roosevelt havia deixado isso claro para o próprio Churchill. "Sei que você não se importará com minha franqueza", disse ele ao primeiro-ministro. "Acho que posso lidar pessoalmente com Stalin melhor do que o seu Ministério das Relações Exteriores ou o meu Departamento de Estado. Stalin odeia todos os seus principais assessores." Em seguida, acrescentou uma esperança baseada em sua própria autoconfiança e centralidade nos eventos, mais do que em qualquer evidência: "Ele acha que gosta mais de mim, e espero que continue assim."[35]

Ao menosprezar os britânicos e seu próprio serviço diplomático, Roosevelt estava apenas sendo sincero. Ele realmente achava que era a sua capacidade pessoal de persuadir e se relacionar que manteria Stalin a bordo e, por isso, foi a Teerã determinando a distância clara entre ele e Churchill. As duas maiores áreas de diferença que ele usaria para atrair Stalin eram as visões sobre o império e os planos para uma invasão através do Canal da Mancha. A determinação de Roosevelt em mostrar que não era um clone de Churchill ficou evidente desde o momento em que os líderes americano e soviético se encontraram pela primeira vez.

Ao chegar a Teerã, Roosevelt foi levado para a embaixada dos EUA, onde ficaria durante toda a conferência. Quase assim que chegou, recebeu uma mensagem de fontes soviéticas dizendo que havia um plano de assassinato contra ele, seguida de uma oferta generosa de abrigá-lo num forte soviético diplomático grande e seguro. Mesmo que Roosevelt estivesse se colocando completamente sob os olhos e ouvidos de Josef Stalin — uma posição incomum para um presidente americano —, a oferta foi aceita. Logo Roosevelt e seus dois conselheiros mais confiáveis, Harry Hopkins e William Leahy, foram levados clandestinamente para o complexo soviético, onde ficariam pelo resto da conferência.

A vantagem da ação para Roosevelt era mostrar a Stalin que ele confiava nele e, ao mesmo tempo, permitir que os dois se encontrassem em particular, o que aconteceu imediatamente. Às 3h30 da tarde de 28 de novembro, os dois homens se viram pela primeira vez. Roosevelt, ansioso para agradar e mais do que um pouco animado, deu as boas-vindas a Stalin, exclamando: "Estou feliz em ver você. Tentei por muito tempo fazer com que isso acontecesse."[36] Era apenas a verdade.

Durante a hora seguinte, o americano trabalhou para estabelecer uma conexão com Stalin, encontrando pontos de convergência e um inimigo comum. A primeira coisa que fez foi declarar que estava empenhado em ajudar o líder soviético — apoiando uma invasão através do Canal da Mancha. Ele disse que queria "remover 30 ou 40 divisões alemãs da Frente Oriental", e que essa era uma questão pela qual ele faria pressão em Teerã.[37] Tudo isso era música para os ouvidos de Stalin, que há muito tempo queria que os Aliados invadissem a França e via a guerra no Mediterrâneo como um espetáculo à parte da grande disputa pelo controle da Europa.

Então, após uma rápida conversa sobre a guerra no Pacífico, o desejo de Roosevelt por intimidade tomou um rumo anti-imperialista. O presidente começou a atacar as políticas coloniais dos franceses no Vietnã, afirmando que, após um século de domínio francês, "os habitantes estavam piores do que antes".[38] Em seguida, mencionou o Império Britânico, de uma forma mais oblíqua, mas que também o alinhava claramente com Stalin. O presidente teria dito a Stalin que, no futuro, gostaria de falar sobre o status da Índia e que ele (FDR) "achava que a melhor solução seria uma reforma de baixo para cima, um pouco na linha soviética".[39] Eis o respeito pelo Império de Churchill.

Roosevelt estava construindo um bloco estratégico americano-soviético para derrotar Churchill nos próximos dias. Na primeira vez em que o presidente falou em uma reunião dos três grandes líderes (que começou logo após seu encontro particular com Stalin), ele se aprofundou na estratégia europeia, declarando que seu objetivo era aliviar a pressão sobre o exército de Stalin na Frente Oriental e, para isso, havia se comprometido a apoiar uma invasão através do Canal da Mancha, a ser lançada em 1º de maio de 1944.[40] Stalin, preparado, rapidamente interveio para apoiar Roosevelt e, neste momento, desdenhou da esperança de Churchill por um esforço maior no Mediterrâneo. Disse que "não considerava a Itália um ponto adequado a partir do qual se pudesse tentar atacar a Alemanha propriamente dita". Em seguida, acrescentou que acreditava que "Hitler estava se esforçando para manter o maior número possível de divisões aliadas presas na Itália, onde nenhuma decisão real poderia ser alcançada, e que, na opinião soviética, o melhor método seria atingir o coração da Alemanha com um ataque pelo norte ou noroeste da França", apoiado, se possível, por um avanço através do sul francês.[41]

Com Roosevelt e Stalin alinhados, Churchill não tinha espaço para manobras. É claro que isso não o impediu de tentar. Ele buscou despertar o interesse de Stalin algumas vezes para a ideia de que lutar na Itália ou mesmo no Mediterrâneo Oriental oferecia a melhor chance de sucesso estratégico, mas foi inútil. Stalin apoiava a Overlord ainda mais do que Roosevelt. As coisas ficaram tão ruins que, no final da conferência, o líder soviético estava zombando abertamente, ainda que gentilmente, das tentativas de Churchill de se esquivar da Operação Overlord. O banquete final acabou se tornando um evento bastante agitado, com muitos brindes e bebidas alcoólicas à vontade. O diplomata americano Charles Bohlen, que também atuou como intérprete de Roosevelt em alguns momentos, ficou tão impressionado com o tratamento rude de Stalin ao primeiro-ministro britânico que fez uma anotação especial sobre o fato. Observando os líderes em ação, ele disse que a "característica mais notável do jantar" foi que "o Marechal Stalin não perdeu nenhuma oportunidade de atacar o Sr. Churchill".[42] Stalin provocou Churchill por ser pró-alemão, por subestimar a inteligência dos russos e, acrescentou Bohlen, expressou "seu descontentamento com a atitude britânica na questão da Overlord".[43]

Se Stalin estava disposto a cutucar Churchill por causa de sua suposta falta de comprometimento com a Overlord, ele também colocou Roosevelt na berlinda em um determinado momento, pressionando o presidente a fazer todo o possível para colocar a operação em andamento. Embora Roosevelt apoiasse a Overlord, ainda não havia escolhido formalmente um comandante para a operação. A suposição implícita era de que o General George Marshall receberia a missão, o que lhe permitiria coroar sua carreira com talvez o comando de batalha mais importante da história dos EUA. Em troca, o atual comandante-chefe no Mediterrâneo, General Dwight Eisenhower, voltaria a Washington para assumir o posto de Marshall como chefe do Estado-Maior do Exército.

Roosevelt hesitou, embora se dissesse que Marshall já havia começado a empacotar seu móveis — antecipando a nomeação. A essa altura da guerra, o presidente detestava mudanças e estava bastante confortável com o funcionamento de sua estrutura de tomada de decisões estratégicas. A ideia de trabalhar com novas personalidades não era atraente. Stalin, entretanto, estava impaciente. Se você realmente quer que a Overlord aconteça, disse ele a Roosevelt em 29 de novembro, é preciso um comandante rapidamente ou "nada sairá" disso. O americano entendeu que teria de agir logo.

A Overlord pode ter sido confirmada, mas Churchill ainda tinha uma última oportunidade de fazer lobby por seu plano para o Mediterrâneo. Com a Conferência de Teerã concluída, as delegações britânica e americana voltaram ao Cairo para mais uma série de conversas. Essa Segunda Conferência do Cairo foi provavelmente a reunião mais odiada da guerra. Os americanos queriam voltar para casa, enquanto Churchill, forçado a aceitar a realidade da Overlord, tentou mais uma vez envolver os americanos no Mediterrâneo Oriental.[44] Enquanto Roosevelt, exausto e irritado, ouvia, Churchill tentava obter um compromisso de dedicar mais recursos à região se a Turquia pudesse ser convencida a entrar na guerra em nome dos Aliados. O presidente, nem mesmo se preocupando em esconder seus sentimentos por ter que ficar andando em círculos sobre a mesma questão, resumiu a situação da seguinte forma:

a) Nada deve ser feito para impedir a Overlord.
b) Nada deve ser feito para atrapalhar o Anvil.[VI]
c) Por bem ou por mal, deveríamos conseguir embarcações de desembarque suficientes para operar no Mediterrâneo Oriental se a Turquia entrasse na guerra.[45]

O presidente só queria ir para casa e acabar com a longa conversa. No fim, o relatório final dos chefes combinados, publicado em 5 de dezembro, poderia ter sido basicamente ditado pelo presidente. "Overlord e Anvil são as operações supremas para 1944. Elas devem ser realizadas em maio de 1944. Nada deve ser feito em qualquer outra parte do mundo que coloque em risco o sucesso dessas duas operações."[46]

Quando a Segunda Conferência do Cairo foi encerrada, em 6 de dezembro de 1943, era o fim de um processo no qual, com relação à

[VI] Anvil era o codinome do desembarque anglo-americano no sul da França, que deveria ocorrer depois que a Overlord se estabelecesse. Ele ocorreu, mas quando as tropas se deslocaram para o interior a partir do sul francês, o Exército alemão já estava em retirada — em direção à Alemanha —, de modo que isso não teve importância.

guerra na Europa, Franklin Roosevelt havia dominado a grande estratégia dos Aliados. No entanto, se isso lhe dava satisfação, ele parecia incapaz de aproveitá-la. Ele tinha mais uma decisão importante a tomar. Não querendo aceitar nenhuma mudança em seu círculo de liderança de Washington em tempos de guerra, Roosevelt decidiu manter George Marshall como chefe do Estado-Maior do Exército. Assim, Dwight Eisenhower teria a grande honra de comandar as forças aliadas na libertação da Europa Ocidental. Com essa difícil escolha feita, Roosevelt não tinha mais condições de trabalhar. Ele atravessou de avião o norte da África, antes de embarcar no USS *Iowa*, um dos maiores encouraçados da América, para a viagem de volta, e optou por descansar durante toda a travessia, passando o tempo na cama ou no convés, respirando o ar do mar. Era um sinal preocupante do que estava por vir.

Winston Churchill também atravessou o norte da África, a caminho de avaliar as tropas na frente italiana. No entanto, depois de parar na casa do General Eisenhower, perto da cidade histórica de Cartago, na Tunísia, ele teve um colapso. Durante dias, permaneceu na cama, sofrendo de dores de cabeça excruciantes e tontura. Sua equipe temia que ele também tivesse contraído pneumonia.[47] Médicos especialistas foram chamados, mas sua condição parecia piorar. A tensão física e emocional de 1943 havia sido demais para o primeiro-ministro. Seus sintomas mais graves fazem parecer que estava sofrendo do que hoje chamaríamos de ataques de pânico. Ele ficava sem fôlego e seu coração acelerava perigosamente. Em um determinado momento, Churchill chegou a pensar que poderia estar morrendo. No entanto, nunca parou de pensar sobre a guerra e a estratégia. Tendo sido forçado a aceitar a perda geral de sua visão estratégica, ele entendeu o rumo que a guerra estava tomando. "Se eu morrer", disse ele à sua filha Sarah durante um dos momentos mais preocupantes, "não se preocupe — a guerra está ganha".[48]

Ele simplesmente venceria de uma forma que não desejava.

21

Stalin, Roosevelt, Churchill e o mundo pós-guerra

Em 1944, Franklin Roosevelt estava firmemente estabelecido como o líder sênior da aliança aliada contra a Alemanha e o Japão — tanto quanto um moribundo poderia estar firmemente estabelecido em qualquer coisa. Embora Winston Churchill e Josef Stalin fossem mais velhos e tivessem mais experiência em assuntos militares, ambos entendiam que era Roosevelt quem eles precisavam agradar. Ambos, de suas próprias maneiras, também se submeteram a ele. Churchill havia passado o máximo possível da guerra com Roosevelt, achando que sua presença de espírito e carisma conquistariam o presidente para que apoiasse suas posições. Stalin, que teve muito menos tempo com Roosevelt, sempre respeitou mais o presidente do que o primeiro-ministro. E, embora pudesse provocar ou até mesmo insultar Churchill, tratava Roosevelt com mais seriedade. Quando os serviços de segurança soviéticos atribuíram codinomes aos dois homens, Churchill foi chamado de "Javali" e Roosevelt, de "Capitão".[1] Considerando que os serviços de inteligência soviéticos eram muito voltados à felicidade de seu líder, é improvável que essas escolhas tenham sido acidentais.

Antes de os dois se encontrarem pela primeira vez, Stalin estava claramente um pouco nervoso. Seu tradutor lembrou que, enquanto se preparava para a Conferência de Teerã, ele parecia bastante tenso:

> Stalin foi até a mesa e casualmente jogou uma caixa de cigarros sobre ela. Ele riscou um fósforo e acendeu um cigarro apagado. Depois, com um gesto lento, apagou o fósforo, apontou-o para o sofá e disse: "Aqui, vou me sentar na beirada. Roosevelt será trazido em uma cadeira de rodas, deixe-o sentar-se à esquerda da cadeira onde você se sentará".
>
> "Claro", eu falei.
>
> Já traduzi Stalin mais de uma vez, mas nunca o ouvi dar tanta importância a esses detalhes. Talvez ele estivesse nervoso com o encontro com Roosevelt.[2]

Quando os dois por fim se encontraram, Stalin fez de tudo para convencer o presidente de sua sinceridade e amizade. O antigo chefe de segurança de Stalin, o brutamontes Nikolai Vlasik, lembrava-se de seu líder sendo extremamente solícito com Roosevelt em Teerã. Um dos destaques da conferência foi quando Churchill presenteou o líder soviético com uma espada longa customizada e adornada com joias, encomendada em nome do povo e do Estado britânico para homenagear o povo de Stalingrado por sua vitória histórica.

> Solene foi a cerimônia de entrega da espada em nome do rei inglês George VI ao povo da heroica Stalingrado. Depois de aceitar a espada de Churchill, Stalin a tirou da bainha e a beijou. Agradecendo a Churchill pelo presente, foi até Roosevelt e lhe mostrou a espada. Em geral, ele tratou Roosevelt com muita atenção e cordialidade, aparentemente apreciando a sinceridade e a boa vontade que ele demonstrou durante todas as negociações.[3]

Mais tarde, durante a conferência, Stalin ouviu Roosevelt elogiar o espumante soviético que estava sendo servido. Imediatamente, disse a Vlasik que preparasse uma caixa da bebida para oferecer ao presidente.

O desejo de Stalin de cultivar a relação com Roosevelt não era um sinal de que ele confiava particularmente no presidente ou até mesmo gostava dele. O que ele entendia, e Churchill também, era que Roosevelt tinha mais influência não apenas sobre como a guerra seria vencida, mas também sobre a forma do mundo pós-guerra. O poder americano por meio do Lend-Lease e da aplicação direta da força dos EUA era vital para os esforços de guerra soviéticos e britânicos e, no mundo pós-guerra, o poder americano poderia ser ainda maior, pois os EUA teriam um domínio econômico global maior do que praticamente qualquer outro país ou império da história. Nesse sentido, Stalin via Roosevelt como a pessoa mais importante, mas, de certa forma, mais ameaçadora, com quem ele tinha de lidar.

Uma das maiores comparações que o líder soviético já fez entre Roosevelt e Churchill foi a descrição que ele deu a Milovan Djilas, em 1944, emissário iugoslavo em Moscou e comunista convicto que, naquela época, praticamente adorava Stalin.

> Talvez você pense que, só porque somos aliados dos ingleses, esquecemos quem eles são e quem é Churchill. Não há nada que eles gostem mais do que enganar seus aliados. Durante a Primeira Guerra Mundial, eles constantemente enganaram os russos e os franceses. E Churchill? Churchill é o tipo de homem que vai roubar um copeque do seu bolso se você não ficar de olho nele. Sim, roubar um copeque do seu bolso! Por Deus, roubar um copeque do seu bolso! E Roosevelt? Roosevelt não é assim. Ele só pega moedas maiores em sua mão.[4,I]

[I] Um copeque era a menor unidade da moeda soviética; 100 copeques constituíam um rublo.

Franklin Roosevelt compreendia sua posição de poder e, em muitos aspectos, se deleitava com ela. Estava convencido, como sempre esteve desde a Primeira Guerra Mundial, de que os Estados Unidos precisavam desempenhar um importante papel de manutenção da paz no mundo e queria ser a pessoa a determinar a forma disso pelo maior tempo possível. O único problema, que ele não queria enfrentar completamente, era que sua saúde tornava isso bastante improvável.

Quando Roosevelt retornou a Washington no final de 1943, mal conseguia trabalhar. A tensão de dois anos de liderança contínua na guerra havia sido demais para um homem que, devido à sua enfermidade, fazia pouco exercício e gostava tanto de beber quanto de fumar (principalmente o último). Sua pressão arterial podia subir a níveis perigosos, e ele apresentava sinais de doença coronariana avançada. Uma bomba-relógio ambulante, ele poderia ter morrido a qualquer momento.

Nos primeiros quatro meses de 1944, Roosevelt decidiu fazer uma pausa para recuperar sua saúde. Ele passou longos períodos longe da Casa Branca, em Warm Springs, Geórgia, ou na antiga casa da família Roosevelt em Hyde Park, Nova York. Como não houve melhora, passou um mês inteiro, dormindo doze horas por dia, na propriedade isolada do financista Bernard Baruch, na zona rural da Carolina do Sul. Quando retornou a Washington no início de maio, ainda não havia melhorado muito. Roosevelt até confidenciou a William Leahy, seu mais importante conselheiro e companheiro constante, que não tinha certeza se teria forças para continuar. "Bill, eu simplesmente odeio ter que concorrer outra vez às eleições. Talvez nessa época a guerra tenha progredido a um ponto que torne desnecessário que eu seja candidato".[5]

No entanto, não muito tempo depois disso, ele concluiu que não tinha escolha. A perspectiva de abrir mão do poder, de se tornar uma figura respeitada, mas secundária, na criação de uma nova ordem mundial pós-guerra, era aterrorizante demais para ele. Embora não se queira analisar muito a psique de Roosevelt, parte dele parecia acreditar que, enquanto fosse presidente, não poderia morrer. Afinal de contas, o mundo precisava dele, Churchill e Stalin precisavam dele. Quem mais, além de Franklin Roosevelt, com seu charme, mente sutil e compreensão política, poderia unir todas as diferentes forças necessárias para estabelecer uma nova era de paz global?

Assim, em 1944, Roosevelt faria uma das escolhas mais egoístas da história das relações internacionais, algo tão profundamente egocêntrico que os historiadores ainda evitam abordar. Ele não só decidiu concorrer ao cargo enquanto estava morrendo, como também decidiu trocar o vice-presidente por alguém de quem não gostava, em quem não confiaria e que não prepararia de forma alguma para ser presidente. Preocupado com o fato de o vice-presidente em exercício, Henry Wallace, ser visto como de esquerda demais, Roosevelt escolheu o mais moderado Harry Truman para ser seu companheiro de chapa. Politicamente, foi uma escolha astuta. Truman era natural do Missouri e tinha o toque político comum que complementava muito bem a presença aristocrática de Roosevelt. Truman poderia ajudá-lo no Meio-Oeste e na parte superior do sul, áreas que não eram particularmente simpáticas ao mais radical Wallace.

Truman, segundo sua própria análise, não tinha quase nenhuma experiência em relações internacionais, e Roosevelt se certificaria de que ele não tivesse nenhuma. A eleição de 1944 ocorreu em 7 de novembro. Entre esse dia e a morte de Roosevelt, em 12 de abril de 1945, o presidente registrou em seu diário de compromissos apenas seis encontros com Truman — e somente uma vez, em 21 de dezembro, os dois ficaram a sós.[6] Roosevelt parecia evitar incluir o vice-presidente em seus planos, como a famosa Conferência de Yalta, que ocorreu em fevereiro de 1945. Em resumo, estava dizendo que ele, e somente ele, poderia liderar os Estados Unidos e o mundo nessa crise e, portanto, deveria viver. Se ele morresse — bem, *après moi, le déluge*[II].

[II] Em francês no original. “Depois de mim, o dilúvio”. Frase atribuída a Luís XV e que denota indiferença aos eventos posteriores a sua morte ou saída.

Um dos motivos pelos quais essa falta de diálogo acabou sendo tão extraordinária é que Roosevelt nunca registrou — e raramente discutia — uma visão concreta para o mundo pós-guerra. Ele geralmente deslumbrava as pessoas com conceitos amplos e amorfos de manutenção da ordem por meio dos "quatro policiais" (EUA, URSS, Reino Unido e China) e falava com esperança sobre a criação das Nações Unidas, mas tentava evitar responder a perguntas difíceis. As forças dos EUA estariam indefinidamente posicionadas na Europa ao final da guerra? A Alemanha deveria ser permanentemente dividida? A aliança militar com a URSS continuaria e, nesse caso, os Estados Unidos aceitariam o domínio soviético da Europa Oriental? Como seria o acordo mundial do pós-guerra na Ásia-Pacífico? Os impérios europeus, como o holandês ou o francês, teriam permissão para se reconstruir? As forças dos EUA entrariam em áreas antes ocupadas pelo Japão? Como a China seria uma das polícias do mundo com uma situação política tão caótica? Se ele tinha respostas claras para essas perguntas, as guardou para si. Como Leahy admitiu em suas memórias: "Houve momentos em que senti que se pudesse encontrar alguém, exceto Roosevelt, que soubesse o que os Estados Unidos queriam, seria uma descoberta surpreendente".[7]

Ao se recusar a fornecer ao governo dos EUA uma ideia dos objetivos e propósitos concretos da guerra, Roosevelt estava ridicularizando a noção clausewitziana de que a estratégia é uma conexão entre fins, meios e modos. Ele, mais do que qualquer outro líder de guerra, tinha uma ideia clara dos meios e modos — combater com poder aéreo e naval e muitas máquinas em vez de soldados, por exemplo —, mas esses elementos pareciam desconectados dos fins. Os fins eram o que ele queria em um determinado momento.

Se Roosevelt estava se tornando, em muitos aspectos, mais reservado em relação ao que queria da guerra para os Estados Unidos, Josef Stalin estava disposto a ser mais direto. Ele queria segurança e força, e preferia o controle direto a garantias e entendimentos internacionais amorfos. Longe de Roosevelt e do que para Stalin pareciam ser as ideias mais fantasiosas do presidente, o ditador soviético deixou isso bem claro. O maior momento de clareza de Stalin foi provavelmente em outubro de 1944, quando se reuniu sozinho com Churchill em Moscou. Roosevelt estava preocupado com sua reeleição e a idcia de fazer uma longa viagem a Moscou naquele momento não era atraente, então ficou feliz em não ir. No entanto, o que Stalin e Churchill fizeram sem ele foi revelador.

Apenas algumas semanas antes, o primeiro-ministro havia participado de algumas das reuniões mais frustrantes que teria com Roosevelt. Entre 12 e 16 de setembro, eles participaram de outra cúpula formal na cidade de Quebec (codinome Octagon), que viu os dois líderes, pela primeira vez, entrarem em conflito sobre o futuro formato da Alemanha e, por consequência, da Europa. Antes do início da conferência, Roosevelt havia sido persuadido por seu secretário do Tesouro e amigo de longa data, Henry Morgenthau, a apoiar seu plano de transformar radicalmente a Alemanha após a guerra. A ideia de Morgenthau de trazer paz permanente à Europa envolvia privar a Alemanha de toda a sua indústria. Ele propôs a destruição de basicamente todas as fábricas do país — a maior potência industrial da Europa (e a segunda maior potência industrial do mundo) — e a transformação da Alemanha no que era essencialmente uma fazenda gigante.[8]

Em Quebec, Roosevelt sugeriu que Churchill endossasse o Plano Morgenthau, argumentando que, mesmo deixando a Alemanha com algo tão simples como uma fábrica de móveis, isso forneceria a base industrial para o renascimento do poderio militar alemão. Churchill ficou horrorizado e, quando os dois se desentenderam sobre a ideia em uma pequena reunião privada, ele se manifestou vigorosamente contra o plano. Criar uma Alemanha fraca e inútil no coração da Europa trazia alguns perigos óbvios para a Grã-Bretanha. Isso não apenas significaria que o enorme Exército Vermelho, agora nas fronteiras da própria Alemanha, seria capaz de dominar o continente quando os Estados Unidos se retirassem após a guerra, mas a desindustrialização alemã também tiraria da Grã-Bretanha seu maior parceiro comercial no período pré-guerra. No entanto, a essa altura, Roosevelt era simplesmente poderoso demais para que Churchill se opusesse externamente e, no final, o primeiro-ministro britânico rubricou um documento que parecia comprometê-lo a apoiar Morgenthau. Provavelmente, Churchill nunca tenha tido a intenção de levar isso adiante.[III]

No Hyde Park, alguns dias depois, as diferenças entre Roosevelt e Churchill também foram reveladas em uma das maiores e mais secretas questões da época: o futuro da energia nuclear e do armamento. Talvez pela primeira vez, os dois homens tiveram uma conversa franca, detalhada e particular sobre o estado do projeto de armas nucleares que estava produzindo as primeiras bombas atômicas do mundo. Eles também discutiram o futuro da energia atômica e até que ponto a Grã-Bretanha, que havia fornecido grande parte das primeiras pesquisas sobre energia atômica, teria acesso a qualquer bomba ou tecnologia concluída. Mais uma vez, a posição de Roosevelt fez com que Churchill começasse a soar o alarme.

E então o primeiro-ministro chegou a Moscou em 9 de outubro para se reunir com Stalin no que foi apelidado de Conferência de Tolstói. À primeira vista, foi apenas mais uma das grandes confraternizações estratégicas da guerra. Churchill foi ao Balé Bolshoi e a comida russa lhe deu diarreia. Havia reuniões oficiais às quais o embaixador dos EUA na União Soviética, Averell Harriman, frequentemente comparecia. Em sua maioria, eram assuntos seguros durante os quais Churchill e Stalin se comportavam e tentavam fingir que estavam

---

[III] Roosevelt perdeu o interesse pelo Plano Morgenthau pouco tempo depois da Octagon, quando ficou claro o quão polêmico ele seria. Com a aproximação das eleições de 1944, ele o abandonou discretamente.

buscando uma paz baseada nos conceitos rooseveltianos. Entretanto, quando estavam sozinhos, eles se comportavam de forma diferente. Stalin, que havia tratado Churchill de forma bastante rude em Teerã, agora estava muito mais complacente. Nessa fase da vida, os dois eram notívagos, e Stalin usou esse fato, bem como o amor em comum pelo tabaco e pelo álcool, para demonstrar uma deferência especial a Churchill. Ele até fez algo que quase nunca havia feito antes, e convidou Churchill para ir ao seu apartamento particular no Kremlin para conversas noturnas. Certa noite, enquanto fumava um enorme charuto birmanês, o primeiro-ministro mencionou o fato de que, no final da Primeira Guerra Mundial, ele havia sido o maior defensor e organizador da intervenção britânica na Rússia para tentar impedir a Revolução Russa. Quando perguntou se Stalin guardava rancor dele por isso, o líder soviético respondeu com o velho provérbio russo "quem menciona o passado perde um olho". Esse equivalente a "deixar o passado para trás" não pareceu assegurar Churchill, que pediu perdão a Stalin. "Mas você pode me perdoar pessoalmente por organizar as campanhas da Entente?" O ateu convicto Stalin respondeu enigmaticamente: "Não cabe a mim perdoá-lo. Que Deus o perdoe".[9]

Certa noite, durante suas conversas particulares, os dois homens olharam para o futuro e falaram sobre uma Europa sem a possível influência de Roosevelt e dos Estados Unidos. As conversas que tiveram até aquele momento mostraram que havia várias áreas importantes de tensão entre Churchill e Stalin, geralmente envolvendo o futuro da Alemanha e o destino da Polônia. Entendendo que a Grã-Bretanha era "impotente diante da União Soviética" quando se tratava da Polônia, Churchill aceitou que as terras que Stalin conseguiu no Pacto Nazi-Soviético nunca retornariam.[10] No entanto, mantendo o foco no Mediterrâneo como sempre, ele não cederia tão facilmente em relação à Grécia e aos Bálcãs. O resultado foi o famoso "Acordo de Porcentagens", no qual Churchill e Stalin dividiram a região em esferas de interesse.

Há duas lembranças de como isso aconteceu, e elas convergem quase exatamente quanto à essência, com algumas diferenças nos detalhes. A lembrança soviética, que foi escrita pelo intérprete de Stalin, começou com Stalin e Churchill expressando irritação com a posição dominante de Roosevelt:

> Stalin lembrou o desejo de Roosevelt de que todas as decisões da reunião atual fossem consideradas "preliminares".
>
> "Entre você e eu", disse o primeiro-ministro, "não há segredos em relação ao presidente. Eu até aceito a presença de Harriman em várias de nossas conversas. No entanto, isso não deve nos impedir de ter conversas íntimas."
>
> "Parece-me", observou Stalin com compreensão, "que os Estados Unidos reivindicam muitos direitos para si, deixando a União Soviética e a Grã-Bretanha com oportunidades limitadas".[11]

Depois de criar laços, Churchill direcionou a conversa para o destino do sudeste da Europa:

> Vamos resolver nossos problemas nos Bálcãs. Seus exércitos estão na Romênia e na Bulgária. Temos interesses, missões e agentes lá. Não vamos nos atrapalhar por questões menores. No que diz respeito à Grã-Bretanha e à União Soviética, como seria se vocês tivessem noventa por cento de predominância na Romênia, se nós tivéssemos noventa por cento de influência na Grécia e se fôssemos meio a meio na Iugoslávia?[12]

Depois de fazer sua oferta inicial, Churchill pegou uma folha de papel e anotou as porcentagens de influência que cada país teria em toda a região, acrescentando que a Hungria seria dividida 50/50 entre os dois, enquanto Stalin teria uma predominância de 75/25 na Bulgária.[13] Stalin examinou rapidamente a folha de Churchill e fez um grande sinal de concordância com lápis azul. Churchill então ficou nervoso. Entendendo que Roosevelt consideraria tal acordo um anátema, ele sugeriu que a folha fosse destruída. Stalin parecia não entender. "Não", disse ele a Churchill, "você fica com ela". E assim foi feito.

Esse Acordo de Porcentagens talvez represente a imagem mais verdadeira de como Stalin e Churchill gostariam de conduzir as negociações entre si. Em comparação com Roosevelt, eles certamente tinham objetivos mais concretos em mente para a guerra. Para Churchill, era a manutenção da Grã-Bretanha e do Império Britânico como uma grande potência. Para Stalin, era a expansão da União Soviética, tanto quanto possível, no leste, centro e sul da Europa. Nenhum dos dois tinha muito tempo para uma noção rooseveltiana de boa vontade e cooperação internacional. De fato, em um telegrama enviado por ambos não muito tempo depois da reunião, não foi feita nenhuma menção ao Acordo de Porcentagens.[14]

Se o Acordo de Porcentagens representava melhor como Stalin e Churchill gostariam de organizar o mundo pós-guerra, ele também era um sonho político e pessoal impossível. Roosevelt nunca teria concordado com esse acordo, tanto por motivos políticos quanto por qualquer outra razão, e, portanto, os três teriam que se reunir para ver se o presidente americano poderia participar da elaboração de uma estrutura mais viável para a Europa e o mundo no pós-guerra. Eles precisariam conciliar os objetivos estratégicos bastante concretos de Churchill e Stalin com os objetivos mais amorfos de Roosevelt.

O resultado dessa diferença seria a Conferência de Yalta, com o codinome Argonauta, sem dúvida a mais controversa de todas as grandes reuniões estratégicas da guerra, realizada de 4 a 11 de fevereiro de 1945, na Crimeia. Até hoje, Yalta gera discussões acaloradas sobre o que foi acordado — ou, para ser mais preciso, o que os três praticantes pensaram que estavam acordando.[15] De certa forma, o problema não foi a conferência em si, cujas conclusões não foram vistas por nenhum dos Três Grandes como "definitivas" na época.[16] O verdadeiro problema foi que Roosevelt morreu pouco tempo depois e, como ele manteve o significado real dos acordos que fez tão secretos, seu sucessor, Harry Truman, acabou tendo que adivinhar as intenções do antecessor.

Certamente, os três homens que se reuniram para esse encontro eram muito diferentes dos três que haviam levado seus países à guerra em 1940 e 1941. Roosevelt havia envelhecido visivelmente, mas as intensas pressões de administrar os esforços de guerra de seus próprios países também afetaram Stalin e Churchill. O envelhecimento de Stalin tornou-se perceptível para as pessoas ao seu redor em 1943. Quando Hopkins o viu em Teerã, observou como o ditador soviético parecia mais grisalho.[17] À medida que a guerra avançava, Stalin adoecia com mais frequência e, quando adoecia, levava muito mais tempo para se recuperar. Cada vez mais ele se retirava para sua dacha nos arredores de Moscou e trabalhava de lá.[18] Essa foi uma das razões pelas quais começou a confiar em sua equipe para fazer mais trabalho (o que, em si, não era algo ruim). Em 1945, o coração de Stalin também começou a lhe causar problemas.[IV]

Churchill teve cada vez mais problemas de saúde durante a guerra, o que não foi surpreendente, pois foi o líder que mais viajou. Enquanto Roosevelt fez três viagens para fora da América do Norte para ver Churchill e Stalin (Casablanca, Cairo/Teerã e Yalta), Churchill visitou a América do Norte várias vezes e fez duas viagens exaustivas à União Soviética. Toda essa atividade pareceu enfraquecer seu sistema imunológico, e ele contraiu pneumonia várias vezes entre Teerã e Yalta, teve febres altas regularmente e, embora continuasse a trabalhar, havia sinais de que sua mente estava vagando.[19]

É claro que, em comparação com Roosevelt, tanto Stalin quanto Churchill teriam sido considerados como tendo uma saúde estável.

[IV] Na verdade, Stalin sofreria um ataque cardíaco no início da Conferência de Potsdam (julho de 1945) — com Churchill e Truman.

Na época de Yalta, o presidente americano caminhava para o fim. Sua corrida para a reeleição em 1944 havia consumido a pouca energia que ele tinha. Embora tenha feito apenas um número relativamente pequeno de aparições na campanha, quando a eleição terminou, ele era incapaz de trabalhar de forma contínua. Nos poucos dias em que esteve no gabinete, entre o início de novembro e o começo de 1945, ele normalmente não descia de seu quarto na Casa Branca para o Salão Oval até o meio-dia ou pouco antes. Ele se reunia com Leahy para seu briefing diário sobre a guerra, almoçava, apressava-se em algumas reuniões e terminava às quatro ou cinco da tarde. E esses eram seus dias de trabalho, já bastante raros. Entre 27 de novembro e a véspera do Ano Novo, Roosevelt passou apenas quatro dias na Casa Branca.[20]

A verdadeira condição do presidente foi ocultada do povo americano. Quando tinha de ser visto em público, como em sua posse em 20 de janeiro de 1945, ele falava apenas por alguns minutos antes de ser levado para a Casa Branca. Não houve desfile e a comemoração foi pequena.[21] Quando chegou a Yalta, ele parecia ainda pior havia perdido mais peso, tinha grandes bolsas pretas e inchadas sob os olhos e precisava de repouso constante. Alguns membros da delegação britânica, que haviam visto o presidente pela última vez em Quebec, ficaram chocados com sua deterioração em tão pouco tempo. Um dos secretários de Churchill, ao ver Roosevelt, comentou que ele "quase não estava neste mundo".[22]

Com os Aliados no controle firme dos mares, dessa vez Roosevelt pôde navegar diretamente para o Mediterrâneo e seguir para a ilha de Malta, onde se reuniu com seus chefes de gabinete e, por fim, com Winston Churchill, em preparação para a viagem à União Soviética. Foi feito todo o possível para que o presidente se sentisse confortável. Embora as mulheres fossem proibidas de viajar em navios de guerra dos EUA, a filha de Roosevelt, Anna, recebeu permissão especial para acompanhar o pai. Ao chegar a Malta, Roosevelt descansou por alguns dias, reuniu-se com Churchill e, em seguida, voou para Yalta. O voo foi feito no recém-concluído avião presidencial, batizado de *Sacred Cow* (*Vaca Sagrada*), com um elevador especialmente instalado para que Roosevelt pudesse ser levado a bordo sem ter que subir um lance de escadas. Mesmo assim, a saúde do presidente era tão precária, com sua pressão arterial ameaçando subir a níveis perigosos a qualquer momento, que havia instruções estritas para a aeronave voar somente em baixa altitude.

Se Roosevelt estava doente e exausto, Churchill estava cheio de "pressentimentos".[23] A conferência que se aproximava o encheu de pavor. Quando escreveu para sua esposa de Malta, ele só conseguia ver um mundo de problemas — alguns que seriam agravados pelo fim da guerra na Europa. O nacionalismo indiano havia sido parcialmente reprimido pelo conflito, mas agora ameaçava voltar à tona, e Churchill sentiu-se "desesperado pela conexão britânica" com a joia da coroa imperial.[24] Em toda a Europa, ele também só conseguia ver problemas, desde uma possível insurgência comunista na Grécia — ainda em sua mente uma área importante de interesse britânico — até o enigma intratável de como controlar a Alemanha pós-guerra com o enorme Exército Vermelho pronto para tomar grande parte do país.

Stalin estava de melhor humor. Além de poder pegar um trem para a reunião de cúpula, os acontecimentos no campo de batalha em janeiro de 1945 deram a ele boas cartas na manga para as próximas negociações. Em 12 de janeiro, as forças do Exército Vermelho, lideradas em parte pelo Marechal Zhukov, lançaram outra ofensiva avassaladora. Começando nos arredores da capital polonesa, Varsóvia, as forças soviéticas usaram seus tanques, aeronaves e artilharia em combinações especializadas para destruir as linhas alemãs na Polônia.[25] Hitler, em sua crescente paranoia e desconfiança em relação aos militares, decidiu confiar o comando geral de muitas das forças nessa região ao chefe da SS — e seu carrasco-chefe — Heinrich Himmler. Embora Himmler pudesse ter conseguido organizar o assassinato de milhões de judeus, ciganos e homossexuais, quando confrontado com um inimigo capaz de revidar, ele foi um desastre. Paralisado pela própria incompetência enquanto as forças soviéticas destruíam as linhas alemãs, Himmler não fez nada. Em questão de semanas, as forças soviéticas haviam conquistado quase toda a Polônia anterior à guerra. Quando os Três Grandes se sentaram em Yalta, as forças russas haviam chegado ao Rio Oder, a atual fronteira entre a Polônia e a Alemanha. Elas estavam agora à espreita a menos de 160 quilômetros de Berlim. Depois de se reorganizarem e descansarem para a próxima ofensiva, a capital alemã estava fadada a cair. Hitler mais uma vez acelerou a queda da Alemanha.

A conquista da maior parte da Polônia antes da Conferência de Yalta foi uma enorme vantagem para Stalin nas negociações seguintes. Ele sabia "que tipo de Polônia desejava construir" e não estava disposto a prometer nada.[26] Dito isso, ele fez o possível para ser um anfitrião gentil. Yalta, localizada no extremo sul da Crimeia, era uma das cidades de clima mais temperado da União Soviética. Felizmente para Roosevelt e Churchill, que começaram a passar cada vez mais tempo em climas mais quentes à medida que envelheciam, o clima estava bom para fevereiro. A média era de cerca de 5 °C durante o dia — longe de ser frio para a URSS — e os soviéticos, para elogiar o presidente, chamavam-no de "clima Roosevelt".[27]

Durante a época do czarismo, Yalta era o destino de verão preferido da aristocracia russa, para não falar do próprio czar. Churchill e Roosevelt ficaram hospedados em alguns dos palácios mais luxuosos do século XIX, construídos durante o auge da opulência da cidade. Embora a área tivesse sido liberta dos alemães apenas alguns meses antes, no verdadeiro estilo stalinista, um grande número de trabalhadores (muitos deles prisioneiros de guerra) e recursos foram investidos para consertar tudo, deixando como se a guerra nunca tivesse acontecido. É claro que, também no verdadeiro estilo stalinista, embora tenham feito um trabalho notável nos principais locais, havia sinais de desolação por toda parte, e o nível de limpeza deixava muito a desejar. Leahy, por sua vez, reclamou dos insetos que assolavam os prédios, incluindo colchões infestados de percevejos. O dele teve que ser fortemente pulverizado com o inseticida DDT, atualmente proibido.

Roosevelt e Churchill voaram para Yalta separadamente, partindo de Malta em 3 de fevereiro, e ambos ficaram surpresos ao descobrir que os locais das conversações ficavam a algumas horas de carro do aeródromo, ao longo de estradas rurais bastante sinuosas que atravessavam colinas nevadas. Já exaustos, ainda tiveram de suportar aquela jornada — que se tornou ainda mais surreal pelo fato de que toda a estrada estava ladeada por soldados do Exército Vermelho em uniforme impecável, que batiam continência sempre que um dos carros passava. Em deferência à debilidade física de Roosevelt e à sua posição de autoridade, as conversas diárias foram realizadas em sua residência, o Palácio de Livadia — um enorme edifício branco, com aparência de bolo de casamento, construído por ordem do último czar, Nicolau II.

Os principais atores em Yalta seriam Roosevelt e Stalin. As posições de Churchill eram bem conhecidas, mas, a essa altura, a Grã-Bretanha não tinha poder militar ou financeiro para obrigar os Estados Unidos ou a URSS a fazer o que ela queria. Por outro lado, Stalin ainda precisava do apoio dos EUA com o Lend-Lease e estava ansioso para entrar na guerra do Pacífico quase imediatamente após a queda da Alemanha. Portanto, não podia desconsiderar a opinião de Roosevelt. O presidente ainda planejava a continuação da aliança de guerra entre os EUA e a URSS de alguma forma após a guerra, como garantia da paz mundial.

Como em Teerã, Roosevelt usou seu primeiro encontro particular com Stalin para assegurar ao ditador soviético que tinham muitas coisas em comum. Eles conversaram um pouco antes da abertura formal da conferência e, na prática, a primeira coisa que ele disse a Stalin foi que ver a destruição que os alemães haviam causado à Crimeia o deixou "sedento de sangue". Para provar sua raiva, pediu a Stalin que fizesse um brinde em um dos eventos à "extinção de 50.000 oficiais alemães".[28,V] Em seguida, para mais uma vez tentar se diferenciar da Grã-Bretanha imperialista, bem como dos franceses, Roosevelt começou a jogar Churchill aos leões. Ele alegou que os britânicos estavam tentando restabelecer a França como uma grande potência, com um grande exército voltado para o leste (em direção ao Exército Vermelho) para ajudar a dar segurança à Grã-Bretanha. Como consta nas atas oficiais dos EUA:

> O presidente disse que agora contaria ao marechal algo indiscreto, já que ele não gostaria de dizer isso na frente do primeiro-ministro Churchill, ou seja, que os britânicos há dois anos têm a ideia de transformar a França artificialmente em uma potência forte. Ele disse que os britânicos eram um povo peculiar e que desejavam comer o bolo e ainda tê-lo inteiro.[29]

Era tudo um tanto melancólico da parte do presidente moribundo — mas também revelador de seu desejo de chegar a um acordo com Stalin. De início, as coisas pareciam estar indo bem nesse sentido. A primeira reunião plenária dos líderes com seus conselheiros mais próximos comemorou o fato de que eles estavam prestes a vencer a guerra. Tratava-se de uma visão geral militar da guerra na Europa e, portanto, um retrato do inevitável esmagamento da Alemanha de Hitler. Os diferentes líderes elogiaram o desempenho das forças armadas uns dos outros e falaram sobre a estreita coordenação nos estágios finais da guerra na Europa.

Com a visão geral da guerra fora de questão, os líderes se voltaram para o mundo pós-guerra. Stalin expressou uma visão da política das grandes potências: que esses três homens deveriam decidir sobre o

---

[V] Em Teerã, Stalin fez um brinde pedindo a execução sumária de 50.000 oficiais alemães, uma medida que deixou Churchill indignado, o que Roosevelt, sem dúvida, sabia. O fato de o presidente incentivar Stalin a fazer algo que já havia irritado Churchill foi uma das tentativas mais grotescas de triangulação de Roosevelt durante as conferências.

futuro, e não perder tempo ouvindo as opiniões de países menores. Na noite de 4 de fevereiro, Roosevelt, Churchill e Stalin se reuniram para um jantar descontraído e alegre no Palácio de Livadia. Enquanto a comida era servida e as bebidas distribuídas, "o Marechal Stalin deixou bem claro, em várias ocasiões, que achava que as três grandes potências que haviam suportado o peso da guerra e libertado do domínio alemão os países menores deveriam ter o direito unânime de preservar a paz no mundo". Roosevelt falou relativamente pouco, mas deu apoio a Stalin, concordando que "as grandes potências tinham a maior responsabilidade, e que a paz deveria ser escrita pelas três potências representadas na mesa".[30] Não querendo contradizer o representante soviético, Churchill argumentou que cabia às grandes potências ouvir as pequenas, mostrar alguma humildade (embora nunca tenha ficado claro como sua visão de império se encaixava nessa ótica). Stalin, aparentemente bem-humorado, começou a provocar Churchill sobre a possibilidade de perder a próxima eleição.

Durante o restante da conferência, os Três Grandes decidiram o destino do resto do mundo, e grande parte disso foi feito de forma amigável. Embora tivessem prioridades diferentes no que se refere ao destino da Alemanha, à criação das novas Nações Unidas e até mesmo ao fim da guerra no Pacífico, eles encontraram maneiras de resolver ou encobrir essas diferenças por enquanto. A partir de 5 de fevereiro, grande parte da conversa se concentrou no destino da Alemanha no pós-guerra. Havia algumas diferenças de opinião, principalmente sobre se a Alemanha deveria ou não ser desmembrada. Stalin, que se opunha a isso, queria deixar qualquer decisão desse tipo para o futuro. Ele perguntou se Roosevelt, que havia se pronunciado a favor do desmembramento da Alemanha em Teerã, ainda mantinha essa posição. O presidente disse que sim, mas que não queria dar muita importância a isso agora. De fato, adiar qualquer decisão dessa natureza era fácil, pois o primeiro passo fundamental — a divisão da Alemanha (e de Berlim) em zonas de ocupação claramente definidas — já havia sido dado. Os Três Grandes tinham mapas apresentados que mostravam onde ficariam as zonas britânica, americana e soviética, e estavam mais do que satisfeitos com eles. Talvez a declaração mais interessante feita durante a discussão tenha sido a afirmação de Roosevelt de que as tropas americanas não permaneceriam na Europa por mais de dois anos. Ao ouvir isso, Churchill respondeu que talvez a França devesse agora ter um exército forte. Stalin disse que isso era bom, mas que a França não deveria ter uma participação importante no controle da Alemanha.[31]

Outra questão importante resolvida foi o plano de Stalin de a URSS entrar na guerra contra o Japão. Como a vitória sobre a Alemanha parecia estar prevista para a primavera, ele estava ansioso para entrar no Pacífico e obter o máximo de espólios possível do Japão em colapso. No entanto, ele considerou a participação soviética na guerra como o cumprimento de uma promessa de assistência que havia feito aos americanos anos antes. A essa altura, como Roosevelt e Leahy bem sabiam, os EUA não precisavam de nenhuma ajuda soviética para derrotar os japoneses, e eles até falavam que a guerra no Pacífico estava em suas fases finais. Como Leahy disse ao presidente quando o assunto foi discutido, os japoneses "já estão derrotados. Não precisamos aterrissar no Japão, não precisamos fazer mais nada com eles".[32] Roosevelt usou linguagem idêntica, embora mais diplomática, em Yalta, tentando minimizar a necessidade de qualquer ajuda soviética para encerrar a guerra com o Japão. Ele disse a Stalin que "esperava que não fosse realmente necessário invadir as ilhas japonesas" para acabar com a guerra.[33] O líder soviético, no entanto, não quis entender e continuou a insistir em sua oferta de assistência desnecessária. Enforcado em seu próprio petardo, Roosevelt não pôde fazer nada além de aceitar com gratidão a ajuda, entre dentes cerrados. É claro que Stalin tinha um preço definido em mente. Nos acordos finais, foi declarado que a URSS, em troca de entrar na guerra, receberia o restante de Sakhalin, as Ilhas Curilas e o controle sobre o porto chinês de Dairen [hoje Dailan], bem como a ferrovia que se estendia da URSS até o porto.[34]

Se as questões da Alemanha e do Japão foram tratadas de forma relativamente amigável, rapidamente ficou claro que a Polônia seria uma questão muito diferente. A segunda plenária, em 6 de fevereiro, começou com uma discussão sobre as novas Nações Unidas. Tanto Stalin quanto Churchill pareciam entender a importância da organização para Roosevelt, mesmo que eles próprios não estivessem tão preocupados com ela. Stalin chegou a admitir que estava tão ocupado que não teve tempo de ler o esboço detalhado da estrutura da ONU produzido na conferência em Dumbarton Oaks.[35] Em seguida, o destino da Polônia foi posto em pauta, e a tensão na sala aumentou.

O problema polonês para Stalin, Roosevelt e Churchill era, de certa forma, simples e, por outro lado, basicamente intratável. Havia um consenso de que a Polônia como Estado seria recriada após a guerra, mas muito mais a oeste. Roosevelt e Churchill aceitaram que Stalin mantivesse as terras que havia conquistado em seu acordo sujo com Hitler e, em troca, a nova Polônia ganharia um grande pedaço do que já havia sido o leste da Alemanha.[VI] A estrutura política dessa nova Polônia era uma questão totalmente diferente. Durante toda a guerra, os EUA e o Reino Unido reconheceram o governo polonês pré-guerra, no exílio, às vezes chamado de governo de Londres. Stalin, lembrando-se de sua própria derrota militar nas mãos do Estado polonês anterior à guerra, agiu imediatamente para instalar um novo governo comunista — chamado Comitê de Lublin.[36]

A questão de qual seria o governo polonês se tornou o grande confronto de Yalta, embora às vezes de forma velada. Quando a questão foi levantada pela primeira vez, Roosevelt fez o que parece ter sido o discurso mais longo de toda a conferência. Reunindo todas as forças que tinha e tentando parecer razoável e charmoso, propôs a criação de

[VI] Quando Roosevelt mencionou a Polônia pela primeira vez, fez uma tentativa de convencer Stalin a deixar Lviv no Estado polonês recriado. A tentativa não deu em nada, e o presidente deixou o assunto de lado.

um conselho presidencial interino multipartidário, com representantes de cinco partidos diferentes, incluindo fortemente pró-soviéticos.[37] Esse órgão governaria a Polônia até que novas eleições pudessem ser realizadas. Churchill então interveio com sua eloquência habitual, e falou com ainda mais força de uma Polônia livre e independente. "É", disse Churchill, "o desejo sincero do governo britânico que a Polônia seja dona de sua própria casa e capitã de sua própria alma."[38]

Stalin não poderia ter se importado menos com o charme de Roosevelt ou com a eloquência de Churchill. A essa altura da guerra, após suas experiências em Teerã e durante a discussão sobre as porcentagens com Churchill, ele havia calculado que sua supremacia na Europa Oriental havia sido aceita pelos americanos e britânicos.[39] Quando falou, deixou claro que o destino da Polônia era uma questão de "segurança estratégica, não apenas por ser um país fronteiriço, mas porque durante toda a história a Polônia havia sido o corredor para o ataque à União Soviética". Então Stalin cravou fundo a faca. Ele também queria uma Polônia democrática — na verdade, dizia querer isso até mais do que Churchill ou Roosevelt. Até onde ele podia ver, os poloneses de Lublin estavam governando livre e eficientemente e, além disso, estavam ajudando o Exército Vermelho a manter suas áreas de retaguarda seguras e patrulhadas. Os poloneses de Londres, no entanto, ameaçavam acabar com essa harmonia e criar uma insurgência atrás das linhas soviéticas. Eles estavam, em essência, fazendo o trabalho de Hitler.

> Quando comparo o que os agentes do governo de Lublin fizeram e o que os agentes do governo de Londres fizeram, vejo que os primeiros são bons, e os segundos, ruins. Queremos tranquilidade em nossa retaguarda. Apoiaremos o governo que nos der paz em nossa retaguarda e, como militar, eu não poderia fazer outra coisa.[40]

Stalin havia lançado o desafio e a discussão, embora continuasse por mais dias, nunca mudou de rumo. O Exército Vermelho estava na Polônia, Stalin o comandava, queria o governo de Lublin no poder e não admitia nenhuma influência do Estado polonês anterior à guerra. Ele também colocou Roosevelt e Churchill em uma encruzilhada quase insolúvel, em que poderiam aceitar suas condições ou, basicamente, romper a aliança. Como os três sabiam, não havia nada que pudesse ser feito para forçar Stalin a mudar a composição do governo polonês.

Roosevelt, no entanto, estava determinado a tentar. No dia seguinte, quando voltaram a discutir a questão, começou descartando todo o governo de Londres para apaziguar Stalin. Ele "não estava tão preocupado com a questão da continuidade do governo. Na verdade, não houve nenhum governo polonês desde 1939". Em vez disso, vamos criar um novo governo polonês, argumentou ele, "como uma lufada de ar fresco".[41] Roosevelt havia entendido que o governo de Lublin seria poderoso de qualquer maneira e estava propondo apenas equilibrá-lo com a criação de uma nova comissão, metade composta pelo governo de Lublin e metade composta por outros partidos, para se reunir com os líderes e discutir o estabelecimento de um novo governo provisório. Stalin, sabendo que seria benéfico para ele agir de forma razoável, não descartou Roosevelt de imediato, mas ressaltou que reunir esse grupo levaria tempo. Então começou a tergiversar. E ficou assim por um tempo. Roosevelt chegou a enviar uma carta particular a Stalin tentando fazer um acordo. Seria de grande ajuda no âmbito interno, ele pediu, se pudesse dizer ao povo americano que a Polônia teria um governo democrático e multipartidário.[42]

Roosevelt estava apenas falando a verdade. Ele realmente queria alguma concessão para facilitar a venda de qualquer acordo polonês para o povo americano. Mesmo que entendesse que Stalin iria instalar um governo basicamente de sua própria escolha e em seus próprios termos, a incapacidade de Stalin de entender que Roosevelt tinha tais necessidades políticas mostra que sua evolução como estrategista não tinha ido muito longe. Ele simplesmente não conseguia acreditar que Roosevelt realmente precisasse responder a qualquer outra autoridade — afinal, Stalin nunca precisou. Como disse certa vez a Molotov:

> Roosevelt se refere ao Congresso, ele acha que eu acreditarei que ele realmente tem medo do Congresso e, portanto, não pode concordar [com nossas exigências]. É só que ele não quer e se esconde atrás do Congresso. Que bobagem! Ele é o líder militar, o Comandante em Chefe supremo. Quem se atreve a fazer objeções a ele? É conveniente para ele se esconder atrás do parlamento. Mas não vai me enganar.[43]

Isso foi um sinal de como Stalin estava perto de estragar tudo. Se ele havia operado com astúcia desde a invasão de Hitler, porque seu lado prático havia suprimido seu lado paranoico em uma necessidade de sobrevivência, quando a guerra estava terminando e a vitória estava garantida, o velho Stalin estava de volta, e não conseguia entender que Roosevelt realmente queria algum sinal de que ele poderia ser flexível — para mostrar ao povo americano, mas também para validar a visão de Roosevelt sobre sua própria importância. No entanto, tudo o que Stalin via era Roosevelt pedindo que ele fizesse uma concessão que não queria nem precisava fazer e, assim, ele basicamente bloqueou o presidente. Embora Roosevelt o pressionasse pelo resto da conferência, no final Stalin fez apenas a menor das concessões: concordou em incluir no comunicado final que o governo de Lublin seria "ampliado" para abarcar elementos democráticos. Isso não significou quase nada, pois Stalin já havia declarado que o governo de Lublin representava a verdadeira democracia, com o argumento implícito de que os Estados capitalistas não eram realmente democráticos. Após a conferência, ele disse a Lavrenti Beria, seu chefe da polícia secreta, que não havia "movido um centímetro" ao fazer esse acordo com Roosevelt.[44] Esse acordo sobre a Polônia foi histórico, pois também estabeleceu a estrutura básica para o domínio soviético na Europa Oriental. Onde o Exército Vermelho estava em ascensão e onde Stalin dizia que a URSS tinha interesse em segurança, ele podia fazer o que quisesse para criar um governo que se adequasse aos seus interesses.

Roosevelt levou isso para o lado pessoal, mas simplesmente não sabia mais o que fazer.[VII] Ele estava muito doente e exausto para continuar lutando. A pessoa que melhor entendia isso era Leahy. No início da conferência, preocupado com o fato de que não poderia confiar plenamente em mais ninguém, Roosevelt nomeou Leahy como membro do conselho plenário e do conselho militar, o que significava que o almirante participava de todas as reuniões de Yalta — inclusive as pequenas, envolvendo os Três Grandes e um punhado de assessores. Quando pediu a Leahy que fizesse isso, Roosevelt disse: "Bill, gostaria que você participasse de todas essas reuniões políticas para que pudéssemos ter alguém em quem eu confiasse plenamente e que se lembrasse de tudo o que nós já fizemos".[45] Assim, Leahy testemunhou a luta pela Polônia em seus detalhes sangrentos, passando quase todos os minutos da conferência com o presidente. Quando Roosevelt não aguentou mais a luta e jogou a toalha com Stalin, foi para Leahy que ele admitiu a verdade. Quando Leahy comentou que a linguagem acordada sobre a Polônia basicamente permitia que Stalin fizesse o que quisesse, tudo o que Roosevelt pôde fazer foi admitir. Ele não tinha forças para mais nada: "Eu sei disso, Bill, mas estou muito cansado para lutar".[46,VIII]

[VII] Na verdade, Churchill estava um pouco mais esperançoso no início do que Roosevelt. Quando retornou a Londres, falou como se houvesse uma possibilidade real de Stalin permitir mais pluralismo no governo polonês. Entretanto, ele logo percebeu que não seria esse o caso.

[VIII] No livro de memórias publicado por Leahy, ele transmitiu uma versão mais simples dessa declaração, registrando Roosevelt dizendo que era "o melhor que eu podia fazer pela Polônia". No entanto, ele parece ter contado a versão real a um confidente na época — o repórter Constantine Brown, que a publicou em suas memórias posteriormente.

Epílogo

A guerra dos estrategistas

Ao final da Conferência de Yalta, Josef Stalin deve ter se sentido satisfeito. Em menos de quatro anos, sua posição internacional havia se transformado, e suas próprias ações foram responsáveis por grande parte da mudança. Ele havia passado do desastre criado por ele mesmo ao ajudar Hitler a atacar seu país, para agora forçar o presidente dos EUA e o primeiro-ministro britânico a aceitar seu domínio sobre a Europa Oriental. Stalin era agora senhor e mestre de mais território do que o Império Russo jamais havia controlado. Nesse processo, ele usou a ajuda dos EUA e da Grã-Bretanha para aumentar sua força e criar o maior exército do mundo. Esse foi o principal exemplo do motivo pelo qual ele passou de pior dos grandes estrategistas até 1941 para, sem dúvida, o melhor na época de Yalta.

Em seguida, Stalin ameaçou destruir tudo o que havia conseguido. Depois de Yalta, ele começou a se afastar até mesmo da pretensão de cooperar com os EUA e o Reino Unido. Seus sucessos estratégicos anteriores tinham sido resultado da capacidade de reagir de forma prática a uma situação dinâmica, adaptando as ações para atender às necessidades de seus aliados, especialmente Roosevelt. Ele começou a subjugar abertamente a Europa Oriental e a não atender nem mesmo às necessidades de Franklin Roosevelt ou Winston Churchill.[1] Stalin inclusive parou de tratar Roosevelt com a consideração e o tato que quase sempre demonstrou. Ele insultou profundamente o presidente ao se recusar a permitir que oficiais dos EUA entrassem na Polônia para cuidar dos prisioneiros de guerra americanos que haviam sido libertados dos campos alemães.[2] Em breve, Stalin iria ainda mais longe. Ele acusou Roosevelt, de forma bizarra, de planejar traí-lo ao fazer um acordo com Hitler.

Essa foi a acusação mais insultante que Stalin poderia ter feito contra o presidente americano. Na mente de Roosevelt, ele havia se esforçado ao máximo para se aproximar de Stalin e, por isso, via a atitude como a mais hedionda traição. Por fim, parecia que Roosevelt já estava farto e seu tom em relação a Stalin mudou significativamente em março de 1945.[3] Seus últimos telegramas para Stalin foram os mais severos e diretos que ele enviaria durante toda a guerra.[I] Ele falou de seu "espanto" com o fato de Stalin achar que o presidente americano o trairia ao fazer um acordo de paz separado.[4] Em um longo telegrama sobre a Polônia, basicamente acusou Stalin de mentir para ele em Yalta e de se recusar a permitir que outros elementos entrassem no comitê de Lublin: "Não consigo conciliar isso nem com nosso acordo nem com nossas discussões."[5]

Winston Churchill ficou muito satisfeito com o tom mais firme de Roosevelt. Ele havia se desiludido rapidamente com Yalta e pressionou o presidente a tomar uma "posição firme e contundente" ao seu lado contra Stalin.[6] As coisas estavam caminhando para um confronto. E então, em 12 de abril, quando Roosevelt estava mais uma vez de férias — dessa vez em sua propriedade em Warm Springs —, o

[I] A essa altura da guerra, Leahy, como chefe de gabinete de Roosevelt, estava escrevendo ou pelo menos aprovando todos os telegramas que eram enviados em nome do presidente. Isso geralmente tornava as missivas mais diretas e menos suaves, já que Leahy era muito mais direto em sua avaliação dos objetivos de Stalin.

presidente reclamou de uma dor de cabeça, recostou-se em sua cadeira e morreu. Assim, a política dos EUA foi colocada nas mãos de Harry Truman, que não tinha a menor ideia do que Roosevelt realmente queria alcançar ou de como planejava fazê-lo. Nos três anos seguintes, Truman aproveitaria essa ignorância, combinada com o retorno de Stalin ao exagero estratégico e aos erros, e criaria a Guerra Fria que Roosevelt sempre quis evitar.

De certa forma, essa instabilidade na política e na tomada de decisões não deveria ser uma surpresa para quem viu os grandes estrategistas em ação. Em 1945, eles haviam estampado o mundo com suas visões pessoais, para o bem ou para o mal. Eles haviam determinado, principalmente, com o que seus países deveriam lutar, onde lutariam e, embora nem sempre estivesse claro, por que motivos estariam, supostamente, lutando.

Ao avaliar o comportamento deles como líderes, é melhor começar com os dois piores, Adolf Hitler e Benito Mussolini. Eles não só foram os piores, porque selecionaram grandes estratégias que levaram a uma derrota catastrófica e à morte planejada e não planejada de milhões de pessoas, mas também pioraram ativamente as coisas para os esforços de guerra de suas nações. Mesmo que pareçam diferentes, em muitos aspectos os desastres estratégicos que eles desencadearam vieram de impulsos muito semelhantes. Ambos os ditadores saíram da Primeira Guerra Mundial determinados a transformar suas respectivas nações em grandes impérios e acreditavam que seu gênio pessoal seria um elemento-chave para essa transformação. Criaram máquinas de guerra com falhas profundas. Hitler, o soldado de infantaria da Primeira Guerra Mundial, apaixonado por armamento pesado, e Mussolini, o soldado-propagandista que enfatizava a vontade e o comprometimento acima do material, criaram seus exércitos sem mobilidade suficiente. Ambos também preferiam ver seus inimigos como queriam vê-los e não como eram, e acreditavam que sua intervenção pessoal e "vontade" ajudariam a alcançar a vitória. Essa característica fez com que os dois tivessem dificuldades para se adaptar à parte dinâmica da elaboração de estratégias, pois se apegaram a seus preconceitos anteriores em vez de se ajustarem ao que os inimigos estavam fazendo. Desde o início de Hitler em uma guerra que ele não esperava, até a entrada de Mussolini em uma guerra que ele havia avaliado mal, os dois transformaram o que poderia ter sido uma aliança de domínio continental em uma catástrofe mundial. Em 1940, a farsa de Hitler ao lidar com a Batalha da Grã-Bretanha foi superada pela farsa da invasão da Grécia por Mussolini. Então, em 1941, ambos, com os olhos bem abertos, não apenas iniciaram (ou, no caso de Mussolini, se juntaram) uma guerra contra a URSS com base na esperança de um rápido colapso soviético, mas também se prepararam para uma guerra com os EUA sem ter ideia do que estavam desencadeando. Desse ponto em diante, tudo o que podiam fazer era tentar retardar sua inevitável derrota. No entanto, é quase certo que eles a apressaram. Desde a intervenção direta no campo de batalha, passando pelo desperdício de dinheiro na construção de armamentos inadequados, até a vida em mundos de sonho onde tudo ficaria bem, Hitler e Mussolini são um exemplo de como os líderes não deveriam se comportar, mas, infelizmente, é assim que se comportam com muita frequência.

Os vencedores da guerra — Roosevelt, Stalin e Churchill — foram muito melhores como grandes estrategistas, mesmo com suas falhas evidentes. Em muitos aspectos, Churchill foi o mais trágico. Se alguém poderia dizer que tinha um fim definido em mente para a guerra, esse alguém era Churchill. A continuidade da existência do Império Britânico, que havia sido o foco de suas experiências militares na Índia, no Sudão e na África do Sul, continuou sendo o objetivo estratégico de todas as políticas de Churchill. Assim, era vital para ele que a Grã-Bretanha permanecesse entre as principais potências do mundo e, durante a Segunda Guerra Mundial, fez todo o possível para garantir isso. Ele ajudou a criar uma força aérea e marítima grande e poderosa e trabalhou em estreita colaboração com um aliado ainda mais forte: os EUA. No entanto, ele perdeu completamente a luta depois de 1943, quando Roosevelt e Stalin destruíram sua visão estratégica e o forçaram a apoiar uma invasão através do Canal da Mancha. A ironia de tudo isso é que, enquanto os grandes temores de Churchill sobre o que significaria uma grande guerra terrestre na Europa acabaram sendo exagerados, seus objetivos pretendidos foram superados pelas marés da história. As baixas britânicas nos combates europeus em 1944 e 1945 não foram incapacitantes, e as perdas de equipamentos britânicos foram administráveis, mas, apesar disso, o Império se desintegrou. Poucos meses depois de Yalta, em uma repreensão contundente a Churchill, o povo britânico optou por um governo trabalhista socialista em vez de seus conservadores. E o próprio Império nunca seria mantido. A Índia, que Churchill sempre enxergou como o ponto crucial do Império e onde ele viu a guerra pela primeira vez quando era jovem, em 1897, se tornaria independente em 1947. Churchill podia esbravejar e lamentar as mudanças, mas não havia nada que ele pudesse fazer para impedi-las.

Roosevelt e Stalin eram diferentes. Roosevelt foi provavelmente o maior sucesso de todos os grandes estrategistas nas formas e meios da guerra moderna. Com sua experiência de guerra industrial em massa na Primeira Guerra Mundial, combinada com seu bom faro político para as preocupações do eleitorado americano, ele construiu uma força de combate impressionante, baseada sobretudo em máquinas e em um número relativamente pequeno de forças de combate. Suas forças destruíram a vida econômica do Eixo com poder aéreo e marítimo e, ao mesmo tempo, permitiram que ele fornecesse ajuda maciça ao Reino Unido e à URSS. Esse método de guerra também foi extremamente humano para seus concidadãos. Os Estados Unidos perderam pouco mais de 400.000 militares na guerra, um número extremamente baixo em comparação com o tamanho da população e as baixas sofridas pela maioria dos outros países.[7,II]

Se Roosevelt foi bem-sucedido nesses aspectos da guerra, os objetivos que ele tinha em mente ainda são difíceis de determinar. Ele certamente queria estabelecer uma relação de cooperação com seus colegas líderes aliados, incluindo Stalin, que ele esperava que perdurasse após o fim da guerra. No entanto, os fundamentos dessa relação de cooperação eram, em muitos aspectos, baseados em seu carisma e presença. Não havia nenhum plano para colocá-los em prática sem Franklin Roosevelt e, quando ele morreu, seus objetivos também morreram.

Os sucessos e fracassos de Stalin são tão marcantes que fazem com que ele se destaque. Ele mostrou os dois lados de sua natureza como estrategista — lados que vieram à tona desde a Revolução Russa até o fim da guerra com a Polônia. Nos dois primeiros anos da Segunda Guerra Mundial, ele chegou perto de destruir seu próprio regime e governo. Ajudou a soltar Hitler sobre o continente e continuou a alimentar e a regar a máquina de guerra nazista até o momento em que o ditador alemão deu meia-volta e o atacou. No entanto, ao se deparar com uma possível destruição, ele se adaptou, ao contrário do líder alemão. Stalin cultivou novos aliados, explorou-os por seus enormes recursos e aprendeu quando sua interferência no esforço de guerra soviético poderia ser contraproducente ou produtiva. O resultado de sua evolução pode ser visto na extrema recuperação da posição soviética entre 1942 e 1945.

No entanto, no final das contas, Stalin continuou sendo o mesmo estrategista muito desconfiado que revelou ser em Tsaritsyn em 1918. Depois que a crise passou e ele se sentiu mais seguro, abandonou a

---

[II] A União Soviética perdeu aproximadamente 10 milhões de militares na guerra, os alemães, 5,5 milhões, e o Reino Unido, 384.000 (e a população britânica era cerca de um terço da dos EUA). O número relativamente pequeno de mortes de militares nos Estados Unidos e no Reino Unido se deve à maneira mais moderna e orientada para as máquinas com que eles travaram a guerra, que foi discutida no Capítulo 17.

contenção cooperativa e adotou posições políticas que criaram um abismo cada vez maior entre ele e Roosevelt e, depois, Truman. Stalin desperdiçou o que poderia ter sido uma das grandes vitórias da Segunda Guerra Mundial — a fixação permanente da URSS como parte do grupo dominante de Estados. Sua paranoia ajudaria a romper a aliança do tempo de guerra, acabaria por lançar uma Guerra Fria que a URSS nunca poderia sustentar e veria a dissolução de seu império décadas depois. Dessa forma, talvez seja justo classificá-lo como o pior-melhor-pior grande estrategista da guerra.

No final, o que a experiência geral dos grandes estrategistas da Segunda Guerra Mundial nos diz sobre a criação de estratégias? Primeiro, revela que ser um grande estrategista na guerra é um trabalho perigoso — certamente mais perigoso do que ser um soldado da linha de frente em muitos ramos das forças armadas. No final da guerra, três dos cinco estavam mortos: Hitler por suicídio, Mussolini morto a tiros em uma esquina e Roosevelt, cujo corpo falhou depois de todos os seus esforços. Até mesmo os dois sobreviventes, Churchill e Stalin, haviam envelhecido muito devido ao estresse da liderança na guerra. Nenhum dos dois foi, ao final da guerra, a mesma figura vigorosa de quando ela começou.

Esse alto número de mortos também revela outra lição: a grande estratégia na Segunda Guerra Mundial foi muito mais pessoal do que podemos acreditar. Embora esses cinco homens supostamente fizessem parte de Estados grandes e bem equipados com camadas de burocracia, eles fizeram individualmente as escolhas cruciais sobre estratégia e, na maioria das vezes, puderam ver essas escolhas colocadas em prática. Dessa forma, a ideia de uma estratégia nacional clara e lógica continua sendo um sonho positivista, mas um mito real.

Isso é importante. Se quisermos ser sinceros em relação ao comportamento nacional — agora e no futuro — temos que tentar entender a mente dos líderes individuais que fazem as escolhas cruciais.

Embora usemos frases como "interesse nacional" ou "bem maior", esses são conceitos abstratos na elaboração de grandes estratégias. Hitler, Stalin, Mussolini, Churchill e Roosevelt tinham noções muito pessoais do que era o interesse nacional; em alguns casos, noções que pioraram muito a vida de seus concidadãos. Todos eles também acreditavam que eram indispensáveis para tornar seus países maiores, e todos impuseram suas próprias visões aos seus Estados durante a guerra. Dessa forma, eles frequentemente agiam como se suas visões pessoais do mundo fossem do interesse nacional de seus países, quando na verdade não eram.

Se quisermos entender a estratégia, também precisamos entender o estrategista.

Bibliografia

Gostaria de começar com um breve pedido de desculpas a todos os autores cujos livros não estão nesta lista. Esta bibliografia inclui apenas livros ou artigos que foram incluídos nas anotações. No processo de manter o livro gerenciável, muito acabou sendo cortado, e muitos livros de que gostei e achei fascinantes não serão listados aqui. O mesmo se aplica às fontes primárias e de arquivo publicadas.

Documentos de arquivo e governamentais (fontes não publicadas)

REINO UNIDO

Documentos do Almirantado (ADM), Arquivos Nacionais do Reino Unido, Londres.

Documentos do Gabinete (CAB), Arquivos Nacionais do Reino Unido, Londres.

Winston Churchill Mss, Documentos de Chartwell, Churchill Archives Online (Char).

Registros do Ministério de Munições (MUN), Arquivos Nacionais do Reino Unido, Londres.

Documentos do primeiro-ministro (PREM), Arquivos Nacionais do Reino Unido, Londres.

Templewood Mss (Samuel Hoare), Biblioteca da Universidade de Cambridge.

Documentos do War Office (WAR), Arquivos Nacionais do Reino Unido, Londres.

EUA

Documentos de Harry Hopkins, Biblioteca Presidencial Franklin Roosevelt, Hyde Park, NY.

Atas e Documentos dos Chefes de Estado-Maior Conjunto, (EUA), NARA, Arquivos Nacionais dos EUA, College Park, MD.

Documentos de Ernest King, Biblioteca do Congresso, Washington, DC.

Diário de William Leahy, Biblioteca do Congresso, Washington, DC.

Documentos de William Leahy, Comando de História e Patrimônio Naval, Washington, DC.

Franklin Roosevelt Mss, Biblioteca Presidencial FDR, Hyde Park, NY; e on-line por meio dos Arquivos Presidenciais FDR, acessados em https://www. fdrlibrary.org/.

United States Strategic Bombing Survey Mss (USSBS), Washington, DC.

Documentos do Departamento de Guerra (WO) (EUA), NARA, Arquivos Nacionais dos EUA, College Park, MD.

Memórias, diários e documentos publicados; livros e artigos

Addison, Paul, "The Political Beliefs of Winston Churchill", *Transactions of the Royal Historical Society*, Vol. 30 (1980).

Allard, Dean, "Anglo-American Naval Differences During World War I," *Military Affairs*, Vol. 44, No. 2 (abril de 1980).

Allen, Keith, "Sharing Scarcity: Bread Rationing and the First World War in Berlin 1914-23", *Journal of Social History*, Vol. 32, No. 2 (Winter 1998).

Alliluyeva, Svetlana, *Only One Year* (Londres: Hutchinson, 1969).

American Battle Monuments Commission, "The Allied North Sea Mine Barrage of World War I", 11 de junho de 2018.

Arielli, Nir, *Fascist Italy and the Middle East, 1933-40* (Basingstoke: Palgrave, 2010).

Baer, George, *One Hundred Years of Sea Power: The U.S. Navy, 1890-1990 (Cem anos de poder marítimo: a Marinha dos EUA, 1890-1990)* (Stanford: Stanford University Press, 1994).

Beiriger, Eugene E., "Building a Navy 'Second to None': The U.S. Naval Act of 1916, American Attitudes toward Great Britain, and the First World War", *British Journal for Military History*, Vol. 3, No. 3 (2017).

Bekker, Cajus, *Hitler's Naval War* (Londres: Macdonald, 1974).

Bell, Christopher M., *Churchill and the Dardanelles* (Oxford: Oxford University Press, 2017).

——, *Churchill and Sea Power* (Oxford: Oxford University Press, 2013).

Below, Nicolaus von, *At Hitler's Side: The Memoirs of Hitler's Luftwaffe Adjutant* (Londres: Frontline Books, 2010).

Berezhkov, V. M., *Kak ia stal perevodchikom Stalina* (Moscou: DEM, 1993).

Best, Geoffrey, *Churchill: A Study in Greatness* (Londres: Hambledon and Londres, 2001).

Bol'shevistskoe rukovodstvo. Perepiska. 1912-1927. Sbornik dokumentov (Moscou: ROSSPEN, 1996).

Bosworth, R. J. B., *Claretta: Mussolini's Last Lover* (New Haven: Yale University Press, 2017).

——, *Mussolini* (Londres: Arnold, 2002).

——, *Mussolini and the Eclipse of Italian Fascism: From Dictatorship to Populism* (New Haven: Yale University Press, 2021).

Bottai, Giuseppe, *Diary 1935-1944* (Roma: BUR, 2006).

Brinkley, Alan, *Franklin Delano Roosevelt* (Oxford: Oxford University Press, 2010).

Broadberry, Stephen e Mark Harrison (orgs.), *The Economics of World War I* (Cambridge: Cambridge University Press, 2005).

Brown, Constantine, *The Coming of the Whirlwind* (Chicago: Henry Regnery Company, 1964).

Buckley, Christopher, *Greece and Crete 1941* (Londres: HMSO, 1952).

Burgwyn, H. James, *Mussolini Warlord: Failed Dreams of Empire 1940-1943* (Nova York: Enigma Books, 2012).

Carley, Michael J., "End of the 'Low, Dishonest Decade': Failure of the Anglo-Franco-Soviet Alliance in 1939", *Europe-Asia Studies*, Vol. 45, No. 2 (1993).

Carr, John C., *The Defence and Fall of Greece: 1940-1941* (Barnsley: Pen and Sword, 2013).

Carruthers, Bob (ed.), *Hitler's Wartime Orders: The Complete Führer Directives: 1939-1945* (Barnsley: Pen and Sword, 2018).

Carter, Nick, *Modern Italy in Historical Perspective* (Londres: Bloomsbury, 2010).

Churchill, Randolph, *Winston S. Churchill*, Vol. 1 (Londres: Heinemann, 1966) e volumes complementares.

Churchill, Winston, *My Early Life* (Londres: Eland, 1930).

——, *The River War: An Account of the Reconquest of the Sudan* (1902), https://www.gutenberg.org/files/4943/4943-h/4943-h.htm.

——, *The Second World War*, Vol. IV, (Londres: Cassell, 1951).

——, *The Story of the Malakand Field Force: An Episode of the Frontier War* (1898), https://www.gutenberg.org/files/9404/9404-h/9404-h.htm.

——, *The World Crisis*, 5 vols (Londres: Thornton Butterworth, 1923-31).

Ciano, Galeazzo, *The Ciano Diaries*, ed. Hugh Gibson, introdução de Sumner Welles (Londres: Simon and Schuster, 2001) (Diários de Ciano).

Citino, Robert M., *The Wehrmacht's Last Stand: The German Campaigns of 1944-1945* (Lawrence: University Press of Kansas, 2018).

Coker, Jeffrey, *Franklin Roosevelt: A Biography* (Westport: Greenwood Press, 2005).

Conquest, Robert, *Stalin: Breaker of Nations* (Londres: Weidenfeld and Nicolson, 1991).

Corner, Paul, *The Fascist Party and Popular Opinion in Mussolini's Italy (O Partido Fascista e a Opinião Popular na Itália de Mussolini)* (Oxford: Oxford University Press, 2012).

Dallek, Robert, *Franklin D. Roosevelt: A Political Life* (Londres: Allen Lane, 2017).

——, *Franklin D. Roosevelt and American Foreign Policy* (Oxford: Oxford University Press, 1979).

Danchev, Alex e Daniel Todman (eds), *War Diaries 1939-1945, Field Marshal Lord Alanbrooke* (Londres: Weidenfeld and Nicolson, 2001) (Diários de Alanbrooke).

Daniels, Josephus, *The Wilson Era: Years of Peace 1910-1917* (Chapel Hill: UNC Press, 1944).

——, *The Wilson Era: Years of War and After 1917-1923* (Chapel Hill: UNC Press, 1946).

Davies, Norman, *White Eagle, Red Star: The Polish-Soviet War of* 1919-20 (Londres: Macdonald, 1972).

Djilas, Milovan, *Conversations with Stalin* (Nova York: Penguin, 1967).

Dockter, Warren, *Churchill and the Islamic World: Orientalism, Empire and Diplomacy in the Middle East* (Londres: IB Tauris, 2015).

Dokumenty o geroicheskoi oborone Tsaritsyna v 1918 godu (Moscou: Gospolitizdat, 1942).

Dolezalek, Alexander (ed.), *Moskau-Berlin-Streng geheim: Wie Stalin und Hitler Osteuropa unter sich aufteilten, 1939 bis 1941*, Vol. 6 (Lindhorst: Askania, 1989).

Domarus, Max (ed.), *Hitler: Speeches and Proclamations 1932-1945: The Chronicle of a Dictatorship*, 4 vols (Wauconda: Bolchazy-Carducci Publishers, 1990-2004).

Dulles, Foster Rhea e Gerald Ridinger, "The Anti-Colonial Policies of Franklin D. Roosevelt", *Political Science Quarterly*, Vol. 70, No. 1 (1955).

Dunn, Walter S., *Hitler's Nemesis: The Red Army, 1930-1945* (Westport: Praeger, 1994).

Ebner, Michael, *Ordinary Violence in Mussolini's Italy* (Cambridge: Cambridge University Press, 2011).

Elizarov, M. A., "Vosstanie na forte 'Krasnaia gorka' v iune 1919. Pravda I legendy", *Morskoi sbornik*, Vol. 4 (2009).

Este, Carlo d', *Warlord: A Life of Churchill at War, 1874-1945* (Londres: Allen Lane, 2009).

Farrell, Nicholas, *Mussolini* (Londres: Weidenfeld and Nicolson, 2003).

Felice, Renzo De, *Mussolini il rivoluzionario* (Turim: Einaudi, 1965).

Fenby, Jonathan, *Alliance: The Inside Story of How Roosevelt, Stalin, and Churchill Won One War and Began Another* (Londres: Simon and Schuster, 2007).

Figes, Orlando, *A People's Tragedy: A History of the Russian Revolution* (Nova York: Penguin, 1998).

Flood, Charles B., "Lance Corporal Adolf Hitler on the Western Front 1914-1918," *The Kentucky Review*, Vol. 5, No. 3 (1985).

Foreign Relations of the United States (FRUS), vários volumes; cópias on-line em https://search.library.wisc.edu/digital/AFRUS.

Freidel, Frank, *Franklin Roosevelt: A Rendezvous with Destiny* (Nova York: Little, Brown, 1990).

Fritz, Stephen G., *The First Soldier: Hitler as Military Leader* (New Haven: Yale University Press, 2018).

Fuehrer Conferences on Naval Affairs, volumes para 1940-42 (Almirantado do Reino Unido, 1947).

Ganin, A. V., "Arest I osvobozhdeniesotrudnikov shtaba Severo-kavkazkogo voennogo okruga v avguste 1918 g," *Zhurnal rossiiskikh I vostochnoevropeiskikh istorichskikh issledovanii,* Vol. 3, No. 10 (2010).

Gellately, Robert, *Stalin's Curse: Battling for Communism in War and Cold War.* (Oxford: Oxford University Press, 2015).

Germany and the Second World War (Oxford: Oxford University Press), vários volumes.

Gilbert, Martin, *Churchill and America* (Nova York: Simon and Schuster, 2005).

—— *Winston S. Churchill*, vols. 3-8 (Londres: Heinemann, 1971-88).

—— (ed.), *The Churchill War Papers,* 3 vols (Londres: Heinemann, 1993-2000).

Glantz, David M., *Kharkov 1942: Anatomy of a Military Disaster through Soviet Eyes* (Shepperton: Ian Allan, 1998).

Glei, Dana, Silvia Bruzzone e Graziella Caselli, "Effects of War Losses on Mortality Estimates for Italy: A First Attempt", *Demographic Research*, Vol. 13, No. 15 (novembro de 2005).

Goeschel, Christian, *Mussolini and Hitler: The Forging of the Fascist Alliance* (New Haven: Yale University Press, 2018).

Gooch, John, *The Italian Army and the First World War* (Cambridge: Cambridge University Press, 2014).

——, *Mussolini's War: Fascist Italy from Triumph to Collapse 1935-1943* (Londres: Allen Lane, 2020).

Gorodetsky, Gabriel, *Grand Delusion: Stalin and the German Invasion of Russia* (New Haven: Yale University Press, 2001).

Greenberg, Joshua, "'Comrades and Brothers': Churchill, Stalin and the Moscow Conference of 1942", International Churchill Society, 24 de setembro de 2019.

Gundle, Stephen et al. (eds.), *The Cult of the Duce: Mussolini and the Italians* (Manchester: Manchester University Press, 2013).

Halder, Franz, The *Private War Journal of General Franz Halder 1939-1942*, 9 vols (Nuremberg: Gabinete do Advogado Chefe para Crimes de Guerra, 1947) (Diários de Halder).

Harvey, A. D., "The Bomber Offensive that Never Took Offensive," *Air Power History*, Vol. 63, No. 3 (outono de 2016).

Hasegawa, Tsuyoshi, "Soviet Policy Towards Japan During World War II". *Cahiers du monde russe*, Vol. 52, No. 2/3 (2011).

Hastings, Max, *Finest Years: Churchill as Warlord 1940-45* (Londres: Harper Press, 2009).

Heiber, Helmut, David Glantz e Gerhard Weinberg (eds), *Hitler and His Generals: Military Conferences 1942-1945* (Londres: Enigma Books, 2004).

Hill, Alexander, *The Red Army and the Second World War* (Cambridge: Cambridge University Press, 2017).

Hitler, Adolf, *Mein Kampf* (Boston e Nova York: Mariner Books, 1999).

Holland, James, *The Battle of Britain: Five Months that Changed History, May-October 1940* (Londres: Bantam Press, 2010).

Isakov, I. S., *Krasnaia gorka. Stalinskaia operatsiia, 13-16 Iunia 1919* (Moscou: Voenizdat, 1946).

Iz istorii Grazhdanskoi voiny v SSSR. 1918-1922: Sbornik documentov i materialov. T.2. Mart 1919-Fevral' 1920 (Moscou: Sovetskaia Rossiia, 1961).

Jablonsky, David, *Churchill, the Great Game and Total War* (Londres: Frank Cass, 1991).

Jäckel, Eberhard, *Hitler's World View: A Blueprint for Power* (Cambridge: Harvard University Press, 1981).

—— e Axel Kuhn (eds.), *Hitler Sämtliche Aufzeichnungen* 1905-24 (Stuttgart: Deutsche Verlags-Anstalt, 1980).

Jackson, Ashley, *Churchill* (Londres: Quercus, 2011).

James, Robert Rhodes (ed.), *Winston S. Churchill: His Complete Speeches 1897-1963*, Vol. 1 (Londres: Chelsea House, 1974).

Jankowski, Paul, *Verdun: The Longest Battle of the Great War* (Oxford: Oxford University Press, 2014).

Kaiser, David, *No End Save Victory: How FDR Led the Nation into War* (Nova York: Basic Books, 2018).

Keegan, John, *The First World War: An Illustrated History* (Londres: Pimlico, 2002).

Kershaw, Ian, *Hitler 1889-1936:* Hubris (Nova York: W. W. Norton, 1999).

——, *Hitler 1936-1945: Nemesis* (Nova York: W. W. Norton, 2000).

Khlevniuk, Oleg V., *Stalin: New Biography of a Dictator* (New Haven: Yale University Press, 2015).

——, "Stalin at War: Sources and Their Interpretation", *Cahiers du monde russe*, Vol. 52, No. 2/3 (2011).

Khrushchev, N. S., *The Crimes of the Stalin Era: Special Report to the 20th Congress of the Communist Party of the Soviet Union* (Nova York: New Leader, 1956).

——, *Vremia, Liudi, Vlast' (Vospominania)*, Vol. 1 (Moscou: Moskovskie Novosti, 1999).

Kimball, Warren (ed.), *Churchill and Roosevelt: The Complete Correspondence*, 3 vols (Princeton: Princeton University Press, 1984).

Kitchen, Martin, *The German Offensives of 1918* (Stroud: Tempus, 2005).

——, *Speer: Hitler's Architect* (New Haven: Yale University Press, 2015).

Knight, Jonathan, "Churchill and the Approach to Mussolini and Hitler in May 1940: A Note", *British Journal of International Studies*, Vol. 3 (1997).

Knox, Dudley W., *A History of the United States Navy* (Nova York: G. P. Putnam's, 1948).

Kotkin, Stephen, *Stalin, Vol. 1: Paradoxes of Power 1878-1928* (Nova York: Penguin, 2015).

—— *Stalin, Vol. 2: Waiting for Hitler 1928-1941* (Londres: Penguin, 2017).

Kozlov, A., "Tsaritsynskii 'opyt,'" *Istoriki otvechaiut na voprosy*, Vol. 2 (Moscou: Moskovskii rabochii, 1990).

Kubizek, August, *The Young Hitler I Knew* (Nova York: Frontline Books, 2011).

Kumanev, G. A., *Govoriat stalinskie narkomy* (Smolensk: Rusich, 2005).

Kuzmin, N., "Ob odnoi nevypolnennoi directive Glavkoma (iz istorii Sovetsko-polskoi voiny 1920 goda)", *Voenno-istoricheskii zhurnal*, Vol. 9 (1962).

Lamb, Richard, *Mussolini and the British* (Londres: John Murray, 1997).

Laqueur, Walter, *Stalin: The Glasnost Revelations* (Londres: Unwin and Hyman, 1990).

Lautemann, W. e M. Schlenke (eds.), *Geschichte in Quellen: Weltkriege und Revolutionen 1914-1945*, Vol. 5 (Munique: Bayerischer Schulbuch-Verlag, 1961).

Leahy, William, *I Was There: The Personal Story of the Chief of Staff to Presidents Roosevelt and Truman Based on His Notes and Diaries at the Time* (Nova York: McGraw-Hill, 1950).

Legran, B. V., *Stalin v Tsaritsyne*, Seriia "Revoliutsionnye memuary" (2019), https://www.litres.ru/book/boris-legran/stalin-v-caricyne-42348004/.

Leutze, James, *Bargaining for Supremacy: Anglo-American Naval Cooperation 1937-1941* (Chapel Hill: UNC Press, 1978).

Levy, Herbert, *Henry Morgenthau Jr.: The Remarkable Life of FDR's Secretary of the Treasury* (Nova York: Skyhorse Publishing, 2010).

Lloyd, Nick, *Passchendaele: A New History* (Londres: Penguin, 2017).

Lloyd George, David, *War Memoirs of Lloyd George*, Vol. 1 (Londres: Odhams Press, 1938), https://archive.org/details/warmemoirsvolume035284mbp/page/n3/mode/2up.

Longerich, Peter, *Hitler: A Life* (Oxford: Oxford University Press, 2019).

Lumsden, Malvern, "New Military Technology and the Erosion of International Law: The Case of the Dum-Dum Bullets Today", *Instant Research on Peace and Violence*, Vol. 4, No. 1 (1974).

Lussu, Emilio, *A Soldier on the Southern Front: The Classic Italian Memoir of World War I* (Nova York: Rizzoli, 2014).

McBride, William, *Technological Change and the United States Navy 1865-1945* (Baltimore: Johns Hopkins University Press, 2000).

McDermott, Kevin e Matthew Stibbe (orgs.), *Stalinist Terror in Eastern Europe: Elite Purges and Mass Repression* (Manchester: Manchester University Press, 2010).

Macdonald, John e Zeljko Cimpric, *Caporetto and the Isonzo Campaign: The Italian Front 1915-1918* (Barnsley: Pen and Sword, 2011).

MacIsaac, David (ed.), *The Strategic Bombing Survey* (Nova York: Garland, 1976).

Maiskii, I. M., *Vospominania sovetskogo diplomata, 1925-1945 gg* (Uzbequistão: Tashkent, 1980).

Maser, Werner (ed.), *Hitler: Letters and Notes* (Nova York: Harper and Row, 1974).

Mawdsley, Evan, *The Russian Civil War* (Londres: Birlinn, 2008).

——, *Thunder in the East: The Nazi-Soviet War 1941-1945* (Londres: Bloomsbury, 2015).

—— e John Ferris (eds), *The Cambridge History of the Second World War* (Cambridge: Cambridge University Press, 2015).

Megargee, Geoffrey, *Barbarossa 1941: Hitler's War of Annihilation* (Stroud: Tempus, 2007).

Meyer, Adolf, *Mit Adolf Hitler im Bayerischen Reserve-Infanterie-Regiment 16 List* (Neustadt-Aisch: Georg Aupperle, 1934).

Mikoyan, A. I., *Tak bylo* (Moscou: Vagrius, 1999).

Millard, Candice, *Hero of Empire: The Making of Winston Churchill* (Londres: Allen Lane, 2017).

Monelli, Paolo, *Mussolini piccolo Borghese* (Milão: Garzanti, 1950).

Montefiore, Simon Sebag, *Young Stalin* (Nova York: Alfred Knopf, 2007).

Morgan, Ted, *Churchill: Young Man in a Hurry, 1874-1915* (Londres: Triad, 1984).

——, *FDR: A Biography* (Nova York: Simon and Schuster, 1985).

Murphy, David E., *Breaking Point of the French Army: The Nivelle Offensive of 1917* (Barnsley: Pen and Sword, 2015).

——, *What Stalin Knew: The Enigma of Barbarossa* (New Haven: Yale University Press, 2005).

Murray, Williamson, *Strategy for Defeat: The Luftwaffe 1933-1945* (Alabama: Air University Press, 1983).

Mussolini, Benito, *Diário* (Milão: Imperia, 1923).

——, *My Autobiography* (Milão: Borodino Books, 2017).

Naimark, Norman, *Stalin's Genocides* (Princeton: Princeton University Press, 2010).

Nelis, Jan, "Fascist Identity: Benito Mussolini and the Myth of 'Romanita'", *The Classical World*, Vol. 100, No. 4 (verão de 2007).

Neville, Peter, *Mussolini* (Londres: Routledge, 2015).

Nossovitch, A. L., *Krasnyi Tsaritsyn. Vzgliad iznutri* (Moscou: AIRO-XXI, 2010).

Oborona Tsaritsyna. Sbornik statei I dokumentov (Stalingrado: Kraevoe knigo-izdatel'stvo, 1937).

O'Brien, Paul, *Mussolini in the First World War: The Journalist, the Soldier, the Fascist* (Oxford: Berg, 2005).

O'Brien, Phillips, *British and American Naval Power: Politics and Policy 1900-1936* (Westport: Praeger, 1998).

——, *How the War Was Won: Air-Sea Power and Allied Victory* (Cambridge: Cambridge University Press, 2015).

——, *The Second Most Powerful Man in the World* (Nova York: Dutton, 2019).

Offer, Avner, *The First World War: An Agrarian Interpretation* (Oxford: Clarendon Press, 1989).

Pakenham, Thomas, *The Boer War* (Londres: Weidenfeld and Nicolson, 1979).

Pechatnov, V. O., "Stalin, Roosevelt, Churchill: 'Bol'shaia Troika' cherez prizmu perepiski voennykj let,'" *Vestnik MGIMO Universiteta*, Vol. 5 (2009).

Petacci, Claretta, *Verso il disastro: Mussolini in guerra: diari 1939-1940*, ed., São Paulo, Brasil. Mimmo Franzinelli (Milão: Rizzoli, 2011).

Pipes, Richard, *The Russian Revolution* (Nova York: Alfred Knopf, 1990).

Pitt, Barrie, *The Crucible of War: Western Desert 1941* (Londres: Jonathan Cape, 1980).

Plokhy, S. M., *Yalta: The Price of Peace* (Nova York: Penguin, 2010).

Pollock, John, *Kitchener: The Road to Omdurman* (Londres: Constable, 1998).

Radzinsky, Edward, *Stalin* (Londres: Hodder and Stoughton, 1996).

Raghavan, Srinath, *India's War: The Making of Modern South Asia 1939-1945* (Londres: Allen Lane, 2016).

Resis, Albert, "The Churchill-Stalin Secret 'Percentages' Agreement on the Balkans, Moscow, October 1944", *American Historical Review*, Vol. 83, No. 2 (abril de 1978).

—— (ed.), *Molotov Remembers: Inside Kremlin Politics, Conversations with Felix Chuev* (Chicago: Ivan R. Dee Publishers, 1993).

Reynolds, David e Vladimir Pechatnov (orgs.), *The Kremlin Letters: Stalin's Wartime Correspondence with Churchill and Roosevelt* (New Haven: Yale University Press, 2018).

Ridley, Jasper, *Mussolini* (Londres: Constable, 1997).

Rieber, Alfred, *Stalin and the Struggle for Supremacy in Eurasia* (Cambridge: Cambridge University Press, 2015).

Romanych, Marc e Martin Rupp, *42cm "Big Bertha" and German Siege Artillery of World War I* (Londres: Bloomsbury, 2014).

Roosevelt, Elliott, *As He Saw It* (Nova York: Duell, Sloan and Pierce, 1946).

—— (ed.), *FDR: His Personal Letters* (Nova York: Duell, Sloan and Pierce, 1947).

Rose, Kenneth D., *The Great War and Americans in Europe, 1914-1917* (Nova York: Routledge, 2017).

Roskill, Stephen, *The War at Sea*, 4 vols (Londres: HMSO, 1954-61).

Russell, Douglas S., *Winston Churchill, Soldier: The Military Life of a Gentleman at War* (Londres: Conway, 2006).

Sadkovich, James, "The Italo-Greek War in Context: Italian Priorities and Axis Diplomacy", *Journal of Contemporary History*, Vol. 28, No. 3 (julho de 1993).

——, "Understanding Defeat: Reappraising Italy's Role in World War II," (Entendendo a derrota: reavaliando o papel da Itália na Segunda Guerra Mundial) *Journal of Contemporary History*, Vol. 24, No. 1 (janeiro de 1989).

Scala, Spencer Di e Emilio Gentile (orgs.), *Mussolini 1883-1915* (Nova York: Palgrave Macmillan, 2016).

Schindler, John R., *Isonzo: The Forgotten Sacrifice of the Great War* (Westport: Praeger, 2001).

Schmider, Klaus H., *Hitler's Fatal Miscalculation: Why Germany Declared War on the United States* (Cambridge: Cambridge University Press, 2021).

Schneider, James S., *The Structure of Strategic Revolution: Total War and the Roots of the Soviet Warfare State* (Novato: Presidio Press, 1994).

Schroeder, Christa, *He Was My Chief: As memórias do secretário de Adolf Hitler* (Barnsley: Frontline Books, 2012).

Sherwood, Robert E., *Roosevelt and Hopkins: An Intimate History* (Nova York: The Universal Library, 1948).

—— *The White House Papers of Harry L. Hopkins* (Londres: Eyre and Spottiswoode, 1948)

Shtemenko, S. M., *General'nyi Shtab v gody voiny* (Moscou: Voenizdat, 1968).

Sica, Emanuele, "June 1940: The Italian Army and the Battle of the Alps". *Canadian Journal of History*, Vol. 47, No. 2 (2012).

Simms, Brendan, *Hitler: Only the World Was Enough* (Londres: Allen Lane, 2019).

Simonov, K., *GlaSami cheloveka moego pokoleniia: Razmyshleniia o I. V. Stalinha.* (Moscou: Kniga, 1990).

Smith, Denis Mack, *Modern Italy: A Political History* (New Haven: Yale University Press, 1997).

——, *Mussolini: A Biography* (Nova York: Alfred Knopf, 1982).

Andrei Evgen'evich Snesarev. Zhizn' i nauchnaia deiatel'nost' (Moscou: Nauka, 1973).

Snyder, Timothy, *Bloodlands: Europe Between Hitler and Stalin* (Londres: The Bodley Head, 2011).

—— e Ray Brandon (eds.), *Stalin and Europe: Imitation and Domination 1928-1953* (Oxford: Oxford University Press, 2014).

Speer, Albert, *Inside the Third Reich* (Londres: Weidenfeld and Nicolson, 2009).

Spiers, Edward M., *Engines for Empire: The Victorian Military and Its Use of Railways* (Manchester: Manchester University Press, 2015).

——, *Sudan: The Reconquest Reappraised* (Londres: Frank Cass, 1998).

Spring, D. W., "The Soviet Decision for War against Finland, 20 November 1939", *Soviet Studies*, Vol. 38, No. 2 (abril de 1986).

Stahel, David, *The Battle for Moscow* (Cambridge: Cambridge University Press, 2015).

——, *Operation Barbarossa and Hitler's Defeat in the East* (Cambridge: Cambridge University Press, 2013).

——, *Retreat from Moscow: A New History of Germany's Winter Campaign, 1941-1942* (Nova York: Picador, 2019).

Stalin, Joseph, *Anarchism or Socialism?* (1906-7), https://www.marxists.org/reference/archive/stalin/works/1906/12/x01.htm.

——, *Sochineniia*, Vol. 14 (Moscou: Izdatel'stvo "Pisatel", 1997).

——, *Sochineniia*, Vol. 17 (Tver: Nauchno-izdatel'skaia kompaniia "Severnaia korona," 2004).

Stefan, Charles G., "Yalta Revisited: An Update on the Diplomacy of FDR and His Wartime Summit Partners", *Presidential Studies Quarterly*, Vol. 23, No. 4 (outono de 1993).

Stone, David, *Twilight of the Gods: The Decline and Fall of the German General Staff in World War II* (Londres: Conway, 2011).

Strachan, Hew, *The First World War*, Vol. 1 (Oxford: Oxford University Press, 2001).

Stratigakos, Despina, *Hitler at Home* (New Haven: Yale University Press, 2015).

Sumida, Jon Tetsuro, *Inventing Grand Strategy and Teaching Command: The Classic Works of Alfred Thayer Mahan Reconsidered* (Baltimore: Johns Hopkins University Press, 1997).

Susmel, Edoardo e Duilio (eds), *Opera omnia di Benito Mussolini*, 44 vols (Florença, Roma: La Fenice, 1951-80).

Terraine, John, *The U-Boat Wars, 1916-1945* (Nova York: Henry Holt, 1989).

Thompson, Mark, *The White War: Life and Death on the Italian Front, 1915-1919* (Londres: Faber and Faber, 2009).

Tolstoy, Nikolai, *Stalin's Secret War* (Londres: Jonathan Cape, 1981).

Toniolo, Giovanni (ed.), *The Oxford Handbook of the Italian Economy Since Unification* (Oxford: Oxford University Press, 2013).

Toye, Richard, *Churchill's Empire: The World That Made Him and the World He Made* (Londres: Pan Books, 2010).

——, " 'The Riddle of the Frontier': Winston Churchill, the Malakand Field Force and the Rhetoric of Imperial Expansion", *Historical Research,* Vol. 84, No. 225 (2011).

Trevor-Roper, Hugh, *Hitler's Table Talk, 1941-1944* (Nova York: Enigma Books, 2000).

Trotsky, Leon, *My Life* (1930), https://www.marxists.org/archive/trotsky/1930/mylife/.

Tucker, Robert, *Stalin in Power* (Nova York: W. W. Norton, 1992).

—— Ulam, Adam, *Stalin, the Man and his Era* (Londres: IB Tauris, 1989).

Ullrich, Volker, *Hitler: Ascent 1889-1939* (Londres: The Bodley Head, 2016).

——, *Hitler: Downfall 1939-1945* (Londres: Vintage, 2020).

Vale, J. A. e J. W. Scadding, "In Carthage Ruins: The Illness of Sir Winston Churchill at Carthage, December 1943", *Journal of the Royal College of Physicians*, Edinburgh, Vol. 47 (2017).

Vassilevskii, A. M., *Delo Vsei Zhizni* (Moscou: Politizdat, 1978).

Vlasik, N. A., "Vospominaniia o I. V. Staline," *Istoricheskii vestnik*, Vol. 5, No. 152 (2013).

Watt, Donald C., "Britain and the Historiography of the Yalta Conference and the Cold War", *Diplomatic History*, Vol. 13, No. 1 (inverno de 1989).

Weber, Thomas, *Becoming Hitler: The Making of a Nazi* (Oxford: Oxford University Press, 2017).

—— *Hitler's First War: Adolf Hitler, the List Regiment and the First World War* (Oxford: Oxford University Press, 2010).

Weinberg, Gerhard, "Hitler's Image of the United States", *American Historical Review*, Vol. 69, No. 4 (julho de 1964).

——, "The Nazi-Soviet Pacts: A Half-Century Later", *Foreign Affairs*, Vol. 68, No. 4 (outono de 1989).

—— (ed.), *Hitler's Second Book: The Unpublished Sequel to Mein Kampf* (Nova York: Enigma Books, 2006).

Wheatcroft, Geoffrey, *Churchill's Shadow: An Astonishing Life and a Dangerous Legacy* (Londres: The Bodley Head, 2021).

Whitewood, Peter, *The Red Army and the Great Terror: Stalin's Purge of the Soviet Military* (Lawrence: University Press of Kansas, 2015).

Wilcox, Vanda, *Morale and the Italian Army during the First World War* (Cambridge: Cambridge University Press, 2016).

Wilson, A. N., *Hitler: A Short Biography* (Londres: Harper Press, 2012).

Woolner, David B., *The Last 100 Days: FDR at War and Peace* (Nova York: Basic Books, 2019).

Zhilin, V. A. et al (eds.), *Bitva pod Moskvoi: Khronika, fakty, liudi,* 2 vols (Moscou: Ol'ma Press, 2002).

Zhukov, G. K., *Vospominania i razmyshleniia*, Vol. 3 (Moscou: Izdatel'stvo Agenstva Pechati Novosti, 1986).

Notas

Introdução: Estratégia, guerra e personalidade

1. Hugh Trevor-Roper, *Hitler's Table Talk, 1941-1944* (Nova York: Enigma Books, 2000), p. 94.
2. Ibid.
3. Ibid., p. 634.
4. Phillips O'Brien, *How the War Was Won: Air-Sea Power and Allied Victory (Como a guerra foi vencida: poder aéreo e marítimo e a vitória dos aliados)* (Cambridge: Cambridge University Press, 2015), pp. 197-215.

1. Winston Churchill: A formação de um estrategista imperial

1. Winston Churchill, *The Story of the Malakand Field Force: An Episode of the Frontier War*, Capítulo 1. Esse livro foi publicado pela primeira vez em 1898. Há uma cópia on-line por meio do Gutenberg, que pode ser acessada em: https://www. gutenberg. org/files/9404/9404-h/9404-h.htm.
2. Ibid., Capítulo 3.
3. Churchill para Barnes, 14 de setembro de 1897, em Randolph Churchill, *Winston S. Churchill*, Vol. 1 (Londres: Heinemann, 1966), Companion Vol. 2, pp. 786-7. A partir de agora, esses volumes de origem serão citados como *WSC*.
4. Carlo d'Este, *Warlord: A Life of Churchill at War, 1874-1945* (Londres: Allen Lane, 2009), p. 77.
5. Churchill para a Duquesa de Marlborough, 25 de outubro de 1897, *WSC*, Vol. 1, Companion 2, pp. 809-10.
6. Churchill para a mãe, 2 de outubro de 1897, *WSC*, Vol. 1, Companion 2, pp. 796-7.
7. Churchill, *The Story of the Malakand Field Force*, Capítulo 17.

8. Malvern Lumsden, "New Military Technology and the Erosion of International Law: The Case of the Dum-Dum Bullets Today", *Instant Research on Peace and Violence*, Vol. 4, No. 1 (1974), p. 17.
9. Winston Churchill, *My Early Life* (Londres: Eland, 1930). Isso é da cópia da Apple Books que tenho, Capítulo XI.
10. Churchill, *The Story of the Malakand Field Force*, Capítulo 12.
11. Churchill, *My Early Life*, Capítulo XI.
12. Churchill para a mãe, 19 de janeiro de 1898, *WSC*, Vol. 1, Companion 2, pp. 859-60.
13. Richard Toye produziu vários trabalhos excelentes sobre Churchill ao longo de sua carreira, e um artigo em particular mostra como ele não era tão cético em relação à Política de Avanço como alguns afirmam. Richard Toye, "'The Riddle of the Frontier': Winston Churchill, the Malakand Field Force and the Rhetoric of Imperial Expansion", *Historical Research* Vol. 84, No. 225, Nov. 2011, pp. 494, 499, 508. Consulte também Toye, *Churchill's Empire: The World That Made Him and the World He Made* (Londres: Pan Books, 2010), pp. 42-5. Para o melhor desafio a algumas das ideias de Toye, consulte Warren Dockter, *Churchill and the Islamic World: Orientalism, Empire and Diplomacy in the Middle East* (Londres: I. B. Tauris, 2015), p. 29.
14. *WSC*, Vol. 1, Companion 1, p. 43.
15. *WSC*, Vol. 1, p. 189.
16. Ibid., p. 196.
17. Ibid., p. 242.
18. Churchill, *My Early Life*, Capítulo VI.
19. Churchill para a Duquesa de Marlborough, 25 de outubro de 1897, *WSC*, Vol. 1, Companion 2, pp. 809-10.
20. Candice Millard, *Hero of Empire: The Making of Winston Churchill* (Londres: Allen Lane, 2017), p. 9.
21. *WSC*, Vol. 1, pp. 266-7.
22. Churchill, *My Early Life*, Capítulo VI.
23. Ibid.
24. *WSC*, Vol. 1, Companion 1, p. 603.
25. Ibid., p. 617.
26. Churchill, *My Early Life*, Capítulo VI.
27. Ibid.
28. *WSC*, Vol. 1, p. 279.
29. *WSC*, Vol. 1, Companion 1, p. 617.
30. *WSC*, Vol. 1, p. 278.
31. Churchill, *My Early Life*, Capítulo VIII.
32. *WSC*, Vol. 1, Companheiro 2, p. 774.
33. Robert Rhodes James (ed.), *Winston S. Churchill: His Complete Speeches 1897-1963*, Vol. 1 (Londres: Chelsea House, 1974), p. 25; Churchill para a mãe, 22 de dezembro de 1897, em *WSC*, Vol. 1, Companion 2, p. 839.
34. James, *Winston S. Churchill: His Complete Speeches*, p. 30.
35. Churchill, *My Early Life*, Capítulo IX.
36. Churchill para o irmão, 2 de dezembro de 1897, *WSC*, Vol. 1, Companion 2, pp. 835-6.

37. James, *Winston S. Churchill: His Complete Speeches*, p. 25; Churchill para a mãe, 22 de dezembro de 1897, em *WSC*, Vol. 1, Companion 2, p. 839.
38. Martin Gilbert, *Churchill and America* (Nova York: Simon and Schuster, 2005), p. xxiv.
39. Churchill para a mãe, 22 de maio de 1898, *WSC*, Vol. 1, Companion 2, p. 937. Nessa época, Churchill estava muito irritado com os Estados Unidos porque achava que o país estava sendo agressivo demais com a Espanha por causa de Cuba.
40. Churchill para a mãe, 2 de março de 1899, *WSC*, Vol. 1, Companion 2, p. 1013.
41. Geoffrey Best, *Churchill: A Study in Greatness* (Londres: Hambledon and London, 2001), p. 12.
42. Churchill para a mãe, 25 de outubro de 1897, *WSC*, Vol. 1, Companion 2, p. 937.
43. Churchill, *My Early Life*, Capítulo XIII.
44. Edward M. Spiers, *Engines for Empire: The Victorian Military and Its Use of Railways* (Manchester: Manchester University Press, 2015). O capítulo 6 conta a história completa da construção dessa rota estratégica vital através de alguns dos terrenos mais inóspitos do planeta.
45. Churchill escreveu uma história muito dramática de suas experiências e da própria Batalha de Omdurman, e a publicou muito rapidamente após o fim da guerra. Consulte Winston Churchill, *The River War: An Account of the Reconquest of the Sudan*. Há uma cópia da versão de 1902 disponível on-line em https://www.gutenberg.org/files/4943/4943-h/4943-h.htm.
46. Churchill, *My Early Life*, Capítulo XV.
47. John Pollock, *Kitchener: The Road to Omdurman* (Londres: Constable, 1998), p. 131.
48. Toye, *Churchill's Empire*, p. 57.
49. Churchill, *The River War*, Capítulo XV.
50. Churchill para a mãe, 4 de setembro de 1898, *WSC*, Vol. 1, Companion 2, p. 973.
51. David Jablonsky, *Churchill, the Great Game and Total War* (Londres: Frank Cass, 1991), p. 37.
52. Edward M. Spiers, *Sudan: The Reconquest Reappraised* (Londres: Frank Cass, 1998), p. 71.
53. Churchill para a mãe, 17 de setembro de 1898, *WSC*, Vol. 1, Companion 2, p. 980.
54. Ted Morgan, *Churchill: Young Man in a Hurry, 1874-1915* (Londres: Triad, 1984), p. 95.
55. Toye, *Churchill's Empire*, pp. 63-4.
56. Discurso aos eleitores de Oldham, 24 de junho de 1899, *WSC*, vol. 1, seção 2, p. 1032.
57. Chartwell papers, Churchill Archives Online, Char 1/19, novembro de 1897, rascunho de artigo de Churchill, "Our Account with the Boers".
58. Toye, *Churchill's Empire*, p. 65.
59. Carta à Mãe, 25 de outubro de 1899, *WSC*, Vol. 1, Companion 2, p. 1056.
60. Thomas Pakenham, *The Boer War* (Londres: Weidenfeld and Nicolson, 1979), pp. 246-9.
61. Churchill, carta publicada para *Natal Witness*, 29 de março de 1900, *WSC*, Vol. 1, Companion 2, p. 1163.
62. Churchill para desconhecido, 22 de março de 1900, *WSC*, Vol. 1, Companion 2, p. 1160.
63. Churchill para a mãe, 16 de maio de 1898, *WSC*, Vol. 1, Companion 2, pp. 931-2.
64. National Churchill Museum, "Winston Churchill, The Glow Worm", https://www.nationalchurchillmuseum.org/winston-churchill-leadership-the-glow-worm.html.

65. Churchill, *My Early Life*, Capítulo X.

2. Josef Stalin: a formação de um estrategista ideológico

1. Robert Tucker, *Stalin as Revolutionary* (Nova York: W. W. Norton, 1992), p. 159.
2. Adam Ulam, *Stalin, the Man and his Era* (Londres: IB Tauris, 1989), pp. 19-20.
3. Svetlana Alliluyeva, *Only One Year* (Londres: Hutchinson, 1969), p. 340.
4. Stephen Kotkin, *Stalin, Vol. 1: Paradoxes of power 1878-1928* (Nova York: Penguin, 2015) pp. 36-7.
5. Para obter uma cópia de Joseph Stalin, *Anarchism or Socialism?* (1906-7), consulte https://www.marxists.org/reference/archive/stalin/works/1906/12/x01.htm.
6. Alfred Rieber, *Stalin and the Struggle for Supremacy in Eurasia* (Cambridge: Cambridge University Press, 2015), p. 11.
7. Kotkin, *Stalin, Vol. 1*, p. 123.
8. Simon Sebag Montefiore, *Young Stalin* (Nova York: Alfred Knopf, 2007), p. 180.
9. Ibid., p. 131.
10. Leon Trotsky, *My Life* (1930), Capítulo 28. Você pode acessar uma cópia on-line em: https://www.marxists.org/archive/trotsky/1930/mylife/ch28.htm; https://www.nybooks.com/articles/2007/11/08/rise-of-a-gangster/.
11. Trotsky, *My Life*, Capítulo 24 https://www.marxists.org/archive/trotsky/1930/mylife/ch24.htm.
12. Richard Pipes, *The Russian Revolution* (Nova York: Alfred Knopf, 1990), p. 388.
13. Stalin, "The War", *Pravda*, 16 de março de 1917. Cópia on-line disponível em: https://www.marxists.org/reference/archive/stalin/works/1917/03/16.htm.
14. Tucker, *Stalin as Revolutionary*, p. 168.
15. Oleg V. Khlevniuk, *Stalin: New Biography of a Dictator* (New Haven: Yale University Press, 2015), p. 46.
16. Tucker, *Stalin as Revolutionary*, p. 170.
17. Ibid., pp. 173-4.
18. Stalin, "The Counterrevolution is Mobilizing", 10 de outubro de 1917. Cópia on-line disponível em: https://www.marxists.org/reference/archive/stalin/works/1917/10/10.htm.
19. Kotkin, *Stalin, Vol. 1*, pp. 224-5.
20. Stalin, "What Do We Need?", 24 de outubro de 1917. Cópia on-line disponível em: https://www.marxists.org/reference/archive/stalin/works/1917/10/24.htm.
21. Kotkin, *Stalin, Vol. 1*, p. 226.
22. Tucker, *Stalin as Revolutionary*, p. 178.
23. Orlando Figes, *A People's Tragedy: The Russian Revolution* (Nova York: Penguin, 1998), p. 548.
24. Stalin, "Either-Or", 25 de agosto de 1917. Cópia on-line disponível em: https://www.marxists.org/reference/archive/stalin/works/1917/08/25-2.htm.
25. Stalin para Lênin, 7 de junho de 1918. Cópia on-line disponível em: https://www.marxists.org/reference/archive/stalin/works/1918/06/07.htm.
26. Legran, *Stalin v Tsaritsyne*, Seriia "Revoliutsionnye memuary," 2019, https://www.litres.ru/book/boris-legran/stalin-v-caricyne-42348004/, p. 87.

27. Ibid.
28. Kotkin, *Stalin, Vol. 1*, p. 302.
29. Legran, *Stalin v Tsaritsyne*, p. 87.
30. A. L. Nossovitch, *Krasnyi Tsaritsyn. Vzgliad iznutri* (Moscou: AIRO-XXI, 2010), p. 27.
31. Kotkin, *Stalin, Vol. 1*, p. 304.
32. Khlevniuk, *Stalin: New Biography*, p. 57.
33. Agora parece mais do que provável que Alekseev fosse culpado de espionagem para os brancos, embora as evidências disso fossem desconhecidas por Stalin. Para saber mais, consulte A. V. Ganin, "Arest I osvobozhdenie-sotrudnikov shtaba Severo-kavkazkogo voennogo okruga v avguste 1918 g," *Zhurnal rossiiskikh I vostochnoevropeiskikh istorichskikh issledovanii* Vol. 3, No. 10 (2010), pp. 32-51.
34. Nossovitch, *Krasnyi Tsaritsyn. Vzgliad iznutri*, p. 28.
35. Kotkin, *Stalin, Vol. 1*, p. 306.
36. Khlevniuk, *Stalin: New Biography*, p. 58.
37. Discurso de Lênin na sessão fechada do VIII Congresso do R.C.P.(b), 21 de março de 1919, *Izvestiia TsK KPSS*, Vol. 11 (1989), p. 168.
38. S. M. Budennyi, "Slovo o starshem druge", em *Andrei Evgen'evich Snesarev. Zhizn' i nauchnaia deiatel'nost'* (Moscou: Nauka, 1973), pp. 5-9.
39. Stalin para Lênin, 10 de julho de 1918. Você pode acessar uma cópia on-line em: https://www. marxists.org/reference/archive/stalin/works/1918/07/10.htm.
40. Robert Conquest, *Stalin: Breaker of Nations* (Londres: Weidenfeld and Nicolson, 1991), p. 78.
41. Stalin para Sverdlov, 31 de agosto de 1918. Você pode acessar uma cópia on-line em: https://www.marxists.org/reference/archive/stalin/works/1918/08/31b.htm.
42. Conquest, *Stalin: Breaker of Nations*, p. 81.

3. Franklin Roosevelt: O jovem estrategista marítimo

1. FDR para Sara Roosevelt, 1887, http://www.fdrlibrary.marist.edu/_resources/images/sign/fdr_2.pdf.
2. Ted Morgan, *FDR: A Biography* (Nova York: Simon and Schuster, 1985), p. 175.
3. Arquivos do Secretário Assistente da Marinha (ASN) de FDR, Arquivo Pessoal, Diário, entrada manuscrita, 11 de julho de 1918.
4. Jon Tetsuro Sumida, *Inventing Grand Strategy and Teaching Command: The Classic Works of Alfred Thayer Mahan Reconsidered* (Baltimore: Johns Hopkins University Press, 1997), pp. 1-2.
5. Elliot Roosevelt (ed.), *FDR: His Personal Letters* (Nova York: Duell, Sloan and Pearce, 1947), Vol. 1, p. 161.
6. Ibid., p. 192.
7. Ibid., p. 200.
8. Ibid., p. 358.
9. Ibid., p. 378.
10. Frank Freidel, *Franklin Roosevelt: A Rendezvous with Destiny* (Nova York: Little, Brown, 1990), p. 10.

11. Ibid., p. 11.
12. Josephus Daniels, *The Wilson Era: Years of Peace 1910-1917* (Chapel Hill: UNC Press, 1944), p. 126.
13. Jeffrey Coker, *Franklin Roosevelt: A Biography* (Westport: Greenwood Press, 2005), p. 30.
14. Phillips O'Brien, *The Second Most Powerful Man in the World* (Nova York: Dutton, 2019), p. 42.
15. Coker, *Franklin Roosevelt: A Biography*, pp. 35-6.
16. Freidel, *Franklin Roosevelt: A Rendezvous with Destiny*, p. 28; Morgan, *FDR: A Biography*, p. 154.
17. Arquivos ASN de FDR, FDR para TR, 10 de maio de 1913.
18. Arquivos FDR ASN, rascunho de artigo (provavelmente 1917).
19. Citação de TR, 16 de outubro de 1916, https://www.theodorerooseveltcenter.org/Learn-About-TR/TR-Quotes.
20. FDR ASN, FDR para Mahan, 28 de maio de 1914.
21. FDR ASN, FDR para Mahan, 17 de julho de 1914; Mahan para FDR, 2 e 4 de agosto de 1914.
22. FDR ASN 3, 1915 esboço de artigo sobre o propósito da Marinha dos EUA.
23. FDR ASN 3, rascunho de artigo sobre a vitória de Montcalm em Oswego, sem data.
24. FDR ASN, Family File, anotações de aula sem data sobre a Marinha Americana na Revolução (parece ser por volta de 1911).
25. FDR ASN 3, esboço de artigo sobre o propósito da Marinha dos EUA, sem data.
26. Elliot Roosevelt, *FDR: His Personal Letters*, Vol. 2, p. 238.
27. Ibid., p. 243.
28. Morgan, *FDR*, p. 166.
29. FDR ASN 3, "Notas para encouraçados e submarinos".
30. Ibid.
31. FDR ASN, FDR para Daniels, 3 de agosto de 1915.
32. Eugene E. Beiriger, "Building a Navy 'Second to None': The U.S. Naval Act of 1916, American Attitudes toward Great Britain, and the First World War", *British Journal for Military History*, Vol. 3, No. 3 (2017), p. 8.
33. FDR ASN, Família, artigos variados, rascunho de artigo de 1915/16, sem data, mas provavelmente é desse período.
34. *New York Times*, 28 de março de 1916.
35. FDR ASN 1, lista manuscrita de encouraçados à luz do programa de 1916 (sem data).
36. *New York Times*, 8 de outubro de 1916, p. 6, no arquivo de discursos de FDR on-line: http://www.fdrlibrary.marist.edu/_resources/images/msf/msf00059.
37. FDR ASN, FDR para Leahy, 26 de outubro de 1916.
38. FDR ASN 4, anotações do diário, 11 de março de 1917.

4. Benito Mussolini: o nascimento de um estrategista nacionalista

1. Benito Mussolini, *Diário* (Milão: Imperia, 1923), 16 de setembro de 1916.
2. Durante o governo de Mussolini, Predappio se transformaria em um importante local de peregrinação fascista, com milhares de visitantes por ano. Consulte Sofia Serenelli, "A Town for the Cult of the Duce: Predappio as a Site of "Pilgrimage", em Stephen Gundle et al. (eds), *The Cult of the Duce: Mussolini and the Italians* (Manchester: Manchester University Press, 2013), pp. 93-109.
3. Philip Cannistraro, "Father and Son", em Spencer Di Scala e Emilio Gentile (orgs.), *Mussolini 1883-1915* (Nova York: Palgrave Macmillan, 2016) pp. 44-7.
4. Ibid., p. 47.
5. Ibid., p. 49.
6. Peter Neville, *Mussolini* (Londres: Routledge, 2015), pp. 18-19.
7. Paolo Monelli, *Mussolini piccolo Borghese* (Milão: Garzanti, 1950), p. 16.
8. Ibid.
9. Benito Mussolini, *My Autobiography* (Milão: Borodino Books, 2017), Capítulo 3.
10. Monelli, *Mussolini*, p. 23.
11. Cannistraro, "Father and Son", p. 59.
12. Simone Visconti, "A Romangol in Switzerland", em Di Scala e Gentile, pp. 65-96.
13. Monelli, *Mussolini*, p. 39.
14. Mussolini, *My Autobiography*, Capítulo 2.
15. Ibid.
16. Monelli, *Mussolini*, p. 61.
17. R. J. B. Bosworth, *Mussolini* (Londres: Arnold, 2002), p. 116.
18. Rupert Colley, "Ida Dalser-Mussolini's First Wife", https://rupertcolley.com/2014/12/03/ida-dalser-a-brief-biography/.
19. Monelli, *Mussolini*, p. 74.
20. "La gara degli armamenti", *Avanti!*, 21 de fevereiro de 1913, em Edoardo e Duilio Susmelt (eds), *Opera Omniadi Benito Mussolini*, Vol. XXX (Florença: La Fenice, 1960), p. 108.
21. "In tema di neutralità: al nostro posto!", *Avanti!*, 16 de agosto de 1914, *Opera Omnia*, VI, p. 331.
22. "Un accordo anglo-franco-russo per la discussione delle condizioni di pace", *Avanti!*, 7 de setembro de 1914, *Opera Omnia*, XI, pp. 359-60.
23. Nicholas Farrell, *Mussolini* (Londres: Weidenfeld & Nicolson, 2003), pp. 56-8.
24. Monelli, *Mussolini*, p. 93.
25. Richard Lamb, *Mussolini and the British* (Londres: John Murray, 1997), p. 20.
26. Bosworth, *Mussolini*, p. 106.
27. "L'altra sponda", *Il Popolo d'Italia*, 26 de maio de 1915, *Opera Omnia*, XI, p. 3.
28. Paul O'Brien, *Mussolini in the First World War: The Journalist, the Soldier, the Fascist* (Oxford: Berg, 2005), p. 63.
29. Denis Mack Smith, *Mussolini: A Biography* (Nova York: Alfred Knopf, 1982), p. 27.
30. "L'altra sponda."

31. John Gooch, *The Italian Army and the First World War* (Cambridge: Cambridge University Press, 2014), p. 90.
32. Ibid., pp. 103-6.
33. Mark Thompson, *The White War: Life and Death on the Italian Front, 1915-1919* (Londres: Faber and Faber, 2009), pp. 66-8.
34. Gooch, *The Italian Army*, p. 100.
35. Bosworth, *Mussolini*, p. 114.
36. Mussolini, *Diário*, 19 de setembro de 1915, pp. 27-32.
37. Ibid., 18 de outubro de 1915, pp. 24-6.
38. Ibid., 17 de setembro de 1915, pp. 21-4.
39. Ibid., 19 de setembro de 1915, pp. 27-32.
40. John Macdonald e Zeljko Cimpric, *Caporetto and the Isonzo Campaign: The Italian Front 1915-1918* (Barnsley: Pen and Sword, 2011), Capítulo 11.
41. Thompson, *The White War*, pp. 128-130.
42. Mussolini, *Diário*, 24 de outubro de 1915, pp. 72-3.
43. John R. Schindler, *Isonzo: The Forgotten Sacrifice of the Great War* (Porto Ocidental: Praeger, 2001), p. 103.
44. Mussolini, *Diário*, 24 de outubro de 1915, pp. 72-3.
45. Schindler, *Isonzo*, p. 124.
46. Mussolini, *Diário*, 23 de outubro de 1915, pp. 70-72.
47. Ibid., 4 de abril de 1916, pp. 129-30.
48. Ibid.

5. Adolf Hitler: arte e guerra

1. August Kubizek, *The Young Hitler I Knew* (Nova York: Frontline Books, 2011), p. 232.
2. Ian Kershaw, *Hitler 1889-1936:* Hubris (Nova York: W. W. Norton, 1999), p. 11.
3. Trevor-Roper, *Hitler's Table Talk*, p. 164.
4. Ibid., p. 608.
5. Ibid., p. 359.
6. Kubizek, *The Young Hitler I Knew*, p. 29.
7. Kershaw, *Hubris*, p. 24.
8. Peter Longerich, *Hitler: A Life* (Oxford: Oxford University Press, 2019), p. 21.
9. Volker Ullrich, *Hitler: Ascent 1889-1939* (Londres: The Bodley Head, 2016), pp. 30-1.
10. Trevor-Roper, *Hitler's Table Talk*, p. 333.
11. Kubizek, *The Young Hitler I Knew*, p. 160.
12. Ibid., p. 194.
13. Ibid., p. 227.
14. Trevor-Roper, *Hitler's Table Talk*, p. 480.
15. Adolf Hitler, *Mein Kampf* (Boston e Nova York: Mariner Books, 1999), p. 56.
16. Trevor-Roper, *Hitler's Table Talk*, p. 712.
17. Hitler, *Mein Kampf*, p. 270.
18. Ibid., p. 291.

19. Ibid., p. 41.
20. Trevor-Roper, *Hitler's Table Talk*, p. 112.
21. Ibid., p. 361.
22. Ibid.
23. Kershaw, *Hubris*, p. 37.
24. Kubizek, *The Young Hitler I Knew*, p. 207.
25. Trevor-Roper, *Hitler's Table Talk*, p. 97.
26. Kershaw, *Hubris*, p. 84.
27. Para uma discussão sobre o fato de Hoffmann ter adulterado a foto, consulte https://www. warhistoryonline.com/war-articles/famous-adolf-hitler-photo-odeons platz-fake.html.
28. Trevor-Roper, *Hitler's Table Talk*, p. 44.
29. De longe, o melhor trabalho que aborda a história do Regimento da Lista como um todo, e as experiências de Hitler nele, é Thomas Weber, *Hitler's First War: Adolf Hitler, the List Regiment and the First World War* (Oxford: Oxford University Press, 2010).
30. Weber, *Hitler's First War*, pp. 17-19.
31. Trevor-Roper, *Hitler's Table Talk*, p. 7.
32. Werner Maser (ed.), *Hitler: Letters and Notes* (Nova York: Harper and Row, 1974), Hitler para Frau Popp, 20 de outubro de 1914, p. 43.
33. Hew Strachan, *The First World* War, Vol. 1 (Oxford: Oxford University Press, 2001), pp. 242-262.
34. Maser, *Letters and Notes*, Hitler para Popp, 26 de janeiro de 1915, pp. 60-63.
35. Weber, *Hitler's First War*, pp. 44-5.
36. Maser, *Letters and Notes*, Hitler para Popp, 26 de janeiro de 1915, p. 60. Hitler descreveu a artilharia necessária para vencer a batalha com detalhes mais específicos para Popp do que na carta geral mais detalhada para Hepp.
37. Weber, *Hitler's First War*, pp. 48-9.
38. Hitler, *Mein Kampf*, p. 165.
39. Maser, *Letters and Notes*, Hitler para Hepp, 5 de fevereiro de 1915, p. 90.
40. Weber, *Hitler's First War*, p. 53.
41. Charles B. Flood, "Lance Corporal Adolf Hitler on the Western Front 1914-1918", *The Kentucky Review*, Vol. 5, No. 3 (1985).
42. Brendan Simms, "Against a 'World of Enemies': The Impact of the First World War on the Development of Hitler's Ideology", *International Affairs*, Vol. 90, No. 2 (março de 2014), p. 322.
43. Longerich, *Hitler: A Life*, p. 40.
44. Flood, "Lance Corporal Adolf Hitler", pp. 10-11.
45. Weber, *Hitler's First War*, pp. 87-9.
46. Maser, *Letters and Notes*, Hitler para Hepp, 5 de fevereiro de 1915, p. 88.
47. Kenneth D. Rose, *A Grande Guerra e os americanos na Europa, 1914-1917* (Nova York: Routledge, 2017), p. 161.
48. Trevor-Roper, *Hitler's Table Talk*, pp. 232-3.
49. Maser, *Letters and Notes*, Hitler para Hepp, 5 de fevereiro de 1915, p. 88.
50. Trevor-Roper, *Hitler's Table Talk*, p. 56.

51. Ibid., pp. 183-4.
52. Consulte https://www.theworldwar.org/learn/wwi/artillery.
53. Consulte https://weaponsandwarfare.com/2019/07/02/wwi-spotting-for-the-armys-big-guns-i/.

6. Winston Churchill: aprendendo a moderação estratégica

1. Avner Offer, *The First World War: An Agrarian Interpretation* (Oxford: Clarendon Press, 1989), p. 36.
2. Phillips O'Brien, *British and American Naval Power: Politics and Policy 1900-1936* (Westport: Praeger, 1998), p. 35.
3. Char 2/64/9, Churchill para Asquith, 3 de agosto de 1914.
4. *WSC*, Vol. 3, Companion 1, Asquith para Venetia Stanley, 3 de outubro, 1914, pp. 158-9.
5. Douglas S. Russell, *Winston Churchill, Soldier: The Military Life of a Gentleman at War* (Londres: Conway, 2006), p. 351.
6. *WSC*, Vol. 3, Companion 1, Churchill para Grey e Kitchener, 3 de outubro de 1914, pp. 160-161.
7. Ibid., Asquith para Stanley, 7 de outubro de 1914, p. 177.
8. Ibid., 5 de outubro de 1914, pp. 165-6.
9. Ibid., 7 de outubro de 1914, pp. 177-8.
10. Ibid.
11. Ibid., lembrança de Margot Asquith, p. 283.
12. Char 2/75/159, Dardanelles Enquiry, p. 6.
13. Char 8/75, Churchill para Asquith, 29 de dezembro de 1914.
14. *WSC*, Vol. 3, Companion 1, Richmond recollection, p. 216.
15. Char 8/75, Churchill para Asquith, 29 de dezembro de 1914.
16. Char 2/75/159, Dardanelles Enquiry, p. 6.
17. *WSC*, Vol. 3, Companion 1, War Council Minutes (Atas do Conselho de Guerra), 25 de novembro de 1914, p. 278.
18. Christopher M. Bell, *Churchill and the Dardenelles* (Oxford: Oxford University Press, 2017), p. 362.
19. *WSC*, Vol. 3, Companion 1, Churchill para o Gabinete de Guerra, 3 de março de 1915, p. 614.
20. Ibid., lembrança de Margot Asquith, p. 524.
21. Char 2/75/159, Dardanelles Enquiry, p. 6.
22. *WSC*, Vol. 3, Companion 2, John Churchill para WSC, 4 de maio de 1915, p. 844.
23. Russell, *Winston Churchill, Soldier*, p. 360.
24. *WSC*, Vol. 3, Companion 2, carta para Clementine Churchill, 15 de dezembro de 1915, p. 1329.
25. Ibid., "Variants of the Offensive", 3 de dezembro de 1915, pp. 1303-137.
26. MUN 5/210, Churchill para Asquith, 5 de janeiro de 1915.
27. *WSC*, Vol. 3, Companion 2, Churchill para Clementine, 6 de janeiro de 1916, p. 1358.

28. Martin Gilbert, *Winston S. Churchill*, Vol. 3 (Londres: Heinemann, 1971), p. 623.
29. Companion, 1914-16, Vol. 2, Churchill para Clementine, 13 de janeiro de 1916, p. 1354.
30. Ibid., 14 de fevereiro de 1916, p. 1423.
31. Ibid., 8 de dezembro de 1915, p. 1318.
32. Ibid., 8 de fevereiro de 1916, p. 1416.
33. Ibid., 14 de abril de 1916, p. 1488.
34. Ibid., 23 de novembro de 1915, p. 1286.
35. Ibid., 28 de janeiro de 1916, p. 1402.
36. Ibid., 20 de janeiro de 1916, p. 1386.
37. Ibid., Churchill para Fergusson, 6 de maio de 1916, p. 1499.
38. Ibid., Churchill para Smith, 1º de agosto de 1916, pp. 1534-9.
39. David Lloyd George, *War Memoirs of Lloyd George*, Vol. 1 (Londres: Odhams Press, 1938), pp. 635-6.
40. Paul Addison, "The Political Beliefs of Winston Churchill", *Transactions of the Royal Historical Society*, Vol. 30 (1980), p. 26.
41. *WSC*, Vol. 4, Companion 1, Churchill para Archibald Sinclair, 29 de dezembro de 1917, p. 222.
42. Char 8/105, "Munitions Possibilities of 1918" (Possibilidades de munição de 1918).
43. Winston Churchill, *The World Crisis, Vol. 3: 1916-1918* (Londres: Thornton Butterworth, 1927), Capítulo XII.
44. Char 8/105, "Munitions Possibilities of 1918" (Possibilidades de munição de 1918).
45. MUN 5/131, Memorando de Churchill, 8 de dezembro de 1917.

7. Josef Stalin e a estratégia da praticidade

1. Stalin para Lenin, 4 de agosto de 1918. Cópia on-line disponível em: https://www.marxists.org/reference/archive/stalin/works/1918/08/04.htm.
2. Ibid.
3. Ibid.
4. James S. Schneider, *The Structure of Strategic Revolution: Total War and the Roots of the Soviet Warfare State* (Novato: Presidio Press, 1994), pp. 234-5.
5. Tucker, *Stalin as Revolutionary*, p. 195.
6. Nossovitch, *Krasnyi Tsaritsyn*, p. 27.
7. Khlevniuk, *Stalin: New Biography*, p. 56.
8. Stalin para Lenin, 31 de agosto de 1918. Você pode acessar a cópia on-line em: https://www.marxists.org/reference/archive/stalin/works/1918/08/31.htm.
9. *Dokumenty o geroicheskoi oborone Tsaritsyna v 1918 godu* (Moscou: Gospolitizdat, 1942), p. 159.
10. A. Kozlov, "Tsaritsynskii 'opyt,'" *Istoriki otvechaiut na voprosy*, Vol. 2 (Moscou: Moskovskii rabochii, 1990), pp. 244-53, https://scepsis.net/library/id_492.html.
11. *Oborona Tsaritsyna: Sbornik statei I dokumentov* (Stalingrado: Kraevoe knigoizdatel'stvo, 1937), pp. 330-31.
12. Kozlov, "Tsaritsynskii 'opyt.'"

13. Kotkin, *Stalin, Vol. 1*, p. 309.
14. Khlevniuk, *Stalin: New Biography*, p. 58.
15. Stalin, "The South of Russia", *Pravda*, 30 de outubro de 1918. Cópia on-line disponível em: https://www.marxists.org/reference/archive/stalin/works/1918/10/30.htm.
16. Ibid.
17. Inscrição no rascunho do artigo de K. E. Voroshilov "Stalin and the Red Army," dezembro de 1929, em Stalin, *Sochineniia*, Vol. 17 (Tver: Nauchnoizdatel'skaia Kompaniia "Severnaia Korona," 2004), p. 326.
18. Figes, *A People's Tragedy*, p. 571.
19. Stalin, "O Sul da Rússia".
20. Kotkin, *Stalin, Vol. 1*, p. 314
21. Figes, *A People's Tragedy*, p. 586.
22. Kotkin, *Stalin, Vol. 1*, p. 314.
23. Relatório para o camarada Lênin da Comissão do Comitê Central do Partido e do Conselho de Defesa sobre as razões da queda de Perm em dezembro de 1918. Cópia on-line disponível em: https://www.marxists.org/reference/archive/stalin/works/1919/01/31b.htm.
24. Ibid.
25. Ibid.
26. Kotkin, *Stalin, Vol. 1*, pp. 320-1.
27. Evan Mawdsley, *The Russian Civil War* (Londres: Birlinn, 2008), pp. 196-7.
28. *Iz istorii Grazhdanskoi voiny v SSSR. 1918-1922: Sbornik documentov i materialov. T. 2. Mart 1919-Fevral' 1920* (Moscou: Sovetskaia Rossiia, 1961), p. 324.
29. M. A. Elizarov, "Vosstanie na forte 'Krasnaia gorka' v iune 1919, Pravda i legendy," *Morskoi sbornik*, Vol. 4 (2009), pp. 69-70.
30. I. S. Isakov, *Krasnaia gorka. Stalinskaia operatsiia 13-16 Iiunia 1919* (Moscou: Voenizdat, 1946), p. 40.
31. Stalin para Lênin, 16 de junho de 1919. Cópia on-line disponível em: https://www.marxists.org/reference/archive/stalin/works/1919/06/16.htm. Consulte também *Iz istorii Grazhdanskoi voiny v SSSR*, p. 338.
32. N. S. Khrushchev, *The Crimes of the Stalin Era: Special Report to the 20th Congress of the Communist Party of the Soviet Union* (Nova York: New Leader, 1956), p. 57.
33. Kotkin, *Stalin, Vol. 1*, p. 331.
34. Mawdsley, *The Russian Civil War*, pp. 250-1.
35. Kotkin, *Stalin, Vol. 1*, p. 354.
36. Stalin, "The Entente's New Campaign Against Russia", *Pravda*, 25-26 de maio de 1920. Cópia on-line disponível em: https://www.marxists.org/reference/archive/stalin/works/1920/05/25.htm.
37. Stalin, "The Situation on the Polish Front", *Pravda*, 11 de julho de 1920. Cópia on-line disponível em: https://www.marxists.org/reference/archive/stalin/works/1920/07/11.htm.
38. *Bol'shevistskoe rukovodstvo. Perepiska. 1912-1927. Documentos de nascimento* (Moscou: ROSSPEN, 1996), pp. 142-3.
39. *Iz istorii Grazhdanskoi voiny v SSSR*, pp. 338-9.
40. N. Kuzmin, "Ob odnoi nevypolnennoi directive Glavkoma (iz istorii Sovetsko-polskoi voiny 1920 goda)", *Voenno-istoricheskii zhurnal*, Vol. 9 (1962), pp. 62-3.

41. Ibid., pp. 55, 62.
42. Stalin para Lenin, 13 de agosto de 1920, em ibid., p. 62.
43. Norman Davies, *White Eagle, Red Star (*Águia *Branca, Estrela Vermelha): A guerra polonesa-soviética de 1919-20* (Londres: McDonald, 1972), consulte o Capítulo 5, "A Batalha de Varsóvia". pp. 188-225.
44. Trotsky sustentou que Stalin foi quase que o único responsável pela derrota na Batalha de Varsóvia, por seu foco em Lviv e pela negligência em ajudar Tukhachevsky. Consulte Trotsky, *My Life*, Capítulo 37, https://www.marxists.org/archive/trotsky/1930/mylife/ch37.htm.
45. Discurso de Lenin no IX Congresso do R.K.P. (b), 22 de setembro de 1920. Consulte https://www.marxists.org/archive/lenin/works/1920/sep/22.htm.
46. *Bol'shevistskoe rukovodstvo. Perepiska. 1912-1927. Sbornik dokumentov* (Moscou: ROSSPEN, 1996), p. 160.
47. Ibid., pp. 160-1.

8. Franklin Roosevelt e a política doméstica de estratégia

1. FDR ASN, Narrativa de McCauley, p. 2.
2. Essa viagem é uma das mais bem documentadas da vida pré-presidencial de Roosevelt. Não só há uma grande coleção de cartas que ele escreveu para sua mãe e esposa, mas também há narrativas detalhadas escritas por dois assessores que o acompanharam, o capitão Edward McCauley e Livingston Davis. Todos esses documentos estão na biblioteca presidencial de Franklin Roosevelt.
3. FDR ASN, Diário de Roosevelt, 13 de julho de 1918.
4. FDR ASN, Narrativa de McCauley, p. 2.
5. FDR ASN, FDR Diary Notes, 11 de julho de 1918.
6. FDR ASN, Roosevelt para Daniels, 26 de junho de 1917.
7. FDR ASN, Roosevelt para Daniels, 7 de setembro de 1917.
8. *New York Times*, 18 de janeiro de 1914, p. 3.
9. FDR ASN, rascunho de artigo de Roosevelt, junho de 1917. A versão original desse artigo deve ter sido escrita no final de março ou início de abril, pois Roosevelt fala dos EUA prestes a entrar na guerra contra a Alemanha.
10. Ibid.
11. Dean Allard, "Anglo-American Naval Differences During World War I," *Military Affairs*, Vol. 44, No. 2 (abril de 1980), p. 76.
12. John Terraine, *The U-Boat Wars, 1916-1945* (Nova York: Henry Holt, 1989), p. 113; "The Allied North Sea Mine Barrage of World War I", American Battle Monuments Commission, 11 de junho de 2018, https://www. abmc.gov/news-events/news/allied-north-sea-mine-barrage-world-war-i. Consulte também NHHC, https://www.history.navy.mil/browse-by-topic/wars-conflicts-and-operations/world-war-i/tech/north-sea-mine-barrage.html.
13. FDR ASN, Roosevelt to Daniels, 21 de outubro de 1918, p. 6; muitas histórias navais não descrevem de fato o processo pelo qual a decisão foi tomada, escrevendo que a marinha decidiu apoiar a barragem de minas. George Baer, *One Hundred Years of Sea Power: The U.S. Navy, 1890-1990* (Stanford: Stanford University Press, 1994), p. 74.

14. Josephus Daniels, *The Wilson Era: Years of War and After 1917-1923* (Chapel Hill: UNC Press, 1946), p. 83.
15. FDR ASN, Roosevelt para Daniels, 29 de outubro de 1917.
16. Allard, "Anglo-American Naval Differences During World War I", p. 78.
17. Baer, *One Hundred Years of Sea Power*, p. 72.
18. FDR ASN, FDR para Wilson, 29 de outubro de 1917.
19. Daniels, *The Wilson Era*, pp. 116-117.
20. https://www.militaryfactory.com/armor/detail.asp?armor_id=770.
21. FDR ASN, Narrativa de McCauley, p. 22.
22. Elliot Roosevelt, *FDR: His Personal Letters*, Vol. 1, p. 373.
23. Ibid., p. 372.
24. A viagem de Roosevelt à Europa no verão de 1918 é provavelmente a era mais bem documentada de seu período como ASN. Além de manter uma série de anotações detalhadas, em grande parte em forma de diário, ele também manteve cópias das cartas que escreveu para Eleanor, as quais forneciam mais detalhes. Há também dois relatos remanescentes de assessores que o acompanharam em partes da viagem: McCauley e Davis.
25. FDR ASN, Notas do diário, 9 de julho de 1918.
26. FDR ASN, Narrativa de McCauley, p. 3.
27. FDR ASN, FDR para Eleanor Roosevelt, 19 de julho de 1918.
28. FDR ASN, FDR para Daniels, 27 de julho de 1918.
29. FDR ASN, FDR para Eleanor, 30 de julho de 1918.
30. https://winstonchurchill.org/publications/finest-hour/finest-hour-172/churchill-and-roosevelt/.
31. Gilbert, *Churchill and America*, p. 77.
32. FDR ASN, Notas do diário, 11 de agosto de 1918.
33. FDR ASN, Notas do diário, 24 de julho de 1918.
34. Baer, *One Hundred Years of Sea Power*, p. 75.
35. Dudley W. Knox, *A History of the United States Navy* (Nova York: G. P. Putnam's, 1948), p. 417.
36. FDR ASN, Notas do diário, 4 de agosto de 1918.
37. Ibid., 6 de agosto de 1918.
38. FDR ASN, Relatório Livingston Davis, p. 6.
39. FDR ASN, Notas do diário, 6 de agosto de 1918.
40. Ibid., 7 de agosto de 1918.
41. Ibid., 4 de agosto de 1918.
42. William McBride, *Technological Change and the United States Navy 1865-1945* (Baltimore: Johns Hopkins University Press, 2000), p. 130.
43. FDR ASN, Notas do diário, 3 de agosto de 1918.
44. Ibid., 1º de agosto de 1918 (estranhamente, essa anotação está em um parágrafo separado, rotulado como 1º de agosto, mas claramente ocorre após o ataque fracassado que está na entrada de 3 de agosto).
45. FDR ASN, Narrativa de McCauley, p. 20.
46. Ibid., p. 22.

47. FDR ASN, FDR para Daniels, 14 de novembro de 1918.
48. Baer, *One Hundred Years of Sea Power*, p. 75.
49. Knox, *A History of the United States Navy*, p. 418. De modo geral, Knox faz uma análise muito mais positiva da eficácia da barragem de minas do Mar do Norte do que a maioria dos que escreveram sobre ela.
50. *New York Times*, 23 de agosto de 1919.
51. Ibid., 14 de abril de 1919.
52. Ibid., 9 de março de 1919.
53. Ibid., 29 de junho de 1919.
54. No discurso de aceitação de Roosevelt, ele começou com um apelo por uma marinha mercante mais forte. Consulte Roosevelt Speech File, Acceptance Speech, August 9, 1920, http://www.fdrlibrary.marist.edu/_resources/images/msf/msf00134.
55. Arquivo de discursos de FDR, Final Pre-Election Statement, 31 de outubro de 1920, http://www.fdrlibrary.marist.edu/_resources/images/msf/msf00236.
56. FDR ASN, FDR para Coleman, 30 de março de 1921.
57. FDR ASN, FDR para Peoples, 16 de janeiro de 1926. Veja também FDR para Koon, 9 de março de 1928.

9. Benito Mussolini e o blefe como estratégia

1. Mussolini, *Diário*, 4 de abril de 1916, pp. 129-30.
2. Ibid., 31 de março de 1916, pp. 124-5.
3. Gooch, *The Italian Army*, pp. 99-100.
4. Emilio Lussu, *A Soldier on the Southern Front: The Classic Italian Memoir of World War I* (Nova York: Rizzoli, 2014), Capítulo 2.
5. Mussolini, *Diário*, 2 de maio de 1916, p. 149.
6. Ibid., 30 de abril de 1916, p. 147.
7. Ibid., 6 de abril de 1916, pp. 131-2.
8. Tanto Bosworth quanto Mack Smith, por exemplo, falam muito pouco sobre seu tempo na linha de frente e o motivo das ausências.
9. Schindler, *Isonzo*, pp. 151-71.
10. Ibid., p. 191.
11. Mussolini, *Diário*, nota da Parte III.
12. Ibid., 2 de dezembro de 1916.
13. Ibid., 6 de dezembro de 1916.
14. Vanda Wilcox, *Morale and the Italian Army during the First World War* (Cambridge: Cambridge University Press, 2016), p. 131.
15. Dana Glei, Silvia Bruzzone e Graziella Caselli, "Effects of War Losses on Mortality Estimates for Italy: A First Attempt", *Demographic Research*, Vol. 13, No. 15 (novembro de 2005), p. 373.
16. John Keegan, *The First World War: An Illustrated History* (Londres: Pimlico, 2002), p. 319.
17. Ibid.
18. Wilcox, *Morale and the Italian Army*, pp. 173-135.

19. Ibid., p. 178.
20. Ibid., pp. 99-100.
21. Renzo De Felice, *Mussolini il rivoluzionario* (Turim: Einaudi, 1965), p. 323.
22. Mussolini, *Diário*, 31 de dezembro de 1916.
23. Ibid.
24. Ibid., 30 de dezembro de 1916.
25. Ibid., 21, 27 e 28 de janeiro de 1917.
26. Ibid., 22 de fevereiro de 1917.
27. Jasper Ridley, *Mussolini* (Londres: Constable, 1997), p. 79.
28. Bosworth, *Mussolini*, p. 118.
29. "Il morale", *Il Popolo d'Italia*, 29 de julho de 1917.
30. *Il Popolo d'Italia*, 27 de dezembro de 1916, *Opera Omnia*, VIII, pp. 271-2.
31. Smith, *Mussolini: A Biography*, p. 29.
32. "Spirito di decisione", *Il Popolo d'Italia*, 17 de junho de 1917.
33. Mussolini, *Diário*, 18 de março de 1917, p. 112.
34. Thompson, *The White War*, p. 298.
35. Gooch, *The Italian Army*, p. 239.
36. Macdonald e Cimpric, *Caporetto and the Isonzo Campaign*, Capítulo 20.
37. Gooch, *The Italian Army*, pp. 242-3.
38. Thompson, *The White War*, p. 318.
39. "Fronte al nemico!", *Il Popolo d'Italia*, 28 de outubro de 1917.
40. "Nella più dura delle ipotesi", *Il Popolo d'Italia*, 30 de outubro de 1917, *Opera Omnia*, X, pp. 5-7.
41. Wilcox, *Morale and the Italian Army*, pp. 143, 151.
42. Gooch, *The Italian Army*, pp. 248-56.
43. Francesco Galassi e Mark Harrison, "Italy at War, 1915-1918", em Stefen Broadberry e Mark Harrison (orgs.), *The Economics of World War I* (Cambridge: Cambridge University Press, 2005), p. 289.
44. Gooch, *The Italian Army*, p. 251.
45. Bosworth, *Mussolini*, p. 119.
46. "L'Italia è immortale", parte do discurso de Mussolini em Roma em 24 de fevereiro de 1918, relatado em *Il Popolo d'Italia*, 27 de fevereiro de 1918, *Opera Omnia*, X, pp. 344-5.
47. "Wilson, dittatore", *Il Popolo d'Italia*, 23 de março de 1918, *Opera Omnia*, XII, p. 88.
48. "Mezzi e fini dell'intesa italo-jugoslava", discurso em Milão, 23 de maio de 1918, relatado em *Il Popolo d'Italia*, 24 de março de 1918, *Opera Omnia*, XI, p. 88.
49. Smith, *Mussolini: A Biography*, p. 31.
50. Mussolini, *My Autobiography*, Capítulo 5.

10. Adolf Hitler: vitória e derrota

1. Maser, *Letters and Notes*, Biblio. 96.
2. Hitler, *Mein Kampf*, p. 194.

3. Ibid., p. 196.
4. Paul Jankowski, *Verdun: The Longest Battle of the Great War* (Oxford: Oxford University Press, 2014), p. 62. O autor apresenta um argumento convincente de que o plano específico de simplesmente sangrar os franceses é mais provavelmente uma justificativa pós-guerra e que Falkenhayn se esforçou muito para tomar Verdun e não apenas sangrar os franceses.
5. https://www.iwm.org.uk/history/key-facts-about-the-battle-of-the-somme.
6. Weber, *Hitler's First War*, pp. 145-146.
7. Ibid., p. 153.
8. Trevor-Roper, *Hitler's Table Talk*, p. 169.
9. Hitler, *Mein Kampf*, p. 192.
10. Keith Allen, "Sharing Scarcity: Bread Rationing and the First World War in Berlin 1914-23", *Journal of Social History*, Vol. 32, No. 2 (Winter 1998), pp. 374-5.
11. "The German Food Situation", *Monthly Labor Review*, Vol. 53, No. 2 (agosto de 1941), pp. 283-4.
12. Hitler, *Mein Kampf*, p. 192.
13. Ibid., pp. 193-4.
14. https://blog.nli.org.il/en/jewish_germany_army/.
15. Weber, *Hitler's First War*, p. 169.
16. David Murphy, *Breaking Point of the French Army: The Nivelle Offensive of 1917* (Barnsley: Pen and Sword, 2015), Capítulo 3.
17. Nick Lloyd, *Passchendaele: A New History* (Londres: Penguin, 2017), pp. 4-5.
18. Weber, *Hitler's First War*, pp. 197-9.
19. Trevor-Roper, *Hitler's Table Talk*, pp. 600-1.
20. Adolf Meyer, *Mit Adolf Hitler in Bayerischen Reserve-Infanterie-Regiment 16 List* (Neustadt-Aisch: Geora Aupperle, 1934), pp. 83, 89.
21. https://www.warhistoryonline.com/featured/the-paris-gun.html.
22. Meyer, *Mit Hitler*, p. 70.
23. Hitler, *Mein Kampf*, pp. 273-4.
24. Ibid., p. 274.
25. Marc Romanych e Martin Rupp, *42cm "Big Bertha" and German Siege Artillery of World War I* (Londres: Bloomsbury, 2014), Introdução.
26. Leahy Diary (Documentos de William Leahy, Biblioteca do Congresso), Vol. 1, pp. 232-3.
27. Ibid., p. 233.
28. Hitler, discurso em uma assembleia do NSDAP, 4 de janeiro de 1921, Munique, em Eberhard Jäckel e Axel Kuhn (eds), *Hitler. Sämtliche Aufzeichnungen 1905-1924* (Stuttgart: Deutsche Verlags-Anstalt, 1980), p. 294.
29. Trevor-Roper, *Hitler's Table Talk*, p. 55.
30. Helmut Heiber, David Glantz e Gerhard Weinberg (eds), *Hitler and His Generals: Military Conferences 1942-1945* (Londres: Enigma Books, 2004), pp. 441-2.
31. Trevor-Roper, *Hitler's Table Talk*, p. 184.
32. Hitler, *Mein Kampf*, p. 196.

33. Ibid., p. 194.
34. Ibid.
35. Martin Kitchen, *The German Offensives of 1918* (Stroud: Tempus, 2005), p. 87.
36. Ibid., p. 92.
37. Ibid., p. 280.
38. Weber, *Hitler's First War*, p. 212.
39. Trevor-Roper, *Hitler's Table Talk*, p. 660.
40. Hitler, *Mein Kampf*, p. 195.
41. Trevor-Roper, *Hitler's Table Talk*, p. 29.
42. Weber, *Hitler's First War*, p. 221.
43. Trevor-Roper, *Hitler's Table Talk*, p. 639.
44. Gerhard L. Weinberg (ed.), *Hitler's Second Book: The Unpublished Sequel to Mein Kampf* (Nova York: Enigma Books, 2006), Capítulo 8, p. 55.
45. Thomas Weber, *Becoming Hitler: The Making of a Nazi* (Oxford: Oxford University Press, 2017), pp. 5-9.
46. Ullrich, pp. 74-5.
47. Kershaw, *Hubris*, p. 118.
48. Ibid., p. 125.
49. Eberhard Jäckel, *Hitler's World View: A Blueprint for Power* (Cambridge: Harvard University Press, 1981), p. 48.
50. Kershaw, *Hubris*, p. 126.
51. Hitler, *Mein Kampf*, p. 123.
52. Weinberg, *Hitler's Second Book*, p. 166.
53. Hitler, *Mein Kampf*, p. 622.
54. Discursos de Hitler, 18 de setembro de 1922, citados em W. Lautemann e M. Schlenke (eds.), *Geschichte in Quellen: Weltkriege und Revolutionen 1914-1945*, Vol. 5 (Munique: Bayerischer Schulbuch-Verlag, 1961), p. 195.

11. Interlúdio: os anos entre guerras

1. Paolo Malanima e Vera Zamagni, "150 Years of the Italian Economy 1861-2010", *Journal of Modern Italian Studies*, Vol. 15, No. 1 (2010); Harold James e Kevin H. O'Rourke, "Italy and the First Age of Globalization, 1861-1940", em Gianni Toniolo (ed.), *The Oxford Hand-book of the Italian Economy Since Unification* (Oxford: Oxford University Press, 2013).

12. Hitler, Stalin e o Pacto Nazi-Soviético

1. Albert Speer, *Inside the Third Reich* (Londres: Weidenfeld and Nicolson, 2009), p. 80.
2. Volker Ullrich, *Hitler: Downfall 1939-1945* (Londres: Vintage, 2020), p. 29.
3. Gerhard Weinberg, "The Nazi-Soviet Pacts: A Half-Century Later". *Foreign Affairs*, Vol. 68, No. 4 (outono de 1989), p. 176.
4. Albert Resis (ed.), *Molotov Remembers: Inside Kremlin Politics, Conversions with Felix Chuev* (Chicago: Ivan R. Dee Publishers, 1993), p. 12.

5. Carta de Andor Hencke, 24 de agosto de 1939, em Alexander Dolezalek (ed.), *Moskau-Berlin-Streng geheim: Wie Stalin und Hitler Osteuropa unter sich aufteilten. 1939 bis 1941*, Vol. 6 (Lindhorst: Askania, 1989), p. 77.
6. Um dos melhores momentos para observar o interesse de Hitler em criar um Lebensraum para o povo alemão é em seu segundo livro não publicado. O capítulo 6, dedicado às necessidades futuras da Alemanha, começa com uma discussão detalhada sobre a necessidade de espaço vital.
7. Brendan Simms, *Hitler: Only the World Was Enough* (Londres: Allen Lane, 2019), pp. 383-4.
8. Weinberg, *Hitler's Second Book*, p. 174.
9. Ibid., p. 160.
10. Williamson Murray, *Strategy for Defeat: The Luftwaffe 1933-1945* (Alabama: Air University Press, 1983), pp. 18-19.
11. "Summary Report (European Report #1)", em David MacIsaac (ed.), *The Strategic Bombing Survey* (Nova York: Garland, 1976), Vol. 1, p. 68.
12. Arquivos da UPI, 19 de julho de 1940, https://www.upi.com/Archives/1940/07/19/Hitler-offers-Britain-peace-or-destruction/6824181303557/.
13. Entrevista de Hitler com Ward Price, 5 de agosto de 1934, citada em Max Domarus (ed.), *Hitler: Speeches and Proclamations 1932-1945: The Chronicle of a Dictatorship*, 4 vols (Wauconda: Bolchazy-Carducci Publishers, 1990-2004), Vol. 1, pp. 511, 513.
14. Adolf Hitler, discurso no aniversário do "Dia de Coburg", 15 de outubro de 1937, citado em Domarus, *Hitler*, Vol. 2, p. 956.
15. Trevor-Roper, *Hitler's Table Talk*, p. 254.
16. Peter Whitewood, *The Red Army and the Great Terror: Stalin's Purge of the Soviet Military* (Lawrence: University Press of Kansas, 2015), p. 277.
17. Norman Naimark, *Stalin's Genocides* (Princeton: Princeton University Press, 2010), pp. 121-30.
18. Kotkin, *Stalin, Vol. 2*, p. 579.
19. Ibid., pp. 361-2.
20. Alexander Hill, *The Red Army and the Second World War* (Cambridge: Cambridge University Press, 2017), p. 50.
21. Ibid., p. 76.
22. Stalin, relatório sobre o trabalho do Comitê Central, 10 de março de 1939. Cópia on-line disponível em: https://www.marxists.org/reference/archive/stalin/works/1939/03/10.htm.
23. Ibid.
24. Ibid.
25. I. M. Maiskii, *Vospominania sovetskogo diplomata, 1925-1945 gg* (Tashkent, "Uzbekistan", 1980), pp. 337-8.
26. Michael J. Carley, "End of the 'Low, Dishonest Decade': Failure of the Anglo-Franco-Soviet Alliance in 1939", *Europe-Asia Studies*, Vol. 45, No. 2 (1993), p. 323.
27. Kotkin, *Stalin, Vol. 2*, p. 648.
28. Carley, "End of the 'Low, Dishonest Decade'", p. 328.
29. Ribbentrop para Schulenberg (embaixador alemão na URSS), 14 de agosto de 1939, em Dolezalek, *Moskau-Berlin*, pp. 37-40, 39.

30. Christian Goeschel, *Mussolini and Hitler: The Forging of the Fascist Alliance* (New Haven: Yale University Press, 2018), pp. 157-8.
31. Galeazzo Ciano, *The Ciano Diaries*, ed. Hugh Gibson, introdução de Sumner Welles (Londres: Simon and Schuster, 2001), 12 de agosto de 1939.
32. Ibid.
33. Giuseppe Bottai, *Diário 1935-1944* (Roma: BUR, 2006), 29 de abril de 1939, p. 147.
34. Ullrich, *Downfall*, p. 38.
35. Speer, *Inside the Third Reich*, p. 596.
36. Longerich, *Hitler: A Life*, p. 635.
37. Domarus, *Hitler*, p. 55.
38. "Do 90 let on ezdil v polikliniku na elektrichke," *Kommersant-Vlast'*, Vol. 11 (21 de março de 2000), https://www.kommersant.ru/doc/16644.
39. Khrushchev, *Vremia, Liudi, Vlast (Vospominania)*, Vol. 1 (Moscou: Moskovskie Novosti, 1999), p. 271.
40. Kotkin, *Stalin, Vol. 2*, p. 674.

13. Churchill, Hitler e a Batalha da Grã-Bretanha

1. Max Hastings, *Finest Years: Churchill as Warlord 1940-45* (Londres: Harper Press, 2009), pp. 1-3.
2. Gilbert, *Winston S. Churchill*, Vol. 6, p. 349.
3. Martin Gilbert (ed.), *The Churchill War Papers*, Vol. 2 (Londres: Heinemann, 1994), pp. 54-9.
4. Ibid., p. 57.
5. A. N. Wilson, *Hitler: A Short Biography* (Londres: Harper Press, 2012), p. 135.
6. Speer, *Inside the Third Reich*, p. 627.
7. Frauz Halder, *The Private War Journal of General Franz Halder 1939-1942* (Nuremberg: Gabinete do Advogado Chefe para Crimes de Guerra, 1947), Vol. 4, Halder notes of Brauchitsch meeting with Hitler, p. 126, http://militera.lib.ru/db/0/pdf/halder_eng4.pdf.
8. Ibid., p. 127.
9. Halder Diaries, Vol. 2, Conferência do Führer, 10 de outubro de 1939, p. 25, http://militera.lib.ru/db/0/pdf/halder_eng2.pdf.
10. Ibid., 17 de outubro de 1939, p. 31.
11. Hitler, discurso no Berlin Spoprtpalast, 3 de maio de 1940, em Domarus, *Hitler*, Vol. 3, p. 1985.
12. Gilbert, *Winston S. Churchill*, Vol. 6, p. 4.
13. Ibid., Vol. 1, p. 76.
14. Ibid., p. 247.
15. Ibid., p. 714.
16. Char 8/666, "The Mysteries of Empire", 17 de março de 1940.
17. Ashley Jackson, *Churchill* (Londres: Quercus, 2011), p. 255.
18. Jonathan Knight, "Churchill and the Approach to Mussolini and Hitler in May 1940: A Note", *British Journal of International Studies*, Vol. 3 (1997), pp. 92-6.
19. Gilbert, *Churchill War Papers*, Vol. 2, p. 156.

20. Ibid.
21. Ibid., p. 157.
22. Ibid., p. 429.
23. Phillips O'Brien, *How the War Was Won: Air-Sea Power and Allied Victory in World War II* (Cambridge: Cambridge University Press, 2015), pp. 120-1.
24. Ibid., pp. 123-4. Os alemães produziram 3.106 caças durante todo o ano de 1940.
25. USSBS, Entrevista com Koller, 23 de maio de 1945, p. 1.
26. USSBS, Entrevista com Dönitz, 28 de junho de 1945, p. 16.
27. USSBS, Entrevista com Jodl, 29 de junho de 1945, p. 7.
28. *Fuehrer Conferences on Naval Affairs: 1940*, (Almirantado do Reino Unido, 1947) p. 65.
29. Ibid., p. 72.
30. USSBS, Entrevista com Dönitz, 28 de junho de 1945, p. 2.
31. "Stuka Attack!", *Air University Press*, 5 de novembro de 2020, https://www.airuniversity.af.edu/AUPress/Book-Reviews/Display/Article/2406538/stuka-attack-the-dive-bombing-assault-on-england-during-the-battle-of-britain/.
32. USSBS, Entrevista com Koller, 23 de maio de 1945, p. 2.
33. Murray, *Strategy for Defeat*, p. 52.
34. USSBS, Entrevista com Koller, 23 de maio de 1945, p. 3.
35. James Holland, *The Battle of Britain: Five Months that Changed History,* May-October *1940* (Londres: Bantam Press, 2010), pp. 489-98.
36. Hitler, apelo para o benefício da Winterhilfswerk, 4 de setembro de 1940, em Domarus, *Hitler*, Vol. 3, p. 2086.
37. Diários de Halder, Vol. 4, resumo da conferência *do Fuehrer*, 14 de setembro de 1940, p. 194.
38. USSBS, Entrevista com Junck, 19 de maio de 1945, p. 3.
39. WO 208-4340, Milch Interview notes, 7 de julho de 1945, p. 6.
40. USSBS, Entrevista com Kreipe, 4 de junho de 1945, p. 3.
41. USSBS, Entrevista com Junck, 19 de maio de 1945, pp. 3-4.
42. Diários de Halder, Vol. 4, 13 de julho de 1940, p. 117.
43. Ibid., 22 de julho de 1940, p. 126.
44. Ibid., p. 128.
45. Ibid., 31 de julho de 1940, p. 144.
46. Templewood Mss (Hoare) na Biblioteca da Universidade de Cambridge. Beaverbrook para Hoare, 30 de agosto de 1940.
47. Gilbert, *Churchill War Papers*, Vol. 2, pp. 947-8.
48. Ibid., pp. 1010-12.
49. Ibid., p. 1012.

14. Mussolini, Churchill e Grécia, 1940–41

1. *The Times*, 26 de setembro de 1939, p. 9.
2. Goeschel, *Mussolini e Hitler*, pp. 168-70.
3. Claretta Petacci, *Verso il disastro: Mussolini em guerra: diários de 1939-1940* (Milão: Rizzoli, 2011), 12 de novembro de 1939, p. 239.

4. Ibid., 4 de março de 1940, p. 309.
5. Diários de Ciano, 11 de novembro de 1939, p. 169.
6. Ibid., 12 de março de 1940, p. 220.
7. Ibid., 7 de fevereiro de 1940, p. 205.
8. Ibid., 3 de maio de 1940, p. 243.
9. Ibid., 10 de maio de 1940, pp. 246-7.
10. Ibid., 13 de maio de 1940, p. 249.
11. Ibid., 29 de maio e 10 de junho de 1940, pp. 256, 263.
12. Paul Corner, *The Fascist Party and Popular Opinion in Mussolini's Italy* (Oxford: Oxford University Press, 2012), pp. 264-5.
13. R. J. B. Bosworth, *Mussolini and the Eclipse of Italian Fascism: From Dictatorship to Populism* (New Haven: Yale University Press, 2021), p. 246.
14. Em 1938, o último ano completo de paz na Europa, a Itália e a Bélgica produziram aproximadamente 2,3 milhões de toneladas de aço cada, a França produziu 6,2 milhões de toneladas e a Alemanha produziu 17,9 milhões de toneladas. Consulte https://www.cvce.eu/content/publication/2000/11/17/b7bfeb8b-ec5a-45e3-9356-3309c9eaeb04/publishable_en.pdf.
15. James Sadkovich, "Understanding Defeat: Reappraising Italy's Role in World War II", *Journal of Contemporary History*, Vol. 24, No. 1 (janeiro de 1989), p. 32.
16. Nick Carter, *Modern Italy in Historical Perspective* (Londres: Bloomsbury, 2010), p. 133.
17. A. D. Harvey, "The Bomber Offensive that Never Took Offensive," *Air Power History*, Vol. 63, No. 3 (outono de 2016), p. 31.
18. Bottai, *Diário*, 29 de abril de 1939, p. 147.
19. Ibid., 23 de janeiro de 1940, p. 174.
20. Diários de Ciano, 15 de março de 1939, p. 44.
21. Petacci, *Verso il disastro*, p. 313.
22. Bottai, *Diário*, 2 de abril de 1940, p. 184.
23. Jan Nelis, "Fascist Identity: Benito Mussolini and the Myth of 'Romanita'", *The Classical World*, Vol. 100, No. 4 (verão de 2007), pp. 406-7.
24. Bottai, *Diário*, 23 de janeiro de 1940, p. 174.
25. John Gooch, *Mussolini's War: Fascist Italy from Triumph to Collapse 1935-1943* (Londres: Allen Lane, 2020), pp. 98-104.
26. Emanuele Sica, "June 1940: O Exército Italiano e a Batalha dos Alpes". *Canadian Journal of History*, Vol. 47, No. 2 (2012), pp. 355-6.
27. Gooch, *Mussolini's War*, p. 100.
28. Diários de Halder, Vol. 4, 24 de junho de 1940, p. 92.
29. Goeschel, *Mussolini e Hitler*, p. 184.
30. Gilbert, *Churchill War Papers*, Vol. 2, p. 1011.
31. Barrie Pitt, *The Crucible of War: Western Desert 1941* (Londres: Jonathan Cape, 1980), pp. 54, 72.
32. Diários de Ciano, 17 de setembro de 1940, p. 273.
33. Nir Arielli, *Fascist Italy and the Middle East, 1933-40* (Basingstoke: Palgrave, 2010), p. 1701.
34. Diários de Ciano, 12 de setembro de 1939, p. 143.

35. Ibid., 12 de outubro de 1940, p. 300.
36. *Riunione presso il Capo del Governo*, 15 de outubro de 1940, *D.D.I.*, IX Serie, Volume V, n. 728, pp. 699-705.
37. Ibid.
38. Ibid.
39. Ibid.
40. Ibid.
41. Diários de Ciano, 17 de outubro de 1940, pp. 301-2.
42. Ibid., 18 de outubro de 1940, p. 302.
43. Goeschel, *Mussolini and Hitler*, pp. 194-8.
44. Diário de Halder, Vol. 5, 1º de novembro de 1940, p. 4.
45. Christopher Buckley, *Greece and Crete 1941* (Londres: HMSO, 1952), pp. 8-10.
46. John C. Carr, *The Defence and Fall of Greece: 1940-1941* (Barnsley: Pen and Sword, 2013), p. 142.
47. James J. Sadkovich, "The Italo-Greek War in Context: Italian Priorities and Axis Diplomacy", *Journal of Contemporary History*, Vol. 28, No. 3 (julho de 1993), pp. 440-1.
48. Ibid., pp. 447-8.
49. Gilbert, *Churchill War Papers*, Vol. 2, p. 1006.
50. Ibid., p. 1139.
51. Ibid., p. 1105.
52. Ibid., Vol. 3, pp. 50, 65.
53. Buckley, *Greece and Crete*, p. 24.
54. Gilbert, *Churchill War Papers*, Vol. 3, p. 418.
55. Ibid., p. 305.
56. Gilbert, *Churchill War Papers*, Vol. 2, p. 310.
57. *Fuehrer Conferences on Naval Affairs: 1940*, 27 de dezembro de 1940, p. 136.
58. Gilbert, *Churchill War Papers*, Vol. 3, p. 507.
59. Ibid., p. 509.
60. Ibid., p. 581.
61. https://www.iwm.org.uk/history/what-was-the-battle-of-crete.
62. Diários de Ciano, 2 de junho de 1941, p. 361.

15. Stalin, Hitler e Barbarossa

1. David E. Murphy, *What Stalin Knew: The Enigma of Barbarossa* (New Haven: Yale University Press, 2005), p. 81.
2. Kotkin, *Stalin*, Vol. 2, p. 698.
3. Resposta ao editor do *Pravda*, 30 de novembro de 1939, em Stalin, *Sochineniia*, Vol. 2 (Moscou: Izdatel'stvo "Pisatel", 1997), p. 343.
4. Khlevniuk, *Stalin: New Biography*, p. 171.
5. https://avalon.law.yale.edu/20th_century/addsepro.asp.
6. D. W. Spring, "The Soviet Decision for War against Finland, 30 November 1939", *Soviet Studies*, Vol. 38, No. 2 (abril de 1986), pp. 214-15.

7. Khlevniuk, *Stalin: New Biography*, p. 173.
8. Hill, *The Red Army and the Second World War*, p. 143.
9. A. I. Mikoyan, *Tak bylo* (Moscou: Vagrius, 1999), p. 385.
10. Hill, *The Red Army and the Second World War*, pp. 154-5.
11. É difícil avaliar o número exato de baixas soviéticas, mas parece que houve mais de 126.000 perdas "irrecuperáveis" (mortos e desaparecidos) e mais 200.000 feridos. Hill, *The Red Army*, p. 167.
12. Ian Kershaw, *Hitler 1936-1945: Nemesis* (Nova York: W. W. Norton, 2000), p. 308.
13. Diários de Halder, Vol. 4, 22 de julho de 1940, p. 128.
14. Ibid., 22 de agosto de 1940, p. 168.
15. Pacto Nazi-Soviético de Não Agressão, agosto de 1939. Texto completo com protocolo secreto em: https://avalon.law.yale.edu/20th_century/addsepro.asp.
16. Diários de Halder, Vol. 4, 27 de junho de 1940, p. 96.
17. Ibid., 22 de julho de 1940, p. 128.
18. Discurso na Reunião dos Comandantes do Exército Vermelho, 17 de abril de 1940, em Stalin, *Sochineniia*, Vol. 14, pp. 347-60.
19. Ibid.
20. Ibid.
21. Hill, *The Red Army*, pp. 172-124.
22. Ibid., pp. 181-2.
23. Murphy, *What Stalin Knew*, p. 245. Murphy argumenta que as reformas de Stalin após o desastre finlandês fizeram pouca diferença antes da Barbarossa, mas renderam alguns dividendos após a invasão alemã.
24. Hitler, discurso em Löwenbräukeller, 8 de novembro de 1940, em Domarus, *Hitler*, p. 2117.
25. Diários de Halder, Vol. 5, 16 de janeiro de 1941, p. 83.
26. *Germany and the Second World War* (Oxford: Oxford University Press, 2000), Vol. V, pp. 621, 639-40.
27. Diários de Halder, Vol. 5, 23 de dezembro de 1940, p. 80.
28. Diários de Halder, Vol. 6, 22 de fevereiro de 1941, pp. 2-3.
29. Diários de Halder, Vol. 5, 17 de fevereiro de 1941, p. 117.
30. Ibid., 17 de novembro de 1940, p. 28.
31. Ibid., 18 de dezembro de 1940, p. 75.
32. Gabriel Gorodestsky, *Grand Delusion: Stalin and the German Invasion of Russia* (New Haven: Yale University Press, 2001), p. 73.
33. Reuniões entre Hitler e Molotov em Berlim, 12 e 13 de novembro de 1940. Você pode acessar o texto em: https://www.worldfuturefund.org/wffmaster/Reading/Germany/Hitler-Molotov%20Meetings.htm.
34. Ibid.
35. Diários de Halder, Vol. 6, 30 de março de 1941, pp. 41-2.
36. Ibid.
37. "Hitler's Russian Blunder", *New York Times*, 21 de julho de 1981.
38. Diários de Halder, Vol. 6, 30 de março de 1941, p. 42.
39. O'Brien, *How the War Was Won*, p. 193.

40. Diários de Halder, Vol. 6, 10 de abril de 1941, p. 63.
41. Ibid., 14 de junho de 1941, p. 154.
42. Nikolai Tolstoi, *Stalin's Secret War* (Londres: Jonathan Cape, 1981), p. 214.
43. Murphy, *What Stalin Knew*. Esse livro tem capítulos inteiros sobre as informações que foram coletadas para Stalin sobre as intenções alemãs. Veja, em particular, os capítulos 9, 10 e 11.
44. Ibid., pp. 111-12.
45. Khlevniuk, *Stalin: New Biography*, p. 188.
46. Murphy, *What Stalin Knew*, p. 162.
47. Geoffrey Megargee, *Barbarossa 1941: Hitler's War of Annihilation* (Stroud: Tempus, 2007), p. 70.
48. Resis, *Molotov Remembers*, p. 23.

16. Roosevelt, Hitler e o caminho para a guerra

1. Diário de Leahy, 30 de agosto de 1939.
2. James Leutze, *Bargaining* for *Supremacy: Anglo-American Naval Cooperation 1937-1941* (Chapel Hill: UNC Press, 1978), p. 6.
3. FDR Mss, Speech Library, FDR Speech to the Nation, 3 de setembro de 1939, p. 7, http://www.fdrlibrary.marist.edu/_resources/images/msf/msf01279.
4. Ibid., 10 de julho de 1940, http://www.fdrlibrary.marist.edu/_resources/images/msf/msf01334.
5. Gerhard Weinberg, "Hitler's Image of the United States", *American Historical Review*, Vol. 69, No. 4 (julho de 1964), p. 1009.
6. Hitler, discurso no Reichstag, "A Reply to US President Roosevelt", 28 de abril de 1939, em Domarus, *Hitler*, Vol. 3, p. 1586.
7. Ibid., p. 1591.
8. Weinberg, "Hitler's Image of the United States", p. 1014.
9. Diários de Halder, Vol. 4, 15 de outubro de 1940.
10. Klaus H. Schmider, *Hitler's Fatal Miscalculation: Why Germany Declared War on the United States* (Cambridge: Cambridge University Press, 2021), p. 94.
11. Alan Brinkley, *Franklin Delano Roosevelt* (Oxford: Oxford University Press, 2010), p. 72; *Fuehrer Conferences on Naval Affairs: 1940*, p. 123.
12. *Fuehrer Conferences on Naval Affairs: 1941*, p. 57.
13. Robert E. Sherwood, *The White House Papers of Harry L. Hopkins* (Londres: Eyre and Spottiswoode), Vol. 1, pp. 222-3.
14. Roosevelt, Discurso do Arsenal da Democracia, 29 de dezembro de 1940, https://millercenter.org/the-presidency/presidential-speeches/december-29-1940-fireside-chat-16-arsenal-democracy#dp-expandable-text.
15. Diário de Leahy, 1º de janeiro de 1941, p. 4. Há uma cópia da carta preparada para Leahy no início de seu diário do ano.
16. Ibid., p. 2, carta de Roosevelt preparada para Leahy.
17. Sherwood, *The White House Papers of Harry L. Hopkins*, Vol. 1, p. 235.
18. Ibid., p. 261.

19. *Fuehrer Conferences on Naval Affairs: 1941*, p. 8.
20. Ibid., p. 11.
21. Ibid., p. 13.
22. Ibid., p. 37.
23. Ibid., p. 48.
24. *Germany and the Second World War*, Vol. VI, pp. 229-30.
25. Sherwood, *The White House Papers of Harry L. Hopkins*, Vol. 1, pp. 309-10.
26. Ernest King Papers, caixa 20, memorandos de conversas de Sumner Welles, 10 e 11 de agosto de 1941.
27. *Fuehrer Conferences on Naval Affairs: 1941*, pp. 108-9.
28. Ibid., pp. 109-10.
29. Robert Dallek, *Franklin D. Roosevelt: A Political Life* (Londres: Allen Lane, 2017), p. 441.
30. David Kaiser, *No End Save Victory: How FDR Led the Nation into War (Como FDR levou a nação à guerra)* (Nova York: Basic Books, 2018), p. 332.

17. Roosevelt, Churchill, Hitler, Mussolini e o supercampo de batalha ar-mar

1. O'Brien, *How the War Was Won*, p. 5.
2. Ibid., capítulo 1.
3. Trevor-Roper, *Hitler's Table Talk*, p. 27.
4. Ibid.
5. https://www.whitehousehistory.org/mr-churchill-in-the-white-house-1.
6. FRUS, As Conferências em Washington 1941-1942 e Casablanca 1943, jantar de Roosevelt, Churchill e Hopkins, 23 de dezembro de 1941, p. 81, https://search.library.wisc.edu/digital/AUCDN2IRO KTVV68T/.
7. Ibid., Conferência na Casa Branca, 23 de dezembro de 1941, p. 77, Notas de Arnold.
8. Ibid., Reunião de Roosevelt, Churchill e assessores, 4 de janeiro de 1942, p. 162.
9. Ibid., p. 165.
10. Ibid., p. 164.
11. Ibid., Arnold meetings with Hopkins, FDR and Churchill, 4 de janeiro de 1942, p. 161.
12. Ibid., p. 160.
13. https://history.army.mil/books/wwii/csppp/ch11.htm.
14. *Fuehrer Conferences on Naval Affairs: 1942*, p. 43.
15. Ibid., p. 62.
16. Ibid., p. 18.
17. Ibid., p. 31.
18. Ibid.
19. Ibid., p. 45.
20. Ibid., p. 48.
21. Trevor-Roper, *Hitler's Table Talk*, pp. 509-10.
22. Stephen Roskill, *The War at Sea* (Londres: HMSO, 1956), Vol. 2, p. 486.

23. O'Brien, *The Second Most Powerful Man in the World*, p. 193.
24. Christopher M. Bell, *Churchill and Sea Power* (Oxford: Oxford University Press, 2013), p. 281. Bell diz que o final de 1942 e o início de 1943 foi apenas o segundo período da guerra em que Churchill estava realmente preocupado com o desenvolvimento da Batalha do Atlântico.
25. USSBS, Entrevista com Saur, 23 de maio de 1945, p. 3.
26. *Fuehrer Conferences on Naval Affairs: 1942*, p. 48.
27. Trevor-Roper, *Hitler's Table Talk*, pp. 274-5.
28. Warren Kimball (ed.), *Churchill and Roosevelt: The Complete Correspondence* (Princeton: Princeton University Press, 1984), Vol. 1, p. 649.
29. FDR Mss, PSF 172-2, War Progress Report, 4 de dezembro de 1942, p. 16.
30. *Germany and the Second World War*, Vol. VI, pp. 348, 399-400.
31. Cajus Bekker, *Hitler's Naval War* (Londres: Macdonald, 1974), pp. 337-8.
32. Trevor-Roper, *Hitler's Table Talk*, p. 307.
33. Heiber et al., *Hitler and His Generals*.
34. Ibid., p. 189.
35. Ibid., p. 415.
36. Ibid., p. 186.
37. O'Brien, *How the War Was Won*, p. 349.
38. Nicolaus von Below, *At Hitler's Side: The Memoirs of Hitler's Luftwaffe Adjutant* (Londres: Frontline Books, 2010), pp. 148, 169-70, 182.
39. O'Brien, *How the War Was Won*, pp. 23-4.
40. Despina Stratigakos, *Hitler at Home* (New Haven: Yale University Press, 2015), p. 137.

18. Mussolini, Churchill, Roosevelt e o Império no Mediterrâneo

1. Diários de Ciano, 3 de dezembro de 1941, p. 414.
2. Ibid.
3. Ibid., 8 de dezembro de 1941, p. 416.
4. Declaração de Guerra de Mussolini, 11 de dezembro de 1941, https://www.jewish--virtuallibrary.org/mussolini-s-war-statement-december-1941.
5. "Brusselle", *Il Popolo d'Italia*, 1º de dezembro de 1937, p. 25.
6. Reunião com Sandro Giuliani, 4 de novembro de 1941, em Edoardo e Duilio Susmel (eds), *Opera omnia di Benito Mussolini*, Vol. XXX (Florença: La Fenice, 1960), pp. 132-34.
7. Geoffrey Wheatcroft, *Churchill's Shadow: An Astonishing Life and a Danous Legacy* (Londres: The Bodley Head, 2021), p. 247.
8. Churchill, discurso na Mansion House, 10 de novembro de 1942, http://www. ibiblio. org/pha/policy/1942/421110b.html.
9. Srinath Raghavan, *India's War: The Making of Modern South Asia 1939-1945* (Londres: Allen Lane, 2016), pp. 7-11.
10. Gilbert, *Churchill War Papers*, Vol. 2, pp. 1010-12.
11. Denis Mack Smith, *Modern Italy: A Political History* (New Haven: Yale University Press, 1997), p. 387.

12. Diários de Ciano, 5 de julho de 1941, p. 373.
13. John Gooch, "Mussolini's Strategy 1939-43", em Evan Mawdsley e John Ferris (eds.), *The Cambridge History of the Second World War* (Cambridge: Cambridge University Press, 2015), p. 153.
14. FRUS, Conferências de Washington, 1941-1942, e Casablanca, 1943, Memorandos de Churchill, 16 a 20 de dezembro de 1941.
15. Ibid., p. 22.
16. Ibid., p. 26.
17. Ibid., Encontro de Roosevelt e Churchill com a equipe, 23 de dezembro de 1941, p. 71.
18. Ibid., Encontro de Arnold e Roosevelt, 23 de dezembro de 1941, p. 76.
19. *The Atlantic Charter*, agosto de 1941, https://avalon.law.yale.edu/wwii/atlantic.asp.
20. Foster Rhea Dulles e Gerald Ridinger, "The Anti-Colonial Policies of Franklin D. Roosevelt", *Political Science Quarterly*, Vol. 70, No. 1 (1955), p. 1.
21. Elliott Roosevelt, *As He Saw It* (Nova York: Duell, Sloan and Pierce, 1946), p. 75.
22. Ibid., p. 74.
23. Robert Dallek, *Franklin D. Roosevelt and American Foreign Policy* (Oxford: Oxford University Press, 1979), pp. 323-335.
24. FDR Mss, PSF, FDR para Winant, fevereiro de 1942, Hopkins para FDR, abril de 1942.
25. Hopkins Mss, 24, FDR para Churchill, 10 de março de 1942.
26. Winston Churchill, *The Second World War*, Vol. IV (Londres: Cassell, 1951), pp. 390-1.
27. Diário de Leahy, 22 de maio de 1941.
28. Stimson para Roosevelt, 20 de dezembro de 1941 FRUS, The Conferências em Washington, 1941-1942 e Casablanca, 1943, https://search.library. wisc.edu/digital/AUCDN2IROKTVV68T/pages/AA3T3ZGRT7K QW29A.
29. Ibid.
30. O'Brien, *The Second Most Powerful Man in the World*, pp. 190-1.
31. Departamento de Guerra, Equipe Especial, NARA, Marshall, King, Arnold para FDR, 10 de julho de 1942.
32. O'Brien, *The Second Most Powerful Man in the World*, p. 193.
33. Diários de Ciano, 8 de dezembro de 1942, p. 553.
34. Ibid., 11 de abril de 1942, p. 471.
35. Ibid., 30 de junho de 1941, p. 372.
36. Ibid., 2 de maio de 1942, p. 480.
37. Bottai, *Diário*, 5 de julho de 1941, p. 276.
38. Diários de Ciano, 26 de junho de 1942, p. 502.
39. Ibid., 1º de dezembro de 1942, p. 550.
40. Ibid., 9 de dezembro de 1942, p. 554.
41. Ibid., 28 de janeiro de 1943, pp. 575-6.
42. H. James Burgwyn, *Mussolini Warlord: Failed Dreams of Empire 1940-1943* (Nova York: Enigma Books, 2012), pp. 210-11.
43. Diários de Ciano, 8 e 9 de janeiro de 1943, pp. 567-8.
44. Ibid., 5 de janeiro de 1943, p. 566.
45. R. J. B. Bosworth, *Claretta: Mussolini's Last Lover* (New Haven: Yale University Press, 2017), p. 168.

46. Michael Ebner, *Ordinary Violence in Mussolini's Italy* (Cambridge: Cambridge University Press, 2011), p. 213.
47. Gooch, *Mussolini's War*, p. 388.
48. Bottai, *Diário*, 5 de junho de 1943, p. 381.

19. Hitler, Stalin e a Frente Oriental

1. Sherwood, *The White House Papers of Harry L. Hopkins*, Vol. 1, p. 330.
2. Ibid., p. 332.
3. Kumanev, *Govoriat stalinskie narkomy* (Smolensk: Rusich, 2005), p. 329.
4. Ibid.
5. Sherwood, *The White House Papers of Harry L. Hopkins*, Vol. 1, p. 344.
6. Dallek, *Franklin D. Roosevelt: A Political Life*, p. 428.
7. "Aliados da Segunda Guerra Mundial: US Lend-Lease to the Soviet Union 1941-45", Departamento de Estado dos EUA (acessado em 15 de julho de 2022). https://ru.usembassy.gov/world-war-ii-allies-u-s-lend-lease-to-the-soviet-union-1941-1945.
8. Trevor-Roper, *Hitler's Table Talk*, p. 17.
9. Ibid.
10. Walter S. Dunn, *Hitler's Nemesis: The Red Army, 1930-1945* (Westport: Praeger, 1994), p. 7.
11. Speer, *Inside the Third Reich*, p. 233; Martin Kitchen, *Speer: Hitler's Architect* (New Haven: Yale University Press, 2015), pp. 145-8.
12. Trevor-Roper, *Hitler's Table Talk*, p. 55.
13. David Stahel, *Operation Barbarossa and Hitler's Defeat in the East* (Cambridge: Cambridge University Press, 2013), pp. 425-47. Esse é um livro excelente e completo para qualquer pessoa interessada nos estágios iniciais da Barbarossa.
14. David Stahel, *The Battle for Moscow* (Cambridge: Cambridge University Press, 2015), pp. 251-2.
15. David Stahel, *Retreat from Moscow: A New History of Germany's Winter Campaign, 1941-1942* (Nova York: Picador, 2019), pp. 17-18.
16. Ibid., p. 28.
17. Diários de Halder, Vol. 7, 1º de dezembro de 1941, p. 196.
18. Ibid., 30 de novembro de 1941, p. 193.
19. Bob Carruthers (ed.), *Hitler's Wartime Orders: The Complete Führer Directives: 1939-1945* (Barnsley: Pen and Sword, 2018), p. 120.
20. Ullrich, *Downfall*, pp. 225-227.
21. Diários de Halder, Vol. 7, 19 de dezembro de 1945, p. 233.
22. David Stone, *Twilight of the Gods: The Decline and Fall of the German General Staff in World War II* (Londres: Conway, 2011), p. 225.
23. Diários de Halder, Vol. 7, 20 de dezembro de 1945, p. 235.
24. Kershaw, *Nemesis*, p. 454.
25. Diários de Halder, Vol. 7, 13 de janeiro de 1942, p. 253.
26. Ullrich, *Downfall*, p. 230.
27. Christa Schroeder, *He Was My Chief: The Memoirs of Adolf Hitler's Secretary* (Barnsley: Frontline Books, 2012), p. 100.

28. S. M. Shtemenko, *General'nyi Shtab v gody voiny* (Moscou: Voenizdat, 1968), p. 148.
29. Gilbert, *Winston S. Churchill*, Vol. 7, p. 157.
30. Ibid., p. 158.
31. Joshua Greenberg, "Comrades and Brothers": Churchill, Stalin and the Moscow Conference of 1942, International Churchill Society, 24 de setembro de 2019, cópia disponível em: https://winstonchurchill.org/publica tions/finest-hour-extras/comrades-and-brothers-churchill-stalin-and-the-moscow-conference-of-1942.
32. Gilbert, *Winston S. Churchill*, Vol. 7, pp. 176-7.
33. Ibid., p. 178.
34. Greenberg "Comrades and Brothers".
35. Tsuyoshi Hasegawa, "Soviet Policy Towards Japan During World War II," *Cahiers du monde russe*, Vol. 52, No. 2/3 (2011), p. 246.
36. Ibid., pp. 247-8.
37. K. Simonov, *Glazami cheloveka moego pokoleniia: Razmyshleniia o I. V. Staline* (Moscou: Kniga, 1990), p. 328.
38. Oleg Khlevniuk, "Stalin at War. Sources and Their Interpretation", *Cahiers du monde russe*, Vol. 52, No. 2/3 (2011).
39. Walter Laqueur, *Stalin: The Glasnost Revelations* (Londres: Unwin and Hyman, 1990), p. 221.
40. Evan Mawdsley, *Thunder in the East: The Nazi-Soviet War 1941-1945* (Londres: Bloomsbury, 2015), p. 39.
41. Zhilin, V. A. et al (eds.), *Bitva pod Moskvoi: Khronika, fakty, liudi,* 2 vols (Moscou: Ol'ma Press, 2002), p. 313.
42. Shtemenko, *General'nyi Shtab v gody voiny*, pp. 37-8; A. M. Vassilevskii, *Delo Vsei Zhizni* (Moscou: Politizdat, 1978), p. 189.
43. David M. Glantz, *Kharkov 1942: Anatomy of a Military Disaster Through Soviet Eyes* (Shepperton: Ian Allan, 1998), pp. 111, 218.
44. Ibid., p. 218.
45. Diários de Halder, Vol. 7, 23 de julho de 1942, p. 356.
46. Ibid., 20 de setembro de 1942, p. 396.
47. Simonov, *Glazami cheloveka moego pokoleniia*, p. 330.
48. Speer, *Inside the Third Reich*, p. 247.
49. Ibid.
50. Ibid.
51. Phillips O'Brien, "Logistics by Land and Air", em Mawdsley e Ferris, *Cambridge History of the Second World War*, Vol. 1, pp. 631-2.
52. Speer, *Inside the Third Reich*, p. 249.
53. Stephen G. Fritz, *The First Soldier: Hitler as Military Leader* (New Haven: Yale University Press, 2018), p. 277.
54. Vassilevskii, *Delo Vsei Zhizni*, p. 497.
55. Ibid., p. 502.
56. Simonov, *Glasami cheloveka moego pokoleniia*, p. 328.
57. Speer, *Inside the Third Reich*, p. 234.
58. Fritz, *The First Soldier*, pp. 289-90.

59. *Germany and the Second World War*, Vol. VIII, p. 158.
60. G. K. Zhukov, *Vospominania i razmyshleniia*, Vol. 3 (Moscou: Izdatel'stvo Agenstva Pechati Novosti, 1986), pp. 30-31.
61. Vassilevskii, *Delo Vsei Zhizni*, p. 305.

20. Churchill, Roosevelt, Stalin e a invasão do Canal da Mancha

1. FRUS, Conferências em Washington, 1941-42 e Casablanca, 1943, Ata da Reunião de FDR, Churchill e Equipe, 23 de janeiro de 1943, p. 708.
2. Diários de Alanbrooke, 23 de janeiro de 1943, p. 367.
3. Carlo d'Este, *Warlord: The Fighting Life of Winston Churchill, from Soldier to Statesman* (Londres: Penguin, 2010), p. 569.
4. FRUS, Conferências em Washington, 1941-42 e Casablanca, 1943, Ata da Reunião de FDR, Churchill e Equipe, 23 de janeiro de 1943, pp. 713-14.
5. Ibid. Vale a pena observar que, nessa reunião, Roosevelt falou sobre a necessidade de uma reação rápida caso a Itália entrasse em colapso. Ele não era contra uma invasão da Itália, como os eventos de julho/agosto de 1943; ele apenas nunca se convenceu de que mesmo invadindo a Itália seria capaz de tirar a Alemanha da guerra.
6. Diários de Alanbrooke, 23 de janeiro de 1943, p. 368.
7. Atas do Estado-Maior Conjunto, reunião com FDR, 7 de janeiro de 1943, p. 4.
8. Ibid., p. 6.
9. O'Brien, *The Second Most Powerful Man in the World*, p. 214.
10. Ibid., p. 219.
11. FDR Mss, PSF 2, "Recommended Line of Action at the Coming Conference", 8 de maio de 1943.
12. Diário de Leahy, 2 de maio de 1943.
13. FDR Mss, PSF 2, "Recommended Line of Action at the Coming Conference".
14. Ibid.
15. Diários de Alanbrooke, 30 de janeiro de 1943, p. 373.
16. Ibid., 26 de janeiro de 1943, p. 370.
17. FRUS, Conferências em Washington e Quebec: 1943, Churchill para Roosevelt, 5 de abril de 1943, p. 12, https://search.library.wisc.edu/digital/AEXCU76BOSUW6487/.
18. Churchill, *A Segunda Guerra Mundial*, Vol. IV, p. 701.
19. FRUS, Conferências em Washington e Quebec: 1943, Ata da reunião na Casa Branca, 12 de maio de 1943, pp. 26-7.
20. Ibid., pp. 25-6.
21. Ibid., p. 27.
22. Diário de Leahy, 12 de maio de 1943.
23. FRUS, Ata da reunião na Casa Branca, 12 de maio de 1943, p. 30.
24. PREM 3443/2 (UKNA), Ata da Reunião com os Domínios, 20 de maio de 1943.
25. Ibid., p. 7.
26. O'Brien, *The Second Most Powerful Man in the World*, pp. 226-30.
27. FRUS, Conferências em Washington e Quebec: 1943, Relatório dos Chefes do Bombardeiros Combinados a Roosevelt e Churchill, 25 de maio de 1943.

28. Ibid., Reunião do JCS (Chefes do Estado-Maior Conjunto), 26 de julho de 1943.
29. Ibid., Memorando do JCS, Estimativa da Situação Inimiga, 7 de agosto de 1943.
30. Ibid., Reunião de Churchill e FDR com o CCS (Chefes de Estado-Maior Combinados), 23 de agosto de 1943.
31. Ibid., p. 945.
32. Ibid., p. 942.
33. *Germany and the Second World War*, Vol. VIII, p. 145.
34. Hastings, *Finest Years: Churchill as Warlord 1940-45*, p. 431.
35. David Reynolds e Vladimir Pechatnov (orgs.), *The Kremlin Letters: The Kremlin Letters: Stalin's Wartime Correspondence with Churchill and Roosevelt* (New Haven: Yale University Press, 2019), p. 95.
36. FRUS, Conferências no Cairo e em Teerã: 1943, Reunião Roosevelt-Stalin, 28 de novembro de 1943, p. 483.
37. Ibid.
38. Ibid., p. 485.
39. Ibid., p. 486.
40. Ibid., Primeira Reunião Plenária, 28 de novembro de 1943, p. 489.
41. Ibid., p. 490.
42. Jonathan Fenby, *Alliance: The Inside Story of How Roosevelt, Stalin, and Churchill Won One War and Began Another* (Londres: Simon and Schuster, 2007), pp. 1-2.
43. FRUS, Conferências no Cairo e em Teerã: 1943, minutos de Bohlen, p. 553.
44. Ibid., Reunião de FDR, WSC e CCS, 4 de dezembro de 1943.
45. Ibid., p. 680.
46. Ibid., Relatório dos Chefes de Estado-Maior Conjuntos, 5 de dezembro de 1943, p. 796.
47. J. A. Vale e J. W. Scadding, "In Carthage Ruins: The Illness of Sir Winston Churchill at Carthage, December 1943", *Journal of the Royal College of Physicians, Edinburgh*, Vol. 47 (2017), pp. 288-95.
48. Gilbert, *Winston S. Churchill*, Vol. 7, p. 606.

21. Stalin, Roosevelt, Churchill e o mundo pós-guerra

1. V. O. Pechatnov, "Stalin, Roosevelt, Churchill: 'Bol'shaia Troika' cherez prizmu perepiski voennykh let," *Vestnik MGIMO Universiteta*, Vol. 5 (2009), p. 3.
2. V. M. Berezhkov, *Kak ia stal perevodchikom Stalina* (Moscou: DEM, 1993), p. 250.
3. N. A. Vlasik, "Vospominaniia o I. V. Staline," *Istoricheskii vestnik*, Vol. 5, No. 152 (2013), p. 60.
4. Milovan Djilas, *Conversations with Stalin* (Nova York: Penguin, 1967), p. 61.
5. Diário de Leahy, 16 de agosto de 1944.
6. Roosevelt Day by Day, versão on-line do diário de compromissos entre 7 de novembro de 1944 e sua morte. Deve-se observar que uma dessas entradas ocorreu no dia de Roosevelt e Truman, portanto, até mesmo incluí-la como uma reunião em que um assunto pode ter sido discutido é um ato de gentileza. Consulte http://www.fdrlibrary.marist.edu/daybyday/.

7. William Leahy, *I Was There: The Personal Story of the Chief of Staff to Presidents Roosevelt and Truman Based on his Notes and Diaries at the Time* (Nova York: McGraw-Hill, 1950), p. 187.
8. Herbert Levy, *Henry Morgenthau Jr.: The Remarkable Life of FDR's Secretary of the Treasury* (Nova York: Skyhorse Publishing, 2010), pp. 443-8.
9. Berezhkov, *Kak ia stal perevodchikom Stalina*, pp. 331-332.
10. Gilbert, *Winston S. Churchill*, Vol. 7, p. 1015.
11. Berezhkov, *Kak ia stal perevodchikom Stalina*, p. 322.
12. Churchill, *A Segunda Guerra Mundial*, Vol. VI, p. 198.
13. Albert Resis, "The Churchill-Stalin Secret 'Percentages' Agreement on the Balkans, Moscow, October 1944", *American Historical Review*, Vol. 83, No. 2 (abril de 1978), p. 368.
14. Churchill, *A Segunda Guerra Mundial*, Vol. VI, p. 199.
15. Há uma série de pontos de vista diferentes sobre Yalta, basicamente desde aqueles que acreditam que Roosevelt vendeu a Europa Oriental para Stalin até aqueles que acreditam que foi uma negociação sensata. Para conhecer apenas alguns dos pontos de vista existentes, consulte Donald C. Watt, "Britain and the Historiography of the Yalta Conference and the Cold War", *Diplomatic History*, Vol. 13, No. 1 (inverno de 1989), pp. 67-98; Charles G. Stefan, "Yalta Revisited: An Update on the Diplomacy of FDR and His Wartime Summit Partners", *Presidential Studies Quarterly*, Vol. 23, No. 4 (outono de 1993), pp. 750-55.
16. Reynolds e Pechatnov, *The Kremlin Letters*, p. 547.
17. R. E. Sherwood, *Roosevelt and Hopkins: An Intimate History* (Nova York: The Universal Library, 1948), p. 377.
18. Khlevniuk, *Stalin: New Biography*, pp. 194-5.
19. Surviving War, Declining Health: Lincoln & Churchill, um projeto do Lehrman Institute, disponível em: https://lincolnandchurchill.org/surviving-war-declining-health/.
20. Roosevelt estava em Warm Springs, Geórgia, desde 28 de novembro e só voltou a Washington em 19 de dezembro. Em seguida, partiu para Hyde Park em 23 de dezembro e só retornou a Washington em 30 de dezembro. Consulte http://www.fdrlibrary.marist.edu/daybyday/.
21. David B. Woolner, *The Last 100 Days: FDR at War and Peace* (Nova York: Basic Books, 2019), p. 24.
22. Dallek, *Franklin D. Roosevelt: A Political Life*, p. 603.
23. Gilbert, *Winston S. Churchill*, Vol. 7, p. 1166.
24. Ibid.
25. Robert M. Citino, *The Wehrmacht's Last Stand: The German Campaigns of 1944-1945* (Lawrence: University Press of Kansas, 2018), pp. 423-5.
26. Timothy Snyder, *Bloodlands: Europe Between Hitler and Stalin* (Londres: The Bodley Head, 2011), p. 313.
27. FRUS, Conferências em Malta e na Crimeia: 1945, Diário de bordo do presidente em Yalta, pp. 558-9.
28. Ibid., Reunião Roosevelt-Stalin, 4 de fevereiro de 1943, p. 571.
29. Ibid., p. 572.
30. Ibid., Jantar, 4 de fevereiro de 1943, p. 589.

31. Ibid., Segunda Plenária, 5 de fevereiro de 1945, pp. 611-24.
32. Arquivo de História Oral da Universidade de Colúmbia, Thomas Hart Interview, 1:44.
33. Diário de Leahy, 8 de fevereiro de 1945.
34. FRUS, Conferências em Malta e na Crimeia: 1945, Acordo sobre a entrada da União Soviética na guerra contra o Japão, 11 de fevereiro de 1945, p. 984.
35. Ibid., Terceira Plenária, 6 de fevereiro de 1945, p. 666.
36. Lukasz Kaminski, "Stalinism in Poland, 1944-1956", em Kevin McDermott e Matthew Stibbe (eds), *Stalinist Terror in Eastern Europe: Elite Purges and Mass Repression* (Manchester: Manchester University Press, 2010), pp. 79-83.
37. Roosevelt parece ter entrado na conferência acreditando que uma Polônia multipartidária era uma possibilidade. Consulte FRUS, Conferências em Malta e na Crimeia: 1945, Memorando sem data do Secretário de Estado para FDR, p. 568.
38. Ibid., Terceira Plenária, 6 de fevereiro de 1945, p. 669.
39. Mark Kramer, "Stalin, Soviet Policy, and the Establishment of a Communist Bloc in Eastern Europe, 1941-1948", em Timothy Snyder e Ray Brandon (orgs.), *Stalin and Europe: Imitation and Domination 1928-1953* (Oxford: Oxford University Press, 2014), pp. 272-3.
40. FRUS, Conferências em Malta e na Crimeia: 1945, Terceira Plenária, 6 de fevereiro de 1945, p. 670.
41. Ibid., Minutos de Matthews, 7 de fevereiro de 1945, p. 718.
42. Ibid., Carta de Roosevelt a Stalin, 6 de fevereiro de 1945, pp. 727-8.
43. Berezhkov, *Kak ia stal perevodchikom Stalina*, p. 253.
44. Robert Gellately, *Stalin's Curse: Battling for Communism in War and Cold War* (Oxford: Oxford University Press, 2015), p. 101.
45. Leahy, *I Was There*, p. 297.
46. Constantine Brown, *The Coming of the Whirlwind* (Chicago: Henry Regnery Company, 1964), p. 316.

Epílogo: A guerra dos estrategistas

1. S. M. Plokhy, *Yalta: The Price of Peace* (Nova York: Penguin, 2010), p. 375.
2. Conquest, *Stalin: Breaker of Nations*, p. 264.
3. Ibid., p. 265.
4. Reynolds e Pechatnov, *The Kremlin Letters*, p. 572.
5. Ibid., p. 567.
6. Dallek, *Franklin D. Roosevelt and American Foreign Policy*, p. 527.
7. Para obter uma lista das baixas nacionais na Segunda Guerra Mundial, consulte: https://www. nationalww2museum.org/students-teachers/student-resources/research-starters/research-starters-worldwide-deaths-world-war.